utb 8617

Eine Arbeitsgemeinschaft der Verlage

Böhlau Verlag · Wien · Köln · Weimar
Verlag Barbara Budrich · Opladen · Toronto
facultas · Wien
Wilhelm Fink · Paderborn
A. Francke Verlag · Tübingen
Haupt Verlag · Bern
Verlag Julius Klinkhardt · Bad Heilbrunn
Mohr Siebeck · Tübingen
Nomos Verlagsgesellschaft · Baden-Baden
Ernst Reinhardt Verlag · München · Basel
Ferdinand Schöningh · Paderborn
Eugen Ulmer Verlag · Stuttgart
UVK Verlagsgesellschaft · Konstanz, mit UVK/Lucius · München
Vandenhoeck & Ruprecht · Göttingen · Bristol
Waxmann · Münster · New York

Julian Nida-Rümelin · Irina Spiegel ·
Markus Tiedemann (Hg.)

Handbuch Philosophie und Ethik

Band I: Didaktik und Methodik

Ferdinand Schöningh

Prof. Dr. Dr. h. c. Julian Nida-Rümelin ist Inhaber des Lehrstuhls für Philosophie IV an der Ludwig Maximilians Universität München, er leitet das Münchner Kompetenzzentrum Ethik und ist für die Ausbildung Lehramt Ethik/Philosophie an der LMU zuständig. Nida-Rümelin war Präsident der Gesellschaft für Philosophie 2009-2011 und ist ord. Mitglied der Europäischen Akademie der Wissenschaften und der Künste, sowie der Berlin-Brandenburgischen Akademie der Wissenschaften. Seine wissenschaftlichen Schwerpunkte liegen in den Bereichen Rationalitätstheorie, Ethik und politische Philosophie. Thematisch einschlägige Buchpublikationen: Philosophie einer humanen Bildung (2013); Verantwortung (2011); Philosophie und Lebensform (2009); Demokratie und Wahrheit (2006); Handbuch Angewandte Ethik (2005); Über menschliche Freiheit (2005); Ethische Essays (2002).

Dr. Irina Spiegel ist wissenschaftliche Mitarbeiterin an der Fakultät für Philosophie, Wissenschaftstheorie und Religionswissenschaft der Ludwig-Maximilians-Universität München, verantwortlich für die Lehramtsstudiengänge „Philosophie/Ethik". Forschungsgebiete: Empathie und Rationalität. Anthropologische Fragen der Neuro-, Kognitions- und Erziehungswissenschaften. Publikation: *Die Urteilskraft bei Hannah Arendt* (2011).

Prof. Dr. Markus Tiedemann, StD.a.D. lehrt Didaktik der Philosophie und Ethik an der Freien Universität Berlin. Zuvor war er Professor in Mainz und 12 Jahre Lehrer und Faschseminarleiter in Hamburg. Zusammen mit Volker Steenblock ist er Vorsitzender des Forums für Didaktik der Philosophie und Ethik sowie Mitherausgeber der ZDPE. Zu seinen Forschungsschwerpunkten gehören Philosophiedidaktik und empirische Bildungsforschung, ethische Orientierung von Jugendlichen, Auswirkung des Ethik- und Philosophieunterrichts auf kulturell heterogene Lerngruppen, Philosophieren mit Kindern Veröffentlichungen u. a.: Philosophiedidaktik und empirische Bildungsforschung. Möglichkeiten und Grenzen. Münster 2011, Liebe, Freundschaft und Sexualität. Fragen und Antworten der Philosophie. Hildesheim 2014.

Umschlagabbildung:
maxkrasnov: Abstrakt Architektur-Hintergrund © 123RF # 13846028

Online-Angebote oder elektronische Ausgaben sind erhältlich unter **www.utb-shop.de**

Bibliografische Information der Deutschen Nationalbibliothek

Die Deutsche Nationalbibliothek verzeichnet diese Publikation in der Deutschen Nationalbibliografie; detaillierte bibliografische Daten sind im Internet über http://dnb.d-nb.de abrufbar.

© 2015 Ferdinand Schöningh, Paderborn
(Verlag Ferdinand Schöningh GmbH & Co. KG, Jühenplatz 1, D-33098 Paderborn)

Internet: www.schoeningh.de

Das Werk, einschließlich aller seiner Teile, ist urheberrechtlich geschützt. Jede Verwertung außerhalb der engen Grenzen des Urheberrechtsgesetzes ist ohne Zustimmung des Verlages unzulässig und strafbar. Das gilt insbesondere für Vervielfältigungen, Mikroverfilmungen und die Einspeicherung und Verarbeitung in elektronischen Systemen.

Printed in Germany.
Einbandgestaltung: Atelier Reichert, Stuttgart
Satz: Ruhstadt Medien AG
Herstellung: Ferdinand Schöningh, Paderborn

UTB-Band-Nr. 8617
ISBN 978-3-8252-8617-0

Danksagung

Wie bedanken uns bei Frau Nadine Albert für die hervorragende verlegerische Betreuung des Projektes sowie bei Brita Corzilius (FU Berlin) und Fabian Newger (LMU München) für die Korrektur und Vereinheitlichung beider Bände.

Ein weiterer Dank geht an das Münchner Kompetenzzentrum Ethik (MKE) für die Unterstützung nicht nur des vorliegenden Handbuches, sondern auch der Ethik-Agenda zur Aufwertung und Professionalisierung der Philosophie- und Ethiklehrerausbildung in Bayern.

Auch dem Präsidium der DGPhil, namentlich Herrn Quante, der Präsidentin der Universität Münster, dem Fachverband Philosophie und dem Forum für Fachdidaktik möchten wir für deren Einsatz für mehr philosophische Bildung an deutschen Schulen danken.

Die Herausgeber

Inhalt

Vorwort der Herausgeber 9

Einleitung 11

I. Die theoretisch-konzeptionelle Ebene 13
   1. Genese und Struktur der Philosophiedidaktik *Markus Tiedemann* 14
   2. Philosophische Bildung 18
      2.1 Bildungsziele des erneuerten Humanismus *Julian Nida-Rümelin* 18
      2.2 Ethisch Orientierung in der Moderne – Was kann philsophische
          Bildung leisten? *Markus Tiedemann* 23
      2.3 Orte des Philosophierens *Volker Steenblock* 30
      2.4 Philosophie – eine Schule der Freiheit *Christoph Wulf* 37
   3. Prägende Theorien 41
      3.1 Philosophie als Kulturtechnik humaner Lebensgestaltung
          Ekkehard Martens 41
      3.2 Didaktische Transformationen *Johannes Rohbeck* 48
      3.3 Philosophische Bildung als Arbeit am Logos *Volker Steenblock* 57
   4. Prinzipien und Diskurse 70
      4.1 Problemorientierung *Markus Tiedemann* 70
      4.2 Lebensweltbezug *Hubertus Stelzer* 79
      4.3 Die Förderung philosophischer Urteilskompetenz durch
          kognitive Konflikte *Roland W. Henke* 86
      4.4 Anschaulichkeit und Abstraktion *Mathias Tichy* 95
      4.5 Kompetenzorientierung *Kirsten Meyer* 104
      4.6 Genderperspektive *Kinga Golus* 114
      4.7 Interkultureller Polylog *Markus Bartsch* 119
      4.8 Wissenschaftsorientierung *Bettina Bussmann* 125
   5. Philosophieren mit Kindern 131
      5.1 Genese und Grundpositionen des Philosophierens mit
          Kindern *Barbara Brüning* 131
      5.2 Forschungsergebnisse zum Philsosophieren mit Kindern
          Eva Marsal/Takara Dobachi 136

II. Die empirisch-kritische Ebene 143
    1. Die empirische Wende in der Fachdidaktik und die (Sonder-)Stellung
       der Philosophiedidaktik *Stefan Applis* 144
    2. Die Herausforderung der Effizienzforschung *Markus Tiedemann* 153

III. Die methodisch-praktische Ebene 159
    1. Metamethoden – eine fachbezogene Methodenlehre über die Arbeits-
       und Unterrichtsmethoden *Klaus Draken* 160

2. Methoden und Arbeitsschwerpunkte 171
   2.1 Neosokratische Methode und Sokratisches Gespräch
       Dieter Birnbacher 171
   2.2 Dilemmadiskussion *Klaus Blesenkemper* 178
   2.3 Gedankenexperimente *Helmut Engels* 187
   2.4 Debatten im Ethik- und Philosophieunterricht *Bärbel Montag* 196
   2.5 Rezeptionsorientierte Textarbeit *Volker Haase/Donat Schmidt* 206
   2.6 Argumentationsschulung *Klaus Goergen* 214
   2.7 Logik & Entscheidungs- und Spieltheorie *Irina Spiegel* 224
   2.8 Kreatives Schreiben *Volker Haase* 230
   2.9 Theatrales Philosophieren – performatives Denken in
       philosophischen Bildungsprozessen *Christian Gefert* 240
   2.10 Empathie- und Compassion-Training *Irina Spiegel* 245

3. Medien 252
   3.1 Kanon und Klassiker *Vanessa Albus* 252
   3.2 Der argumentiernde Essay *Klaus Thomalla* 261
   3.3 Literarische Texte *Rolf Sistermann* 270
   3.4 Bilder und Comics *Jörg Peters* 277
   3.5 Philosophieren mit Filmen *Volker Steenblock* 294
   3.6 Digitale Medien im philosophischen Unterricht
       Donat Schmidt/ Mandy Schütze 300
   3.7 Musik *Klaus Draken* 308

4. Unterrichtsplanung 315
   4.1 Unterrichtsplanung *Klaus Blesenkemper* 315
   4.2 Operatoren im Philosophieunterricht *Christian Thein* 325

ANHANG 329
  Autorenverzeichnis 330

Vorwort

Die beiden Bände dieses Handbuchs richten sich in erster Linie an Studierende des Faches Lehramt Philosophie/Ethik, an Lehrerinnen und Lehrer, die Philosophie und Ethik unterrichten, an die Kolleginnen und Kollegen in Philosophie und Fachdidaktik, aber auch an all diejenigen, die sich für philosophische Inhalte und Methoden im Bildungswesen interessieren. Die Aufteilung der Beiträge auf zwei Bände beinhaltet nicht, dass diese voneinander unabhängig sind. Der Schwerpunkt des ersten Bandes liegt auf Fachdidaktik der Philosophie und Ethik, der des zweiten auf den philosophischen und ethischen Inhalten.

Die Autorinnen und Autoren der Einzelbeiträge wurden aufgrund ihrer jeweiligen herausragenden spezifischen Kompetenz für ein Teilgebiet ausgewählt. Ziel war es nicht, eine enzyklopädische Übersicht zu vermitteln, sondern die wichtigsten Methoden und Themen kompetent, aber ohne Anspruch auf Vollständigkeit zu vermitteln. Die Beitragenden zu beiden Bänden hatten ein hohes Maß an Gestaltungsfreiheit, und unser Ziel als Herausgeber war es nicht, die unterschiedlichen Sichtweisen, philosophischen und didaktischen Stilformen und Argumentationsmuster zu homogenisieren. Das Ergebnis sollte eher von der Form eines Kaleidoskops sein. Die hier zum Ausdruck gebrachten philosophischen und didaktischen Positionen sind oft kontrovers, sie fordern Widerspruch und Ergänzungen, vor allem aber das eigene Nachdenken heraus – das war erwünscht, und umso wichtiger ist es, dass die Vielfalt unterschiedlicher philosophisch-ethischer und didaktischer Auffassungen in diesem Handbuch präsent ist.

Das Handbuch ist aus einer Kooperation zwischen Philosophie/Ethik und Fachdidaktik der Philosophie/Ethik hervorgegangen, eine Kooperation auch zwischen zwei Universitäten, nämlich der Ludwig-Maximilians-Universität in München und der Freien Universität in Berlin. Die unterschiedlichen Rollen der Philosophie und der Ethik in deutschen Bundesländern war uns bewusst und zwang uns von vornherein, davon Abstand zu nehmen, auf die spezifischen curricularen Vorgaben im Detail Rücksicht zu nehmen. Im Vergleich insbesondere zu deutschen Nachbarländern wie Italien oder Frankreich spielt die Philosophie an deutschen Schulen eine vergleichsweise marginale Rolle. Während der Philosophie in Frankreich oder Italien in der gymnasialen Oberstufe das gleiche Gewicht wie etwa Mathematik zukommt, spielt die Philosophie zum Beispiel in Bayern lediglich als Ethik in Gestalt eines Ersatzfaches zum konfessionsgebundenen Religionsunterricht eine Rolle, wird aber auch in den Curricula anderer Fächer thematisch einbezogen. In anderen Bundesländern, wie etwa Schleswig-Holstein, Nordrhein-Westfalen, auch Niedersachsen, ist die Philosophie als Schulfach wesentlich stärker vertreten. In Berlin ist Ethik allgemeines Pflichtfach, dem der Religionsunterricht als Wahlfach nachgeordnet ist. Angesichts von dreihundert Jahren einer immensen Produktivität deutschsprachiger Autoren in der Philosophie ist die geringe Rolle dieses Faches an deutschen Schulen nur schwer nachzuvollziehen. Philosophie ist wie kein anderes Schulfach und wie keine andere wissenschaftliche Disziplin integrativ, das heißt, sie schlägt Brücken zu anderen Fächern und Disziplinen, je nach philosophischer Thematik. Und der Ethik, auch in dem weiteren Verständnis, in dem sie nicht lediglich eine Subdisziplin der Philosophie ist, sondern eine praktische Orientierungsfunktion hat, kommt eine integrative Rolle gegenüber unterschiedlichen Religionen, Weltanschauungen und Lebensformen zu: Sie klärt das Verbindliche, das Allgemeingültige, das, was eine multikulturelle Gesellschaft über alle partikularen Differenzen hinweg zusammenhält. Zudem ist die Philosophie, speziell auch die philosophische Ethik als wissenschaftliche Disziplin, in den vergangenen Jahrzehnten zunehmend praktisch geworden, das heißt, sie befasst sich mit ganz konkreten Fragestellungen der Gesellschaft, der Kultur und der Politik, sie unterbreitet konkrete Kriterien zur Beurteilung der Gerechtigkeit und der Ungerechtigkeit politischer Institutionen und internationaler Beziehungen, sie berät Kommissionen bei der Klärung moralischer Konflikte in der medizinischen Praxis oder im Umgang mit Tieren, sie hat in Gestalt der ökologischen Ethik, aber auch der Zukunfts-, Technik-, Risiko- und Bioethik Impulse für die öffentliche Diskussion und die Gesetzgebung gegeben. Diese praktische Wendung der Philosophie hält in der Gegenwart an, und es ist nicht absehbar, dass sich dies in naher Zukunft ändern wird. Auch dies spricht dafür, der Philosophie einen größeren Stellenwert im deutschen Bildungswesen einzuräumen als dies bisher der Fall ist. Jedenfalls haben sich die drei Herausgeber in der Vergangenheit in unterschiedlichen Funktionen, Gremien, Forschungsprojekten und Initiativen dafür eingesetzt (s. Autorenverzeichnis). Dieses Handbuch kann man daher nicht nur als eine Unterstützung des Schulunterrichts in Philosophie und Ethik verstehen, sondern auch als ein Plädoyer, diesen beiden eng miteinander verbundenen Disziplinen im deutschen Bildungswesen einen größeren Stellenwert einzuräumen.

Philosophie ist die Disziplin des Selbstdenkens par excellence. Sie hat, und das gilt auch historisch, eine besondere Nähe zur Aufklärung und Demokratie. Ihr erster Höhepunkt in Europa fällt in die Zeit des ersten großen demokratischen Experimentes in Athen, und sie trägt diese frühe Epoche der antiken Aufklärung ganz wesentlich mit. Auch in der Neuzeit muss sich die Philosophie zunächst von der klerikalen und theologischen Bevormundung in einem mühsamen und teilweise blutigen Prozess lösen, um dann den Ausgang aus selbstverschuldeter Unmündigkeit (Immanuel Kant) anzuleiten und im 19. Jahrhundert schließlich die Ausdifferenzierung der Wissenschaft in Einzeldisziplinen zu initiieren. Abgesehen von der Medizin und der Jurisprudenz sind alle heute etablierten wissenschaftlichen Disziplinen Kinder der Philosophie, sie waren zunächst Teilgebiete philosophischer Forschung. Dies erklärt die integrative Kraft der Philosophie bis in die Gegenwart und die Skepsis der Repräsentanten autoritärer Macht gegenüber philosophischer Reflexion. Eine philosophische Disziplin, die sich als reine Wissenschaft in den Elfenbeinturm zurückzieht und sich ausschließlich um den innerakademischen Diskurs bemüht, verliert ihre gesellschaftliche Relevanz und ihre aufklärerische Kraft.

Der systematischen Schulung philosophischer und ethischer Kenntnisse und Fähigkeiten geht also eine Grundsatzentscheidung voraus. Nur Gesellschaften, die der Mündigkeit ihrer Bürger und einem humanistischen Selbstverständnis verpflichtet sind, werden entsprechende Bildungsangebote etablieren. Ebenso wird nur eine Philosophie, die sich sowohl als Wissenschaft wie als Teil der Aufklärung versteht, als Kooperationspartner in Frage kommen.

In den letzten Jahrzehnten haben das Interesse an Philosophie und der Umfang philosophischer Bildung deutlich zugenommen. Populärwissenschaftliche Veröffentlichungen stoßen auf reges Interesse, Ethik-Kommissionen fragen nach philosophischer Expertise und zahlreiche Studiengänge etablieren Seminare zur philosophisch-ethischen Reflexion ihres Tuns. Die Fächergruppe Philosophie und Ethik wurde in nahezu allen Schulformen und Jahrgangsstufen etabliert.

Die Schulung philosophischer Urteilskraft stützt sich auf den Erwerb von Sachkenntnissen, das Einüben von Analyse- und Argumentationskompetenzen und die Aneignung ergebnisoffener Nachdenklichkeit. Hierfür bedarf es fachwissenschaftlich und fachdidaktisch gut ausgebildeter Pädagoginnen und Pädagogen. Wenn dieses Handbuch dazu einen Beitrag leistet, wäre sein wichtigstes Ziel erreicht.

Einleitung

Markus Tiedemann

Die gelungene Gestaltung philosophischer Bildung impliziert die enge Verzahnung fachwissenschaftlicher und fachdidaktischer Aspekte. Solide Kenntnisse über die Disziplinen, ideengeschichtlichen Angebote und aktuellen Diskurse der Fachphilosophie (2. Band) sind ebenso unverzichtbar, wie die didaktische Reflexion der Ziele, Schwerpunkte, Gegenstände, Methoden, Klientel, Akzeptanz, Relevanz und Effizienz philosophischer Bildung.

Der vorliegende Band 1 versteht sich als substantielle Einführung in die Philosophiedidaktik. Eine vollständige Abbildung aller fachdidaktischen Arbeits- und Forschungsfelder ist längst unmöglich geworden. Gleichwohl darf behauptet werden, dass eine vergleichbare Zusammenführung prägender Themen und Autoren ihres Gleichen sucht. Primäre Zielgruppe sind Lehrerinnen und Lehrer der Fächergruppe Philosophie/Ethik sowie Studierende dieser Fachrichtungen. Die Kombination beider Bände bietet eine solide Grundlage für Studium, Referendariat und Lehrtätigkeit und kann auch von allen anderen Interessierten als fachliches und didaktisches „Philosophicum" genutzt werden.

Im I. Hauptteil (*Die theoretisch-konzeptionelle Ebene*) des vorliegenden Bandes werden zentrale Begriffe, Theorien und Prinzipien der Fachdidaktik präsentiert. Nach einer kurzen Einführung in die Genese der Disziplin, stellt der folgende Abschnitt die Bedeutung philosophischer Bildung in den Mittelpunkt. Hierzu gehört die Ausprägung eines humanistischen Selbst- und Gesellschaftsverständnisses, wofür die systematische Schulung von Urteilskraft, Freiheitsbewusstsein und Verantwortungsbereitschaft einen unverzichtbaren Beitrag leistet. Gleichzeitig gilt es, zwischen den unterschiedlichen Orten philosophischer Bildung zu differenzieren und das spannungsgeladene Verhältnis von Selbstdenken und Wertevermittlung zu berücksichtigen. Am Beispiel des UNESCO Programms „Philosophy – a school of freedom" wird verdeutlicht, welche Hoffnungen die internationale Gemeinschaft mit der Verbreitung philosophischer Reflexionsfähigkeit verbindet.

Im dritten Abschnitt werden die drei prägendsten Theorien der deutschen Fachdidaktik durch ihre eigenen Autoren, Ekkehard Martens, Johannes Rohbeck und Volker Steenblock zusammengefasst. Auf diese Weise entsteht eine einmalige Zusammenführung unverfälschter Kompendien, auf deren Grundlage Unterschiede und Gemeinsamkeiten identifiziert und diskutiert werden können.

Der anschließende Themenblock beschäftigt sich mit Prinzipien und Diskursen der Fachdidaktik. Neben konzeptionellen Leitmotiven wie „Lebensweltbezug" oder „Problemorientierung" werden kontroverse Themen wie „Kompetenzorientierung" oder das Verhältnis von „Anschaulichkeit und Abstraktion" expliziert, problematisiert und in ihren Konsequenzen verdeutlicht. Selbiges gilt für Herausforderungen, die sich aus der Einbeziehung feministischer, multikultureller oder wissenschaftspropädeutischer Perspektiven ergeben. Stets ist zu diskutieren, welche Aufgaben der Philosophie- und Ethikunterricht schultern kann und schultern sollte.

Einen weiteren Themenblock bildet der Sonderforschungsbereich des „Philosophierens mit Kindern". Dem Leser werden die konzeptionelle Entwicklung in den USA und Europa sowie exemplarische Forschungsergebnisse präsentiert.

Der II. Hauptteil (*Die empirisch-kritische Ebene*) wendet sich den Herausforderungen der empirischen Unterrichtsforschung zu. Zweifelsfrei kann sich die Fächergruppe des Philosophie- und Ethikunterrichts nicht a priori einer empirischen Evaluation verweigern. Gleichzeitig tun sich empirische Testformate schwer, der Komplexität philosophischer Bildungsgüter gerecht zu werden. Die Beiträge verdeutlichen den Erwartungsdruck, der von Seiten der empirischen Unterrichtsforschung an alle Schulfächer herangetragen wird und unterbreiten ein Konzept für mögliche Effizienzforschung. Gleichwohl wird die Annahme, philosophische Bildungsprozesse in Gänze evaluieren zu können, zurückgewiesen.

Der III. Hauptteil (*Die methodisch-praktische Ebene*) widmet sich der konkreten Gestaltung philosophischer Bildungsprozesse. Nach einer Auseinandersetzung mit den Charakteristika einer spezifisch philosophischen Methodenlehre folgt die Darstellung von Einzelmethoden und Arbeitsbereichen. Die Auswahl reicht von klassischen analytischen, hermeneutischen oder dialektischen Arbeitsformen über spekulative Methoden bis zu kreativ-präsentativen Ausdrucksformen. Auch praktische Anregungen für den Unterricht prägen die Beiträge. Der anschließende Abschnitt zum Thema Medien entfaltet ein ähnlich breites Portfolio. Schnell wird deutlich, dass die Schulung philosophischer Nachdenklichkeit keines spezifischen Trägers bedarf, sondern durch unterschiedlichste Medien initiiert, befördert und zum Ausdruck gebracht werden kann. Der Band endet mit einem Abschnitt über Konzepte der Unterrichtsplanung und die funktionale Verwendung von Operatoren.

I.

Die theoretisch-konzeptionelle Ebene

1. Genese und Struktur der Philosophiedidaktik

Markus Tiedemann

Didaktik ist ein sehr alter Teil der Philosophie, aber eine vergleichsweise junge akademische Disziplin. Seit der Antike haben zahlreiche Denker um die rechten Wege und Ziele philosophischer Bildung gerungen. Von der Auswahl der Orte seiner Dialoge über die Methode der Maeutik bis hin zum Erziehungsprogramm der Politeia, hat Platon sich immer wieder didaktischer Fragen angenommen. Der Dialog *Menon* kann sogar als erste Lehrprobe der Geschichte gelesen werden (Steenblock 2014). Die aristotelische Unterscheidung zwischen esoterischen und exoterischen Schriften ist ein weiterer Hinweis auf die didaktische Reflexion von Lerninhalten und Lerngegenständen. Insbesondere die Ausgestaltung der unterschiedlichen Athener Schulen kultivierte das bewusste Arrangement von Lernobjekten, Lernsubjekten und Lernprozessen.

Wie alle Teile der Philosophie war auch das didaktische Erbe der Antike zahllosen Schwankungen, Unterdrückungen und Fortführungen unterworfen. Spätestens durch die Lehren des Johann Amos Comenius wurde die Didaktik zum prägenden terminus technicus der Pädagogik. Zudem wurde in der 1657 veröffentlichten *Didactica magna* durch die Unterscheidung von *Didaktik* als „Kunst der Lehre" und *Mathetik* als „Kunst des Lernens" ein Grundverständnis formuliert, das bis in die Moderne hinein die rein praktische Methodik von der theoretischen Didaktik trennte (Klafki 1976).

Das neuzeitliche Selbstverständnis philosophischer Bildung erlangte vor allem durch die Beiträge von Kant und Hegel klarere Konturen. Bekanntlich definierte Kant nicht nur die Fragedimensionen der Philosophie, sondern formulierte auch das Primat des Selbstdenkens gegenüber der Reproduktion eines Bildungskanons. Kant behauptete, dass man nur Philosophieren, aber nicht Philosophie lernen könne. Denn „ohne Kenntnisse wird man nie ein Philosoph werden, aber nie werden auch Kenntnisse allein den Philosophen ausmachen" (Kant *Logik*, AA IX 25). Was unter der geschulten Urteilskraft, dem „selbsteigenen Gebrauch der Vernunft" zu verstehen sei, beantwortete Kant mit der Definition von Fertigkeiten, die wir heute Kompetenzen nennen würden. Es handelt sich um die Verinnerlichung der „Maximen des gemeinen Menschenverstandes" verstanden als „1. Selbstdenken; 2. An der Stelle jedes anderen denken; 3. Jederzeit mit sich selbst einstimmig denken" (Kant *KU*, AA V 294). Die Aufgabe der philosophischen Bildung bestand für Kant also darin, den Mut und die Disziplin des *sapere aude* zu nähren.

Hegels theoretisches Verständnis philosophischer Bildung und seine eigene gymnasiale Lehrtätigkeit scheint dem Kantischen Selbstdenken ein Nachvollziehen entgegen- oder zumindest vorauszusetzen. Ihm ging es darum, den Schülern eine vom Lehrer vorgegebene Einsicht zu vermitteln. Ob am Ende der dialektischen Führung auch das autonome Selbstdenken des Individuums angestrebt wird, bleibt offen. Mit Blick auf die philosophische Bildungsfähigkeit breiter Bevölkerungsschichten, zeigte sich Hegel jedenfalls weit weniger optimistisch als Kant. Philosophie, so Hegel, sei weder „für den Pöbel gemacht, noch einer Zubereitung für den Pöbel fähig" (Hegel 1986).

Auch wenn es schwer fällt, beiden Autoren und ihrem historischen Selbstverständnis gerecht zu werden, so verdeutlicht die Gegenüberstellung von Esoterik und Exoterik sowie von Selbstdenken und Kanon-Beschulung elementare Grundfragen, die bis heute das Selbstverständnis philosophischer Bildung prägen.

Die Reformpädagogik der 20er Jahre brachte einen weiteren wichtigen Impuls für die Entwicklung der Philosophiedidaktik. Persönlichkeiten wie John Dewey, Leonard Nelson, Gustav Heckmann oder Janusz Korczak, standen für eine enge Verknüpfung von

Pädagogik und pädagogischer Bildung. Nach dem zweiten Weltkrieg fanden Teile dieser Ansätze ihren Eingang in die Konzeption der Justice Community School nach Kohlberg. Auch das neosokratische Gespräch lebte wieder auf und gehört heute zum festen Bestandteil jeder fachdidaktischen Ausbildung.

Die Schulreformen der 70er Jahre hatten eine nachhaltige Stärkung verschiedener didaktischer Disziplinen zur Folge. Dies galt für die Allgemeine Didaktik ebenso, wie für die Fachdidaktiken der etablierten und der neu geschaffenen Fächer. 1978 wurde die erste Professur für Philosophiedidaktik in Hamburg eingerichtet. Philosophieunterricht wurde zunächst nur als Kursangebot der reformierten Oberstufe angeboten. Bald darauf erfolgte die Ausdehnung auf die Sekundarstufe I. Heute wird die Fächergruppe Philosophie, Ethik, Werte und Normen, LER in allen Bundesländern unterrichtet, wobei mehrheitlich die Ersatzfachregel zum Tragen kommt. Philosophie oder Ethik werden also als Wahlalternative zu Religion angeboten. Ausnahme ist bisher nur das Land Berlin, in dem Ethik zum Pflichtfach erhoben wurde, während Religion als zusätzlicher Kurs gewählt werden kann. Darüber hinaus führte die aus den USA stammende Bewegung des *Philosophy for Children* zum Eingang philosophischer Bildungsangebote in den Primarschulbereich. Spitzenreiter ist das Bundesland Mecklenburg Vorpommern, in dem das Fach „Philosphieren mit Kindern" ab Klasse 1 angeboten wird. In den europäischen Nachbarstaaten zeigt sich ein differenziertes Bild (Brüning 1998). Zahlreiche Staaten haben ähnlich wie Deutschland erst nach und nach damit begonnen, die philosophische Bildung in der schulischen Ausbildung zu verankern. Länder wie Frankreich, Italien und Spanien blicken zwar auf eine etablierte und selbstverständliche Tradition philosophischer Schulbildung zurück, haben aber erst in den letzten Jahrzehnten damit begonnen, eine eigene Fachdidaktik zu konzipieren (Rollin 1994).

Mit Blick auf den Stellenwert des Philosophieunterrichts, kann Deutschland also nicht als Spitzenreiter bezeichnet werden. Allerdings wurde die didaktische Theorie- und Konzeptentwicklung im deutschsprachigen Raum mit besonderer Intensität vorangetrieben. Ursächlich hierfür waren die kontroversen Debatten, die mit der Einführung und Ausgestaltung des Philosophieunterrichts verbunden waren. Neben der generellen Frage nach der Legitimität dieses Bildungsangebotes, mussten Lernziele und Methoden bestimmt und altersgerecht ausgestaltet werden. Die Bandbreite der Ansätze reichte von einer strengen Wissenschaftspropädeutik bis hin zu freien Reflexionsgesprächen über die Herausforderungen des Zeitgeistes (Lassahn 1972). In der sogenannten Rehfus-Martens-Debatte standen sich erstmals zwei ausgearbeitete Theorien gegenüber. Wulff D. Rehfus vertrat eine „bildungstheoretisch-identitätstheoretische Philosophiedidaktik" (Rehfus 1986). Gemäß dieser Konzeption bot der Nachvollzug der Philosophiegeschichte die Gelegenheit, sich als Subjekt in der Geschichte zu begreifen und somit die Identitätskrise des modernen Menschen zu kompensieren. Ekkehard Martens hingegen lehnte den bloßen Nachvollzug philosophischer Studieninhalte als „Abbilddidaktik" ab und proklamierte einen „dialogisch-pragmatischen" Ansatz, in dem die Philosophie nicht um „ihrer, sondern um unserer selbst willen" zu betreiben sei (Martens 1979). Einerseits lebte in der Kontroverse die alte Trennlinie zwischen Kant und Hegel erneut auf, andererseits sollten die Diskrepanzen nicht überstrapaziert werden. Übergeordnetes Bildungsziel beider Konzeptionen war die autonome Urteilskraft. Auf dem Weg dorthin setzt Rehfus auf die Kenntnis der Geistesgeschichte, während Martens für die sokratisch-kantische Schulung des Selbstdenkens eintrat. Klassiker der Ideengeschichte waren für Martens willkommene, aber nur mögliche „Dialogpartner", für Rehfus hingegen notwendiger Gegenstand des Unterrichts. Auf der anderen Seite war die Unterrichtsmethode des Dialoges für Rehfus willkommen und möglich, für Martens aber unverzichtbar. Für die Ausdifferenzierung der Fachdidaktik leistete die Rehfus-Martens-Debatte in jedem Fall einen fruchtbaren Beitrag. Ihre Intensität war ein wesentlicher Faktor dafür, dass die fachdidaktische Theoriebildung im deutschsprachigen Raum vergleichsweise rasch voranschritt.

Heute existieren mehrere philosophiedidaktische Theorien und es ist uns eine große Freude, dass die drei prägendsten Konzeptionen in diesem Band von ihren Urhebern, Ekkehard Martens, Johannes Rohbeck und Volker Steenblock selbst dargestellt werden.

Auch die Aufgabenfelder der Philosophiedidaktik haben eine quantitative Ausdehnung und eine qualitative Spezialisierung erfahren. Heute ist Philosophiedidaktik eine theoretisch-konzeptionelle, eine methodisch-praktische und eine empirisch-kritische Wissenschaft. Als theoretisch-konzeptionelle Wissenschaft ist Philosophiedidaktik primär Theorie der philosophischen Bildung. Neben den bereits erwähnten Fragen nach der Legitimität, Zielsetzung und der Klientel entsprechender Bildungsangebote, geht es hier zunehmend um das Proprium der Philosophie selbst. Neben dem Verschwinden umfassender philosophischer Systeme, trägt auch die rasante Spezialisierung der akademischen Fachphilosophie zu dieser Entwicklung bei. Es wird zunehmend problematisch, einen Kernbestand philosophischer Wissensbestände und Fertigkeiten zu identifizieren und für ein immer größeres Spektrum von Klientelgruppen didaktisch aufzubereiten. In einer groben Zusammenstellung könnten die Fragen der theoretisch-konzeptionellen Forschung wie folgt zusammengefasst werden:

- Identitätsdiskurs: Was ist philosophische bzw. ethische Bildung, wo manifestiert sie sich und wie lässt sich ihre methodische und inhaltliche Essenz erfassen?
- Legitimationsdiskurs: Welchen Gewinn bietet philosophische und ethische Bildung für den Einzelnen und für die Gemeinschaft?
- Transformationsdiskurs: Welcher Grad an methodischer und inhaltlicher Elementarisierung ist möglich, ohne die Essenz des philosophischen Gegenstands zu verlieren? Welche Kenntnisse, Fähigkeiten und Haltungen sind zu kultivieren, um Menschen unterschiedlicher Lebensalter an philosophische Inhalte heranführen zu können.

Als methodisch-praktische Disziplin ist Philosophiedidaktik eine Anwendungswissenschaft, die sich vor allem der Vermittlung von Lehr-Lern-Kompetenzen verpflichtet. Neben der Erprobung und Verbreitung von Methoden, Lernszenarien und Best-Practice-Beispielen, hat die konkrete Vorbereitung auf den Schuldienst weiter an Bedeutung gewonnen. Im Rahmen der Verkürzung des Referendariats sind in fast allen Bundesländern nennenswerte Anteile des Vorbereitungsdienstes in die erste Ausbildungsphase verschoben worden. Auch die Einrichtung des sogenannten „Praxissemesters" macht deutlich, dass die universitäre Lehrerausbildung praxisnahe Ausbildungsmodule vorhalten muss. Eine wesentliche Aufgabe der Fachdidaktiker ist es daher, Studierende mit den Grundlagen der Unterrichtsplanung, der Steuerung von Lernprozessen, der Individualisierung und Diagnostik, dem Zusammenspiel von Methoden und Sozialformen sowie der altersgerechten Elementarisierung und Leistungsbewertung vertraut zu machen.

In ihrer Funktion als empirisch-kritische Wissenschaft geht es der Philosophiedidaktik darum, empirische Formate zur Evaluation der Wirksamkeit und Akzeptanz philosophischer Bildungsprozesse zu entwickeln und zu erproben. Gleichzeitig muss darauf geachtet werden, die Grenzen empirischer Erhebungen zu verdeutlichen und jene philosophischen Bildungsinhalte zu betonen, die sich empirischen Zugriffen entziehen.

Professionelle Philosophiedidaktik ist daher mit einem anspruchsvollen Qualifikationsprofil verbunden. Zum einen ist fachphilosophische Expertise unverzichtbar. Zum anderen können die Anforderungen der Lehrerausbildung ohne eigene, intensive Praxiserfahrung kaum glaubhaft bewältigt werden. Darüber hinaus ist die Auseinandersetzung mit empirischer Bildungsforschung unumgänglich. Die vorliegenden Bände versuchen der Vielfalt dieses Anforderungsprofils Rechnung zu tragen. Sie bieten daher nicht nur eine Grundlage für die Lehramtsausbildung in den Fächern Philosophie und Ethik, sondern auch für den akademischen Nachwuchs der Fachdidaktik. Beides ist ohnehin untrennbar miteinander verbunden.

Literatur

Brüning, B.: *Ethikunterricht in Europa. Ideengeschichtliche Traditionen, curriculare Konzepte und didaktische Perspektiven in der Sekundarstufe I*, Leipzig 1998.

Hegel, G. W. F.: „Einleitung. Über das Wesen der philosophischen Kritik überhaupt und ihr Verhältnis zum gegenwärtigen Zustand der Philosophie insbesondere", in: ders.: *Jenaer Schriften 1801-1807*, Werke 2, Frankfurt am Main 1986.

Kant, I.: *Logik. Ein Handbuch zu Vorlesungen*, hrsg. von G. B. Jäsche und W. Winkel, Leipzig 1920³.

Kant I.: *Kritik der Urteilskraft*, hrsg. von der Königlich-Preußischen Akademie der Wissenschaften, Bd. V, Berlin 1902/1919.

Klafki, W.: *Aspekte kritisch-konstruktiver Erziehungswissenschaft*, Weinheim 1976.

Lassahn, R.: „Zum Philosophieunterricht am Gymnasium", in: *Aufgaben und Wege des Philosophieunterrichts*, Neue Folge 4, Frankfurt am Main 1972, 1-20.

Martens, E.: *Dialogisch-pragmatische Philosophiedidaktik*, Hannover 1979.

Rehfus, W.: *Der Philosophieunterricht. Kritik der Kommunikationsdidaktik und unterrichtspraktischer Leitfaden*, Stuttgart, Bad Cannstatt 1986.

Rollin, F.: *L'eveil philosophique – Apprendre à philosopher*, Paris 1982.

Steenblock, V.: „Die erste Lehrprobe der Welt- didaktische Überlegungen im Anschluss an Platons Menon", in: *Zeitschrift für Didaktik der Philosophie und Ethik 2* (2014), 79-89.

2. Philosophische Bildung

2.1 Bildungsziele des erneuerten Humanismus

Julian Nida-Rümelin

Philosophie an deutschen Schulen

Die Rolle der Philosophie an deutschen Schulen stellt eine Anomalie dar. Während die deutschsprachigen Beiträge zur Philosophie der letzten Jahrhunderte von zentraler Bedeutung sind, spielt weder die Geschichte der Philosophie noch die Schulung zum philosophisch-methodischen Denken in den deutschen Schulen eine wesentliche Rolle. In Italien, in Frankreich und in anderen romanischen Ländern ist Philosophie hingegen eines der Kernfächer; in Frankreich gleichrangig neben dem Französisch und der Mathematik. In vielen Ländern der Welt, zunehmend auch in den englischsprachigen Ländern, wiederkehrend in den slawischen, und sogar in Ostasien gilt Deutsch als Schlüssel nicht nur zu einem wichtigen europäischen Land und seiner Kultur, sondern eben auch zum internationalen philosophischen Diskurs. Kant, Hegel, Heidegger, Husserl, Wittgenstein u.v.a. prägen die intellektuellen Diskurse in den Geisteswissenschaften, den Feuilletons, den Künsten und der Literatur.

Es kann und muss auch nicht hier den Ursachen nachgegangen werden, die zu dieser Anomalie geführt haben. Aber es soll auf das Zeitfenster hingewiesen werden, das sich gegenwärtig auftut, um diesen Missstand zu beheben. Die Bildungslandschaft ist seit Jahren im Wandel. Die Zeit der deutschen Halbtagsschule scheint ihrem Ende entgegenzugehen. Es ist eine Generation junger Frauen herangewachsen, die es aus vielen Gründen für selbstverständlich hält, in gleicher Weise am Erwerbsleben zu partizipieren wie gleichaltrige Männer. Partnerschaftliche und berufliche Verhältnisse sind zudem instabiler geworden. Die ökonomische Selbstständigkeit ist schon von daher ein Gebot der praktischen Vernunft. Der Staat reagiert darauf u. a. mit einem Rechtsanspruch auf Ganztagsbetreuung von Kindern ab dem zweiten Lebensjahr und es liegt in der Logik dieser Entwicklung, dass die Schulen nachziehen werden.

Der Wandel der Bildungs- und Schullandschaft darf keine rein quantitative Verlängerung der bisherigen Unterrichtszeiten darstellen. Das Hüpfen von Fach zu Fach im Stunden-Rhythmus, die Parzellierung des Wissens, die Vernachlässigung eigener Urteilskraft gegenüber meist nur kurzfristigem Wissenserwerb muss ein Ende haben. Tatsächlich entstehen in diesem Wandel reale Chancen, dass neue Formen des Bildungserwerbs und der Bildungsvermittlung gefunden werden, die mit neuen Inhalten verbunden werden, einer neuen interdisziplinären Kanonik, einer größeren Vielfalt eigener Schwerpunktsetzungen der Schulen und verbesserten pädagogischen Methoden, um auf die Interessen der Jugendlichen einzugehen. Die Philosophie kann und muss in diesem Prozess eine wichtige Rolle spielen.

Das wichtigste kognitive Bildungsziel ist die Urteilskraft. Gerade in einer Welt, in der Informationen im Übermaß vorhanden sind, sind Menschen auf ihre Urteilskraft angewiesen, weil sie sich täglich von Neuem ihr eigenes, und im günstigen Fall wohlbegründetes und stabiles, Urteil bilden können müssen. Sie müssen gute von schlechten Argumenten unterscheiden lernen. Die Philosophie als Logik und als Argumentationslehre wäre in diesem Fall kein Fach neben anderen, sondern für kognitive Bildung generell unverzichtbar (vgl. Kulturtechnikthese bei Martens 2003 und in diesem Band).

Die Entwicklung der praktischen und theoretischen Philosophie in den letzten Jahrzehnten bietet einen riesigen Fundus handlungs- und theorieleitender Kriterien und Argumente. Die praktische Philosophie ist im Wortsinne praktisch geworden, das heißt, sie hat sich von den Theoriestreitigkeiten weg bewegt und sich der Detailanalyse konkreter

Entscheidungssituationen zugewandt. Sie ist im Gegensatz zu früheren Zeiten empirisch gesättigt, das heißt die philosophischen Beiträge stehen im engen Austausch zu den empirischen Aspekten menschlicher Praxis.

Jugendliche müssen lernen, sich in einer komplexen sozialen Welt zu orientieren. Die kulturelle Globalisierung, die die ökonomische zunehmend ergänzen wird, verlangt nach interkultureller Kompetenz, zu der die Philosophie einen wichtigen Beitrag leisten kann. Fragen der internationalen Gerechtigkeit und der Herausforderungen durch den Klimawandel sind bereits kompetent behandelt worden (z. B. Thomas Nagel, Martha Nussbaum, Thomas Pogge).

Die internationale multipolare Staatenwelt ist heute unüberschaubarer und komplexer denn je. Humanitäre Interventionen und ethisch motivierte Kriege ohne eigene Bedrohung haben Eingang ins Völkerrecht gefunden und sind von wachsender Bedeutung. Die neuen Kriegsformen wie der asymmetrische Krieg (gegen den Terrorismus) und der Informationskrieg, aber auch die Massenüberwachung fordern die ‚Ethik internationaler Beziehungen' heraus. Damit ist politische Ethik zu einem wichtigen Ordnungsfaktor geworden. Nach vielen Jahrzehnten der Dominanz des Realismus in den internationalen Beziehungen sind philosophische Fragen nicht nur von theoretischem, sondern auch von politischem Interesse.

Wissenschaftliche Erkenntnisse sind heute mit der ökonomischen und technologischen Praxis enger verwoben als zu früheren Zeiten. Ökonomische Interessen spielen eine größere Rolle in der Wissenschaftsentwicklung und umgekehrt. Wir leben in einer wissenschaftlich-technisch geprägten Welt. Umso bedeutsamer ist es, Jugendlichen frühzeitig ein angemessenes Verständnis des wissenschaftlichen Denkens zu vermitteln und die wichtigsten Ergebnisse der Wissenschaft in ein kohärentes Bild zu integrieren. Die Philosophie als Integrationsdisziplin, als die einzige Disziplin, die zu allen anderen ein mehr oder weniger enges Verhältnis pflegt, kann diese Integrationsleistung erbringen. Die philosophische Erkenntnis- und Wissenschaftstheorie stellen die dazu wesentlichen Begriffe und Analysemethoden bereit. Es ist für die kulturelle Verfasstheit einer Gesellschaft von großer Bedeutung, dass schon in den Schulen die Anstrengung der Interdisziplinarität beginnt. Die Philosophie spielt hier eine Schlüsselrolle.

Die Geschichte der Philosophie birgt einen Schatz von Denkansätzen, Begriffen, Theorien, der bis heute nichts von seiner Aktualität eingebüßt hat. Die großen Klassiker sind nicht lediglich aus historischem Interesse relevant, sondern aus einem eminent praktischen. Es gibt Platoniker in der Mathematik und Physik. Es gibt Aristoteliker in den Sozialwissenschaften. Es gibt Epikureer und Stoiker in der Kunst der Lebensberatung. Es gibt die Rationalisten der Neuzeit, die als Radikale der Vernunft gegen Konvention, gegen Tradition, Vorurteil und Unmündigkeit kämpften. Es gibt die Ethiker der Schottischen Aufklärung, die die Ökonomie als Wissenschaft begründeten. Immanuel Kant, in dem der Geist der europäischen Aufklärung seinen höchsten Ausdruck findet. Hegel, Marx, Frege, Husserl, Heidegger, Wittgenstein – nicht zufällig deutschsprachige Philosophen – prägen das kulturelle, soziale, politische, geisteswissenschaftliche Denken bis heute im hohen Maße. Philosophie in den Schulen sollte sich nicht auf die Geschichte der Philosophie beschränken. Aber die klassischen Texte und die Geschichte der Philosophie sind ein reichhaltiger Fundus, der für das Verständnis des eigenen kulturellen Herkommens und der heutigen kulturellen Diskurse unverzichtbar ist.

Die ethische Dimension der jugendlichen Lebensform bedarf einer philosophischen Orientierung, um sich voll entfalten zu können. Dieser Bedarf lässt sich nicht auf diejenigen beschränken, die einen Religionsunterricht ablehnen, und betrifft alle Altersgruppen. Philosophie ist nicht nur ein Fach neben anderen, sie ist eine Art „Brückenfach". Der Philosophie an deutschen Schulen kann und muss eine überwölbende, interdisziplinäre und integrierende Rolle zukommen. Dabei darf die Philosophie nicht auf die Gymnasien beschränkt werden. Sie kann und soll an allen Schultypen, bis hin zur Grundschule, eine wichtige Rolle spielen. Es scheint kaum ein anderes Fach zu geben, das den Interessen von Kindern und Jugendlichen so sehr entgegenkommt wie eine Philosophie (vgl. Nida-Rümelin, Weidenfeld 2012), die sich auf die Lebenswelt von Kindern und Jugendlichen einlässt, diese erweitert und schließlich Methoden geleitet transzendiert.

Bildungsziele des erneuerten Humanismus

Der Wandel der Bildungs- und Schulstrukturen, in dem die Philosophie eine wichtige Rolle spielen kann und muss, kommt nicht ohne Leitideen und normative Orientierungen aus. Ich plädiere hier für den erneuerten Humanismus allgemein in der Bildung und insbesondere im deutschen Schulsystem. Der Kern des erneuerten Humanismus ist die menschliche Fähigkeit, sich von Gründen affizieren, sich von Gründen leiten zu lassen. Darauf beruhen drei spezifischere Fähigkeiten des Menschen: Die Fähigkeit, vernünftige, wohlbegründete Überzeugungen auszubilden (*Rationalität*), die Fähigkeit zu einer autonomen und freien Lebensgestaltung (*Freiheit*) und die Fähigkeit, *Verantwortung* wahrzunehmen und zu übernehmen. Diese drei Fähigkeiten bilden zugleich die zentralen Bildungsziele des erneuerten Humanismus.

Rationalität als instrumentelle oder konsequenzialistische ist mit menschlicher Lebensform unvereinbar, d. h. sie ist mit unserer geteilten Praxis der Begründung von Entscheidungen nicht verträglich (Nida-Rümelin 1995, 2011). Unsere gesamte Verständigungspraxis beruht darauf, dass wir bestimmten Regeln folgen. Jemand, der zu jedem Zeitpunkt, in dem er eine Handlung vollzieht, diese konsequent so wählt, dass das eigene Wohlergehen dadurch optimiert wird, verletzt systematisch – das heißt immer dann, wenn die betreffende Regelbefolgung mit der Optimierung des eigenen Wohlergehens kollidiert –, jene Regeln, deren Einhaltung erforderlich ist, um eine kohärente und verständliche Interaktionspraxis zu realisieren.

Die menschliche Lebensform, die alltägliche Verständigung, die sozialen Rollen, die wir einnehmen, die Vereinbarungen, die wir treffen, die alltägliche menschliche Praxis ist deontologisch verfasst: Sie ist durch Regeln konstituiert, die wir auch dann befolgen (müssen), wenn dies im Einzelfall nicht optimierend für uns ist. Eine Praxis, die in jedem Einzelfall ihre Konsequenzen optimiert, eine konsequenzialistische Praxis, wäre in einem sehr fundamentalen Sinne inhuman, nämlich unvereinbar mit der menschlichen Lebensform.

Es gibt keine ökonomische oder konsequenzialistische Rationalität neben und außerhalb der lebensweltlichen Praxis. Auch in der Ökonomie wird kommuniziert, werden Gründe ausgetauscht, werden Menschen mit ihren Charaktermerkmalen ernst genommen und beurteilt, wird kooperiert und moralisch gewertet. Der erneuerte Humanismus stellt den Systemrationalitäten die verantwortliche Persönlichkeit gegenüber, die sich durch durchhaltende Gründe auszeichnet, erkennbar ist in den Gründen, die sie vorbringt, und die den Kern humaner Praxis, den respektvollen Umgang, keiner Form von Instrumentalisierung opfert.

Jede von Gründen geleitete Praxis ist Ausdruck menschlicher *Freiheit* (Nida-Rümelin 2005), auch die amoralische und sogar die unmoralische. Hier stehen sich nicht die pragmatischen Imperative des Glücksstrebens und die moralischen Imperative des Kategorischen Imperativs gegenüber, sondern schon im Handlungsbegriff selbst ist der Freiheitsaspekt, die besondere menschliche Fähigkeit, aus Gründen zu handeln, enthalten. Auch die lediglich an ihrem eigenen Wohlergehen interessierte Person kann nicht jeweils ihren Augenblicksneigungen folgen. Auf diese Weise würde sie ihrem eigenen Wohlergehen auf Dauer zuwiderhandeln. Eine vernünftige Praxis zeichnet sich dadurch aus, dass die einzelnen Handlungen auch im Zeitverlauf zueinander passen, dass sie einen Sinn ergeben, dass sie als Ausdruck sich durchhaltender Wertungen und Erwartungen, normativer und deskriptiver Überzeugungen interpretiert werden können. Da Handlungen immer Ausdruck einer Stellungnahme sind, was sich unter anderem darin äußert, dass der Akteur für seine Handlungen immer Gründe angeben kann, ist jede Handlung Ausdruck menschlicher

Freiheit. Unser Verhalten ist in einem fundamentalen Sinne frei, sofern es Handlungscharakter hat.

Es bedarf eines zunächst von Erziehern und Pädagogen geleiteten und dann lebenslangen Bildungsweges, um Autonomie in dem substanziellen Sinne zu garantieren, also die Freiheit, so zu leben, wie man nach gründlicher Abwägung leben will. Diese Form menschlicher Freiheit beruht auf Urteilskraft und Entscheidungsstärke, auf der Fähigkeit, Gründe abzuwägen und aufgrund dieser Abwägung zu handeln. Das unvollendete Projekt der Aufklärung fordert, die Bildung ganz auf das Ziel einer freien, autonomen Person auszurichten. Bildung soll nicht Untertanen schaffen (vgl. Winkler 1988), Bildung soll nicht das Funktionieren der Ökonomie sicherstellen, Bildung soll keinen ideologischen Zielen dienen, sondern Bildung ist der Weg zur autonomen, zur selbstbestimmten Existenz. Die Heranwachsenden auf diesem Weg zu begleiten ist die große Aufgabe der Pädagogik.

Wir sind für jede unserer Handlungen verantwortlich, nicht nur für die eine oder andere. Es gibt also einen begrifflichen Zusammenhang zwischen Handlung und *Verantwortung*: Handlungen kann man definieren als diejenigen Bestandteile unseres Verhaltens, für die wir verantwortlich sind. Wir sind verantwortlich für unsere Handlungen, weil wir Gründe haben, sie zu vollziehen. Von anderen werden wir mit unseren Gründen identifiziert. Gründe müssen nicht mitgeteilt werden, um wirksam zu sein. Wir haben Gründe, ohne diese formulieren zu können. Wir sind nicht nur für unsere Praxis, sondern auch für unsere Überzeugungen verantwortlich, sofern wir für diese Gründe haben. Da Überzeugungen und Handlungen ohnehin eng miteinander verkoppelt sind, sind wir für das Gesamt unserer Praxis, die unsere Überzeugungen und unsere Wünsche repräsentiert, verantwortlich. AutorIn des eigenen Lebens zu sein, heißt nichts anderes als (hinreichend) frei (autonom) zu sein und damit (ipso facto) für das eigene Leben verantwortlich zu sein.

Der Verantwortungsbegriff, für den ich plädiere (Nida-Rümelin 2011), geht weit über den Kantischen hinaus. Es ist nicht mehr allein um das Handeln „aus Achtung vor dem Sittengesetz", das den vernünftigen, autonomen Akteur ausmacht, sondern die Praxis als Ganze. Je kohärenter um die Praxis, je klarer die Lebensform als Ganze von Gründen strukturiert ist, desto vernünftiger und autonomer ist die betreffende Person. Sie gewinnt an Freiheit dadurch, dass sie sich von ihren Augenblicksneigungen distanziert und sich von Gründen leiten lässt. Die Verantwortung, die sie als vernünftige Person hat, bezieht sich auf das Gesamt ihrer Lebensform. Lebensform ist aber nicht lediglich das Verhalten der Person, das, was sichtbar und ‚öffentlich' ist. Ein Verhalten wird zur Lebensform erst dadurch, dass es interpretiert wird, dass wir es als Ausdruck von Überzeugungen und Absichten interpretieren. Erst wenn die Intentionalität des Akteurs ins Spiel kommt, wird aus bloßem Verhalten eine Praxis. Eine Praxis erscheint uns sinnvoll, sofern es uns gelingt, diese zu verstehen, das heißt, sie als von stimmigen Gründen geleitet zu interpretieren.

Der Bildungsprozess, den Menschen mit ihrer Geburt zu durchlaufen beginnen, besteht in der allmählichen Herausbildung einer kohärenten, einer vernünftigen, einer verantworteten und im günstigen Fall auch verantwortbaren Lebensform, in der Autorschaft eines Lebens, das von Gründen geleitet ist, also in diesem Sinne rational ist, das die Autonomie des Akteurs sichert und die Grenzen achtet, die die Autonomie anderer zieht, ein Leben, das verantwortet und verantwortlich ist.

So wie wir für unsere Handlungen Gründe haben, so haben wir für unsere Überzeugungen Gründe. Zwischen diesen beiden Kategorien von Gründen – praktischen und theoretischen – gibt es zahlreiche Gemeinsamkeiten. Beide gehorchen im Großen und Ganzen der gleichen Logik, beide verlangen nach Abwägung, beide haben einen objektiven Inhalt, nämlich die Frage, ob diese Überzeugung bzw. diese Handlung richtig ist, und beide charakterisieren doch in hohem Maße die Individualität der Person. Überzeugungen sind nicht das Ergebnis kausaler, von uns nicht kontrollierbarer natürlicher Prozesse, sondern Ergebnis der Abwägung theoretischer Gründe. Deswegen sind wir auch für unsere

Überzeugungen, nicht nur für unsere Handlungen verantwortlich.

Auch ein Teil unserer Emotionen ist von Gründen abhängig. Jemandem dankbar zu sein, ist nur dann gerechtfertigt, wenn diese Person etwas Gutes getan hat. Wenn diese Person nichts Gutes getan hat, dann wäre das Gefühl der Dankbarkeit schlicht irrational. Die angemessenen Gefühle in bestimmten Situationen zu entwickeln, ist Voraussetzung für die Verständigung mit anderen, erlaubt es, Teil einer kulturellen und sprachlichen Gemeinschaft zu sein, ist aber auch Bedingung der eigenen Freiheit. Wer seinen Augenblicksneigungen ausgeliefert ist, wer sein Gefühlsleben nicht ‚unter Kontrolle' hat, wer in Situationen, in denen Trauer angemessen ist, Spottlust entwickelt, wer angesichts des Unglücks anderer Genugtuung empfindet, wer sich von neuen Situationen einschüchtern lässt, wer Angst hat zu widersprechen, wer keine Dankbarkeit, kein Verzeihen, kein Mitleid kennt, der wird kein gutes, humanes Leben führen. Der emotionale Aspekt eines guten Lebens ist aber nicht einfach vorgegeben oder angeboren, sondern wenigstens zum Teil Ergebnis von Bildung und Selbstbildung. Wer über die Angemessenheit eines Gefühls nachdenkt, der wägt Gründe ab. Die Trennung von Rationalität und Emotionalität ist in dem hier vorgestellten Verständnis von Verantwortung aufgehoben. Überzeugungen, Handlungen und Gefühle sind gleichermaßen von Gründen affizierbar und Gegenstand von Bildung und Selbstbildung. Die damit korrespondierenden theoretischen, praktischen und emotiven Gründe sind nicht voneinander getrennt, sondern eng miteinander verbunden – sie knüpfen gemeinsam das Netz eines humanen Lebens.

Wir sind dafür verantwortlich, dass unser je individuelles und humanes Leben gelingt. Und wir sind auch dafür verantwortlich, dass das individuelle und humane Leben der nächsten Generationen gelingt. Kinder und Jugendliche müssen auf ihrem Bildungsweg die Praxis und die Philosophie, d. h. die Methoden des Gründegebens- und -nehmens erlernen. Dafür eignen sich insbesondere die Fächer Philosophie und Ethik, weil in diesen Disziplinen die Voraussetzungen des Gründegebens- und -nehmens zum Gegenstand des Nachdenkens selbst gemacht werden können. Den Kindern und Jugendlichen muss vorgelebt und vermittelt werden, dass es nicht darum geht, eigene Meinung bloß zu behaupten oder diese lediglich instrumentell einzusetzen, sondern sie konsistent und kohärent begründen und in Bezug auf den wirklichen Lebenskontext beurteilen und danach auch leben zu können. Die drei Bildungsziele des erneuerten Humanismus – Rationalität, Freiheit und Verantwortung – transzendieren also gleichzeitig die Schulfächer ‚Ethik' und ‚Philosophie'. Diese Bildungsziele können und müssen als Leitideen der schulischen Pädagogik gelten.

Literatur

Martens, E.: *Methodik des Ethik- und Philosophieunterrichts. Philosophieren als elementare Kulturtechnik*, Hannover 2003.
Nida-Rümelin, J.: *Kritik des Konsequentialismus*, München 1995.
Nida-Rümelin, J.: *Economic Rationality and Practical Reason*, Heidelberg 1997.
Nida-Rümelin, J.: *Strukturelle Rationalität. Ein philosophischer Essay über praktische Vernunft*, Stuttgart 2001.
Nida-Rümelin, J.: *Über menschliche Freiheit*, Stuttgart 2005.
Nida-Rümelin, J.: *Verantwortung,* Stuttgart 2011.
Nida-Rümelin, J.; Weidenfeld, N.: *Der Sokrates Club. Philosophische Gespräche mit Kindern*, München 2012.
Nida-Rümelin, J.: *Philosophie einer humanen Bildung*, München 2013.
Winkler, R. (Hg.): *Pädagogische Epochen*, Düsseldorf 1988.

2.2 Ethische Orientierung in der Moderne – Was kann philosophische Bildung leisten?

Markus Tiedemann

„Libertatem quam peprere maiures digne studeat servare posteritas" (Die Freiheit, die die Alten erwarben, möge die Nachwelt würdig erhalten). Inschriften wie diese über dem Hamburger Rathaus sind an vielen repräsentativen Bauten Europas zu finden. Tatsächlich sind die Appelle zur Bewahrung des Erreichten und das Beklagen eines angeblichen oder realen Wertverfalls so alt, wie die Kulturgeschichte. Bildung und Erziehung wurde stets die Aufgabe zugedacht Sitten zu festigen und moralische Erosion zu verhindern. Entsprechende Erwartungen richten sich heute auch auf den Philosophie- und Ethikunterricht.

„Lieber Professor Tiedemann", schrieb mir ein engagierter Bürger, „ich begrüße Ihren Einsatz für den verbindlichen Ethikunterricht in Berlin. [...] Unser gemeinsames Ziel ist eine Jugend, die sich zu benehmen weiß, die sich anständig kleidet und sich um ihre Kinder kümmert."

Äußerungen wie diese dürften bei Philosophen ein gewisses Unbehagen erzeugen. Anständiges Benehmen, angemessene Kleidung, Pflege des Nachwuchses: All dies sind durchaus zu begrüßende Lernziele. Allerdings scheint der Schreiber davon auszugehen, dass die Kriterien für diese Tugenden unstrittig seien bzw. dass ethische Reflexion notwendig die von ihm geteilten Wertmaßstäbe hervorbringt. In der Philosophie geht es aber nicht um Moral verstanden als Sitte der Väter. Es geht um Ethik, nicht um Sittsamkeit, sondern um Sittlichkeit.

Der schlichte Hinweis darauf, dass ethische Orientierung nicht mit der Pflege moralischer Traditionen verwechselt werden dürfe, greift indes zu kurz. Die Fächergruppe Philosophie / Ethik ist nicht nur im Bildungssystem etabliert, sondern wird auch durch dieses finanziert. Es scheint daher nur legitim, wenn eine Gesellschaft nach den Konzeptionen und Effekten jener Bildungsangebote fragt, die durch ihre Aufwendungen ermöglicht werden.

Eine entsprechende Rechtfertigung muss sowohl empirischer als auch theoretisch-konzeptioneller Natur sein. Tatsächlich kann der empirische Erfolg philosophischer Bildungsangebote durch valide Akzeptanzstudien und explorative Effizienzstudien belegt werden. (Tiedemann 2011 und Kapitel 6 in diesem Band). Im Folgenden soll der theoretisch-konzeptionelle Teil der Rechtfertigung erfolgen. Es ist zu klären, was den Orientierungsbedarf der Moderne bewirkt, worin das Orientierungsangebot der Philosophie besteht und wie diese didaktisch gewinnbringend aufeinander bezogen werden können.

Der Orientierungsbedarf der Moderne

Der Orientierungsbedarf einer Gesellschaft speist sich aus ihrem normativen Selbstverständnis und aus der konkreten historischen Situation.

Die historische, sozio-ökonomische Situation der Spätmoderne kann als interdependente, wissenschaftlich-technische Risikogesellschaft beschrieben werden. Es handelt sich um einen Zustand, in dem ethische Orientierung praktisch geboten, aber theoretisch problematisch ist. Ursache ist die wachsende Quantität an Informationen und Handlungsoptionen bei gleichzeitigem Verschwinden qualitativer Kategorien.

Wie erwähnt ist die angebliche oder reale Erosion der kollektiven Wertvorstellungen von zahlreichen Generationen beklagt worden. Nicht selten haben die Erschütterungen den Boden für kulturelle Progressionen bereitet. Die Peloponnesischen Kriege bestärkten Sophistik und Philosophie, der Untergang des Byzantinischen Reiches trug zur Renaissance bei und die Aufklärung gewann durch die Absurdität des Absolutismus an Attraktivität. Ethische Neuorientierung ist also durchaus kein Alleinstellungsmerkmal unserer Spät- oder Postmoderne. Gleichwohl übertrifft der Entscheidungsbedarf der wissenschaftlich-technischen Risikogesellschaft alle vorangegangenen Orientierungskrisen. Nie zuvor standen vergleichbare Quantitäten an Informationen und Handlungsoptionen zur Verfügung. Bereits vor Jahrzehnten haben Autoren wie Günther Anders (Anders 1981) oder Carls Friedrich von Weizsäcker (von Weizäcker 1987) die einmalige Potenz des Atomzeitalters hervorgehoben. Das Ende der hypothetischen Fragen, von dem Anders spricht, ist keinesfalls auf die Atomtechnik beschränkt. Selbstverständlich hätten auch Platon und Aristoteles darüber diskutieren können, ob transgene Pflanzen wünschenswert sind, ob der Einsatz von Drohnen akzeptabel ist oder ob die Menschheit sein soll. Allerdings wären diese Diskurse rein theoretischer oder eben hypothetischer Natur gewesen. Für uns heute handelt es sich um praktische Fragen und die gegebenen Antworten haben sehr reale Folgen.

Dabei ist der moderne Mensch auf komplexe und unumkehrbare Weise mit der Technik verwoben. Auf der einen Seite konfrontiert uns die wissenschaftlich-technische Progression mit einem schier überwältigenden Reservoir an Handlungsoptionen und Entscheidungsbedarfen. Auf der anderen Seite ist die Technik unverzichtbar, um die von ihr hervorgebrachten Risiken und Gefahren beherrschbar zu machen. Wie auch immer wir die Technik bewerten, wir werden nicht mehr ohne sie sein. Gleichzeitig fehlt uns schlicht das Wissen, um die Konsequenzen unseres Handelns in Gänze überschauen zu können. Soziologisch hat vor allem Ulrich Beck herausgearbeitet, dass die moderne Menschheit zu Risikoabwägungen gezwungen ist, ohne über hinreichendes theoretisches und normatives Wissen zu verfügen (Beck 1989, 4-7).

Der zweite Faktor, der sowohl die Notwendigkeit als auch die Schwierigkeit unserer Entscheidungen bedingt, ist die Interdependenz. Die globale Klimaerwärmung oder die internationale Finanzkrise haben noch einmal demonstriert, dass selbst unsere alltäglichen Handlungen Menschen am anderen Ende der Erde und sogar ungeborene Generationen beeinträchtigen. Gleichzeitig ist diese Interaktion wohldokumentiert. Wir erfahren in Echtzeit, was der andere tut oder erleidet. Wir haben die Möglichkeit, ihn von unserer Kenntnis wissen zu lassen und sein Schicksal zu beeinflussen. Das große Erdbeben von Lissabon 1755 hat vor allem die Frage der Theodizee aufgeworfen. Diskussionen über konkrete Hilfsmaßnahmen oder prinzipielle Solidarität wurden durch die damals noch gewaltigen Zeit- und Raumdistanzen obsolet. Die Berichte über die Lebensweisen der Südseevölker sind im Europa des 17. und 18. Jahrhunderts mit einer Mischung aus Romantisierung, Neid und Snobismus aufgenommen worden. Konkrete Handlungen waren jedoch den wenigen „Entdeckern" vor Ort vorbehalten. In unseren Tagen hat sich die Situation grundlegend gewandelt. Wir erfahren in Windeseile, wenn in Japan die Erde bebt. Wir können uns an den Hilfsmaßnahmen beteiligen. Wir essen Fische, die ggf. vor Fukushima kontaminiert wurden und ziehen weitreichende Konsequenzen für die eigene Energiepolitik. Nicht weniger dramatisch verhält es sich mit unserem Wissen um Menschenrechtsverletzungen. Sie sind nicht nur Anlass für theoretische Debatten, sondern für konkrete Handlungsentscheidungen. Man mag zu dem Schluss kommen, dass etwa die Misshandlung von Frauen nicht durch militärische Intervention unterbunden werden sollte, die Option ist gleichwohl gegeben. Wir könnten, wenn wir wollten. Heute beeinflusst fast jeder jeden und kann mit nahezu jedem in direkten Kontakt treten. In den urbanen Räumen unserer Großstädte wird dieses Phänomen auch ohne mediale Vermittlung deutlich. Immer mehr Menschen unterschiedlichster Traditionen und Lebensentwürfe sind auf immer dichterem Terrain zur Koexistenz, Kooperation und Konsensfindung gezwungen.

Diesem historisch einmaligen Entscheidungsdruck stehen die Atomisierung des Wissens und das Legitimationsdefizit der Postmoderne gegenüber.

Die Hoffnung auf universale Bildung, ja nur auf erschöpfendes Spezialwissen, ist längst utopisch. Es mangelt an Kategorien wie *notwendig* und *hinreichend*, *richtig* und *falsch* aber auch *gut* und *böse,* um die schier unüberschaubare Informationsflut verbindlich strukturieren zu können. Die moderne Kultur, so Herbert Schnädelbach, ist vollständig „reflexiv, profan und pluralistisch" (Schnädelbach 1993, 131-139). Durch diese aufgeklärte Konzeption wurde die Menschheit von zahlreichen Dogmen befreit. In der Postmoderne wendet sich die Reflexion aber auch gegen die Prämissen der Aufklärung selbst. Die reine praktische, aber auch die reine theoretische Vernunft, ist eine regulative Idee, keine nachgewiesene Tatsache. Mit Rückgriff auf die Konzeptionen von Karl Otto Apel, Jürgen Habermas oder Vittorio Hösle könnte der hier konstatierte Verlust der Letztbegründung bestritten werden. Postmoderne Denker wie Lyotard und Zygmund Bauman haben indes gezeigt, dass auch das postmoderne Wissen und die postmoderne Ethik auf Metaerzählungen beruhen, die sie selbst nicht letztbegründen können (Apel 1973, 358-436; Habermas 1983; Hösle 1991, 73; Lyotard 1994, 14; Baumann 1995, 127 f.). Dies gilt auch für den Diskurs, der sich selbst zwar als faktisch wirksam, nicht aber als normativ gesollt zu legitimieren vermag. Die Moderne wirft also den Einzelnen und das Kollektiv auf die individuelle Urteilskraft zurück und destruiert zugleich die Hoffnung auf eine finale, allgemeingültige Lösung.

Die so beschriebene Komplexität der Moderne ist ebenso anstrengend wie gefährlich. Viktor Emil Frankl hat die Situation des modernen Menschen wie folgt beschrieben:

„Im Gegensatz zum Tier sagt dem Menschen kein Instinkt, was er muss, und im Gegensatz zum Menschen in früheren Zeiten sagt ihm keine Tradition mehr, was er soll – und nun scheint er nicht mehr recht zu wissen, was er eigentlich will. So kommt es denn, dass er entweder nur will, was die anderen tun – und da haben wir den Konformismus –, oder aber er tut nur, was die anderen wollen, von ihm wollen – und da haben wir den Totalitarismus." (Frankl 1997, 24)

Tatsächlich führen die epistemischen, normativen und emotionalen Wirrungen der Moderne vielerorts zu einer Renaissance geschlossener Konzeptionen und Weltanschauungen. Rund um den Globus ist ein Erstarken des religiösen und politischen Dogmatismus zu beobachten.

Dem normativen Selbstverständnis des freiheitlich demokratischen Rechtsstaates laufen diese Tendenzen zuwider. Gleichzeitig kann die aufgeklärte Gesellschaft diesen Entwicklungen nicht mit der autoritären Setzung von Menschenrechten und Humanismus entgegentreten, ohne in einen performativen Widerspruch zu geraten. Ihr Lebenselixier ist der *Citoyen*, der mündige Bürger, der die Pluralität nicht als Bedrohung empfindet, sondern durch kritische Urteilskraft an der kollektiven Willensbildung partizipiert. Folgerichtig ist das moderne Schulsystem der Mündigkeit als oberstes Bildungsziel verpflichtet.

Erfreulicherweise steht die Mehrheit der Jugend diesem Bildungsziel sehr aufgeschlossen gegenüber. Mit verlässlicher Regelmäßigkeit belegen beispielsweise die Shell-Jugendstudien eine gewisse Wertesehnsucht bei gleichzeitiger Skepsis gegenüber traditionellen Orientierungsinstanzen wie Familie, Schule, Kirche oder Parteien. Wohl genau deshalb stoßen Fächer, die sich im Kern als Schulung der Urteilskraft verstehen, auf erfreuliche Akzeptanz (Abschlussbericht NRW 2002; Abschlussbericht Brandenburg 2002).

Gleichzeitig scheint zumindest die mediale Alltagskultur wenig geeignet zu sein, die Mündigkeit der Bürger zu entfalten. Es ist nicht erforderlich einen vollständigen „*Verblendungszusammenhang*" zu diagnostizieren. Es genügt, den Paradigmenwechsel von der Schrift- zur Bildkultur zu beobachten. Bereits Popper fürchtete um die „*argumentative Funktion*" der Sprache, die allein eine „kritische Diskussion über Wahrheit und Falschheit von Sätzen" ermögliche (Popper 1969, XXV). Der 2003 verstorbene Neil Postman geht wesentlich weiter. Die in Massenproduktion gefertigten, lichtgeschwinden Bilderwelten, so Postmann, machen eine kontrollierte Handhabung von Informationen unmöglich. Gleichzeitig erfahren die Informationen selbst eine Transformation vom Satz zum Bild, vom Diskursiven zum Nicht-Diskursiven, vom Intellektuellen zum Emotionalen (Postman 1987, 87-91).

Die systematische Schulung von Mündigkeit und Urteilskraft ist daher mehr denn je geboten.

Das Angebot der philosophischen Bildung

In dieser Situation erscheint die Attraktivität des Philosophie- und Ethikunterrichts, verstanden als systematische Schulung der Urteilskraft, konkurrenzlos. Ekkehard Martens spricht in diesem Zusammenhang von einer elementaren Kulturtechnik humaner Lebensgestaltung (Martens 2003). Zudem kann der oben erwähnte performative Widerspruch mit Hilfe des Orientierungsbegriffs überwunden werden. Orientierung ist etwas Aktives. Zwar ist es möglich, sich an jemandem oder etwas zu orientieren, strenggenommen aber kann man nicht orientiert werden. Orientierung beinhaltet die selbstständige Ausweisung des eigenen Standpunkts durch Identifikation unterschiedlicher Koordinaten. Dies entspricht erstaunlich genau dem von Kant vertretenen Ideal des Philosophierens. Dieser hatte 1786 darauf hingewiesen, dass die Orientierung im Denken (Kant 1786 (1907/1919), 146) ebenso wie das Navigieren auf See ein Zusammenspiel von Wissen, Können und Haltung voraussetzt (Martens 1999, 12). Wir benötigen Kenntnisse über die Lage und Beschaffenheit von Zielpunkten. Wir brauchen das Vermögen einen konsistenten Kurs zu entwerfen. Und wir müssen bereit sein, uns dieser Fähigkeiten zu bedienen.

Philosophisch-ethische Bildung leistet nun genau dies. Sie schult die Urteilskraft verstanden als Fähigkeit zur kritisch rationalen Argumentation sowie sicheren Verwendung von Begriffen und kategorialen Unterscheidungen.

Die Auswahl der zu vermittelnden Kenntnisse richtet sich dabei nicht nach deren ideengeschichtlichem Status oder der political correctnes, sondern nach deren Relevanz für den konkreten Problembezug. Als *„Klassiker"* gelten demnach nur Orientierungsangebote mit *„immer wieder und immer wieder neu bestätigter Bedeutsamkeit"* (Steenblock 2007, 136 f.). Der Prozess der Urteilsbildung ist dabei stets dialektisch. Jeder erarbeiteten These wird eine Antithese gegenübergestellt. Die finale Beurteilung der Kontroverse bleibt ergebnisoffen. Verbindlich sind allein die formalen Anforderungen an logische Argumentation und konsistente Begriffsverwendung. Auf diese Weise entfaltet sich nach und nach eine kategoriale Orientierung. Es macht einen Unterschied, ob wir eine konsequenzialistische oder eine deontologische Perspektive einnehmen, ob wir Menschenrechte mit Personenwürde oder Gattungszugehörigkeit füllen, ob wir einen weichen oder einen harten Determinismus vertreten, ob wir Glück oder Freiheit zum höchsten Gut des Daseins erheben. Empirismus und Rationalismus, Skeptizismus und Idealismus, Kontraktualismus und Anarchie, Liberalismus und Kommunitarismus, Leib und Seele, Argument und Beweis, Nihilismus und Solidarität – all dies sind Beispiele für kategoriale Bildungsgüter, zu deren Erarbeitung die Fächergruppe Philosophie und Ethik in besonderer Weise geeignet ist.

Selbiges gilt für die Vermittlung von Fähigkeiten. Im Philosophie- und Ethikunterricht wird nicht primär erforscht, ob man verbrauchende Embryonenforschung oder den Abschuss entführter Flugzeuge „gut" findet, sondern ob eine entsprechende Entscheidung intersubjektiv begründet werden kann. Es geht darum, die Allgemeingültigkeit von Argumentationen zu prüfen und die ihnen zugrundeliegenden Prämissen zu explizieren. Dabei ist es keinesfalls Ausdruck eines „verengten" Rationalitätsparadigmas, das Bemühen um Allgemeingültigkeit als unverzichtbar anzusehen. Vielmehr handelt es sich um die Essenz des philosophischen Sprachspiels, das notwendig an einen kompetenten „diskursiv-propositionalen Sprachgebrauch" gebunden bleibt (Tichy 2011, 244-251). Die Schulung von philosophischen Fertigkeiten hat v.a. durch die Methodenlehren von Ekkehard Martens und Johannes Rohbeck eine intensive Progression erfahren (Martens 2003; Rohbeck 2000, 82-93). Unstrittig ist die Schulung hermeneutischer, phänomenologischer, analytischer und dialektischer Kompetenzen, womit eine wesentliche Grundlage für die individuelle Urteilskraft und den kollektiven Diskurs gelegt wird.

Philosophische Bildung kann also auch unter den Bedingungen der Postmoderne ethische Orientierungskompetenz vermitteln. Es handelt sich um eine Schnittpunktethik aus prämodernen Fundamenten, modernen Verfahren und postmoderner Offenheit (Martens 1996, 12). Autoren wie Wittgenstein, Lyotard oder Zygmund Bauman mögen die Hoffnung auf eine Letztbegründung ethischer Normen nachhaltig destruiert haben. Dies bedeutet jedoch nicht, das „anything goes" nach Feyerabend. Der Anspruch auf und die Pflicht zur reziproken Rechtfertigung (Forst 2007) bleiben bestehen. Wir können noch immer bessere von schlechteren Argumenten (Tetens 2004), reine Meinungen von wohlbegründeten Positionen unterscheiden (Gosepath 1992, 49). Wer sich diesen Mühen unterzieht, gelangt nach Tugendhat zu keiner finalen Gewissheit wohl aber zu einem dichten Gewebe aus Motiven und Gründen (Tugendhat 1993, 89). Martha Nussbaum spricht von einer vagen aber dicken und belastbaren Konzeption des Guten (Nussbaum 1993, 323-363).

Didaktische Konsequenz

Der Orientierungsbedarf der Moderne und das Angebot philosophische Bildung treten in ein produktives Verhältnis, sofern ethische Orientierung als nachdenkliche Werteentwicklung und nicht als traditionelle Wertevermittlung verstanden wird.

Philosophische Bildung kann und will keine Gesinnungserziehung sein. Aus diesem Grund versuchen die bundesdeutschen Rahmenpläne, der Fächergruppe Philosophie und Ethik möglichst große Freiheiten einzuräumen. In der Regel wird hierfür die Formulierung *„weltanschaulich neutral aber nicht wertneutral"* gewählt. Beispielsweise lesen wir im Rahmenplan des Bundeslands Berlin: „Das Fach Ethik wird bekenntnisfrei – also religiös und weltanschaulich neutral – unterrichtet. Eine festlegende oder indoktrinierende Darstellung einer einzelnen Position hat zu unterbleiben. Dennoch ist der Unterricht nicht wertneutral. Die Jugend soll im Geiste der Menschlichkeit, der Demokratie und der Freiheit erzogen werden. Dazu gehören Toleranz und Achtung anderer Überzeugungen, Verantwortung für die Erhaltung der natürlichen Lebensgrundlagen und Vermeidung gewaltsamer Konfliktlösungen. Was in der Realität kontrovers ist, muss auch im Unterricht als Kontroverse wiederkehren. Vom Unterrichtenden wird erwartet, dass er zu den angesprochenen Fragen und Wertkonflikten einen eigenen Standpunkt einnimmt und diesen glaubwürdig vertritt. Dabei ist es selbstverständlich, dass die Schülerinnen und Schüler vom Unterrichtenden nicht unzulässig beeinflusst werden." (Senatsverwaltung Berlin 2012)

Das Problem ist damit allerdings keinesfalls gelöst. Die Radikalität des philosophischen *„Sapere Aude"* offenbart sich in seiner prinzipiellen Unverträglichkeit mit normativen Zielvorgaben. Dies gilt auch für die Erziehungsauflagen der Landesverfassungen und des Grundgesetzes. Wer postuliert, dass philosophische Reflexion stets zu einem Primat von Demokratie, Menschenrechten und Humanismus führt, der irrt. Selbstverständlich können auch antidemokratische Entwürfe überzeugend begründet werden. Wer eine klassische Philosophiegeschichte zur Hand nimmt, wird darin nur wenige Vollblutdemokraten entdecken. Ist die Politik des Aristoteles philosophisch minderwertig, nur weil dieser die Aristokratie mehr schätzt als die Demokratie? Sollte ein Schüler, der sich nach sauberer Rekonstruktion und kritischer Reflexion der aristotelischen Position anschließt, eine schlechte Note erhalten?

Selbstverständlich nicht! Wer auf die dogmatische Vermittlung eines Grundwertekanons besteht, missachtet nicht nur den Grundgedanken philosophischer Bildung, er zerstört auch das Motivationspotential dieses Angebotes. Ergebnis eines solchen Bildungsganges werden weder autonome Urteilskraft noch humanistische Überzeugungen sein. Primär dürften opportunistische Fertigkeiten verstärkt werden, die den größten Lügner der Klasse dazu befähigen, ein brillantes Plädoyer gegen das Lügen zu verfassen (Buber 1954, 65).

Das hier beschriebene „Wertevermittlungsdilemma" (Martens 1994; Tiedemann 2004) ist in der Fachdidaktik viel diskutiert worden. Zum einen besteht zwar eine mögliche aber keine notwendige oder hinreichende Beziehung zwischen ethischer Reflexion und sittlichem Verhalten. Zum anderen sind Gesinnungserziehung und philosophische Bildung unvereinbar. Nur eine vollständige Entbindung des Philosophie- und Ethikunterrichts von allen normativen Auflagen wäre in der Lage, das Dilemma aufzulösen. Da dies kaum zu erwarten ist, können nur pragmatische aber keine prinzipiellen Lösungen gefunden werden. Konkret bedeutet dies, dass ggf. die Lehrkraft zur Verteidigung der im Grundgesetz festgeschriebenen Wertordnung in die Bresche springen muss. Ihre Aufgabe wäre es dann, die Vorzüge von Demokratie und Rechtstaatlichkeit hervorzuheben. Dies bedeutet jedoch nicht, dass kontroverse Schülermeinungen herabgewürdigt werden dürfen, sofern diese einer kritischen und selbstkritischen Reflexion standhalten. Eine philosophische Leistung misst sich an der Qualität ihrer Argumentation, nicht an ihrer Übereinstimmung mit den gesellschaftlichen Normen.

„15 Punkte, Sie Scheusal!" Ein Kommentar wie dieser muss unter einer Philosophieklausur stehen können, sofern die formalen Kriterien stringenten und kohärenten Argumentierens erfüllt sind. Alles andere würde das Selbstverständnis und das Motivationspotential philosophischer Bildung missachten. Nur dann, wenn Schülerinnen und Schüler darauf vertrauen, dass ihre Note allein auf die Güte ihrer Argumentation und nicht auf den Grad der Übereinstimmung mit der Position des Lehrenden zurückzuführen ist, kann eine echte, platonisch-erotische Lernsituation entstehen. Dies schließt selbstverständlich auch einen möglichst gleichberechtigten Disput zwischen Lehrer und Schüler mit ein (Berberich, Tiedemann 2010). In der Regel verfügt der Lehrer über einen Vorsprung an Traditionswissen. Diese Tatsache verpflichtet ihn dazu, ein möglichst breites Angebot an Dialogpartnern zur Verfügung zu stellen. Der Wissensvorsprung sollte jedoch nicht darüber hinwegtäuschen, dass niemand im Besitz von Letztbegründungen ist.

Trotz oder gerade aufgrund dieser Freiheit ist nicht zu befürchten, dass der Philosophie- und Ethikunterricht zur Brutstätte menschenverachtender Grundhaltungen wird. Im Gegenteil: Die Mehrheit extremistischer Positionen hält einer kritisch-argumentativen Überprüfung gerade nicht stand. Der pädagogische Mehrwert des philosophischen Diskurses besteht in der Entzauberung radikaler Positionen durch Analyse und Argument statt durch Verbot und Stigmatisierung. (Tiedemann 2007) Die Selbstheilungskräfte der kritischen Vernunft sind schnell demonstriert: Wer beispielsweise die Kantische Unterscheidung von Wissen, Meinen und Glauben (Kant 1787 (1968), 850-851) verstanden hat, wurde nicht nur im erkenntnistheoretischen Denken geschult. Es handelt sich gleichzeitig um eine wirkungsmächtige Profilaxe gegen jede Form des Dogmatismus.

Hannah Arendts Lehre aus den totalitären Verbrechen des 20. Jahrhunderts besagt, „daß es sich bei denen, auf die unter Umständen Verlaß ist, nicht um jene handelt, denen Werte lieb und teuer sind und die an moralischen Normen und Maßstäben festhalten; man weiß jetzt, daß sich all dieses über Nacht ändern kann, und was davon übrig bleibt, ist die Gewohnheit, an irgendetwas festzuhalten. Viel verläßlicher werden die Zweifler und Skeptiker sein, nicht etwa weil Skeptizismus gut und Zweifel heilsam ist, sondern weil diese Menschen es gewohnt sind, Dinge zu überprüfen und sich ihre eigene Meinung zu bilden. Am allerbesten werden jene sein, die wenigstens eines genau wissen: daß wir, solange wir leben, verdammt sind, mit uns selbst zusammen zu leben ..." (Arendt 1991, 13-14).

Tu was du willst, aber überlege dir, was du wollen kannst. In dieser zugegeben kantischen Figur liegt der Kern philosophisch-ethischer Orientierung. Anhänger einer rein konservativen Wertevermittlung mögen damit unzufrieden sein. Diejenigen, die auf nachdenkliche Werteentwicklung setzen, befinden sich indes in guter Gesellschaft.

Federico Mayer hat hierfür in seiner Funktion als Director-Gernaral der UNESCO eine passende Formulierung gefunden:

„Philosophy and Democracy urge each of us to exercise our capacity for judgement, to choose for ourselves the best form of political and social organisation, to find our own values, in short, to become fully what each of us is, a free being. Among so many dangers, we have no other hope."

Literatur:

Anders, G.: *Die atomare Drohung*, München 1981.
Apel, K.-O.: „Das A priori der Kommunikationsgemeinschaft und die Grundlagen der Ethik", in: ders.: *Transformation der Philosophie*, Bd. 2, Frankfurt am Main 1973.

Arendt, H.: „Persönliche Verantwortung und Urteilsbildung", in: dies.: *Israel, Palästina und der Antisemitismus*, Berlin 1991.

Bauman, Z.: *Postmoderne Ethik*, Hamburg 1995.

Beck, U.: „Risikogesellschaft. Überlebensfragen, Sozialstruktur und ökologische Aufklärung", in: *Aus Politik und Zeitgeschichte. Beilagen zur Wochenzeitung Des Parlament*, (1989), 4-7.

Berberich, J.; Tiedemann, M.: „Disput über Willensfreiheit. Ein Plädoyer für das Streitgespräch zwischen Schülern und Lehrern", in: *Zeitschrift für Didaktik der Philosophie und Ethik* (2010), 26-30.

Buber, M.: *Reden über Erziehung*, Heidelberg 1954.

Forst, R.: *Das Recht auf Rechtfertigung. Elemente einer konstruktivistischen Theorie der Gerechtigkeit*, Berlin 2007.

Frankl, V. E.: *Der Wille zum Sinn. Ausgewählte Vorträge über Logotherapie*, München 1997.

Gosepath, S.: *Aufgeklärtes Eigeninteresse. Eine Theorie theoretischer und praktischer Rationalität*, Frankfurt am Main 1992.

Habermas, J.: „Die Philosophie als Platzhalter und Interpret", in: ders.: *Moralbewußtsein und kommunikatives Handeln*, Frankfurt am Main 1983.

Hösle, V.: *Die Krise der Gegenwart und die Verantwortung der Philosophie. Transzendentalpragmatik, Letztbegründung*, Ethik, München 1990.

Hösle, V.: *Philosophie der ökologischen Krise*, München 1991.

Kant, I.: *Was heißt: sich im Denken Orientieren?* [1786], hrsg. von der Königlich- Preußischen Akademie der Wissenschaften, Berlin 1902/1919.

Kant, I.: „Kritik der reinen Vernunft" [1787], in: *Kants Werke Akademie -Textausgabe (AA)*, Band III, Berlin 1969.

Lyotard, J.-F.: *Das postmoderne Wissen. Ein Bericht*, Wien 1994.

Martens, E.: „Was soll der Ethikunterricht leisten? Lehrplanmodelle in der Diskussion", in: *Zeitschrift für Didaktik der Philosophie und Ethik* 3 (1994), 209-211.

Martens, E.: „Warum die Ethik auf den Hund gekommen ist – oder: Welche Ethik brauchen wir heute?", in: Hartmann, H.; Heydenreich, K.: *Ethik und Moral in der Kritik. Eine Zwischenbilanz*, Frankfurt am Main 1996.

Martens, E.: *Philosophieren mit Kindern. Eine Einführung in die Philosophie*, Stuttgart 1999.

Martens, E.: *Methodik des Ethik- und Philosophieunterrichts. Philosophieren als elementare Kulturtechnik*, Hannover 2003.

Nussbaum, M.: „Menschliches Tun und soziale Gerechtigkeit. Zur Verteidigung des aristotelischen Essentialismus", in: Brumlik, M.; Brunkhorst, H.: *Gemeinschaft und Gerechtigkeit*, Frankfurt am Main 1993.

Popper, K.: *Logik der Forschung. Vorwort zur dritten Auflage*, Frankfurt am Main 1969.

Postman, N.: *Das Verschwinden der Kindheit*, Frankfurt am Main 1987.

Rohbeck, J.: „Didaktische Potentiale philosophischer Denkrichtungen", in: *Zeitschrift für Didaktik der Philosophie und Ethik* 2 (2000), 82-93.

Schnädelbach, H.: „Kant – der Philosoph der Moderne", in: *Zeitschrift für Didaktik der Philosophie und Ethik* 2 (1993), 131-139.

Steenblock, V.: *Philosophische Bildung. Einführung in die Philosophiedidaktik und Handbuch: Praktische Philosophie*, Berlin 2007.

Tetens, H.: *Philosophisches Argumentieren*, München 2004.

Tichy, M.: „Bilderdenken. Zu Tiedemanns Kritik an der Verselbstständigung präsentativer Formen im Philosophieunterricht", in: *Zeitschrift für Didaktik der Philosophie und Ethik* 3 (2011), 244-251.

Tiedemann, M.: *Ethische Orientierung für Jugendliche*, Münster 2004.

Tiedemann, M.: „Pseudowissenschaft als Thema im Ethikunterricht", in: *Zeitschrift für die Didaktik der Philosophie und Ethik* 1 (2007), 39-45.

Tiedemann, M.: *Philosophiedidaktik und empirische Bildungsforschung. Möglichkeiten und Grenzen*, Münster 2011.

Tugendhat, E.: *Vorlesungen über Ethik*, Frankfurt am Main 1993.

Weizsäcker, C. F. v.: „Der Mensch im wissenschaftlich-technischen Zeitalter", in: ders.: *Ausgewählte Texte*, München 1987.

2.3 Orte des Philosophierens

Volker Steenblock

Ein Welt-Atlas (!) der großen geistesgeschichtlichen Strömungen und Zentren macht anschaulich: Die Philosophie ist auf unserem Planeten nicht ortlos. Seit der „Achsenzeit" um 500 v. Chr. (Holenstein 2004, 50f.) entwickelt sich, bereits einer „kleinen Philosophiegeschichte" entnehmbar, ein philosophierendes Denken in China und Indien, während der *Begriff* der Philosophie in Griechenland entsteht (Steenblock 2007b, 13ff, 30ff.). So eindeutig sich Orte des Philosophierens in der weiteren Geistesgeschichte in Europa und später in den USA auffinden lassen, so wenig sind sie hierauf zu beschränken (ebd. 419ff.). Vor allem aber ist die Philosophie immer *dort*, wo Menschen sich im Denken zu orientieren suchen, von acht bis 98, im Selbststudium, im Schulunterricht oder mittels des Internets zu Hause und an den verschiedensten anderen Lernorten: von der Grundschule bis hin zu den Volkshochschulen und zum „Studium im Alter". Seit Jahren gibt es in Deutschland gerade außerhalb der Universitäten vielfältige und faszinierende Bestrebungen: Philosophische Gespräche mit Kindern und Jugendlichen, Philosophische Cafés, Philosophische Praxen, kurzum ein Interesse an philosophischer und kultureller Orientierung in einer immer komplexer werdenden Gesellschaft. Diese neuen alltagsweltlichen Orte etablieren für die universitäre Philosophie gleichsam Konkurrenzverhältnisse, mit denen ein *Standortwechsel* korrespondiert: Es ergeben sich Konsequenzen für die Rolle, in der die Philosophie selbst sich heute sehen kann, nämlich im Sinne der Philosophiedidaktik von Ekkehard Martens als Sachwalterin des grundlegenden Anliegens jedes einzelnen Menschen, sich über das eigene Leben und die Welt zu orientieren.

Orte des Philosophierens in der Geschichte

Man hat – vor allem im Blick auf die griechische Antike – den in dieser Epoche so eindrucksvoll vollzogenen ersten Auftritt der Philosophie als „Kulturbewegung" angesprochen, die „in Fühlung und Kontakt zu ihrer Zeit und Umgebung blieb, weil sie mit vielen sprach, viele zur Reflexion verführte, wirksam wurde vor allem bei Nicht-Philosophen, gefährlich für die Macht, die das Bestehende repräsentierte" (Berger/Heintel 1998, 14ff.). Demnach impliziert das Auftreten der Philosophie Züge der Kritik, Aufklärung, Skepsis, Mahnung, Lebenskunst in der Mitte der Gesellschaft und kann konstitutives Element kultureller Praxis überhaupt sein.

Bereits historisch kann man also fragen: Welche Rolle haben die Vertreter der Philosophie im Leben der Menschen spielen können? War das Philosophieren stets nur die Sache Einzelner, Privilegierter? Der wegelagernd fragende Philosoph Sokrates auf der *Agorá*, dem Marktplatz des antiken Athen, verkörpert einen sehr bemerkenswerten Auftakt unseres Genres in den Kontexten menschlicher Lebenswelt. Die *Agorá* ist ein philosophischer Ort, der sprichwörtlich geworden ist, ein Sehnsuchtsort der Philosophiedidaktik, ein kulturgeschichtlicher *locus classicus* und heute ein konkretes bildungstouristisches Reiseziel zugleich (vgl. Müller 2004, 85; Goette, Hammerstaedt 2004, 103ff.). Aber bereits die Gründung der *Akademie* durch Sokrates' Schüler Platon – so glänzend und kulturell hochbedeutsam sie ohne jeden Zweifel ist – markiert auch einen anderen Pol, dem die Philosophie ihrer Eigenlogik nach in allen Epochen ihrer Geschichte zustrebt: den einer „akademischen" Institutionalisierung und Professionalisierung. Aristoteles lehrt uns, wie Otfried Höffe herausgestellt hat, nicht zuletzt das, was er selbst in einer „fast einzigartigen Verbindung von Erfahrung mit analytischem Scharfsinn und spekulativer Tiefe" verkörpert: dass Neugier und Entdeckungsfreude dem Menschen von Natur aus zukommen und sozusagen zur „humanen Grundausstattung" gehören und dass die Entwicklung und Betätigung dieser Anlage aus einer inneren Zustimmung erfolgt. Wie sein Lehrer Platon hat aber derselbe Aristoteles sich ebenfalls mit der Gründung einer Schule von der Agorá als dem Ort des gesellschaftlichen Lebens einen sehr wohl wahrnehmbaren Schritt entfernt.

Dies gilt wenig später trotz mancher Unterschiede ähnlich für den berühmten Garten des Epikur. Im *Kêpos* findet sich eine verschworene Gemeinschaft mit kultischen Untertönen zusammen. Auch Epikurs vielkritisierte Emigration aus der Politik mag den Eindruck einer der Polis abgewandten Lebenskunst noch verstärken. Freilich hört diese Gemeinde eine der denkwürdigsten und in ihrer „philosophiedidaktischen" Wendung großartigsten Passagen der gesamten Philosophiegeschichte, ein kraftvolles Plädoyer insgesamt für das Philosophieren als eigentlich menschliche Tätigkeit. Im Menoikeus-Lehrbrief heißt es bekanntlich:

„Weder soll, wer noch ein Jüngling ist, zögern zu philosophieren, noch soll, wer schon Greis geworden, ermatten im Philosophieren. [...] Wer aber sagt, zum Philosophieren sei noch nicht das rechte Alter, oder, vorübergangen sei das rechte Alter, ist dem ähnlich, der sagt, für das Glück sei das rechte Alter noch nicht da oder nicht mehr da." (zitiert nach Steenblock, 2009, 96).

Noch für eine didaktische Interpretation des wohl berühmtesten philosophischen „Symbolbildes", nämlich von Raffaels Gemälde „Die Schule von Athen", vermag diese Passage eine große Rolle zu spielen, weil sie der These Michael Erlers zufolge eine Identifikation der Gestalt Epikurs im Bild ermöglicht. Der ist nämlich am vorderen linken Rand des Bildes von den Lebensaltern gleichsam umringt: vom Kind bis zum alten Mann (Steenblock 2007a, 195 ff.).

In jüngerer Zeit hat ein Film das Schicksal der Philosophin Hypatia angesichts des erstarkenden Christentums und mit ihr die antike Weltstadt Alexandria in Ägypten wiedererstehen lassen (Agorá. Die Säulen des Himmels, Spanien 2009; Regie Alejandro Amenábar, mit Rachel Weisz). Am kulturellen und wissenschaftlichen Glanz dieser Metropole hat die Philosophie Anteil. Freilich kann bereits lange vorher der in Athen und Nordgriechenland lebende und aus der Skeptikerschule Pyrrhons stammende Timon von Phleius (320-230 v. Chr.) die Gelehrten des dortigen berühmten *Museions* mit Vögeln vergleichen, die in einen goldenen Käfig sitzen und sich endlos streiten. Und noch Jahrhunderte später wiederum kritisiert eine Quelle aus römischer Zeit gleichfalls unter Aufrufung des Motivs vom Philosophengezänk, dass die Philosophen vor ausgewählten Auditorien ihre internen Streitereien und Eitelkeiten pflegen, statt eine eigentliche, erzieherische Aufgabe in der Öffentlichkeit wahrzunehmen (Dion von Prusa, Or 32,8).

Anders als die Religionen, die eine Mitte der Bevölkerung in ihrem Orientierungsbedürfnis zu ergreifen vermögen, tut sich die Philosophie offenbar bereits in der Antike schwer, ein nennenswertes Publikum an sich zu ziehen. Und doch gibt es Zeugnisse, sozusagen Spuren der Philosophie aus dem Leben, von denen Paul Veyne und Peter Brown im Antike-Band der von Philippe Aries und Georges Duby herausgegebenen fünfbändigen „Geschichte des privaten Lebens" immer wieder erzählen, etwa wenn Graffiti einer öffentlichen Latrine in Ostia die Philosophen mittels Darstellungen in ungepflegten Gewändern und langen Bärten, der Philosophentracht der Antike, verhöhnt haben. Immerhin galten Philosophen während der römischen Kaiserzeit einer gesellschaftlichen Elite durchaus als Experten einer Allgemeinbildung (Hahn 2011) und eines lebenspraktischen Wissens, einer *ars vitae*. Sie waren Ratgeber, Kritiker und Lehrer sowie Praktiker psychagogischer Übungen, in einem bestimmten Sinne also sogar Seelsorger. Mit einer regelrechten Plakatierung der Lehre seines Meisters im öffentlichen Raum suchte im zweiten nachchristlichen Jahrhundert ein reicher Epikureer seine Mitbürger, soweit sie lesen konnten, zu bilden, nämlich mittels einer monumentalen philosophischen Inschrift auf der Agora des kleinasiatischen Städtchens Oinoanda (Scholz 2012).

Was bis jetzt für die Epoche der Antike auf der Agorá, in Akademie/Lyzeum, Kêpos und Museion skizziert wurde, lässt sich durch die weiteren Epochen der Geschichte hindurch fortsetzen, so für das Rom der Kaiserzeit (Hahn 1989) und für das Mittelalter (Speer 2014). Die großen Kathedralen des Mittelalters lassen sich als „Himmel in Stein" und gebaute Lichtmetaphysik eines Dionysius

Areopagites interpretieren; in der berühmten Moschee in Cordoba im muslimischen Spanien der Zeit können wir uns den Aristoteles-Kommentator Ibn Ruschd oder Averroes (1126-1198) beim Gebet oder bei der Lehre vorstellen (vgl. Steenblock, Philosophisches Lesebuch 2009, 120ff, 133ff.). Wir können uns in die Kölner Minoritenkirche an das Grab des Johannes Duns Scotus begeben, in die Bibliothek des Nikolaus von Kues an die Mosel, und natürlich nach Königsberg zu Kant und ins Tübinger Stift (Sommer 2005, 25ff, 37ff, 79ff und 103ff.). Wenn in der Renaissance ein Stephen Greenblatt (2011, 14ff.) seinen Poggio Bracciolini im Jahre 1417 durch die Dörfer Süddeutschlands reiten lässt, um mit dem Werk *De Rerum Natura* des Epikureers Lukrez das Licht der Vernunft wiederzuentdecken, dann ist es ein weiter Weg, bis dieses auch die von Feudalherrschaft und Kirche unterdrückten Bauern erreicht, wie sie den eigenartigen Fremden am Wegesrand erstaunt einzuschätzen suchen. Man kann die Suche nach philosophischen Wirkungsorten fortsetzen für die Zeit der Aufklärung. Wenn im 18. Jahrhundert Philosophie von einem größeren Teil der französischen Gesellschaft als je zuvor studiert werden konnte, so trifft dies doch immer noch auf eine Elite derer zu, die überhaupt lesen und schreiben konnten. Aber die Wechselwirkungen zur großen Revolution hätte es schwerlich gegeben, wenn die Gedanken der Aufklärer nur das Eigentum von Pariser Salongesellschaften geblieben wären und es nicht Tausende von anonymen Vermittlern, Kopisten, Verlagsbuchhändlern und Kolporteuren gegeben hätte sowie die *Encyclopédie*. Man kann schließlich diese Suche fortsetzen für das 19. Jahrhundert bis hin zur Gesellschaft unserer Gegenwart, für die Ekkehard Martens wie kein anderer einen Sitz der Philosophie im Leben eingefordert hat. Diese Einsicht prägt das berühmte *Sapere aude!* bei Kant ebenso wie Wilhelm von Humboldts Bildungsidee. Und zweifellos ist die Philosophie in einem allgemeinen geistesgeschichtlichen Sinn in vielfacher Weise in die Entwicklungen der kulturellen Großsysteme verwoben: der *Politik*, der sie von Platon über Locke bis Marx Begründungsmuster zu geben versucht hat, der *Religion* im Abendland in einer komplexen Ko-Evolution, der *Naturwissenschaften*, deren neuzeitliche Emanzipation sie begleitet hat, des *Marktes*, für dessen neuzeitliche szientifisch-technisch-ökonomische Rationalitätsformen Adam Smith das Programm geliefert hat.

Zum akademischen Status der Philosophie

Durchaus nicht ausschließlich, aber immer mehr findet die Philosophie dabei an Universitäten statt, die „gleichsam als Graswurzelbewegung von Studenten und Magistern" entstanden sind (Speer 2014, Weber 2002). Die Idee einer Gemeinschaft von Schülern und Lehrern erinnert ebenso wie die gotische Architektur der Innenhöfe und Kreuzgänge von Oxford und Cambridge an die klösterliche Herkunft der Universität. Beide englischen Universitäten haben über Jahrhunderte eine nationale Elite hervorgebracht; nicht viel anders auch Harvard und Yale, die man ihre „transatlantischen Reflexe" genannt hat. Gründungs- und Entwicklungsschübe in der Geschichte der Universität liegen im Mittelalter. So gibt man für Bologna das Jahr 1119 an, für die Gründung der Universität Oxford das 12. Jh., für die Pariser Sorbonne die Zeit um 1200 (vgl. aber schon Kairo 970). In Mitteleuropa folgen 1348 Prag, 1365 Wien, 1386 Heidelberg, 1388 Köln, Wirkungsstätte von Albertus Magnus sowie seines Schülers Thomas von Aquin, und schließlich 1409 Leipzig, im 17. Jh. Studienort von Leibniz, erwachsen aus einem Dominikanerkloster, an dessen 1968 unter Ulbricht gesprengte Universitätskirche heute ein markanter Neubau erinnert. Ab dem 15. Jahrhundert (Marburg, Jena, Königsberg, München) und vor allem ab dem 17. Jahrhundert entstehen Universitäten u. a. zu den Verwaltungs- und Wissenschaftsbedürfnissen von Landesherrschaften, so Göttingen, Halle (Christian Thomasius!), Breslau und Münster. Von der 1809 im Palais Unter den Linden begründeten Berliner Universität, später Wirkungsstätte Hegels, und von der Einrichtung des Lehrerstaatsexamens bis zu „Schulplänen" ist es trotz aller mittlerweile erfolgten Veränderungen in Fach- wie Lehrerbildung unmöglich, *nicht* auf von Wilhelm von Humboldt begründeten Wegen zu gehen. Weitere Einrichtungen erfolgen um die Wende vom 19. zum 20. Jahrhundert, z. B. in Frankfurt und Hamburg, wo Ernst Cassirer als einer von wenigen jüdischen Gelehrten im Jahre 1929 das Amt des Rektors bekleidete. Schließlich kommt es nach dem Zweiten Weltkrieg zu sehr vielen modernen Beton-Campus-Neugründungen (z. B. Bielefeld) im Zuge einer umfassenden Ausweitung des akademischen Sektors in der zeitgenössischen Gesellschaft. Die *Philosophie*, die von Anfang an sozusagen mit dabei ist, der Artistenfakultät entstammt und bis ins 19. Jahrhundert viele spätere Einzelwissenschaften aus ihrem Verbund entlässt, hat sich als Disziplin ihres eigenen Status zunächst neu zu vergewissern (Schwinges 1999). Sie präsentiert sich gegenwärtig in den großen wissenschaftlichen Akademien und Forschungsverbünden ebenso wie in unterschiedlichen Fakultäts-Kontexten sowie kleineren wie größeren Instituten bzw. Seminaren an fast jeder Universität. Gerade in der Gegenwart unterliegt sie dabei einem charakteristischen Schwanken zwischen Orientierungsanliegen und Verfachlichung (Lohmann, Schmidt 1998, Macho 1985). Immer mehr Fachvertreter verstehen die Philosophie in der Zusammenarbeit mit (und in der Art von?) Einzel- und Fachwissenschaften. Dies gilt noch nach der Seite der universitären Lehre hin für mehr und mehr spezialisierte Masterstudiengänge. Eine solche Transformation mag der Eintritt in Forschungsverbünde (z. B. in der *philosophy of mind*) erleichtern, scheint aber auch zum Präsenzverlust einer Reflexionsform zu führen, die eine aus Aspektvielfalt und Einzelwissenschaften *bündelnde* Perspektive anstrebt und Grundfragen wie die Kantischen immer neu auf uns rückbeziehen, in denen sich unser Selbst- und Weltverhältnis gleichsam wechselweise erhellen kann. Was die historische Vergewisserung zeigt, gilt offenbar noch im ausdifferenzierten Bildungssystem der Gegenwart: Die lebensweltlichen Chancen der Philosophie und ihrer Sinn- und Reflexionspotentiale erscheinen unausgeschöpft.

Weitere Orte des Philosophierens heute

Die Tradition wie Gegenwart der Philosophie beinhalten sehr wohl, was die Fachwissenschaft Philosophie eher verweigert: Raum zur Formulierung von Lebens-, Sinn- und Welt-Fragen, wie jede/r sie sich stellen muss, und auch zur Lebenskunst (vgl. Gernot Böhme und Wilhelm Schmid in Steenblock, Philosophisches Lesebuch 2009, 437ff, 449ff.). Natürlich gelten in der Fachphilosophie recht eigentlich die Prinzipien der geschichtlich durchgesetzten und institutionell etablierten wissenschaftlichen Verfahrensweisen und üblichen Kriterien und Korrektive, die darüber entscheiden, was als argumentativ akzeptabel gelten kann und was nicht. Aber auch hier besteht das Denken in einem geschichtlich sich aufarbeitenden kommunikativen Selbstverständigungs- und Weltdeutungsprozess konkreter Menschen, der in Produktion und Aneignung, Lehren und Lernen verläuft.

Philosophieren bedeutet dem Begriff nach, *Freund/in* der Erkenntnis zu sein; es ist ein Sich-Bemühen um den *Logos*. Aus der Feststellung dieser lebensweltlichen Rückgebundenheit folgt eine enge Verbindung von Praxis und Theorie in der Philosophie: Es leuchtet nicht ein, das Bedürfnis denkender Subjekte, sich über die sie interessierenden Fragen zu orientieren, abtrennen zu wollen von den Gehalten, mit denen das Denken operiert. Aus diesen Feststellungen folgt auch ein innerer Zusammenhang der verschiedenen Lehr- und Lernorte der Philosophie, auch wenn damit natürlich ein weites Spektrum zu umreißen ist. Vom Philosophieren mit Kindern an kann der Weg in die Philosophie beginnen (Raters 2008). Dies gilt für die vielen tagtäglichen Unterrichtsstunden in den Klassenräumen des Pflichtschulsystems von der Grundschule über die Sekundarstufe I bis zur Sekundarstufe II an Gymnasien wie Gesamtschulen (Draken 2011). Es gilt auch für die vielen Schulpraktika, die tagtäglich stattfinden, für die Praxissemester von Lehramtsstudierenden bis hin zum Referendariat (Überblick: Steenblock 2013, 59-113).

Schulen sind als pädagogische *Orte* genau wahrzunehmen (Bielstein 2007); im religiösen Zeitalter sind sie vor allem als Ausbildungsstätten für den geistlichen Nachwuchs entstanden. Als „älteste Schule Deutschlands" in einem ununterbrochenen Unterrichtsbetrieb bezeichnet sich auf seiner Netzseite das „von Karl dem Großen gegründete" Gymnasium Carolinum in Osnabrück neben dem dortigen Dom. Nach der Reformation fanden viele bedeutende Schulen ihre Räume in vormalig kirchlichen Gebäuden, so das berühmte Gymnasium zum Grauen Kloster in Berlin. Eine wichtige Etappe in der sich dann etablierenden Herausbildung eines nachhaltig geordneten Schulwesens stellt das 19. Jahrhundert dar. Der Staat löst die Kirche als Hauptschulträger ab; er etabliert seine Schulaufsicht, reglementiert den Fächerkanon, vereinheitlicht den Abschluss bzw. das Abitur, ermöglicht und fördert schließlich Mädchenbildung und Koedukation. Die wenigsten deutschen Traditionsschulen residieren heute nach den Kriegszerstörungen noch in einem der oft prächtigen und repräsentativen Schulgebäude, die diese Zeit errichtet hat, oder in einem noch älteren Domizil. Typisch für das äußere Erscheinungsbild deutscher Schulen sind eher die Backstein- und Betonbauten der 1950er, 60er und 70er Jahre, in jüngster Zeit architektonisch markant ist z. B. das Neue Gymnasium Bochum. Berühmte Schulen sind die Lehranstalt Schulpforta nahe Naumburg in Sachsen-Anhalt, auf die einst Fichte und Nietzsche zur Schule gingen, das Johanneum (gegründet 1529; seit 1914 in einem Bau des Architekten Fritz Schumacher in der Maria-Louisen-Straße) in Hamburg usw. Schulen können als „konservativ" gelten, aber auch, nicht nur im ländlichen Raum, als Aufklärungsstätten. Die Einzugsgebiete von Gymnasien und Gesamtschulen reichen von sozialen Problemgebieten zu „bildungsbürgerlichen" Wohnvierteln. Wer Ehemaligen-/Alumni-Treffen kennt, weiß, wie prägend der Bildungsort „Schule" sehr oft ist. Aber auch außerschulische, teils von der Schule aus in Exkursionen angesteuerte Lernorte können wichtig und beeindruckend sein: Zentrum zur Drogenhilfe und Seniorenheim, Geburtsstation und Hospiz, Bibliothek und Fußballstadion (!) (Albus, Altenschmidt 2014; Tiedemann 2013).

Als philosophische Orte sind weiter die Treffpunkte der „Neosokratiker" ebenso zu erwähnen wie die Praxisräume der „Philosophischen Praktiker" (vgl. auch die einzelnen Beiträge in Burckhart, Sikora 2012). Ihre Klienten finden letztere über Anzeigen in Tageszeitungen oder im Anschluss an andere Bildungskurse. Viele Praktiker suchen zudem in Erwachsenenbildung und Wirtschaft tätig zu werden – in einem weitreichenden und (wohl auch) disparaten Feld von Kommunikationstrainings und Weiterbildungen. Auch an den Volkshochschulen kann die Philosophie sich im lebendigen Gespräch zur Wirkung bringen, und die Räumlichkeiten von kirchlichen Erwachsenenbildungsinstitutionen (Ev. Akademie Tutzing, Kath. Akademie Schwerte) können sehr wohl zu festen, geschätzten Orten philosophischer Bildung werden, die für Menschen eine *Bedeutung* gewinnen (Lorenzen 1986; Steenblock 2013, 116-123). Man interessiert sich für das, auf das man einen Vorgeschmack bekommen hat: Fragen und Antwortversuche nach richtigem Leben, Handeln, Erkennen, zu Kunst und Schönem, aber auch nach Tod und Weiterleben. An den Universitäten selbst findet ein „Studium im Alter" statt, auch als „Seniorenstudium", „Bürgeruniversität", „Universität des 3. Lebensalters" (an der Goethe-Universität Frankfurt) bezeichnet. Absolventen kommen im Alter von Mitte 30 bis über 80 Jahren. Zusätzlich zu einer Auswahl von Veranstaltungen, die von den Dozenten für das Studium im Alter „geöffnet" werden – selbstverständlich auch solche der Philosophie –, gibt es besondere, nur für dieses Studium eingerichtete Lehrveranstaltungen; ein eigenes Vorlesungsverzeichnis listet sie inklusive der Veranstaltungskommentare auf. Das Spektrum reicht von nur einzelnen Gasthörerangeboten an bestimmten Hochschulen bis zu sehr umfangreichen, engagiert gestalteten und zusammengestellten Bildungsprogrammen, die wie ein universitärer Querschnitt der Bildung in der zweiten Lebenshälfte zur Verfügung stehen. Es erfolgt eine Einschreibung; das Studium ist gemäßigt kostenpflichtig. Auch dies zeigt: Philosophische Bildung vermag zur persönlichen geistigen Bereicherung und so zur Lebensqualität beizutragen, was im Idealfall auf eine sozial offene „Lebensform von Gebildeten" hinausliefe (siehe auch Martens 2011). All diese Leistungen lösen sich nur aufgrund gesellschaftlicher Vermittlung und vielfacher Anschlussfähigkeit in Bildungsprozessen „vor Ort" ein.

Schließlich sind die Medien Orte des Philosophierens. Wer im Internet sucht, wird sehr wohl fündig, auch in Diskussionsblogs oder im Onlinemagazin „Perlentaucher" (vgl. Schmidt in diesem Band). Immer wieder erscheinen philosophische Bücher wie die von Richard David Precht in den Bestsellerlisten, ihre Autoren auf dem TV-Bildschirm, und das *Philosophische Radio* hat im Westdeutschen Rundfunk WDR 5 freitagabends von 20 bis 21 Uhr sogar einen dauerhaften wöchentlichen Sendeplatz (im Netz nachzuhören!). Resonanz und Renommee sind derart groß, hat man erstaunt bemerkt, dass führende Köpfe wie Peter Bieri, Otfried Höffe, Herbert Schnädelbach oder Axel Honneth anstandslos aus ihren Instituten ins Studio kommen, um mit dem Moderator Jürgen Wiebicke (Gründer auch der Phil.Cologne) und der Hörerschaft zu diskutieren. Es gibt Café- und Kneipenphilosophie mit Diskussionen zu Themen wie „Dürfen Tiere getötet werden?", „Was bedeutet Personsein?" Diese außerakademisch Philosophierenden wollen sich und ihr Menschsein verstehen. Es dauert kaum zwei Sekunden, schon schnellt die erste Hand nach oben, und der Diskurs beginnt, oft espritvoll-witzig, manchmal flapsig, Begriffe klärend, man lässt einander ausreden (Schüle 2011). Bemerkenswert sind auch Neugründungen philosophischer Zeitschriften, die – und dies bedeutet eine *Botschaft*, was den anvisierten Interessentenkreis betrifft: – im öffentlichen Verkauf erhältlich sind; neben dem bewährten „Blauen Reiter" seit 2012 auch „Hohe Luft" und das „Philosophie-Magazin". Damit kann auch eine Bahnhofsbuchhandlung zu einem philosophischen Ort werden. Außer an den mehr oder weniger zeitweisen philosophischen Orten wie Kongresszentren, Tagungsräumen philosophischer Gesellschaften, Akademien der Erwachsenenbildung (und alle drei Jahre dem Kongressort der Deutschen Gesellschaft für Philosophie) etabliert sich ein Philosophieren als Angelegenheit von Jedermann und Jederfrau, auch mit strafgefangenen Jugendlichen (Albus, Altenschmidt 2014), in besonderer Nähe zu einem Begriff gesellschaftlicher Inklusion, höchstens nicht, wie Ekkehard Martens scherzt, „pränatal" – und offen bleiben muss, wie Sokrates es sich in der „Apologie" so schön vorstellt, ob „postmortal".

Konsequenzen und Aussichten

Wir haben verschiedene Gegenden unserer gegenwärtigen Bildungslandschaft vom „primären" bis zum „quartären" Sektor, also von der Grundschule und Sekundarstufe I bis zur Erwachsenenbildung und zum Studium im Alter, als Lernorte der Philosophie Revue passieren lassen. Insgesamt zeigt sich, dass die behandelten Orte des Philosophierens in konkreten Kontexten im Prozess der Kultur enger miteinander zusammenhängen, als ihre üblicherweise separaten Sichtweisen vermuten lassen. Auch wenn Philosophie kein Therapieersatz in Lebenskrisen zu sein vermag: Wer seine Probleme philosophisch betrachtet, sieht sie in einem größeren Rahmen, gewinnt so eine andere Sicht und profitiert von der Wirkung der Distanz. Zwar können von Philosophen Welt- und Sinnerklärungen im Sinne bereitzuhaltender Vorgaben nicht erwartet werden. Worin einer Glück und Sinn finden wird, kann niemand ihm in Anleitungsform formulieren. Individuelle Sinnstiftung kann nur Ergebnis eigener Bildungsbemühung und einer Arbeit an sich selbst sein, zu der die Philosophie aber als Zulieferer und im Sinne einer methodischen Haltung auftreten mag, jene Vorstellungen über sich und die Welt, mit denen jede(r) von uns durch das Leben geht, bewusst zu machen und sie zu prüfen. Dies muss die Philosophiedidaktik angemessen und produktiv aufgreifen (vgl. Steenblock, Philosophische Bildung als Arbeit am Logos, Beitrag zu diesem Werk).

Damit soll deutlich werden, worin das Verbindende der Orte des Philosophierens besteht, ob man nach *Wilhelm Weischedel* die Vordertreppe zur Philosophie benutzt, ob die Hintertreppe. Natürlich ist nicht alles Philosophieren gleich. Aber immer handelt es sich um ein kulturell grundlegendes und wichtiges Bemühen endlicher Menschen, die sich in einer schwierigen und komplexen Welt ihre Verhältnisse zurechtzulegen suchen. In *allen* hierbei denkbaren und gemäß der zurückliegend versuchten kleinen Zusammenstellung auffindbaren Lehr- und Lernprozessen *orientieren* Menschen sich in jeweiligen Kontexten in gedanklichem Engagement und Bemühen; in jedem dieser Fälle handelt es sich um Versuche gemeinsamer theoretischer und praktischer „Arbeit am Logos". Niemand, kein Elfenbeinturmbewohner und kein Marktplatzinteressent, greift aus der historischen Immanenz heraus und fasst eine Ewigkeit an, in der alle Didaktik aufgehoben wäre. Die Philosophiedidaktik möchte mit ihrer Arbeit helfen, die Philosophie stärker in den Prozess einer demokratischen Kultur einzubringen.

Weiterführende Literatur

Albus, V.; Altenschmidt, K. (Hg.): *Philosophieren mit Jedermann. Ein hochschuldidaktisches Projekt zum Service Learning*, Berlin, Münster 2014.
Aries, P.; Duby, G.: *Histoire de la vie privée* 1-5, Paris 1985.
Berger, W.; Heintel, P.: *Die Organisation der Philosophen*, Frankfurt 1998.
Bielstein, J.: „Hör-Räume – Seh-Räume. Zur Real- und Imaginationsgeschichte von Schulbauten", in: Westphal, K. (Hg.): *Orte des Lernens*, Weinheim 2007, 95-120.
Burckhart, H.; Sikora, J. (Hg.): *Praktische Philosophie – Philosophische Praxis*, Sonderausgabe Darmstadt 2012.
Draken, K.: „Warum noch mit Schülerinnen und Schülern philosophieren?", in: van Ackeren, M.; Kobusch, T.; Müller, J.: *Warum noch Philosophie? Historische, systematische und gesellschaftliche Positionen*, Berlin 2011, 281-298.
Goette, H. R.; Hammerstaedt, J.: *Das antike Athen*, München 2004.
Greenblatt, S.: *The Swerve. How the World Became Modern*, New York, London 2011.
Hahn, J.: *Der Philosoph und die Gesellschaft. Selbstverständnis, öffentliches Auftreten und populäre Erwartungen in der hohen Kaiserzeit Roms*, Stuttgart 1989.
Hahn, J.: „Philosophy as Socio-political Upbringing", in: Peachin, M. (Hg.): *The Oxford Handbook of Social Relations in the Romans World*, Oxford 2011, 119-143.
Holenstein, E.: *Philosophie-Atlas. Orte und Wege des Denkens*, Zürich 2004.
Jahrbuch der Internationalen Gesellschaft für Philosophische Praxis (IGPP), Münster 2005 ff.
Lohmann, K. R.; Schmidt, T. (Hg.): *Akademische Philosophie zwischen Anspruch und Erwartung*, Frankfurt 1998.
Lorenzen, A. K. D.: *Philosophie in der Erwachsenenbildung*, Göttingen 1986.
Macho, T.: „Institutionen philosophischer Lehre und Forschung", in: Martens, E.; Schnädelbach, H. (Hg.): *Philosophie. Ein Grundkurs*, Reinbek 1985, 579-603.
Martens, E.: *Lob des Alters*, Mannheim 2011.
Müller, A.: *Was die Säulen nicht mehr selber sagen*, Münster 2004.
Raters, M.-L.: *Hannes und die Rätsel der Zeit. Eine philosophische Reise in die Geheimnisse des Denkens*, Freiburg 2008.
Scholz, P.: „Ein römischer Epikureer in der Provinz. Diogenes von Oinoanda und sein Adressatenkreis", in: Piepenbrink, K. (Hg.): *Philosophie und antike Lebenswelt*, Sonderausgabe, Darmstadt 2010, 208-228.
Schwinges, R. C. (Hg.): *Artisten und Philosophen*, Basel 1999.
Schüle, C.: „Freie Geister im Café. Philosophie für jedermann: Eine Rundreise durch die Klubs und Debattierzirkel der Republik", in: *Die Zeit* (2011).
Sommer, H.: *Der philosophische Reiseführer*, Darmstadt 2005.
Speer, A.: „Philosophie als Wissenschaft und Lebensform im Mittelalter", in: *Zeitschrift für Didaktik der Philosophie und Ethik* (2014), 6-10.
Steenblock, V.: „Die Philosophie ins Leben bringen. Bildungsüberlegungen im Ausgang von Raffaels Darstellung der antiken Denker in seiner Schule von Athen", in: Reis, B. (Hg.): *Zwischen PISA und Athen*, Göttingen 2007a, 179-213.
Steenblock, V.: *Kleine Philosophiegeschichte*, durchgesehene und bibliographisch ergänzte Ausgabe Stuttgart 2007b.
Steenblock, V.: *Philosophisches Lesebuch*, durchgesehene Ausgabe, Stuttgart 2009.
Steenblock, V.: *„Wo* wird *wie* philosophiert? Einladung zum Blick auf die Orte und Arten des Philosophierens"*, in: ders.: *Philosophische Bildung*, Berlin, Münster 2013[7].
Tiedemann, M.: „Außerschulische Lernorte im Philosophie- und Ethikunterricht", in: *Zeitschrift für Didaktik der Philosophie und Ethik* (2014), 3-10.
Weber, W. E. J.: *Geschichte der europäischen Universität*, Stuttgart 2002.

2.4 Philosophie – eine Schule der Freiheit Zur Rolle der Philosophie in der UNESCO

CHRISTOPH WULF

Seit den Anfängen der UNESCO nach dem Zweiten Weltkrieg spielt die Philosophie in dieser internationalen Institution eine zentrale Rolle (Huxley 1947). Man geht nicht zu weit, wenn man die Gründung der UNESCO als eine Antwort der Staatengemeinschaft auf die in anthropologischer und philosophischer Hinsicht grundlegende Frage versteht: Ist es und wie ist es möglich, eine *Kultur des Friedens* weltweit zu entwickeln? Aus dieser Aufgabe ergeben sich die zahlreichen Anforderungen in der UNESCO in den Bereichen „Erziehung", „Wissenschaft" und „Kultur". Wenn eine Welt geschaffen werden soll, in der kein Land und keine Region zurückgelassen wird, die allen Menschen gerechte Lebensgrundlagen bietet, bedarf es der Philosophie und der philosophischen Reflexion. Eine *Kultur des Friedens und der Menschenwürde* zu verwirklichen, ist eine große nicht vollständig realisierbare Aufgabe. Um an ihr zu arbeiten, müssen viele unterschiedliche Perspektiven aufeinander bezogen und miteinander verbunden werden.

Wie es nicht nur eine Religion gibt, so gibt es auch nicht nur eine Philosophie, sondern viele unterschiedliche Strömungen und Positionen, zwischen denen es Differenzen und Widersprüche gibt. Wie eine Kultur des Friedens im Einzelnen aussehen soll, ist ebenfalls umstritten. In jedem Fall bedarf es zu ihrer Realisierung einer offenen pluralistischen Gesellschaft, die unterschiedlichen Positionen des Denkens die Möglichkeit einräumt sich zu artikulieren. Philosophie und philosophische Reflexion können zum Gespräch, zur Verständigung und zur Erarbeitung gemeinsamer Perspektiven beitragen. Dazu ist eine Freiheit des Denkens und Argumentierens erforderlich, in deren Rahmen die Bereitschaft zuzuhören und sich auf die Argumente anderer einzulassen, eine entscheidende Rolle spielt.

Philosophie muss sich den großen Problemen menschlichen Lebens und Zusammenlebens in der Welt stellen und sich im Dialog kritisch und produktiv mit ihnen auseinandersetzen. Bei der Erarbeitung philosophischer und anthropologischer Perspektiven gilt es die Fähigkeit zu unabhängigem und eigenständigem Denken zu entwickeln. Schließlich bedarf es der grundsätzlichen Förderung philosophischen Denkens und Forschens (vgl. UNESCO 2007, XI). Philosophische Reflexion kann dazu beitragen, einen gemeinsamen Referenzrahmen zu entwickeln, der einen Austausch von Sichtweisen, Argumenten, und Handlungsperspektiven ermöglicht. Ein solcher Referenzrahmen bietet auch die Möglichkeit, neue für die Gestaltung der Zukunft erforderliche Orientierungen zu erarbeiten.

Wie kann es der Weltgesellschaft gelingen, trotz aller Differenzen zu verbindlichen Vorstellungen darüber zu gelangen, wie die Zukunft zu gestalten ist und welche gemeinsamen Handlungen dazu erforderlich sind. Angesichts der Komplexität der anstehenden Probleme kann sich Philosophie nicht darauf beschränken, den Menschen ein reflexives Wissen zu vermitteln – so wichtig dieses auch ist. Nicht weniger wichtig ist es, die Fähigkeit zu vermitteln, aus diesem Wissen Handlungen und aus Handlungen kreatives Wissen entstehen zu lassen.

Nachhaltigkeit als Aufgabe der Philosophie

Nachdem die Zeit für die Verwirklichung der vor allem im Hinblick auf die Entwicklungsländer gesetzten Milleniumsziele 2015 zu Ende geht und es gelungen ist, die Armut und den Analphabetismus in vielen Teilen der Welt zu reduzieren, arbeitet die Staatengemeinschaft zurzeit intensiv daran, Nachhaltigkeitsziele für den Weltgipfel im Herbst 2015 zu entwickeln. Ohne die Hilfe philosophischen Denkens kann dies nicht gelingen. Philosophie kann zur Erörterung der mit der Nachhaltigkeit verbundenen ethischen Fragen, zur Entwicklung und Erörterung der Realisierbarkeit der Nachhaltigkeitsziele, zur Präzisierung der Begriffe und der Konsistenz der Argumentation und des methodischen und argumentativen Vorgehens beitragen. Entwicklung ist nachhaltig, wenn sie „die Lebensqualität der gegenwärtigen Generationen sichert und gleichzeitig zukünftigen Generationen die Wahlmöglichkeit zur Gestaltung ihres Lebens erhält" (DUK 2014). Die sich aus dieser Definition ergebenden Nachhaltigkeitsziele stehen in enger wechselzeitiger Beziehung mit einer Kultur des Friedens und der Menschenrechte, der kulturellen Vielfalt, der demokratischen Partizipation und Rechtsstaatlichkeit. Für die Transformation der Wirtschaft und der Gesellschaft ist eine *Kultur nachhaltiger Entwicklung* erforderlich. Für deren Entwicklung bedarf es auf eine entsprechende Zukunft ausgerichteter Leitbilder, Vorstellungen, Normen und Wissensformen. Diese müssen durch die Entwicklung von Nachhaltigkeitswerten und entsprechenden Haltungen und Lebensweisen ergänzt werden. Dabei spielt *Bildung für nachhaltige Entwicklung* eine wichtige Rolle, ohne die die Verbreitung eigenverantwortlichen Handelns nicht möglich ist. Bildung für Nachhaltigkeit impliziert ein komplexes Verständnis kultureller Bildung, das ästhetische und performative Dimensionen in die Bildungsprozesse einbezieht.

Die Komplexität dieser Aufgaben führt zu neuen Anforderungen an Philosophie und philosophisches Denken, denen sie sich stellen müssen, um ihren Beitrag zu Bearbeitung der großen Probleme der Menschheit zu liefern. Deshalb reicht es nicht aus, Geschichte der Philosophie zu betreiben. Die sich für das philosophische Denken ergebenden Anforderungen sind neu und erfordern innovative Formen philosophischer Arbeit und Reflexion. Es kommt darauf an, die Menschen an den Suchprozessen zu beteiligen, die zur Lösung neuer Probleme beitragen können. In diesen Prozessen sind das *Staunen* und das aus ihm resultierende *Fragen* und *Suchen* von zentraler Bedeutung. In ihrem Verlauf können Menschen lernen, sich für Fremdes und Ungewöhnliches zu öffnen und dadurch wichtige Voraussetzungen für gesellschaftliche Veränderungen schaffen.

Interdisziplinarität und Interkulturalität

Im Kontext der UNESCO hat Philosophie die Aufgabe die zahlreichen Disziplinen, aus denen das Wissen für die Bearbeitung der großen Menschheitsprobleme (z. B. Nachhaltigkeit, Gewalt, Diversität) stammt, dabei zu unterstützen, ihre Disziplingrenzen zu überschreiten und interdisziplinär zu forschen. Die meisten der in der UNESCO bearbeiteten Probleme lassen sich nicht auf eine Fachdisziplin beschränken; ihre angemessene Erforschung erfordert interdisziplinär erzeugtes Wissen. Dieses entsteht jedoch erst auf der Grundlage neuer Fragen, neuer Begriffe und neuer Methoden, die infolge reflexiver Denkprozesse entwickelt und mit vorhandenen Wissensbeständen verknüpft werden. Viele interdisziplinäre Wissenszusammenhänge haben zudem eine Bildungsdimension, ohne deren Berücksichtigung das aus mehreren Disziplinen stammende Wissen kulturell und politisch unwirksam bleibt. Die zahlreichen Projekte und Forschungen im Bereich der „Bildung für Nachhaltigkeit" bieten Beispiele dafür, wie mit der Vermittlung dieses Wissens im Bildungsbereich eine weitere interdisziplinäre Dimension hinzukommt, ohne deren Berücksichtigung der gesellschaftliche Wert des Nachhaltigkeitswissens sehr begrenzt wäre.

Interkulturelles bzw. transkulturelles Wissen

Insofern es Aufgabe der UNESCO ist, nicht nur die regionalen, sondern vor allem die globalen Probleme der Menschheit zu bearbeiten, spielt die Erzeugung interkulturellen bzw. transkulturellen Wissens eine wichtige Rolle. Ohne philosophische Reflexion kann die Schaffung transkulturellen Wissens nicht gelingen. Es bedarf eines Referenzrahmens für das kulturell unterschiedliche Wissen und den Versuch, das jeweils partikulare Wissen in ein kulturelle Diversität übergreifendes Wissen zu transformieren. Dabei soll nach Möglichkeit ein einheitliches, doch zugleich kulturell vielgestaltiges Wissen (*unitas multiplex*) entstehen (Wulf, Suzuki, Zirfas u. a.

2011). Die in diesen Forschungen entstehenden epistemologischen Probleme erfordern kontinuierliche und systematische Reflexion (Wulf 2013a).

Philosophie – eine Schule der Freiheit

Im Jahre 2005 publizierte die UNESCO einen Bericht darüber, wie heute Philosophie in der Welt unterrichtet wird. Dem waren seit den 40er Jahren des 20. Jahrhunderts zahlreiche Veranstaltungen und Veröffentlichungen vorausgegangen, in denen untersucht und erörtert wurde, wie Philosophie in den verschiedenen Regionen der Welt unterrichtet wird. Diese Veranstaltungen fanden in Europa, in Lateinamerika, in der asiatisch-pazifischen und in der arabischen Welt statt (vgl. UNESCO 2005, XII ff.). In der Untersuchung von 2005 wurden die formale und die informale Vermittlung von Philosophie untersucht. Das Spektrum umfasste: 1) Philosophie und junge Köpfe – das Alter des Staunens: Unterrichten in Vorschule und Primarschule; 2) Philosophie im Alters des Fragens: Unterricht in der Sekundarschule; 3) Philosophie in der Universität: Unterricht im tertiären Bildungswesen; 4) Philosophie anders entdecken: wie sie in der wirklichen Welt unterrichtet wird (ibid., XIV). Die Ergebnisse der Untersuchung, die durch umfangreiches dokumentarisches und bibliographisches Material sowie Best-Practice-Beispiele ergänzt wurden, basierten auf dem Einsatz quantitativer und qualitativer Methoden. Der Fragebogen wurde auf Französisch, Englisch und Spanisch eingesetzt; seine thematischen Dimensionen bezogen sich auf die Vermittlung von Philosophie; aufgrund unterschiedlicher Traditionen waren einige dieser Fragen nicht in allen Ländern von gleicher Relevanz. In der Erhebung wurden 1200 Fragebögen in 126 von 192 Mitgliedstaaten ausgefüllt. Insgesamt ergab sich eine große Diversität in der Verbreitung und Intensität sowie in den Begriffen, Inhalten und Methoden des Philosophieunterrichts. In einigen Regionen der Welt existiert Philosophieunterricht nicht; in anderen fokussiert er andere als im Fragebogen vorgesehene Bereiche. Die Untersuchung zeigt: Die kulturellen Unterschiede im Hinblick auf die Wertschätzung der philosophischen Reflexion, die allgemeinen Vorstellungen von Erziehung und Bildung sowie die Praktiken der Erziehung sind in den Regionen der Welt sehr verschieden. Aus vielen Einzelergebnissen der Untersuchung wird deutlich, dass viele Teile der Philosophie ihren Ursprung in der europäischen Kultur haben, so dass bei aller internationaler Wertschätzung der Philosophie ein kultureller von den Autoren jedoch auch reflektierter Bias in der Erhebung unvermeidbar war.

Ausblick

Angesichts der großen Probleme der Menschheit und der Bedeutung der UNESCO für deren Bearbeitung spielen Philosophie und philosophische Reflexion seit ihrer Gründung eine wichtige Rolle. Philosophisches Denken trägt dazu bei, die Probleme begrifflich zu fassen, argumentativ zu bearbeiten, unterschiedliche Formen des Wissens aufeinander zu beziehen und miteinander zu verbinden. Es fördert die Entwicklung gemeinsamer Werte und Perspektiven für eine Kultur des Friedens und der Nachhaltigkeit. Die philosophische Reflexion dient der Realisierung der Menschenrechte und der sozialen Gerechtigkeit. Für die interdisziplinäre und interkulturelle Erforschung der anstehenden Fragen und Probleme kann die philosophische Reflexion zur erforderlichen Verknüpfung heterogenen Wissens beitragen und wichtige Perspektiven für das Handeln in Politik und Bildung entwickeln. Im Zusammenhang mit den Nachhaltigkeitszielen der Weltgemeinschaft sind weiterhin umfangreiche philosophische über die Grenzen einzelner Kulturen hinausreichende Forschungen erforderlich. In diesen zeigen sich die imaginären und kulturellen Grenzen der Kultur (Wulf 2014) sowie der Rätselcharakter des Menschen (Wulf 2013b), die die kontinuierlich anthropologischen und philosophischen Reflexionen erforderlich machen.

Literatur

Huxely, J.: UNESCO: *Its Purpose and its Philosophy*, Paris 1947.
Deutsche UNESCO-Kommission: *Memorandum zum Post-2015-Prozess*, Bonn.
UNESCO: Philosophy: *A School of Freedom*, Paris 2005.
Wulf, C.: *Anthropology. A Continental Perspective*, Chicago 2013a.
Wulf, C.: *Das Rätsel des Humanen*, München 2013b.
Wulf, C.: *Bilder des Menschen. Imaginäre und Performative Grundlagen der Kultur*, Bielefeld 2014.
Wulf, C.; Suzuki, S.; Zirfas, J. u. a.: *Das Glück der Familie. Ethnographische Studien in Deutschland und Japan*, Wiesbaden 2011.

3. Prägende Theorien

3.1 Philosophie als Kulturtechnik humaner Lebensgestaltung

Ekkehard Martens

Von der Fachdidaktik erwartet man – außer unterrichtspraktischen Impulsen – kohärente Konzepte über die Ziele, Inhalte, Methoden und Medien des betreffenden Fachs. Vor allem beim Philosophieunterricht (im Folgenden sind auch „Ethik", „Praktische Philosophie", „Werte und Normen" etc. immer mitgemeint) kann man kaum von einem konzeptionellen Konsens in der Bezugsdisziplin Philosophie oder in der Gesellschaft ausgehen. Wegen des spezifisch reflexiven und das heißt selbstkritischen, kontroversen Charakters der Philosophie ist dies auch gar nicht anders zu erwarten. Dennoch lassen sich möglichst gut begründete Vorstellungen entwickeln und zur Diskussion stellen. Im Folgenden möchte ich insbesondere den Akzent auf die Methoden legen und „Philosophieren als elementare Kulturtechnik" beschreiben und begründen. Methoden ohne Ziel aber sind blind und ohne Inhalte leer. Beides möchte ich daher bei der Methodenfrage anschließend mitbehandeln. Dagegen kommt die eher unterrichtspraktische Medienfrage nur am Rande oder indirekt vor.

Dem Philosophieren als Tätigkeit im Sinne eines methodischen Philosophierens ist in der letzten Zeit in der Philosophiedidaktik verstärkte Aufmerksamkeit gewidmet worden (u. a. Steenblock 2002, Martens 2003, Rohbeck 2004), auch um der prinzipiell berechtigten Forderung der aktuellen Allgemeinen Didaktik nachzukommen, neben dem inhaltlichen Wissenserwerb zugleich oder sogar primär eine Methodenkompetenz zu vermitteln, wie man sich Wissen erarbeitet und wie man mit ihm umgeht. Bei der Vermittlung von Methodenkompetenz ist aber stets die Frage nach den Inhalten zu beachten und eine Ausuferung der Kompetenzanzahl zu vermeiden, indem man sich auf die domänen- oder fachspezifischen zentralen Methoden des Philosophierens konzentriert.

Philosophieren als elementare Kulturtechnik lässt sich in folgenden fünf Methoden anordnen (Martens 2003, 2010):

1. phänomenologische Methode: differenziert und umfassend beschreiben, was ich wahrnehme und beobachte;
2. hermeneutische Methode: sich das eigene Vorverständnis bewusst machen sowie (nicht nur philosophische) Texte interpretieren oder andere Medien (Bilder, Musik, Gedichte) einsetzen;
3. analytische Methode: die verwendeten zentralen Begriffe und Argumente hervorheben und prüfen;
4. dialektische Methode: ein (mündliches oder schriftliches) Dialogangebot wahrnehmen, auf Alternativen und Dilemmata zuspitzen und diese abwägen, indem man „viele" Gesichtspunkte in „einer" umfassenden Sichtweise oder Definition zusammenfasst (wie Platon *Dialektik* bestimmt);
5. spekulative Methode: Phantasien und Einfälle zulassen und Lösungsversuche wagen, aber dann mit Hilfe der anderen Methoden prüfen.

Der Terminus „elementare Kulturtechnik" ist näher zu erläutern, auch weil er mögliche Missverständnisse enthält. Er ist zunächst eine provozierende Analogiebildung zu den üblichen Kulturtechniken des Lesens, Schreibens und Rechnens und zielt darauf ab, Philosophie für ebenso selbstverständlich in unsere Kultur zu integrieren, wie die übrigen Kulturtechniken auch. Die Bezeichnung führt leicht, wie die übrigen Kulturtechniken, zu dem Missverständnis, dass damit bloß instrumentelle, mechanisch anwendbare Fertigkeiten für beliebige Zwecke gemeint seien. Eine Kulturtechnik ist Philosophieren aber nicht im Sinne einer instrumentellen Fertigkeit nach Art der von Sokrates kritisierten Sophistik, sondern als eine Handwerkskunst oder Kunstfertigkeit (griech.: *techne*).

Sie geht nicht im Mechanischen auf. Zwar lässt sich Philosophieren beispielsweise als Begriffs- und Argumentationskunst bis zu einem gewissen Grad durchaus lehren und lernen, erschöpft sich aber nicht im schematischen Gebrauch von Regeln und Faktenkenntnissen. Dasselbe gilt auch von den Kulturtechniken des Lesens, Schreibens oder Rechnens, ebenso von den Techniken des Atmens, Tanzens, Malens, Meditierens oder Liebens. Als Technik ist Philosophieren vielmehr, wie jede Handwerkskunst, auf ein Fingerspitzengefühl angewiesen, beispielsweise wie man Gründe und Gegengründe abwägen, den Einzelfall angemessen beurteilen, den passenden Moment für ein Argument wählen oder guten Einfällen Raum geben sollte – oder wann man besser einfach schweigt. Ferner ist Philosophieren nicht nur eine Technik im formalen Sinn oder eine bloße „Werkzeugkiste", sondern sie ist auch in einem inhaltlichen Sinn eine Materialkunde relevanter Gesichtspunkte und Deutungsmuster. Mit Hilfe der Kenntnis der Philosophiegeschichte als „Schatztruhe" und der neueren akademischen Fachdiskussion kann man in einer Diskussion zentrale Begriffe, Argumentationsgänge und Themen in der Tradition identifizieren und fortentwickeln.

Als Kultur*technik* ist Philosophieren, so meine zentrale These, *elementar*. Elementar ist Philosophieren zunächst als eine grundlegende Technik, insofern es in sokratischer Manier als „Rechenschaftgeben" die Grundannahmen unseres alltäglichen, privaten und gesellschaftlichen, auch wissenschaftlichen Denkens, Sprechens und Handelns untersucht. Insofern kommt Philosophieren nicht bloß additiv als „vierte" Kulturtechnik zum Lesen, Schreiben und Rechnen hinzu, sondern ist als Ferment in allen dreien mitenthalten. Zweitens ist die Kulturtechnik elementar im Sinne von einfach, insofern sie keine elaborierten Fachkenntnisse der Philosophie voraussetzt, sondern von ihren ersten Anfangsschritten an im Prinzip von jedermann praktiziert werden kann, bereits von kleineren Kindern (Martens 1999). Allerdings kann und sollte sie zunehmend elaborierter gelernt und geübt werden, besonders in Kursen der Oberstufe und als Vorbereitung zum Abitur.

Versteht man Philosophieren als elementare Kulturtechnik, kann sie besonders gut zur Beantwortung der Frage dienen, *wozu* Philosophie an der Schule gut sein kann. Bei der Zielfrage bewegen sich die Philosophie und der entsprechende Unterricht auf einem schmalen Grat zwischen Zweckfreiheit und Nützlichkeit. Wenn man heute von Philosophie als zweckfreier oder reiner Theorie redet, meint man nur selten eine metaphysische oder onto-theologische „Schau des Höchsten" wie in der antiken oder mittelalterlichen Philosophie. Vielmehr vertritt man dabei in der Regel lediglich die schwächere Fassung der Zweckfreiheit, dass Philosophie von ihrem prinzipiellen Kritik- oder Begründungsanspruch her in der Tradition des sokratischen „Rechenschaftgebens" (logon didónai) keinen vorgegebenen Zwecken verpflichtet ist, sondern auch diese kritisch zu reflektieren hat. Dabei werden Zwecke oder Ziele wie Kritikfähigkeit, Denkschulung, Handlungsorientierung oder Bildung einer autonomen Person allgemein akzeptiert, wenn auch unterschiedlich bewertet. In diesen Zielen ist bereits die Nützlichkeit enthalten, wenn auch keineswegs in einem ökonomischen oder unmittelbar alltagtagstauglichen Sinne. Versteht man Philosophie als Tätigkeit des Philosophierens, muss auch sie sich wie jede andere Tätigkeit oder jedes andere Handeln nach ihrem praktischen Zweck oder ihrer Nützlichkeit fragen lassen, zumal wenn sie im Bildungssystem der Hochschule und Schule einen angemessenen curricularen Platz und somit Geld und Zeit in Konkurrenz mit anderen Fächern beansprucht. Als metaphysischer Zweck an sich dagegen wäre sie heute mehr kaum zu vertreten, und als reine Freizeitbeschäftigung wäre sie Privatsache, die jeder selbst frei wählen darf, etwa in der Institution Schule in zusätzlichen Arbeitsgemeinschaften. Offensichtlich also besteht die Forderung, dass Philosophie einen zumindest mittelbaren Nutzen haben sollte, zu Recht und wird auch innerhalb der Philosophie selbst erhoben. So müssen nach Platons „Höhlengleichnis" die Philosophenherrscher nach dem Aufstieg oder ihrer Beschäftigung mit reiner Philosophie den Abstieg oder die angewandte Philosophie in der Höhle oder Alltags- bzw. Lebenswelt praktizieren, um der Polis „Kostgeld" für ihre Ausbildung zurückzuzahlen. Erst danach dürfen sie endgültig auf der „Insel der Seligen" verweilen.

Unter der allgemeinen Bedingung, dass die Institution Schule ein lehr- und lernbares, zudem überprüfbares Wissen und Können zu vermitteln hat, kann Philosophie nicht primär eine Haltung wie Lust am Denken oder Meditation direkt anstreben oder einüben, wenn auch als möglichen Nebeneffekt bei den Schülern erhoffen. Ferner verbieten die Neutralitätsverpflichtung des Unterrichtenden oder das pädagogische Überwältigungsverbot eine direkte Einflussnahme auf eine bestimmte moralische oder weltanschauliche Erziehung. Außerdem würde eine Überfrachtung des zeitlich knapp bemessenen Unterrichts durch kaum realisierbare Erwartungen einer Haltungs- und Verhaltensänderung nur die Frustration von Schülern und Lehrern verstärken, da sie in einem naiven Idealismus vom Schulalltag unvermeidbar enttäuscht werden.

Es gibt aber durchaus zwei realisierbare, miteinander kombinierbare Möglichkeiten, wie Philosophie in der Schule nützlich werden könnte: inhaltlich und methodisch. Erstens kann Philosophie in einem inhaltlichen Sinne nützlich werden, indem im Unterricht Themen wie Glück, Freundschaft, Liebe, Gerechtigkeit, Freiheit, Menschenwürde, Sinn des Lebens oder Lebenskunst behandelt werden. Darüber kann man nachdenken, ohne natürlich bereits dadurch glücklich, gerecht etc. zu werden. Indirekt nützlich im Sinne autonomer Urteilsfähigkeit wäre somit Philosophie als thematisch angewandte Philosophie, wenn man sich jedenfalls in didaktischer Perspektive überlegt, welche Themen oder Fragen für die Schüler individuell und gesellschaftlich wichtig sein könnten. Hierzu zählen natürlich nicht nur praktische, sondern auch theoretische Themen der Erkenntnistheorie und Wissenschaftsphilosophie sowie der Argumentations- und Sprachtheorie. Bei der Beschäftigung mit ihnen lässt sich klären, *wie* man über praktische Themen sinnvoll reden und zu begründeten Aussagen gelangen kann. *Über* derartige Themen kann man aber nicht nur reden, sondern zugleich kann man das, wovon die Rede ist, auch praktisch durch eine Argumentationspraxis *einüben*. Eine derartige Übung legt den Akzent nicht auf den Erwerb von Kenntnissen der Philosophie, sondern auf das Philosophieren als Tätigkeit des methodischen Reflektierens und Erkennens, die zweite Antwort auf die Zielfrage.

Wie aber lässt sich die Methodenkompetenz des Philosophierens als elementare Kulturtechnik begründen? Dies geschieht in dreifacher Weise: Das Konzept lässt sich in der sokratischen Methodenpraxis der platonischen Frühdialoge erkennen (Martens 2003, 48ff; Martens 2004, 160ff.), zweitens auch aus den neueren philosophischen Denkrichtungen ableiten (Rohbeck 2004) oder, so drittens, auf die allgemeine Sprachpraxis zurückführen (Rentsch 2002). Alle drei Ableitungen ergänzen sich wechselseitig. Die sokratischen Frühdialoge, so zur ersten Herleitung, enthalten mehr als die Methode des mündlichen „sokratischen Dialogs", worauf sich die Neosokratik nach Nelson/Heckmann beschränkt (Raupach-Strey 2002), ebenfalls mehr als eine Begriffs- und Argumentationsanalyse. Vielmehr exemplifizieren sie im umfassenden Sinne die Methoden eines sokratisches Philosophierens, egal ob schriftlich oder mündlich, alleine oder mit anderen. Ein Beispiel ist der Dialog *Laches* über die Tapferkeit:

(1) Das sokratische Philosophieren geht von problematisch gewordenen Erfahrungen, Beobachtungen oder Phänomenen der individuellen oder gesellschaftlichen Lebenspraxis aus. Es bezieht sich zunächst auf das „was sich von sich her zeigt" (griech. *phainómenon*), und dies noch vor ausdrücklichen, wenn auch implizit immer schon enthaltenen Deutungen. So erinnert Sokrates die Feldherrn an ihre Erfahrungen von Tapferkeit im Krieg als blindes Drauflosstürmen und blinden Gehorsam (phänomenologische Methode).

(2) Ferner erinnert Sokrates seine Gesprächspartner an ihre von Homer geprägten militärischen Deutungsmuster von Tapferkeit und erweitert ihren verengten Blick auf das Phänomen Tapferkeit als

einem bloßen Verharren in einem Freund-Feind-Schema um die Vorstellung von Zivilcourage und Beharrlichkeit (hermeneutisch).
(3) Erst nach dem Bezug auf Phänomene und durch ein mitgebrachtes Vorwissen werden, drittens, die vorgebrachten Deutungsmuster durch die Was-ist-das-Frage begrifflich-argumentativ analysiert und eine tragfähige Definition erarbeitet (analytisch).
(4) Dabei philosophiert Sokrates in Form eines Dialogs oder einer Auseinandersetzung in Rede und Gegenrede und spitzt entscheidende Gegensätze zu: Tapferkeit ist einerseits ein Affekt der Beharrlichkeit, andererseits eine Art von Wissen (dialektisch) von den eigenen Fähigkeiten und den verfolgten Zielen.
(5) Fünftens lebt das sokratische Philosophieren von kreativen Momenten wie Gedankenexperimenten, Bildern, Metaphern oder Mythen. Was wäre, so legt der Dialog implizit als geradezu utopische Frage nahe, wenn Feldherren oder Männer der Praxis wirklich anfingen zu philosophieren? Außerdem legt das sokratische Philosophieren gegen den Anschein eines aporetischen Endes eine tragfähige Antwort auf die Frage nach der Tapferkeit nahe, indem man die beiden gegensätzlichen Positionen in einer einheitlichen Sichtweise oder „Gestalt" bzw. „Idee" (griech. „eidos") miteinander verbindet (Politeia IV): Tapferkeit ist das beharrliches Festhalten an realistischen Zweck-Mittel-Beziehungen und guten Zielen gegen widerstrebende Affekte in einer gefährlichen, angsteinflößenden Situation (kreativ-spekulativ).

Die fünf Methoden sind nicht in einem fachinternen Sinne etwa eines Husserl, Gadamer, Frege, Marx oder Hegel zu verstehen, wenn sie sich auch bestimmten Denkrichtungen zuordnen lassen (Rohbeck). Auch stehen sie nicht isoliert nebeneinander, sondern sind von vorneherein miteinander vernetzt, so dass sie sich im Einzelnen oft nicht scharf voneinander unterscheiden lassen. Zwar können nach einer gewissen Einübungsphase einzelne Methoden akzentuiert im Unterricht behandelt werden, sie ergänzen sich aber gegenseitig – wie die fünf Finger einer Hand. In der „Fünf-Finger-Methode" enthält jede einzelne die anderen als Teilmomente, und alle zusammen haben keinen festen Anfang und kein festes Ende, sondern bilden eine offene Spiralbewegung im Sinne einer „Methodenschlange":

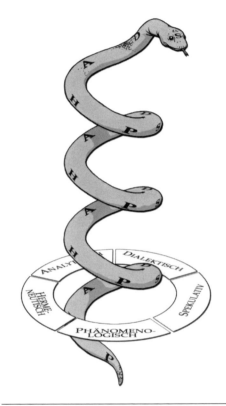

Abb. 1: Methodenschlange (Martens 2003, 57. Illustration: Wey-Han Tan)

So ist die Phänomenwahrnehmung immer schon durch bestimmte Deutungsmuster geleitet und vorgeprägt, indem ich etwas *als* etwas wahrnehme und verstehe; Dabei werden notwendigerweise bestimmte Begriffe in einem Argumentationszusammenhang benutzt, der kaum ohne kontroverse Zuspitzungen und Auseinandersetzungen auskommt und außerdem von oft emotional gefärbten

Einfällen oder Spekulationen geprägt ist. Beispielsweise kann man ein Bild von miteinander verbundenen kleinen, grünen Kügelchen als Pistazieneis, Schimmelpilz, alte Tennisbälle oder als Embryo im Frühstadium wahrnehmen und beschreiben. Fragt man ferner nach, was genauer mit „Embryo" gemeint ist, kommen unterschiedliche Deutungen und Wertungen zum Vorschein, so etwa „bloßer Zellhaufen" oder „schützenswertes Leben" (wobei die Assoziation „Leben" möglicherweise durch die nachträgliche Grünfärbung suggeriert wird, die unter dem Elektronenmikroskop selbst nicht zu sehen ist). Wenn man weiterhin versucht, die vorgebrachten Deutungen genauer zu klären, kommen Begriffe und damit verbundene Argumentationsmuster wie (nichts als) „Materie", (der Mensch als beginnende) „Person" oder (unantastbare) „Menschenwürde" heraus. Schließlich wird auch sichtbar, dass sich mit dem behaupteten Anblick entweder des „Zellhaufens" oder der „Person" ethische Ansichten verbinden, die zudem von tiefsitzenden Phantasien oder Spekulationen über Fluch und Segen der Gentechnik geprägt sind.

Die einzelnen Denkmethoden sind mit Hilfe allgemeiner Unterrichtsmethoden praktisch umzusetzen, etwa durch Klassen- und Gruppendiskussionen, Rollenspiele, Schreibübungen oder bildliche Darstellungen. Sie stellen außerdem ein Graduierungs-Modell dar, insofern sie schrittweise das Philosophieren einüben und verbessern können, angefangen beim Philosophieren mit Kindern. Das Einüben der Methoden ermöglicht zunehmend ein selbstständiges Denken, Urteilen und Handeln autonomer Personen und ist insofern ein Bildungsprinzip.

Allerdings ist zu betonen: Die Akzentuierung der Methodenfrage, *wie* wir philosophieren können und sollen, bedeutet keineswegs eine Reduktion der Philosophie und des Unterrichts auf Methodik. Vielmehr ist der Inhaltsbezug vor allem in der hermeneutischen Arbeit an den Deutungsmustern oder Ideen immer schon mit enthalten, *worüber* wir philosophieren, auch *wozu* wir es tun. Das methodische Philosophieren ist Mittel zum Zweck oder Begleitmoment eines inhaltlichen und zielorientierten Philosophierens.

Man philosophiert über *etwas*, das heißt über Themen, die für uns oder die Schüler wichtig und sinnvoll sind. Allerdings lässt sich in den gegenwärtigen Lehrplänen und Schulbüchern kaum ein Konsens über die Inhalte feststellen, nicht einmal ein begründetes Konzept.

Das Konzept der schrittweise erlernbaren Methodenkompetenz erlaubt generelle drei Arten des Philosophierens in ihrem jeweiligen Recht zu würdigen und in einen Zusammenhang zu bringen. In einem natürlichen und impliziten, das heißt meist nicht ausdrücklichen Philosophieren (1) entwickelt das Kind durch seine ersten Interaktionen mit der Umwelt grundsätzliche Handlungs- und Sprachmuster. Es stellt als Weltneuling mit dem ersten Sprechen-Lernen naive „Kinderfragen" über das Woher und Wohin der Welt und der eigenen Person, über die Bedeutung von Wörtern, über Gut und Böse oder über Gott. In einem elementaren und expliziten Philosophieren ferner (2) denken Kinder, Jugendliche oder Erwachsene über ihre Vorstellungen genauer nach, auch mit Hilfe des akademischen Philosophierens (3). Dabei werden in Anknüpfung und in Auseinandersetzung mit den Klassikern und im Diskurs der Fachdisziplin Theorien und Begriffe oder Argumente in die eigenen Überlegungen einbezogen und geprüft.

Dass die Methoden und Schulrichtungen der akademischen Philosophie, so Rohbeck, lediglich Weiterentwicklungen einer vorgängigen Praxis unseres alltäglichen oder lebensweltlichen Sprechens und Denkens sind, betont der Dresdner Philosoph Thomas Rentsch, auch mit Hinweis auf die sokratische Methodenpraxis:

„Alle genuin philosophischen Methoden entspringen [...] konkreten alltäglichen Sprach- und Handlungszusammenhängen und sind deren Hochstilisierungen: Dem Verstehen und Fragen entspringt die Hermeneutik, dem Beschreiben die Phänomenologie, dem Streiten und Widersprechen die Dialektik, dem Nachfragen, Klären und Erläutern von Bedeutungen das Analysieren der Sprachanalyse" (Rentsch 2002, 26).

Zu ergänzen ist hier das spekulative oder kreative Denken, dem allerdings weniger deutlich eine bestimmte Schulrichtung zuzuordnen ist. Man kann die fünf Methoden mit einer gewissen Plausibilität als vollständige Beschreibung philosophischer Methodenkompetenz verstehen, ohne mögliche andere Methoden (Rohbeck 2004) von vornerherein auszuschließen und auch ohne eine zwingende Reihenfolge zu behaupten.

Ähnlich wie Rentsch konstatierte auch der Berliner Philosoph Geert Keil bereits in einem frühen Aufsatz eine Fundierung der philosophischen Fachsprache in der Umgangssprache und zog hieraus didaktisch-methodische Konsequenzen für die Vermittlung von Philosophie:

„Diejenigen sprachtheoretischen Ansätze, die der *Umgangssprache einen transzendentalen Status* im Sinne einer unhintergehbaren Reflexionsbasis für alle fachphilosophischen Spezialdiskurse zuschreiben, bieten besondere Chancen für reflexive, subjektzentrierte und anamnetische Verfahren: der Schüler kann *selbst* auf das Problemlösungspotential rekurrieren, das die Umgangssprache in sich birgt und über das wir implizit ‚immer schon' verfügen. Philosophiedidaktik wäre nicht mehr auf die pädagogisch so fatale Diskursrichtung ‚von oben für unten' angewiesen, Selbstaufklärung statt Heteronomie wäre möglich" (Keil 1988, 194).

Das elementare Philosophieren knüpft somit an das natürliche Philosophieren der Kinder oder Jugendlichen an, bestärkt ihr Vertrauen auf die Denkmöglichkeiten ihres common sense und entwickelt diese mit Hilfe des philosophischen Expertenwissens zu einem *critical* common sense weiter. Dabei kann und sollte der Lehrer nach Art des Sokrates, die mitgebrachten, oft verschütteten und unklaren Fragen und Erfahrungen der Schüler einbeziehen. Er sollte mit Hilfe seines philosophischen, akademischen Wissens den Prozess des elementaren Weiterdenkens bereichern, indem er Impulsfragen stellt, unfruchtbare Irrwege möglichst überhört, interessante Ideen aufgreift, Zwischenergebnisse und offene Fragen festhält sowie mögliche Antworten der Philosophie präsentiert und zur Diskussion stellt sowie auf eine Lösung oder eine begründete Aporie drängt.

Auf die Frage, wozu Philosophie in der Schule gut sein soll, lässt sich zusammenfassend eine doppelte Antwort geben: Philosophieren ist eine elementare Kulturtechnik und zugleich ein unverzichtbares Bildungsprinzip. Die Kulturtechnik des Philosophierens ist auf den Zweck der Persönlichkeitsbildung und eine humane Lebensgestaltung bezogen. Das eine, die Kulturtechnik, ist lehr- und lernbar, das andere, das Bildungsprinzip, lässt sich nur indirekt einlösen. Inwiefern aber ist das Philosophieren ein Bildungsprinzip? Die Antwort lautet, dass die Methodenkompetenz der Kulturtechnik des Philosophierens ein Mittel ist, das Selbstdenken und somit die Autonomie der Person zu fördern. Insofern gehört sie zur Persönlichkeitsbildung und ist ein grundlegendes Bildungsprinzip des gesamten schulischen Unterrichts. Bildung und Philosophieren gehören untrennbar zusammen. Denn „sich in einem Akt von Freiheit zu dem bisher Gelernten und Gelebten in ein Verhältnis zu setzen, ist in der abendländischen Tradition seit Sokrates das Kennzeichen eines substantiellen, die eigenen Strukturen verändernden Lernens." (Peukert 1992, 113). Wie weit allerdings der Einzelne das Philosophieren in die Binnenperspektive seiner eigenen Lebensführung – auch im Zusammenleben mit anderen – integriert, bleibt seiner freien Entscheidung überlassen und lässt sich nicht erzwingen. Zumindest kann und sollte die Institution Schule das Philosophieren als Kulturtechnik zur Verbesserung der Reflexionsfähigkeit und somit der Persönlichkeitsbildung beitragen, da sie eine notwendige Voraussetzung autonomer, humaner Lebensführung ist.

Wenn Philosophieren als elementare Kulturtechnik sowie als Bildungsprinzip zu verstehen ist, folgt daraus noch nicht ohne Weiteres, dass sie in der Schule unterrichtet werden sollte. Wozu also Philosophieren in der Schule? Philosophieren als elementare Kulturtechnik und als Bildungsprinzip legitimiert sich durch das immanente Selbstverständnis der Schule in einer demokratischen Gesellschaft, die sich nicht nur als Ausbildungs-, sondern auch als Bildungsstätte versteht. Schule soll nach ihrem Selbstverständnis nicht nur Wissen vermitteln, sondern auch, neben anderen Instanzen wie Familie, Kirchen oder den peer groups, die Kinder und Jugendlichen dazu bilden oder befähigen, ihr persönliches, berufliches und politisches Leben selbstverantwortlich und autonom zu gestalten. Die Institution Schule in einer demokratischen Gesellschaft versteht sich somit in einem weiten Sinn als eine Schule der Aufklärung und bedarf einer schulgegenseitigen gerechten Philosophie *als* Schulung der Aufklärung. Von der Passung einer Schule der Aufklärung und einer Philosophie als Schulung der Aufklärung her lässt sich Philosophie in der Schule in Form eines praktischen Syllogismus rechtfertigen:

(a) Wenn Reflexionsfähigkeit und Persönlichkeitsbildung in der Schule sein sollen (normative Prämisse) und
(b) wenn Philosophieren als Kulturtechnik hierfür ein wirksames Mittel ist (deskriptive Prämisse),
(c) dann soll Philosophieren in der Schule unterrichtet werden.

Inwiefern aber kann Philosophieren als Methodenkompetenz durch den Unterricht tatsächlich *wirksam* unterrichtet werden? Ob und inwiefern sie wirksam ist, wäre in Vergleichs- und Langzeitstudien empirisch zu untersuchen, insofern sich jedenfalls, so das Kernproblem jeder empirischen Unterrichtsforschung, die multifaktoriellen Wenn-Dann-Beziehungen zuverlässig erfassen lassen. Als Ergänzung zur theoretisch-konzeptionellen und zur unterrichtspraktischen Philosophiedidaktik ist eine empirische Philosophiedidaktik noch ein Defizit, das allerdings weitgehend auch für andere Fächer gilt. Eine empirische Philosophiedidaktik hätte die Aufgabe, die deskriptive Prämisse (b) zu prüfen. Eine erste empirische Pilotstudie hat gezeigt, dass die Vermittlung philosophischer Methodenkompetenz tatsächlich die erwartete Unterrichtswirkung hat (Tiedemann 2004). Die Wirkung des elementaren Philosophierens als Bildungsprinzip dagegen lässt sich nicht quantitativ erfassen, bestenfalls durch eine qualitative Erhebung in Gesprächen mit den Betroffenen oder durch Betrachtung ihrer Lebensläufe. Ob einem aber „die Philosophie" persönlich „etwas gebracht" und die praktische Lebensführung bestimmt hat, bleibt letztlich unbestimmt. Gerade Philosophie als Bildungsprinzip im Sinne der ersten Prämisse setzt daher der empirischen Unterrichtsforschung starke Grenzen.

Das Konzept des Philosophierens verstanden als elementare Kulturtechnik ist eine methodische Konkretisierung meiner älteren „dialogisch-pragmatischen Philosophiedidaktik" (Martens 1979). Beides hat zusammen in fruchtbarer Ergänzung und Auseinandersetzung mit einer Philosophiedidaktik der „Vermittlung" (Rohbeck), der „Arbeit am Logos" (Steenblock) und der „Problemorientierung" (Tiedemann) unterschiedliche Anwendungen in Lehrplänen, Unterrichtswerken und Ausbildungsplänen erfahren. Eine neuere konzeptionelle Weiterentwicklung im Sinne einer inhaltlichen Modernisierung liegt mit dem Konzept einer „lebensweltlich-wissenschaftsbasierten Philosophiedidaktik" vor (Bussmann 2014). Hier wird das Philosophieren ebenfalls im Sinne einer elementaren Kulturtechnik über lebensweltliche Themen oder Probleme verstanden. Zusätzlich wird es inhaltlich bereichert durch den Bezug auf die spezifisch wissenschaftlich geprägte Lebenswelt. Der Forderung, die Philosophiedidaktik solle sich mehr als bisher nicht nur mit den praktischen, sondern auch mit den theoretischen Themen und Problemen unserer modernen, spezifisch wissenschaftlich geprägten Lebenswelt beschäftigen, ist nachdrücklich zuzustimmen. Sie ergänzt die Ansätze etwa von Steenblock, Rohbeck oder Tiedemann und verstärkt die erkennbaren Tendenzen vorliegender Lehrpläne und Unterrichtsbücher, der wissenschaftlich geprägten Lebenswelt der Schüler gerecht zu werden (siehe Bussmann 2015, in diesem Band). Nur so kann Philosophieren als elementare Kulturtechnik humaner Lebensgestaltung die Schüler über die Chancen und Risiken für ein humanes Leben in einer wissenschaftlich geprägten Lebenswelt aufklären und sie zu dazu befähigen, in ihr als autonome Bürger gut zu leben.

Literatur

Bussmann, B.: *Was heißt: sich an der Wissenschaft orientieren? Untersuchungen zu einer lebensweltlich-wissenschaftsbasierten Philosophiedidaktik am Beispiel des Themas Wissenschaft, Esoterik und Pseudowissenschaft*, Münster 2014.

Draken, K.: *Sokrates als moderner Lehrer. Eine sokratisch reflektierte Methodik und ein methodisch reflektierter Sokrates für den Philosophie- und Ethikunterricht*, Münster 2011.

Keil, G.: „Die Fachsprache der Philosophie als didaktisches Problem", in: *Zeitschrift für Didaktik der Philosophie* (1988), 191-198.

Martens, E.: *Dialogisch-pragmatische Philosophiedidaktik*, Hannover 1979.

Martens, E.: *Philosophieren mit Kindern. Eine Einführung in die Philosophie*, Stuttgart 1999.

Martens, E.: *Methodik des Ethik- und Philosophieunterrichts. Philosophieren als elementare Kulturtechnik*, Hannover 2003.

Martens, E.: *Sokrates*, Stuttgart 2004.

Martens, E.: „Wozu Philosophie in der Schule?", in: Meyer, K. (Hg.): *Texte zur Didaktik der Philosophie*, Stuttgart 2010, 156-172.

Peukert, H.: „Die Erziehungswissenschaft der Moderne und die Herausforderungen der Gegenwart", in: *Zeitschrift für Pädagogik* (1992), 113-127.

Raupach-Strey, G.: *Sokratische Didaktik. Die didaktische Bedeutung der sokratischen Methode in der Tradition von Leonard Nelson und Gustaf Heckmann*, Münster 2002.

Rentsch, T.: „Phänomenologie als methodische Praxis. Didaktische Potentiale der phänomenologischen Methode", in: Rohbeck, J. (Hg.): *Philosophische Denkrichtungen*, Dresden 2002, 11-28.

Rohbeck, J. (Hg.): *Ethisch-philosophische Basis-Kompetenz*, Dresden 2004.

Steenblock, V.: *Philosophische Bildung. Einführung in die Philosophiedidaktik und Handbuch: Praktische Philosophie*, 7. Auflage, Münster 2013.

Tiedemann, M.: *Ethische Orientierung für Jugendliche. Eine theoretische und empirische Untersuchung zu den Möglichkeiten der praktischen Philosophie als Unterrichtsfach in der Sekundarstufe I*, Münster 2004.

3.2 Didaktische Transformationen

Johannes Rohbeck

Versteht man den Philosophieunterricht als einen Prozess der Vermittlung, bedeutet er in einem schwachen Sinn Wissensvermittlung. Diese besteht in dem Bemühen, philosophische Gedanken, Begriffe und Argumente der philosophischen Tradition verständlich zu machen und zugleich das Philosophieren zu lehren. So stellt sich die Aufgabe, zwischen dem historischen Bestand philosophischer Theorien einerseits und den Erfahrungen und Interessen der Schülerinnen und Schüler andererseits zu vermitteln. Um diese Beziehung zwischen Philosophie und Unterrichtspraxis zu klären, möchte ich drei Typen der Vermittlung unterscheiden.

Philosophieunterricht als Vermittlung

Beim *ersten* Vermittlungstyp geht man von der *Philosophie als akademischem Fach* aus, wie es sich in der historischen Tradition und gegenwärtigen Systematik herausgebildet hat. Weil in diesem Fall der Philosophieunterricht ein „Abbild" der Philosophie darstellt, hat man in polemischer Absicht von einer bloßen „Abbilddidaktik" gesprochen. Die Begründungen für diese Positionen waren und sind bis heute vielfältig. Am hartnäckigsten hat sich die Auffassung gehalten, die „Sache" der Philosophie spreche für sich selbst und enthalte so bereits ihre eigene Didaktik. Hinzu kommt das Argument, im Philosophieunterricht gehe es nicht um die Vermittlung eines vorgegebenen Sachverhalts, weil die Philosophie im Unterschied zu anderen Fächern keinen klar umgrenzten Gegenstandsbereich besitze und folglich nicht in Produkt und Prozess aufteilbar sei. Aus diesen Gründen bedürfe die Philosophie keiner besonderen „Vermittlung" mehr, was die Didaktik letztlich überflüssig mache (Adorno 1973, 62f; Kambartel 1979, 15f; kritisch dazu Martens 1979, 9f.). Es leuchtet ein, dass mit einer derart postulierten Identität von Philosophie und ihrer Didaktik das Vermittlungsproblem prinzipiell unterlaufen wird.

Die Vertreter des *zweiten* Vermittlungstyps versuchen diese Identität umzukehren und von der Seite der *Unterrichtspraxis* her zu begründen. Die dazu gehörende „Konstitutionsthese" besagt, dass die Didaktik für die Philosophie „konstitutiv" sei (Heintel, Macho 1983, 3ff; Martens 1979, 68ff.). Zu Grunde liegt ein Dialog-Konzept, das in Anlehnung an Sokrates als genuin philosophisch gelten kann. Wenn das Wesen der Philosophie als Dialog definiert wird und wenn der Dialog zugleich das Prinzip der Didaktik ist, dann verschmelzen die beiden Komponenten zu einer unmittelbaren Einheit. Zwar wird damit das Vermittlungsproblem konstitutionstheoretisch ausgeklammert, weil ja nun mit anderem Vorzeichen die Didaktik mit der Philosophie qua Dialog identifiziert wird. Aber praktisch wird das Problem der Vermittlung durchaus gestellt und auch auf entsprechende Weise gelöst, indem die Autoren der Philosophie als „Dialogpartner" am aktuellen Unterrichtsgespräch der Schüler und Lehrer beteiligt werden sollen. Diese Öffnung ermöglicht es schließlich, eine Brücke zur philosophischen Tradition zu schlagen. In diesem Sinn wird auch die Didaktik der Philosophie als Theorie der Vermittlung rehabilitiert.

Als *dritten* Vermittlungstyp zwischen Philosophie und Unterricht schlage ich das Modell der *Transformation* vor (Rohbeck 2008, 7ff.). Mit diesem Ansatz betone ich ausdrücklich die *Differenz* zwischen der Philosophie und ihrer Didaktik. Eine solche Trennung ist schon institutionell geboten, weil eine professionelle Philosophiedidaktik gegenüber den anderen philosophischen Disziplinen autonome Entfaltungsspielräume benötigt. Und diese Trennung eröffnet auch neue inhaltliche Horizonte, weil der ganze Reichtum der philosophischen Tradition und Systematik in didaktischer Perspektive ausgeschöpft werden kann. Philosophisch wird die Didaktik nicht dadurch, dass sie sich selbst zur Philosophie deklariert oder umgekehrt, sondern indem sie unter Voraussetzung einer produktiven Distanz zur Philosophie deren didaktische Potentiale für die Unterrichtspraxis realisiert.

Didaktische Transformation

Didaktische Transformation soll hier *nicht didaktische Reduktion* bedeuten. In der Literatur werden Transformation und Reduktion traditionell synonym verwendet, wie in einem Aufsatz „Die didaktische Reduktion als Kernstück der Didaktik" zu lesen ist: Der Lehrer wird mit einem Transformator verglichen: „er sei mit zwei Leitungen an die Wissenschaft angeschlossen und mit den beiden anderen an die Schüler. Seine Aufgabe sei es, die Wissenschaft mit ‚niedriger Spannung' an Schüler weiterzuleiten." (Grüner 1984, 63ff.). Die dabei benutzten Verben verdeutlichen das: „popularisieren, gemeinverständlich darstellen, volkstümlich darstellen, jugendgemäß darstellen, elementar darstellen, vereinfachen, fasslich machen oder reduzieren".

Ebenso wenig ist das Konzept der didaktischen Transformation mit „Abbilddidaktik" zu verwechseln, weil keineswegs der philosophische Kontext allein determiniert, welche Theoreme im Unterricht verwendet werden. Noch in den bekannten Prinzipien der „Didaktischen Reduktion" oder „Elementarisierung" scheint mir ein solches Primat des Faches fortzuleben (Klafki 1963). Denn dort herrscht die Illusion, als gäbe es einen objektiven Kanon, der für immer festlegte, was jeweils „elementar" oder „kompliziert" sei; oder als ob es eine allgemeingültige Hierarchie gäbe, innerhalb deren das vermeintlich höhere Wissen in einem hier *nicht* gemeinten Sinn lediglich „heruntertransformieren" oder zu „reduzieren" wäre.

Der Mythos der Reduzierung und Elementarisierung verschwindet hingegen, wenn man von der *Strategie des didaktischen Diskurses* ausgeht, welcher die Auswahl und Modifikation des Übertragenen bestimmt. Was in der akademischen Philosophie als grundlegend gilt (z. B. formale Logik), kann in der Unterrichtspraxis eine untergeordnete Rolle spielen. Was umgekehrt in der Philosophie als besonders speziell gilt (etwa bestimmte Methoden), kann im Unterricht zum elementaren Verfahren mutieren. Und was schließlich für Universitätsphilosophen als bloß marginal gilt (bestimmte Textgattungen außer den üblichen Traktaten), kann in der

Schule ins Zentrum rücken. Nach diesem Modell der Transformation werden die philosophischen Karten fortwährend neu gemischt.

Methodisch orientiert sich dieses Konzept an der neueren *Diskurstheorie*. Demnach erhalten Begriffe und Argumente ihre Bedeutung durch den *Kontext*, in dem sie innerhalb bestimmter Diskurse stehen. Diese Bedeutung wechselt folglich, wenn Aussagen in einen anderen Kontext übertragen werden. Das diskursive Feld verändert die semantische Funktion. Die Strategie des neuen Diskurses bestimmt bereits die Selektion des Übertragenen. Es wird also kein feststehender Inhalt übertragen, sondern das Übertragene gewinnt seine Bedeutung erst im Prozess der Übertragung in einen neuen Kontext.

Wenn die Vermittlungstypen „Abbilddidaktik" versus „Konstitutionsthese" als „deduktive" bzw. „induktive" Methoden bezeichnet werden können, so charakterisiere ich meine Methode als „abduktiv" (Peirce 1993, 372 ff.). Unter *Abduktion* versteht der amerikanische Pragmatist Peirce das geregelte Verfahren der Anwendung eines allgemeinen Prinzips auf eine konkrete Situation. Dabei wird das Prinzip der Situation angepasst, wie es sich zugleich rückwirkend im Prozess dieser Anpassung verändert. Hermeneutisch kann man dieses Verfahren als heuristischen Zirkel beschreiben, diskurstheoretisch als wechselseitige Kontextualisierung, systemtheoretisch als Variation und Selektion; auf jeden Fall ist es *pragmatisch*, weil die verwendeten Theoreme nach jeweils praktischen Erfordernissen ausgewählt und modifiziert werden.

Dieses Verfahren der *didaktischen Transformation* soll nun im Hinblick auf *philosophische Denkrichtungen und Methoden* verdeutlicht werden. Denn die Grundidee besteht darin, die Denkrichtungen der Philosophie in philosophische Verfahren des Unterrichts zu transformieren. *Transformation* bedeutet hier die Übertragung und Umformung dieser Richtungen in philosophische Praktiken, die von Schülerinnen und Schülern erlernt und selbstständig angewendet werden können. Die Philosophie ist zwar nicht ihre eigene Didaktik, wohl aber enthält sie didaktische Potenziale, die eine separate Ausarbeitung lohnen. Das erfordert die Auswahl, Modifizierung und Ergänzung derjenigen Möglichkeiten, die sich im Unterricht besonders gut verwirklichen lassen. Leitend dafür sind die philosophischen Kompetenzen, die den Lernenden vermittelt werden sollen.

Methoden des Philosophierens

In der Philosophie spielen Methoden eine fundamentale Rolle. Da Philosophie bekanntlich über keinen eigenen Gegenstand verfügt, kommt es auf die Art und Weise an, durch die eine Reflexion als philosophisch gelten kann. Allgemein gesprochen sind Methoden die Denkmittel, um bestimmte theoretische Zwecke zu erreichen, meist in Form von Strukturmerkmalen oder Verfahrensregeln, an denen sich die Tätigkeit des Philosophierens orientiert. Und da sich die Philosophie in eine Vielzahl von Denkrichtungen oder Strömungen auffächert, unterscheiden sich diese Methoden je nach Richtung.

Versucht man nun den Methodenbegriff zu systematisieren, ist eine Reihe von Differenzierungen erforderlich. Wenn von Methoden des Philosophierens die Rede ist, werden in der Regel unterschiedliche Verfahrensarten angesprochen. Dazu zählen: Interpretation philosophischer Texte, Dialog und Streitgespräch, Begriffsanalyse, Argumentation usw. (Steenblock 2000). Bereits diese Übersicht demonstriert, dass sich solche Methoden auf unterschiedlichen Ebenen bewegen. Es vermischen sich Arbeitstechniken, Sozialformen, Medien und Denkmethoden. Um die fachspezifischen Methoden des Philosophierens stärker zu akzentuieren, ist nicht zuletzt in didaktischer Perspektive eine Eingrenzung erforderlich.

Zunächst vollzieht sich das Philosophieren in verschiedenen *Medien*, zu denen vor allem das Lesen philosophischer Texte, das philosophische Gespräch und das Schreiben eigener Texte gehören. Zu unterscheiden sind solche medialen Methoden von philosophischen Methoden, die es wiederum zu differenzieren gilt. Hier unterscheide ich noch einmal zwischen *allgemeinen* und *besonderen* Methoden der Philosophie.

Allgemeine Methoden werden nicht nur quer durch die genannten Medien praktiziert, sondern liegen auch allen philosophischen Denkrichtungen zugrunde. Dazu gehören vor allem: philosophische Probleme formulieren und Lösungen entwickeln, nicht-empirische Begriffe bilden, diese Begriffe genau definieren und angemessen verwenden, möglichst logisch und stringent argumentieren, Texte und Sachverhalte interpretieren, Gedankenexperimente nachvollziehen und selber konstruieren, Kritik üben und Alternativen entwickeln, begründete Urteile fällen. Vielfach ist versucht worden, die Philosophie noch prinzipieller als „Letztbegründung", „Weiterdenken" oder „Reflexion" zu fassen. Philosophie kann geradezu als Reflexionswissenschaft bezeichnet werden (Kambartel 1968; zur Didaktik Martens 1979; Rehfus 1980).

Doch geschieht dies in den verschiedenen Richtungen auf je besondere Art und Weise. So wie es nicht *die* Philosophie gibt, haben wir es mit sehr unterschiedlichen philosophischen Methoden zu tun. Darunter kann man die *besonderen Methoden* der philosophischen Denkrichtungen verstehen. Zu diesen Strömungen der Gegenwartsphilosophie gehören u. a.: analytische Philosophie, Konstruktivismus, Phänomenologie, Dialektik, Hermeneutik und Dekonstruktion, neuerdings auch die Experimentelle Philosophie.

Im Grunde handelt es sich um Methoden, die in der Lebenswelt wie auch in den Einzelwissenschaften längst praktiziert und in den philosophischen Theorien systematisiert werden. Radikalisiert man diese Perspektive, lassen sich ganz alltägliche Verfahren angeben wie: beobachten und verstehen, analysieren und reflektieren, widersprechen und kritisieren, experimentieren und modifizieren. Diese Methoden werden in der Philosophie reflektiert und verallgemeinert, was nicht selten zu Verabsolutierungen führt. Sie erstarren in den philosophischen Systemen zu sogenannten Letztbegründungen, indem sie zur jeweils konstituierenden Basis erklärt werden. In einer häufig abgehobenen und abschreckenden Metasprache werden sie zu Konstitutionstheorien stilisiert (Rentsch 2002; Martens 2003).

Demgegenüber kommt es darauf an, die philosophischen Denkrichtungen auf bereits geläufige Praktiken zurückzuführen. So ist es möglich, den lebendigen Vollzug eines methodisch geleiteten Philosophierens herauszulösen und in vermittelbare Kompetenzen zu überführen. *Didaktische Transformation* bedeutet daher, zwischen *Konstitution* und *Methode* zu differenzieren.

Dabei ist noch einmal zwischen den Akteuren dieser Methodenkompetenz zu unterscheiden. Sind es die Lehrer oder die Schüler? Zunächst ist es völlig legitim, wenn die Lehrerinnen und Lehrer mehr oder weniger stillschweigend „ihre" Methode im Unterricht zu Grunde legen. Das dürfte in der Regel auch der Fall sein, weil jeder Lehrende im Studium von einer bestimmten philosophischen Denkrichtung geprägt wurde und entsprechend „analytisch", „hermeneutisch" oder „diskursiv" operiert. Die Lehrenden verfahren nach derjenigen Methode, die sie bevorzugen und beherrschen. Nach diesem Modell sind auch „sokratisch", „pragmatisch", „hermeneutisch" und „existentialistisch" orientierte Didaktiken der Philosophie und Ethik entstanden (sokratisch: Raupach-Strey 2002; pragmatisch: Martens 1979; hermeneutisch: Steenblock 2000; existentialistisch: Schmucker-Hartmann 1980).

Doch mit dem vorliegenden Konzept ist noch etwas anderes gemeint. Erstens soll der Lehrende diese Methoden explizieren und *Methodenbewusstsein* erzeugen. Zweitens soll dabei methodische *Vielfalt* demonstriert werden, um den Philosophie- und Ethikunterricht pluraler und fachlich authentischer zu gestalten. Und drittens soll die *Methodenkompetenz* ausdrücklich in die Hand der Schülerinnen und Schüler gelegt werden. Zwar brauchen die Lernenden die philosophischen Methoden nicht neu zu „erfinden", wohl aber sollen sie in die Lage versetzt werden, die vermittelten Methoden produktiv zu nutzen. Die Methoden werden sich dabei nicht nur als „technische" Fertigkeiten, sondern als *Grundhaltungen* des Philosophierens erweisen. Deren Vermittlung dient dem emphatischen Ziel, dass die Schüler lernen, selber zu philosophieren.

Phänomenologie und Dialektik

Zu diesem Methodenkonzept folgen nun zwei Beispiele aus *Phänomenologie und Dialektik*. Diese Denkrichtungen scheinen weiter voneinander entfernt zu liegen, weil sich die Phänomenologie einmal gegen die wissenschaftlich verstandene Dialektik des 19. Jahrhunderts gewendet hat. Trotzdem gibt es Gemeinsamkeiten, wo man sie nicht ohne Weiteres erwartet. Wenn es in der Phänomenologie um die Rettung der Phänomene geht, lässt sich eine Parallele zu dem klassischen Reflexionsverhältnis „Sein und Schein" der Dialektik ziehen. Auch dort wird versucht, den „Schein" nicht als bloße Täuschung misszuverstehen, sondern als Moment der Lebenswirklichkeit aufzuwerten. Ziel ist es etwa, die „scheinbaren" Selbstverständlichkeiten der alltäglichen Wahrnehmung aufzudecken.

Dabei sind die konstitutiven Selbstbeschreibungen dieser Denkrichtungen für didaktische Zwecke keineswegs maßgebend. So hat der Begründer der *Phänomenologie*, Edmund Husserl, gemessen am überaus umfangreichen Werk wenig anwendungsorientierte Studien verfasst und dies seinen Schülern überlassen. Und das phänomenologische Motto „zu den Sachen selbst" ist eher irreführend, weil es die Illusion einer „unmittelbaren" Wahrnehmung erzeugt. Dieser Grundsatz wird nur aus dem entstehungsgeschichtlichen Kontext verständlich, in dem die lebensweltlichen Erfahrungen gegen einen als übermächtig empfundenen Szientismus abgegrenzt werden sollten. Damit wurde die vermeintliche Unmittelbarkeit der alltäglichen Wahrnehmung zur Konstitution einer ganzen Philosophie erklärt. Dabei darf jedoch nicht übersehen werden, dass gerade auch die Alltagserfahrung von stillschweigenden Vorannahmen geprägt wird. Im Gegenzug soll nun die phänomenologische Analyse dazu dienen, derartige Voraussetzungen wie Gedanken, Gefühle und Urteile einer philosophischen Reflexion zugänglich zu machen. Die phänomenologische Praxis unterscheidet sich also von dem Selbstverständnis der Phänomenologie.

Diese Beobachtung hat für die Unterrichtspraxis weitreichende Konsequenzen (Rentsch 2002): Die Konstitutionsthese der Phänomenologie *unmittelbar* „zu den Sachen selbst" kann im Unterricht getrost ignoriert werden. Demgegenüber sind alle vorhandenen praktischen Methoden aufzubieten, die es erlauben, unbewusste Vorannahmen unserer alltäglichen Wahrnehmungen und Erfahrungen freizulegen: wie z. B. verzögerte Wahrnehmung, Ent-Täuschung, Perspektivwechsel, Verlangsamung oder Dehnung von Ereignissen. Nach meinen Erfahrungen mit phänomenologischen Essays von Schülern und Studenten zeigt sich dabei zweierlei: Einerseits bedarf es einer methodisch geschulten und auch zu übenden Kunstfertigkeit des Schreibens, um eigene Erfahrungen überhaupt offen zu legen. Andererseits kommen gerade *mittels* dieser Schreibtechniken persönliche Erlebnisse zum Ausdruck, die im üblichen Schul- und Seminarbetrieb kaum angesprochen werden.

Auf ähnliche Weise gilt es in der *Dialektik* zwischen Konstitution und Methode zu unterscheiden. Führt man sich etwa Hegels „Wissenschaft der Logik" vor Augen, hängt die Bedeutung der einzelnen Aussagen von deren jeweiliger Stelle im philosophischen System ab. Wer beispielsweise die Denkfigur „Sein und Schein" oder die Begriffe „Identität, Unterschied, Widerspruch" herausgreift, wird unerbittlich darauf verwiesen, dass er es hier mit der „Wesenslogik" zu tun hat, die auf die „Seinslogik" aufbaut und zur „Begriffslogik" überleitet. Im „Wesen" reflektiert sich das Sein; daher handelt es sich bei diesen Begriffen um „Reflexionsbestimmungen". Derartige Explikationen sind im Philosophie- und Ethikunterricht unangebracht. Sie führen auch zu keiner praktikablen Methode.

Wohl aber lässt sich genau aus dieser Passage die *implizite Methodologie* der Hegelschen Logik herauslesen (Rohbeck 2008, 145 ff.). *Didaktische Transformation* bedeutet hier, die Reflexion auf das eigene Verfahren aus dem Kontext der Systematik zu lösen und in ein eigenständiges Verfahren umzuformulieren. Das Unterrichtsziel besteht darin, die Schülerinnen und Schüler zu befähigen, einen „dialektischen Essay" zu schreiben. Die Schwierigkeit liegt dabei weniger in der Formulierung von These und Antithese als in deren Überwindung, um die streitenden

Gegensätze in eine eigenständige und überraschende Synthese zu überführen. Nach der damit verbundenen Methode von „Sein und Schein" können auch Essays über alltägliche Erfahrungen von Entfremdungen, Verkehrungen, Verselbstständigungen und Verdinglichungen (Technik, Ökonomie, Bürokratie, gestörte Kommunikation) verfasst werden.

Experimentelle Philosophie

Seit einigen Jahren beginnt sich eine philosophische Strömung mit je eigenen Methoden zu etablieren, die sich *Experimentelle Philosophie* oder *Philosophische Psychologie* nennt (Rohbeck 2014). Darin werden Inhalte und Methoden der Sozialwissenschaften und Psychologie einbezogen, um bestimmte philosophische Probleme zu lösen. Experimente sollen dazu dienen, philosophische Intuitionen besser zu verstehen.

Im Anschluss daran stelle ich die Frage, ob sich auch diese Art zu philosophieren in den Philosophieunterricht transformieren lässt. Die Grundidee besteht darin, die faktisch vorhandenen Vorstellungen der Schülerinnen und Schüler mit Hilfe der experimentellen Philosophie zu erfassen. Auf dieser Basis ist es dann leichter, diese bereits theoretisch analysierten Vorstellungen mit einer Philosophie in Verbindung zu bringen, die ebenfalls empirisches Material verwendet. Wiederum ist ausdrücklich nicht beabsichtigt, die Experimentelle Philosophie als Gegenstand des Unterrichts einzuführen. Stattdessen geht es um die praktische Anwendung der entsprechenden Methoden im Unterricht.

Exemplarisch demonstriert wird dies in dem Buch von Kwame Anthony Appiah *Ethische Experimente. Übungen zum guten Leben* (Appiah 2009, 13ff.). Gegenstand dieser empirischen Untersuchungen sind Intuitionen, d. h. spontane Urteile oder auch Vor-Urteile. Aus der Fülle des vorliegenden Materials wähle ich das Beispiel eines ethischen Experiments aus, das von Joshua Knobe durchgeführt worden ist (Knobe 2006). Er entwarf zwei Szenarien:

Im ersten Szenario wird dem Geschäftsführer eines Unternehmens ein neues Programm vorgelegt, das sowohl den Gewinn erhöhen als auch der Umwelt helfen wird. „Die Umwelt ist mir völlig gleichgültig", erwidert der Geschäftsführer, „Ich möchte nur so viel Gewinn wie möglich machen. Also starten wir das neue Programm." Das Programm wird realisiert und die Umwelt hat ihren Nutzen davon. Das zweite Szenario ist fast dasselbe, nur wird das Programm diesmal der Umwelt schaden. Wieder zeigt sich der Geschäftsführer der Umwelt gegenüber gleichgültig. Das Programm wird eingeführt, um den Gewinn zu steigern – mit den erwarteten Umweltschäden.

In einem kontrollierten Experiment präsentierte Knobe diese beiden Szenarien verschiedenen Gruppen von Versuchspersonen. Wenn das Programm *auch* der Umwelt half, waren nur 23 Prozent der Probanden der Ansicht, der Geschäftsführer habe „der Umwelt mit Absicht geholfen". Aber wenn das Programm der Umwelt schadete, äußerten 82 Prozent die Ansicht, der Geschäftsführer habe „der Umwelt mit Absicht geschadet".

Aus diesem Experiment zog Knobe den folgenden Schluss: Bei der Beurteilung intentionaler Handlungen orientieren sich die getesteten Intuitionen an den „psychologischen Eigenschaften, die für positive oder negative Urteile besondere Bedeutung besitzen". Aus diesem Grund werden andere Merkmale relevant, „je nachdem, ob die Handlung selbst gut oder böse ist" oder ob die gerade nicht intendierten Handlungsfolgen gut oder schlecht sind. Man kann sagen, die moralische Beurteilung der Handlung überformt das Urteil über die Intention. Die Probanden befürchten offenbar, dass sie eine schlechte Handlung moralisch billigen, wenn sie ihr keine Absicht unterstellen. Folglich sehen sie sich genötigt, ihr negatives Werturteil mit der Unterstellung einer entsprechenden Intention zum Ausdruck zu bringen.

Aus einem derartigen Experiment ziehe ich nun die beiden folgenden didaktischen Konsequenzen:

Erstens: Vom Standpunkt einer intentionalistischen Ethik sind die soeben referierten Intuitionen einfach „falsch". Sie vermischen in unzulässiger Weise Intention und Folge einer Handlung. Das heißt, *Intuitionen können trügen*. Man kann das mit einer optischen Täuschung vergleichen: So wie sich das Auge beim Anblick von Linien täuschen kann, so werden die Menschen beim Hören oder Lesen moralischer Fälle getäuscht.

Dazu gehört *zweitens*: Diese Art Täuschung wird nicht nur festgestellt und theoretisch begründet. Noch wichtiger ist es, dass zusätzlich *erklärt* werden kann, wie es zu diesen Irrtümern gekommen ist, also aus welchen psychologischen Gründen sich die Probanden getäuscht haben. Das erinnert an die philosophische Tradition der *Ideologiekritik*, wie sie seit Bacons Idolenlehre, während der gesamten Aufklärung bis Marx, Freud und der Frankfurter Schule praktiziert worden ist. Demnach bestreitet man nicht nur den Wahrheitsanspruch des Kritisierten, sondern versucht auch noch zu erklären, unter welchen subjektiven und objektiven Bedingungen der Erkenntnisgenese die Wahrheit verfehlt wird.

In unserem Fall der Experimentellen Philosophie kann ich derartige Gründe nur andeuten. Die speziell psychologischen Gründe sind teils kognitiver, teils emotionaler Art. Im vorliegenden Fall besteht offenbar das Bedürfnis, die negative Bewertung mitzuteilen. Um derartige Ergebnisse richtig einzuschätzen, ist nicht zuletzt auch auf die Art und Weise der Darstellung eines Szenarios zu achten. Hier spielt etwa die Reihenfolge eine Rolle, ob etwa zuerst die „gute" oder die „böse" Variante präsentiert wird; wie die fiktive Geschichte sprachlich vermittelt wird, wie die Ereignisse miteinander verknüpft werden usw. Dabei hat die Art der Erzählung eine nicht zu unterschätzende Bedeutung.

Aus den genannten Gründen halte ich die Experimentelle Philosophie für hilfreich, um die Urteile von Schülerinnen und Schülern zu erfassen. Ich sehe darin ein methodisches Instrument bei der empirischen Unterrichtsforschung. Es ist nützlich, weil es mit fachspezifischen Mitteln das empirische Material nicht nur zu beschreiben vermag, sondern in der Lage ist, es zu analysieren und zu erklären, d. h. die psychologischen und kulturellen Motive zu erkunden. Diese Leistung scheint mir unbestreitbar zu sein.

Doch welche Konsequenzen hat die Anwendung der Experimentellen Philosophie für die Fächer Philosophie und Ethik? Ich sehe drei idealtypische Möglichkeiten:

Die *erste radikale Reaktion* auf die Experimentelle Philosophie könnte darin bestehen, Philosophie und Ethik zu verabschieden nach dem Motto: Die psychologischen Befunde demonstrieren, dass die Menschen „in Wirklichkeit" ganz anders urteilen, als uns diese Theorien glauben machen wollen. In der Tat lässt sich eine derartige Polemik in manchen Publikationen herauslesen. Deshalb ist die Experimentelle Philosophie alles andere als unstrittig. Natürlich gibt es Philosophen, die dagegen Sturm laufen. Aber nach meinem Eindruck ist diese Abwehr übertrieben, weil das Verhältnis zwischen traditioneller und experimenteller Philosophie sehr viel differenzierter ist, wie der von mir erwähnte Autor Appiah zeigt. Einerseits hält er die Theorie der Tugend bei Aristoteles für „widerlegt", weil sich das Konstrukt eines einheitlichen und stabilen „Charakters" empirisch nicht nachweisen lasse; an dieser Stelle schwingt durchaus Kritik an der alteuropäischen Philosophie mit. Doch andererseits hält er an der aristotelischen Tugendlehre fest, indem er sie in kritischer Absicht reformuliert und damit die Ethik insgesamt rehabilitiert (Appiah 2009, 40 ff, 76 ff.). Es gibt daher keinen Grund, sich von der Experimentellen Philosophie einschüchtern zu lassen.

Die *zweite Reaktion* besteht darin, die traditionelle Philosophie und Ethik unverändert zu Grunde zu legen. Im Unterricht kann man dann trotzdem die geschilderten Experimente durchführen. Wenn man die beschreibend und erklärend ausgewertet hat, stellt sich die Aufgabe, die nachgewiesen „falschen" Intuitionen zu korrigieren. Im genannten Fall folgt dann eben eine ethische Unterweisung über den wesentlichen Unterschied zwischen Intention und Folge einer Handlung. Und danach könnte man dann wieder messen, ob ein solcher Unterricht gefruchtet hat.

Aber es gibt noch einen *dritten Weg*, der darin besteht, Philosophie und Ethik nicht einfach als Gegenbastion zur Psychologie in Anschlag zu bringen. Vielmehr besteht auch die Möglichkeit, die philosophische Ethik den empirischen Befunden anzupassen oder sie mit diesen zu vermitteln.

In unserem Fall könnte das so aussehen, dass man die Position des *Intentionalismus* weniger dogmatisch vertritt und damit die spontanen Intuitionen etwas gutwilliger auswertet. Bringt man nämlich die *Ethik der Verantwortung* ins Spiel, wird sofort klar, dass Personen auch für nicht intendierte Folgen ihres Handelns verantwortlich gemacht werden können und sollen. Gerade in der ökologischen Ethik ist das ein aktuelles und großes Thema. Unter dieser Voraussetzung ist es gar nicht mehr ganz so „falsch", dem umweltschädlichen Projekt eine Absicht zu unterstellen – nicht etwa, weil diese Absicht wirklich existiert hat (darin liegt ja der Trugschluss), wohl aber, weil der Geschäftsführer für die Effekte seines Handelns trotzdem zur Rechenschaft gezogen werden kann. Er hat eben die Umweltschäden billigend in Kauf genommen, was auch juristisch als indirekte Intention (Fahrlässigkeit) gelten kann.

In jedem Fall ist es hier hilfreich, nicht nur die logischen, sondern auch die psychologischen Gründe für derart vielfältige Schlussfolgerungen zu kennen. An dieser Stelle eröffnet sich für die Didaktik der Philosophie und Ethik ein neues und interessantes Forschungsfeld.

Konsequenzen für die Fachdidaktik

Das Modell der *Transformation* hat für die Lehrerausbildung und für die Fachdidaktik Philosophie und Ethik weitreichende Folgen. Weil dieses Modell im Kern auf die *Vermittlung* zwischen wissenschaftlicher Disziplin und Unterrichtspraxis zielt, betrifft es auch das *Curriculum der entsprechenden Studiengänge*, also ganz konkret den Umfang und die interne Beziehung der fachlichen und didaktischen Anteile.

Wenn man vom traditionellen Schema der didaktischen „Reduktion" oder „Elementarisierung" ausgeht, kommt es im *Studium* letztlich nur auf solche „elementaren" Fachkenntnisse an, die im Unterricht tatsächlich behandelt werden. Polemisch formuliert: Ob die Studierenden ihr reiches Wissen „reduzieren" oder ob sie es nie besessen haben, läuft auf dasselbe hinaus. Viel wichtiger scheint es unter dieser Voraussetzung zu sein, das vermeintlich „Elementare" für die Unterrichtspraxis umzusetzen. Um sich darauf zu konzentrieren, gilt das praktisch nicht verwertbare und daher „überflüssige" Wissen als eher störend. Aufgrund der bisherigen Diskussionen fürchte ich, dass die Reaktionen auf die PISA-Studie in diese Richtung einer falschen Pädagogisierung und Didaktisierung gehen könnten.

Diese Tendenz hat nicht zuletzt auch Folgen für das *Profil der Fachdidaktiker Philosophie und Ethik* an Universitäten, Hochschulen und Fachseminaren. Hier wiederholt sich vielfach das curriculare Dilemma, wenn die Aufgabe der Fachdidaktik darauf beschränkt wird, den „elementaren" Wissensstoff unterrichtsmethodisch aufzubereiten. So ist es an den meisten Instituten für Philosophie üblich, die ministeriell vorgeschriebene „Didaktik der Philosophie und Ethik" kostengünstig von einem Lehrbeauftragten als „Praktiker" erledigen zu lassen. Nun soll deren Engagement und Leistung hier nicht geschmälert werden. Doch wirksamer wäre die Einrichtung von mehr Planstellen für Fachdidaktik. Denn ein solcher institutioneller Rahmen böte die Gewähr dafür, dass mehr „Vermittler" zwischen wissenschaftlicher Disziplin und schulischem Unterricht lehrend und auch forschend tätig würden.

Das *wissenschaftliche Profil* einer so verstandenen Fachdidaktik besteht darin, aus didaktischer Perspektive die akademische Philosophie nach unterrichtspraktischen Potentialen zu durchforsten. Wie ein Jäger und Sammler sucht der (die) Fachdidaktiker(in) im historischen und systematischen Bestand der Philosophie nach solchen Praktiken, die sich an gewünschte Lernziele und zu vermittelnde Kompetenzen anbinden lassen. Als Jäger formt er die „großen" Theorien in didaktische Konzepte um, als Sammler findet er am Rande ausgetretener Pfade unbekannte Texte, methodische Einfälle, schlagende Beispiele, graphische Darstellungen usw., die neue Impulse für die Unterrichtspraxis geben können.

Insbesondere sollte sich der sowohl fachlich als auch didaktisch ausgewiesene *Spezialist für Vermittlung* um eine Synthese von Philosophie und ihrer Didaktik bemühen. Denn es ist keinesfalls nur so, dass den angehenden

Lehrern die Fähigkeiten fehlen, ihr reiches Wissen zu vermitteln, sondern häufig fehlt ihnen auch schlicht das *schulrelevante* Fachwissen. Im Bereich der Weiterbildung ist dies ein Dauerthema. Und mit den konsekutiven Studiengängen hat sich diese Tendenz vermutlich noch verschärft. Zwar helfen wissenschaftliche Kenntnisse wenig, wenn man sie nicht an den Schüler zu bringen vermag. Doch umgekehrt ist die beste Didaktik wirkungslos, wenn die fachlichen Voraussetzungen fehlen. Es bedarf eines neuen Seminartyps, in dem fachliches Wissen und Unterrichtspraxis integrativ vermittelt werden. Auf diesem Feld ergeben sich neue Aufgaben für die Fachdidaktik Philosophie und Ethik.

Literatur

Adorno, T. W.: *Philosophische Terminologie*, Bd. 1, Frankfurt am Main 1973.
Appiah, K. A.: *Ethische Experimente. Übungen zum guten Leben*, München 2009.
Grüner, G.: „Die didaktische Reduktion als Kernstück der Didaktik", in: Kahlke, J.; Kath, F. M. (Hg.): *Didaktische Reduktion und methodische Transformation*, Alsbach 1984, 63-79.
Heintel, P.; Macho, T.: „Konstitutive Philosophiedidaktik", in: *Zeitschrift für Didaktik der Philosophie* (1983), 3-10.
Kambartel, F.: *Was ist und was soll Philosophie?*, Konstanz 1968.
Kambartel, F.: „Thesen zur didaktischen Rücksichtnahme", in: *Zeitschrift für Didaktik der Philosophie* (1979), 15-17.
Klafki, W.: *Das pädagogische Problem des Elementaren und die Theorie der kategorialen Bildung*, Weinheim 1963.
Knobe, J.: „The Concept of Intentional Action: A Case Study in the Uses of Folk Psychology", in: *Philosophical Studies* 130 (2006), 203-231.
Martens, E.: *Dialogisch-pragmatische Philosophiedidaktik*, Hannover 1979.
Martens, E.: *Methodik des Ethik- und Philosophieunterrichts. Philosophieren als elementare Kulturtechnik*, Hannover 2003.
Peirce, C. S.: „Deduction, Induction and Hypothesis", in: *Collected Papers vol. II*, Michigan 1998, 619-644.
Raupach-Strey, G.: *Sokratische Didaktik in der Tradition von Leonard Nelson und Gustav Heckmann*, Münster 2002.
Rehfus, W. D.: *Didaktik der Philosophie*, Düsseldorf 1980.
Rentsch, T.: „Phänomenologie als methodische Praxis", in: Rohbeck, J. (Hg.): *Denkstile der Philosophie*, Dresden 2002, 11-28.
Rohbeck, J.: *Didaktik der Philosophie und Ethik*, Dresden 2008.
Rohbeck, J.: „Experimentelle Philosophiedidaktik", in: *Zeitschrift für Didaktik der Philosophie und Ethik* (2014), 3-9.
Schmucker-Hartmann, J.: *Grundzüge einer Didaktik der Philosophie*, Bonn 1980.
Steenblock, V.: *Philosophische Bildung. Einführung in die Philosophiedidaktik und Handbuch: Praktische Philosophie*, Münster 2000.

3.3 Philosophische Bildung als Arbeit am Logos

VOLKER STEENBLOCK

Welche Rolle kann in avancierten, damit aber nicht „problemfreien" Gesellschaften die Philosophie spielen und wie ist diese Rolle näher zu befördern? Diese Frage zu beantworten, ist Aufgabe der Didaktik der Philosophie und Ethik. Wenn man Philosophiedidaktik im Zeichen eines Konzeptes *Philosophischer Bildung* versteht, bedeutet dies, den Philosophiebegriff selbst in einer pädagogischen Intention so weiterzuentwickeln, dass unsere unvertretbare je individuelle Orientierung zu einem integralen Kennzeichen des Philosophierens wird. Diese Reflexion ist zugleich als Teil des kulturell fortschreitenden menschlichen Bemühens einer *Arbeit am Logos* zu verstehen. Der Begriff der Bildung, den die Philosophie selbst entwickelt hat, vermag die besondere Identität unserer Fachdidaktik in der Vermittlung von Bildungssubjekt und Wissensgehalten zum Ausdruck zu bringen. Zudem verweist er auf ein Philosophieren in der reflexiv bündelnden und zusammenführenden Perspektive eines Ganzen und Grundsätzlichen im Selbst- und Weltverhältnis des Menschen, das nicht in Einzelfunktionen aufgeht. Für die Philosophische Bildung ist dabei entscheidend, dass ihre Fragen und Antwortversuche in einer unterrichtlichen Gesprächskultur verhandelt werden, in der die vielsträngigen Sinngehalte einer zweieinhalbtausendjährigen Ideengeschichte wie der aktuellen universitären Forschungssystematik von Philosophierenden herangezogen und ihre Nach- und Neukonstruktionen arrangiert werden können. In diesem Grundmodell schließlich ist auch verankert, was für jeden konkreten Unterricht erforderlich ist: eine Berücksichtigung der radikal sich wandelnden Lebenswelt unserer Gegenwart, die Einbeziehung von Gefühl und Anschauung als Bildungsdimensionen und das umfassende Spektrum der Medien, Methoden und Praxiszugriffe.

Was ist Philosophiedidaktik?

Die Philosophiedidaktik möchte das Philosophieren befördern, wo immer es stattfindet. Sie ist offen für Hilfsmittel einzelwissenschaftlich-empirischer Untersuchungen zu allen Aspekten von Bildungsprozessen und engagiert sich in der Diskussion um entsprechende Analyseinstrumentarien im Hinblick auf Verbesserungsmöglichkeiten von Unterricht. Sie verfügt jedoch über einen eigenen theoretisch ausgewiesenen Standort, von dem aus sie solches unternehmen kann (nämlich von dem bildungsphilosophisch fundierten Selbstverständnis einer „Arbeit am Logos" aus). Und sie muss sich „von unten" und „vor Ort" vermitteln: mit der Schule, mit dem Philosophieren mit Kindern, mit der Erwachsenenbildung, mit dem Studium im Alter usw. – kurz: die Bildungs*praxis* ist ihr Maßstab. Den Standort der Philosophiedidaktik solcherart festzulegen, erscheint nicht unerheblich, denn die Pädagogik wie auch die Philosophie (und andere Fachdidaktiken) als ihre wichtigsten Bezugsdisziplinen stellen in sich durchaus heterogene Formationen in akademischen Soziotopen mit internen Diskussionslinien, ja Frontstellungen dar. Es ist demnach noch wenig gesagt, wenn man die Philosophiedidaktik als eine Verbindung beider charakterisiert (so zutreffend dies natürlich ist). Vielmehr kommt alles auf die Art dieser Vermittlung zweier Wissenschaften an, die nach meiner Überzeugung durchaus aufeinander angewiesen sind, die einander so sehr befruchten könnten, die aber beide diese Affinität auf ihren szientifischen Eigenwegen gegenwärtig zu wenig nutzen.

Die Philosophiedidaktik ist Anwältin von Rationalitäts- und Glücksquellen, die man niemandem vorenthalten darf. Sich im Denken zu orientieren (Kant) erscheint – nach der für unser Metier so entscheidenden These von Ekkehard Martens – in unserer Gegenwart ebenso wichtig wie die „Kulturtechniken" Lesen, Schreiben und Rechnen (vgl. Martens in diesem Band). Die Philosophiedidaktik tritt an, mit einer Formulierung von Helmut Peukert, ihren Anteil am „uneingelösten Versprechen" der Bildung für Individuum und Gesellschaft präsent zu halten.

Guter Philosophieunterricht ist deswegen *Aufgabe* und Verpflichtung. Damit steht die Philosophiedidaktik ihrem grundsätzlichen Ort nach am Ursprung des Philosophierens selbst. Sie „pädagogisiert" keine Gehalte, zu denen sie hinzuträte, sondern sie reflektiert die Bildung des Denkens, wo immer es entsteht und dient seiner Entwicklung als Menschenrecht.

Ein Konzept Philosophischer Bildung als Arbeit am Logos

Warum *Bildung*? Die Rede von der Bildung ist verbreitet wie nie, man denke an Bildungsministerien, Bildungssystem, Bildungspolitik usw. Kaum ein Begriff ist wie dieser inzwischen so gründlich von einstmaligen elitären Engführungen befreit und so präsent im Lebensalltag (ein Erstaunen vielleicht für Erziehungswissenschaftler vom Schlage eines Wolfgang Brezinka, die ihn einst abschaffen wollten). Die allgemeine Präsenz des Bildungsbegriffs führt allerdings auch dazu, dass manche Hirnforschung oder Employabilityforderung sich bereits für Bildung hält; dies darf mit dem Anspruch philosophischer Reflexion nicht verwechselt werden.

Der für unsere Fachdidaktik wie für alle Formen kultureller Bildung grundlegende Begriff wurzelt in einer theologischen (etwa bei Meister Eckhart) wie vor allem philosophischen Tradition (seit Platon) und realisiert sich insbesondere in der Deutschen Klassik und bei Wilhelm von Humboldt in der Vorstellung, dass unsere Gestaltgebung als Menschen ein bewusst für uns selbst, in Gemeinschaft mit anderen und im Kulturprozess zu vollziehendes Projekt ist (Steenblock 2009; Lessing, Steenblock 2013). Bildung steht für unser aller Bemühen um ein selbst verantwortetes und gestaltetes Wissen, bei dem sozusagen die ganze Person mitschwingt (Gunter Scholtz), und das uns in unserer begrenzten Lebenszeit die Welt und unsere Existenz in ihr deuten soll. Sie steht dafür, dass eine *Persönlichkeit* sich aus einem letzten, verantworteten Prinzip heraus zu steuern sucht: „Der wahre Zweck des Menschen [...] ist die höchste und proportionierlichste Bildung seiner Kräfte zu einem Ganzen" (Humboldt, *Werke* Bd. 1, 64). Gefordert wird ein innerer Zusammenhang unserer Interessens- und Verhaltensfelder bzw. Auftritte auf den verschiedenen Bühnen des Lebens, der ein entsprechendes Bemühen zu erkennen ermöglicht – so sehr wir alle (wie übrigens Humboldt selbst) die Erfahrung machen, dass wir auch Brüchen und Kontingenzen ausgesetzt sind. Auch gibt es bei Humboldt (mancher Behauptung zum Trotz) keine absolute Vorrangstellung des Individuums vor den sozialen und kulturellen Zusammenhängen, in denen es sich immer schon befindet. Der Einzelne bleibt durchweg bezogen auf Welt und Sprache, Gemeinschaft und Tradition. Für Humboldt sind es vor allem die Gehalte und Kräfte der griechischen Klassik, die auch Potentiale zur schöpferischen Gestaltung der Moderne hervorbringen können.

Die Idee der Bildung besteht in der spezifischen Verbindung und Balance bestimmter konstitutiv wirkender Faktoren, die sich beständig aufeinander beziehen, aneinander korrigieren und abarbeiten, die aber vor allem einander beflügeln können. Ich nenne acht solcher Aspekte. Hierzu gehören *erstens* der Ausgang von einem Bildungs*subjekt* diesseits von Demontage oder Hypostase *und zweitens* ein zugleich auch auf praktisches Sich-Bewähren ausgehendes, nicht lediglich „theoretisches" Anliegen. Bildung kann ihrem humanen Begriff nach nicht folgenlos im praktischen Handeln und nicht elitär sein, sondern sie muss, *drittens*, inklusiv sein; sie zielt auf kulturelle Kompetenz eines jeden Menschen überall dort, wo sie ihn erreicht. Weil Bildung menschliche Bildung ist, *kann* niemand ausgeschlossen werden, ohne ihren Begriff aufzuheben, ihre Perspektive ist genderbewusst (Golus 2015 und in diesem Band), interkulturell (Bartsch 2009 und in diesem Band) und inkludierend (Burckhardt 2013). Die Bildungsperspektive ist zudem, *viertens*, interdisziplinär, Aspekte aus allen Bereichen menschlichen Wissens einbeziehend, und sie verbindet die Orte des Lernens.

Es gibt nun freilich keine Bildung ohne Bildungsgehalt, d. h. ohne eine „materiale" Seite, Objektseite, dies ist ein *fünfter* und zentraler Punkt. Bildung klingt nach Hochkultur und selbstverständlich sind zur Bildung Platon und Aristoteles, Shakespeare und Goethe, Kant und Habermas unerlässlich. Man versperrt sich jedoch durch bloße Hochkulturassoziationen den Blick auf das, was dieses Konzept als ein kulturelles Sinnangebot an jede und jeden konkret bedeuten kann. Es ist ein Anspruch, der an alle ergeht, auch wenn ihn nicht jede(r) hört. Schon Aristoteles stellt das fest, wenn er sich in seiner athenischen Gesellschaft umsieht. Man kann ganz darin aufgehen, Alltagshedonist oder Geschäftsmann oder Politiker zu werden. Wenn man seine Nikomachische Ethik liest, lernt man natürlich, dass Aristoteles von all dem wenig hält, wenn es zum einzigen Lebensziel wird, obwohl sein bei Diogenes Laertius überliefertes Testament nun auch nicht das eines bedürfnislosen Weltflüchtlings ist. Die Gehalte der Philosophie sind eine „didaktische Herausforderung" (Rohbeck 2013, 41 ff.); Bildung muss ihrer objektiven Seite wegen deren Anwältin sein (siehe genauer im folgenden Abschnitt), sie soll aber zugleich *sechstens*, und auch das ist wichtig, als Bewusstwerdungs- und Reflexionsbegriff in unserer Welt kultureller Konflikte und ambivalenter naturwissenschaftlich-technisch induzierter zivilisatorischer Entwicklungen fungieren können.

Eher als eine Frage bleibt am Ende, *siebtens*, zur Bestimmung des Begriffs eine Überlegung von großer geschichtsphilosophischer Tradition: Gibt es einen „Bildungsprozess" der Gattung? Wenn ein Platon einst sein metaphysisches Bildungskonzept als Antwort auf die Krise der Polis konzipierte, Humboldt das seine auf die Krise seines Zeitalters, die in jener Französischen Revolution ihren Ausdruck fand, deren Augenzeuge er war, so stehen kulturelle Lehr-Lernprozesse heute wiederum in einer neuen Problemstellung. Dies gilt sowohl hinsichtlich von Entwicklungen in unserer Gesellschaft, als auch globaler und prinzipieller Art. Bildung erscheint nicht zuletzt als Antwortversuch auf gesellschaftliche Transformationen: Sie steht an eben jener Stelle, an der bei jedem Projekt einer „Arbeit am Logos" anzusetzen wäre, beansprucht sie doch immer auch eine Kompetenz, menschliche Verhältnisse zu beurteilen und einzurichten zu helfen. Die Philosophie ist dabei im Bildungsprogress als ein anhaltendes, engagiertes und durchaus fortschrittsorientiertes Vernunftbemühen zu verstehen, das aber (*achter* und letzter Aspekt:) keine „überzeitlich gültigen" Gehalte „wie auf einen Schlag" in der Lebenswelt realisieren kann. Das bedeutet, dass Bildung als Teil der Kultur selbst eingelassen ist in die Prozesse, die auf den Begriff zu bringen, zu begleiten und womöglich zu steuern sie angetreten ist – in ihre Irrtümer wie in ihre Errungenschaften und Fortschritte. Der folgende Abschnitt wird zwei der genannten acht zentralen Aspekte der Bildung genauer aufgreifen.

Bildungssubjekte und die Gehalte der philosophischen Ideengeschichte

Die Philosophiedidaktik in einer *Theorie Philosophischer Bildung* zu begründen, in der vor allem das Subjekt und die Gehalte der philosophischen Ideengeschichte und Forschung zueinander finden, ist ebenso grundsätzlich (a) wie konkret (b) zu verstehen. Hierzu möchte ich zwei Beispiele anführen:

(a) Unter „grundsätzlich" verweise ich auf die historische Entwicklung der philosophiedidaktischen Theoriebildung bis zum heutigen Tage (vgl. auch Steenblock 2013, 11-32). Hier gibt es eine Linie, die man ziehen kann, von dem *Sokrates* des Marktplatzes zu *Kants* Aufklärungsforderung und zu seinem berühmten Bekenntnis von 1765.

„Ich bin selbst aus Neigung Forscher. Ich fühle den ganzen Durst nach Erkenntnis u. die begierige Unruhe darin weiter zu kommen oder auch die Zufriedenheit bey jedem Erwerb. Es war eine Zeit da ich glaubte dieses allein könnte die Ehre des Menschen machen u. ich verachtete den Pöbel der von nichts weis. Rousseau hat mich zurecht gebracht. Dieser verblendende Vorzug verschwindet, ich lerne die Menschen ehren u. ich würde mich unnützer finden wie den gemeinen Arbeiter wenn ich nicht glaubte, daß diese Betrachtung allen übrigen einen Wert ertheilen könne, die Rechte der Menschheit herzustellen" (Kant AA, XX, 44).

Diese Linie mag dann weiterführen in die 1970er Jahre – die Zeit, in der mit Einrichtung des Kurssystems die Philosophie in der Schule sich nachhaltig etablieren konnte – und zu *Rudolf Lassahn* („Über Beat und Drogen reden, nicht nur über Hegel").

Eine zweite Traditionslinie begönne mit *Platon,* der mit der Akademie eine zuhöchst glänzende kulturelle Innovation begründet, damit jedoch die Agora als Auftrittsort seines Lehrers Sokrates auch verlässt. Sie führte weiter über *Hegels* Didaktik des *Nach*denkens und in den 1970er Jahren über *Wolfgang Deppe* („Lasst uns die Klassiker von Meiner lesen!") zu *Wulff D. Rehfus* und zu der Kontroverse mit *Ekkehard Martens*. Martens wiederum lässt sich sicherlich aus dem Gestus des Sokrates, über den er ein sehr lesenswertes Reclam-Buch geschrieben hat, und aus dem Impuls Kants gut verstehen, auf den seine Didaktik sich von Anfang an beruft.

Philosophische Bildung bedeutet eine Synthese beider Linien: Alles Wissen verlangt ein Ich, um dessentwillen es realisiert wird. Kein Wissen freilich besteht ohne die lebendigen Subjekte, die es tragen, weitergeben und fortentwickeln. Diese Synthese bedeutet jedoch nicht, dass die didaktische Theoriebildung (oder auch die Unterrichtspraxis, je nach Lerngruppe) nicht in der einen oder anderen Richtung akzentuieren könnte. Johannes Rohbeck (2013, 75ff.) und Ekkehard Martens (2013, 43ff.) haben gezeigt, wie das Philosophieren ebenso als Transformation großer philosophischer Denkrichtungen wie zugleich aus lebensweltlichen Grundoperationen heraus in fünf signifikanten methodischen Zugriffen genauer verstanden und umgesetzt werden kann: phänomenologische (beobachtende), hermeneutische (deutende), analytische (begriffs- und argumentationsklärende), dialektische (abwägende) und spekulative (auf Einfälle ausgerichtete) Methode (vgl. Draken in diesem Band). Die „Methodenschlange" (Martens 2013, 57) versinnbildlicht, dass das Prozedieren dieser Elemente ein interaktiv sich vorantreibender Prozess sein kann und muss. Der Gesamtprogress ließe sich im Rahmen einer Perspektive Philosophischer Bildung mit einem Begriff von diskursiver Hermeneutik (wenn man so will: der Methodenstufe gegenüber vorgelagerter Ordnung) verständlich machen (siehe hierzu den vorletzten Abschnitt).

(b) Unter „konkret" möchte ich als ein Beispiel das Schulfach „Praktische Philosophie" aus Nordrhein-Westfalen heranziehen. Die Ausweitung des Ethik- und Philosophieunterrichts (Werte und Normen; Lebensgestaltung, Ethik, Religionskunde) in die Sekundarstufe I ist ein zweiter großer Schub der Etablierung unserer Fächer im Schulsystem Deutschlands nach der Einführung des Kurssystems in den 1970er Jahren. Das Kerncurriculum des Faches in diesem Bundesland (im Netz unter www.standardsicherung.schulministerium.nrw) bringt eine Perspektive je individueller Orientierungsbefähigung mit deren gesellschaftlicher Kontextualisierung und ihrer Vermittlung mit der Ideengeschichte zusammen. Es verlangt, dass wir uns im Unterricht für jede Stunde basale Fragen stellen wie: „Befinden wir uns im Horizont der Schülerinnen und Schüler?" und „Kriegen wir es als Lerngruppe/in Lerngruppen hin, dass kompetente Zugriffsweisen auf die Gehalte der Kultur- und Philosophiegeschichte unserem Orientierungsbemühen aufhelfen?" Die Verbindung beider Fragen kann in ihrer Vermittlung von Subjekt und Ideengehalten als Beispiel für die Umsetzung eines Bildungsgedankens gelten, der zwar in sich sicherlich aspektreich, komplex und vielschichtig, aber durchaus nicht so ungreifbar erscheint, wie gelegentlich behauptet. (Letzteres gilt auch für einige Varianten einer eigentümlich inversen Bildungstheorie selbst, die im Zeichen der verblichenen „Postmoderne" Zugänge eher versperrt und sich dann gewundert hat, dass sie einem verbreiteten „Pisa"-Reduktionismus noch in die Hände gespielt hat.)

Im Grundsatz ebenso wie konkret zeigt sich also, dass das Projekt der Bildung zur Bestimmung eines Philosophierens aufgerufen werden kann und muss, das sich als vernunftgeleitete Selbst- und Weltdeutung – als Arbeit am Logos in Traditionsbewahrung wie Traditionskritik – kulturell zu bestimmen weiß.

Vernunftbestimmte Orientierungschancen in unserer Lebenswelt

So entscheidend Bildung für eine Bestimmung und Förderung des Philosophierens ist, so nötig ist es, dieses Ideal gleichsam zu „erden" und in konkrete lebensweltliche Verhältnisse hinein zu übersetzen (vgl. Stelzer in diesem Band). Philosophische Bildung findet aktuell unter dramatisch veränderten Rahmenbedingungen statt. Unter den Bedingungen der Allpräsenz von Konsumismus (Mode, Musik, Film, Spielwelten/Gamification) und Kommunikation (TV, Google, Facebook, Twitter, Smartphone inclusive ihrer Konvergenzen) *leben* wir – oder werden gelebt. Diese zivilisatorischen und kulturellen Entwicklungen betreffen uns alle, insbesondere aber auch Schülerinnen und Schüler, just die Zielgruppe also, die im Philosophieunterricht zu Reflexions- und Orientierungsprozessen aufgerufen werden soll. Die auf *Platon* zurückgehenden hehren kulturellen Zielvorgaben des Schönen, Guten und Wahren sind in der irdischen Arbeit verzweifelt oft verfehlt und verraten worden. Der Pop- und Konsumkultur avancierter Gesellschaften stellt sich dieses Problem erst gar nicht. Sie impliziert im Grundsatz kein normatives Niveau (was nicht für jedes ihrer Produkte gelten muss), sie kann höchstens die Profitquote verfehlen. Die mediale Allpräsenz von Körper- und Auftrittsidealen in Zeiten von Modelcastingshows trifft auf Prägungsphasen des Erwachsenwerdens gerade dort, wo die Ich-Entwicklung noch keine eigene Richtung gefunden hat. Das muss für ein aktuelles philosophiedidaktisches Engagement von einem reflektierenden und kritischen Interesse sein, wenn dieses vernunftbestimmte Orientierungschancen von Bildungssubjekten in der Alltagswelt fördern möchte und nicht so tut, als prozediere eine Arbeit am Logos im luftleeren Raum.

Auch sozialwissenschaftlich konstatierbare Veränderungen stellen für Bildungsprozesse nicht nur eine massive Herausforderung, sondern für ihre Gestaltung eine wichtige „Koordinate" dar. Hierzu zählen z. B. gesellschaftliche Prozesse der Individualisierung und Pluralisierung von Lebensformen, Migration und Multikulturalität (Bartsch 2009), Gesetzmäßigkeiten der „Panökonomisierung" und sozialen „Flexibilisierung" etc. Angesichts vielzitierter zivilisatorischer Veränderungen diskutieren gängige soziologische Großtheorien bestimmte Szenarien der lebensweltlichen Landschaft, in der jedes Philosophieren in westlichen Gesellschaften gegenwärtig stattfindet. Solche Szenarien besagen etwa, dass im Zuges eines „Verblassens der Sinngehalte" der Einfluss lebensregelnder und sinnstiftender Traditionen zurückgeht, auch wenn er sich an den Verwerfungslinien kultureller Konflikte radikalisiert steigern kann (Bartsch 2009; zum Verhältnis zur Religion vgl. Barz 2014). Unsere Lebensvollzüge unterliegen offenbar im gesellschaftlichen Mainstream einer, wie Jürgen Habermas (1981, Bd. 2, 484) das nennt, „systemisch induzierten Verdinglichung" durch die unaufhaltsame Eigendynamik von Geld und Macht, und zudem einer kulturellen Rationalisierung durch Ausdifferenzierung und Professionalisierung von „Expertenkulturen", die zu „dem breiten Publikum" in praktisch keiner kommunikativen Verbindung mehr stehen. Die zunehmende „Unterwerfung" unserer Lebensverhältnisse unter die „Imperative" des ökonomischen Systems und die Auswanderung kultureller Potentiale in spezialisierte Expertenkulturen stellen für Habermas wohl mit einigem Recht eine durchaus dramatische Koinzidenz dar. Unsere alltäglichen Sinnwelten werden dadurch nämlich nicht mehr ausreichend durch die in den modernen Differenzierungen außer Kraft gesetzten kulturellen Traditionen gespeist, aber auch nicht von den Erkenntnis- und Rationalitätsfortschritten in den „eingekapselt(en)" Expertenkulturen, zu denen auch die didaktisch freizusetzende Philosophie gehört. Die Folge ist, dass dieselben Zeitgenossen meistenteils im „Konsumismus und Besitzindividualismus", „Hedonismus" und kulturellen „Verödungssymptomen" befangen sind, die doch eigentlich von den Orientierungsforen und Sinnangeboten, wie sie nicht zuletzt die Philosophie einzurichten und zu präsentieren hätte, profitieren sollten.

Die hier benannten Verhältnisse präsentieren sich in den Medien als eine bizarre Unterschiedlichkeit von Bühnen, auf denen derselbe Mensch je nach Kulturbedingungen einmal in bedrängtesten Lebensverhältnissen leidvoll auftritt, ein anderes Mal in größtem, verschwendungsvollstem Luxus, einmal im Lebenshorizont der Religion, nicht selten tiefverhüllt im traditionellen (oder auch revitalisierten pseudo-traditionellen) Leben verwurzelt, ein wiederum weiteres Mal aber im „Talk" sein Intimstes hervorzerrend oder in inszenierter Frivolität im megacoolen Popambiente. Die Ungeheuerlichkeit dieses Spektrums – weitere Dimensionen schierer Gegensätzlichkeit ließen sich nennen – gehört nicht nur zu einer Zeitdiagnose, vielmehr macht diese Gleichzeitigkeit des Ungleichartigen geradezu einen ihrer auffallendsten Züge aus. Dort, wo dies im Bewusstsein der medialen Kulturteilnehmer – und das sind wir alle – ankommt, nämlich auf dem Bildschirm, sind beide Extrempunkte nur einen Klick der Fernbedienung voneinander entfernt. Auf allen Kanälen präsentieren sich die Popstars und Supermodels einer pseudoästhetisierten Lebenskultur neben den Berichten jener vorbeschriebenen ungeschminkten und vielfach sozial und kulturell so ganz anderen globalen Wirklichkeit, deren Anwesenheit sich wie eine dunkle Gegenströmung in das Medienbewusstsein des Popzeitalters einflicht.

Den Unterricht eines Selbst- und Weltdeutungen diskutierenden, sinn- und wertorientierenden Fach wie die Philosophie bzw. Ethik betrifft dies direkt. Denn wo könnte eine Wahrnehmung dieser Problemfelder nachhaltiger mit einer Reflexion unserer Existenz zusammenkommen als im Unterricht eines solchen Faches? Arbeit am Logos bedeutet unter diesem Aspekt, sich argumentativ und rational in prägende Lebenswelterfahrungen einzuschalten. Mutatis mutandis gilt dies im Übrigen grundsätzlich in allen Alters- und Lebenslagen. Wenn Unterricht in der skizzierten Gegenwart wirksam werden kann und soll, ist es Aufgabe der Philosophiedidaktik, die besonderen Bedingungen des Philosophierens im Sinne einer „Zeitdiagnose" zu analysieren und diese zugleich als Bewusstwerdungs- und Diskussionspunkte in die Bildungsarbeit einzubringen.

Keine Gegensätze in der philosophischen Bildung: Vernunft und Anschauung

Interessanterweise bieten Elemente der Popkultur, wie etwa das Kino, auch didaktische *Chancen*. Dies ist wie folgt zu konkretisieren: Philosophische Bildung als Arbeit am Logos engagiert sich mit allem Recht als eine Anwältin von Begriff, Argument und Vernunft. Unsere Existenz als Menschen ist jedoch zugleich in ihrem vollen Spektrum zur Selbstbewusstwerdung aufzurufen, auch *körperlich, fühlend* und von unserer *Fähigkeit zu Imagination und Phantasie* her. Gerade auch unsere Gefühle geben uns zu denken (Klaus Blesenkemper). Das festzustellen, steuert auf eine Wiederbekräftigung der Einsicht zu, dass Leib und Gefühl nicht nur entwicklungs-, verfeinerungs- und bildungsfähig sind, sondern zur Bildung konstitutiv beitragen; diese nämlich betrifft das Kultur- *und* Naturwesen „Mensch" (Steenblock 2012, 113-140). Mit Blick auf ein „leibliches Lehren und Lernen" (z. B. das theatrale Philosophieren im Sinne des Hamburger Didaktikers Christan Gefert) hat eine solche Einsicht bekanntermaßen auch Konsequenzen für die Unterrichtsmethoden in unserem Fach. *Bilder* können uns neben Texten (und einem ganzen Spektrum weiterer Medien) Lebensverhältnisse *verstehen* lassen, also im Philosophieunterricht eine wichtige Rolle spielen. Und so, wie das Kino Projektionsfläche unserer Wünsche und Ängste ist, können umgekehrt Filme im Unterricht „theoretische" Problemstellungen *erlebbar* machen und Problemstellungen *verdichten* wie sonst nur in existentiellen Lebensmomenten (vgl. Steenblock, Philosophieren mit Filmen, Beitrag zu diesem Band). Sie lassen uns unser In-der-Welt-Sein nicht nur spüren, sondern auch erproben, d. h. sie spielen Variationen menschlicher Erfahrungen für uns durch. Gemäß Kants Wort, Gedanken ohne Inhalte seien leer, Anschauungen ohne Begriffe aber blind, vermag sich eine Dignität des sinnlichen, bildlichen, auch popkulturellen Eindrucks zu behaupten, ohne die Notwendigkeit eines fortschreitenden begrifflichen Verständnisses (als eigentliches Metier der Philosophie) in der Arbeit am Logos zu mindern. Wie aber kommt man in solche Bildungsprozesse hinein?

Die Prozessform einer Philosophischen Bildung als Arbeit am Logos: Zur Hermeneutik des philosophischen Diskurses

Die Prozessform einer Philosophischen Bildung als Arbeit am Logos stellt – dies ist unser sokratisches Erbe und unsere sokratische Verpflichtung (Draken 2011) – das *Gespräch* dar. Das Gespräch ist genau derjenige Vorgang, in dem die Verknüpfung jeweiliger menschlicher Orientierung mit den Gehalten der Tradition und Forschung angemessen erfolgen kann.

Es ist wichtig zu verstehen, dass die folgenden Bemerkungen selbstverständlich auf das reale Unterrichtsgespräch zielen (vgl. konkretisierend unter Bezug auf Rolf Sistermann die Vorschläge in Wittschier 2012), aber etwas darlegen möchten, das hierüber weit hinausgeht und zugleich dem Unterrichtsgespräch allererst seine profilierte Bedeutung sichern kann, die gegenwärtig in einem schleichenden Prozess marginalisiert zu werden droht. Um dies einzuschätzen, ist ein kurzer, aber doch grundsätzlicher Blick auf die „Wissenschaftslandschaften" zu werfen, mit denen Bildung es zu tun hat.

Wissenschaft ist die avancierte Rationalitätsform der Moderne. Es kann keine philosophische Bildung geben, die sich nicht mit dem Stand sowie den Möglichkeiten und Ansprüchen der Wissenschaften vermittelt und diese sind wichtiges Bildungsthema (Bussmann 2014, Balliet 2015). Insbesondere die Naturwissenschaften sind Wissenschaftsformen, die ihre Stringenz und Geltungsstärke gerade dadurch gewinnen, dass sie von jeder Sinn-Perspektive absehen. Sie betrachten – mit starken Einflüssen auf Psychologie, Sozial- und Erziehungswissenschaften – die Welt als objektivierbares „Geschehen". Von einem Naturalismus kann man sprechen, wenn diese Sicht sich „weltbildähnlich" ausweitet und das Verständnis für einen Bereich fehlt, der *nicht* lediglich von dieser Geschehnisartigkeit ist. Mit dem eigentlichen Auftritt des Menschen aber tritt ein Perspektivenwechsel auf, den wir als Vernunftwesen notwendig vornehmen, die für sich *Ziele* definieren können. In den Kulturwissenschaften gelangt ein Sinnverstehen von Deutungen ins Zentrum der Diskussion, die wir Menschen unserer Welt, uns selbst und unserem Handeln angedeihen lassen. Dies gilt insbesondere für die Philosophie: Indem wir denkende Wesen sind, erfahren wir uns zugleich als bewertende und gestaltende Subjekte und es finden die Dimensionen der Ethik und Ästhetik Eingang in die Bildung. Kurz: Dass wir in einem Modus reflexiver, sinnhafter Intentionalität agieren können, ist gegenüber den Gesetzmäßigkeiten von Naturprozessen etwas grundsätzlich Neues. Die Grammatik von Sinn ist eine andere als die von bloßer Gegenständlichkeit. Was den eigentlichen Geschmack unseres je persönlichen Lebens ausmacht, *Liebe, Bildung, Sinn*, bedarf insbesondere jenes „Wir", welches unser „Ich" allererst ermöglicht. Dies eröffnet eine Sphäre von eigener Qualität, die keinen Ausweis szientifischer Objektartigkeit mit sich führen muss. Ein adäquater Zugang zur Kultur und der Eintritt in ihren eigenlogischen Prozessmodus sind nicht dadurch gleichsam auszuhebeln, dass auch diese noch (als Fähigkeit, Situationen im Rahmen eines mentalen Modells zu verarbeiten) auf einer in der Art einer quasi naturwissenschaftlichen Empirie verstandenen Ebene erklärbar werden können. Vielmehr wird eine kategorial neue Realität eröffnet, in die es *verstehend* hineinzugelangen gilt. Die Welt ist nicht eindimensional, obwohl manche Soziologen, Neuropsychologen und Erziehungswissenschaftler davon zu träumen scheinen, eines Morgens nach einem Akt kathartischer Reinigung von den alten Geisteswissenschaften als quasi-Naturwissenschaftler aufzuwachen. Gegenüber der Tendenz einer objektwissenschaftlichen Missdeutung als „Geschehnishaftigkeit" ist unsere bewusste Existenz nicht einfach eine Verlängerung von „Kognition", sondern die Leistung eines unhintergehbaren Ich, das über sich selbst, über die Riskiertheit seiner Existenz und über deren Sinnbedürftigkeit reflektiert.

Um diesem Reflexionsmodus gerecht zu werden, muss der kulturell grundlegende Vorgang des *Gesprächs* als Lehr- und Lernform in seiner besonderen Bedeutung neu erfasst und gewürdigt werden. Dieses Gespräch findet unter Subjekten statt. Lehrende sind nicht Schnittstellen/Agenten, die die Berechenbarkeit, Vorhersagbarkeit und Kontrollierbarkeit praxisfern vordefinierter Schritte sicherzustellen haben. Vielmehr begegnen Lehrende und Lernende einander als Personen. Dies gilt auch und gerade, wenn manche achte und neunte Jahrgangsstufe sicherlich eine höchst muntere Gruppe von Personen und eine pädagogische Herausforderung darstellen mag. Nur deswegen kann eine gemeinsame Arbeit am Logos auch jenes offene, undelegierbare, je bezügliche Orientierungswissen der Bildung erzeugen, bei welchem unser gesamtes Selbst- und Weltverständnis mitschwingt.

Eine Gesprächs*kultur* „als kooperative und prozesshafte Bewältigung einer Problemsituation" entwickeln zu können, ist, wie die Hamburger Philosophielehrerin Sandy Kolenda (2010, 10) betont, von entscheidender Bedeutung für philosophische Bildungsprozesse als gemeinsame Arbeit am Logos. Die zentrale Ermöglichungsbedingung dafür, dass Lernende und Lehrende in ihrer Interaktion philosophische Erkenntnis-, Erfahrungs-, und Sinndimensionen entfalten können, ist eine adäquate Positionierung der Lehrerin und des Lehrers im Sinne einer moderierenden Instanz, die die „Verhaftung in einem konventionellen Belehrungsschema mit kurzgetakteten Fragen und Schülerantworten" überwindet, um den Erfahrungsbewegungen der Schüler Raum zu geben (Kolenda 2010, 146 ff.).

Eine individuelle Förderung von Lernenden durch Lehrende im Gespräch führt ihre Optionen in dessen Vollzug mit sich: als gezielt provozierendes, klärendes oder responsives Eingreifen, als Gegenüberstellen von Alternativen, als Begleitung bei Schwierigkeiten ebenso wie bei Aha-Effekten der Urteilsbildung (Thein 2014, 65). Auf der Basis einer solchen interaktiven Lehrer-Schüler-Beziehung ergeben sich vom Einstieg in den gemeinsamen Diskurs über die Formen seiner Gestaltung verschiedenste konkrete Situationen bis hin zu einem möglichst gelungenen Abschluss: „Zehn Minuten vor Schluss, und 25 Gesprächsfäden liegen offen – Was kann ich als Lehrerin und Lehrer jetzt tun?" (Fröhlich, Langebeck, Ritz 2014, 25 ff.). Es gibt Gesprächsformen der Öffnung wie Engführung, des Nachfragens, des sozialen Austausches in Anschluss oder Widerspruch. Hinzu kommen Punkte wie: übliche Regeln der Diskursleitung einführen, den Umgang mit Provokationen üben, Probleme konfessorischen Sprechens auffangen können usw.

Wenn wir auf ein solches gesprächsorientiertes Lern- und Bildungsmodell setzen, können wir einen *Sinnprozess im Dialog* befördern, dessen Übernahme- wie Abarbeitungs-, Widerspruchs- und Irritationsvorgänge selbst schon eigentliche Bildungsgestalten sind, die nicht wie bei der gegenwärtigen outputfixierten Mode im „Resultat" gleichsam verschwinden dürfen (Arno Combe). Diese Mode hintergeht nämlich den wesentlichen Aspekt jeder komplexeren Sinnexplikation, die einer progressiven Verkettung von Argumenten und Überlegungen, Bewertungen und Abwägungen, Gegenüberstellungen und Dilemmata (Raters 2013), Alternativen und Ideen *im Vollzug* bedarf. Und sie bedarf des Engagements von Lehrerenden und Lernenden, die in Frage stehenden Themen tatsächlich im Logos fortschreitend philosophisch zu durchdenken.

Dazu ermutigt, lässt sich in der Lehrerbildung wie im Unterricht nichts als Interesse an einer philosophischen Orientierung konstatieren. *Philosophische Orientierung* bedeutet für jede(n) Einzelnen, Sinngehalte auf das eigene Selbst zu beziehen und für sich neu zu organisieren. Sie geht vom Zugriff des reflektierenden Ich auf eine philosophische Frage aus, beleuchtet sie im Horizont ihrer kulturellen Gehalte, kehrt zum Ich zurück und greift auf die Ideengeschichte neu aus. Die damit realisierte Kreisläufigkeit ist keine „teuflische", sondern die eines Mit- und Neuvollzuges, in dem sich unser Selbst- und Weltverhältnis in *Anverwandlung* kultureller Gehalte gleichsam vertiefen und fortentwickeln kann. Dieser hermeneutische Zirkel bedeutet dann auch: *Weiterverstehen* durch partielle Überbietung oder Korrektur des Verstandenen in offenen Reflexionsprozessen. Indem sie von *Bedeutungen* handelt, ist es die Hermeneutik, die das komplexe, reflexiv mehrschrittige und in Bezug auf vorherige Einschätzungen rückkoppelnde Zusammenspiel von objektivem Kulturprogress mit Eigenwerden und sozialer Entwicklung am überzeugendsten thematisiert (Steenblock 2012, 141-166). Dabei kann die Organisation von Bildungsprozessen die Erfahrung und den Aufbau von Bedeutungen, d. h. die Praxis eines argumentativ unterfütterten und unterschiedliche Sinnangebote abwägendes *Urteilens* ein ganzes vernünftig planbares Stück weit arrangieren, analysieren und begleiten. In welche Richtung die Auseinandersetzung mit einer Thematik sich aber am Ende bewegt, kann nur Gegenstand einer Bildungsvermutung, nicht aber einer Manipulation sein, in der ein Philosophieren, das diesen Namen verdient, sich selbst aufhöbe. Auch dies meint *Arbeit am Logos*.

Warum ist dieser Punkt so wichtig? Erstens gilt für uns alle als je Einzelne mit Peter Bieri (in Lessing, Steenblock 2013, 215), dass wir nur durch Bildung in einem emphatischen Sinne *Subjekte* werden. Zweitens gilt aber auch in Bezug auf unser Zusammenleben, dass das Bildungssystem das beinahe einzige Instrument unserer Gesellschaft ist, ihre ideellen und demokratischen Grundlagen zu regenerieren, worauf Axel Honneth und Martha Nussbaum verwiesen haben. Hierzu kann hinsichtlich gesellschaftlich und kulturell grundlegender Sinnkonzepte (etwa der Menschenwürde) nur ein wirklich verstehendes und mit dem Nachvollzug historischer Erfahrungen verbundenes Lernen beitragen (Nussbaum 2010: „humanistic education"). Dies zu verkennen, bedeutet eine entscheidende Chance zu vergeben: die eigenständige Reflexion Lernender in einer Gesprächskultur zu entwickeln, in welcher *Bildung* mehr bedeutet, als ein bloßes Treibmittel für Konkurrenzvorteile darzustellen.

Indem die Hermeneutik, die Lehre vom Verstehen, unser Teilhaben an der Kultur zu beschreiben vermag und in Sonderheit das „Wie" philosophischer Bildungsprozesse als Vergegenwärtigung von Traditionspotentialen wie als deren innovative Überschreitung adäquat auf den Begriff bringt, erläutert sie uns auch das Entscheidende unseres Tuns als Lehrerinnen und Lehrer, die solche Prozesse arrangieren und befördern. Der Hermeneutik geht es dabei, methodisch betrachtet, zunächst um ein Vorgehen, das den Unterricht auf gelingende Textarbeit gründet. So offenkundig jedoch primär (wenn auch beileibe nicht: nur) über die „Arten, einen Text zu lesen" (Rohbeck 2013, 163 ff.) die Gehalte der Philosophie in den Unterricht einzufließen vermögen, so wenig erschöpft dies ihren Begriff. Eine gesprächsorientierte, hermeneutische Lern- und Bildungsperspektive vertritt letztlich den Modus von Kulturprozessen selbst. In ihnen bedeutet *Orientierung*, Sinngehalte sich deliberativ und reflexiv zueigen zu machen (oder zu kritisieren) und zugleich in eine jeweilige Dynamik des Denkens hineinzukommen. Im Prozess der Entwicklung unseres Selbst- und Weltverhältnisses in Anverwandlung kultureller Traditionen geht es nicht um Objekthaftes, sondern um Subjektwerdung, nicht um Gegebenes, sondern um Aufgegebenes. Dass aller „Sinn" in der Philosophischen Bildung die in Orientierungsprozessen zu leistende *Aufgabe* einer Arbeit am Logos für jeden einzeln wird, gehört zur geistigen Signatur der Moderne.

Über die paradigmatische Bedeutung von Gespräch und Argumentation im Diskurs gibt es einen nachhaltigen Konsens in der Philosophiedidaktik (vgl. etwa Thein 2014, 65). Der Diskurs bildet als Gegenstück aller prozedural verfehlten und reflexiv unterbelichteten szientistischen Außensicht den „lebendigen Raum der Didaktik" (René Torkler). Bereits Willi Oelmüller (1929-1999) hat nicht ohne Seitenblick auf Habermas diese philosophiedidaktische Zentralkategorie eingeführt (1985, 9 ff.) und das Einfließen der Gehalte der Philosophie- und Ideengeschichte an eine Konzeption von „Erfahrungshorizonten" („Gott", „Kultur" und „Natur") geknüpft, die bis heute ihre Fruchtbarkeit erweisen kann, wenn man sie im Sinne der „Weltanschauungen" des Philosophen der kulturellen Welt Wilhelm Dilthey (1833-1911) versteht. Die „Diskursbände" verbanden dies mit der Anknüpfung vor allem an die Erarbeitung von Texten. Das bleibt richtig und ist doch erheblich zu erweitern.

Systematische Verknüpfungen Philosophischer Bildung als Arbeit am Logos ins Konkrete: Methoden und Medien

Gespräche (mit-)gestalten können, heißt auch: Begriffsbildung und Argumentation bewusst mit entwickeln können, diese *veran-*

schaulichen können (Beispiele, Gedankenexperimente, Bildlichkeit), kreative Ausdrucksformen wählen und in den Diskurs einbringen können (fiktionales und fachliches Schreiben, Gestalten usw.), für das Gespräch und aus ihm resultierend performative Formen beherrschen (Diskussionsbeitrag, Standbild, theatrales Philosophieren), sich auf verschiedene Rechercheformen verstehen (natürliche und kulturelle Orte als Lernorte aufsuchen, die *Revolution* der Internetkommunikation einbeziehen, Fachliteratur heranziehen). Diskurs und „präsentatives Material" (im Sinne der „Einheitlichen Prüfungsanforderungen in der Abiturprüfung Philosophie" gemäß Beschluss der Kultusministerkonferenz) gehen Hand in Hand.

Auf alle Medien und Methoden (Überblick: Steenblock 2013, 125-194) müssen Lehrende *wie* Lernende Zugriff finden. Wenn wir in der Sekundarstufe I mit Schülerinnen und Schülern neu formulierte Sechszeiler (!) „nach Aristoteles" und „nach Kant" erarbeiten und hoffen, dass dies zu weiterem Reflexionsinteresse hinführt (zur Theorie solcher Texte vgl. Steenblock 2012, 213-222), soll auch für Lernende das Ableitungsverhältnis zu den längeren Originaltextausschnitten, die in der Sekundarstufe II gelesen werden, und zu „Ganzschriften" deutlich werden, etwa zur „Grundlegung zur Metaphysik der Sitten" (siehe Textausgabe mit Kommentar, hrsg. von Christoph Horn und Corinna Mieth, Frankfurt 2007). Verständnischancen anhand von Materialien wie Schulbüchern (Überblick: Steenblock 2013, 195-220) und von Untersuchungsarrangements eines großen Spektrums hängen entgegen manchem methodizistischen Trainingsglauben vor allem von der gemeinsam entwickelten, kompetenten situationsgerechten Reflexion und Entscheidung der „Schulprofis" Schüler und Lehrer ab. Letztere folgen dem Anliegen, mit den Kursteilnehmern ihre Erforschungsvorhaben so in Gang zu setzen und zu betreiben, dass diese sich im sozialen Prozess des Gesprächs im Plenum, in Gruppen- und Partnerarbeit zugleich als die Subjekte ihres eigenen Entdeckungs- und Klärungsprozesses erfahren. Die hierzu nötigen Methodenkompetenzen sind sukzessive mit zu entwickeln (vgl. die Umbenennung von Entscheidungsfeldern des Philosophieunterrichts wie Inhalten, Zielen usw. in die Kompetenzenrhetorik von Lehrplänen). Wichtigstes Eingangstor jeder Methodik sind Engagement, Phantasie und Unterrichtserfahrung der Praktiker (Hattie 2012). Dies hat Konsequenzen für die Perspektive der Lehrerbildung: Bereits vor dem Referendariat können die Praxisanteile des Lehramtsstudiums in neuerer Zeit helfen, in ein hier angemessenes Verständnis hineinzukommen. Vierwöchige Fachpraktika haben bis dato allenfalls Einblicke in das Berufs- und Handlungsfeld „Schule" verschafft. Auch wenn mit Beobachtungs- und Analysekriterien versehen (Steenblock 2013, 95-101; vgl. zum Referendariat ebd. 101-108), blieben sie doch weitgehend rezeptiv. Chancen, durch eigenes Unterrichten in den Fächern Philosophie und Ethik erste berufsrelevante Kompetenzen im Sinne eines Handlungswissens, etwa der Führung eines philosophischen Gesprächs zu entwickeln, bietet eher das Praxissemester (Aschoff 2014). Zu den Aufgaben des von Johannes Rohbeck begründeten *Forums für Didaktik der Philosophie und Ethik* (das eine Fach-Arbeitsgemeinschaft der Deutschen Gesellschaft für Philosophie ist) gehört eine Bestandsaufnahme zur Situation der Lehrerausbildung an deutschen Hochschulen in dem aktuellen und dringlichen Engagement für eine verbesserte Institutionalisierung der Fachdidaktik in den Instituten und Fachbereichen. Dies impliziert eine Erarbeitung bundesweiter Orientierung zum Beruf der Philosophielehrerin/des Philosophielehrers in Kontakt zu den Fachverbänden der Lehrerinnen und Lehrer und der *Association Internationale des Professeurs de Philosophie* (AIPPh). Für Bilanzen des *Forum*-Engagements verweise ich auf das „Jahrbuch für Didaktik der Philosophie und Ethik", die „Zeitschrift für Didaktik der Philosophie und Ethik" und die Publikationsreihe „Philosophie und Bildung".

Empirie, Kompetenzenformulierungen, Standards – Instrumente philosophischer Bildung, kein Selbstzweck

Wir sind in der allgemeinen Bildungsszenerie derzeit Zeugen einer sich einspielenden triadischen Interaktion, bestehend aus einer bestimmten Art von Empirie, von parzellierenden Kompetenzenformulierungen und bildungspolitischen Standardsetzungen. Manche Bildungspolitiker können ihre Aufgaben gar nicht mehr in anderen Kategorien *denken* als in denen von „Pisa", gipfelnd gar in Metaauswertungen von Mess-Evidenz (Hattie 2012). Eine Allgemeine Didaktik sowie die Tradition der Erziehungs- und Bildungsphilosophie (und damit wichtige Ansprechpartner der Philosophiedidaktik) müssen um ihre traditionelle Rolle in der Begründung und Steuerung von Bildungsprozessen kämpfen, seit eine empirische Bildungsforschung sich anschickt, derlei Entscheidungen qua technokratischer Implikation gleich mitzuerledigen. Die entsprechende, besonders in Deutschland mit großer Öffentlichkeitswirkung geführte Diskussion hat auch die Fachdidaktiken erreicht. Gemäß den Pisa-Zugriffen sind dabei zunächst eher Mathematik, Naturwissenschaften und das Bemühen um basale Leseprozesse in den Fremdsprachen und im Fach Deutsch betroffen gewesen (es gibt aus den Fachdidaktiken vieler Fächer Einwände und Differenzierungen, zur Philosophie vgl. Tiedemann 2011).

Wenn der kritische Maßstab der *Bildung* abhanden kommt, scheint manchen erziehungswissenschaftlichen Zugriffen jedes andere gerade modische Theorieangebot recht, aktuell Statistik, Evolutionsbiologie und Hirnforschung. Schüler avancieren dann, wie man parodiert hat, zu „neuronalen Netzwerken im Wachstum", die möglichst effizient zu „lernenden Systemen" optimiert werden müssen. Es fehlt das Korrektiv zu einem unreflektierten Positivismus und zu der Gedankenlosigkeit, in der das menschliche Selbst- und Weltverhältnis wechselweise nach der Art biologischer Organismen, als Abzähl-Menge oder nach dem Muster ökonomischer Verhältnisse gedacht wird. Selbstverständlich gilt: quantitativ empirische Forschung ist *ein* Instrument, dem wir Informationen zum Unterricht entnehmen möchten. Es gilt aber auch: Ein Instrument ist kein Arzt. Alles entscheidender Prüfstein (Kant sagt: Probierstein) ist die *Praxis*. Es ist sinnvoll, in Kompetenzenregistern das zu organisieren, was (zu einem beachtlichen Teil) operationalisierbar ist (vgl. zu einer Einschätzung kompetenzorientierter Didaktik in der wissenschaftlich-technischen Zivilisation Balliet 2015). Zugleich muss festgehalten werden: Man kann einem derart komplexen Vorgang wie dem der philosophischen Orientierung nur begrenzt ein Korsett vorgegebener Kategorien anlegen. Denn eine solche Orientierung gründet in dem herausfordernden Gedanken des *Selbstvollzuges*. Das Engagement hierzu muss bei Lehrenden wie Lernenden befördert werden – wer es durch niederrangige Kontrollen frustriert, schadet der Sache. Demgegenüber das kritische Widerlager der Bildung erneut bewusst zu machen, erscheint derzeit als wichtiges Anliegen insbesondere der *Philosophie*. Julian Nida-Rümelin (2013) sieht „Pisa" und Co. just hinter diejenige Einsicht zurückfallen, die Wilhelm von Humboldt und die Tradition des Humanismus ihre Ideen allererst hat entwickeln lassen, ja: sie fällt hinter die philosophische Idee der Aufklärung überhaupt zurück. Oberstes Bildungsziel ist nicht systemisches Funktionieren, sondern *Freiheit*, sogar noch im Zeitalter der Hirnforschung. Wenn also auffällt, dass von einer zeitweiligen „Bildungspanik" (Heinz Bude) ein eigentümlich geistloser Technizismus profitiert, so muss doch der aufgrund der aller Bildungspraxis immanenten Sinnbestimmungen besondere Status von Bildungsprozessen bewusst reflektiert und darf nicht ausgeblendet werden. Entsprechende Forschung muss zugleich praxisbezogen und normativ aufgeklärt sein. Der Mensch existiert als diejenige Lebensform, die sich *nicht* nicht interpretieren kann.

Zum Abschluss: Philosophie und Bildung

Es gibt freilich auch das einer Bildung allzuoft abgewandte Gesicht einer Philosophie, die ihr Profil immer öfter nur noch in einer Verfachwissenschaftlichung finden zu können scheint. Zwar gibt es an lebensweltlich wichtigen Fragen keinerlei Mangel: Welche Rolle spielt das Gesamt unseres Wissens für unsere Welt- und Selbstdeutung? Können wir auf ein Weiterleben nach dem Tod hoffen? Wie gehen wir mit den Folgen des technischen Fortschritts für unsere Gesellschaft um? Wie wollen wir in Zukunft leben, wie soll und kann diese Zukunft für zehn Milliarden Menschen auf dem Planeten gerecht gestaltet werden? Die Philosophie klärt sicherlich in der ihr eigenen argumentativ genauen Art theoretische Fragen im Zusammenhang all dieser Probleme auf. Nicht wenige, sondern sogar immer mehr Wissenschaftler sind in avancierten akademischen Verbünden hiermit beschäftigt, auch in Formen einer Philosophie, die in szientifisch-empirischen Forschungen gleichsam aufgeht. Aber nur, wenn es der Philosophie gelingt, sich gegenüber bloßer Fachwissenschaftlichkeit (nicht gegen sie) als primäre kritische Reflexionsinstanz eigenen Profils zu behaupten, kann sie Chancen erringen, an gesellschaftlichen und kulturellen Transformationen mitzuarbeiten. Ob die didaktische Vision eines Beitrags der Philosophie zu einer vernunftorientierten, humanen Selbstvergewisserung und Lebensgestaltung für immer mehr Menschen an Wirklichkeit gewinnen kann, hängt nun von zweifellos nur schwer einzuschätzenden kulturellen Faktoren ab. Alle Projektion in diese Richtung mag eine mehr als hinterfragbare Utopie bleiben, verbunden mit der höchst spekulativen Aussicht, ob im Menschen vielleicht noch andere Möglichkeiten liegen, als er kulturell bisher demonstriert. Die Frage allerdings, ob die Auftrittsweisen der Philosophie sich gesellschaftlich nicht wesentlich nachhaltiger und demokratischer darstellen könnten, ist auch ohne dies zu beantworten. Thematisch wie organisatorisch bedarf es einer Verstetigung und Systematisierung dessen, was bereits besteht, und es braucht mehr Innovation und Engagement zu dem, was benennbar noch in Gang gesetzt werden könnte. Es bedarf der Arbeit am Logos, damit unser Selbst- und Weltverhältnis jene grundsätzliche Form gewinnen kann, die wir *Bildung* nennen.

Literatur

Albus, V.: *Kanonbildung im Philosophieunterricht*, Dresden 2013.
Aschoff, S.: „Wissenschaftliche Bildung – Chancen des Praxissemesters (Universität: Lehramtsstudium Master of Education, Referendariat)", in: Balliet, M.; Steenblock, V. (Hg.): *Erkenntnis der Welt – Ein Arbeitsbuch zur philosophischen Bildung*, Bochum 2015, 170-177.
Balliet, M.: *Wissenschaftliche Bildung. Grundlegende Kompetenzen im Philosophieunterricht der szientifisch-technischen Moderne*, Bochum 2015.
Bartsch, M.: *Gesellschaftlicher Dialog im Klassenzimmer. Didaktische Implikationen interkultureller Hermeneutik im Fach „Praktische Philosophie"*, Berlin, Münster 2009.
Barz, S.: „Wie halten es angehende Religions- und Philosophielehrer mit der Religion?", in: Heller, T.; Wermke, M. (Hg.): *Universitäre Religionslehrerbildung zwischen Berufsfeld- und Wissenschaftsbezug*, Leipzig 2014, 69-80.
Burckhart, H.: „Inklusion – moralisch geboten, aber auch gesellschaftlich erwünscht? Ein verantwortungsethischer Essay", in: Dederich, M. u. a. (Hg.): *Behinderung und Gerechtigkeit*, Gießen 2013, 221-228.
Bussmann, B.: *Was heißt: sich an der Wissenschaft orientieren? Untersuchungen zu einer lebensweltlich-wissenschaftsbasierten Philosophiedidaktik am Beispiel des Themas: „Wissenschaft, Esoterik und Pseudowissenschaft"*, Berlin, Münster 2014.
Draken, K.: *Sokrates als moderner Lehrer. Eine sokratisch reflektierte Methodik und ein methodisch reflektierter Sokrates für den Philosophie- und Ethikunterricht*, Berlin, Münster 2011.
Fröhlich, S. M.; Langebeck, K.; Ritz, E.: *Philosophieunterricht. Eine situative Didaktik*, Göttingen 2014.
Golus, K.: *Abschied von der Androzentrik. Anthropologie, Kulturreflexion und Bildungsprozesse in der Philosophie unter Genderaspekten*, Berlin, Münster 2015.
Habermas, J.: *Theorie des Kommunikativen Handelns*, 2 Bände, Frankfurt 1981.
Hattie, J.: *Visible learning for teachers*, London, New York 2012.
Humboldt, W. v.: *Werke*, hrsg. von A. Flitner und K. Giel, 5 Bände, Darmstadt 1960.
Kolenda, S.: *Unterricht als bildendes Gespräch. Richard Rorty und die Entstehung des Neuen im sprachlichen Prozess* (Studien zur Bildungsgangforschung, hrsg. von Arno Combe und Meinert A. Meyer), Opladen, Farmington Hills, Michigan 2010.
Lessing, H.-U.; Steenblock, V. (Hg.): „Was den Menschen eigentlich zum Menschen macht..." *Klassische Texte einer Philosophie der Bildung*, Freiburg 2013[2].
Martens, E.: *Methodik des Ethik- und Philosophieunterrichts*, Hannover 2013[7].
Meyer, K.: *Bildung*, Berlin 2011.
Nida-Rümelin, J.: *Philosophie einer humanen Bildung*, Hamburg 2013.
Nussbaum, M.: *Not for Profit. Why Democracy needs the Humanities*, Princeton 2010.
Oelmüller, W.; Dölle-Oelmüller, R.; Geyer, C. F. (Hg.): *Diskurs: Mensch*, Paderborn 1985.
Raters, M.-L.: *Das moralische Dilemma. Antinomie der praktischen Vernunft?*, Freiburg 2013.
Rohbeck, J.: *Didaktik der Philosophie und Ethik*, Dresden 2013[3].
Steenblock, V.: „Wilhelm von Humboldts Traum", in: *Zeitschrift für Didaktik der Philosophie und Ethik* (2009), 288-295.

Steenblock, V.: *Philosophie und Lebenswelt. Beiträge zur Didaktik der Philosophie und Ethik*, Hannover 2012.

Steenblock, V.: *Philosophische Bildung. Einführung in die Philosophiedidaktik und Handbuch: Praktische Philosophie*, Berlin, Münster 2013[7].

Steenblock, V.: „Es gibt eine richtige Antwort!? Bildungsprozesse von Sinnverständnis und Sinnkonstitution am Beispiel der Philosophie", in: Gebhard, U. (Hg.): *Sinn im Dialog. Zur Möglichkeit sinnkonstituierender Lernprozesse im Fachunterricht*, Berlin 2014, 217-234.

Thein, C.: „Vom Wert der philosophischen Bildung", in: Fachverband Philosophie (Bundesverband/Landesverband NRW), *Mitteilungen* (2014), 63-66.

Tiedemann, M.: *Philosophiedidaktik und empirische Bildungsforschung: Möglichkeiten und Grenzen*, Berlin, Münster 2011.

Wittschier, M.: *Gesprächsschlüssel*, München 2012.

4. Prinzipien und Diskurse

4.1 Problemorientierung

Markus Tiedemann

Problemorientierung gehört zu Recht zu den Signalworten der Allgemeinen und der Fachdidaktik. Es handelt sich um ein substanzielles Prinzip und nicht um einen der vielen Modebegriffe, die für kurze Zeit eine didaktische Überhöhung erfahren. Mit einigem Stolz kann die Philosophiedidaktik eine gewisse Urheberschaft an der Problemorientierung beanspruchen. Begriff und Prinzip finden sich bereits in der „Dialogisch-pragmatischen Philosophiedidaktik", in der Ekkehard Martens die Philosophie als einen „problemorientierten Verständigungsprozess" bezeichnet (Martens 1979). In diesem Aufsatz soll die fachdidaktische Bedeutung der Problemorientierung in drei Schwerpunkten verdeutlicht werden:

- Problemorientierung als philosophische Immanenz
- Problemorientierung als historische Notwendigkeit
- Problemorientierung als didaktische Konsequenz

Der letzte Aspekt wird gemäß den drei Teilbereichen der Fachdidaktik noch einmal in eine theoretisch-konzeptionelle, eine methodisch-praktische und eine empirisch-kritische Ebene unterteilt.

Problemorientierung als philosophische Immanenz

Das Problem ist der Urgrund aller wissenschaftlichen Forschung und seine sprachliche Gestalt ist die Frage. Die Idee der Kleidung wurde aus dem Problem der Kälte geboren. Es handelte sich um die Frage: Wie beenden wir das Frieren? Schnell ging die wissenschaftliche Progression weit über einen rein funktionalen Zusammenhang hinaus. Heute können wir Fragen und Probleme formulieren und erforschen, deren Lösungen keinen konkreten Nutzen für uns zu haben scheinen. Wir können uns fragen, wie ein Schwarzes Loch entsteht, ob die Zeit ein Ding an sich ist oder ob die Universalien unserer Sprache auf ideales Sein, bloße Vorstellungen oder eingeübte Sprachspiele verweisen. Das Problem, das in diesen Fragen verborgen ist, besteht darin, dass wir verstehen wollen, was wir bisher nicht verstehen konnten. Manchmal versuchen wir auch nur zu verstehen, warum wir nicht verstehen können. Aber auch das wollen wir dann verstehen. Insofern ist jede Wissenschaft immer an Problemen orientiert.

Im Laufe der Zeit haben alle Wissenschaften Traditionsbestände zusammengetragen, deren Pflege und Archivierung disziplineigenen Historikern überlassen wird. Wer nun einwendet, dass diese Historiker doch auch Wissenschaftler seien, aber nicht problemorientiert arbeiten, der irrt. Der Irrtum besteht nicht darin, dass die Historiker aller Disziplinen Wissenschaftler sind, sondern darin, zu glauben, dass diese nicht problemorientiert arbeiten würden.

Natürlich könnte sich ein Historiker rein deskriptive Aufgaben stellen. Beispielsweise könnte er die Tageszeit aller mittelalterlichen Krönungszeremonien katalogisieren. Dahinter steht aber die Frage, ob bei dieser Zusammenstellung nicht eine Auffälligkeit ins Auge springt. Wir nennen dieses Verfahren Explorationsforschung und das Problem des Forschers ist, dass er nicht weiß, ob sich eine Auffälligkeit zeigt. Wenn ein Philosophiehistoriker sich beispielsweise fragt, inwiefern Descartes „cogito" Kants transzendentale Apperzeption beeinflusst hat, so steckt dahinter das Problem, dass er es nicht weiß.

Reine Kanonpflege kann als Lehre, nicht als Forschung betrieben werden. Ohne Forschung ist Wissenschaft nicht zu denken. Für die Philosophie gilt dies in besonderer Weise, da sie als reine Kanon-Lehre ohne Forschungsperspektive ihre Identität einbüßt und zur Ideenhistorie wird.

Genau dies ist es, was Kant meint, wenn er behauptet, dass nicht Philosophie, sondern nur Philosophieren gelehrt werden könne. Bekanntlich teilte Kant die Philosophie auch in vier Frage- oder Problemfelder und nicht in historische Abschnitte oder einen Autorenkanon ein.

Tatsächlich sind das Wesen der Philosophie und das ihrer Vermittlung immanent problemorientiert. Ein Potential, das seit den sokratischen Dialogen bis in die heutige Zeit von einer Esoterik-Exoterik-Spannung ebenso wie von dem Gegensatz von Wissenschaft und Aufklärung gespeist wird.

Otfried Höffe bezeichnet die Philosophie, und zumal die Praktische Philosophie, als eine Wissenschaft, „die zur Praxis offen ist, und zwar in beiden Richtungen. Einerseits hat sie von der Praxis zu lernen, andererseits sucht sie die Praxis über sich selbst aufzuklären und aufgrund einer solchen Aufklärung auch zu verbessern" (Höffe 1980, 37 f.).

Nach Ekkehard Martens und Herbert Schnädelbach lässt sich Philosophie als Wissenschaft durch Objekt- und Ergebnisorientierung charakterisieren, während sie als Aufklärung von Subjekt- und Prozessorientierung geprägt wird:

„Als <reiner> Typus genommen ist die ‚Philosophie als Wissenschaft' die Philosophie, die ganz beim Gegenstand ist und in selbstvergessener Faszination sein Wesen, seine Struktur und die ihn bestimmenden Gesetze zu ermitteln sucht. […] ‚Philosophie als Aufklärung' hingegen meint die analysierende, interpretierende und erkennende Beschäftigung des Philosophierenden mit sich selbst. Was Aufklärung von Wissenschaft unterscheidet, ist genau dieser Selbstbezug des Subjekts. Darum ist Aufklärung mehr als bloße Informationsaufnahme und –anhäufung. Nicht der ist aufgeklärt, der alles weiß, sondern der das Gewusste in Bezug zu setzen vermag zu sich selbst" (Martens, Schnädelbach 1991, 32).

Ähnlich dialektisch gestaltet sich das Verhältnis von Esoterik und Exoterik innerhalb der Philosophie. Elfenbeinturm und Marktplatz, Elementarphilosophie und Spitzenforschung, Philosophieren mit Grundschulkindern und akademische Disputation sind zwei Gesichter der Philosophie. Beide Gesichter gehören aber zu einem Schädel und bedienen sich inhaltlich wie methodisch eines Hirns. Ihre Gemeinsamkeit ist der problemorientierte, kritische Gebrauch der Vernunft.

Selbstverständlich findet das Forschen nicht im luftleeren Raum statt. Nach Kant gilt, dass man ohne „Kenntnisse… nie ein Philosoph werden könne", „aber nie werden auch Kenntnisse allein den Philosophen ausmachen." „Alle Systeme der Philosophie", so Kant, „[seien] nur als Geschichte des Gebrauchs der Vernunft an[zu]sehen und als Objekte der Übung [des eigenen] Talents" zu nutzen. „Der wahre Philosoph muss also als Selbstdenker einen freien und selbsteigenen, keinen sklavisch nachahmenden Gebrauch der Vernunft machen" (Kant 1923, 25-26). Das „sapere aude", das problemorientierte Selbstdenken, ist daher jeder Form der Philosophie als identitätsstiftende Essenz immanent.

Problemorientierung als historische Notwendigkeit

Die Moderne, spätestens aber die Postmoderne, ist durch eine doppelte Problemorientierung geprägt. Gewaltige praktische Probleme drängen auf Entscheidungen, deren theoretische Grundlage selbst als problematisch gilt.

Die Moderne ist also das Zeitalter, in dem theoretische und normative Orientierung praktisch notwendig, aber theoretisch problematisch ist (Tiedemann 2004). Sie ist praktisch notwendig, weil der moderne Mensch in einer wissenschaftlich-technischen Risikogesellschaft lebt. Die gewaltigen, den Globus umspannenden und Generationen übergreifenden technischen Möglichkeiten der modernen Menschheit haben einen noch nie dagewesenen Entscheidungsbedarf bewirkt. Bereits im vergangenen Jahrhundert ist der Entscheidungsdruck der Moderne, unter anderem durch Günther Anders (1981) Thesen zum Atomzeitalter oder durch von Weizsäckers (1987) Aussagen über das wissenschaftlich-technische Zeitalter, betont worden. Die technischen Möglichkeiten der Moderne erscheinen in Gestaltung und Zerstörung nahezu grenzenlos.

Grenzen- und schrankenlos erscheint aber auch die Verzahnung von Verursachern und Betroffenen. Es ist nicht nur die Qualität unseres technischen Vermögens, es ist auch die schiere Quantität unserer Gattung und die Dichte unseres Zusammenlebens, die uns zu Koexistenz, Toleranz und Konsensfindung nötigt. Neben technischer Potenz ist Interdependenz eines der prägendsten Merkmale unserer Zeit. Moderne Urbanität und Kommunikation vereinigt auf engsten Raum- und Zeiteinheiten Menschen unterschiedlichster Kulturen und Lebensformen. Zudem zeigen Beispiele wie die globale Klimaerwärmung oder die internationale Finanzkrise, dass auch Menschen am anderen Ende der Erde und sogar ungeborene Generationen von unserem Handeln betroffen sind.

Gleichzeitig ist theoretische und normative Orientierung in der Moderne ausgesprochen problematisch. Mentalitätsgeschichtlich ist die Moderne, spätestens aber die Postmoderne, das Zeitalter explosiver Wissensquantität bei einem gleichzeitigen Mangel qualitativer Kategorien. Die stetig wachsende quantitative Wissensflut und deren meist freie Zugänglichkeit ist einerseits ein Segen, andererseits Ursache großer Orientierungslosigkeit. Niemand ist heute in der Lage, umfassendes Wissen für sich zu beanspruchen. Ebenso wenig ist es möglich, einen notwendigen oder hinreichenden Kanon elementarer, mittlerer oder höherer Bildung zu definieren. Es mangelt an Kategorien wie notwendig und hinreichend, richtig und falsch aber auch gut und böse. Die Existenz der Vernunft, die durch die Aufklärung, zum ethischen und politischen Orientierungsprinzip erhoben wurde, kann nicht zweifelsfrei bewiesen werden.

Soziologisch haben vor allem Ulrich Beck und Hennry W. Fischer herausgearbeitet, dass die moderne Menschheit notwendige Entscheidungen treffen muss, ohne über hinreichendes theoretisches und normatives Wissen zu verfügen. Es handelt sich daher um problemorientierte Risikoabwägungen (Beck 1989, 4-7; Fischer 1998).

Problemorientierung als fachdidaktische Konsequenz

Philosophiedidaktik ist eine theoretisch-konzeptionelle, eine methodisch-praktische und eine empirisch-kritische Wissenschaft. Die Konsequenzen der Problemorientierung lassen sich nun auf allen drei Ebenen verdeutlichen.

Konsequenzen der Problemorientierung auf der theoretisch-konzeptionellen Ebene: Auf der theoretisch-konzeptionellen Ebene sei zunächst vermerkt, dass der Richtungsstreit zwischen Kanonorientierung und Problemorientierung konstitutiv auf die Fachdidaktik wirkte. Bereits in den 20er Jahren hatten Reformpädagogen wie Leonard Nelson und Gustav Heckmann die Orientierung an konkreten Problembezügen zum Grundprinzip des Sokratischen Gespräches erhoben (Raupach-Stey 2002, 242). Kohlbergs Modell der moralischen Entwicklungsstufen beruht auf der Auswertung problemorientierter Dilemmadiskussionen (Kohlberg 1984).

Auch das Philosophieren mit Kindern betont eine problemorientierte Perspektive. Lipmans Idee der *community of enquiry* ist nichts anderes als die gemeinsame Erörterung eines Problems (Lipman 1980). Gereth Mathews verwendete diesen Begriff selten und fokussierte auf die Nachdenklichkeit des Einzelnen (Matthews 1984). Es lassen sich Unterschiede in der methodischen Herangehensweise benennen. So bedient Lipman eher die logisch-analytische Tradition, während Mathews einen dialogisch-sokratischen Zugang wählte. Ein Streit darum, ob Kinder zu den Problemen der Philosophie geführt werden sollten oder ob die Philosophie allein als Dienstleistung für die Probleme der Kinder anzusehen sei, blieb indes aus.

Im deutschsprachigen Raum kam es hingegen in den 80er Jahren zur sogenannten Martens-Rehfus-Debatte, einem handfesten Richtungsstreit.

Martens vertrat nachdrücklich die Ansicht, dass Philosophie „nicht um ihrer, sondern um unserer selbst" (Martens 1979, 72) willen praktiziert werde und daher als Unterricht stets in dialogischer Auseinandersetzung mit lebensweltlichen Problembezügen zu realisieren sei. Ein klar kompetenzorientiertes

Philosophieverständnis, das Autoritäten der Philosophiegeschichte zu Dialogpartnern erklärt, die nur dann gehört werden, wenn von ihnen ein konkreter Beitrag zur Problemlösung zu erwarten ist.

Rehfus warf Martens dagegen „Verzicht" auf Traditionswissen und Genese vor (Rehfus 1976, 5-25). Der Problembezug bei Rehfus ist von übergeordneter mentalitätsgeschichtlicher Natur. Es handelt sich um die Sinn- und Identitätskrise des modernen Menschen im Allgemeinen und der Schüler im Besonderen, die durch Nachvollzug der geistesgeschichtlichen Genese bewältigt werden soll. Zugespitzt lässt sich der Unterschied eines problemorientierten Unterrichts nach Martens und Rehfus wie folgt karikieren:

Martens betritt die Klasse und sagt: „Da wir in der letzten Stunde darüber gestritten haben, ob man wissenschaftlich über Gott sprechen kann, habe ich Euch heute einen Auszug aus Kants Kritik der reinen Vernunft mitgebracht (gemeint ist die vierte Antinomie). Mal sehen, wie ihr über Kants Problembewertung denkt."

Rehfus betritt die Parallelklasse und sagt: „Ich habe Euch die Kritik der reinen Vernunft mitgebracht. Jetzt habt ihr ein Problem!"

Fair ist diese Zuspitzung allerdings nicht. Auch Rehfus sieht eine „Problemeröffnungsphase" vor, in welcher Schülerinnen und Schüler für ein Thema gewonnen werden sollen und Martens hat die Einbeziehung von Traditionswissen schon immer bejaht, um der Gefahr einer rein dialogischen Selbstbespiegelung Herr zu werden.

In der Unterrichtspraxis mögen die Konzepte von Martens und Rehfus also weit weniger krass auseinandergefallen sein. Nach Rehfus dient die Problemeröffnungsphase dazu, das Erkenntnisinteresse für ein Problem der Geistesgeschichte zu wecken und so eine bereits vorbereitete Unterrichtseinheit zu beginnen. Nach Martens dient die Eröffnungsphase dazu, das Problembewusstsein der Schülerinnen und Schüler zu wecken, zu erfassen und zu formulieren. Erst dann kann die Unterrichtsplanung beginnen, deren Angebote sich an dem formulierten Erkenntnisinteresse zu messen haben. Dieser Richtungsstreit zwischen Kanon- und Problemorientierung war bereits in den 80er Jahren konstitutiv für die Philosophiedidaktik.

Heute ist Philosophiedidaktik weitgehend kompetenzorientiert, ohne sich auf einen verengten Begriff von Methodenkompetenz oder Kompetenzraster reduziert zu haben. Philosophieren ist demnach eine immanent problemorientierte Orientierungstechnik (Tiedemann 2004, 63).

Schon Kant hat in seiner kleinen Schrift „Was heißt: sich im Denken orientieren?" (Kant 1902/1919, 146) den Begriff der Orientierung nicht als Übernahme vorgegebener Positionen oder als platonische Schau absoluter Wahrheiten, sondern als autonomen Akt der Urteilskraft verstanden. Der Begriff der Orientierung macht aber auch deutlich, dass es sich um mehr handelt, als um selbstständigen Aktionismus. Orientierung ist die Bestimmung des eigenen Standortes sowie davon unterschiedener Koordinaten, um auf dieser Basis eine begründete Entscheidung über Verbleib oder Fortbewegung zu treffen.

Erforderlich ist die Kenntnis von Koordinaten, die Fähigkeit zu navigieren und die Bereitschaft, sich beider zu bedienen. Die von Martens etablierten Kategorien von Wissen, Können und Haltung (Martens 1999, 12) lassen sich als drei Komponenten eines u. a. von Weinert geprägten Kompetenzbegriffs verstehen.

Nach Weinert (Weinert 2001, 27 f.) sind Kompetenzen, „die bei Individuen verfügbaren oder durch sie erlernbaren kognitiven Fähigkeiten und Fertigkeiten, um bestimmte Probleme zu lösen, sowie die damit verbundenen motivationalen, volitionalen und sozialen Bereitschaften und Fähigkeiten, um die Problemlösungen in variablen Situationen erfolgreich und verantwortungsvoll nutzen zu können."

Die Kategorie *Wissen* steht somit für jene Kenntnisse, die erforderlich sind, um die Komplexität eines Sachverhaltes oder Problems erfassen zu können.

Die Kategorie *Können* steht somit für die Fähigkeit, einen Sachverhalt oder ein Problem analysieren, bewerten, darstellen und gestalten zu können.

Die Kategorie *Haltung* steht somit für die Bereitschaft, sich der erworbenen Kenntnisse und Fähigkeiten zur Bearbeitung eines Problems oder Sachverhaltes zu bedienen.

Die Schulung des Philosophierens als intellektuelle Orientierungstechnik findet ihre Entsprechung in den didaktischen Konzeptionen von Volker Steenblock und Ekkehard Martens. Steenblock tritt einer Aufgabe des Bildungsbegriffs ebenso entschieden entgegen, wie der Annahme eines konservativen, humanistischen Bildungskanons (Tiedemann 2004, 78 ff.). Neben einer „metaphysischen Abrüstung" fordert Steenblock vor allem eine analytische Differenzierung des Bildungsbegriffs und schlägt eine Unterscheidung zwischen Bildungsobjekten, Bildungssubjekten und Bildungsprozessen vor.

Die Philosophie, so Steenblock, „sollte sich darum nicht zu schade dafür sein, ihre Anteile an Kategorien und Gehalten zu reklamieren, in denen Menschen sich ausdrücken und entfalten können" (Steenblock 2000, 21). Das didaktische Selbstverständnis des philosophischen Bildungsprozesses ist somit das einer Vermittlungsstruktur zwischen Lernsubjekten und Bildungsinhalten. Erfolgreich ist diese Vermittlung nur, wenn Bildungsinhalte nicht als Selbstzweck verstanden werden, die dem Lernenden quasi als „Bleisatz" oder als „selbstreferentielle" (Böhme 1998, 105) Vorgabe der Vergangenheit zu überreichen sind. Auf der anderen Seite darf das Lernsubjekt und sein Bildungsprozess nicht als ahistorischer Akt verstanden werden: „So, wie sie bestimmten Kontexten entstammen, müssen Bildungsgehalte auch in stets neuen Zugriffen und neuen Selbstverständigungsprozessen aktualisiert werden: Genau dazu fordert Bildung auf" (Böhme 1998, 21). Den Akt des Bildungsprozesses versteht Steenblock in unmissverständlich sokratischer Tradition als „Arbeit am Logos". Im Einklang mit Steenblocks Philosophieverständnis als Selbstverständigungsprozess steht Ekkehard Martens These von der Philosophie als elementarer Kulturtechnik humaner Lebensgestaltung (Steenblock 2000, 19,24). Philosophie bzw. Philosophieren ist eine *Kultur*technik, da sie ein Merkmal menschlicher Kultur im Allgemeinen und der griechisch-europäischen Kultur im Besonderen ist (Martens 2003, 30-31). Kultur*technik* ist Philosophie als „Handwerkskunst oder Kunstfertigkeit" sowie als „Materialkunde" oder als „Topik relevanter Gesichtspunkte und Deutungsmuster" (Martens 2003, 30-31).

Gemeinsam begreifen Martens und Steenblock Philosophie also vor allem als Akt intellektueller Orientierung. Für den Unterricht bedeutet dies, ein Primat des geschulten und problemorientierten Selbstdenkens gegenüber einer Lehrsatz-Philosophie.

Konsequenzen der Problemorientierung für die methodisch-praktische Ebene: Der Didaktiker hat allerdings nicht nur allgemeine Unterrichtsprinzipien zu legitimieren, er muss auch Methoden ihrer Realisierung explizieren.

So, wie die Frage die sprachliche Gestalt des Problems im Allgemeinen ist, so ist die Leitfrage die didaktische Gestalt des problemorientierten Unterrichts. Die Leitfrage ist nichts anderes als die Ausformulierung des Problembezugs, die begriffliche Fixierung eines substanziellen Problems und des damit verbundenen Erkenntnisinteresses. Ist dies gelungen folgt ein Unterrichtsgang, der von verschiedenen Autoren mit unterschiedlichen Begriffen als „Problemschleife" (Martens 1991, 772 ff.), „Methodenschlange" (Martens 2003, 57) oder „Bonbon-Modell" (Sistermann 2005, 16-27; Sistermann 2008, 299-305) beschrieben wird. Die immanente Problemorientierung des Geschehens kann indes als fachdidaktischer Konsens angesehen werden. Nach der Fixierung des Problems folgt „eine *intuitive Problemlösungsphase* und anschließend die Konsultation von Experten, das heißt von philosophischen Texten, die eine begrifflich-diskursive Lösung des Problems anbieten. Diese Lösung wird *erschlossen* und das erworbene Textverständnis *gefestigt*, um anschließend in einem *Transfer* vertieft zu werden. Am Ende steht die kritische *Bewertung* des Lösungsangebotes, ggf. auch eine *eigene Positionierung* zu dem Problem, die nun nicht mehr intuitiv, sondern argumentierend unter Bezugnahme auf das erarbeitete Lösungsangebot erfolgt" (Henke 2012).

Während der Unterrichtseinheit ist die Leitfrage der rote Faden, der Rettungsanker oder der archimedische Punkt des problemorientierten Bildungsgeschehens. Damit ist sie auch die Bedingung der Möglichkeit dafür, dass Klassen zu einer Forschungsgemeinschaft, einer community of inquiry (Lipmann 2004, 22) werden.

Leider fallen Leitfragen aber nicht vom Himmel. Auch können sie nicht autoritär gesetzt werden, ohne die oben genannten Vorteile ad absurdum zu führen. Im Folgenden sollen daher drei Unterrichtseinstiege demonstriert werden, deren Problemorientierung in der Formulierung von Leitfragen mündet. Hierbei werden offene Unterrichtseinstiege, Einstiege mit thematischer Steuerung und Einstiege mit materieller Vorgabe unterschieden. Allgemein folgt jeder problemorientierte Unterrichtseinstieg einer Art Kaffeefiltermodell.

Bevor also die Leitfrage wie Kaffeecreme aus dem Filter tropft, müssen drei Phasen durchlaufen werden. In der ersten Phase wird ein Problemraum eröffnet oder entdeckt. Der notwendige Impuls muss bei Weitem nicht immer von der Lehrperson erfolgen. Sodann werden in der zweiten Phase Problemdeutungen, Erkenntnisinteresse und vorläufige Urteile formuliert. Schließlich erfolgt in der dritten Phase jene Begriffs- und Formulierungsarbeit, in der die gemeinsame Problemorientierung in Form einer oder mehrerer Leitfragen fixiert wird.

Der offene Unterrichtseinstieg ist das idealtypische Modell der Problemorientierung: In Phase eins werden den Schülerinnen und Schüler nahezu unbegrenzte Auswahlmöglichkeiten zur Verfügung gestellt. Typische Aufgaben in derartigen Phasen lauten: „Bringt Zeitungsausschnitte, Romanpassagen, Liedertexte, Bilder, Briefe, Zitate usw. mit, von denen ihr glaubt, dass sie ein philosophisches Problem zum Ausdruck bringen."

In Phase zwei wird nun eine Auswahl getroffen:

„Entscheidet euch für eine der Anregungen. Formuliert, welches philosophische Problem eurer Meinung nach darin zur Sprache kommt. Formuliert, wie ihr derzeit das Problem oder die Frage bewertet. Versucht euer Erkenntnisinteresse in einer eigenen Frage zu formulieren."

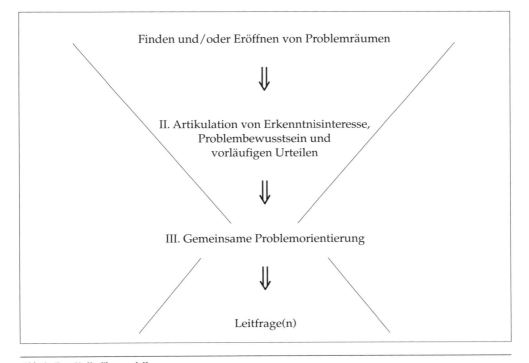

Abb. 2: Das Kaffeefiltermodell

In der dritten Phase kommt es vor allem darauf an, die Quantität der Themen zu reduzieren und das Erkenntnisinteresse zu bündeln. Mögliche Arbeitsschritte könnten sein:

„Stellt euch gegenseitig eure Fragen und euer Erkenntnisinteresse vor. Wer von der Frage eines anderen fasziniert ist, darf sich dessen Vorschlag anschließen. Bei ähnlichen Fragestellungen solltet ihr versuchen, eine Formulierung zu finden, mit der sich alle Beteiligten identifizieren können."

In der Regel führt dieses Verfahren zu einer deutlichen Reduzierung, nicht aber zu einer eindeutigen Entscheidung der gesamten Lerngruppe. In diesem Fall bietet es sich an, eine Art Wahlkampf durchzuführen:

„Die Vertreter der verbliebenen Fragestellungen haben nun zehn Minuten Zeit. In dieser Zeit könnt ihr einen Wahlkampfauftritt vorbereiten. Die Sprechzeit für jede Gruppe beträgt maximal fünf Minuten. Der Auftritt sollte dafür genutzt werden, das vorgeschlagene Problem möglichst scharf zu formulieren und das Interesse möglichst vieler Klassenmitglieder zu wecken."

Am Ende des Wahlkampfes erfolgt eine schlichte Abstimmung. Die „unterlegenen" Themenvorschläge sind nicht etwa verloren, sondern kommen in den Themenspeicher und können nach Beendigung der beschlossenen Unterrichtseinheit erneut vorgeschlagen werden.

Der Charme dieser Themenfindung besteht zum einen in seiner zeitlichen Gestalt. In der Regel können alle drei Phasen inklusive des Beschlusses der Leitfrage innerhalb einer Doppelstunde realisiert werden. Wesentlich entscheidender ist jedoch, dass das Verfahren selbst immanent philosophisch ist. Die Schülerinnen und Schüler arbeiten an Begriffen und Formulierungen, sie artikulieren erste Deutungen und Vorurteile, sie üben sich in Rede, Gegenrede und Argument. Kurz: Sie philosophieren gemeinsam über die Qualität ihrer Problemorientierung.

So wünschenswert und überzeugend offene Unterrichtseinstiege sind, so selten sind sie auch. Die allermeisten, deutschsprachigen Rahmen- und Lehrpläne haben längst auf einen festen Textkanon verzichtet. Gleichwohl werden verbindliche Themenfelder formuliert, die im Laufe eines Bildungsganges zu bearbeiten sind. Diese Vorgaben erscheinen sinnvoll, um eine Reduzierung der fachlichen Bandbreite zu verhindern. Auch müssen Mitbestimmung der Schülerinnen und Schüler sowie die gemeinsame Formulierung von Leitfragen nicht aufgegeben werden. Das Verfahren bleibt identisch, allein die Breite des Angebotes wird von vornherein reduziert.

Eine entsprechende Aufgabenstellung könnte lauten:

„Bringt Zeitungsausschnitte, Romanpassagen, Liedertexte, Bilder, Briefe, Zitate usw. mit, von denen ihr glaubt, dass sie ein erkenntnistheoretisches (oder eben ethisches, anthropologisches oder metaphysisches) Problem zum Ausdruck bringen."

Auch können Schülerinnen und Schüler durch gezielte Impulse wie Gedankenexperimente, Zitate, Bilder usw. auf entsprechende Felder „gelockt" werden. Wichtig ist nur, dass Transparenz herrscht. Die Lehrerin oder der Lehrer sollten also offenlegen, welches Themenfeld sie durch ihren Impuls eröffnen wollen. Innerhalb des vorgegebenen Themenbereiches kann die Entwicklung der Leitfragen erneut nach dem Kaffeefiltermodell erfolgen.

Bei Unterrichtseinheiten mit materiellen Vorgaben ist Problemorientierung bei Weitem am schwierigsten zu realisieren. Gleichwohl sind diese nicht immer zu vermeiden. Beispielsweise könnten zentrale Prüfungsanforderungen die Kenntnis spezieller Texte erzwingen. Sodann sind Kanonvorgaben längst nicht aus allen Rahmenplänen der Länder oder den schuleigenen Curricula verschwunden. Insbesondere Platons Höhlengleichnis und Kants Schrift „Was ist Aufklärung?" halten sich hartnäckig. Auch aktuelle Vorgaben können einen speziellen Gegenstand erzwingen. In Deutschland gibt es zahlreiche Albert-Schweizer-Schulen. Es wäre interessant zu wissen, wie viele Lehrerinnen und Lehrer aufgrund des schuleigenen Curriculums oder aktueller Projektwochen dazu verpflichtet werden, Schweizers Popularphilosophie zu thematisieren.

Gleichwohl kann auch unter derart engen Vorgaben ein Teil der Problemorientierung gerettet werden. Als Beispiel kann Platons

Höhlengleichnis dienen, das wie erwähnt zu den Klassikern der curricularen Vorgaben zählt. Es ist nun möglich, den Text abzuarbeiten und dann etwa zum Linien- oder Sonnengleichnis fortzuschreiten. Das Gleichnis kann aber auch als Impuls zur Problemorientierung verwendet werden. Folgende Schritte wären möglich:

Zunächst wird das Höhlengleichnis bis zum Ausstieg aus der Höhle inszeniert. Zwei bis drei Schüler werden als Gefangene an die Wand gesetzt, der Overheadprojektor kann als Feuer dienen und der Schattenwurf lässt sich beispielsweise mit Hilfe von Playmobil-Figuren erzeugen. Die Frage *„Sollte man die Gefangenen befreien?"* berührt die normative Ebene des Höhlengleichnisses und lädt zu Kontroversen ein. Die erkenntnistheoretische Ebene lässt sich unter anderem durch ein Experiment bedienen. Die Klasse wird in drei Gruppen aufgeteilt, von der jede die Verantwortung für einen ehemaligen Gefangenen übernimmt. Die Aufgabe lautet: *„Versucht dem Befreiten zu beweisen, dass unsere Welt wirklicher ist als die Schattenwelt."* Diese Aufgabe hat es in sich, wenn man bedenkt, dass komplexer nicht wirklicher bedeutet. Oberstufenkurse können sich hiermit sehr schwer tun, während Viertklässler in der Regel schnell eine Lösung finden. Sie schlagen vor, die Figur in der Dunkelheit zu betasten oder von allen Seiten anzustrahlen, so dass kein Schatten, wohl aber die Figur wahrgenommen wird. Wenn die Figur ohne den Schatten, der Schatten aber nicht ohne Figur sein kann, so die Argumentation, darf die Figur einen höheren Grad an Wirklichkeit für sich beanspruchen. Von diesem Abbildverhältnis lässt sich die gesamte platonische Ideenlehre erschließen. Auf diesem Wege fortzufahren würde bedeuten, das Interesse der Schülerinnen und Schüler mit hoher Wahrscheinlichkeit geweckt zu haben. Problemorientiertes Erarbeiten von Leitfragen hat indes nicht stattgefunden. Dies ist aber immer noch möglich. Eine entsprechende Aufgabe oder Hausaufgabe könnte lauten:

Glaukon: „Ein seltsames Bild beschreibst du da, Sokrates, und seltsame Gefangene."

Sokrates: „Sie sind uns ganz ähnlich."

1. Stimmt Ihr Sokrates zu?
2. Versucht Eure Überlegungen und Gedanken zum Höhlengleichnis in einer oder mehreren Fragen zu formulieren.

Anschließend kann erneut der Kaffeefilter zur Destillation einer Leitfrage dienen.

Die Konsequenzen der Problemorientierung für die empirisch-kritische Ebene: Selbstverständlich können die Auswirkungen der Problemorientierung auf den Philosophie- und Ethikunterricht auch empirisch untersucht werden.

Beispielsweise ließe sich die Prognose untersuchen, dass problemorientierter Unterricht statistisch mehr Schülerinnen und Schüler zum kritischen Denken befähigt als eine kanonorientierte Beschulung. Erste Studien liegen vor. Georg Lind konnte zeigen, dass regelmäßige Dilemmadiskussionen zu messbaren Verbesserungen der moralischen Urteilskompetenz führen (Lind 2008, 189-220). Marie-France Daniel hat die positiven Auswirkungen des Philosophierens mit Kindern auf Sprachkompetenz und Diskussionsverhalten belegt (Daniel 2008, 48-73). Quantitativ ließe sich die schlichte Anzahl von Leitfragen geleiteten Unterrichtseinheiten erfassen. Qualitativ wäre zu untersuchen, ob und in welchem Grad Schülerinnen und Schüler den behandelten Stoff in Verbindung mit ihren Leitfragen zu bringen vermögen.

Zusammenfassend kann auf ein interessantes Phänomen aufmerksam gemacht werden: Werden Kinder gefragt, was sie in der Schule gemacht haben, so geben diese in der Regel eine klare Antwort. Wird jedoch gefragt, warum dieses oder jenes erarbeitet oder behandelt wurde, so herrscht nicht selten Ratlosigkeit. Wenn aber auch auf die zweite Frage eine substanzielle Antwort gegeben wird, so ist die Wahrscheinlichkeit hoch, dass die Kinder einen problemorientierten und damit didaktisch wünschenswerten Ethik- oder Philosophieunterricht erhalten.

Literatur

Anders, G.: *Die atomare Drohung*, München 1981.
Beck, U.: „Risikogesellschaft. Überlebensfragen, Sozialstruktur und ökologische Aufklärung", in: *Aus*

Politik und Zeitgeschichte. Beilagen zur Wochenzeitung Das Parlament B 36 (1989), 3-13.

Böhme, G.: „Philosophie als Arbeit und Bildung", in: Lohmann, K. R.; Schmidt, T. (Hg.): *Akademische Philosophie zwischen Anspruch und Erwartung*. Frankfurt am Main 1998.

Daniel, M.-F.: „Learning to Philosophize: Positive Impacts and Conditions for Implimentation. A Synthesis of 10 Years of Research (1995-2005)", in: *Thinking. The Journal of Philosophy for Children* 18 (2008).

Fischer, H. W.: *Response to Disaster: Fact Versus Fiction & Its Perpetuation. The Sociology of Disaster*, Lanham/Maryland 1998[2].

Henke, R. W.: „Ende der Kunst oder Ende der Philosophie? Ein Beitrag zur Diskussion um den Stellenwert präsentativer Materialien im Philosophie- und Ethikunterricht.", in: *Zeitschrift für Didaktik der Philosophie und Ethik* 1 (2012), 59-66.

Höffe, O.: *Naturrecht ohne Naturalistischen Fehlschluss. Ein rechtsphilosophisches Programm. Klagenfurter Beiträge zur Philosophie*, Wien 1980.

Kant, I.: *Was heißt: sich im Denken Orientieren?*, hrsg. von der Königlich-Preußischen Akademie der Wissenschaften, Berlin 1902/1919.

Kant, I.: „Logik", in: *Kants Werke*, Bd. XI. Akademieausgabe, Berlin, Leipzig 1923.

Kohlberg, L.: *Essays on Moral Development: Vol. 2. The Psychology of Moral Development*, San Francisco 1984.

Lind, G.: „The meaning and measurement of moral judgment competence revisited – A dual-aspect model", in: Fasko, D.; Willis, W.: *Contemporary Philosophical and Psychological Perspectives on Moral Development and Education*, Cresskill/New Jersey 2008.

Lipman, M.: *Harry Stottelmeier's Discovery*, Inst. for the Advancement of Philosophy for Children, Upper Montclair/New Jersey 1980.

Lipman, M.: *Thinking in Education*, Cambridge 2004.

Martens, E.: *Dialogisch-pragmatische Philosophiedidaktik*, Hannover 1979.

Matthews, G.: *Dialogues with Children*, Harvard 1984.

Martens, E.; Schnädelbach, H.: „Zur gegenwärtigen Lage der Philosophie.", in: Martens, E.; Schnädelbach, H. (Hg.): *Philosophie. Ein Grundkurs*, Bd. 1, Reinbek 1991.

Martens, E.: „Didaktik der Philosophie.", in: Martens, E.; Schnädelbach, H. (Hg.): *Philosophie. Ein Grundkurs*, Bd. 2, Reinbek 1991.

Martens, E.: *Philosophieren mit Kindern. Eine Einführung in die Philosophie*, Stuttgart 1999.

Martens, E.: *Methodik des Ethik- und Philosophieunterrichts. Philosophieren als elementare Kulturtechnik*, Hannover 2003.

Raupach-Strey, G.: *Sokratische Didaktik: die didaktische Bedeutung der Sokratischen Methode in der Tradition von Leonard Nelson und Gustav Heckmann*, Münster, Hamburg, London 2002.

Rehfus, W.: „Thesen zur Legitimation von Philosophie als Unterrichtsfach am Gymnasium", in: *Aufgaben und Wege des Philosophieunterrichts* 9 (1979), 5-25.

Sistermann, R.: „Konsumismus oder soziale Gerechtigkeit?", in: *Zeitschrift für Didaktik der Philosophie und Ethik* 1 (2005), 16-27.

Sistermann, R.: „Unterrichten nach dem Bonbon-Modell", in: *Zeitschrift für Didaktik der Philosophie und Ethik* 4 (2008), 299-335.

Steenblock, V.: „Philosophische Bildung als ‚Arbeit am Logos'", in: Rohbeck, J. (Hg.): *Methoden des Philosophierens. Jahrbuch Didaktik der Philosophie und Ethik*, Bd.1., 2000.

Steenblock, V.: *Philosophische Bildung. Einführung in die Philosophiedidaktik und Handbuch: Praktische Philosophie*, Berlin 2007.

Tiedemann, M.: *Ethische Orientierung für Jugendliche. Eine theoretische und empirische Untersuchung zu den Möglichkeiten der praktischen Philosophie als Unterrichtsfach in der Sekundarstufe I*, Münster 2004.

Weinert, F. E.: „Vergleichende Leistungsmessung in Schulen – eine umstrittene Selbstverständlichkeit", in: ders.: *Leistungsmessungen in Schulen*, Weinheim, Basel 2001.

Weizsäcker, C. F. v.: „Der Mensch im wissenschaftlich-technischen Zeitalter", in: ders.: *Ausgewählte Texte*, München 1987.

4.2 Lebensweltbezug

Hubertus Stelzer

Wenn Fachdidaktik Philosophie von Lebensweltbezug spricht, dann rekurriert sie damit *erstens* auf den innerhalb der Fachwissenschaft Philosophie in Tradition und aktueller Forschung bedachten und dargelegten Begriff der Lebenswelt und *zweitens* verhandelt sie die ihr spezifische und ureigene Sache bzw. Frage der didaktischen Vermittlung zwischen Philosophie und der Lebenswelt des Menschen. Dabei scheint innerhalb der Bedeutung dessen, was als Lebensweltbezug in die Forschung und Beschreibung des fachdidaktischen Prinzips eingeht, das jeweilige Verständnis des Begriffs Lebenswelt entscheidend und maßgebend zu sein. Lebenswelt als Begriff wird nicht nur innerhalb der Philosophie, vor allem phänomenologischer Ausprägung, sondern ebenso im Rahmen Allgemeiner Pädagogik, Erziehungswissenschaft, Soziologie und Psychologie thematisiert und mit Hilfe der zur Verfügung stehenden Methodik definiert. In fachdidaktischer Hinsicht erweist sich das Prinzip Lebensweltbezug (normativ-einfordernd, konstitutiv-begründend wie deskriptiv-beschreibend) als führendes und leitendes Agens, das nicht lehrend-lernend im Philosophieunterricht als Lerninhalt zur Darstellung kommt und kommen kann, sondern in der grundlegenden Auffassung des strukturellen Verständnisses von Philosophieunterricht Antriebskraft und Triebfeder für die praktisch-methodische und mediale Gestaltung des konkreten Unterrichtsgeschehens wird. Mit Martens kann formuliert werden, dass Lebensweltbezug diejenige didaktische Maxime beschreibt, die die Schülerinnen und Schüler als Subjekte des Philosophierens in den Mittelpunkt des Philosophieunterrichts stellt und damit den Bezug der im Unterricht thematisierten philosophischen Fragestellung zur Lebenswelt der Philosophierenden. Als konstitutives Element des Philosophieunterrichts entscheidet der Lebensweltbezug letztlich darüber, ob der institutionelle Rahmen des Philosophieunterrichts die Möglichkeit des dialogischen Philosophierens öffnet und bietet, denn „in der Subjektbezogenheit ist der Schüler- oder Adressatenbezug enthalten, die „Betroffenheit" der philosophisch Argumentierenden" (Martens 1983, 18).

Was ist Lebenswelt?

„Der Ausdruck ‚Lebenswelt' bezeichnet keine Welt überhaupt, sondern diese unsere Welt, sofern wir sie leibhaftig bewohnen, sie sinnlich erschließen, in ihr handeln und leiden, leben und sterben, uns in ihr umschauen, sie genießen, sie miteinander teilen und sie einander streitig machen." (Waldenfels 2011, 1418)

War bis weit in die Neuzeit hinein der Begriff Welt als Kosmos Mittelpunkt philosophischer Konzeptionen, gelangt zu Beginn des 20. Jahrhunderts mit Husserl Lebenswelt als philosophisch zu bedenkende Begrifflichkeit in den Gedankenrahmen philosophischer Auseinandersetzung und Konzeption, der sich von einer universalen Sicht von Welt (Welt als Einheit, Ganzheit und somit Horizont des Seienden) distanziert und der Stellung des Menschen in seiner ihm eigenen Lebenswelt zuwendet. Lebenswelt wird verstanden als „ ... [ ] raumzeitliche Welt der Dinge, so wie wir sie in unserem vor- und außerwissenschaftlichem Leben erfahren und über die erfahrenen hinaus als erfahrbar wissen." (*Hua* VI, 141) Husserl beschreibt die in der Erfahrung gegenwärtige Lebenswelt dabei – auch – in ihrer funktionalen Bedeutung für den Menschen, insofern sie a. dem Subjekt einen möglichen Leitfaden bietet, sich selbst zu entdecken (Leitfadenfunktion), b. dafür sorgt, dass Welt als Ganzes zusammengehalten wird und nicht in der Vielheit auseinandergebrochener Welten zerfällt und sich zerstreut (Einigungsfunktion) und c. die Voraussetzung dafür bildet, dass Wissenschaft ein Fundament vorfindet, von dem her Forschung und Analyse ihren Anfang nehmen (Bodenfunktion).

„Die Wissenschaften, die alles, was uns in der Welt begegnet, einer systematischen Beschreibung und Erklärung unterziehen und dabei Voraussetzungen der Lebenswelt unbefragt in Anspruch nehmen, finden in der Lebenswelt einen Boden, den sie sich selbst nicht geben können." (Waldenfels 2011, 1422)

Lebenswelt ist sich vergegenwärtigende vorwissenschaftliche Grundlage allen Forschens, die vom Subjekt als selbstverständlich vorausgesetzte sinnlich erfahrbare Welt, Lebenswelt des Alltags. Was sich bei Husserl als Aufgabe und Rolle der Lebenswelt zeigt, führt Waldenfels aus dem Bereich des Funktionalen hinaus, indem er den Begriff Lebenswelt in seinen dimensionalen Strukturen entfaltet und entwickelt: von den Dimensionen, in denen sich Lebenswelt darstellt und in Erfahrung bringt, muss (1) von einer „Vernetzung und Verkettung konkreter Lebenswelten" ausgegangen werden, die ein einheitliches Fundament weder benötigen noch ermöglichen. „Wie im Falle sprachlicher Übersetzungen sind konkrete Einheitsbildungen nur im Übergang möglich, in Form horizontaler Verflechtungen, nicht in Form einer vertikalen Über- und Unterordnung." (2) sind Lebenswelten als Sonderwelten, Alltagswelten und Vernunftwelt in je eigener Weise von ihren jeweiligen Eigen- und Besonderheiten her geprägt und (3) ist Lebenswelt zu differenzieren in Fremdwelt und Heimwelt:

„Wenn Fremderfahrung eine Erfahrung des Unzugänglichen, Fernen, Abwesenden bedeutet, so besagt dies, dass die Differenz von Eigenem und Fremdem weder in das vertikale Verhältnis von Allgemeinem und Besonderem noch in das zirkuläre Verhältnis vom Ganzen und seinen Teilen hineinpasst. Dies betrifft auch die Fremdheit der Lebens- und Kulturwelten." (Waldenfels 2011, 1423 f.)

Insofern aus fachdidaktischer Perspektive Lebenswelt als didaktisches Prinzip zur Sprache kommt, kann zur Klärung und Erörterung des Verständnisses des Begriffs Lebenswelt darauf zurückgegriffen werden, was sich bereits bei Husserl als funktionale bzw. dimensionale Struktur von Lebenswelt zeigt:

Lebensweltbezug als eine Form der Beziehung von Philosophie zur Lebenswelt der Schülerinnen und Schüler wie auch der Lehrkraft greift auf den Alltag der philosophierenden Subjekte zurück, den Bereich sinnlicher Erfahrung, auf „einen primären, vor-wissenschaftlichen, a-theoretischen Lebensbereich … Sie ist der Boden, auf dem elementare Lebenserfahrungen gemacht werden, auf denen sich dann fundamentale Denkfiguren und Wertmuster aufschichten können." (Pfeifer 2009, 91) In alltäglicher Gewöhnung und Gewöhnlichkeit bleibt die Wirklichkeit der Lebenswelt und des erfahrenen Alltags vom Individuum zunächst unbefragt und wird primär nicht einer (sekundär-wissenschaftlich-theoretisch) bewussten rationalen Auseinandersetzung zugeführt bzw. kritisch reflektiert. Lehrkraft und Schüler finden sich in ihre jeweilige Lebenswelt, in der sie sich und andere als lebendig und dem Leben zugewandt erleben, ein, fügen Erlebtes und Erlebnisse aneinander, finden sich primär damit ab, was sich in den Erfahrungen ereignet, und versuchen sich dadurch in dieser ihrer Welt zurechtzufinden und ihren Standort in dieser Lebenswelt zu bestimmen. Was sich als Erfahrenes von selbst versteht, wird nicht befragt, bleibt als solches stehen und geht in den Bestand des – anscheinend – sicher Gewussten und deshalb Fraglosen und Gesicherten ein und über. Das Selbstverständliche als Gewohntes und Gesichertes bildet innerhalb der unmittelbaren Erfahrung der Lebenswelt den Bereich des Beständigen, der keinerlei Orientierung und philosophischer Reflexion zu bedürfen scheint. Orientierung in der Lebenswelt soll gerade dadurch erreicht werden, dass das Erlebte ohne Befragung, selbst-verständ-lich, in das Gewohnte integriert und eingeordnet wird.

„In natürlicher Einstellung nehmen wir im Rahmen unserer Lebenswelt unbefangen, gewissermaßen naiv alles, was wir erleben und dem wir begegnen, hin. Wir nehmen grundsätzlich einmal hin, dass und wie es ist." (Pfeifer 2009, 91)

Die Entwicklung der Kindheit und Jugend lässt in der ständigen Erweiterung und Vernetzung des eigenen sozialen Tätigkeitsbereichs durch die Konfrontation mit den Lebenswelten der Mitmenschen allmählich ein immer komplexeres System an Handlungsmöglichkeiten und Verhaltensmustern entstehen, das auf dem Boden der Lebensweltserfahrungen aufbaut und damit Denk- und Verhaltensmuster als Möglichkeiten der Bewältigung ähnlich oder identisch strukturierter individueller und sozialer Anforderungen und Erfahrungen zugleich als Gewohnheit verfestigt. Dass jedoch nicht alles, was faktisch ist und im Erleben – naiv – als Faktum angenommen wird, auch hingenommen werden kann oder gar darf, erschließt sich angesichts zunehmender Komplexität und Unübersichtlichkeit des Erfahrenen erst im sekundären Zugang der nachträglichen Reflexion zum Geschehnis des Erlebten. Außergewöhnliches, das bisher gewohnte und bewahrte Verhaltensmuster und Orientierungsversuche in ihrem Bestand und ihrer Bewährung in einem hohen Grad und Maß bedroht und gefährdet, diese in ihrer Fraglichkeit und Ungesichertheit beleuchtet und ausleuchtet, so dass es nicht mehr in den Schatten des Bedenkenlosen und Unbedachten zurückgedrängt werden kann, dadurch zum Orientierungsproblem wird, wird zugleich Auslöser dafür, bisherige Orientierungskonzepte zu hinterfragen und auf die Möglichkeit einer intellektuellen Bewältigung und Rechtfertigung eigenen Denkens und Handelns innerhalb der Lebenswelten hin zu analysieren.

Philosophie setzt nun nach Henrich gerade an diesem Punkt der lebensweltlichen Erfahrung an, „dass sie eine Problemlage auflöst und in einem damit über Wirkliches im Ganzen verständigt und dass sie zugleich eine Orientierung dafür gibt, wie ein bewusstes Leben zu führen ist." (Henrich 2011, 168) Lebenswelt, die sich dem Subjekt von den aus ihr abgeleiteten strukturellen Verhaltens- und Denkmustern her als fragwürdig erweist, eröffnet in ihrer Fragwürdigkeit einen bisher nicht erahnten und gekannten Raum des Nachdenkens, der sich neu der Frage nach Orientierung im Denken stellt (vgl. Henke: Kognitive Konflikte in diesem Band). Insofern ist das Stehen und Bestehen des Philosophen in der ihm fragwürdig erscheinenden Lebenswelt, sein Lebensweltbezug mithin, Ursache für den Entwurf eines eigenen philosophischen Konzepts. Zugleich kann aus diesem Konzept heraus ein Blick zurück auf die jeweilige Fraglichkeit geworfen werden, der sich der Denker des Konzepts von seinem Stehen und Gehen in seiner Lebenswelt her stellt. Darin liegt dann auch der Bezug als Verbindungsmöglichkeit der Lebenswelten zwischen dem Denker philosophischer Konzeption und seinen Adressaten, dass dieser aus der ihm in seiner Lebenswelt erscheinenden Fraglichkeit heraus Antwortversuche in die Lebenswelten seiner Adressaten hinein entwirft und sie zur Disposition stellt, inwieweit sie Geltung für die Lebenswelt des Adressaten beanspruchen können. In der (in literarischer Tradition – dominant und auch – durch Lesen initiierten) Konfrontation mit den horizontal verflochtenen und verketteten Lebenswelten der Adressaten kommt es zu einer dialogischen Auseinandersetzung über intellektuell und existentiell redliche und verantwortbare Möglichkeiten der Orientierung des Individuums in einer als fraglich erfahrenen oder reflexiv fragwürdig erkannten Lebenswelt:

„Jede Philosophie muss sich auch unter dem Gesichtspunkt ihrer Rezeption bei ihren Lesern nachvollziehen lassen. Denn eine philosophische Konzeption geht immer darauf aus, dass Lebensprozesse für das aufgeschlossen sind, was sie selbst als Lebensorientierung erschließen. Sie muss unterstellen, dass diese Orientierung bei anderen einen Eingang findet, sie vielleicht sogar verwandeln könnte. Zumindest will sie nicht nur über den Menschen sprechen, sondern Menschen in ihrem Leben erreichen. Ihre eigenen Grundprobleme stehen ohnedies immer in enger Verbindung mit den wichtigsten der Fragen, die im Leben der Menschen selbst aufkommen und durch die einst die Philosophie selbst ins Dasein gebracht worden ist. Sie bleiben im Leben selbst oft ohne Antwort, oder die Antworten, die in ihm spontan aufkamen oder die von Traditionen transportiert werden, sind Zweifeln ausgesetzt. Aus der Rationalität und in der Selbstdistanz des bewussten Lebens werden sie sich immer leicht aufs Neue stellen." (Henrich 2011, 198f.)

Das Angebot und die Erschließung der Möglichkeit einer Orientierung im Denken innerhalb der dem Individuum vorgegebenen Lebenswelt durch philosophische Konzepte und Systeme ist darauf hin ausgerichtet, die in den Blick genommenen Adressaten in ihrem jeweiligen Lebensweltbezug zu erreichen. Martens betont daher, dass dieser Adressatenbezug der Philosophie wesentlich zu eigen ist, insofern und wenn sie als Philosophie einen Beitrag zur Problemlösung fraglich gewordener Lebenswelt bietet:

„Die Bewegung, die Motivation der philosophierenden Subjekte gehört wesentlich zur Philosophie hinzu. Ein Schüler- oder Adressatenbezug läßt sich daher nicht als isolierte didaktisch-methodische Frage behandeln, sondern folgt aus der Bestimmung von Philosophie selbst. Wie die erste Bestimmung des Rechenschaftgebens kann auch die Subjektbezogenheit als konsensfähig unterstellt, zumindest argumentativ dargelegt werden. Denn auch eine Philosophie des ‚Gegebenen', wie bestimmte Formen der Metaphysik, Ontologie, Wissenschaftstheorie oder Logik, können den Subjektbezug ihrer Reflexionen zwar ausblenden, aber nicht generell leugnen. Strittig ist allerdings, welches Gewicht man dem Subjektbezug beimessen und wie man ihn konkret einlösen soll und kann." (Martens 1983, 16)

Lebensweltbezug als didaktisches Prinzip

Wir müssen, wenn wir innerhalb der Fachdidaktik von Lebenswelt sprechen, von einem Plural der Lebenswelten ausgehen, der aus didaktischer Sicht als Bezug von und zu Lebenswelten erörtert wird: Schülerinnen und Schüler, die Lehrkraft und die Verfasser philosophischer Konzepte aus Tradition und aktueller Forschung stehen immer schon in (vorwissenschaftlich erfahrenen) Lebenswelten, in denen sie entsprechend der Besonderheit ihrer Alltagserfahrung je individuell handeln und tätig werden, in denen sie danach fragen, was als Frage aus dem Bezug zu und in den Lebenswelten erwächst, und in denen sie sich um mögliche Orientierung innerhalb der unterschiedlichen Schichten und Sichten dieser Lebenswelten bemühen. Fiktionale Lebenswelten, die in lebendig scheinenden Bildern medial in die non-fiktionalen Lebenswelten eindringen und einstürmen, illusionär, aber im Gegensatz zur realen Welt ersehnt und deshalb für wahr genommen, konkurrieren mit realistisch-pragmatischen Lebenswelten ernüchternder politisch-ökonomischer Vor- und Darstellungen möglicher und zwangsläufiger sozio-kultureller Lebenswelten. Dabei kann als besondere Herausforderung an das Individuum der ständige Wandel lebensweltlicher Strukturen gesehen werden, der sich dem unmittelbaren Zugriff des Subjekts nicht oder nur in Andeutung zeigt. Fraglich bleibt die Möglichkeit einer Trennung von Welt in primäre Lebenswelt der Anschauung und sekundäre Wissenschaft der Abstraktion lebensweltlicher Erfahrung (vgl. Tichy: Anschaulichkeit und Abstraktion in diesem Band). Vielmehr ist davon auszugehen, dass Lebenswelt und Wissenschaft einander durchdringen und miteinander verwoben sind (Tiedemann 2014, 96 f.). Lebenswelten beinhalten wesentlich und beständig Begegnung mit Fremd- und Heimwelten. Was als Fremdes reflexiv – noch – nicht in die bisher als eigene erfahrene Lebenswelt eingegliedert werden kann, ragt als unmittelbare Erfahrung doch bereits in die Heimwelt hinein und kann ohne Anstrengung nicht mehr aus der Alltagserfahrung abgewiesen werden, so dass der Begegnung mit der Fremdwelt nicht mehr ausgewichen werden kann, ohne dass Teile der Lebenswelterfahrung verdrängt oder vermieden werden müssen. Vom Horizont der Lebenswelt als Fremd- und Heimwelt her gesehen äußert sich der Plural der eigenen und der fremden Lebenswelten auch im Klassenzimmer in einem Plural kultureller Lebensstrukturen und –deutungen, der einer Multiperspektivität des Erkennens bedarf, um die Vielschichtigkeit und Multidimensionalität von Leben und Lebenswelt sachgerecht analysieren, kategorial unterscheiden und einer selbstständigen und verantwortlichen Entscheidung und Stellungnahme zuführen zu können. Orientierung in pluralistisch sich zeigender Lebenswelt der Vernetzung und Verkettung sich überlagernder Schichten und Horizonte der Erfahrung nötigt dem Individuum reflexive Auseinandersetzung ab.

„Der Lebensbezug der Welt steht für eine Differenz, nicht aber für eine letzte Einheit oder eine geschlossene Ganzheit. Die Welt begegnet uns als Lebenswelt." (Waldenfels 2011, 1418)

Nicht immer wird der Bezug eines philosophischen Konzepts zur lebensweltlichen Erfahrung des Denkers bzw. der Adressaten des Konzepts deutlich und auf Anhieb erkennbar. Deshalb gilt: „Philosophische Bildung muss wirklich zwischen Lebenswelt und Wissenschaft vermitteln." (Steenblock 2012, 25) Solche Vermittlung im Rahmen philosophischer Bildung wird immer an den Begegnungspunkten nötig, die ihrer gegenseitigen Beziehung und Verknüpfung und der daraus folgenden gegenseitigen Inanspruchnahme nicht mehr oder noch nicht klar und einsichtig werden, deren gegenseitige In-Bezug-rahme und Aufeinander-Bezogen-Sein aus dem Blick geraten sind und die deshalb (wieder-)hergestellt werden müssen, um die eigentliche Bedeutung dessen, worauf sie hindeuten, neu aufleuchten zu lassen. Fachdidaktik sieht hier ihren Platz in der wissenschaftlichen Reflexion der Möglichkeiten der Vermittlung, die aufgrund der sich im praktischen Unterrichtsverlauf erweisenden Differenz zwischen Lebenswelt der Schülerinnen und Schüler und wissenschaftlichen Forschung der Philosophen notwendig wird. Somit übernimmt Fachdidaktik die theoretische wie praktische Vermittlung zwischen wissenschaftlicher Philosophie, die die Perspektive der Adressaten entweder verloren oder nie eingenommen hat, und den Schülerinnen und Schülern als Adressaten, bezieht zugleich dabei eine eindeutige Positionierung, indem sie sich zum Primat des Adressaten, also der Schülerinnen und Schüler, bekennt und gleichsam unter einer bewusst gewählten Option für die philosophierenden Subjekte des Philosophieunterrichts Fachwissenschaft auf ihren Lebensweltbezug hin befragt.

Immer schon ist der Bezug der Fachwissenschaft Philosophie zur Lebenswelt gegeben, insofern und indem sie auf dem Boden anschaulicher lebensweltlicher Erfahrung und Unmittelbarkeit die Fruchtbarkeit abstrahierender philosophischer Analyse und Reflexion aufbaut und auf diese zurückzielt. Dass sich im Lauf der Tradition wissenschaftlicher Forschung der unterschiedlichen philosophischen Schulen mit je eigenständigem Sprachduktus, eigener methodischer Herangehensweise und spezifischer Ausformung und Formulierung abstrakter philosophischer Fragestellungen eine „Patina des Verstaubten und Irrelevanten" (Steenblock 2012, 32) über die komplexen philosophischen Konzepte und Systeme der Denker zu legen scheint, die auf den ersten Blick die Schülerinnen und Schüler nicht mehr erkennen lässt, welche „Sache" bzw. Lebensweltweltwerfahrung verhandelt wird und in welcher Beziehung das Verhandelte zum Handeln derer steht, die sich um philosophische Bildung bemühen, ruft die didaktische Arbeit auf den Plan.

Kann von den Schülerinnen und Schülern der Bezug eines philosophischen Konzepts zur Lebenswelt nicht erkannt werden, wird also nicht ersichtlich, aus welcher Fraglichkeit der lebensweltlichen Erfahrung heraus sich philosophisches Nachdenken vollzieht, muss von didaktischer Seite dieses Defizit angegangen werden, um einen noch nicht möglichen – oder besser: noch nicht erkannten – Zugang zum philosophischen Konzept zu erschließen und zu eröffnen. Gelingen kann dies, wenn mit den Schülerinnen und Schülern des Philosophieunterrichts a. die dem jeweiligen philosophischen Gedankengang vorausgehende lebensweltliche Fragestellung thematisiert wird und zugleich b. die erkannte Fragestellung in den Kontext eigener lebensweltlicher Erfahrung und Fraglichkeit gestellt wird. Dabei treten die Schülerinnen und Schüler als philosophierende Subjekte in eine dialogische Auseinandersetzung mit ihrer eigenen Lebenswelterfahrung, die die Konturen ihrer Eigenheit und Fragwürdigkeit durch die Konfrontation mit den Fremderfahrungen der Mitschüler und durch die Korrektur anhand systematischer Abstraktion der philosophischen Dialogpartner erhält. Sich über die eigenen Möglichkeiten der Orientierung ins Bild zu setzen, geschieht in einem dialogischen Prozess, der sich über die klärende Einsicht in die eigene Erfahrungswelt hin zum Überblick abstrahierenden Erkennens ausbildet, so dass es dem Individuum schließlich möglich wird, sich aus diesem Erkennen des Über-Schauens heraus ein begründetes und deshalb verantwortbares Urteil zu „bilden".

„‚Bildung' ist seit Humboldt gerade der Inbegriff einer solchen gelingenden Vermittlung, eines beständig sich selbst korrigierenden Zusammenhanges, der Objekt und Subjekt, Tradition und Gegenwart, Philosophiegeschichte und sich orientierendes Individuum vermitteln kann." (Steenblock 2012, 31)

Da von einem inneren Zusammenhang zwischen Lebenswelt und wissenschaftlicher Reflexion auszugehen ist, kann nicht von einer zeitlichen Trennung – in dem Sinne, dass gefragt werden könnte, welche Rolle Wissenschaft als nach-trägliche Analysearbeit für die Bedeutung der ursprünglichen Erfahrung spielen kann oder darf oder muss – zwischen Lebenswelt und Wissenschaft gesprochen werden. Lebensweltliche Erfahrungen können nicht in einen Gegensatz zu wissenschaftlicher Abstraktion gebracht werden, ohne dass es zu problematischen Polarisierungen käme, die eine hierarchische Gliederung und Zuteilung spezifischer Zuständigkeiten und wertende Bedeutungen mit sich brächte. Vielmehr müssen wir von einer gegenseitigen Beeinflussung und Durchdringung ausgehen, die um den Zusammenhang von Lebenswelt und Wissenschaft weiß und diesen in die philosophische Reflexion einbringt.

Die Tradition moralistischer Philosophie, vor allem französischer (Montaigne, Vauvenargues, La Rochefoucauld etc.) und deutscher (Lichtenberg, Schopenhauer, Nietzsche) Provenienz, bringt diesen Zusammenhang zwischen Lebenswelt und Wissenschaft in ihren spezifischen literarischen Formen zum Ausdruck und bietet für den Philosophieunterricht eine ergiebige literarisch-philosophische Quelle zur Darstellung und Erschließung des Zusammenhanges von Lebenswelt und Wissenschaft. Scheinen doch gerade in den mehrheitlich narrativ geprägten Texten Lebenswelt und Alltagserfahrung in einer Weise auf, die Schülerinnen und Schülern einen Zugang ermöglicht, der sie mit auf den Weg des Prozesses allmählichen Abstrahierens und Verdichtens von konkreter unmittelbarer Erfahrung hin zur analytischen Reflexion nimmt.

Konsequenzen

Das didaktische Prinzip Lebensweltbezug betont die Vermittlung zwischen den verschiedenen philosophierenden Subjekten und deren (literarisch fixierten) philosophischen Dialogpartnern, wenn und insofern bei Schülerinnen und Schülern zwar von der Bereitschaft zu einer Auseinandersetzung mit den Dialogpartnern ausgegangen werden kann, die methodischen Fähigkeiten zur Erschließung der philosophischen Texte und Konzepte aber noch nicht zur Verfügung stehen. Lebensweltbezug stellt Philosophie in den Bereich existentieller Bedeutung und nimmt ernst, dass Orientierung im Denken als Orientierung der Rechtfertigung in einer fraglich gewordenen Lebenswelt zu verstehen ist. Für die Lehrkraft wird Lebensweltbezug als gefordertes didaktisches Prinzip zur prinzipiellen Herausforderung: (a) um Vermittlung leisten zu können zwischen Lebenswelt und Wissenschaft bedarf es der selbstständigen Reflexion der eigenen Lebenswelt als Heim- und Fremdwelt, die sich in der Lage sieht, kritisch analysierend aus den unmittelbaren individuellen und sozialen Bezügen „herauszutreten, um ihr eigenes, konventionelles und für selbstverständlich gehaltenes Verhalten von außen betrachten zu können". (Pfeifer 2009, 92) Mit dem beobachtenden Blick vom Rande kann es gelingen, das, was als Erfahrung unmittelbar in das Leben der Lehrkraft tritt, zu reflektieren und aus dem reflektierenden Abstand heraus auf logisch-strukturelle Deutungsmodelle hin zu überprüfen; (b) gilt es innerhalb der methodisch-praktischen Unterrichtsgestaltung das Maß auszuloten zwischen anschaulicher Nähe und abstrahierender Distanz zu Lebenswelt(en), das als Balanceakt ein ständiges Ausloten im Unterrichtsgeschehen mit sich bringt, um der Gefahr des von Martens als „morbus dialecticus" (vgl. Martens 2013, 83-88) bezeichneten pseudo-diskutierenden „Gelaberes" zu entgehen, das durchaus atmosphärische Wirkung auszustrahlen vermag, darüber hinaus aber keinerlei philosophischen Wert erkennen lässt; (c) muss kritischer Lebensweltbezug damit rechnen, idyllische Sehnsüchte und harmoniebeladene Idole aus ihrer lebensweltlichen Verklärung zu destruieren und damit Schülerinnen und Schüler zu provozieren und zu beunruhigen:

„Das Zurück zur Lebenswelt endet in bloßer Nostalgie, wenn es nicht immer wieder über die bestehenden Ordnungen der Lebenswelt hinausdrängt und Raum lässt für Fremdwelten." (Waldenfels 2011, 1427)

Pfeifer sieht darin eine der Möglichkeiten, die Philosophieunterricht Schülerinnen und Schüler eröffnen kann: die „aufdeckende (phänomenologische) und dann auch auslegende (hermeneutische) Rationalität lässt dem Angesprochenen die soziale Welt der Normen und Werte in einem anderen Lichte erscheinen und kann insofern auch zu einer Änderung seines Selbstverständnisses führen." (Pfeifer 2009, 92); (d) Lehrkräfte mit fachwissenschaftlicher Kompetenz und Wahrnehmungskompetenz für die Lebenswelt der Adressaten bzw. Schüler planen und gestalten methodisch-praktische Projekte, die Lebenswelt und Wissenschaft zugleich verpflichtet sind:

„In unserer pluralistischen Gesellschaft treffen alternative Lebensentwürfe und Wertvorstellungen aufeinander, die aus der Alltagserfahrung der Schüler gleichsam in den Unterricht hineinragen. Projekte bieten hier eine gute Möglichkeit, Alternativen kennenzulernen und Toleranz einzuüben. Sie können Anstöße geben, bewusst eine eigene Haltung zu entwickeln, die nicht bloß von den Wertvorstellungen anderer, z. B. der Gruppe, abhängt. … So bieten Projekte die Gelegenheit, nicht nur an und mit Texten zu philosophieren, sondern sich mit den eigenen und fremden Erfahrungen und Vorstellungen von einem guten, erfüllten Leben auseinanderzusetzen: Was bedeutet für mich ein gutes, sinnerfülltes Leben in Rücksicht darauf, dass auch andere Menschen den Wunsch und das Grundrecht besitzen, einen ihnen gemäßen Lebensentwurf zu verwirklichen?" (Breil 2014, 16); (e) stellt in diesem Sinn der Plural der Lebenswelten, der sich im Philosophieunterricht vergegenwärtigt, eine didaktische Chance dar, die der aufmerksamen Moderation durch die Lehrkraft bedarf:

„Die Mehrdeutigkeit der Welt ist nicht nur als Tribut an die Pluralität der modernen Kultur billigend in Kauf zu nehmen, sondern als Bedingung der Möglichkeit eines Lernens, das auf der Höhe der Zeit ist, produktiv zu gestalten." (Dressler 2009, 23).

Mit Tiedemann kann die Bewegung des Denkens aus der Lebenswelt heraus als diejenige Orientierung bezeichnet werden, die den Kern und das Spezifikum des Philosophieunterrichts bildet:

„Ich plädiere für einen philosophischen Aufschwung. Anlauf und Motivation sollen aus der anschaulichen Lebenswelt der Schülerinnen und Schüler gewonnen werden. Was jedoch hinaufführt, ist die Technik der Abstraktion. Es handelt sich um eine Kopf- nicht um eine Bauchwelle. Zu dieser philosophischen Turnübung gehört es auch, selbstbestimmt und sicher wieder in der Lebenswelt zu landen. Landen aber kann nur derjenige, der zuvor emporsteigt." (Tiedemann 2014, 103)

Orientierungshilfe, wie Philosophieunterricht sie zu leisten beabsichtigt, muss aus der Lebenswelt heraus Deutungsprozesse veranschaulichen, Argumentationsstrukturen schulen und Begrifflichkeiten klären, damit Schülerinnen und Schüler die Fraglichkeiten und Fragwürdigkeiten ihrer Lebenswelt aushalten und bestehen lernen können. Die persönliche Bewährung in der Lebenswelt kann und darf ihnen nicht abgenommen werden:

„Das letztliche Ziel, dass Bildungssubjekte sich selbst, ihre eigene Lebensgeschichte entwerfen, kann ihnen niemand abnehmen." (Steenblock 2012, 31)

Literatur

Breil, R.: „Projekte als Möglichkeiten des Philosophierens", in: *Zeitschrift für Didaktik der Philosophie und Ethik* (2014), 3-16.

Dressler, B.: „Fachdidaktik und die Lesbarkeit der Welt. Ein Vorschlag für ein bildungstheoretisches Rahmenkonzept der Fachdidaktiken", in: Dressler, B.; Beck, L. (Hg.): *Fachdidaktiken im Dialog. Beiträge der Ringvorlesungen des Forums Fachdidaktik an der Philipps-Universität Marburg*, Marburg 2009, 9-23.

Fröhlich, M.; Langebeck, K.; Ritz, E.: *Philosophieunterricht. Eine situative Didaktik*, Göttingen 2014.

Habermas, J.: *Theorie des kommunikativen Handelns*, Bd. 1/2, Frankfurt am Main 1981.

Henrich, D.: *Werke im Werden. Über die Genesis philosophischer Einsichten*, München 2011.

Löwisch, D.-J.: *Kompetentes Handeln. Bausteine für eine lebensweltbezogene Bildung*, Darmstadt 2000.

Martens, E.: *Einführung in die Didaktik der Philosophie*, Darmstadt 1983.

Martens, E.: "Wozu Philosophie in der Schule?", in: Meyer, K. (Hg.): *Texte zur Didaktik der Philosophie*, Stuttgart 2010, 156-172.

Martens, E.: *Methodik des Ethik- und Philosophieunterrichts. Philosophieren als elementare Kulturtechnik*, Hannover 2013.

Pfeifer, V.: *Didaktik des Ethikunterrichts. Bausteine einer integrativen Wertevermittlung*, Stuttgart 2009.

Steenblock, V.: *Philosophische Bildung. Einführung in die Philosophiedidaktik und Handbuch: Praktische Philosophie*, Berlin 2011.

Steenblock, V.: *Philosophie und Lebenswelt. Beiträge zur Didaktik der Philosophie und Ethik*, Hannover 2012.

Themenhefte der Zeitschrift für Didaktik der Philosophie und Ethik: *Außerschulische Lernorte*, 1 (2013); *Projektarbeit* 1 (2014); *Philosophie und Lebenswelt* 4 (2014).

Tiedemann, M.: *Philosophiedidaktik und empirische Forschung. Möglichkeiten und Grenzen*, Berlin 2011.

Tiedemann, M.: "Zwischen blinden Begriffen und leerer Anschauung", in: *Zeitschrift für Didaktik der Philosophie und Ethik* (2014), 95-103.

Waldenfels, B.: "Lebenswelt", in: Krings, H. u. a.: *Neues Handbuch philosophischer Grundbegriffe*, Bd. 2., Freiburg, München 2011, 1418-1429.

Weißbach, B.: "‚Öffnung der Schule' und ‚Lebensweltbezug' in pädagogischen Reformphasen", *(Beiträge aus der Arbeits-, Innovations- und Qualifikationsforschung*, Bd. 10), Dortmund 1989.

4.3 Die Förderung philosophischer Urteilskompetenz durch kognitive Konflikte

ROLAND W. HENKE

Wenn die Macht der Vereinigung aus dem Leben der Menschen verschwindet und die Gegensätze ihre lebendige Beziehung und Wechselwirkung verloren haben und Selbstständigkeit gewinnen, entsteht das Bedürfnis der Philosophie.

G. W. F. Hegel, Differenzschrift

Was heißt und wozu benötigt man philosophische Urteilskompetenz?

In der aktuellen Fachdidaktik ist die Förderung der *Urteilskompetenz* als Hauptaufgabe des Philosophie- und Ethik-Unterrichts nahezu unumstritten. Dabei ist unter Urteilskompetenz nicht die im Alltag wichtige Fähigkeit zu verstehen, Sachverhalte und Situationen angemessen einzuschätzen, um situationsadäquat zu handeln (‚phronesis' i. S. von Aristoteles), sondern das Vermögen, im Dschungel vielfältiger weltanschaulicher Orientierungsangebote einen begründeten eigenen Standpunkt einzunehmen und sich so „im Denken zu orientieren" (Kant 1786).

Ein Urteil zu fällen bedeutet, wenn man vom Gebrauch des Begriffs ‚Urteil' in der Logik absieht, eine Wertung vorzunehmen und damit eine Entscheidung zu treffen im Hinblick auf die Übernahme oder Ablehnung von Aussagen bzw. Überzeugungen – eine Wertung allerdings, die durch Gründe und Argumente legitimiert werden muss, um Zustimmung erlangen zu können. Urteilskompetenz schließt also *Argumentationskompetenz* ein, weil erst diese die Mitteilbarkeit des Urteils sowie seinen Anspruch auf allgemeine Zustimmung verbürgt.

Dass in der Philosophie in erster Linie substantiell und nicht bloß tautologisch (wie etwa in einem Syllogismus) argumentiert wird, hat der amerikanische Philosoph Stephen Toulmin bereits in den 1950er Jahren herausgearbeitet. Um die Eigenart philosophischer Argumentationen zu durchleuchten, entwickelt er das sog. „Toulmin-Schema" (Toulmin 1958). Dessen Kernstruktur besagt, dass der Wahrheits- oder Geltungsanspruch von aus Informationen oder Daten erschlossenen vorläufigen Behauptungen oder Wertungen durch nicht-empirische allgemeine Gründe, sog. Warrants, gestützt wird, die ihrerseits nochmals durch prinzipielle Voraussetzungen, sog. Backings, gerechtfertigt werden. Diese Backings stellen, werden sie hinreichend abstrakt gefasst, grundsätzliche philosophische bzw. weltanschauliche Positionierungen dar (vgl. Schnädelbach 1985). Sie bilden damit das zumeist unreflektierte Fundament der vielfältigen Alltagsurteile sowie der aus ihnen ggf. resultierenden Handlungen, das durch die philosophische Begründung allererst bewusst wird.

An der ökologischen Ethik lässt sich diese Argumentationsfolge, ausgehend von den Handlungskonsequenzen, gut illustrieren: So könnte ein Vegetarier als Grund für seine Ernährungsweise angeben, dass er nicht für das qualvolle Leben und Sterben von (Wirbel-)Tieren (mit)verantwortlich sein möchte. Als tieferen Grund, der seinen Vegetarismus und seine vorläufige Begründung rechtfertigt, könnte er anführen, dass (Wirbel-)Tiere wie Menschen empfindungs- und damit leidensfähige Wesen seien. Diese Begründung könnte weiter fundiert werden durch die Aussage: In der Welt sollte möglichst viel Lust vermehrt und möglichst viel Leid vermieden werden (Backing). Damit sind wir bei einem wesentlichen Grundsatz der utilitaristischen Ethik angelangt. Dieser kann natürlich noch weiter argumentativ gerechtfertigt oder auch kritisiert werden, etwa durch einen deontologischen bzw. anthropozentrischen Ansatz.

Dieser Abriss der Eigenart philosophischen Argumentierens zeigt: Die Ausbildung *philosophischer* Urteils- und Argumentationskompetenz ist – unabhängig von der Frage nach ihrer Messbarkeit (vgl. Albus 2012) – für eine pluralistische Gesellschaft notwendig, um den für sie konstitutiven Raum der offenen Orientierungsfelder in Sinn- und Weltanschauungsfragen mit diskursiv vermitteltem Leben zu füllen. Sie ist zugleich für das Individuum nötig, um ihm in einer solchen Gesellschaft Orientierung im Denken zu geben, zu der die Fähigkeit zur Rechtfertigung von Entscheidungen durch prinzipielle Positionen gehört. Da es ein proprium solcher Positionen ist, dass ihnen stets auch andere prinzipielle Orientierungen argumentativ plausibel entgegengesetzt werden können, bedeutet die Ausbildung von Urteilskraft zugleich die Entwicklung der Fähigkeit zur dialektischen Selbstreflexion in grundlegenden Orientierungen. Damit ist sie die beste Prophylaxe gegen jedwede Art von Fundamentalismus, insoweit dieser die Abschottung der Fundamentalüberzeugungen eines Individuums vor dialektisch-diskursiver Durchklärung und damit verbundener potentieller Veränderung bedeutet.

Kontraintuitive Positionen als Katalysatoren zur Anregung der Urteilskraft

Im Folgenden möchte ich drei unterrichtliche Arrangements skizzieren, durch die man die Urteilsfähigkeit gezielt fördern kann. Dabei verstehe ich, im Anschluss an die vorherigen Ausführungen und in Übereinstimmung mit dem neuen NRW-Kernlehrplan für das Fach Philosophie (vgl. Henke, Rolf 2013), unter philosophischer Urteils- bzw. Argumentationskompetenz insbesondere die Fähigkeit,

- eigene Entscheidungen bzw. Handlungsoptionen (z. B. Vegetarismus) als Antworten auf philosophische Fragestellungen (z. B. „Wie soll ich leben?") durch nichtempirische Begründungen argumentativ abwägend zu rechtfertigen,
- dabei die zur Rechtfertigung verwendeten prinzipiellen Voraussetzungen (Backings) zu kennen und zu explizieren
- sowie diese im Kontext kontroverser philosophischer Positionen auf einer angemessenen Abstraktionsebene weiter diskursiv zu begründen.

Seit ihren Anfängen hat sich die Philosophie mit ihrem Verhältnis zum gesunden Menschenverstand und damit zu dem, was die vielen für Wahrheit halten, beschäftigt. Während der historische Sokrates noch auf dem Marktplatz mit jedermann um die wahre Begriffserkenntnis rang, markierte spätestens seine Hinrichtung durch das Athener Volksgericht einen Bruch mit den gängigen Alltagsüberzeugungen. Dieser Bruch wurde durch Platons Ideenlehre zum tiefen philosophischen Graben, zur Spannung zwischen Exoterik und Esoterik, versinnbildlicht etwa im Höhlengleichnis, das die metaphysische Differenz zwischen den in der Höhle verbliebenen (verblendeten) vielen Blinden und den der Ideenschau teilhaftigen wenigen Philosophen zementiert. In Schellings und besonders in Hegels idealistischer Philosophie erreicht der Hiat zwischen dem natürlichen Bewusstsein und dem philosophischen Standpunkt seinen Kulminationspunkt.

Man muss nicht erst an Marx' Diktum erinnern, der Hegel in materialistischer Absicht wieder vom Kopf auf die Füße stellen wollte, um sich klarzumachen, dass gegen den Bruch mit dem gesunden Menschenverstand eine langwährende philosophische Tradition steht: Aristoteles mit dem Ausgang seiner philosophischen Unterscheidungen und Deduktionen von den herrschenden Ansichten (‚endoxa') sowie Locke und Hume mit ihrem Beharren auf der Erfahrung als einzig zuverlässiger Erkenntnisquelle sind Kronzeugen dafür. Auch Kants Beziehung des Geschmacksurteils auf den Gemeinsinn gehört in diese (aufklärerische) *common-sense-Tradition*, ebenso wie die heute nicht mehr nur im angelsächsischen Raum dominierende analytische Philosophie. Die philosophische Tradition war bei allen Irritationen, die sie dem Alltagsbewusstsein zumutete, immer auch an seiner Seite.

Bekanntlich sind Hegel, Schelling und Heidegger, auch Platon in seinen die Dialektik der höchsten Ideen entfaltenden Spätdialogen, nicht nur sprachlich äußerst hermetische Autoren, die im Philosophieunterricht üblicherweise nicht vertreten sind. Was sie besonders zum Schulstoff ungeeignet macht, ist ihre metaphysisch ausgewiesene Überschreitung des Standpunktes der endlichen Subjektivität, den etwa Hegel mit dem pejorativen Begriff der *Reflexionsphilosophie* geißelte. Dieser Standpunkt bildet aber nach meiner Auffassung, zumindest für den durch das cartesische „cogito" geprägten abendländischen Kulturkreis, einen unhintergehbaren didaktischen Ankerpunkt für einen dort angesiedelten Philosophieunterricht (vgl. Henke 2000, 120).

Didaktisch ergiebiger als die genannten idealistischen Philosophien sind daher die Positionen, die man in der modernen Philosophie schlicht als *kontraintuitiv* bezeichnet. Sie verdanken ihre Frontstellung zum *common sense* nicht einer metaphysischen Spekulation, sondern enthalten eine vom Alltagsverstand abweichende und kognitiv herausfordernde Antwort auf eine philosophische Frage- oder Problemstellung.

Solche kontraintuitiven Problemlösungsvorschläge sind in der Geschichte der Philosophie Legion. Zu ihnen gehört in der Leib-Seele-Diskussion etwa die These von Thomas Metzinger, nach der das Ich keine festgefügte, Identität vermittelnde Instanz, sondern eine Simulation des Gehirns darstelle. In der Ethik könnte man auf Kants vernunftethische Auffassung verweisen, nach der eine Handlung aus Mitleid keine moralische Qualität aufweist oder überhaupt auf den Anspruch, allgemeingültige Moralprinzipien zu finden, die einem relativistischen Standpunkt entgegenstehen. Auch Sartres Behauptung, eine Leidenschaft sei kein naturwüchsiger und schicksalhafter Affekt, sondern baue sich aus den Handlungen auf, die man tut – oder unterlässt –, stellt eine solche kontraintuitive Auffassung dar.

Derartige Ansätze markieren gegenüber dem Alltagsbewusstsein kognitive Perturbationen, die meist, je nach individueller Disposition der Lernenden, von Affekten wie Verblüffung, Ablehnung oder Neugier auf die Begründung begleitet werden. Um diese unterschiedlichen Affekte für den Lernprozess produktiv werden zu lassen, müssen die entsprechenden Positionen argumentativ plausibilisierbar und aufgrund dessen im Unterricht prinzipiell erschließbar sein. Erfüllen sie dieses Kriterium, können sie selbstverständlich scheinende Grundüberzeugungen bewusst machen und ihre Infragestellung anregen. So kann der der Philosophiegeschichte eingeschriebene Bruch mit dem Alltagsbewusstsein die eigenständige Urteilsbildung der Lernsubjekte anreizen, d. h. sie dazu bewegen, sich ihrer oft unreflektierten prinzipiellen Standpunkte (Backings) bewusst zu werden, sie aktiv zu rekonstruieren und argumentativ weiter zu begründen – was zugleich die Möglichkeit ihrer Revision eröffnet (vgl. Stelzer: Lebensweltbezug in diesem Band).

Beispielsweise gewinnen Schüler durch die Auseinandersetzung mit Kants kategorischem Imperativ ein bewussteres Verhältnis zu ihrem oft unreflektiert vertretenen ethischen Relativismus, nach dem „jeder selbst wissen muss", wie er mit normativen Ansprüchen umgeht. Vergleichbares geschieht innerhalb der Erkenntnistheorie mit einem allwärts verbreiteten Naiven Realismus als Antwort auf die Frage, wie wir zu sicherer Erkenntnis gelangen; durch seine Kontrastierung mit konstruktivistischen oder rationalistischen Ansätzen verwandelt er sich in einen reflektierten Realismus – wo er nicht sogar in eine konstruktivistische resp. rationalistische Auffassung von Erkenntnis umschlägt.

Für einen die eigenständige Urteilsfähigkeit aktiv anregenden Philosophieunterricht gilt es also zuerst einmal, ein philosophisches Problem zu entwickeln und begrifflich zu fixieren (vgl. Tiedemann 2013, 92 ff sowie Tiedemann: Problemorientierung in diesem Band). Daraufhin sind die für die Problemlösung relevanten Alltags- oder Präkonzepte der Lernsubjekte, denen erst in jüngster Zeit philosophiedidaktische Aufmerksamkeit zuteilwurde (vgl. Rohbeck 2014), zu *diagnostizieren*. Die in der Philosophiegeschichte vertretenen common-sense-Positionen liefern dazu heuristische Anhaltspunkte: Mit ihrer Hilfe können entsprechende Hypothesen formuliert werden, die es durch den Einsatz geeigneter Diagnoseinstrumente, wie sie etwa der *PHILOMAT* (Buschlinger et al. 2009) mit seinen kurzen Problemaufrissen und Fragen zu unterschiedlichen Themenfeldern bietet, zu erhärten gilt.

Liegt eine begrifflich klare Fragestellung und im Hinblick auf ihre intuitive Beantwortung ein belastbarer Diagnosebefund vor, dann bildet dieser den Ausgangspunkt für die Planung des Unterrichtsvorhabens. Und zwar sollten die Unterrichtsgegenstände so ausgewählt werden, dass die diagnostizierten Alltagskonzepte im Verlauf des Vorhabens durch kontraintuitive philosophische Positionen oder zumindest solche mit kontraintuitiven Elementen irritiert werden. Ist z. B. in Hinsicht auf die Frage, wem gegenüber man aufrichtig sein sollte, die *Bevorzugung der eigenen Gruppe* als dominierendes moralisches Alltagskonzept in einer Lerngruppe festgestellt worden, dann ist die Entscheidung für eine universalistische Vernunftethik, also für Kants ethische Position, didaktisch sinnreich.

Nun stellt die Option für kontraintuitive Philosopheme die Lehrkraft vor besondere Herausforderungen: Es müssen Brücken geschlagen werden von den Alltagskonzepten zu den sie irritierenden Kontra-Positionen, die deren Verstehen erleichtern und sie dem Lernsubjekt zugänglich machen. Wer etwa weiß, wo, bedingt durch Alltagsorientierungen wie *Mitgefühl* oder die *Bevorzugung der eigenen Gruppe*, Hindernisse in der Erschließung der Kantischen Ethik liegen, der kann, bezogen auf das spezifische Vorverständnis seiner Lerngruppe, die Erarbeitung ihres rationalistischen und universalistischen Grundzuges durch entsprechende Vorentlastungen und/oder Transferaufgaben vertiefen. Diese Brücken können auch in verunsichernden Anfragen an die festgestellten Alltagskonzepte bestehen oder darin liegen, die intellektuelle Aneignung der Kontra-Positionen durch langsam zu ihnen hinführende Argumente zu erleichtern.

Ist das Verständnis der präsentierten Ansätze mit ihren kontraintuitiven Elementen sichergestellt, kann der kognitive Konflikt seine eigentliche Wirkung entfalten. Selbstgesteuert werden die Lernsubjekte, durch ihn provoziert, eine argumentative Beurteilung dieser Ansätze vornehmen. Dabei werden ihnen ihre eigenen Präkonzepte als Basis für die kritische Beurteilung bewusst; diese erfahren zugleich eine argumentative Durchklärung und Legitimation. So bilden die kontraintuitiven Philosopheme Katalysatoren zur Anregung der Urteilsfähigkeit, weil sie deren philosophische Voraussetzungen explizit machen und zu ihrer weiteren Begründung oder auch reflektierten Revision Anlass geben. Es kommt zu einer diskursiven Verflüssigung der philosophischen Grundorientierungen oder, vom Lernsubjekt aus gedacht, zur Befreiung von das Alltagsdenken steuernden, scheinbar naturwüchsigen Elementarvorstellungen – und dadurch zum autonomeren Umgang mit ihnen.

Dialektische Kontrastierungen als Fundament zur Entwicklung der Urteilskraft

„Astronomen sagen, Licht brauche vier Jahre, um vom nächstgelegenen Stern bis zu uns zu gelangen. Doch in diesen vier Jahren könnte der Stern aufgehört haben zu existieren, und wir können nichts sehen, was existiert. Sehen wir also jemals einen Stern?"

Anhand dieser von Jay F. Rosenberg stammenden Problemstellung versucht Helmut Engels in einem wichtigen Beitrag von 1990 zu bestimmen, was eigentlich ein philosophisches Problem ist. Seine Antwort lautet: Ein philosophisches Problem liegt vor, „wenn zwei Positionen gegeben sind (1), die aus guten Gründen Respekt verdienen (2), die aber in einem unvereinbaren Gegensatz zueinander stehen (3), den es, um Einheit [des Wissens] herzustellen, aufzulösen gilt (4)" (Engels 1990, 128). Philosophische Probleme legen also zwei gegensätzliche Lösungsansätze nahe, die, werden sie vertiefend begründet, beide plausible Argumente für ihren Geltungsanspruch anführen können; diese Argumente werfen die Frage auf, welche Position Recht hat. Ihre Beantwortung kann, muss aber nicht zu einer Synthese beider Positionen führen. Ein gutes Exempel für ein solches Problem ist die Frage nach der Willens- oder Entscheidungsfreiheit: Sowohl ihre Bejahung als auch ihre Verneinung kann mit guten Gründen verteidigt werden; wer dabei die eine Position vertritt, verwirft notwendig die andere. Der Kompatibilismus stellt dann den Versuch dar, eine Synthese beider Positionen herzustellen.

Sicher besitzen nicht alle philosophischen Probleme die von Engels aufgewiesene dialektische Struktur, aber wenn sie ihnen inhärent ist und wenn das Problem außerdem die Lernsubjekte etwas angeht (vgl. Gehardt 1999, 47), dann liegt hierin eine spezifische Möglichkeit, die Urteilsfähigkeit durch kognitive Konflikte nicht nur anzuregen, sondern darüber hinaus gezielt zu entwickeln. Diese Form von Problemen provoziert nämlich zwei gegensätzliche Intuitionen oder intuitive Urteile (Meinungen), die zu ihrer Lösung naheliegen und die die Lernsubjekte dadurch in einen kognitiven Konflikt treiben.

Moralische Dilemmata, Konfliktsituationen also, bei deren Entscheidung für eine Handlungsalternative man *eine* moralische Grundorientierung über eine *andere* stellt, die mit einem vergleichbaren Erfüllungsanspruch auftritt, fordern derartige konträre Intuitionen heraus, eben die spontane Dezision für die eine oder die andere Handlungsweise. Beispielsweise haben wir bei der Frage, ob Folter in extremen Fällen wie dem sog. *Ticking-Bomb-Szenario* (vgl. Zoglauer 2007, 33 ff.) erlaubt ist, i. d. R. entweder eine deontologische oder eine utilitaristische Intuition. Ein weiteres probates Mittel, im Philosophieunterricht Intuitionen heraus zu präparieren, stellen Gedankenexperimente dar. Besonders in maieutischer Absicht eingesetzt (vgl. Engels 2004, 223 f sowie in diesem Band) können sie helfen, prima facie verborgene intuitive Antworten bzw. Urteile zu philosophischen Problemfragen bewusst machen.

Häufig tritt die Gegensätzlichkeit unserer Intuitionen erst bei genauerer Durchdringung der Problemstellung zu Tage, ja oft wird dadurch das erste intuitive Urteil erschüttert und durch ein nachfolgendes konträres flankiert. Um diesen Effekt zu erreichen, können auch gegenläufige Gedankenexperimente zur selben Problemstellung zum Zuge kommen.

Ein Beispiel aus dem Themenfeld Leib-Seele: Die Annahme, ich müsste – auf Leben und Tod – wählen, entweder meinen Körper gegen einen anderen zu tauschen und dabei mein inneres Selbst zu behalten oder mein inneres Selbst gegen ein anderes herzugeben und meinen Körper zu behalten (vgl. Blackmore 2000, 348 f.), führt fast immer zu einer dualistischen Intuition: Lieber gebe ich meinen Körper her, weil der doch nicht mein wirkliches Seelen-Selbst ausmacht. Ich bin in meinem Kern folglich eine vom Körper unabhängige Seelensubstanz. Nehme ich hingegen literarisch fiktiv an, ich sei ein philosophischer Kopf, der am liebsten nachdenkt, und bei einem Unfall habe nur mein Gehirn mit dem Augensinn überlebt und könne nun, in einer Nährflüssigkeit liegend, unbehelligt vom Körper und anderen Begierden ungestört nachdenken (vgl. Dahl 1967), dann gelange ich zu einer monistischen Intuition: Mein eigentliches Selbst erscheint als ein Appendix meines Körpers, der mich mit der Welt und anderen Menschen vermittelt. Primär bin ich ein physisches Wesen.

Geeignete Methoden zur Bewusstmachung konträrer Intuitionen sind damit angesprochen, aber worin liegt das besondere didaktische Potenzial dieser Intuitionen selbst? Wenn philosophische Urteilskompetenz die Fähigkeit meint, getroffene Aussagen und Wertungen im Hinblick auf ihren Geltungsanspruch argumentativ unter Rekurs auf prinzipielle Voraussetzungen zu rechtfertigen, dann kann ihre Entwicklung genau an den konträren Intuitionen ansetzen: Gelangen die Lernsubjekte mit den entsprechenden Methoden zu jeweils einsichtigen und Prätention auf Geltung erhebenden polaren intuitiven Antworten auf philosophische Problemfragen, so drängt sich das Bedürfnis nach ihrer Klärung von selbst auf: Nur eine der beiden Antwortintuitionen kann wahr sein – und genau diese didaktische Fokussierung bringt ein Klärungsbedürfnis hervor, das die eigenen argumentativen Begründungen für die Richtigkeit der einen oder anderen Antwortintuition in einen wertend-urteilenden Modus versetzt.

Während beim Ausgang von einer einzigen Intuition die sie vertiefenden Begründungen strukturell nicht im urteilenden Modus vorgenommen werden, stellt der Ansatz bei konträren Vorstellungen eine besondere intellektuelle Herausforderung dar, die das argumentative Rechtfertigen dieser Vorstellungen in abwägend-urteilender Weise einfordert. Ausgehend von einem kognitiven Konflikt entwickeln die Lernenden *eigene* Argumente, die in ihrer Entstehung selbst auf die Wahrheitsfrage bezogen sind, da sie die Rechtfertigung oder Verwerfung *einer* der beiden Ursprungsintuitionen intendieren.

Das umrissene Verfahren des Ausgangs von konträren Intuitionen kann zwar dafür sorgen, dass die von den Lernsubjekten entwickelten argumentativen Legitimationen in wertend-urteilender Intention vorgenommen werden. Das Verfahren kann allerdings nicht sicherstellen, dass die gefundenen Argumente auch wirklich philosophisch dimensioniert sind, d. h. dass sie die Anfangsüberzeugungen durch – in der Terminologie des Toulmin-Schemas – passende Warrants und Backings gedanklich konsistent stützen.

Es ist daher zum Vollzug eines philosophischen Bildungsprozesses unabdingbar, den Lernenden Modelle philosophischer Gedankenführungen an die Hand zu geben, an denen sie durch Analyse lernen können, wie *philosophisch* argumentiert wird. Solche Modelle sind in Form von diskursiven Texten vorliegende philosophische Positionen aus der Philosophiegeschichte, in denen in der Absicht argumentiert wird, eine philosophische Frage durch Rückgang auf prinzipielle Orientierungen zu beantworten.

Allein dieses Kriterium reicht zur Textauswahl nicht hin. Didaktisch entscheidend ist die Auswahl von Positionen bzw. Textauszügen, deren Antworten auf die in Rede stehende Problemfrage konträr sind und die in ihrer Gegensätzlichkeit an die ursprünglich konträren Intuitionen anknüpfen. Wird ein solches Arrangement für ein Unterrichtsvorhaben oder eine -sequenz getroffen, dann erfahren die von den Lernsubjekten in urteilender Absicht selbst entwickelten Argumente eine Vertiefung durch Experten-Argumentationen, die sich zum selben philosophischen Problem ähnlich gegensätzlich positionieren wie die Lernsubjekte es in ihren eigenen Begründungen auch tun bzw. getan haben.

Am skizzierten Beispiel einer Sequenz zum Leib-Seele-Problem heißt das: Nachdem durch entsprechende Gedankenexperimente konträre Antwortintuitionen auf die Frage, wer ich eigentlich bin, bewusst gemacht wurden, wird – nach einer Phase der eigenständigen argumentativ-urteilenden Auseinandersetzung mit dem Geltungsanspruch beider Intuitionen – der dualistische Ansatz Descartes' einem materialistischen, etwa dem von La Mettrie oder Damasio, gegenübergestellt (vgl. Henke 2007). Beide gilt es zu erarbeiten. Die Schülerinnen und Schüler erschließen so genuin philosophische Begründungen zur Vertiefung ihrer Anfangsintuitionen und erhalten darin ein Modell für die Qualität ihrer eigenen anfänglichen Argumentationen.

Zugleich hat der Rückbezug der ausgewählten Positionen auf die anfänglichen konträren Intuitionen und ihre Begründungsversuche den didaktischen Vorzug, dass die Frage nach der Tragfähigkeit oder Plausibilität der ausgewählten Positionen gleich mitgestellt ist. Sie muss nicht von außen nachträglich an die Erarbeitung einer Position, etwa durch Lehrerintervention, angeschlossen werden, sondern legt sich von selbst nahe, denn ihr movens ist der kognitive Konflikt, der durch die Konfrontation von zwei entgegengesetzten, mit Geltungsanspruch auftretenden Positionen entsteht. Nicht unmittelbar, sondern nun vermittelt über die Erschließung philosophischer Argumentationen, werden die Lernsubjekte zum eigenen Urteilen stimuliert, zu einem Urteilen, das stets auf die Frage nach der Wahrheit resp. Geltung einer der beiden Ursprungsintuitionen zurückbezogen bleibt.

Wie schon bei der Konfrontation der Alltagskonzepte mit den kontraintuitiven philosophischen Modellen ist auch hier darauf zu achten, dass die fachphilosophischen Positionen verstanden wurden, bevor sie beurteilt werden. Dazu kann eine Sicherungs- und Transferphase nützlich sein, in der die erarbeiteten Argumentationen in Anwendungskontexten rekonstruiert werden müssen.

Mit diesem Vorschlag zu einer – in didaktischer Absicht vorgenommenen – dialektischen Auswahl und Anordnung der Lern- bzw. Beurteilungsgegenstände im Anschluss an eine Phase der Problemerschließung und ihrer intuitiven Lösung schließe ich an das Bonbon-Modell von Rolf Sistermann an (vgl. Sistermann 2008). In meiner Fassung hat es zwei Säulen im eigentlichen Erarbeitungsbereich, weshalb ich hier von einem *Zwei-Säulenmodell* oder besser von einem *dialektischen Bonbon* sprechen möchte.

Das dialektische Arrangement kann als Weiterentwicklung des einfachen Bonbonmodells im Hinblick auf die gezielte Förderung der Urteilsfähigkeit angesehen werden, die Sistermann in neueren Explikationen seines Modells ebenfalls stärker akzentuiert (vgl. Sistermann 2012/2015). Dabei entgeht es der Gefahr, die intuitiven Problemlösungen der Lernenden zu unverbindlichen Gedankenäußerungen zu degradieren, die dann durch die Expertenlösungen übertroffen und im weiteren Lernprozess abgelöst werden. In meiner dialektischen Variante des Modells bilden die Anfangsurteile der Lernsubjekte

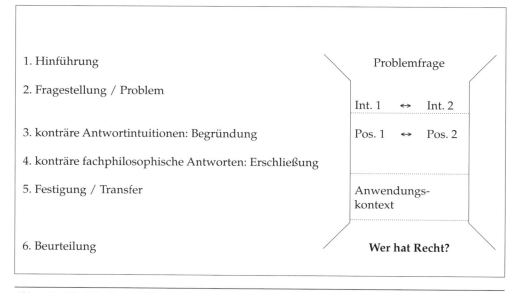

Abb. 3: Das Zwei-Säulenmodell/dialektisches Bonbon

das Grundkapital, ohne dessen Investition kein didaktischer Ertrag erwirtschaftet werden kann. Auf ihre Weiterentwicklung durch philosophische Expertise wird allerdings nicht verzichtet. Diese Expertise hat aber in ihrer dialektischen Anordnung neben der Aufgabe der qualitativen Ausbildung der anfänglichen Urteilsfähigkeit die Funktion, einen kognitiven Konflikt zu initiieren, der die Weiterentwicklung der philosophischen Urteilskraft der Lernsubjekte von sich selbst her herausfordert. Die Frage „Welche Position resp. welcher Autor Recht hat?" stellt sich durch das dialektische Arrangement nämlich notwendigerweise.

Philosophische Kritik als Mittel zur Qualifizierung der Urteilskraft

Die vorherigen Überlegungen haben ein Konzept skizziert, das die Urteilsfähigkeit der Lernenden dadurch entwickelt, dass es sie mit konträren Intuitionen und in der Folge mit darauf beruhenden Positionen konfrontiert. Damit ist aber noch nicht gewährleistet, dass die Schülerurteile über die erarbeiteten Positionen nach adäquaten Kriterien begründet werden und auf einer angemessenen Abstraktionsebene liegen.

In der Philosophiegeschichte finden sich zahlreiche Äußerungen von Philosophen zu anderen Denkern, die in kritischer bzw. beurteilender Absicht vorgebracht werden. Meist geht es dabei um die Abgrenzung der eigenen Position von anderen oder um die Plausibilisierung des eigenen Ansatzes durch argumentative Diskreditierung der Gegenposition(en). Dieser Schatz der Philosophiegeschichte an kritischen Argumenten kann didaktisch fruchtbar gemacht werden (vgl. Henke 2000). Dazu gilt es, in ein Unterrichtsvorhaben solche beurteilenden Äußerungen von Philosophen über Philosophen zu integrieren, welche die Urteilskompetenz der Lernenden im Hinblick auf Abstraktionsniveau und Urteilskriterien ausbilden können. Mit ihnen erhalten die Lernenden nun ein Modell für das argumentative Niveau *kritischer* Auseinandersetzungen mit philosophischen Positionen. Auch hier ist wieder dafür Sorge zu tragen, dass die Lernsubjekte die jeweiligen Einwände verstehen und darstellen können.

Der Einbezug beurteilender Einwände führt zudem dazu, dass der kritisierte Autor oder Text noch einmal unter beurteilendem Blickwinkel neu gelesen wird, um die Berechtigung der Kritik zu prüfen. Dazu gehört auch, dass der Text stark gemacht und gegen die erhobenen kritischen Einwände verteidigt wird (vgl. Reis 2006, 29 ff; Althoff 2012, 131 f.). Die mit der kritischen Lektüre einhergehende Frage nach der Stichhaltigkeit und Plausibilität der Kritik, pointiert ausgedrückt: nach der „Kritik der Kritik", setzt die selbstständige Urteilskraft der Schüler frei und ermöglicht die Entwicklung ganz eigenständiger kritischer Argumente zu philosophischen Gedankenführungen. Diese haben nun an den erarbeiteten Einwänden aus den Fachdiskursen ein Vorbild im Hinblick auf Argumentationsgehalt, Abstraktionsniveau und tragfähige Urteilskriterien.

Dabei hängen die Kriterien zur kritischen Beurteilung vom Themenbereich ab, dem die zu beurteilenden Ansätze angehören: In der Erkenntnistheorie z. B. greifen andere Kriterien als in der Ethik oder Politischen Philosophie (vgl. Zugänge zur Philosophie 2015, 174; 294; 386). Diese sollten die Lernenden kennen und anwenden. Die Fähigkeit, eigenständig philosophische Kritik zu üben, kann allerdings am nachhaltigsten durch die Auseinandersetzung mit konkreten, auf bestimmte Positionen bezogenen philosophischen Gegenargumenten ausgebildet werden – die dann im Nachhinein nach Kriterien geordnet und ggf. auch auf spezielle Formen der philosophischen Kritik zurückgeführt werden können (vgl. Diesenberg 2000, 88 ff.).

Wie fügt sich aber die Auswahl der Kritik in das dargelegte dialektische Arrangement der Unterrichtsgegenstände ein? Wenn im Interesse der Entwicklung von Urteilsfähigkeit konträre Positionen dargeboten werden, ist es sinnvoll, die als zweites zu erarbeitende Kontra-Position durch passgenaue kritische Einwände vorzubereiten. Das bedeutet, dass die präsentierte Kritik aus der Philosophiegeschichte solche Defizite der bereits erarbeiteten Position geltend macht, die durch die folgende Contra-Position ausgeglichen werden. Diese kompositorische Anordnung von Positionen bzw. Texten nach dem Prinzip des *Problemüberhangs*, der in der präsentierten Kritik namhaft gemacht wird, gewährleistet, dass die Probleme, die der erste Autor nicht hat lösen können, wirklich in den Blick der Lernsubjekte geraten und nicht nur zufällig von ihnen entdeckt – und d. h. ggf. auch übersehen – werden. Auf diese Weise lesen sie die Kontra-Position als eine Replik auf durch die Kritik aufgezeigte Widersprüche oder Leerstellen. Um die dialektische Bildungsbewegung hier nicht willkürlich zum Stillstand zu bringen, sind nach der Erschließung der Kontra-Position wiederum Argumente gegen sie aus der philosophischen Tradition anzubieten und in ihrer Plausibilität zu beurteilen.

Am skizzierten Beispiel einer Unterrichtseinheit zum Leib-Seele-Problem lässt sich dies erneut erläutern: So könnte sich an die Erarbeitung des cartesischen Dualismus die Auseinandersetzung mit Einwänden anschließen, die das Problem der Interaktion von res cogitans und res extensa aufwerfen, oder, wie Gilbert Ryle, die Hypostasierung des Denkens resp. Bewusstseins und damit einen Kategorienfehler bei Descartes monieren. Die folgende materialistische Position wird nun als eine Lösung der aufgezeigten Probleme wahrgenommen, die allerdings selbst wiederum durch passende Einwände in Frage gestellt wird (vgl. Henke 2007; Zugänge zur Philosophie 2015, 69 – 90). Den didaktischen Fokus dieser Sequenz bildet die abschließende Schüler-Beurteilung der Tragfähigkeit beider Positionen auf dem Boden der bereits erörterten kritischen Einwände: „Wer hat Recht in seiner Antwort auf die Frage ‚wer bin ich *eigentlich*?' – unter Einbezug der erarbeiteten philosophischen Positionen und ihrer Kritik?".

Das philosophisch begründete Urteil als Antwort auf diese Frage kann nun, etwa in Form eines Essays oder einer Problemerörterung, in eine (bewertbare) schriftliche Form gebracht werden. Ganz unabhängig davon lernt der Einzelne durch die aufgezeigten Arrangements eine eigene philosophische Position zu gewinnen und argumentativ zu rechtfertigen, was auch ihre mögliche Revision umfasst. So bilden kognitive Konflikte nicht nur die für eine offene Gesellschaft notwendige philosophische Urteilsfähigkeit gezielt aus, sondern liefern auch die Basis für eine lebendige intellektuelle Entwicklung in grundlegenden Orientierungen, wie sie Menschen als selbstreflexive Wesen im Laufe ihres Lebens gewöhnlich vollziehen.

Literatur

Albus, V.: „Ist philosophische Bildung messbar?", in: *Zeitschrift für Didaktik der Philosophie und Ethik* (2012), 336-345.

Althoff, M.: „Kritische Textarbeit in fünf Schritten", in: Franzen, H. (Hg.): *DenkArt 11*, Paderborn 2012, 131 f.

Blackmore, S.: *Die Macht der Meme*, Heidelberg, Berlin 2000.

Buschlinger, W.; Conradi, B.; Rusch, H.: *PHILOMAT. Apparat für weltanschauliche Diagnostik*, Stuttgart 2009.

Dahl, R.: „William und Mary", in: ders.: *Küsschen, Küsschen!*, Reinbek 1967, 22-58.

Diesenberg, N.: „Formen der philosophischen Kritik oder ‚Stimmt das eigentlich, was da im Text behauptet wird?'. Zur Schulung der kritischen Urteilskompetenz im Philosophieunterricht", in: Rohbeck, J. (Hg.): *Methoden des Philosophierens*, Dresden 2000, 76-107.

Gerhardt, V.: *Selbstbestimmung. Das Prinzip der Individualität*, Stuttgart 1999.

Engels, H.: „Vorschlag, den Problembegriff einzugrenzen", in: *Zeitschrift für Didaktik der Philosophie* (1990), 126-134.

Engels, H.: „*Nehmen wir an …*" *Das Gedankenexperiment in didaktischer Absicht*, Weinheim, Basel 2004.

Engels, H.: *Gedankenexperimente*, in diesem Band.

Henke, R. W.: „Dialektik als didaktisches Prinzip", in: *Zeitschrift für Didaktik der Philosophie und Ethik* (2000), 117-124.

Henke, R. W.: „Das Leib-Seele-Problem bei Descartes", in: *Zeitschrift für Didaktik der Philosophie und Ethik* (2007), 192-206.

Henke, R. W.; Rolf, B.: „Kompetenzorientiert unterrichten. Der neue Kernlehrplan Philosophie in NRW (S II)", in: *Zeitschrift für Didaktik der Philosophie und Ethik* (2013), 69-75.

Kant, I.: „Was heisst: sich im Denken orientieren?", in: ders.: *Werkausgabe Bd. V: Schriften zur Metaphysik und Logik I*, hrsg. von W. Weischedel. Frankfurt am Main 1977, 265-283.

Reis, B.: „Warum Denker und Texte Hilfe brauchen. Platons Schriftkritik im Unterricht", in: *Zeitschrift für Didaktik der Philosophie und Ethik* (2006), 24-39.

Rohbeck, J.: „Experimentelle Philosophiedidaktik", in: *Zeitschrift für Didaktik der Philosophie und Ethik* (2014), 3-8.

Schnädelbach, H.: „Philosophische Argumentationen", in: *Philosophie. Ein Grundkurs*, Bd. 2, hrsg. von

E. Martens und H. Schnädelbach, Reinbek 1985, 683-707.
Sistermann, R.: „Unterrichten nach dem Bonbon-Modell. Ein Musikvideo als Hinführung zur Reflexion über die Endlichkeit", in: *Zeitschrift für Didaktik der Philosophie und Ethik* (2008), 299-305.
Sistermann, R.: „Der Sinn des Lebens. Eine problemorientierte Unterrichtsreihe nach dem ‚Bonbon-Modell'", in: *Zeitschrift für Didaktik der Philosophie und Ethik* (2012), 296-306.
Sistermann, R.; Wittschier, M.: „Problemorientierter Philosophieunterricht nach dem Bonbonmodell", in: *Zeitschrift für Didaktik der Philosophie und Ethik* (2015), 60-68.
Stelzer, H.: „Lebensweltbezug", in diesem Band.
Tiedemann, M.: „Problemorientierte Philosophiedidaktik", in: *Zeitschrift für Didaktik der Philosophie und Ethik* (2013), 85-96.
Tiedemann, M.: Beitrag zur Problemorientierung in diesem Band.
Toulmin, S. E.: *The Uses of Argument*, Cambridge 1958.
Zoglauer, T.: *Tödliche Konflikte. Moralisches Handeln zwischen Leben und Tod*, Stuttgart 2007.
Zugänge zur Philosophie, erarbeitet von L. Aßmann u. a. Qualifikationsphase, Berlin 2015.

4.4 Anschaulichkeit und Abstraktion

MATTHIAS TICHY

Das Begriffspaar von Anschaulichkeit und Abstraktion bezeichnet in der Didaktik einen Gegensatz, der oft in Analogie zu der erkenntnistheoretischen Unterscheidung zwischen Anschauung und Begriff verstanden wurde bzw. wird. Trotz des gemeinsamen Wortstammes ist aber das didaktische Prinzip der Anschaulichkeit nicht aus dem erkenntnistheoretischen Begriff der Anschauung abzuleiten, und so lässt sich durch Verdeutlichung dieses Unterschieds einiges zur Klärung beitragen (I). Ähnliches gilt für den Begriff der Abstraktion. In der philosophischen Tradition ebenso wie im alltäglichen Sprachgebrauch dominiert das Modell eines Aufstiegs vom Konkret-Anschaulichen zum Abstrakt-Begrifflichen, aber eine genauere Klärung des Abstraktionsbegriffs ebenso wie neuere Ergebnisse der Kognitions- und Entwicklungspsychologie zeigen, dass dieses Modell für die Beschreibung von Lernprozessen nicht angemessen ist (II). Schließlich ist die spezifisch philosophiedidaktische Frage zu stellen, ob bzw. in welcher Weise Anschaulichkeit für den Philosophieunterricht als didaktisches Prinzip gelten kann, wenn Philosophieren als Orientierung im Bereich der Grundsätze des Denkens und Handelns mit begrifflichen Mitteln verstanden wird (III).

(I) In der „Großen Didaktik" von Johann Amos Comenius ist das didaktische mit dem erkenntnistheoretischen Begriffspaar eng verbunden. Comenius geht davon aus, dass die „Kenntnis der Dinge nichts anderes ist als das innerliche Schauen der Dinge", und bestimmt Lehren als „Methode, nach der die Dinge dem Geist so vorgeführt werden, daß er sie sicher und rasch erfaßt und durchdringt". Die „äußeren Sinne" als Diener des Geistes liefern den „Stoff", und die Dinge müssen den äußeren Sinnen möglichst nahegebracht werden, damit sie sich im „Spiegel des Verstandes" deutlich abbilden. Daraus ergibt sich die „goldene Regel für alle Lehrenden", dass alle Lerngegenstände „wo immer möglich den Sinnen vorgeführt" werden sollen. Zur Begründung verweist Comenius erstens auf den Grundsatz der sensualistischen Erkenntnistheorie, dass der „Anfang der Kenntnis [...] immer von den Sinnen ausgehen" und die „Lehre mit einer Betrachtung der wirklichen Dinge beginnen [müsse], statt mit ihrer Beschreibung durch Worte". Zweitens sei die „Erfahrung der eigenen Sinne" verlässlicher als ein Vernunftschluss oder der Bericht einer anderen Person. Sein drittes Argument ist nicht erkenntnis-, sondern lerntheoretischer Art: Comenius behauptet, dass das selbst Wahrgenommene besser im Gedächtnis bleibe als das, was lediglich indirekt durch einen Bericht bekannt wurde (Comenius 1657, 135-137).

Comenius zufolge wird das Allgemeine nicht durch generalisierende Abstraktion aus ähnlichen Anschauungen gewonnen, sondern in der Innenschau erfasst. Ob eine solche intellektuelle Anschauung möglich ist, kann hier ebenso offen bleiben wie die weitere erkenntnistheoretische Frage, ob sich Erkenntnis aus Elementen der Anschauung zusammensetzt oder, wie Kant annimmt, zwar „mit der Erfahrung anhebt", aber nicht gänzlich „*aus* der Erfahrung [entspringt]" (Kritik der reinen Vernunft, B 1). Bestimmend für die Entwicklung der neuzeitlichen Pädagogik war in jedem Fall das Modell des Lernens nach dem Vorbild des Erkennens, wonach der Gegenstand zunächst in der Anschauung unmittelbar gegeben ist und sich daran ein Aufstieg zu Allgemeinbegriffen, eine Systematisierung oder ein Urteil unter Anwendung von Begriffen anschließt. So bestimmt Pestalozzi die Anschauung als „das bloße vor den Sinnen stehen der äusseren Gegenstände und die bloße Regmachung des Bewußtseyns ihres Eindrucks", womit „die Natur allen Unterricht an[fängt]" (Pestalozzi 1801, 311). Dessen Zweck besteht in der Aneignung „deutliche[r] Begriffe" (ebda., 306), womit Lernen als Fortgang vom Anschaulichen zum Begrifflichen bestimmt ist. Dieser Grundgedanke findet sich auch in der gegenwärtigen Didaktik wieder, etwa wenn Anschaulichkeit als „didaktisches Prinzip" bestimmt wird, das „hohe Wirklichkeitsnähe, Erlebnistiefe oder Vorstellungsklarheit" herbeiführt (Riedl 2010, 167). Dagegen erscheinen Begriffe dann als formal und leblos, aber da Unterricht nun einmal ihre Aneignung zum Ziel haben soll, ergibt sich unter diesen Voraussetzungen von vornherein ein Defizit, was die Erfüllung der Forderung nach Anschaulichkeit betrifft.

Aus der Anschauung als dem „absoluten Fundament aller Erkenntnis" (Pestalozzi 1801, 305) lässt sich das Unterrichtsprinzip der Anschaulichkeit aber nicht ableiten. Denn (1) ist der erkenntnistheoretische Begriff der Anschauung deskriptiv, die Regel der Anschaulichkeit hingegen normativ. In der Anschauung ist ein wahrnehmbarer Gegenstand für die Sinne in Abhängigkeit von der Wahrnehmungssituation entweder gegeben oder nicht. Hingegen kann die Norm der Anschaulichkeit mehr oder weniger erfüllt sein, wobei das Kriterium dafür nicht nur relativ zur Art der Darstellung ist, sondern auch zur Vorstellungswelt des Adressaten. Daraus ergibt sich, dass (2) von Anschaulichkeit im didaktischen Sinn nur die Rede sein kann, wenn außer der wahrnehmenden Person (A) eine weitere Person (B) mitwirkt (oder die Person A über reflexive Distanz und geeignete Problemlösestrategien verfügt): B stellt gegenüber A den Sachverhalt P in der Weise M dar, wobei M an der Norm der Anschaulichkeit zu messen ist. Der Erfolg von B's Handlung hängt davon ab, ob die Darstellungsart M so gewählt wurde, dass der Sachverhalt P für den Adressaten A verständlich wird, dieser also aufgrund seiner Wahrnehmungs- und Vorstellungsfähigkeit sowie seines bereits erworbenen Wissens in der Lage ist, B's Darstellung einen Sinn abzugewinnen und sich auf den von B intendierten Sachverhalt zu beziehen. B kann diese Bezugnahme von A weder erzwingen, noch kann er sie A, sozusagen als dessen Stellvertreter, abnehmen. Diese „Unvertretbarkeit" der eigenen Perspektive ist für die Anschauung charakteristisch (vgl. Thomas 2001, 107), und in diesem Punkt sind der erkenntnistheoretische Begriff der Anschauung und die didaktische Regel der Anschaulichkeit miteinander verbunden.

Anschaulichkeit (im didaktischen Sinn) ist also nicht im Kontext der dyadischen Relation von Anschauendem und Angeschauten (innerhalb einer Wahrnehmungssituation) zu bestimmen, sondern setzt eine triadische Situation voraus, in der eine Person (B) im Beisein einer anderen (A) auf etwas zeigt (P) und A's Reaktion als Indiz dafür versteht, dass sich A ebenfalls auf den von B intendierten Gegenstand bzw. Sacherhalt bezieht. Die Fähigkeit zu „gemeinsamer Aufmerksamkeit" wird, wie Michael Tomasello darlegt, bereits im Alter von neun bis 15 Monaten ausgebildet. In diesem Alter sind Kinder in der Lage, ihren Umgang mit Gegenständen und anderen Personen so zu koordinieren, dass eine triadische Beziehung entsteht, ein „referentielles Dreieck von Kind, Erwachsenem und Gegenstand oder Ereignis [...], auf den bzw. das beide ihre Aufmerksamkeit gemeinsam richten" (Tomasello 2002, 78). Diese triadische Beziehung ist charakteristisch für die spezifisch menschliche Form kulturellen Lernens. Sie kommt zustande, wenn der eine in der Lage ist, den anderen als „intentionales Wesen" zu verstehen, sich also in ihn hineinzuversetzen, das heißt nicht nur (durch Imitation) „*vom* anderen, sondern auch *durch* den anderen [zu] lernen" (Tomasello 2002, 15). Auch wenn es andere Formen des Lernens gibt, spricht einiges dafür, Lehr-Lernprozesse im Philosophieunterricht weitgehend als Verständigungsprozesse nach dem Modell gemeinsamer Aufmerksamkeit zu verstehen. In deren Verlauf ist Anschaulichkeit gefordert, wenn die Verständigung zwischen Lehrenden und Lernenden gefährdet ist, vor allem wenn bereits die gemeinsame Bezugnahme auf einen Gegenstand oder einen Sachverhalt zu scheitern droht. Welche Art der Veranschaulichung in solchen Situationen zweckmäßig ist, hängt dabei weniger von der Realitätsnähe der Darstellung ab als davon, mit welchen Darstellungsformen die Beteiligten vertraut sind.

Dass Anschaulichkeit (im didaktischen Sinn) nicht in Anschauung aufgeht, zeigt sich (3) auch daran, dass die Forderung nach Anschaulichkeit – anders als Anschauung – mit dem Prinzip der „Sachgemäßheit" in Konflikt geraten kann. Der Einsatz von Abbildungen und Modellen birgt das Risiko, dass Merkmale, die durch die gewählte Darstellungsform bedingt sind, fälschlich auf den Gegenstand übertragen werden. So werden beispielsweise Elektronen und die Bestandteile des Atomkerns oft mit Hilfe von farbigen Kugeln dargestellt, aber die Farben sind nur als symbolische Mittel der Unterscheidung zu verstehen, nicht als ikonische Abbilder von wirklichen Merkmalen der Elektronen, Neutronen oder Protonen. Im Politikunterricht ist der Gebrauch von Diagrammen üblich, in denen einzelne Funktionsträger, Gremien oder die Menge der Wahlberechtigten als Rechteck und ihre wechselseitige Abhängigkeit mit Pfeilen dargestellt sind; derartige „logische Bilder" (Horz 2009, 110) sollen funktionale Beziehungen veranschaulichen, was gerade nicht gelingt, wenn Merkmale der graphischen Objekte auf die Realität übertragen werden. Wer etwas anschaulich darstellt, verlangt vom Adressaten kein einfaches Hinschauen, sondern eine bestimmte Weise des Sehens, das bereits eine Abstraktion im Sinn eines Absehens von bestimmten Merkmalen einschließt. So fordert Sokrates seinen Gesprächspartner Glaukon auf, Menschen in einer Höhle zu „sehen", und setzt seine Darstellung fort, nachdem Glaukon ihm versichert hat, dass er „sehe" (Platon *Politeia*, 514a). Im weiteren Verlauf des Gesprächs bezeichnet Glaukon Sokrates' Bild als „wunderlich" (ebd. 515a), sieht jedoch keinen Grund, eine Korrektur zu verlangen oder sich von ihm abzuwenden. Er abstrahiert von den Merkmalen des Bildes, denen er keinen Sinn abgewinnen kann, und kann daher Sokrates' Darstellung weiter folgen.

(II) Schülerinnen und Schüler sind recht früh im Umgang mit bildlichen Darstellungen und Modellen so weit geübt, dass sie sie als Veranschaulichungen von Aussagen verstehen und nicht als realistische Abbildungen, die in jedem ihrer Merkmale zutreffend sind. Beispielsweise akzeptieren Schülerinnen und Schüler der Sekundarstufe I den mathematischen Satz, dem zufolge sich zwei in derselben Ebene liegende, nicht parallele Geraden in genau einem Punkt schneiden, auch wenn die Darstellung an der Tafel oder auf der Projektionswand bei genauem Hinsehen weder zwei perfekte Geraden noch einen ausdehnungslosen Schnittpunkt zeigt. Wie Sokrates im Anschluss an das Liniengleichnis anmerkt, bedienen sich die Mathematiker zwar der „sichtbaren Gestalten" und beziehen sich mit ihren Aussagen auf sie, „unerachtet sie nicht von diesen handeln, sondern von jenem, dem diese gleichen, und um des Vierecks selbst willen und seiner Diagonale ihre Beweise führen, nicht um dessen willen, welches sie zeichnen" (Platon *Politeia*, 510d). Man hat es hier mit einer doppelten Referenz zu tun, die typisch für den Veranschaulichungsprozess ist, da ein Sachverhalt durch einen anderen dargestellt wird und der Betrachter in jeweils anderer Weise seine Aufmerksamkeit auf jeden der beiden Sachverhalte lenken muss. Ohne diese Abstraktionsleistung kann die Forderung nach Anschaulichkeit nicht erfüllt werden.

Was Mathematiker untersuchen, ist invariant gegenüber veränderlichen Merkmalen und lässt sich, wie Aristoteles sagt, durch „Wegnahme" aus dem sinnlich Wahrgenommenen gewinnen. Aristoteles verwendet dafür den Ausdruck τὰ ἐξ ἀφαιρέσεως (Aristoteles *Metaphysik*, XI 3, 1061a 28), den Boethius mit dem lateinischen Wort *abstrakt* übersetzt. Abstraktion erfasst im Bereich des Wahrnehmbaren und Bewegten das Bleibende, Invariante, von dem ein begründbares und lehrbares Wissen möglich ist. Der Abstraktionsprozess führt so gesehen nicht von der erlebten, sinnlich wahrgenommenen Wirklichkeit fort in eine andere Sphäre, sondern lenkt die Aufmerksamkeit auf invariante Merkmale im anschaulich Gegebenen, wodurch die wiederholte Bezugnahme und so auch Verständigung möglich wird.

Ob Abstraktion (als „formale") nur die Betrachtungsweise der Gegenstände betrifft oder (als „totale") den Zugang zu einer intelligiblen Wirklichkeit eröffnet, ist eine Streitfrage, die die Philosophie lange beschäftigt hat, hier aber nicht verfolgt werden muss (vgl. Aubenque et al. 1971, Sp. 42 f.). Im didaktischen Kontext ist von Bedeutung, dass die Ausdrücke *abstrakt* und *Abstraktion* neue Konnotationen hinzugewonnen haben, die teilweise auch einen kritisch-wertenden Begriffsgebrauch ermöglichen. Zunächst (1) ist die Verbindung des Abstrakten mit dem Allgemeinen zu nennen; während *Abstraktion* zunächst nur den Vorgang der Trennung im Sinn des gedanklichen Absehens von Merkmalen bezeichnet, wird darunter zunehmend auch der Prozess der Generalisierung verstanden (Aubenque, Oening-Hanhoff 1971, Sp. 33). Damit verbunden ist (2) die Annahme, dass durch fortschreitende Abstraktion Begriffe gebildet werden können und auch ihre Aneignung in Lernprozessen als Nachvollzug von Abstraktionsprozessen zu verstehen ist. Begriffe lassen sich wiederum (3) unterteilen in konkrete, die sich auf Erfahrungsgegenstände beziehen, und abstrakte, die das nur Denkbare, nicht Wahrnehmbare bezeichnen. Diese Unterscheidung kollidiert mit der Annahme (2), wonach Begriffe als solche bereits abstrakt sind, und so bezeichnet Kant (4) alle Begriffe als abstrakt und unterscheidet nur zwischen ihrem konkreten bzw. abstrakten „Gebrauch" (Kant 1800, § 16). Dennoch wird weiterhin zwischen konkreten und abstrakten Begriffen unterschieden und das Begriffspaar *konkret – abstrakt* auch auf die bezeichneten Gegenstände selbst angewendet, womit es eine ähnliche Bedeutung erhält wie das Paar *sinnlich – nichtsinnlich* (5). Im Pragmatismus wird das Abstrakte dann auch als das Theoretische verstanden, dem der Bezug zur alltäglichen Praxis fehlt (6) (vgl. Martens 2014, 82). Auf die ursprüngliche Bedeutung des Abstrakten greift schließlich Hegel zurück, wenn er (7) das Abstrakte als das Isolierte und Einseitige bestimmt und daraus ableitet, dass es der „ungebildete Mensch, nicht der gebildete" ist, der „abstrakt" denkt (Hegel 1807, 577). Damit wendet er sich gegen die verbreitete Auffassung, dass abstrakte Gedanken schwierige Gedanken seien, womit eine weitere Konnotation genannt ist, die sich in der Umgangssprache, aber durchaus auch in der didaktischen Literatur findet (8). Gegen eine unkritische Gleichsetzung von *abstrakt* mit *schwierig* lohnt es sich, an Hegels Argumentation anzuknüpfen, die auch unabhängig von seiner Lehre vom absoluten Begriff, der alle Merkmale in sich schließt und so gesehen gegenüber jeder einzelnen Bestimmung konkret ist, einiges an Überzeugungskraft behält.

Verbreitet ist jedoch der Begriffsgebrauch, dem zufolge *abstrakt* soviel bedeutet wie *allgemein* (1), *begrifflich* (2) und *nicht-wahrnehmbar* (5), sowie im Kontext wertender Urteile auch *lebensfern* (6) oder *schwierig* (8). Als Repräsentant für dieses Verständnis kann Arthur Schopenhauer gelten. Seine Kritik an philosophischen Systemen, die sich nur in Allgemeinbegriffen bewegen und daher unanschaulich und lebensfern sind, stützt sich auf den Grundgedanken, dass „Allgemeinbegriffe nur durch Wegdenken und Auslassen vorhandener Bestimmungen entstehn und daher je allgemeiner, desto leerer sind", dass also der „speziellste Begriff [...] beinahe real; und der allgemeinste Begriff [...] beinahe nichts als ein Wort" ist (Schopenhauer 1844, Kap. 6, 87 f.). Die verbreitete Skepsis gegenüber der Philosophie, sie sei „beinahe bloßer Wortkram" (ebd.) und daher lebensfern, nutzlos und obendrein noch schwierig, findet in Schopenhauers Kritik an den philosophischen Systemen seiner Zeit reichlich Nahrung. Seine Kritik bleibt aber ohne hinreichende Begründung. Denn Schopenhauers Prämisse, dass Abstraktion auf eine zunehmende Entleerung der Fülle des Anschaulichen hinausläuft und ihr Resultat daher im Vergleich mit der Anschauung „leer" sei, lässt sich nicht halten. Auch wenn im Verlauf des Abstraktionsprozesses von einer zunehmenden Zahl von Merkmalen abgesehen wird, besteht sein Resultat nicht allein in einer „leeren Hülse" (ebd.). Denn Begriffe sind mit Konstruktionsvorschriften verbunden, nach denen sie miteinander in vielfacher Weise zu Sinnzusammenhängen kombiniert werden können, und somit eröffnet Abstraktion einen Raum des Denkbaren, der durch Hypothesen, imaginierte Probehandlungen und Gedankenexperimente (vgl. die Beiträge von Henke und Engels, in diesem Band) ausgefüllt werden kann (1). Deren potentielle Vielfalt ist qualitativ eine andere als die Fülle des anschaulich Gegebenen, sofern das hypothetisch-Mögliche eben nur gedacht oder in fiktionaler Form dargestellt, aber nicht unmittelbar erlebt werden kann. Dem Diktum Schopenhauers, dass „das Abstrakte nie das Anschauliche ersetzen kann" (ebd., 89), ist also zuzustimmen, aber daraus folgt eben nicht, dass das Begrifflich-Abstrakte seinerseits durch das Anschauliche ersetzt werden könnte oder das Anschauliche in jeder Hinsicht vorzuziehen wäre. Gestützt wird diese Überlegung (2) durch die Kritik an der Annahme, Begriffsbildung bestehe in Abstraktion im Sinn eines fortgesetzten Wegnehmens. Denn wenn man von allen Merkmalen des Gegenstandes absieht, bleibt schließlich gar nichts zurück, worauf etwa Kant hinweist: „So ist z. B. der Begriff *Körper* eigentlich kein abstrakter Begriff; denn vom Körper selbst kann ich ja nicht abstrahieren, ich würde sonst nicht den Begriff von ihm haben." (Kant 1800, A 147; vgl. Cassirer 1923, 249-251) Um zu sinnvoll anwendbaren Begriffen zu gelangen, ist von einer Hypothese über invariante Merkmale auszugehen und der Gegenstand in unterschiedlichen Wahrnehmungssituationen oder auch eine Abfolge ähnlicher Gegenstände zu betrachten (Aubenque et al. 1971, Sp. 61). Diese Überlegung entspricht (3) den Ergebnissen der Kognitionspsychologie, denen zufolge der Gebrauch von Wörtern, insbesondere deren Neuzusammensetzung gemäß den Regeln der Syntax, die Beobachtung von Invarianten erst ermöglicht (Stern 2001, 180). Elsbeth Stern verweist in diesem Zusammenhang auch auf Wortbestandteile wie das Präfix *un–*, das benutzt werden kann, um Begriffe zur Bezeichnung „abstrakter Gegenstände" zu bilden wie etwa *unsichtbar* oder *unendlich* (ebd., 182). Das Ausprobieren der Möglichkeiten, die die Kombinationsregeln für Begriffe und die Syntax bieten, führt über das anschaulich Gegebene hinaus, und in dieser Hinsicht ist begriffliches Wissen reicher als die Anschauung.

(III) Unter den Voraussetzungen, dass (1) die Forderung nach Anschaulichkeit aufgrund der doppelten Referenz bereits die Fähigkeit zu bestimmten Abstraktionsleistungen voraussetzt und (2) Abstraktionsprozesse nicht zu „leeren" Begriffen, sondern in einen Raum neuer Denkmöglichkeiten führen, lassen sich Lernprozesse nicht mehr eindimensional als Übergang vom Anschaulichen zum Abstrakten beschreiben. Die didaktische Regel „So anschaulich wie nötig, so abstrakt wie möglich!" (Köck 2005, 348) blendet bereits vorhandene Abstraktionsfähigkeiten ebenso aus wie die Neugier auf hypothetisch-abstrakte Gedankenkonstruktionen. Im Hinblick auf den Ethik- und Philosophieunterricht vor allem in den unteren Klassenstufen bleibt genauer zu klären, über welche Abstraktionsfähigkeiten Kinder bzw. Jugendliche in Abhängigkeit von ihrem Alter und ihren Lernerfahrungen durchschnittlich bereits verfügen und welche Fähigkeiten gefördert werden können und sollen. Dabei ist nicht davon auszugehen, dass es eine generelle Abstraktionsfähigkeit im Sinn einer allgemeinen Problemlösekompetenz gibt, in deren Entwicklung das Ziel des Unterrichts bestehen könnte. Vielmehr sind qualitativ unterschiedliche Abstraktionsleistungen anzunehmen, beginnend bei der „Objektpermanenz", dem (praktischen) Wissen des Kleinkindes um die fortdauernde Existenz eines aus dem Wahrnehmungsfeld verschwundenen Gegenstandes, über die Perspektivenübernahme bis hin zur Aneignung nicht-alltagssprachlicher, theoretischer Begriffe. Die Fähigkeit zur Perspektivenübernahme und zum Gebrauch der entsprechenden sprachlichen Mittel ist ein Beispiel dafür, dass bereits erworbene Abstraktionsfähigkeiten im Ethik- oder Philosophieunterricht von Bedeutung sind, wenn es darum geht, ein Thema in methodisch abwechslungsreicher Weise zu behandeln, etwa als Rollenspiel oder in einer Debatte mit verteilten Gesprächsrollen.

Dagegen ist eine neue Abstraktionsleistung gefordert, wenn es um die Aneignung unbekannter Begriffe oder den Gebrauch alltäglicher Begriffe in einer neuen, spezifisch philosophischen Bedeutung geht. Die Notwendigkeit eines derartigen Abstraktionsschritts wird wohl in den meisten Fällen im Zusammenhang mit der Untersuchung eines Problems verdeutlicht, zu dessen genauer Beschreibung und Lösung die bekannten Begriffe und Grundsätze nicht ausreichen. Zum Beispiel verlangt die Auseinandersetzung mit einem alltäglichen moralischen Dilemma oft eine begriffliche Differenzierung, um eine Handlung als *richtig* beurteilen zu können, etwa wenn das Dilemma aus einem Widerspruch zwischen rechtlichen und moralischen Normen entsteht. Vergleichbare Abstraktionsschritte werden auch in anderen Unterrichtsfächern verlangt, etwa wenn im Physikunterricht die Unterscheidung zwischen *Kraft* und *Impuls* eingeführt werden soll. Am Beispiel dieses Vergleichs lässt sich eine besondere methodische Schwierigkeit des Philosophieunterrichts erkennen. In anderen Unterrichtsfächern sind oft geeignete Repräsentationssysteme verfügbar, um die gedankliche Arbeit zu unterstützen, etwa Syntaxdiagramme im Fremdsprachen- oder Kräfteparallelogramme im Physikunterricht. Diese Repräsentationssysteme helfen bei der Aneignung neuer Begriffe, indem sie sozusagen ein Standardmodell ihrer sinnvollen Anwendung anbieten und ihre Verwendung in bestimmte Richtungen lenken. Daher wird ein beträchtlicher Teil der Unterrichtszeit darauf verwendet, dass sich die Schülerinnen und Schüler die entsprechenden Darstellungstechniken aneignen und ihre Anwendung üben können. So geht die Aneignung neuer Begriffe und der Erwerb propositionalen Wissens mit der Aneignung eines entsprechenden Könnens im Gebrauch passender Darstellungsformen einher. Was in diesen Formen dargestellt wird, ist für alle Beteiligten eines Lehr-Lernprozesses zugänglich, und an der spezifischen Darstellungsform wird augenfällig, um welchen Typ von Sachverhalten es sich handelt, womit wiederum der Bereich sinnvoll anzuwendender Begriffe eingegrenzt wird.

Hingegen wird in der Philosophiedidaktik der letzten Jahre kontrovers diskutiert, welche Darstellungsformen der Philosophie angemessen sind. Die Verschiebung des Schwerpunkts von der Auseinandersetzung mit klassischen Texten hin zu einem problemorientieren Unterricht führte dazu, dass inzwischen im Philosophieunterricht der Oberstufe ein breites Spektrum von Text- und Gesprächsformen genutzt wird, ebenso Bilder (Maeger 2013) und Filme (Steenblock 2013). Einen weiteren Anlass zur Erprobung neuer Darstellungsformen bildete die Erweiterung des Ethik- und Philosophieunterrichts auf untere Klassenstufen bis hin zum „Philosophieren mit Kindern". Da Kinder und Jugendliche (noch) nicht über die Fähigkeit verfügen, komplexe Überlegungen durchgängig in sprachlich-diskursiver Form zu verstehen und auszudrücken, bieten sich Darstellungsformen an, die ihnen bereits vertraut sind, vor allem Erzählungen und Bilder (Nordhofen 1998, 128). Dass nicht-diskursive Medien in methodischer Hinsicht nützlich sind, ist allgemein akzeptiert (vgl. den Beitrag von Peters in diesem Band); strittig ist die Frage, ob beispielsweise nicht nur ein „Philosophieren mit Bildern" (Wiesen 2003), sondern ein „Philosophieren *in* Bildern" denkbar ist (vgl. Bohlmann 2013, 65 f.), ob narrative Texte philosophische Gedanken nur veranschaulichen können oder „literarisches Philosophieren" (Rohbeck 2013) möglich ist. Um „präsentative Formen" nicht nur als methodische Mittel, sondern auch didaktisch, aus der Bezugswissenschaft Philosophie heraus zu legitimieren, werden in diesem Zusammenhang Argumente angeführt, die das Verhältnis von Form und Inhalt der Philosophie insgesamt betreffen. Bezugspunkte sind etwa Wittgensteins Gedanke der Grenzen der Sprache sowie seine Unterscheidung von *sagen* und *zeigen*, die Möglichkeit nicht-propositionalen Wissens (vgl. Schildknecht 2003, 459) und metaphorisch-bildhafte Komponenten in philosophischen Texten (Schröder-Werle 2005, 48 ff.). Die Frage, in welchen Formen sich philosophisches Denken artikulieren kann, gehört nicht in die Philosophiedidaktik, die daher von „Glaubenskriege[n] um die literarische Form von Philosophie" (Wokart 1999) nicht direkt betroffen ist. Wenn allerdings didaktische Modelle mit fachphilosophischen Argumenten gestützt werden, ist deren Gehalt und Übertragbarkeit genau zu prüfen. So wird die Verwendung „präsentativer" neben „diskursiven" Formen im Philosophieunterricht oft mit Überlegungen von Ernst Cassirer und Susanne Langer gerechtfertigt, wonach Kunst und Wissenschaft (sowie Mythos und Religion) verschiedene, aber gleichwertige Formen der Welterschließung sind. Es trifft zu, dass für Cassirer „Erkenntnis" nur eine „einzelne Art der Formgebung darstellt" und die anderen Formen ebenfalls „gewisse Weisen der ‚Objektivierung'" sind (Cassirer 1923, 6). Jede dieser „Gestaltungen" konstituiert eine „eigene Seite des ‚Wirklichen'" (Cassirer 1923, 7), das anders als in diesen vielfältigen Formen gar nicht erfahrbar wäre. Daraus ergibt sich aber auch, dass diese Formen nicht wechselseitig füreinander substituierbar sind; die Funktion der einen kann nicht von einer anderen übernommen werden. Im Gegensatz dazu wird die These von der „Gleichberechtigung" präsentativer und diskursiver Formen oft so verstanden, als gehe es um eine Auswahl aus einem Angebot unterschiedlicher „Medien des Philosophierens" (Brüning 2003, 114), bei der lediglich methodische Gesichtspunkte ausschlaggebend sind. Brüning zufolge kann jeder, „der über ein philosophisches Problem nachdenkt, dies sowohl diskursiv, also mit Hilfe der Sprache tun, als auch nichtdiskursiv, z. B. durch visuelle Medien, indem er selbst ein Bild, eine Karikatur oder eine Collage anfertigt" (Brüning 2003, 132; zum Bezug auf Cassirer und Langer vgl. 90, Fußnote 60). Zu unterscheiden sind aber Formen, die die Gestalt eines Gegenstandes so bestimmen, dass er erst dadurch als Gegenstand eines bestimmten Typs zugänglich wird, von Medien, die „Zeichen (z. B. Sprachlaute, Buchstaben, Bilder) zwischen Subjekten und / oder Objekten mit dem Ziel der Informationsübertragung" vermitteln (Horz 2009, 104). Diesem Modell liegt die Annahme zugrunde, dass die „Information" als Gegenstand der Vermittlung weitgehend unabhängig von der Art seiner Übertragung ist, während Formen intern mit ihren Gegenständen verbunden sind. Wenn von „Gleichberechtigung" im Hinblick auf Medien die Rede ist, ist damit die grundsätzliche Brauchbarkeit jedes Mediums für einen beliebigen vorgegebenen Zweck der Informationsübertragung gemeint. Im Hinblick auf Formen im oben angegebenen Sinn kann dies offensichtlich nicht gelten, denn jede Form ist spezifisch für einen bestimmten Typ der Gegenstandskonstitution und der Erfahrung. Von Gleichberechtigung kann hier nur in dem Sinn der Unmöglichkeit die Rede sein, sie auf einer Werteskala anzuordnen, nicht im Sinn ihrer Austauschbarkeit.

Dass Cassirer nicht als Gewährsmann für die Gleichberechtigung präsentativer und diskursiver Formen des Philosophierens herangezogen werden kann, zeigt auch dessen Verständnis von Philosophie, die sich „erst in der Schärfe des Begriffs und in der Helle und Klarheit des ‚diskursiven' Denkens vollendet" (Cassirer 1923, 49). Allerdings schränkt Cassirer die Aufgabe der Philosophie darauf ein, das „Grundprinzip" der symbolischen Formen „zu verstehen und bewußt zu machen" (ebd.), aber auch wenn diese Aufgabe, etwa im Anschluss an die vier Grundfragen Kants (Kant 1800, A 25), weiter gefasst wird, ändert dies nichts daran, dass präzise Begriffe und schlüssige Argumente gebraucht werden, um philosophische Gedanken auszudrücken. Kants Unterscheidung zwischen einem Schul- und einem Weltbegriff der Philosophie ermöglicht jedoch eine wichtige Abgrenzung, was deren Bezeichnung als *abstrakt* betrifft. In beiden der von Kant angeführten Bedeutungen hat Philosophie es mit Begriffen zu tun und ist in der oben unter (2) angeführten Bedeutung abstrakt. Sofern aber „Philosophie nach dem Schulbegriffe" auf die „Idee eines Ganzen" gerichtet ist, hält sie außerdem von vornherein Distanz zu Fragen, die sich aus der alltäglichen Verwendung von Begriffen wie etwa *wahr* oder *gerecht* ergeben können, ist also auch in dem unter (6) genannten Sinn abstrakt. Hingegen ist Philosophie nach dem „Weltbegriffe" auf Zwecke gerichtet; ihr Ziel besteht nicht in der Lösung innertheoretischer Probleme durch Konstruktion eines systematischen Zusammenhangs, sondern betrifft jede Person unmittelbar, wenn sie nur Wissen dem Irrtum vorzieht, durchdachte Entscheidungen trifft und sich einer offenen Zukunft bewusst ist. An Kants Formulierung der ersten drei Grundfragen, nämlich am Gebrauch des Pronomens der ersten Person Singular, lässt sich ablesen, dass „Philosophie in dieser weltbürgerlichen Bedeutung" jede Person in ihrem Denken und Handeln angeht und so gesehen nicht abstrakt (im Sinne von (6)) ist. Überzeugender wird diese Überlegung in Kombination mit der Annahme, dass „nachmetaphysisches Denken" nicht auf die „letzten Zwecke der menschlichen Vernunft" (Kant 1800, A 23) zielt, sondern auf Grundsatzfragen, die im Verlauf von Verständigungsprozessen aufgeworfen werden. So gesehen ist Philosophie der „Versuch, begriffliches Licht in wichtige Erfahrungen des menschlichen Lebens zu bringen" (Bieri 2013, 11). Philosophische Arbeit ist gefordert, wenn unklar ist oder zu werden droht, wovon eigentlich die Rede ist, wenn ein Grundbegriff wie etwa der der Menschenwürde „plötzlich fremd und rätselhaft" erscheint (ebd.).

Auch wenn Philosophieren noch andere Tätigkeiten umfasst als das Untersuchen, Präzisieren und Anwenden von Begriffen und Argumenten (vgl. Martens 2007, 13 f.), lässt sich von hier aus ein Profil des Fachs Philosophie bestimmen, aus dem seine spezifische, nicht von anderen Fächern zu übernehmende Aufgabe erkennbar wird. Ein derartiges Profil hat durchaus einen unterrichtspraktischen Nutzen, weil es hilft, Schülerinnen und Schülern zu verdeutlichen, worauf es im Philosophieunterricht im Unterschied zu anderen Fächern ankommt. Außerdem dient es als Bezugspunkt zur Bestimmung der fachspezifischen Kompetenzen sowie der Bewertungskriterien (vgl. Henke 2012, 63). Am Profil des Faches Philosophie sollte durchaus abzulesen sein, dass es dort zuweilen abstrakter zugeht als in anderen Fächern. Gleichzeitig muss aber verdeutlicht werden, (a) in welchem Sinn dies gemeint ist, (b) dass Abstraktion nichts gänzlich Neues ist, da Schülerinnen und Schüler bereits tagtäglich bestimmte Abstraktionsleistungen vollbringen, etwa indem sie Begriffe gebrauchen oder Hypothesen aufstellen, (c) dass spezifische Abstraktionsleistungen auch in anderen Unterrichtsfächern vorausgesetzt und eingeübt werden und (d) dass Abstraktion nicht in eine Hinterwelt aus „leeren Hülsen" und leblosen Begriffen führt, sondern es ermöglicht, wichtige Sachverhalte und Probleme besser verstehen und beurteilen zu können, weil die verwendeten Begriffe und Kriterien geklärt sowie hypothetisch andere Beschreibungen und Beurteilungen erwogen werden können.

Dass abstraktes Denken im Sinne einer Klärung von Begriffen, Grundsätzen und Argumentationsformen nicht die gesamte Breite des Philosophierens ausmacht, deutet Bieri mit seinem Hinweis auf die „Erfahrungen des menschlichen Lebens" an; sie bilden sozusagen die Gegenstände, ohne die das „begriffliche Licht" nirgendwo reflektiert und somit ohne Effekt bleiben würde. „Erfahrung" ist hier nicht im erkenntnistheoretischen Sinn zu verstehen, sondern als erlebtes und sinnhaftes Geschehen, von dem berichtet oder erzählt werden kann. So gesehen ist es kein Zufall, dass Philosophie nicht nur in Form von Abhandlungen, Essays und Lehrbüchern, sondern auch in Lehrgedichten, Dialogen, Briefen, Autobiographien und Meditationen tradiert wird. Beispielsweise hat Descartes in seinen Meditationen fiktive und autobiographische Elemente eingefügt. Wie Gottfried Gabriel überzeugend darlegt, erfolgte dies unter einem „rhetorisch-didaktischen Gesichtspunkt": „Es geht darum, den Leser in eine narrativ fingierte, aber dennoch methodisch ernst gemeinte Denkbewegung hineinzuziehen (nicht zu zwingen), die ihm Wahrheiten so vermittelt, *als ob* er sie selbst gerade erst finden würde." (Gabriel 2003, 421) Die narrativen Komponenten dienen dazu, den (gleichwohl argumentativ aufgebauten) Gedankengang in einem Kontext möglicher Erfahrungen so darzustellen, dass die Leserin oder der Leser ihn wie einen eigenen vollzieht. Diese Unvertretbarkeit des Adressaten ist, wie oben dargestellt, typisch für Situationen, in denen das didaktische Prinzip der Anschaulichkeit zum Tragen kommt.

Gabriel zufolge besteht die Funktion narrativer Elemente in „Vergegenwärtigungsleistungen", d. h. darin, jemanden mit einem Gegenstand, Sachverhalt oder mit einer Situation bekannt zu machen. Dass es beim Einstieg in ein neues philosophisches Thema zunächst einmal darum geht zu zeigen, worin überhaupt das Problem besteht, dessen Bearbeitung der Mühe wert sein soll, darf als methodischer Gemeinplatz gelten. Aber diese Aufgabe der „Vergegenwärtigung" stellt sich nicht nur in einer vergleichsweise kurzen „Motivationsphase", sondern begleitet den gesamten Arbeitsprozess; die Rückbindung an den Kontext, aus dem sich das Problem ergibt und an dem hypothetische Lösungen erprobt werden können, muss auch in späteren Phasen möglich sein. Das philosophiedidaktische Prinzip der Anschaulichkeit verlangt, die Notwendigkeit der Untersuchung tradierter Deutungsmuster und überkommener Überzeugungen aus dem Kontext selbst erlebter oder stellvertretend nacherlebter Situationen zu verdeutlichen. Komplementär dazu verlangt das Prinzip der Abstraktion, die verwendeten Begriffe zu präzisieren und in Erwägung gezogene Grundsätze am Beispiel unterschiedlicher Situationen hypothetisch zu erproben. So verstanden ist Abstraktion kein „notwendiges Übel", vor dem Lernende so lange wie möglich bewahrt werden sollten, sondern die angemessene Form für Orientierungsleistungen in einem Feld, das bereits von Begriffen und Grundsätzen geprägt ist. Die komplementäre Beziehung von Anschaulichkeit und Abstraktion erinnert an Kants Formel, wonach „Gedanken ohne Inhalt [...] leer, Anschauungen ohne Begriffe [...] blind [sind]" (Kant *Kritik der reinen Vernunft*, B 75; vgl. Tiedemann 2014). Deren Kontext bildet jedoch die erkentnnistheoretische Frage nach der Möglichkeit und den Grenzen des Wissens, während für eine Erklärung der didaktischen Prinzipien von Anschaulichkeit und Abstraktion das Modell der Verständigung über ein gemeinsames Drittes paradigmatisch ist.

Literatur

Aubenque, P.; Oeing-Hanhoff, L.: „Abstrakt/konkret", in: Ritter, J. (Hg.): *Historisches Wörterbuch der Philosophie*, Bd. 1 A – C, Basel, Stuttgart 1971, Sp. 33-42.

Aubenque, P. u. a.: „Abstraktion", in: Ritter, J. (Hg.): *Historisches Wörterbuch der Philosophie*, Bd. 1 A – C, Basel, Stuttgart 1971, Sp. 42-65.

Bieri, P.: *Eine Art zu leben. Über die Vielfalt menschlicher Würde*, München 2013.

Bohlmann, M.: „Didaktik der philosophischen Gegenstände. Ein dritter Weg zwischen argumentativ-diskursiven und präsentativen Formen im Unterricht", in: Rohbeck, J. (Hg.): *Didaktische Konzeptionen*. Jahrbuch für Didaktik der Philosophie und Ethik 13, Dresden 2013, 65-82.

Brüning, B.: *Philosophieren in der Sekundarstufe. Methoden und Medien*, Weinheim, Basel, Berlin 2003.

Cassirer, Ernst: *Philosophie der symbolischen Formen. Erster Teil. Die Sprache*, [1923], Hamburg 2010.

Comenius, J. A.: *Große Didaktik*, [1657], 8. überarb. Aufl., Stuttgart 1993.

Gabriel, G.: „Zwischen Wissenschaft und Dichtung. Nicht-propositionale Vergegenwärtigungen in der Philosophie", in: *Deutsche Zeitschrift für Philosophie* 51 (2003), 415-425.

Hegel, G. W. F.: „Wer denkt abstrakt?", in: ders.: *Jenaer Schriften 1801-1807*, Werke in zwanzig Bänden, Bd. 2, Frankfurt am Main 1970, 575-581.

Henke, R. W.: „Ende der Kunst oder Ende der Philosophie? Ein Beitrag zur Diskussion um den Stellenwert präsentativer Materialien", in: *Zeitschrift für Didaktik der Philosophie und Ethik* (2012), 59–66.

Horz, H.: „Medien", in: Wild, E. (Hg.): *Pädagogische Psychologie*, Berlin 2009, 103-133.

Kant, I.: „Logik. Ein Handbuch zu Vorlesungen", in: ders.: *Werke in zehn Bänden*, Bd. 5, Darmstadt 1968.

Köck, P.: *Handbuch der Schulpädagogik. Für Studium, Praxis, Prüfung*, 2. überarb. und erw. Aufl., Donauwörth 2005.

Maeger, S.: *Umgang mit Bildern. Bilddidaktik in der Philosophie*, Paderborn, München u. a. 2013.

Martens, E.: „Anschaulich philosophieren – (wie) geht das?", in: Brünning, B.; Martens, E. (Hg.): *Anschaulich philosophieren mit Märchen, Fabeln, Bildern und Filmen*, Weinheim, Basel 2007, 9-17.

Martens, E.: „John Dewey – Konkretes und abstraktes Denken", in: *Zeitschrift für Didaktik der Philosophie und Ethik* 36 (2014), 81-84.

Nordhofen, S.: „Didaktik der symbolischen Formen. Über den Versuch, das Philosophieren mit Kindern philosophisch zu begründen", in: *Zeitschrift für Didaktik der Philosophie und Ethik* (1998), 127-132.

Pestalozzi, J. H.: „Wie Gertrud ihre Kinder lehrt, ein Versuch den Müttern Anleitung zu geben, ihre Kinder selbst zu unterrichten, in Briefen", in: ders.: *Schriften aus der Zeit von 1799 – 1801*. Sämtliche Werke, Bd. 13, Berlin, Leipzig 1932, 181-359.

Riedl, A.: *Grundlagen der Didaktik*, 2. überarb. Aufl., Stuttgart 2010.

Rohbeck, J.: „Rousseau – Dichter und Philosoph oder: Über philosophische Dichtung. Plädoyer für literarisches Philosophieren im Unterricht", in: *Zeitschrift für Didaktik der Philosophie und Ethik* (2013), 3–12.

Schildknecht, C.: „Anschauungen ohne Begriffe? Zur Nichtbegrifflichkeitsthese von Erfahrung", in: *Deutsche Zeitschrift für Philosophie* 51 (2003), 459-475.

Schopenhauer, A.: „Die Welt als Wille und Vorstellung. Zweiter Band, welcher die Ergänzungen zu den vier Büchern des ersten Bandes enthält.", in: ders.: *Sämtliche Werke*, Bd. 3, 2. Aufl., neu bearb. und hrsg. von Arthur Hübscher, Wiesbaden 1949.

Schröder-Werle, R.: „Literarische Formen und Fiktionalität. Modi der Anschaulichkeit philosophischer Erkenntnis", in: Rohbeck, J. (Hg.): *Anschauliches Denken*, Jahrbuch für Didaktik der Philosophie und Ethik 6, Dresden 2005, 45-74.

Steenblock, V.: *Philosophieren mit Filmen*, Tübingen 2013.

Stern, E.: „Intelligenz, Wissen, Transfer und der Umgang mit Zeichensystemen", in: Stern, E.; Guthke, J. (Hg.): *Perspektiven der Intelligenzforschung*, Lengerich 2001, 163-204.

Thomas, P.: „Habe Mut dich deiner eigenen Anschauung zu bedienen! Phänomenologie und Emanzipation", in: *Zeitschrift für Didaktik der Philosophie und Ethik* 23 (2001), 104-112.

Tiedemann, M.: „Zwischen blinden Begriffen und leerer Anschauung", in: *Zeitschrift für Didaktik der Philosophie und Ethik* 36 (2014), 95-103.

Tomasello, M.: *Die kulturelle Entwicklung des menschlichen Denkens. Zur Evolution der Kognition*, Frankfurt am Main 2002.

Wiesen, B.: „Mit Bildern philosophieren – aber wie?", in: *Zeitschrift für Didaktik der Philosophie und Ethik* 25 (2003), 130-137.

Wokart, N.: „Glaubenskriege um die literarische Form von Philosophie", in: Faber, R.; Naumann, B. (Hg.): *Literarische Philosophie, philosophische Literatur*, Würzburg 1999, 21-35.

4.5 Kompetenzorientierung

Kirsten Meyer

Unter ‚Kompetenzorientierung' wird eine Ausrichtung der Planung und Evaluation des Unterrichts anhand bestimmter Kompetenzen bezeichnet, welche die Schülerinnen und Schüler am Ende eines Bildungsabschnittes erworben haben sollen. Auch in der Philosophiedidaktik ist die Kompetenzorientierung seit einigen Jahren ein viel diskutiertes Konzept. Seinen Ursprung hat es in einer bildungspolitischen Debatte, die insbesondere durch die vergleichsweise schlechten deutschen Resultate der PISA-Studie ausgelöst wurde. Diese Debatte und deren schulpolitischen Folgen wurden innerhalb der Philosophiedidaktik einerseits kritisch in Frage gestellt, andererseits aber mit vorangetrieben. Auch auf die Lehrpläne für Philosophie und Ethik in den verschiedenen Bundesländern hatte die Debatte einen Einfluss, so dass die Lehrpläne gemäß einer kompetenzorientierten Formulierung von Bildungsstandards überarbeitet worden sind.

Eine philosophiedidaktische Einordnung der Forderung nach Kompetenzorientierung kann nur gelingen, wenn man sie mit einer Reflexion über die Ziele des Philosophie- und Ethikunterrichts verbindet. Im Zuge dessen wird deutlich, dass die Kompetenzorientierung des Unterrichts nicht allein mit der ökonomischen Leistungsfähigkeit des Nachwuchses begründet werden sollte. Der kompetenzorientierte Philosophieunterricht zielt auf die Förderung derjenigen Fähigkeiten, die für die Bearbeitung philosophischer Fragen und Probleme wichtig sind. Dabei geht es nicht allein um eine Lösung dieser Probleme. Vielmehr stellt bereits die Fähigkeit, ein tieferes Verständnis dieser Probleme zu entwickeln und diese auf angemessene Weise diskutieren zu können, eine unmittelbar fachspezifische Kompetenz dar. Anhand eines so verstandenen kompetenz- *und* problemorientierten Ansatzes zeigt sich, dass die vermeintliche Kluft zwischen der Vermittlung von Inhalten und Kompetenzen nicht besteht, weil sich die Erarbeitung philosophischer Inhalte an konkreten philosophischen Problemen orientieren muss, zu deren Bearbeitung philosophische Kompetenzen nötig sind. Im Vergleich zu anderen philosophiedidaktischen Ansätzen richtet die Kompetenzorientierung den Blick damit insbesondere darauf, dass die Schülerinnen und Schüler am Ende eines Bildungsabschnittes besser *philosophieren* können sollen.

Kompetenzorientierung nach PISA

Die aus deutscher Sicht unerfreulichen PISA-Ergebnisse haben Anfang dieses Jahrtausends zu einer intensiven bildungspolitischen Debatte geführt. Das Ziel von PISA ist es, den teilnehmenden Staaten vergleichende Daten über die Leistungsfähigkeit ihrer Bildungssysteme zur Verfügung zu stellen. Diese Leistungsfähigkeit wird über eine Erfassung basaler Kompetenzen der Schülerinnen und Schüler ermittelt, etwa der Lesekompetenz. Das schlechte Abschneiden vieler deutscher Schülerinnen und Schüler hat deutlich gemacht, dass offenbar erheblicher Handlungsbedarf besteht. Wenn etwa das Fehlen basaler Lesekompetenzen für eine Reihe von Schülerinnen und Schülern das Verständnis selbst wenig anspruchsvoller Texte weitgehend verhindert, so ist es dringend erforderlich, den Fokus auf den Erwerb eben dieser Kompetenzen zu richten.

Ein Grund für das vergleichsweise schlechte Abschneiden deutscher Schülerinnen und Schüler wurde in der bildungspolitischen Debatte darin gesehen, dass diese zwar möglicherweise über ein bestimmtes Faktenwissen verfügen, nicht aber über die in den internationalen Tests überprüften Kompetenzen. Die Ergebnisse der PISA-Studie wurden außerdem so interpretiert, dass Länder, die eine systematische Qualitätssicherung betreiben, vergleichsweise höhere Leistungen erreichen als andere. Daher wurde gefordert, verbindliche Bildungsstandards festzulegen und deren Erfüllung regelmäßig zu überprüfen. Bildungsstandards sollten festlegen, über welche Kompetenzen die Schülerinnen und Schüler verfügen müssen, wenn wichtige Ziele der Schule als erreicht gelten sollen.

Eine kompetenzorientierte Formulierung solcher Bildungsstandards sollte dafür sorgen, dass sich die darin ausgedrückte Konkretisierung der Lernziele nicht lediglich auf Listen von Lehrstoffen und Lerninhalten beschränkt (Klieme et al. 2007, 21).

In der pädagogischen Diskussion wird der Kompetenzbegriff insgesamt nicht einheitlich verwendet. Eine recht große Übereinstimmung zwischen den unterschiedlichen Verwendungsweisen scheint aber darin zu bestehen, Kompetenzen als individuelle Fähigkeiten und Fertigkeiten aufzufassen, bestimmte Probleme lösen zu können. Besonders häufig wird Franz Weinerts Definition von Kompetenzen zitiert, welche ebenfalls auf die Fähigkeit abzielt, bestimmte Probleme lösen zu können. Darüber hinaus betont Weinert, es gehe um die Ausbildung der „motivationalen, volitionalen und sozialen Bereitschaften und Fähigkeiten, um die Problemlösungen in variablen Situationen erfolgreich und verantwortungsvoll nutzen zu können" (Weinert 2001, 27 f.).

Gegen die Kompetenzorientierung wurde kritisch eingewendet, dass diese nicht die gesamte Bandbreite der erstrebenswerten Unterrichtsziele erfasse, und dass zum Bildungsauftrag der Schule Aspekte gehören, die sich nicht in Form kompetenzorientierter Bildungsstandards fassen lassen. Grundsätzlich wurde moniert, dass dem Konzept der Kompetenzorientierung eine bildungstheoretische Fundierung fehle (Wiater 2013, 156). Andreas Gruschka (2011, 10) merkt kritisch an, die „altehrwürdige" Debatte über die Ziele und Inhalte schulischer Erziehung gelte offenbar in den Augen der Reformer als überwunden – stattdessen gehe es nur noch darum, was man können muss, um in die fortgeschrittene Wirtschaftsgesellschaft integriert werden zu können.

Gegen die Angabe von Lernzielen unter Rekurs auf Kompetenzen (wie etwa der „Fähigkeit zum problemlösenden Denken") wurde zudem eingewandt, diese würden oftmals so allgemein formuliert, dass sie sich prinzipiell in jedem Fach und anhand beliebiger Inhalte befördern ließen. Die Kompetenzorientierung vernachlässige daher, dass sich der schulische Unterricht *inhaltlich* mit

Gegenständen auseinandersetzen sollte. Der Erwerb von Kompetenzen sei kein Selbstzweck, sondern diene der Beschäftigung mit dem Gegenstand (Ladenthin 2010, 352). Bildungsziele müssten daher immer auch anhand bestimmter Inhalte formuliert werden.

Kompetenzorientierung in der philosophiedidaktischen Diskussion

Auch in der Philosophiedidaktik wurde der ‚Kompetenzerwerb' vom ‚Wissenserwerb' abgegrenzt und letzterer auf die Aneignung bestimmter Wissen*inhalte* bezogen. So betont etwa Ekkehard Martens (2003, 16), der Kompetenzerwerb, und nicht der Wissenserwerb, sei das „primäre Ziel" des Philosophieunterrichts. Roger Hofer (2014, 55) wendet dagegen ein, dass Martens zwar die notwendige Verbindung von Kompetenz- und Wissenserwerb betone, dass er das „Philosophie-Wissen" jedoch offenbar nur auf den Inhalt beziehe und es damit auf die propositionale Komponente des Wissens reduziere. Stattdessen solle man unter „Wissen nicht nur vom Subjekt abgelöste propositionale Spaltprodukte (Inhalte)" verstehen, sondern es als eine „Einheit einer propositionalen und einer methodisch-personalen Komponente" begreifen (Hofer 2014, 60). Die methodisch-personale Komponente gebe an, durch welche Aktivitäten und welches Können eine konkrete Person zu wahren Sätzen gelangt, wie also Wissen aufgebaut wird.

Im Zuge einer so verstandenen Wissensvermittlung wird daher zugleich ein bestimmtes Können befördert. Allerdings greift Martens mit seiner Reflexion über die „primären" Ziele des Philosophieunterrichts die nach wie vor relevante Frage auf, wie groß der Stellenwert bestimmter Arten propositionalen Wissens gegenüber der Fähigkeit sein sollte, selbst philosophieren zu können. Kompetenzorientierte Ansätze messen Letzterem generell eine größere Bedeutung bei. Demnach gehe es im Philosophieunterricht nicht primär darum, die Schülerinnen und Schüler mit der philosophischen Tradition vertraut zu machen, sondern die Fähigkeit zum selbstständigen Denken zu fördern. Nicht die Vermittlung von Kenntnissen über verschiedene Philosophen und deren Positionen sei vorrangiges Ziel des Philosophieunterrichts, sondern die Fähigkeit, philosophischen Fragen selbst argumentativ nachgehen zu können.

Der Ruf nach einer kompetenzorientierten Formulierung von Bildungsstandards wurde in der Philosophiedidaktik unterschiedlich aufgenommen. Ihm wird zugutegehalten, ein „Innovationsschub" zu sein, weil er „zur Auseinandersetzung mit veränderter Unterrichtsplanung und -durchführung, zur Einigung auf zentrale Inhalte und fachspezifische Methoden führt" (Rösch 2009, 39). Damit sei eine „Abkehr von der gängigen Input- und Lernzielorientierung hin zu handlungs- und problemlösendem Arbeiten" verbunden (ebd., 40; für die Rede von einer „Output-Orientierung" vgl. auch Klieme et al. 2007, 12).

Was ist mit einer „Abkehr" von der „Input- und Lernzielorientierung" gemeint? Die Lernziele beschreiben ja selbst einen „Output", also das, was Schülerinnen und Schüler am Ende eines Lernprozesses wissen oder können sollen. Daher stellt sich die Frage, worin die beschriebene Abkehr von der Lernzielorientierung konkret bestehen soll. Anita Röschs Kritik richtet sich explizit gegen ein zu wenig „handlungs- und problemlösendes Arbeiten". Man könnte dies als eine Kritik an der Vernachlässigung einer Problemorientierung des Philosophieunterrichts verstehen – also als eine Werbung für die didaktische Perspektive der Problemorientierung. Aus einer solchen Perspektive soll das Unterrichtsgeschehen an der Bearbeitung philosophischer Fragen und Probleme ausgerichtet werden.

Allerdings stellt sich dann die Frage, worin sich eine kompetenzorientierte von einer problemorientierten Philosophiedidaktik (vgl. Tiedemann: Problemorientierung, in diesem Band) unterscheidet. Die Kompetenzorientierung wird oftmals von einer reinen Vermittlung bestimmter Inhalte abgegrenzt. Unterscheidet sie sich insofern von der Perspektive der Problemorientierung? An dieser Stelle ist zu betonen, dass der Rekurs auf philosophische Inhalte problemorientiert geschehen muss, um ein adäquates Verständnis dieser Positionen zu ermöglichen. Denn die Position einer Philosophin oder eines Philosophen kann allenfalls oberflächlich zur Kenntnis genommen, nicht aber in ihrem Kern erfasst werden, ohne ein Verständnis davon zu haben, welche philosophischen Fragen sich dieser Philosoph stellt und welchen philosophischen Problemen er nachgeht. In dieser Hinsicht ist die Problemorientierung offenbar alternativlos – der Unterricht muss von philosophischen Fragen und Problemen ausgehen. Und wer eine philosophische Position ernst nimmt, muss fragen, was von der Lösung der behandelten Probleme zu halten ist. Die philosophische Position einfach zur Kenntnis zu nehmen, ist mit dem philosophischen Anliegen, welches dahinter steht, nicht vereinbar.

Philosophische Inhalte sollten also problemorientiert vermittelt werden. Damit eine solche Vermittlung erfolgreich sein kann, müssen die Schülerinnen und Schüler über bestimmte Kompetenzen verfügen. Wer Philosophie verstehen will, muss philosophieren können, und wer philosophiert, versteht und entwickelt philosophische Positionen. Aus der Perspektive der Kompetenzorientierung kann in diesem Zusammenhang darauf hingewiesen werden, dass es wichtig ist, bestimmte philosophische Kompetenzen gezielt einzuüben. Dazu zählen insbesondere die Fähigkeiten, die nötig sind, um philosophische Fragen identifizieren, mögliche Antworten auf diese Fragen verstehen, sowie sich selbst dazu kritisch positionieren zu können. Kurz gesagt, die Schülerinnen und Schüler müssen lernen, philosophieren zu können. Der Kompetenzorientierung kommt hier der Verdienst zu, den Fokus insbesondere auf solche Lerngelegenheiten zu richten, die stark an der Ausbildung bestimmter philosophischer Fähigkeiten orientiert sind – etwa bestimmte Übungen zur Ausbildung argumentativer Kompetenzen. Der problemorientierte Ansatz richtet also den Fokus auf das inhaltliche Vorgehen im Philosophieunterricht (dieser soll an bestimmten philosophischen Problemen orientiert sein), der kompetenzorientierte Ansatz richtet den Fokus hingegen stärker auf den Erwerb der Fähigkeiten, die zur Bearbeitung dieser Probleme nötig sind.

Das heißt jedoch nicht, dass damit alle Lernziele als Kompetenzen beschrieben werden können und dass sich der Unterricht in der Beförderung entsprechender Kompetenzen erschöpft. In der Philosophiedidaktik hat es in diesem Zusammenhang kritische Nachfragen gegeben, was der Rekurs auf den Kompetenzbegriff leisten kann und soll. Der geradezu „inflationäre" Rekurs auf den Kompetenzbegriff und der sich darum rankende bildungspolitische Aktionismus wurden in der Philosophiedidaktik zum Teil scharf kritisiert (vgl. z. B. Tichy 2012, Kraus 2012). Von anderer Seite wurden jedoch konkrete Vorschläge unterbreitet, wie der bildungspolitisch geforderte Rekurs auf den Kompetenzbegriff für die Fächer Philosophie und Ethik umgesetzt werden kann.

So beschreibt Rösch (2009) eine Vielzahl für den Philosophie- und Ethikunterricht einschlägiger Kompetenzen, darunter etwa die „Orientierungskompetenz", „Handlungskompetenz", „Wahrnehmungskompetenz", „Interkulturelle Kompetenz", „Textkompetenz", „Sprach(analytische) Kompetenz", „Interdisziplinäre Kompetenz", „Reflexionskompetenz", „Argumentations- und Urteilskompetenz", „Diskurskompetenz", „Konfliktlösungskompetenz" und „Darstellungskompetenz". Schon die Bezeichnungen dieser Kompetenzen weisen darauf hin, dass sich dahinter nicht nur für den Philosophie- und Ethikunterricht spezifische Kompetenzen verbergen, sondern Kompetenzen, die sich durchaus auch in anderen Fächern befördern lassen.

Einerseits werden die jeweiligen Kompetenzen also durchaus fachspezifisch konkretisiert, wie etwa die „Reflexionskompetenz" als die „selbständige, reflexive Auseinandersetzung mit ethischen und philosophischen Thematiken und die individuelle Positionierung zu diesen Fragestellungen" (Rösch 2009, 237). Andererseits werden jedoch keine genuin philosophischen Kompetenzen genannt. So wird etwa die „Darstellungskompetenz" als die „Kompetenz, einen Sachverhalt inhaltlich und medial angemessen darzustellen" (ebd., 308) definiert, und das ist keine fachspezifische Kompetenz. Zwar meint Rösch, dass eine Kompetenz „zunächst an fachspezifischen Inhalten zu vermitteln ist" (ebd., 37); man könnte hier etwa an eine medial angemessene Darstellung einer philosophischen Position denken. Doch das betrifft nur die Mittel zum Kompetenzerwerb und nicht die Ziele selbst. Wird etwa der Erwerb von „Darstellungskompetenz" als ein Ziel angegeben, so ist festzuhalten, dass hier eine überfachliche Kompetenz als Ziel genannt wird, die sich prinzipiell ebenso gut in anderen Fächern befördern lässt.

Gegen einen zu starken Fokus auf überfachliche Kompetenzen wurde eingewendet, dass es in den einzelnen Fächern, und so auch im Philosophieunterricht, um die Entwicklung der Fähigkeiten gehen müsse, *bestimmte* Probleme zu lösen, wobei unter einem Problem eine komplexe Anforderung in einem *spezifischen* Kontext zu sehen sei (vgl. z. B. Tichy 2012, 222). Welche Kompetenzen erworben oder gefördert werden können und sollen, hängt nach dieser Auffassung von der Struktur der untersuchten Probleme ab. In der Ethik- und Philosophiedidaktik müsse daher eine Förderung der Kompetenzen im Vordergrund stehen, die eine spezifisch philosophische Problemreflexion möglich machen (ebd., 229).

Bei der Entwicklung neuer, kompetenzorientierter Lehrpläne ist diese Kritik offenbar nicht unberücksichtigt geblieben. So halten etwa Henke/Rolf dem zum Schuljahr 2014/15 neu entwickelten Kernplan für das Fach Philosophie in NRW zugute, dass dieser mit der primären Ausrichtung der ausgewiesenen Kompetenzen an einem diskursiven Begriff von philosophischer Problemreflexion der Gefahr entgehe „sein fachliches Profil zu verlieren und zum bloßen Zulieferer allgemeiner Kompetenzen zu werden, deren Normativität von außen gesetzt ist und deren Entwicklung andere Fächer in gleicher Weise und mit möglicherweise besserem Erfolg fördern könnten." (Henke, Rolf 2013, 75).

Der Mehrwert einer kompetenzorientierten Formulierung der Lehrpläne wird oftmals in einem veränderten Verständnis fachlicher Inhalte gesehen. Dahinter steht offenbar das Bild, dass in den vergangenen Lehrplänen und in der Unterrichtspraxis zu viel Wert auf das Wissen *über* bestimmte Fachinhalte (also z. B. Wissen über den Utilitarismus und über die Kantische Position) und zu wenig Wert darauf gelegt wurde, wie mit dieser spezifischen Art des Wissens *umgegangen* werden kann (z. B. indem kritische Einwände gegen den Utilitarismus formuliert werden können). Ein problemorientierter Ansatz widerspricht dem jedoch nicht: Wenn man sich im Unterricht auf Beiträge der Philosophiegeschichte bezieht, dann sollte dies vor dem Hintergrund eines Verständnisses der philosophischen Probleme geschehen, die in dem entsprechenden Text behandelt werden. Das Erkenntnisinteresse des Autors und des Lesers fallen hier also zusammen, und es handelt sich dabei um ein philosophisches und nicht um ein rein historisches Erkenntnisinteresse.

Allerdings fallen die in den Fächern Philosophie und Ethik behandelten Problemstellungen nicht notwendig mit denjenigen Problemen zusammen, deren Vermittlung im Rahmen des bildungspolitischen Rufes nach Kompetenzorientierung als vorrangig relevant erachtet wird. Die Relevanz von Unterrichtsfächern wird entsprechend des genannten Rufes offenbar dadurch erkennbar, dass deren Beitrag zur Lösung bestimmter gesellschaftlicher Probleme ausgewiesen werden kann. In diesem Kontext wird insbesondere das Anliegen formuliert, mittels Investitionen in die Bildung die Wettbewerbsfähigkeit eines Wirtschaftsstandortes zu sichern. Zudem wird unter stärkerer Berücksichtigung der individuellen Perspektive auf die Notwendigkeit verwiesen, dass Schülerinnen und Schüler sich diejenigen Kompetenzen aneignen, die nötig sind, um auf dem Arbeitsmarkt erfolgreich bestehen zu können. Insgesamt wurde die Beförderung überfachlicher Kompetenzen dabei stark betont.

So wichtig deren Beförderung auch scheint, so ist doch zu sagen, dass sich die Ziele der schulischen Erziehung nicht darin erschöpfen, Kompetenzen zu vermitteln, deren Erwerb sich absehbar ökonomisch auszahlt. So ist zum Beispiel die Beförderung der kritischen Reflektiertheit ein erklärtes Ziel des Philosophieunterrichts. Demnach ist es eher ein Verdienst als ein Manko des Faches Philosophie, dass der Philosophieunterricht nicht einmal notwendig konkrete Problem*lösungen* hervorbringt, sondern oftmals erst einmal ein besseres *Verständnis* für bestimmte Fragen und Probleme. So muss etwa ein ethisches Problem zunächst als solches ausgemacht werden; seine Struktur freizulegen ist oftmals wesentlicher als der Ausweis konkreter Lösungsmöglichkeiten.

Kompetenzorientierung und die Ziele des Philosophie- und Ethikunterrichts

Auch in der philosophiedidaktischen Diskussion ist kritisch angemerkt worden, bei dem allgemeinen Ruf nach Kompetenzorientierung gehe es letztlich um die Befürchtung, dass die Schülerinnen und Schüler des deutschen Schulsystems im internationalen Wettbewerb nicht bestehen können. Andreas Kraus spitzt das so zu, dass der bildungspolitische Rekurs auf den Kompetenzbegriff seinen Ursprung in den „Terminologien der modernen Selbstoptimierung und des flexiblen Marktes" habe (Kraus 2012, 215). Verdeckt der Ruf nach einem kompetenzorientierten Unterricht also wichtige Bildungsziele, z. B. wichtige Ziele des Philosophieunterrichts?

Einerseits ist das mit dem Ruf nach Kompetenzorientierung oft verbundene „ökonomische Kalkül der Verfügung über die Ressource ‚Nachwuchs'" (Gruschka 2010, 284) tatsächlich zu kritisieren. Andererseits ist den kompetenzorientierten Ansätzen aber zugute zu halten, das Augenmerk darauf zu richten, „dass eine große Gruppe von Schülern am schulischen Curriculum gewohnheitsmäßig scheitert" (ebd.), weil diese nicht über basale Kompetenzen verfügen. Es ist in der Tat wichtig, die Bildungsbemühungen auf die Beförderung solcher Kompetenzen zu richten, die alle Schülerinnen und Schüler erworben haben müssen, um nicht zu scheitern – sowohl an den schulischen Anforderungen als auch an Anforderungen, mit denen sie konfrontiert werden, wenn sie die Schule verlassen.

Diese Perspektive wurde auch in der Philosophiedidaktik eingenommen. Vor dem Hintergrund solcher Überlegungen fordert z. B Matthew Lipman (1991), dass es sich die Schule sehr viel stärker zur Aufgabe machen muss, das strukturierte *Denken* zu lehren. Diejenigen Kinder, die dieses nicht gelernt haben, scheitern regelmäßig an den schulischen und den für den beruflichen und persönlichen Werdegang wichtigen außerschulischen Anforderungen. Allerdings betont Lipman zugleich, dass die entsprechenden Fähigkeiten im Kontext einer humanistischen Disziplin befördert werden sollten – und er denkt hier klarerweise an die Philosophie: „Philosophy is to the teaching of thinking what literature is to the teaching of reading and writing" (Lipman 1991, 30).

Diese Analogie zur Beschäftigung mit literarischen Texten öffnet den Blick dafür, dass es weitere für den Philosophieunterricht spezifische Ziele gibt, die nicht in der Vermittlung vielseitig verwertbarer Schlüsselkompetenzen aufgehen. Selbst wenn sich analytische Fähigkeiten fraglos in vielen Kontexten sehr gut einsetzen lassen, so sollte es im Philosophieunterricht auch um die Beförderung von Bildungszielen gehen, die darüber deutlich hinausweisen – etwa einer kritischen Reflektiertheit oder eines Zugewinns an Autonomie. Zwar bestreiten die Befürworter kompetenzorientierter Ansätze die Relevanz solcher Bildungsziele nicht explizit. So betonen etwa Klieme et al. (2007, 65), dass ‚Kompetenzen' nichts anderes beschreiben sollen als diejenigen Fähigkeiten, die auch der Bildungsbegriff impliziert. Es seien zudem nicht lediglich überfachliche Kompetenzen gemeint, sondern Kompetenzen bleiben an bestimmte Fächer gebunden. Die Entwicklung fachübergreifender Kompetenzen setze das Vorhandensein gut ausgeprägter fachbezogener Kompetenzen sogar voraus (Klieme et al. 2007, 75). Allerdings umfassen solche allgemeinen Hinweise nicht eine Reflexion über die konkreten Bildungsziele der einzelnen Fächer; und möglicherweise ist das Fehlen einer Reflexion über diese Bildungsziele auch der Grund dafür, dass sich der Rekurs auf die Kompetenzorientierung zuweilen in eine Richtung entwickelt hat, die wichtige Bildungsziele unbeachtet lässt.

Zudem sind die Ziele, um deren Beförderung es im Philosophieunterricht geht, offenbar nicht allein mit dem Terminus ‚Kompetenz' zu beschreiben, wenn man ‚Kompetenzen' im Sinne von ‚Fähigkeiten' versteht. Dies gilt zum Beispiel für die Beförderung der intellektuellen Neugier, des philosophischen Staunens, der Freude am Philosophieren, sowie der Bereitschaft, vermeintliche Gewissheiten in Frage zu stellen. Denn werden diese Ziele erreicht, dann haben die Schülerinnen und Schüler nicht die Fähigkeit der intellektuellen Neugier erworben, sondern eben diese Neugier selbst. Ebenso haben sie nicht bloß die Fähigkeit erworben, Gewissheiten kritisch in Frage stellen zu können, sondern möglicherweise auch die Bereitschaft, ebendies zu tun.

Für derartige Bildungsziele kann an dieser Stelle freilich nicht ausführlich argumentiert werden (vgl. dazu Meyer 2011). Allerdings sollte das Ziel einer Beförderung bestimmter Kompetenzen schon deshalb nicht *allein* das Unterrichtsgeschehen bestimmen, weil dieses Geschehen letztlich von der gemeinsamen Suche nach Antworten auf philosophische Fragen geprägt sein muss, damit es überhaupt zum Kompetenzzuwachs kommen kann. Daher sollte der Fokus auf bestimmte Kompetenzen nicht aus dem Blick verlieren, wie sich die Lernprozesse im Philosophieunterricht gestalten. Im Vordergrund dieser Lernprozesse steht die inhaltliche Orientierung an einem philosophischen Problem und nicht der Kompetenzerwerb selbst. Es ist das inhaltliche Interesse an solchen Problemen, welches die Schülerinnen und Schüler dazu bringt, sich die Fähigkeiten anzueignen, die zur Lösung dieser Probleme erforderlich sind. Die Lernprozesse können zwar Phasen aufweisen, die der Einübung konkreter Techniken dienen, etwa Techniken der Begriffsanalyse und des Argumentierens. Solche Phasen sind aber Mittel zum Zweck einer besseren Beantwortung philosophischer Fragen – und nicht umgekehrt. Wenn die Schülerinnen und Schüler den Eindruck haben, dass die Behandlung philosophischer Fragen letztlich nur der Einübung bestimmter philosophischer Methoden oder überfachlicher „Denkwerkzeuge" dient, dann verlieren sie möglicherweise das Interesse an der Philosophie.

Eine zentrale Fähigkeit, welche die Philosophie fördert, ist die Fähigkeit klar zu reden und klar zu denken. Philosophie führt zu präzisem Reden und Denken, weil sich diese Form von Klarheit in der Philosophie auszahlt. Doch Klarheit ist nicht selbst das Ziel des Philosophierens. Rüdiger Bittner bringt das sehr schön auf den Punkt: „Man studiert nicht Philosophie, um klar zu sein, sondern mit Klarheit erreicht man das leichter, um dessentwillen man sie studiert; und wer dieses Ziel nicht teilt, hat in der Philosophie nichts zu suchen und läuft orientierungslos im Wald herum. Welches Ziel? Einsicht. Zu begreifen, wie die Dinge liegen." (Bittner 2010, 131). Es ist daher wichtig, dass selbst ein kompetenzorientierter Philosophieunterricht davon geprägt ist, dass das gemeinsame Ziel nicht in erster Linie in dem Erwerb bestimmter Kompetenzen besteht, sondern dass man sich gemeinsam auf die Suche nach Einsicht begibt. Denn sonst, und das ist letztlich die Paradoxie eines kompetenzorientierten Unterrichts, in dem dieser Zusammenhang unzureichend berücksichtigt wird, kommt es gar nicht erst zum Kompetenzzuwachs, sondern man läuft nur „orientierungslos im Wald herum".

Einige der oben genannten Zielformulierungen werfen weitere Fragen auf, zum Beispiel wie sich diese zu dem Ziel einer Beförderung von Autonomie verhalten. Dies gilt etwa für die in manchen Erläuterungen des Kompetenzbegriffs genannte Fähigkeit, von den Problemlösungsfähigkeiten auch „verantwortungsvoll" Gebrauch zu machen (vgl. die oben zitierte Formulierung von Weinert 2001, 27 f.). Inwiefern kann und soll der Ethikunterricht die Schülerinnen und Schüler zu einem verantwortungsvollen Handeln bringen? Wird damit schon vorausgesetzt, was als ‚verantwortungsvoll' gelten kann? Wie verhält sich dies zu den ethischen Debatten um eben diese Frage? Zudem stellt sich bei den in dieser Weise motivationalen und handlungsbezogenen Kompetenzformulierungen in besonderer Weise die Frage nach den Möglichkeiten ihrer Lehr- und Überprüfbarkeit (vgl. Tichy 2012, 222).

Um Fragen dieser Art zu beantworten, muss sich die Philosophie- und Ethikdidaktik darüber klar werden, in welchem Verhältnis Zielformulierungen, die sich auf Motive und Handlungen von Schülerinnen und Schülern beziehen, zu den spezifischen Zielen dieser Fächer stehen. Man kann es als Vorzug der Debatte um die Kompetenzorientierung ansehen, dass diese solche Fragen nach den Zielen des Philosophie- und Ethikunterricht erneut aufwirft. Sie bereichert damit die Diskussion darüber, was von diesen Fächern erwartet wird, und in welchem Verhältnis etwa der spezifische Beitrag des Ethikunterrichts zu der Vermittlung sozialer Kompetenzen steht, die prinzipiell in allen Fächern erfolgen sollte und die Aufgabe der Schule insgesamt ist.

Kompetenzorientierter Philosophieunterricht

Ein Vorzug der Kompetenzorientierung wurde für das Unterrichtsfach Philosophie darin gesehen, dass die Vermittlung bestimmter Wissensinhalte stärker in den Hintergrund rückt, zugunsten der Vermittlung der Fähigkeit, selbstständig philosophieren zu können. Dem wird zuweilen das Ziel entgegengesetzt, den Philosophieunterricht auch, oder sogar vor allem, an der Behandlung philosophischer Klassiker auszurichten. Allerdings ist zu betonen, dass sowohl die Kompetenz- als auch die Problemorientierung damit prinzipiell vereinbar wären. Wenn die klassischen Autoren herangezogen werden, um bei der Lösung philosophischer Probleme weiterzukommen, besteht kein Widerspruch zwischen dem Prinzip der Problemorientierung und der Arbeit mit philosophischen Klassikern. Zudem können philosophische Texte nicht nur im Problemlösungsprozess wertvoll sein, sondern auch „als Bildungsmittel zur Entdeckung bislang verborgener philosophischer Probleme firmieren" (vgl. Henke, Rolf 2013, 72). Und wenn anhand der Lektüre klassischer Autoren bestimmte Kompetenzen besonders befördert werden, steht dem auch von Seiten eines kompetenzorientierten Ansatzes nichts entgegen. So wird z. B. in den Lehrplänen die Fähigkeit, einen philosophischen Text auf seine argumentative Struktur hin zu untersuchen, als wichtige Kompetenzerwartung ausgewiesen.

Ergänzen ließe sich hier jedoch, dass die Fähigkeit, aus Phänomenen der eigenen Lebenswelt philosophische Fragen zu extrahieren und dort z. B. bestimmte normative Fragen auszumachen, eine weitere wichtige philosophische Kompetenz ist. Philosophische Fragen und Probleme in der Lebenswelt ausmachen zu können, ist jedoch keine didaktische Neuerung, sondern der Lebensweltbezug ist selbst ein etabliertes didaktisches Prinzip (vgl. Stelzer: Lebensweltbezug, in diesem Band). Insgesamt ist die Kompetenzorientierung daher mit anderen didaktischen Ansätzen gut vereinbar. Allenfalls mit einer *rein* auf die Vermittlung bestimmter Bildungs*inhalte* bezogenen Position wäre die Kompetenzorientierung nicht kompatibel. Dass es im Philosophieunterricht jedoch allein um die Vermittlung philosophiehistorischer Kenntnisse gehen sollte (falls so etwas *unabhängig* von dem Erwerb damit einhergehender Fähigkeiten und einem Bewusstsein der in den klassischen Texten verhandelten Probleme überhaupt *möglich* wäre), ist eine Position, die in der gegenwärtigen Philosophiedidaktik nicht vertreten wird.

Im Vergleich zu anderen fachdidaktischen Ansätzen zeichnet sich die Kompetenzorientierung dadurch aus, den Blick darauf zu richten, dass die Schülerinnen und Schüler am Ende eines Bildungsabschnittes besser *philosophieren* können sollen. Die Kompetenzorientierung lenkt die Aufmerksamkeit daher besonders auf Unterrichtsphasen, die der gezielten Einübung bestimmter philosophischer Fähigkeiten dienen (etwa argumentativer Kompetenzen). Sie macht darauf aufmerksam, dass die Schülerinnen und Schüler über diese Fähigkeiten nicht bereits verfügen, wenn man sie mit einem philosophischen Problem konfrontiert, sondern dass der Unterricht so organisiert werden muss, dass diese Fähigkeiten zuallererst erworben werden können. Zudem öffnet die Kompetenzorientierung den Blick für weitere Kompetenzen, die der Philosophieunterricht befördern kann, wie etwa die Fähigkeit, ethische Fragen in der Lebenswelt ausmachen und deskriptive von evaluativen Urteilen unterscheiden zu können. Insgesamt richtet die Formulierung von kompetenzorientierten Bildungsstandards die Aufmerksamkeit der Lehrperson auf eine Reflexion über den Erfolg ihres eigenen unterrichtlichen Handelns – sie muss sich fragen, inwiefern die Schülerinnen und Schüler nun *besser* philosophieren können als vorher.

Kompetenzorientierung und die Überprüfung des Unterrichtserfolgs

Ein erklärtes Ziel der Kompetenzorientierung ist die ‚Qualitätssicherung' des Unterrichts. Dies aufgreifend meint Rösch, dass sich anhand von Kompetenzformulierungen Arbeitsprozesse und Unterrichtsergebnisse besser evaluieren lassen (Rösch 2009, 41). Allerdings ist dieser Hoffnung mit Skepsis zu begegnen, wenn es sich um eine Art der Bewertung des Unterrichtserfolgs handeln soll, welche Fortschritte versucht quantitativ zu erfassen. In diesem Zusammenhang wird zuweilen betont, dass der kompetenzorientierte Ansatz insbesondere für solche Schulfächer problematisch ist, deren Zielerreichung nicht oder nur zum Teil durch standardisierte Verfahren messbar ist (Wiater 2013, 154 ff.). Dazu gehören offenbar auch die Fächer Philosophie und Ethik. Schaut man sich bisherige Versuche an, den Kompetenzerwerb im Fach Ethik quantitativ zu ermitteln, so fällt auf, dass hier in der Regel keine genuin philosophischen Kompetenzen erfasst wurden. Denn philosophische Urteilskompetenz lässt sich nicht über die Inhalte einer Position, sondern nur unter Berücksichtigung etwa der Konsistenz ihrer Begründung erfassen (vgl. dazu auch Tiedemann 2011, Albus 2012, sowie Tiedemann: Effizienzforschung, in diesem Band).

Insgesamt haben die in den Lehrplänen genannten kompetenzorientierten Bildungsstandards die Komplexität dessen, was es zu erfassen gilt, eher vergrößert als reduziert. Man mag es zwar als einen Verdienst kompetenzorientierter Ansätze ansehen, „personale", „soziale" und „motivationale" Kompetenzen als etwas aufzuwerten, auf dessen Ausbildung Unterricht *auch* abzielt. Die empirische Überprüfbarkeit des Unterrichtserfolgs wird damit aber keineswegs einfacher. Es ist daher nicht ohne Weiteres zu sehen, warum gerade eine Formulierung von Bildungsstandards über Kompetenzformulierungen einer empirischen Überprüfung besonders gut zugänglich sein sollte. Da diese Überprüfung kein Selbstzweck ist, bedeutet das natürlich nicht, dass um der besseren empirischen Überprüfbarkeit willen nun verstärkt bestimmte propositionale Wissensinhalte vermittelt werden sollten, weil sich dies quantitativ gut erfassen lässt.

Es gibt Unterrichtsziele, deren Erreichen mit quantitativen Methoden kaum überprüft werden kann, wie etwa das Ziel der Beförderung von intellektueller Neugier und der Bereitschaft, vermeintlich Selbstverständliches kritisch in Frage zu stellen. Um diese Schwierigkeiten in den Blick zu bekommen, muss sich die Philosophiedidaktik in einem *ersten* Schritt über die Ziele des Philosophie- und Ethikunterrichts verständigen. Fragen nach der empirischen Messbarkeit der Einlösung dieser Ziele sollten erst in einem *zweiten* Schritt aufgeworfen werden und sich auf die zuvor artikulierten Ziele beziehen. Keineswegs sollte sich die Philosophiedidaktik umgekehrt ihre Ziele davon vorgeben lassen, was sich empirisch besonders gut überprüfen lässt. Zudem sollte die Leistungsmessung nicht ständig im Fokus stehen. Ein Philosophieunterricht, der allein den messbaren (und ständig neu ermittelten) Kompetenzzuwachs im Blick hat, wird kaum den Freiraum dafür lassen das philosophische Staunen hervorzurufen, welches philosophische Denkprozesse erst in Gang bringt.

Sich einer mit der Kompetenzorientierung oft verbundenen „Empirisierung" der Fachdidaktik zu verweigern, wurde von einigen Autoren der Philosophiedidaktik deshalb für problematisch erklärt, weil sich der Stellenwert des Faches Philosophie heute über den empirischen Nachweis seiner Wirksamkeit legitimieren müsse (vgl. z. B. Gefert 2005, 136). Diese Argumentationslinie ist jedoch verkürzt. Statt sich dem vermeintlichen Erfordernis empirisch verifizierbarer Wirksamkeit voreilig zu beugen, sollte zunächst eine Debatte über die Ziele des Philosophieunterrichts geführt werden. Auf diese Weise ließe sich der Stellenwert des Faches Philosophie stärken, indem man dessen Ziele unabhängig von der Möglichkeit ihrer quantitativen Überprüfbarkeit begründet; indem man darauf hinweist, dass es Grenzen der quantitativen Überprüfbarkeit der Erreichung legitimer Zielformulierungen gibt; und indem man betont, dass der Philosophieunterricht nicht lediglich der Beförderung allgemeiner, fachlich unspezifischer Kompetenzen dient, sondern einen eigenen Bildungsbeitrag leistet.

Literatur

Albus, V.: „Ist philosophische Bildung messbar? Überlegungen zum Verhältnis von Philosophiedidaktik und empirischer Bildungsforschung", in: *Zeitschrift für Didaktik der Philosophie und Ethik* 34 (2012), 336-345.

Bittner, R.: „Was gut an Philosophie ist", in: Meyer, K. (Hg.): *Texte zur Didaktik der Philosophie*, Stuttgart 2010, 127-138.

Gefert, C.: „Bildungsziele, Kompetenzen und Anforderungen – Perspektiven für die Entwicklung von Bildungsstandards in philosophischen Bildungsprozessen", in: Martens, E.; Gefert, C.; Steenblock, V. (Hg.): *Philosophie und Bildung*, Münster 2005, 135-146.

Gruschka, A.: „Warum Bildungskonzepte wären, was Bildungsstandards verfehlen müssen", in: *Vierteljahrsschrift für wissenschaftliche Pädagogik* 86 (2010), 283-295.

Gruschka, A.: *Verstehen lehren. Ein Plädoyer für guten Unterricht*, Stuttgart 2011.

Henke, R.; Rolf, B.: „Kompetenzorientiert unterrichten. Der neue Kernlehrplan Philosophie in NRW (S II)" in: *Zeitschrift für Didaktik der Philosophie und Ethik* 35 (2013), 69-75.

Hofer, R.: „Kompetenzorientierte Wissensbildung und epistemische Werterziehung: Anregungen für die philosophiedidaktische Agenda", in: *Zeitschrift für Didaktik der Philosophie und Ethik* 36 (2014), 55-70.

Klieme, E. u. a.: *Zur Entwicklung nationaler Bildungsstandards*, hrsg. von Ministerium für Bildung und Forschung, Berlin, Bonn 2007.

Kraus, A.: „Achtung: ‚Kompetenz'! – Von einem Paradigma zu einer semantischen Virusinfektion. Ein kleiner humoriger Zwischenruf", in: *Zeitschrift für Didaktik der Philosophie und Ethik* 34 (2012), 214-220.

Ladenthin, V.: „Kompetenzorientierung als Indiz pädagogischer Orientierungslosigkeit", in: *Vierteljahrsschrift für wissenschaftliche Pädagogik* 86 (2010), 346-358.

Lipman, M.: *Thinking in Education*, Cambridge, New York 1991.

Martens, E.: *Methodik des Ethik- und Philosophieunterrichts. Philosophieren als elementare Kulturtechnik*, Hannover 2003.

Meyer, K.: *Bildung*, Berlin, New York 2011.

Rösch, A.: *Kompetenzorientierung im Philosophie- und Ethikunterricht. Entwicklung eines Kompetenzmodells für die Fächergruppe Philosophie, Praktische Philosophie, Ethik, Werte und Normen, LER*, Münster 2009.

Tichy, M.: „Eine Zweideutigkeit des Kompetenzbegriffs und deren Bedeutung für die Philosophiedidaktik", in: *Zeitschrift für Didaktik der Philosophie und Ethik* 34 (2012), 221-229.

Tiedemann, M.: *Möglichkeiten und Grenzen. Philosophiedidaktik und empirische Bildungsforschung*, Münster 2011.

Weinert, F. E.: „Vergleichende Leistungsmessung in Schulen – eine umstrittene Selbstverständlichkeit", in: ders. (Hg.): *Leistungsmessungen in Schulen*, Weinheim, Basel 2001, 17-31.

Wiater, W.: „Kompetenzorientierung des Unterrichts – alter Wein in neuen Schläuchen? Anfragen seitens der allgemeinen Didaktik", in: *Bildung und Erziehung* 66 (2013), 145-161.

4.6 Genderperspektive

Kinga Golus

Einleitung

Forschungsergebnisse der Frauen- und Geschlechterforschung haben seit den 1990er Jahren zunehmend Eingang sowohl in den wissenschaftlichen Diskurs der allgemeinen Didaktik als auch in fast alle Fachdidaktiken gefunden. Dementsprechend besteht eine Aufgabe engagierter und an Innovationen interessierter FachdidaktikerInnen darin:

„Impulse zu geben und Vorschläge zu machen, um Verbesserungen für eine angemessene Behandlung der Geschlechterfrage im Unterricht zu erreichen. Da Lehrerinnen und Lehrer es grundsätzlich nicht mit ‚geschlechtslosen' Klassen im Unterricht zu tun haben, ist die Frage der Geschlechterperspektive für ausnahmslos jedes Fach nicht nur eine wichtige, sondern darüber hinaus auch eine notwendige Vorraussetzung für die didaktische Planung und Durchführung von Unterricht in der heutigen Zeit" (Hoppe 2001, 5).

Allerdings scheint die Philosophiedidaktik diese lohnende Akzentuierung des Unterrichts im Vergleich zu anderen Fachdidaktiken relativ spät entdeckt zu haben, obwohl bereits 1995 Veröffentlichungen belegen, dass das Themenfeld *Geschlecht* in den Philosophieunterricht integriert werden sollte (vgl. ZDPE 03/95). Bevor allerdings gezeigt wird, wie eine gendersensible Akzentuierung des Philosophieunterrichts umgesetzt werden kann, soll im Folgenden erläutert werden, was die Untersuchungsobjekte bzw. -perspektiven der Genderforschung sind.

Genderforschung

Das gesamte theoretische Instrumentarium der Gender Studies ist darauf angelegt, „Geschlecht nicht als Apriori zu behandeln" (Villa 2012, 48). Sie richten sich in ihren interdisziplinär begründeten Theorien gegen die noch im modernen, westeuropäischen Alltag etablierte Vorstellung, das Geschlecht von Männern und Frauen sei eine unhinterfragbare, biologisch legitimierte Konstante der menschlichen Existenz. Diese alltagsweltliche „Ontologie der Geschlechterdifferenz" (Villa 2012, 48) ist es, die die Gender Studies multiperspektivisch hinterfragen.

Zu Beginn der theoretischen Genderforschung wurde unterschieden zwischen den Begriffen *sex* und *gender*. Während *gender* als sozial und kulturell geprägt definiert wurde, bezeichnete *sex* das biologische Geschlecht. Das Begriffspaar wurde aus dem Englischen übernommen und in den Gender Studies an deutschsprachigen Universitäten etabliert. Ein Grund dafür liegt darin, dass in der deutschen Sprache eine Differenzierung des Begriffs Geschlecht nicht vorgesehen ist. Zwar ist eine Präzisierung in Form einer adjektivischen Ergänzung – soziales oder biologisches Geschlecht – möglich, allerdings hat sich im wissenschaftlichen Diskurs die Verwendung der englischen Begriffe durchgesetzt.

Die historischen Wurzeln der Genderforschung sind im Kontext der Zweiten Frauenbewegung zu identifizieren. Dieser ist es zu verdanken, dass Geschlecht und die damit verbundenen gesellschaftlichen Rollenvorstellungen ein Politikum wurden und bis heute Teil des öffentlichen Diskurses geblieben sind. Vor allem die sich in diesem Kontext etablierende Frauenforschung resultierte aus der Kritik der bürgerlichen Rollenverteilungen. Aus der Frauenforschung entwickelte sich die Geschlechterforschung, die sowohl die Rollen von Frauen als auch von Männern untersuchte und die Spezialisierung auf ausschließlich Frauenrollen als Forschungsobjekte ablehnte. Eine Untersuchungsperspektive bestand darin, Frauen nicht mehr als Ergänzung des ‚Allgemeinen' zu deuten. Der Schwerpunkt lag nun auf der Dekonstruktion des ‚Allgemeinen' selbst, das „auf seine Geschlechterspezifik untersucht und neu zusammengesetzt" werden sollte. Des Weiteren ist ein wesentlicher Teil des theoretischen Instrumentariums der Genderforschung durch feministische Theorien beeinflusst worden. Daran anschließend wurde die Polarisierung der Geschlechter vor allem als ein sozial-historisch gewachsenes Phänomen gedeutet.

Die „Aufhebung gelingt den Gender Studies, indem sie die Polarisierung selbst untersuchen und indem sie die Erforschung der Polarisierung in größere Zusammenhänge einordnen. [...] Eine dieser Kategorisierungen, die sich als organisierendes Zentrum herausstellte, ist der Gegensatz von Natur und Kultur" (Dehne, 7 f.).

Das Gegensatzpaar Natur/Kultur korrespondiert mit dem eingangs kurz beschriebenen elementaren Gegensatzpaar *sex/gender*. Vor allem die historische Genderforschung hat rekonstruiert, dass die Rechtfertigungen für soziale Positionierungen von Männern und Frauen aus ihrer ‚Natur' – also *sex* – abgeleitet werden. Feministische Theoriekonzepte wenden sich gegen die Argumentation, dass aus der Biologie von Frauen und Männern soziale Aufgaben und Positionen abgeleitet werden können. Dass die Biologie nicht das gesellschaftliche Schicksal entscheidet, stellt einen der wichtigsten Standpunkte der Genderforschung, insbesondere in Hinblick auf eine konstruktivistische Perspektive auf Geschlecht, dar.

Diesen Forschungsperspektiven ist es zu verdanken, dass *Geschlecht* seit Mitte der 80er Jahre zu einer neuen wissenschaftlichen Leitkategorie avancierte und eine entsprechend differenzierte Theoriebildung möglich wurde. Demzufolge werden in den Gender Studies ‚Frauen' nicht als homogene Gruppe an sich erforscht. Vielmehr wird untersucht, welche theoretischen Definitionsgrundlagen von Weiblichkeit bzw. Männlichkeit in einer Gesellschaft dominieren. Somit kann festgehalten werden, dass nicht primär Männer und Frauen Untersuchungsobjekte der Gender Studies sind, sondern Männlichkeit bzw. Weiblichkeit auf einer kulturellen wie auch auf einer biologischen Ebene. In der Interdisziplinarität der Gender Studies liegt der Vorteil, dass die Genese von Geschlecht und die täglich vollzogene geschlechtliche Praxis aus vielen Perspektiven erforscht werden können. Demzufolge findet man an Universitäten im deutschsprachigen Raum die Gender Studies weniger als eigenständige Disziplin. Studierende können sich bspw. in den Sozialwissenschaften, Geschichtswissenschaften, der Germanistik, der Pädagogik und auch in der Theologie auf diesen Schwerpunkt spezialisieren und entsprechende Abschlussarbeiten schreiben. Die Philosophie bietet eine solche Schwerpunktbildung an deutschen Universitäten kaum an, da in der klassischen Ausbildung eines Philosophen bzw. einer Philosophin Geschlechtlichkeit als eigenständiges philosophisches Thema in Form von Seminaren wenig behandelt wird.

Gender im Philosophieunterricht

Ausgehend von der These, dass die Erkenntnisse der philosophischen Frauen- und Geschlechterforschung bisher marginal in die Philosophie und ihre Bildungsprozesse eingegangen sind, stellt sich die Frage, auf welchen Ebenen sich dieses Defizit beheben lässt. *Gender* in Philosophie und Philosophieunterricht zu etablieren bedeutet nicht, alle Kontroversen der Geschlechterforschung offenzulegen, sondern Impulse zu geben, Philosophie und die Kategorie *gender*, wissenschaftlich fundiert, dort zusammenzubringen, wo sie zusammenkommen sollen: im Unterricht.

„Wir haben es im Unterricht mit einem eigenständigen didaktischen Vorgang zu tun, der im Sinne der Wissenschaftsorientierung Ergebnisse der Genderforschung zwar einbezieht, sich aber nicht ausschließlich an ihnen ausrichtet" (Dehne 2007, 100).

Wie ein genderorientierter Philosophieunterricht praktiziert werden kann, wird im Folgenden in drei Schritten skizziert.

Ein *erster* Schritt besteht in der Aufdeckung und Thematisierung von androzentrischen Strukturen im Philosophieunterricht (vgl. Golus 2015). Die traditionelle Philosophie unter dem Aspekt Geschlecht bzw. Geschlechterdifferenz zu untersuchen, entspricht keineswegs dem Selbstverständnis des Faches. Auf den ersten Blick suggeriert die Philosophie, geschlechtsneutral aufzutreten, da sie *den Menschen* oder das allgemein Menschliche als Gegenstand in der philosophischen Anthropologie untersuche. Impliziert allerdings das Forschen über *den Menschen* im traditionellen philosophischen Diskurs, dass Frauen und Männer gleichermaßen bedacht werden? Die Philosophie hat „die Kategorie Geschlecht weder als

Aspekt der *conditio humana*, d. h. als alle Menschen betreffende Gegebenheit und Bedingung menschlicher Existenz, noch als Grundstruktur jeder Organisation von Gesellschaft, und erst recht nicht im Hinblick auf ihre Bedeutung für die Konstitution des philosophischen Denkens reflektiert" (Klinger 2005, 330 f.). Zwar verfassten Philosophen Schriften zum Thema Frauen (vgl. Stopczyk 1980), allerdings lässt sich daraus nicht der Schluss ziehen, dass die Philosophie den Anschein der Geschlechtsneutralität verliert. Kennzeichnend für den traditionellen philosophischen Diskurs ist eine Asymmetrie von männlichen Philosophen, die als schreibende Subjekte aktiv agierten, und den anscheinend passiven Objekten, die nicht selbstständig philosophisch tätig wurden. Demzufolge bildet der klassische philosophische Diskurs eine Geschlechterdichotomie ab:

„Die prinzipielle Abwesenheit des anderen Geschlechts evoziert [...] die Illusion der Abwesenheit der Geschlechtlichkeit überhaupt: Wo keine Konfrontation mit dem anderen stattfindet, kann das eigene Geschlecht unreflektiert bleiben, ,vergessen' werden."

Das Nichtbeachten des eigenen Geschlechts ermöglichte eine in sich konsistente Gleichsetzung *des Menschen* mit dem männlichen Geschlecht. Infolgedessen ist die propagierte Geschlechtsneutralität des Faches zu hinterfragen.

„Das Ungleichgewicht zwischen den beiden Geschlechtern, welches unsere Kultur und Gesellschaft prägt, entsteht nicht, weil der Mann sich als das erste und vorrangige Geschlecht setzt und die Frau zum zweiten, nachrangigen Geschlecht degradiert, sondern weil der Mann für sich zwei Positionen beansprucht, die des überlegenen Geschlechts und die des geschlechtsneutralen Menschen zugleich" (Klinger 2005, 334).

Wenn aber das Männliche als das Menschliche definiert ist, kann das Weibliche nicht deckungsgleich mit *dem Menschen* gedacht werden. Im Zuge dessen setzt der Mann das Allgemeine und die geltende Norm, die Frau dagegen bekommt in Bezug auf den Mann eine funktionale Bestimmung und wird als Akzidenz definiert – sie bildet eine eigene Kategorie. Zahlreichen philosophischen Reflexionen über *den Menschen* ist ein grundlegender Androzentrismus nachzuweisen, der sich als geschlechtsneutral tarnt und somit suggeriert, jenseits aller Geschlechterdifferenzen zu operieren. Die Beibehaltung der Geschlechtsblindheit und des gleichzeitigen Androzentrismus in der Philosophiedidaktik muss überwunden werden, damit patriarchal konnotierte Kulturtraditionen nicht fortsetzt werden.

Das von männlichen Denkern konstruierte geschlechtsneutrale Menschenbild begann man erst dann kritisch zu befragen, als Frauen selbstständige Subjekte des Denkens, Philosophierens und Handelns geworden waren und sich dessen bewusst wurden, dass sie als solche keinen legitimen Platz im klassischen philosophischen Diskurs einnehmen konnten. Der erste Schritt feministischer Forscherinnen in ihrer interdisziplinären Arbeit bestand darin, Frauen in der Wissenschaftsgeschichte überhaupt sichtbar zu machen. Dabei überarbeiteten sie die etablierte Form der Historiographie der Philosophie und positionierten Frauen in diesem Zusammenhang als denkende und schreibende Subjekte, die ihren Beitrag zur Philosophie leisteten.

Demzufolge besteht der *zweite* Schritt, der es ermöglicht, einen gendersensiblen Unterricht zu gestalten, darin, Frauen explizit als Philosophinnen in der Philosophiegeschichte und in der Gegenwart sichtbar zu machen. Genderorientiert wird der Philosophieunterricht nicht nur dadurch, dass die Reflexionen männlicher Denker über Frauen bzw. Geschlechterverhältnisse thematisiert werden, sondern dass Frauen als philosophisch tätig sichtbar werden. Texte von Philosophinnen sind in den letzten Jahrzehnten erforscht und (wieder-)veröffentlicht worden, so dass inzwischen eine entsprechende Auswahl an lohnenden Materialien bereitsteht, die im Unterricht verwendet werden könnten. Das Problem liegt jedoch nach wie vor darin, dass nur wenige Philosophinnen einen Platz im klassischen philosophischen Diskurs einnehmen (vgl. Hagengruber 2013). Auf dieser Ebene besteht, insbesondere in Hinblick auf eine Überarbeitung des klassischen philosophischen Kanons, der in Schulen unhinterfragt rezipiert wird, ein großer Nachholbedarf (vgl. Albus 2013). Wenn in Schulbüchern verstärkt Texte von Philosophinnen herangezogen werden, kann das auf mehreren Ebenen vorteilhaft sein. Zum einen wird damit der implizit im Unterricht vermittelte Eindruck, Philosophieren wäre eine rein männliche Tätigkeit, da die exponierten Akteure des Faches nach wie vor hauptsächlich männliche Philosophen sind, abgemildert. Zum anderen kann dies in Hinblick auf Schülerinnen einen positiven Effekt haben, da sie sich sonst die berechtigte Frage stellen könnten, ob Frauen vielleicht gar nicht philosophieren können, wenn es so wenige in ein Schulbuch geschafft haben. In diesem Zusammenhang ist es lohnend auf den Vorschlag einer festgelegten Frauenquote einzugehen, allerdings mit dem deutlichen Hinweis, dass diese für das Unterrichtsfach Philosophie nicht konstruktiv sei:

„Eine Frauenquote in Exemplakanones würde ein gewaltsam verzerrtes Bild der Denkgeschichte entwerfen, das für die Weckung des Problembewusstseins völlig abträglich und geradezu kontraproduktiv wäre." Dieser Einschätzung von Vanessa Albus pflichte ich ebenso bei, wie den weiterführenden Konkretionen, die darauf zielen, „den Lehrenden *implizit* zu vermitteln, dass die philosophischen Kompetenzen von beiden Geschlechtern erworben und ausgeübt werden können."

Zweifelsohne ist das Philosophieren eine Fähigkeit, die unabhängig von der Geschlechtszugehörigkeit an Bildungsorten wie Schule erworben und trainiert werden kann. Daran anschließend verweist Albus auf eine *„explizite"* Zuwendung. „Am schulischen Bildungsort kann und soll eine philosophische Kultur der Gendersensibilisierung gefördert werden, indem im Unterricht erstens die Dominanz des Maskulinen im Exemplakanon entdeckt und problematisiert wird und zweitens, wie es zur Zeit auch curricular verankert ist, Unterrichtsthemen angeboten werden, die eine philosophisch reflektierte Analyse von Gender-Problemen erlauben" (Albus 2013, 570). Hier werden mögliche Anregungen für die inhaltliche Akzentuierung von Schulbüchern angestoßen (vgl. Hagengruber 2013, 24 ff.). Die von Albus diagnostizierte *Dominanz des Maskulinen*, die sich vor allem in der Autorenschaft widerspiegelt, muss somit nicht radikal durchbrochen werden, indem vermehrt Texte von Frauen eingefügt werden. Gendersensibel wird der Unterricht erst, indem bspw. Lernenden in einem philosophie-geschichtlichen Informationstext erklärt wird, *warum* die Philosophie über Jahrhunderte ein männlich dominiertes Terrain war und *wie* es zum Ausschluss bzw. zur Nichtbeachtung von weiblichen Philosophen kommen konnte. Damit kann vermieden werden, dass bei Schülerinnen und Schülern der Eindruck entsteht, die Philosophie sei nach wie vor eine männliche Domäne, die gelegentliche Ausnahmen – in Form von Philosophinnen – zwar duldet, grundsätzlich aber maskulin geprägt bleiben will.

Der *dritte* Schritt besteht in der Erweiterung einer der Grunddisziplinen des Faches, nämlich der Anthropologie. Deren Grundfrage *Was ist der Mensch?* sollte im Sinne eines zeitgemäßen Diskurses in der Schule behandelt werden, denn der Mensch ist auch ein geschlechtliches Wesen. Die Lehre vom Menschen könnte dahingehend überarbeitet werden, dass Geschlechtlichkeit seinen apriorischen Charakter verliert und zum Gegenstand philosophischer Diskussionen wird. Demzufolge lassen sich zum einen Theorien zum Themenkomplex *sex* und *gender* sinnvoll integrieren, zum anderen könnten bei einer gelungenen didaktischen Aufbereitung Judith Bulters Thesen zur geschlechtlichen Subjektwerdung im Unterricht behandelt werden (vgl. Thein 2014). Daher ist zu begrüßen, wenn in der Anthropologie auch das System der Zweigeschlechtlichkeit thematisiert wird, insbesondere in Hinblick darauf, den Leib als Bastion des Natürlichen zu hinterfragen und somit als primären Ort einer geschlechtlichen Identitätsfindung.

Resümee

Die drei skizzierten Schritte haben gezeigt, dass die Reflexion zum Themenkomplex *gender* von maßgeblicher Relevanz ist, um einen kritischen Umgang mit der Denktradition des Faches Philosophie zu ermöglichen. In diesem Zusammenhang können sowohl PhilosophielehrerInnen als auch Schülerinnen und Schüler für die bisherige Geschlechtsblindheit und den Androzentrismus des Faches sensibilisiert werden. Der Unterricht kann nur dann genderorientiert gestaltet werden, wenn bei den Lehrenden ein Wissen vorhanden ist bezüglich der Genese der Geschlechtsblindheit des eigenen Fachs. Das Wissen auf der philosophiegeschichtlichen Ebene sollte demzufolge erweitert werden durch Kenntnisse der Frauen- und Geschlechterforschung. Nur so können Lehrende dem Fach Philosophie die implizite Botschaft nehmen, philosophieren wäre ein rein männlicher Vorgang. Ein erweitertes, genderhistorisches Wissen würde es LehrerInnen möglich machen, ihren Schülerinnen und Schülern zu erklären, warum Frauen sehr wohl philosophieren können und auch sollen, obwohl die Vertreter des Faches, die in Schulbüchern vorkommen, weitestgehend männlich sind. Zu diesem angestrebten Repertoire gehört auch das Fachwissen über Texte von Philosophinnen, die veröffentlicht sind, allerdings bisher nicht oder kaum Eingang gefunden haben in ein philosophisches Schulcurriculum.

Abschließend ist zu konstatieren, dass eine Genderorientierung im Philosophieunterricht einen essentiellen Beitrag zur kulturellen Selbstgewinnung von Lernenden leistet. Somit ist diese lohnende Akzentuierung des Philosophieunterrichts anschlussfähig an bspw. die philosophiedidaktische Fundierung von Ekkehard Martens, der die philosophische Bildung als eine eminente Form bewusster Kulturteilhabe definiert (vgl. Martens 2010). Indem der Mensch als Kulturwesen sich auch auf einer geschlechtlichen Ebene bilden muss, arbeitet er genderorientiert am Selbst (vgl. Steenblock 2013), was ein genuin philosophischer Vorgang ist.

Literatur

Albus, Vanessa: *Kanonbildung im Philosophieunterricht. Lösungsmöglichkeiten und Aporien*, Dresden 2013.
Dehne, Brigitte: *Gender im Geschichtsunterricht. Das Ende des Zyklopen?* Schwalbach 2007.
Golus, Kinga: *Abschied von der Androzentrik. Anthropologie, Kulturreflexion und Bildungsprozesse in der Philosophie unter Genderaspekten*, 2015 i.E.
Dies.: „Geschlechtsblindheit und Androzentrismus in der traditionellen philosophischen Bildung", in: Albus, Vanessa / Haase, Volker (Hg.): *Zeitschrift für Didaktik der Philosophie und Ethik, Heft 3/2014: Ethik der Geschlechter*, 19-26.
Hagengruber, Ruth: „2600 Jahre Philosophiegeschichte mit Philosophinnen – Herausforderung oder Vervollständigung des philosophischen Kanons? Ergebnisse der Forschung und ihre Auswirkungen auf die Rahmenrichtlinien und Schulpraxis", in: *Zeitschrift der Didaktik der Philosophie und Ethik*, Heft 3/2013: Kanon II, 15-27.
Hoppe, Heidrun u. a. (Hrsg.): *Geschlechterperspektiven in der Fachdidaktik*, Weinheim 2001.
Klinger, Cornelia: „Feministische Theorie zwischen Lektüre und Kritik des philosophischen Kanons", in: Hadumod Bußmann/Renate Hof (Hrsg.): *Geschlechterforschung/Gender Studies in den Kultur- und Sozialwissenschaften*, Stuttgart 2005.
Martens, Ekkehard: „Wozu Philosophie in der Schule?", in: *Texte zur Didaktik der Philosophie*, hrsg. von Kirsten Meyer, Stuttgart 2010, 156-172.
Steenblock, Volker: *Philosophische Bildung. Einführung in die Philosophiedidaktik und Handbuch: Praktische Philosophie*, 7. Aufl, Berlin 2013.
Stopczyk, Annegret: *Was Philosophen über Frauen denken*, München 1980.
Thein, Christian: „Ist Geschlecht Kultur oder Natur? Die Gender-Debatte als anthropologisches Thema in der gymnasialen Oberstufe"; in: Albus, Vanessa / Haase, Volker (Hg.): *Zeitschrift für Didaktik der Philosophie und Ethik*, Heft 3/2014: *Ethik der Geschlechter*, 27-38.
Villa, Paula-Irene: „Gender Studies", in: Stephan Moebius (Hrsg.): *Kultur. Von den Cultural Studies bis zu den Visual Studies. Eine Einführung*, Bielefeld 2012.

4.7 Interkultureller Polylog

Markus Bartsch

Unter dem methodischen Verfahren des interkulturellen Polylogs versteht der Verfasser in Anlehnung an die interkulturelle Hermeneutik von Franz Martin Wimmer ein lehr- und lernbares Verfahren, das sich auch im schulischen Raum als Verstehens- und Verständigungskultur einer sich in Akkulturation und ethnischem Selbstverständnis immer diffiziler zeigenden Schülerschaft etablieren lassen sollte. Dazu gehört ebenso, dass sich auch die Lehrperson in ihrer didaktischen Stoßrichtung der eigenen Haltungs- und Denktradition vergewissert, um bei einer interkulturellen Schülerschaft keine hermeneutischen Leerstellen zu provozieren, die zu ungeklärten Irritationen führen können.

Philosophiedidaktik und interkulturelle Wirklichkeitsbedingungen

Im Bericht der durch das (seinerzeitige) Bundesministerium des Inneren einberufenen Unabhängigen Kommission „Zuwanderung" aus dem Jahr 2001 heißt es:

„Deutschland braucht Zuwanderinnen und Zuwanderer. Die Steuerung der Zuwanderung nach Deutschland und die Integration der Zugewanderten werden zu den wichtigsten politischen Aufgaben der nächsten Jahrzehnte gehören. Die Bewältigung dieser Aufgabe erfordert eine langfristig ausgerichtete Politik und ein Gesamtkonzept, das klare Ziele enthält: humanitärer Verantwortung gerecht werden, zur Sicherung des Wohlstandes beitragen, das Zusammenleben von Deutschen und Zuwanderern verbessern und Integration fördern." (Unabhängige Kommission „Zuwanderung" 2001, 12)

Diese Forderung wird hier zugleich mit der Notwendigkeit eines neuen gesellschaftlichen Selbstverständnisses verbunden:

„Die jahrzehntelang vertretene und normative Festlegung Deutschland ist kein Einwanderungsland ist aus heutiger Sicht als Maxime für eine deutsche Zuwanderungs- und Integrationspolitik unhaltbar geworden. Denn eine solche Maxime würde verhindern, dass weitreichende politische Konzepte entwickelt würden." (ebd., 13)

Die hier vertretene Position war schon damals faktisch selbstverständlich und zugleich in ihrer eindeutigen Formulierung politisch bemerkenswert, benennt sie doch nicht nur zum ersten Mal von offizieller Seite die längst gültigen Wirklichkeitsbedingungen, denen auch Bildung gerecht werden muss, sondern stellt außerdem den Appell für die Entwicklung eines *„weitreichende[n] Konzept[es]"* erneut in den Fokus, nachdem es um zuvor kontrovers diskutierte *multi-*, *inter-* oder *transkulturelle* Konzepte bis zur bekannten PISA-Debatte zwischenzeitlich eher still geworden war.

Während in der allgemeinen Debatte bis Ende der 1970er Jahre das Modell der *Multikulturalität* propagiert wurde, das eher im Appellativen verharrte und mit einem unbestimmten Toleranzbegriff einherging, galt dieses Konzept in den 1980er Jahren in Soziologie und Pädagogik bereits als gescheitert. Der in dieser Zeit mehr und mehr verwendete Begriff der „Parallelgesellschaft" ging mit der Forderung nach einer aktiveren Integrationspolitik einher. *Multikulturalität* allein wurde nicht mehr als ein an sich geltender Wert verstanden. Der Gedanke einer *interkulturellen* Gesellschaft benennt seitdem vielmehr die Suche nach einem pluralen Leitbild als Einheit des Mannigfaltigen. Doch blieb damit nicht selten ein allzu statischer Kulturbegriff verbunden. In Anlehnung an Welsch diskutierte man in den 1990er Jahren darum mehr und mehr das Konstrukt *transkultureller* Begegnungen (Welsch 1996), das den Menschen gemäß seiner individuellen Herkunftsbiographie in seiner jeweiligen Akkulturation in den Mittelpunkt stellte (zur Vertiefung vgl. Gogolin, Krüger-Potratz 2006). Es lohnt sich also zu fragen, was sich innerhalb der pädagogischen und didaktischen Diskussion um interkulturelle Bildung und Integration getan hat.

Noch zum Millenniumswechsel konstatierten die Bildungsforscher Holzbrecher, Reich und Roth:

„Das Thema interkulturelle Bildung ist in den Fachdidaktiken eher selten und randständig. In Entsprechung dazu sind die didaktischen Perspektiven in der interkulturellen Pädagogik nach wie vor in der Minderzahl. Mit kultureller Vielfalt umgehen zu lernen wird zwar in allgemeiner Weise als notwendige Kompetenz gefordert, etwa um den Anforderungen eines global orientierten Denkens gewachsen zu sein oder heterogene Lebenswelten gestalten zu können. Doch ist eine Umsetzung dieses Postulats in fachdidaktischen Konzeptionen erst in Umrissen zu erkennen." (Reich, Holzbrecher, Roth 2000, 7)

Inzwischen dürfen wir jedoch feststellen, dass wohl eine Vielzahl an konkretisierenden Publikationen gefolgt ist, mit dem Ziel, eben diese Lücke zu schließen, wenngleich Heiser jedoch in seiner jüngst vorgelegten Arbeit *„Interkulturelles Lernen. Eine pädagogische Grundlegung"* kritisiert, dass die interkulturelle Perspektive erneut aus dem Blickfeld der Fachdidaktik zu geraten drohe. So macht er es sich mit dieser Publikation explizit nochmalig zum Ziel, die *„pädagogische Grundierung für das Phänomen des interkulturellen Lernens"* zu finden (Heiser 2013, 15 ff.). Auffallend ist an diesem Versuch, dass der Autor zwecks Konkretisierung sowohl aus dem Blickwinkel der allgemeinen Pädagogik sowie dem der interkulturellen Philosophie arbeitet. Dazu verwendet Heiser eine philosophisch-hermeneutische Diskursanalyse, durch die er gegenwärtige Ansätze interkulturellen Lernens betrachtet und damit an eine längst durch die Philosophiedidaktik methodisch vorgenommene Konkretisierung der letzten Jahre anschließt. Verwiesen werden darf hier u. a. besonders auf das in der Lehrerausbildung von Nordrhein-Westfalen zunehmend berücksichtigte Modell einer „Komplementärdidaktik von Zentrismusanalyse und polylogisch-hermeneutischem Phasenmodell für den Unterricht in interkulturellen Lerngruppen" (Bartsch 2009).

Wir können also festhalten, dass in den vergangenen Jahren gerade die *Philosophie*didaktik jene von Reich, Roth und Holzbrecher geforderten Entwürfe anbietet, die über allgemeine Postulate oder Rahmenmodelle in konkretisierender und unterrichtspraktischer Weise hinausgehen, versteht sie sich doch in ihrer vornehmlichen Aufgabe immer auch als Weg- und Vorbereiterin eines interkulturellen Pluralismus in hermeneutischer Aufbereitung und methodischem Diskurs. Doch muss sich die Philosophiedidaktik auch weiterhin dahingehend positionieren, welchen Stellenwert sie innerhalb des gesamten Fächerkanons allgemeinbildender Schulen und besonders im Verhältnis zu bekenntnisorientiertem Religionsunterricht haben sollte. Als Unterrichtsfächer, die sich der Erziehung zur Mündigkeit verpflichten, indem sie bekenntnisneutral Schülerinnen und Schüler von ganz unterschiedlichem ethnischen, nationalen und religiösen Selbstverständnis zum Diskurs anleiten, dienen Philosophie- und Ethikunterricht der Werteerziehung in der Weise, dass ein demokratisches Selbstverständnis als übergeordnetes und zugleich lebbares Konstrukt die Auseinandersetzung mit kulturellen und religiösen Gemeinsamkeiten sowie Differenzen ermöglicht.

Leider wird diese Chance in vielen Bundesländern immer wieder konterkariert, indem bekenntnisorientierte Fächer (christlich-konfessionell oder islamisch) innerhalb der Stundentafel mit den Fächern Philosophie, Praktische Philosophie und Ethik parallelisiert werden. Wer sich für den Religionsunterricht entscheidet, sollte zugleich auch in bekenntnisneutralen, diskursorientierten Fächern unterrichtet werden können und umgekehrt (dazu auch Köhler 2012, 67). Rohbeck kritisiert außerdem in anderem Zusammenhang die Trennung von Philosophie und Ethik als Schulfächer der Sekundarstufe II in einigen Bundesländern, fürchtet er doch, Fragen mit ethischer Relevanz könnten allzu sehr aus dem von der Philosophie insgesamt behandelten lebensweltlichen Gesamtspektrum herausgerissen werden, was schließlich zur Folge hätte, dass die Behandlung ethischer Fragen von den Schülern möglicherweise als reine Lehrgangsfolge wahrgenommen wird (Rohbeck 2010). Ungeklärt bleibt zum gegenwärtigen Zeitpunkt außerdem, welchen weiteren Glaubensgemeinschaften ein im öffentlichen Schulwesen institutionalisierter Religionsunterricht gewährt werden soll – und nach welchen Kriterien. Hinzu kommt, dass eine Vielzahl von Studien der letzten Jahre zeigen, dass weder muslimische

Kinder und Jugendliche noch christlich-abendländisch sozialisierte Schülerinnen und Schüler oder Angehörige anderer Glaubensrichtungen homogene Gruppen darstellen (Boos-Nünning, Karakasoglu 2005; Sandt 1996; Riegel, Zieberts, Kalbheim 2003).

Gerade vor dem Hintergrund dieser Wirklichkeitsbedingungen erklärt sich der besondere Auftrag der Philosophiedidaktik, die eine ethnisch-kulturelle und wirklichkeitsgerechte Heterogenität nicht nur bedenken, sondern immer auch darstellen und thematisieren muss, wo an anderer Stelle keine Möglichkeit bleibt. Interpretiert etwa eine sich als sunnitisch-traditionell verstehende muslimische Schülerin den Schlussakt des Aufklärungsdramas „Emilia Galotti" von Lessing als moralische Legitimation eines Ehrenmordes, bleibt im Deutschunterricht kaum Zeit, die damit einhergehenden Herausforderungen korrigierend anzugehen. Hier könnte ein literarischer Stoff noch einmal mithilfe der genuin philosophischen Methoden Dialektik oder Phänomenlogie aufbereitet werden (Rohbeck 2010). Manifestiert sich in der von Schülern eigenständig gewählten Sitzordnung in potenzierter Weise die allgemeine ethnische Segregationstendenz ganzer Stadtteile, und begegnen sich z. B. alevitische Schüler sunnitischen Jugendlichen des selben Kurses in ihrer Kleiderwahl gezielt konnotativ-herausfordernd, kann die Lehrperson nicht darüber hinwegsehen, sondern bedarf Empathie vermittelnder Strategien, um Annäherungen innerhalb der Schülergruppen zu schaffen (Bartsch 2007/2009). Verweigern Schüler den Schwimm- oder Biologieunterricht, da religiöse Konstrukte den lebensweltlichen Handlungsrahmen auch im schulischen Miteinander erschweren, bedarf es neben hinreichenden kulturellen Kenntnissen bezüglich der bestimmenden Identifikationsgrößen auch klarer rechtlicher und handlungstauglicher Instrumentarien (Hinrichs, Romdhane, Tiedemann 2012). Die Philosophiedidaktik sollte innerhalb solcher Angebote im Schulwesen eine klare Orientierungsinstanz sein, um Integration (mehr als reine Assimilation) über den beharrlichen Weg des transkulturellen Austausches zu ermöglichen. Doch kann man einen solchen Austausch weder dem Zufall überlassen, noch versprechen die Gegenstände und Leitfragen der Philosophie per se eine solche Annäherung. Vielmehr bedarf es hierzu eines besonderen hermeneutischen Blickes auf Gegenstand und Klientel.

Interkulturelle Hermeneutik als besondere Haltung in der Philosophiedidaktik

Philosophiehistorisch hat die Hermeneutik als *ars interpretandi* (als Kunst der Auslegung) ihre Wurzeln gewiss vornehmlich im theologischen, juristischen und philologischen Kontext. In Verbindung mit einer methodologischen Ausrichtung, bezogen auf Gegenstände der biblischen Exegese oder Jurisprudenz, definierte sich ihre Aufgabe wohl weniger mit dem Blick auf interkulturelle Differenzen. Vor dem Hintergrund veränderter Wirklichkeitsbedingungen muss sich aber das hermeneutische Bemühen innerhalb eines deutlich erweiterten Aufgabenfeldes neu definieren lassen. Der Begriff des *Verstehens* kann im Zuge der Globalisierung längst nicht mehr nur auf einen wie auch immer ausgewiesenen ‚Kulturkreis' beschränkt bleiben. Die Aufgabe einer modernen Hermeneutik ist immer auch, Bedingungen der Möglichkeit für das Verstehen fremder Kulturen zu schaffen. So fordert Mall:

„Die neue de facto existierende weltweite hermeneutische Situation verpflichtet uns, eine Besinnung einzuleiten, die mit den alten und heute überholten Ansprüchen Schluss macht" (Mall 1995, 25).

Dies gilt nicht zuletzt – oder gerade auch – für den schulischen Raum. Die Ansprüche einer interkulturell orientierten Hermeneutik betreffen die Überwindung von nicht selten kompliziert zu fassenden Formen des kulturellen Zentrismus. So entwirft der Hermeneutiker Wimmer etwa eine umfassende Phänomenologie unterschiedlicher Formen des Zentrismus (expansiver, multipler, integrativer, segregativer), denen er eine reflektiert-funktionale Haltung des tentativen Zentrismus entgegen hält (Wimmer 2004). Eben diese Formen des Zentrismus gilt es zu kennen und in die didaktische Reflexion mit einzubinden. Eine Zentrismusanalyse der eigenen Schülerschaft – aber auch der eigenen didaktischen Stoßrichtung – ist darum von großer Wichtigkeit gerade für die Beschäftigung mit Wertefragen. Wie eine solche „*Zentrismusanalyse als qualitativ-diagnostisches Prinzip zur Antizipation und Kanalisierung interkultureller Kommunikationsprozesse im Unterricht*" aufzufassen ist, lässt sich als Haltung und Planungskonzept erlernen und sollte Bestandteil der Lehrerausbildung sein (vgl. Bartsch 2009, 233-237). Es gilt also die Möglichkeit einer neuen Verstehens- und Verständigungskultur zu ergründen. Dies impliziert auch einen *erweiterten Philosophiebegriff*. Nicht allein die sokratisch-platonische und aristotelische Tradition verdient es als „Kinderstube der Philosophie" aufgefasst zu werden. Sie ist als Tradition lediglich Basis für das philosophische Denken in besonderen Kulturkreisen. In Anschluss an Husserl, der von der „Europäisierung der Menschheit" schreibt, notiert Heidegger:

„Der Satz Philosophie ist in ihrem Wesen griechisch sagt nichts anderes aus als: das Abendland und Europa, und nur sie, sind in ihrem innersten Geschichtsgang ursprünglich philosophisch. Die oft gehörte Redeweise von der ‚abendländischen Philosophie' ist in Wahrheit eine Tautologie" (Heidegger 1963, 13.)

Ist die Hermeneutik Bestandteil des philosophisch-methodischen Rüstzeugs, und wird die Philosophie selbst in einer solcherart von Zentrismus geprägten Beschränkung verstanden, wie er sich in dem angeführten Zitat zeigt, muss das hermeneutische Projekt im Zeitalter der Globalisierung, und mit ihr auch die aktuelle Philosophie in ihrer Aufgabe, die Wahrheitsliebe im Sinne der Menschheit zu fördern, scheitern. Nur wenn sich die Philosophie von einem allzu starren und von Zentrismus geprägten Traditionsbekenntnis löst, zeigt sie sich als „Liebe zur Weisheit". Natürlich geht es nicht um die Leugnung abendländischer Wurzeln und Errungenschaften, vielmehr aber um eine Relativierung der alleinigen und gänzlich ungeprüften Deutungshoheit aus abendländischer Perspektive.

In diesem Sinne schließt auch ein rechtes Verständnis von Hermeneutik „das Selbstverstehen ebenso wie das Fremdverstehen [mit ein]. Der Terminus ‚Selbstverstehen' bezieht sich auf das Selbst, die eigene Tradition, Kultur, Religion usw. Entsprechend zielt das ‚Fremdverstehen' auf die Deutung der fremden Personen, Traditionen, Kulturen, Religionen und dgl. [...] So ist Hermeneutik zugleich die der ‚heimatlichen Welt' und der ‚Fremdwelt'" (Mall 1995, 25). Merleau-Ponty fordert darum, „Ethnologe der eigenen Gesellschaft" zu werden, um „ihr gegenüber auf Distanz [zu] gehen" (Metraux, Waldenfels 1986, 20). Was es freizulegen gilt, ist Menschliches, geht dem Menschen als Kulturwesen doch immer schon das Naturwesen Mensch voraus. Ergeben sich etwa Irritationen bezüglich divergierender Weltauffassungen von Schülerinnen und Schülern mit kulturell unterschiedlich geprägtem Selbstverständnis, so gilt es, das hermeneutische Unterfangen methodisch, aber auch inhaltlich-didaktisch auf Spielräume zwischen Differenz und Identität hin zu entwerfen. Solche Bemühungen zielen auf Annäherungen und das Erkennen von Gemeinsamkeiten mit anthropologischer und letztlich auch ethischer Relevanz – trotz aller Unterschiede.

Nicht das Erfassen der einen Deutung von Welt kann das Ziel sein, sondern einzig die Erklärbarkeit unterschiedlicher Deutungsmuster, um von hieraus Annäherungen – und nicht zuletzt auch Einigungen – zu intendieren. Einigung meint hier aber niemals ‚Gleichschaltung', sondern die Erarbeitung einer lebenstauglichen Einheit in der Vielheit als neue ‚Leitkultur'. Hierin liegt die wahre Einstellung eines diskursiv errungenen Pluralismus jenseits von Willkür und einem aus Bequemlichkeit leichtfertig vertretenen Relativismus begründet. Und hierin erklärt sich auch der wesentliche Unterschied zwischen *Multi-* und *Transkulturalität*.

Transkulturalität ist eine aktiv fragend-reflektierende Haltung, die den philosophischen Fundus der Jahrhunderte und der Kulturen nutzt, um die hermeneutischen Methoden einer Verstehens- und Verständigungskultur in lebensnahe Handlungsoptionen zu transformieren. Die Philosophie ist damit im Sinne Diltheys bereits „in der Struktur des Menschen angelegt", der seiner Anlage gemäß danach strebe, „zur philosophischen Besinnung zu gelangen" (Dilthey 1907, hrsg. v. Scholz 2008, 69), sofern ihm Raum und Anreiz zu lebensweltlicher Reflexion gegeben wird. Der jeweils Andere spielt für diesen Anreiz eine ganz entscheidende Rolle.

Aufgabe der Philosophiedidaktik ist es darum auch, diese menschliche Anlage im Kontext besonderer ethnischer oder religiöser Sozialisationskontexte und darüber hinaus zu entwickeln, ja zu ‚kultivieren'. Die Philosophie als Kulturtechnik (Martens 2003) kann und sollte dabei erlebte Differenz innerhalb einer ethnisch und weltanschaulich pluralen Gesellschaft quasi als Metakultur so auszuleuchten helfen, dass Selbst- und Fremdverstehen als sich einander bedingende Komplementärmomente möglich werden. Da ist es auch kein Widerspruch, definiert Steenblock etwa Philosophische Bildung als „Arbeit am Logos" (Steenblock 2012, 26 ff.), die sich der (abendländischen) Tradition bedient, bleibt doch immer das fragende, suchende und sich entwerfende Subjekt im Fokus dieser Denk- und Diskursarbeit. Der sich in interkultureller Differenz vorfindende Schüler erfährt so in Angeboten der Philosophiedidaktik, die sich den Traditionen bedient, ihnen aber nicht in unhinterfragter Erstarrung folgt, eine Anleitung zum reflektierenden Umgang mit einer solchen Differenz. Dazu bedarf es der gemeinsamen Begriffs- und Sprachfindung ebenso wie dem Erlernen von Empathiestrategien, um solchen Unterschieden gemeinsam ‚auf den Grund' zu gehen. Kompetenzen wie hermeneutische Betrachtung, Analyse und Dialektik, die genuin philosophisch sind (Rohbeck), bleiben dabei gewiss unverzichtbar. Ganz gleich, ob wir uns den didaktischen Herausforderungen bildungstheoretisch nähern (Steenblock), den philosophischen Fundus dialogisch-pragmatisch befragen (Martens) oder eine disziplinübergreifende philosophische Kompetenzorientierung anstreben (Rohbeck), so wird die Philosophie im interkulturellen Kontext darüber hinaus stets auch polylogisch bleiben, indem sich Menschen ganz unmittelbar in ihrem unterschiedlichen kulturellen Selbstverständnis begegnen und über einen philosophischen Gegenstand zu verhandeln lernen müssen. Philosophie bleibt damit erste Möglichkeit zur „ethischen Orientierung" (Tiedemann 2004).

Interkultureller Polylog als lehr- und lernbare Verstehens- und Verständniskultur mit unterrichtspraktischer Relevanz

An dieser Stelle kann wohl nur die Stoßrichtung eines solchen polylogischen Modells für den Philosophieunterricht angedeutet werden. Vielleicht vermag jedoch eine kurze Skizze mithilfe bekannter Begrifflichkeiten deutlich machen, warum gerade die Philosophiedidaktik prädestiniert ist für die auch schulpolitisch immer wieder geforderte Verstehens- und Verständigungskultur im interkulturellen Kontext.

Die *Mäeutik* des Sokrates vollzieht sich als Dialogtechnik in zwei Schritten, der *Elenktik* als „Kunst der Überprüfung", durch die eine Gesprächspartnerin oder ein Gesprächspartner zunächst in ihrem/seinem Standpunkt erschüttert werden soll, um dann die/den Zweifelnde/n zu einem weiteren Schritt, der *Protreptik* als „Kunst der Hinwendung", zu einer neuen Betrachtung oder gar Einsicht zu führen. Lässt sich aber dieses Modell wirklich auf die Idee eines *interkulturellen Polylogs* übertragen?

Vergewissern wir uns noch einmal, was der *Polylog* leisten soll, nämlich das Erlernen einer transkulturellen Haltung innerhalb eines Diskurses, indem die/der Einzelne aus einer „standorthaften Standortlosigkeit" (Mall 2002) heraus jedes Verstehen-Wollen und Verstandenwerden-Wollen als untrennbare Komplementärmomente begreift, um in partnerschaftlicher Gleichberechtigung nach einem gemeinsamen Wertekonstrukt zu suchen, das Pluralität als Einheit in der Mannigfaltigkeit zulässt. Der Begriff der „Standorthaften Standortlosigkeit" meint in der interkulturellen Hermeneutik eine Haltung, die mit dem Wissen um die eigene Akkulturation bei gleichzeitiger empathischer Öffnung für ein zunächst als fremd empfundenes Vermeinen und Empfinden beginnt. Das Interesse an den Gründen für Differenz geht der Wertung voraus, ohne dass ein solches Interesse in Relativismus verharrt. Damit entspricht diese Haltung in etwa Wimmers Modell des „tentativen Zenrismus" (Wimmer 2004). So zeigt sich, dass es immer zunächst darum gehen muss, zentristisch bedingte Verhärtungen zu erkennen und aufzulösen. Um das eigene Vermeinen in seinem voreingenommenen Status und die damit nicht selten verbundenen zentristisch verteidigenden Geltungsstrategien zu begreifen, muss der/dem Einzelnen eine andere, vielleicht der eigenen Einschätzung widersprechende Auffassung über die vermeintlich selbe Sache entgegengehalten werden. Erst durch eine damit einhergehende Irritation findet sich die/der Einzelne in Konfrontation mit den jeweils Anderen und deren Perspektiven in einer gemeinsamen Situation der Herausforderung vor, die verlangt, dass sie/er sich in den eigenen Geltungszusammenhängen erklärt. Nur wo ein Widerspruch ist, und liegt ein solcher auch nur in Form der als ‚irgendwie anders' empfundenen Perspektive vor, kann etwas als *frag*-würdig in Erscheinung treten. Hierin liegt die von Vertretern der Postmoderne geforderte Differenzsichtung. Nur dann ist es sinnvoll, von einer Phase der *Elenktik* zur Phase der *Protreptik* überzugehen.

Nun ist aber die Gesprächssituation in interkulturellen Lerngruppen eine andere als wir sie aus sokratischen Dialogen kennen. Soll es um Verständigung von Schülerinnen und Schülern unterschiedlicher kultureller Sozialisation gehen, muss das Gespräch polylogisch angelegt sein. Damit verschiebt sich die methodische Dynamik von einem mäeutischen Prinzip hin zu einer eher *diskurs*orientierten Ausrichtung. Dennoch bleibt der Zweischritt von Elenktik und Protreptik interessant für die moderationale Interaktion eines *Polylogs*. Fragen wir nämlich, welche Rolle der Lehrperson zukommt, so vermittelt sich leicht, dass diese nur auf die sich aus der interkulturellen Zusammensetzung selbst ergebende Dynamik konzentrieren muss, um fruchtbare Irritationen anzustoßen und zu kanalisieren. Durch den geschickten Einsatz eines Initialimpulses werden kulturelle Unterschiede oder Gemeinsamkeiten rasch deutlich, die die/den Einzelne/n durch den Widerspruch des jeweils Anderen zugleich auf das eigene Selbst verweisen, so dass die delphische Forderung „Erkenne dich selbst!" eine zwangsläufige ist.

Es wäre jedoch kontraproduktiv, die Schülerinnen und Schüler gänzlich unvorbereitet in eine solche Diskurssituation zu stoßen, käme es doch so im ungünstigen Fall lediglich zu einer Verhärtung von Vorurteilen, da das vermeintlich Andere als möglicherweise bedrohlich empfunden würde, nicht aber mehr Anlass zur Neugierde gäbe. Erst wenn die/der Einzelne begreift, dass das eigene Vermeinen auf ein Sozialisationsgefüge zurückgeht, das auch das emotionale Moment erklärt, erkennt das Subjekt einen ähnlichen ‚Mechanismus' im Vermeinen und Empfinden des Gegenüber. Nur wenn dieser Schritt gelingt, wird die Ebene der Selbsterkenntnis des Subjekts schrittweise zu Bestandteilen der zu verhandelnden Sach-Ebene transformiert. Empathie ist damit als hermeneutisches Moment definiert, in dem Ich-, Wir- und Sach-Ebene reflektierend und themenorientiert verschmelzen und damit als empathische und zugleich reflektierende Strategie transformiert werden. Fragen wir, was innerhalb des Polylogs das gleichsam mäeutisch Freizulegende ist, so kann man festhalten, es ist eben die Erkenntnis der kulturellen Bedingtheit allen Vermeinens und Empfindens im Allgemeinen wie im Besonderen. Dies ist die Bedingung der Möglichkeit für Verständigung auf ein Gemeinsames in der Vielheit. Eine solche Vielheit bedeutet nicht ein Abgleiten in Relativismus, sondern eine problemorientierte Verminderung von Differenz in der Weise eines lebbaren Pluralismus. Der interkulturelle Polylog ist also eine lehr- und lernbare Verstehens- und Verständniskultur mit unterrichtspraktischer Relevanz.

Literatur

Bartsch, M.: „Gesellschaftlicher Dialog im Klassenzimmer. Didaktische Implikationen interkultureller Hermeneutik im Fach Praktische Philosophie", in: Martens, E.; Gefert, C.; Steenblock, V.: *Philosophie und Bildung*, Bd. 10, Münster, Berlin 2009.

Bartsch, M.: „Mit Kopftuch und Krawatte. Fallbeispiele aus dem Unterricht mit interkulturellen Lerngruppen", in: *Zeitschrift für Didaktik der Philosophie und Ethik* (2007), 297-302.

Bartsch, M.: „Man kann vom Tao nicht zu einem Schulmann sprechen – oder: Wie ist interkultureller Ethikunterricht möglich?", in: *Zeitschrift für Didaktik der Philosophie und Ethik* (2009), 200-206.

Boos-Nünning, U.; Karakasoglu, Y.: *Viele Welten leben. Zur Lebenssituation von Mädchen und jungen Frauen mit Migrationsunterricht*, Münster 2005.
Dilthey, W.: *Das Wesen der Philosophie* [1907], hrsg. von Gunther Schulz, Wiesbaden 2008.
Gogolin, I.; Krüger-Potratz, M.: *Einführung in die Interkulturelle Pädagogik*, Opladen 2006.
Heidegger, M.: „Was ist das – die Philosophie?", in: ders.: *Gesamtausgabe*, Bd. 11, Pfullingen 1963.
Heiser, C. J.: *Interkulturelles Lernen. Eine pädagogische Grundlegung*, Würzburg 2013.
Hinrichs, U.; Romdhane, N.; Tiedemann, M.: *Unsere Tochter nimmt nicht am Schwimmunterricht teil! 50 religiös-kulturelle Konfliktfälle in der Schule und wie man ihnen begegnet*, Mühlheim an der Ruhr 2012.
Martens, E.: *Philosophieren als Kulturtechnik*, Hannover 2002.
Köhler, A. A.: „Stellungnahme des Zentralrats der Muslime (ZMD) zu den Thesen zum Isalmischen Religionsunterricht des Landesverbands Ethik in Baden-Würtemberg", in: *Zeitschrift für Didaktik der Philosophie und Ethik* (2012), 67-69.
Mall, R. A.: *Philosophie im Vergleich der Kulturen. Interkulturelle Philosophie – eine neue Orientierung*, Darmstadt 1995.
Mall, R. A.: „Andersverstehen ist nicht Falschverstehen", in: Schmidt-Kowarzik, W. (Hg.): *Verstehen und Verständigung – Xenologie – interkulturelle Philosophie*, Würzburg 2002, 48-54.
Metraux, A.; Waldenfels, B. (Hg.): *Leibhaftige Vernunft*, München 1986.
Riegel, R. M.; Ziebertz, H.-G.; Kalbheim, B.: *Religiöse Signaturen heute. Ein religionspädagogischer Beitrag zur empirischen Jugendforschung*, Freiburg, Gütersloh 2003.
Rohbeck, J.: *Didaktik der Philosophie und Ethik*, Dresden 2010.
Sandt, F.-O.: *Religiosität von Jugendlichen in einer multikulturellen Gesellschaft: Eine qualitative Untersuchung zu atheistischen, christlichen, spiritualistischen und muslimischen Organisationen*, Münster 1996.
Steenblock, V.: „Philosophische Bildung als ‚Arbeit am Logos'", in: ders.: *Philosophie und Lebenswelt. Beiträge zur Didaktik der Philosophie und Ethik*, Hannover 2013, 26-36.
Tiedemann, M.: *Ethische Orientierung für Jugendliche. Eine theoretische und empirische Untersuchung zu den Möglichkeiten der praktischen Philosophie als Unterricht in der Sekundarstufe I*, Münster 2004.
Unabhängige Kommission *Zuwanderung*: „Zuwanderung gestalten – Integration fördern", Einleitung, Berlin 2001.

4.8 Wissenschaftsorientierung

BETTINA BUSSMANN

Dass der Philosophie- und Ethikunterricht lebensweltlich verankert sein muss, darüber besteht unter Fachdidaktikern weitgehend ein Konsens (Martens 1979, Steenblock 2012, Tiedemann 2013). Diese lebensweltliche Verankerung ergibt sich zum einen aus der Philosophiegeschichte selber, da fast alle großen Philosophen auf die Probleme ihrer Zeit reagiert haben. So reagierte z. B. Platon mit seiner Ideenlehre auf den gesellschaftlichen Umbruch vom Mythos zum Logos, Kant mit seiner *Kritik der reinen Vernunft* auf das beginnende Zeitalter der Naturwissenschaften und Wittgenstein mit seiner Analyse der alltäglichen Sprachspiele in den *Philosophischen Untersuchungen* auf eine Monopolstellung naturwissenschaftlicher Sprach- und Erkenntnisformen. Zum anderen ist die Fundierung in der Lebenswelt im Unterricht mit Schülern eine psychologisch-pädagogische Notwendigkeit. Die Motivationsforschung, die Lehr-Lernforschung und neuerdings die Neurodidaktik haben gezeigt, dass Menschen effektiver und zufriedener lernen, wenn sie das Lernen auf ihre eigene Lebenswelt beziehen und eigene Lösungswege suchen können (z. B. Herrmann 2006).

Auf die „Lebenswelt" wird zwar gerne verwiesen, wenn es um alles „da draußen", jenseits der akademischen, wissenschaftlichen Welt geht; man muss jedoch zugeben, dass dieser Begriff philosophisch häufig unterbestimmt bleibt – es sei denn, man ist an dem spezifischen Verhältnis von lebensweltlichen und wissenschaftlichen Wissen interessiert (z. B. Husserl 1962, Gethmann 1991, Wingert 2008). Gerade für die Bezugnahme des Begriffs auf Bildungskontexte muss zunächst unterschieden werden zwischen der individuellen, subjektiven Lebenswelt und der gesellschaftlichen. Beide haben ihre Berechtigung in jeweils unterschiedlichen Kontexten, dennoch muss betont werden, dass unter „Lebenswelt" allzu häufig nur die unmittelbare Betroffenheit des Einzelnen angesprochen und damit auf den direkten Interessen- und Handlungsbezug abgezielt wird. Daraus kann ein überzogener therapeutisch-erzieherischer Anspruch entstehen, der in der Institution Schule äußerst kritisch gesehen werden muss. Wenn z. B. Schüler einer neunten Klasse gefragt werden, welche anderen Ausdrücke für „Liebe machen" ihnen einfielen, und ob sie die (selbst genannten) Ausdrücke „rammeln, treiben, durchnehmen und bürsten" usw. auch im Alltag verwendeten, so darf nicht nur gefragt werden, ob dadurch wirklich „soziale Kompetenzen" gefördert werden, die die SchülerInnen selbstständig in die Lage versetzen „aktuelle ethische Probleme zu bearbeiten und Antworten zu finden". Noch problematischer erscheint es mir, wenn daraus ein Klassenkodex entwickelt wird, in dem die SchülerInnen unter anderem festlegen: „Wir versuchen auf einen sexualisierten, vulgären Sprachgebrauch zu verzichten, sofern er andere belästigt oder uns selbst Schaden (im Ansehen der Person) zufügen kann." (Bahlo, Fladrich 2014, 22-24). Derartige Unterrichtseinheiten lassen fraglich erscheinen, ob die SchülerInnen in dieser Situation überhaupt frei und ehrlich ihre intimen Gedanken preisgeben und ob dies überhaupt notwendig ist. Reflexion, als Hauptmerkmal philosophischer Überlegungen, verlangt nach einer Distanz von Unmittelbarkeit, die in diesem Falle zu kurz kommt.

Diese Einwände bedeuten aber nicht, nun das Kind mit dem Bade auszuschütten und zu fordern, dass Philosophie- und Ethikunterricht die persönliche Lebenswelt des Einzelnen notwendigerweise ausblenden muss, da es um das Erlernen allgemeiner, abstrakter Begriffe, Argumentationen und Prinzipien gehe. Dies wäre nur das andere Extrem. Da problemorientierter Philosophieunterricht auch „im Konkreten Fuß fassen" muss, werden wir immer persönlich angesprochen sein. Die Kunst besteht also darin, individuelle und allgemein-abstrakte Überlegungen so zu verbinden, dass die SchülerInnen erkennen, dass auch Fragen, von denen sie noch nicht individuell betroffen sind, dennoch eine individuelle Bedeutung bekommen können oder werden. Dies gilt z. B. für Fragen der Sterbehilfe, der Kriegsführung und der Präimplantationsdiagnostik. Hierbei handelt es sich um Fragen des gesellschaftlichen, auch globalen Lebensweltbezugs, die aber dennoch eine individuelle Bedeutung haben.

Die gesellschaftliche Lebenswelt wird in rasantem Tempo immer stärker durch die Methoden, Erkenntnisse und Technologien der empirischen Wissenschaften geprägt und diese Entwicklung ist längst im Klassenzimmer angekommen: Schüler beziehen sich regelmäßig auf „die Wissenschaft" oder „neueste wissenschaftliche Studien und Erkenntnisse" oder sagen schlicht „das habe ich neulich in einer Wissenschaftsdoku gesehen". So müssen Lehrkräfte heute äußerst überzeugend argumentieren, wenn sie einem Schüler das Kaugummikauen verbieten wollen – es sei wissenschaftlich erwiesen, dass es die Konzentration erhöhe. Oder: Homosexualität sei doch natürlich, denn Wissenschaftler hätten herausgefunden, dass es auch schwule Elefanten gäbe. Oder: Liebe sei nichts als eine evolutionsbiologische Einrichtung, die der Fortpflanzung der Gattung diene, reine Chemie. Diese Liste ließe sich beliebig verlängern. Sie zeigt, dass Schüler auch im Philosophieunterricht ihre wissenschaftliche Brille nicht ablegen, eine Brille, die unser Handeln, unser Selbstverständnis, ja selbst unsere Gefühle prägen und verändern (siehe z.B. die empirischen Forschungen von Allman/Woodward 2008). Sie halten die Wissenschaften außerdem oft für die einzige wahre Erkenntnisquelle, da ihre Ergebnisse – und auch dieses muss ihnen nicht lange erklärt werden – intersubjektiv und empirisch überprüfbar sind. Viele philosophische Fragen lassen sich deshalb nicht ohne Bezug auf die Methoden und Ergebnisse der Wissenschaften klären. Viele Rahmenpläne und Unterrichtswerke haben das erkannt und versuchen eine Wissenschaftsbasierung ihrer Unterrichtsinhalte. Aber welches Kräfteverhältnis besteht nun zwischen einer lebensweltlichen, einer wissenschaftlichen und einer an den klassischen Texten der Philosophie orientierten Herangehensweise philosophischer Problemstellungen? Hat die Wissenschaft das letzte Wort bei der Entscheidung philosophischer und lebenspraktischer Fragen? Wenn man sich die aktuelle akademische Philosophie anschaut, so ist zu erkennen, dass rein naturalistische Theorien en vogue sind und diese „der" Hirnforschung oder „der" Evolutionsbiologie die höchste epistemische Autorität zuschreiben. Müssen also Lehrkräfte eine fundierte naturwissenschaftliche Zusatzausbildung erhalten, um aktuelle Fragen der Philosophie, z. B. Willensfreiheit, Gefühle, moralisches Handeln und Erkennen, überhaupt diskutieren zu können? Oder müssen sie sich konsequenterweise auf Logik und Sprachanalyse beschränken und den Rest an die Wissenschaften abgeben?

Dies ist in dieser Absolutheit keineswegs der Fall, denn Wissenschaftsbasierung bedeutet nicht Wissenschaftsreduktion. Auch wenn die Einzelwissenschaften Interessantes zu philosophischen Problemen beizutragen haben, bedeutet dies nicht, dass wir auf die Beschäftigung mit diesen Fragen, die uns auf der Basis unserer eigenen Erfahrungen und Überlegungen berühren, nun an die Einzelwissenschaften abtreten müssen. Vielmehr gilt umgekehrt, dass die Wissenschaften sich vor unserer Lebenswelt zu bewähren haben:

„(...) Auch die Wissenschaften müssen sich an unseren Erfahrungen bewähren, die Wissenschaften setzen die Begründungs- und Erklärungspraxis des Alltags fort. (...) Wir können sagen, dass die Wissenschaften und die Philosophie einen Beitrag leisten, um die Kohärenz unserer Überzeugungen zu erhöhen", so Nida-Rümelin/Weidenfeld in ihrem Buch *Der Sokrates Club* (Nida-Rümelin, Weidenfeld 2012, 43).

Dies bedeutet, dass die Lebenswelt nicht nur deskriptiv als Kontext philosophischer Fragen und Probleme dienen kann, sondern auch normative Geltung beanspruchen darf. Sie ist nicht nur Themen- oder Problemreservoir für den Unterricht, sondern stellt auch ein Problemlösungspotential bereit. In einem normativen Sinne kann Lebenswelt bedeuten den „Bereich der guten Bewährungen und der technischen wie praktischen Routinen, die Menschen sich, herausgefordert durch die Probleme der Lebensbewältigung, erarbeiten" (Gethmann 2011, 4).

So gehen wir in unserer Alltags- und Rechtspraxis von Willensfreiheit, Verantwortlichkeit und Schuldfähigkeit als bewährte Basis unseres Zusammenlebens aus, der gegenüber naturalistische Wissenschaftler und Philosophen die Beweislast tragen. Ein Experiment, wie das vielzitierte Libet-Experiment, reicht hierfür längst nicht aus. Hier wird von einem Fall äußerst begrenzter Überlegungs- und Entscheidungssituationen unzulässig auf alle Fälle geschlossen. Was aber bedeuten diese Unterscheidungen von

Abb. 4: Philosophiedidaktisches Dreieck

deskriptiver und normativer Lebenswelt für die Philosophiedidaktik?

Wenn weder der Wissenschaft, noch der Lebenswelt, noch der Philosophie eine endgültige Autorität zukommt und zukommen kann, müssen sie vielmehr in einem Spannungsdreieck angeordnet werden. Der Philosophieunterricht darf sich daher nicht an der Tradition, aber auch nicht an einem Alltagsverstand des common sense, noch der Wissenschaft allein orientieren. Vielmehr soll bei allen philosophischen Fragestellungen stets mit gefragt werden, was die Wissenschaft „dazu zu sagen hat" und was wir von unseren eigenen Erfahrungen her darüber denken. Damit ist nicht gemeint, dass nur noch Themen der Wissenschaft behandelt werden sollten, sondern dass philosophische Fragen in lebensweltliche Erfahrungen und Problemsituationen eingebettet und nicht ohne die Erkenntnisse der Wissenschaft und der Philosophie untersucht werden sollten. Hieraus ergibt sich folgendes Spannungsfeld:

Im Philosophiedidaktischen Dreieck von Lebenswelt, Wissenschaft und Philosophie (siehe Abb. 4) kommt letzterer also als Reflexionswissenschaft eine Brückenfunktion zu, indem sie die Spannungen des Verhältnisses von Lebenswelt und Wissenschaft aushalten, analysieren und in verständliche Sprache übersetzen muss und dabei auf die Methoden und Theorien der Philosophie zurückgreift. In diesem Sinne setze Philosophie, so Gethmann „enttäuschte Kennerschaft voraus, d. h. die Energie, die man zum Philosophieren braucht, erwächst aus dem Zusammenbrechen der lebensweltlichen Selbstverständlichkeiten der Einsicht in die Voraussetzungshaftigkeit wissenschaftlichen Wissens dem Willen, den daraus erwachsenen Zweifel durch einen Neuaufbau der Grundlagen des Wissens und Handelns zu überwinden" (Gethmann 2011, 8).

Übertragen auf die Fachdidaktik bedeutet dies, dass Methoden des logisches Argumentierens sowie wissenschaftstheoretischen Grundlagen ein stärkeres Gewicht zukommen muss, um die „Voraussetzungshaftigkeit" wissenschaftlicher Begriffe und Argumentationen analysieren und bewerten zu können. Inhaltlich bedeutet es eine stärkere Fokussierung auf die Ergebnisse der Einzelwissenschaften.

Dass aber die wichtigsten Ergebnisse und Diskussionen aus den Wissenschaften, insbesondere der Psychologie, Biologie, Hirnforschung, Lingusitik oder Physik bisher zu wenig in den Philosophieunterricht Eingang gefunden haben, ergibt bereits eine stichprobenartige Untersuchung der neuesten Lehrpläne und Unterrichtsbücher (Bussmann 2014, 43-60). Ein Philosophieunterricht, der sich als Reflexionswissenschaft unserer wissenschaftlich geprägten Lebenswelt versteht, muss einen Richtungswechsel vornehmen: Das Interpretieren klassischer Texte sollte nur dann im Vordergrund stehen, wenn es zu einer philosophischen Fragestellung etwas beizutragen hat. Platons Höhlengleichnis zu lesen (und zu verstehen!) ist schwer genug und zeitaufwendig, es macht aber nur dann Sinn, wenn man es schafft, aktuelle erkenntnistheoretische, psychologische oder politische Fragestellungen mit einzubeziehen. Gerade in der Anthropologie sollten Texte aus den Kognitionswissenschaften oder der Psychologie im Vordergrund stehen, um diese mit philosophischen Methoden zu analysieren und in philosophische Theorien einzubetten. Die Verknüpfung philosophischer und wissenschaftlicher Fragestellungen verdeutlicht den SchülerInnen außerdem die Relevanz philosophischer Überlegungen zu aktuellen Fragen – die von vielen häufig bestritten wird.

Wissenschaftsbasierter Unterricht verlangt einen Zugriff auf relevante Problemstellungen, der nicht bei den Positionen, Texten und Disziplinen der Philosophiegeschichte stehen bleibt. So ist beispielsweise der Klimawandel von hoher aktueller lebensweltlicher und weltpolitischer Bedeutung und sollte nicht nur auf die ethischen und gesellschaftspolitischen Folgen hin untersucht werden, sondern auch in seinen wissenschaftstheoretischen Voraussetzungen: Was sind Modelle? Auf welche Weise erklären sie die Wirklichkeit? Inwieweit sind die darin enthaltene Definitionen ausschlaggebend für eine je andere Prognose und in der Folge für globale und lokale politische Entscheidungen? Wie treffsicher können Prognosen überhaupt sein? Ähnliche Fragen stellen sich für die Natur und Aussagekraft von Experimenten. Ich habe erlebt, wie bereits Sechstklässler ein Experiment, das zum Philosophieren über die Frage, was das Gewissen ist, einladen sollte, kritisch hinterfragt haben, weil ihnen das Ergebnis nicht einleuchtete und sie sich damit nicht einfach abgeben wollten: In welchem Land wurde das Experiment gemacht, wie alt waren die Teilnehmer, welches Verhältnis hatten Jungen zu Mädchen usw.? (Bussmann 2014, 91 ff.). Kenntnisse zur Natur und Interpretation von Experimenten sind schon deshalb so wichtig, weil sie immer häufiger als Begründung für weitreichende persönliche und gesellschaftliche Entscheidungen herangezogen werden – ob es die Einnahme von Ritalin für das Kind, die Wirksamkeit von Nahrung, Nahrungsergänzungsmitteln, Kosmetika oder Tierschutzbestimmungen sind. Ebenso wichtig erscheinen mir Grundkenntnisse von Kriterien zur Unterscheidung von wissenschaftlichen und pseudowissenschaftlichen Aussagen und Methoden: Dabei geht es weniger darum, nur zu zeigen, warum z. B. Astrologie keine Wissenschaft ist, sondern damit zugleich auch ein Bewusstsein für die „Voraussetzungshaftigkeit" zentraler wissenschaftlicher Begriffe wie „Objektivität", „Prognose", „Gesetz", „Evidenz" u.s.w zu entwickeln.

Ein andere Aufgabe müsste die Vernetzung philosophischer und psychologischer Themenfelder sein, insbesondere im Zusammenhang von anthropologischen und ethischen Aspekten. So sind ethische Handlungen nicht nur deontologisch oder utilitaristisch zu beurteilen, sondern sollten durch die Erkenntnisse aus der Emotions- und Kognitionsforschung ergänzt werden (siehe Grundmann/Horvath/Kipper 2014). Denn Handlungen sind stets eingebettet in Emotionen, die entweder im konkreten Entscheidungsfall auftreten oder Erinnerungen hervorrufen, die wiederum an bestimmte Emotionen gebunden sind (Gerrig, Zimbardo 2008, 454 ff.). Forschungsergebnisse aus diesen Disziplinen tragen dazu bei, Handlungen zunächst ausreichend zu erklären, bevor man sie normativ bewertet.

Von immer größerer Wichtigkeit ist auch die Frage, wie das wissenschaftliche Denken und seine technischen Entwicklungen als Referenzrahmen unser Selbstverständnis beeinflusst, wer wir als Mensch im Unterschied zu Robotern, Computern und Tieren sind. Ist der Transhumanismus eine „narzisstische Kränkung", insofern wir unsere Autonomie und Selbstgestaltung an die wissenschaftlichen Entwicklungsmöglichkeiten abgeben, oder ist es eine zu begrüßende Transformation der menschlichen Gattung, die das Mängelwesen Mensch vor Leid bewahrt und in seinen eigenen Möglichkeiten optimiert? Dies sind nur einige Vorschläge (zum Thema „Liebe und Freundschaft" siehe Bussmann in Band II; siehe auch Bussmann 2011). Zuzugeben ist, dass hier noch sehr viel erarbeitet werden muss, und zwar im Bemühen um interdisziplinäre Zusammenarbeit (die nicht immer einfach sein wird), im fächerübergreifenden Lernen, in der Konzeption von Unterrichtsmodellen, in der Modernisierung von Rahmenplänen und Unterrichtswerken, sowie in der Lehreraus, -fort und -weiterbildung. Ein wesentliches Ziel ist dabei die Vermittlung einer epistemischen Kompetenz (Bussmann 2014, 264-266). Als philosophischer Partner für eine lebensweltlich-wissenschaftsbasierte Didaktik bietet sich vor allem die Angewandte Philosophie an, die an der „Nahtstelle zwischen lebensweltlichen Kontexten und der Philosophie" besonders für die „Bildung junger Menschen" von Interesse ist, die „mit einem konkreten (praktischen) Problem das philosophische Nachdenken beginnen". (Borchers 2012, 37). Ebenso wichtig ist aber auch der Bereich der Wissenschaftsphilosophie, der das methodische und inhaltliche Wissen bereitstellt, um unsere wissenschaftliche Lebenswelt zu reflektieren und zu verstehen. Das Hauptziel philosophischer Reflexion bleibt dabei der alten Tradition der Aufklärung verpflichtet: Sie ist ein wichtiges Mittel zur Erziehung mündiger, wissenschaftlich aufgeklärter und demokratiefähiger Bürger, die den Weg mitbestimmen müssen, den unsere Gesellschaft gehen soll.

Literatur:

Allmann, J.; Woodward, J.: *What are moral intuitions and why should we care about them? A Neurobiological Perspective*. Malden, 2008, S. 169.

Bahlo, N.; Fladrich, M.: „Liebe, Sex und Provokation im Sprachgebrauch Jugendlicher", in: *Ethik & Unterricht* (2014), 21-25.

Bussmann, B. (Hg.): *Liebe – Freundschaft, Sexualität, Familie. Texte und Materialien für den Unterricht*, Stuttgart 2011.

Bussmann, B.: *Was heißt: sich an der Wissenschaft orientieren? Untersuchungen zu einer lebensweltlich-wissenschaftsbasierten Philosophiedidaktik am Beispiel des Themas Wissenschaft, Esoterik und Pseudowissenschaft*, Berlin 2014.

Borchers, D.: „Angewandte Philosophie als Entree in die Philosophie", in: Runtenberg, C.; Rohbeck, J. (Hg.): *Angewandte Philosophie*, Dresden 2012, 21-37.

Gerrig, R. J.; Zimbardo, P. G.: *Psychologie*, München u. a. 2008.

Gethmann, C. F. (Hg.): *Lebenswelt und Wissenschaft. Studien zum Verhältnis von Phänomenologie und Wissenschaftstheorie*, Bonn 1991.

Gethmann, C. F.: „Philosophie- zwischen Lebenswelt und Wissenschaft", in: ders.: *Lebenswelt und Wissenschaft*, XXI, Deutscher Kongreß für Philosophie, Hamburg 2011.

Grundmann, T.; Horvath, J.; Kipper, J. (Hg.): *Die Experimentelle Philosophie in der Diskussion*. Berlin 2014.

Herrmann, U. (Hg.): *Neurodidaktik. Grundlagen und Vorschläge für gehirngerechtes Lehren und Lernen*, Weinheim, Basel 2006.

Husserl, E.: *Die Krisis der europäischen Wissenschaften und die transzendentale Phänomenologie*, Den Haag 1962.

Martens, E.: *Dialogisch-pragmatische Philosophiedidaktik*, Hannover 1979.

Nida-Rümelin, J.; Weidenfeld, N.: *Der Sokrates Club. Philosophische Gespräche mit Kindern*, München 2012.

Steenblock, V.: *Philosophie und Lebenswelt. Beiträge zur Didaktik der Philosophie und Ethik*, Hannover 2012.

Tiedemann, M.: „Problemorientierte Philosophiedidaktik". In: *Zeitschrift für Didaktik der Philosophie und Ethik* (2013), 85-96.

Wingert, L.: „Lebensweltliche Gewissheit versus wissenschaftliches Wissen?", in: Janich, P. (Hg.): *Naturalismus und Menschenbild*, Hamburg 2008, 288-309.

5. Philosophieren mit Kindern

5.1 Genese und Grundpositionen des Philosophierens mit Kindern

Barbara Brüning

> *Was man denkt ist unsichtbar,*
> *weil das nur im Kopf passiert.*
>
> Jan, 9 Jahre (vgl. Brüning 2008, 103)

Kinder wie Jan staunen über die Welt, stellen Sinnfragen wie zum Beispiel „Was heißt Denken?" und versuchen, selbstständig oder gemeinsam mit anderen Antworten darauf zu finden. Diese kindliche Tätigkeit der reflexiven und dialogischen Auseinandersetzung mit Sinnfragen, die fundamentale Probleme des Selbstverständnisses des Menschen und seiner Stellung in der Welt betreffen, nennen wir Philosophieren mit Kindern.

Das Philosophieren mit Kindern ist keine Erfindung der Moderne, sondern eng mit dem Beginn der philosophischen Tradition verbunden. Bereits in der Antike wurde das eigene Nachdenken von Kindern als Wert für ihre Charakterbildung geschätzt. Deshalb beschäftigte sich die Pythagoreerin Theano von Kroton in ihrem Brief über Kindererziehung im 6. Jahrhundert v. Chr. mit der Frage, wie Kinder zur Einsicht über das eigene Verhalten gelangen können. Theano wollte erreichen, dass bereits jüngere Kinder die Erfahrung machen, dass ein gutes Leben durch Anstrengungen körperlicher und geistiger Art erarbeitet werden muss (vgl. Theano 2010, 26-28).

Für Epikur bedeutete Philosophieren eine Art lebenslanges Lernen. Niemand sei zu jung oder zu alt, um damit zu beginnen. Denn für den „Genuss der Guten" gäbe es keine Altersgrenzen. Darüber hinaus trage das Philosophieren zur seelischen Gesundheit bei – hier argumentiert Epikur ähnlich wie Theano: Philosophieren bedeute geistige Beweglichkeit und die benötigten sowohl die Jüngeren als auch die Älteren. Die einen müssten sich an das Nachdenken über Sinnfragen erst noch gewöhnen und die anderen sollten dieses Nachdenken wieder aktivieren (vgl. Epikur 2002, 11-13).

Auf diese Überlegungen stützte sich 2000 Jahre später auch John Locke, nachdem er einige Jahre als Hauslehrer tätig gewesen war. Er schrieb 1693 sein Buch „Gedanken über Erziehung". Darin regte er an, dass Eltern ihre Kinder dazu ermuntern sollten, Fragen an die Welt zu stellen. Dabei sollten sie auf Belehrungen verzichten und Kinder stattdessen in regelmäßigen gemeinsamen Gesprächen anregen, selbst nach Antworten zu suchen. Nur dadurch könnten Kinder gute Gewohnheiten des Denkens (habits of thinking) entwickeln. Für das gemeinsame Nachdenken empfahl Locke auch ungewöhnliche Methoden. So schlug er beispielsweise vor, ab und zu unbekannte Gegenstände auf dem Tisch zu gruppieren, damit Kinder dazu Fragen stellen können, insbesondere Warum-Fragen, durch die sie den Dingen der Welt auf den Grund gehen (vgl. Locke 1997, 151-154).

Lockes Idee, durch Gespräche über kindliche Sinnfragen gute Gewohnheiten des Denkens zu entwickeln, wurde in den 1970er Jahren von dem amerikanischen Philosophieprofessor Matthew Lipman reaktiviert. Ihm war in philosophischen Seminaren an der Columbia University aufgefallen, dass Studierende die Ideen aus der philosophischen Tradition exzellent darstellen konnten, jedoch die eigene Reflexion und Urteilsbildung nur in Ansätzen ausgeprägt war, denn sie hatten das selbstständige Nachdenken und Argumentieren in der Schule nicht gelernt. Lipman zog daraus den Schluss, das Nachdenken über die Welt und die Entwicklung von Denkfähigkeiten (thinking skills) bereits in der Grundschule zu fördern. Die von ihm intendierten Denkfähigkeiten umfassen als Kern drei Komponenten: Reflexionsfähigkeiten (reasoning skills), Urteilsfähigkeiten (judgement skills) und metakognitive Fähigkeiten (hihger-order-thinking) – (Lipman 1988, 139 ff.).

Die Entwicklung von *reasoning skills* bedeutet für Lipman, dass Menschen und insbesondere auch Kinder lernen können, in der

Alltagspraxis Dinge und Situationen zu reflektieren und Selbstverständlichkeiten in Frage zu stellen bzw. weiterzudenken, wie zum Beispiel „Können nur Menschen denken oder machen Tiere das auch?"

Über solche Fragen und Probleme entwickeln sich unterschiedliche Standpunkte, die es erfordern, sich zunächst ein eigenes Urteil zu bilden und dieses auch zu begründen, d. h. der Ausgangspunkt gemeinsamer Denkprozesse ist bei Lipman das eigenständige Denken, das sich zu einem Dialog entwickeln kann – Lipman spricht in diesem Zusammenhang von dialogischen Fähigkeiten (dialogical skills).

Als dritte Komponente gehört zu Lipmans Konzept auch das higher-order-thinking, das die Fähigkeit zu einer kritischen Denkhaltung beinhaltet, wie zum Beispiel Selbstreflexivität, um das eigene Denken und Handeln zu untersuchen. Im Mittelpunkt stehen dabei Gesetzmäßigkeiten der formalen Logik wie deduktives und induktives Schließen – vom Allgemeinen zum Besonderen und umgekehrt – sowie das Aufstellen von Hypothesen im Sinne des Begründers der formalen Logik von Aristoteles (vgl. Lipman 1988, bes. 123-29). Dieser Bestandteil der metakognitiven Fähigkeiten hat Lipman teilweise den Vorwurf eingebracht, er wolle das Philosophieren mit Kindern auf logisch-argumentative Fähigkeiten reduzieren. Diese Kritik übersieht allerdings, dass das metakognitive Denken nur *eine Komponente* der *thinking skills* darstellt. Dennoch kann zumindest hinterfragt werden, ob logisches Denken notwendigerweise eine Voraussetzung des Philosophierens darstellt. Sybille Gerlach steht der „Akzentuierung des Logischen" in Lipman Konzept kritisch gegenüber: „(...) obwohl Lipman das Kind als ganzheitlich erkennendes Wesen charakterisiert, richtet er doch sein Programm zur Förderung des Denkens stark syllogistisch aus. Formal logische Verfahren (...) stellen komplexe Anforderungen an das Denken" (Gerlach 2003, 116).

Um sein Konzept der Denkfähigkeiten zu institutionalisieren, gründete Lipman 1974 in Montclair bei New York *das erste Institut für Kinderphilosophie* (Institute for the Advancement of Philosophy for Children) mit dem Ziel, Lehrerinnen und Lehrer in *Philosophy for Children* (P4C) fortzubilden und philosophische Textbücher für Kinder herauszugeben, für die Primastufe beispielsweise „Das geheimnisvolle Wesen" (vgl. Lipman 2007, 2. Auflage). Damit legte er den Grundstein für das Philosophieren mit Kindern in der Grundschule.

Zu jedem Textbuch entwickelte Lipman mit seinem Team Lehrerhandreichungen (Manuals), die Erklärungen zu den im Textbuch dargestellten philosophischen Problemen beinhalten sowie Übungen im Bereich der Reflexionsfähigkeiten, der Urteilsfähigkeiten und des metakognitiven Denkens. Sie bildeten die Grundlage für die Lehrerfortbildung. Gegenwärtig wird das Institut für Kinderphilosophie an der Montclair State University weitergeführt – seit 2010 existiert es nicht mehr als selbstständige Institution. Weltweit gibt es mehr als 40 philosophische Zentren, die nach Lipmans Methode arbeiten; sie haben sich größtenteils im *International Council of Philosophical Inquiry with Children* zusammengeschlossen (vgl. www.icpic.org).

Ann Margaret Sharp hat innerhalb des IACP das Konzept des *Caring Thinking* mitentwickelt. Dazu gehört neben der Ausbildung von Urteilsfähigkeiten im Sinne Lipmans auch das *affektive Denken*, d. h. die Entwicklung von moralischen Gefühlen wie Empathie und moralischer Motivation. Sharp betont, dass Kinder zum Beispiel ein ausgeprägtes Gerechtigkeitsempfinden hätten und auf Ungerechtigkeiten in ihrem Umfeld oftmals emotional reagieren, bevor sie darüber nachdenken. Dieses Gerechtigkeitsempfinden sollte stärker in das Philosophieren eingebunden werden. Denn wenn sich ein Kind über die ungerechte Behandlung eines anderen Kindes empört („Oliver hat gar nicht an der Schlägerei auf dem Schulhof teilgenommen und soll trotzdem bestraft werden!"), beginnt es an einer gerechten Lösung zu arbeiten. Deshalb sollten selbst erlebte, aber auch nicht selbst erlebte Gefühle nach- und mitempfunden, gedeutet und für das eigene Handeln aktiviert und geschätzt werden (vgl. Sharp 2007, 206-208). Diesen Ansatz berücksichtigt beispielsweise der Teilrahmenplan Ethik für die Grundschule aus

Rheinland-Pfalz, der dem Philosophieren über verschiedene Formen von Gefühlen, insbesondere jedoch moralischen Gefühlen, ein großes Gewicht beimisst (Teilrahmenplan von Rheinland-Pfalz 2012, 16-18).

Gareth Matthews und Ronald Reed arbeiteten eng mit dem Institut für Kinderphilosophie zusammen, stellten jedoch nicht vorrangig die Ausbildung von Denkfähigkeiten, sondern die *Entwicklung einer Gesprächskultur* in den Mittelpunkt ihrer didaktischen Konzepte. Gareth Matthews philosophierte mit Kindern auf der Grundlage eigener Denkgeschichten. Er wertete die von ihm gesammelten Dialoge zu grundlegenden Fragen des Menschseins mit Kindern aus, indem er ihre Gedanken mit denen von Philosophinnen und Philosophen verglich und auf Gemeinsamkeiten von Denkansätzen hinwies (vgl. Matthews 1989).

Ronald Reed hat in seinem Buch *Talking with Children* das philosophische (entdeckende) Gespräch von anderen Gesprächsformen wie dem emotionalen Gespräch oder der Unterhaltung abgegrenzt. Damit wollte er Lehrkräften und Eltern die Möglichkeit geben, sich bei Gesprächen mit Kindern zu überlegen, worauf eine bestimmte Frage abzielen könnte: Möchte ein Kind nur eine Information bekommen, will es über seine Gefühle sprechen oder geht es um ein philosophisches Problem, beim dem auch Eltern keine Experten sind und gemeinsam mit ihren Kindern nach einer Lösung suchen sollten (vgl. Reed 1990). Reed führt in seinem Buch mehrere Beispiele von gelungenen und nicht gelungenen Gesprächen an – viele Gespräche sind nach seiner Ansicht nicht erfolgreich, weil Eltern und Lehrkräfte manchmal nicht erkennen, worauf ihre Kinder eigentlich „hinaus wollen".

Zu den europäischen Zentren, die eng mit dem IACP zusammenarbeiten, gehört auch die *Österreichische Gesellschaft für Kinderphilosophie*, die Daniela Camhy 1985 in Granz gegründet hat. Sie ist Träger des 1990 geschaffenen *Instituts für Kinderphilosophie* und publizierte u. a. Lipmans Textbücher auf Deutsch. Das Institut organisiert Schulversuche mit Lipmans Materialien und erarbeitete auf der Grundlage von Lipmans Manuels ein Konzept für die Lehrerfortbildung. Seit 2013 führt das Institut gemeinsam mit der Universität Graz einen berufsbegleitenden kostenpflichtigen Studiengang zum Philosophieren mit Kindern durch, der zwei Semester dauert und aus 12 Modulen besteht. Er wurde speziell für Grundschullehrer/innen und Erzieher/innen konzipiert; ein Fach Ethik oder Philosophieren mit Kindern wie in Deutschland existiert in Österreich weder in der Primar- noch in der Sekundarstufe (Stand 2014).

In Deutschland führte Ekkehard Martens 1979 an der Universität Hamburg das erste Seminar zum Philosophieren mit Kindern durch. In seinem Buch *Philosophieren mit Kindern* (vgl. Martens 1999) betont er, dass zum Philosophieren neben den Sinnfragen und deren methodischer Bearbeitung eine *Haltung der Offenheit und Neugier* gehört, d. h. Kinder müssen über etwas stolpern, etwas als ungewöhnlich empfinden, um dann weiter zu fragen und nach Antworten zu suchen. Martens hebt dabei in Anlehnung an die antike Dialektik *das dialogische Prinzip* hervor (Dialog-Handeln), das Philosophierenden einen Austausch ihrer philosophischen Ideen ermöglicht. Die gemeinsam gefundenen Antworten werden im Prozess des weiteren Nachdenkens wieder hinterfragt und können zu neuen Antworten führen, d. h. Philosophieren ist, auch in der Schule, ein unabgeschlossener Prozess. Dieser Idee folgt auch Barbara Brüning. Sie hat insbesondere für die Elementarerziehung die Gesprächsformen Blitzlicht, Debatte und philosophisches Gespräch konkretisiert (vgl. Brüning, Pädagogische Rundschau 2013, 671-688). Vor allem in der frühkindlichen Bildung können Gesprächsformen wie das Blitzlicht ein erster Schritt des gemeinsamen Philosophierens sein.

Eva Zoller gründete 1987 „S´Käuzli – die *Schweizerische Dokumentationsstelle für Kinder- und Alltagsphilosophie"*, die sie allein führt. Sie bietet in der Schweiz u. a. Weiterbildungsmodule für Erzieherinnen und Primarlehrerinnen an. Eva Zoller arbeitet beim Philosophieren insbesondere mit Bilder- und Kinderbüchern, in denen philosophische Fragen als Schatz verborgen sind, den Kinder durch eigene Denkbewegungen „heben" müssen. In ihrer Dokumentationsstelle hat sie mehr als 1000 Kinderbücher speziell zum Philosophieren gesammelt. Sie erzählen Geschichten, „die (fast) jedem Kind passieren könnten und sie tun es in einer Bildersprache, die Kindern nicht übersetzt zu werden braucht" (Zoller 2010, 43).

Im französischsprachigen Raum koordiniert Michel Tozzi Projekte zum Philosophieren mit Kindern im Elementar- und Primarbereich – in Frankreich gibt es in der Grundschule kein eigenständiges Fach Ethik oder Philosophie. Die von ihm herausgegebene Internet-Zeitschrift *Diotime-L´Agora* veröffentlicht regelmäßig neue Methoden zum Philosophieren mit Kindern. Tozzi selbst arbeitet beim Philosophieren schwerpunktmäßig mit Mythen und Märchen, um das philosophische Vorstellungsvermögen von Kindern zu fördern (vgl. Tozzi 2006). Er unterhält engen Kontakt zu Oscar Brenifier, der als feier Philosoph in Frankreich Projekte für Kinder und weltweit Fortbildungskurse für Lehrerinnen und Lehrer anbietet. Mit seiner im Verlag Nathan erschienen Buchreihe *PhiloZenfants* hat er den *Schwerpunkt auf das Fragenstellen gelegt*: Mithilfe von Comics und den dazugehörigen Fragen sollen sich Kinder tiefer in ein philosophisches Problem wie Glück oder Gut und Böse einarbeiten (vgl. Brenifier 2010).

Im englischsprachigen Bereich hat insbesondere Philip Cam von der University of South Wales in Australien zahlreiche Bücher zum Philosophieren mit Kindern wie „Zusammen nachdenken" veröffentlicht. Sein Anliegen ist das fächerübergreifende Philosophieren. Es soll Kinder anregen, in allen Fächern Sinnfragen zu entdecken und im Dialog zu bearbeiten. Philip Cam hat sich in Australien auch besonders dafür eingesetzt, ein entsprechendes Modul zum Philosophieren mit Kindern für die Ausbildung von Grundschullehrer/innen aller Fächer zu entwickeln (vgl. Cam 2007).

Die weltweit entwickelten Ideen und Methoden zum Philosophieren mit Kindern sind in Deutschland seit den 1990er Jahren im Primarbereich institutionalisiert worden: zum Einen als fächerübergreifendes Prinzip, zum Beispiel in den Fächern Deutsch und Sachkunde, sowie in einem *eigenständigen Ersatz- oder Wahlpflichtfach Ethik/Philosophieren mit Kindern*.

Der Ethikunterricht wird in sechs Bundesländern von der ersten Klasse an als Ersatz- bzw. Wahlpflichtfach zum Religionsunterricht angeboten: in Bayern, Hessen, Rheinland-Pfalz, Sachsen, Sachsen-Anhalt und Thüringen – alle sechs Bundesländer haben in den letzten Jahren neue Rahmenpläne entwickelt. In Brandenburg ist LER (Lebensgestaltung-Ethik-Religionskunde) in den Klassen 5/6 ein Pflichtfach für alle Kinder; dort gehen Schülerinnen und Schüler sechs Jahre zur Grundschule.

Mecklenburg-Vorpommern ist bisher das einzige Bundesland, das seit 1998 ab der ersten Klasse *Philosophieren mit Kindern als Ersatzfach zum Religionsunterricht anbietet* – in Schleswig-Holstein gibt es das Fach „Philosophie" ab der ersten Klasse seit 2012 (es wurde bisher noch nicht flächendeckend eingeführt – Stand 2014).

Die Rahmenpläne aller acht Bundesländer schreiben das Philosophieren mit Kindern als methodisches Unterrichtsprinzip nach dem Fünf-Finger-Modell vor. Es wurde ausführlich von Ekkehard Martens in seinem Buch *Methodik des Ethik- und Philosophieunterrichts: Philosophieren als elementare Kulturtechnik* dargestellt und umfasst fünf Methoden (vgl. Martens 2009), die beim Philosophieren sowohl in der Sekundar- als auch in der Primarstufe angewendet werden.

Durch die *phänomenologische Methode* lernen Schülerinnen und Schüler, Dinge und Menschen in verschiedenen Sinnzusammenhängen wahrzunehmen und detailliert zu beschreiben. Die Wahrnehmung bezieht sich sowohl auf äußerliche als auch auf innerliche, gesellschaftliche und kulturelle Phänomene sowie auf lebensweltliche Erfahrungen.

Zur Interpretation dieser Erfahrungen benötigen Kinder die *hermeneutische Methode*, die sie befähigt, die Werte, Normen, Verhaltensweisen, Symbole und Weltanschauungen in verschiedenen Kontexten zu interpretieren und vielfältige Erklärungen für die sie tragenden Elemente Mensch, Natur und Gesellschaft zu geben. So werden beispielsweise im Ethikunterricht der Grundschule bereits kürzere philosophische Texte gelesen (vgl. Balasch, Brüning 2014).

Der Interpretation dient auch die *analytische Methode*. Sie ermöglicht jüngeren Kindern philosophische Begriffe zu klären und gute Gründe für ihre Meinungen zu formulieren.

Sie steht deshalb in einem engen Zusammenhang mit der *dialektischen Methode*. Diese fördert die Auseinandersetzung über eigene und fremde Standpunkte mithilfe von Argumenten in einer Dialoggemeinschaft, um gemeinsame Lösungen für wichtige Sinnfragen zu finden. Dabei können am Ende eines Gesprächs auch unterschiedliche gut begründete Antworten nebeneinander stehen bleiben und zum Weiterdenken anregen.

Die *spekulative Methode* richtet ihren Blick auf die Potentiale philosophischer Phantasie. Es geht um die Entwicklung von Ideen und Denkalternativen, wie es sie in Wirklichkeit (noch) nicht gibt, aber dennoch geben könnte: Was wäre, wenn Menschen verlernt hätten nachzudenken? Durch diese Gedankenexperimente werden die schöpferischen Gestaltungspotentiale der Kinder aktiviert. Die spekulative Kompetenz schließt auch die Fähigkeit ein, Phänomene aus unterschiedlichen Perspektiven umzudeuten und den eigenen Standpunkt zu relativieren: die Schülerinnen und Schüler erproben, sich in andere Menschen hinein zu denken und zu –fühlen (Empathie) – eine Kompetenz, die in einer zunehmend pluralen Gesellschaft ermöglicht, das Eigene durch eine fremde Brille zu betrachten. Alle fünf Methoden sollen Kindern beim Philosophieren helfen, Antworten auf Sinnfragen zu finden.

Das gilt auch für das fächerübergreifende Philosophieren, das insbesondere Kerstin Michalik von der Universität Hamburg seit einigen Jahren untersucht. Ihr Ansatz geht von der Idee aus, dass Kinder in allen Fächern Sinnfragen stellen, die als Grundlage von Nachdenk-Gesprächen fungieren sollen, weil sie nicht nur fachbezogene, sondern übergreifende Sinnzusammenhänge betreffen. Diese Fragen haben das Potential, Grundlage eines wissenschaftsorientierten Unterrichts zu sein, denn es geht darum „alle Fächer und Lernbereiche um eine Dimension der Nachdenklichkeit zu bereichern. Nachdenklichkeit als Unterrichtsprinzip ist nicht verbunden mit der Einführung neuer Inhalte, sondern es geht darum, Raum und Zeit zu gewähren für neue Zugänge zu den Gegenständen des Unterrichts. Die Vermittlung von Wissen wird verbunden mit Gesprächen über Fragen, auf die es keine klaren und eindeutigen Antworten gibt, sondern die offen sind für verschiedene Antwortmöglichkeiten, Sichtweisen und Deutungen" (Michalik, Schreier 2006, 62).

Literatur

Balasch, U.; Brüning, B. (Hg.): *Ethik Klasse 3 und 4*, Berlin 2014.
Brenifier, O.: *Gut und Böse – Was ist das?*, Köln 2010.
Brüning, B.: *Kinder sind die besten Philosophen*, Leipzig 2008.
Cam, P.: *Philosophy with Young Children – a Classroom Handbook*, Australian Curriculum Sates Association 2007.
Epikur: „Brief an Menoikus", in: Werle, J. M. (Hg.): *Epikur für Zeitgenossen*, München 2002.
Gerlach, S.: *Nachdenklichkeit lernen. Philosophische Wurzeln – Entwicklungspsychologische Bedingungen – Pädagogisches Handeln*, München 2003.
Lipman, M.: *Philosophy in the Classroom*, Philadelphia 1988.
Lipman, M.: *Das geheimnisvolle Wesen Pixie*, hrsg. und übers. von D. G. Camhy, Sankt Augustin 2007.
Locke, J.: *Gedanken über Erziehung*, Stuttgart 1997.
Martens, E.: *Methodik des Ethik- und Philosophieunterrichts. Philosophieren als elementare Kulturtechnik*, Hannover 2009.
Reed, R.: *Kinder wollen mit uns sprechen*, Hamburg 1990.
Sharp, A. M.: „Unterrichtsgegenstand Gefühle: das Klassenzimmer als „Community of Inquiry'", in: Marsal, E. (Hg.): *Ethische Reflexionskompetenz im Grundschulalter*, Frankfurt am Main 2007.
Kroton, T. v.: „Brief an Eubule", in: Brodersen, K. (Hg.): *Theano. Briefe einer antiken Philosophin*, Stuttgart 2010.
Teilrahmenplan Ethik des Ministeriums für Bildung, Wissenschaft, Jugend und Kultur Rheinland-Pfalz 2012.
Tozzi, M.: *Débatte à partir des mythes. À l´école et ailleurs*, Lyon 2006.

Weiterführende Literatur

Klassiker des Philosophierens mit Kindern
Lipman, M.: *Philosophy in the Classroom*, Philadelphia 1980.
Martens, E.: *Philosophieren mit Kindern – eine Einführung in die Philosophie*, Stuttgart 1999.

Matthews, G. B.: *Philosophische Gespräche mit Kindern*, Berlin 1989. Zeitschrift für Didaktik der Philosophie und Ethik Heft 1 / 1984, Titel: Kinderphilosophie und Heft 1, 1991, Titel: Philosophieren mit Kindern; Heft 1 / 2008, Titel: Philosophieren mit Kindern; *Aktuelle Veröffentlichungen*.

Brüning, B.: *Philosophieren in der Grundschule*, Berlin 2013³.

Brüning, B.: *Philosophieren mit Kindern. Theorie und Praxis*, Münster 2015.

Deutsche UNESCO-Kommission (Hg.): *Philosophie – eine Schule der Freiheit. Philosophieren mit Kindern weltweit und in Deutschland*, Bonn 2008.

Marsal, E.; Dobachi T.; Weber, B.; Lund, F. (Hg.): *Ethische Reflexionskompetenz im Vor- und Grundschulalter. Konzepte des Philosophierens mit Kindern*, Frankfurt am Main 2007.

Neißer, B.; Verholt, U. (Hg.): *Kinder philosophieren*, Münster 2012.

Nida-Rümelin, J.; Weidenfeld, N.: *Der Sokrates Club. Philosophische Gespräche mit Kindern*, München 2014.

Themenheft Philosophieren mit Kindern als Unterrichtsprinzip? Pädagogische Rundschau, 67. Jahrgang 2013.

Zoller, E.: *Selber denken macht schlau. Philosophieren mit Kindern und Jugendlichen. Anregungen für Schule und Elternhaus*, Zürich 2010.

5.2 Forschungsergebnisse zum Philosophieren mit Kindern

EVA MARSAL UND TAKARA DOBASHI

Jahrzehntelange internationale Forschung und Anwendung des Paradigmas „Philosophieren mit Kindern" führten zu seiner Akzeptanz in der Wissenschaft und der Bildungslandschaft. Da die empirische Forschung allerdings erst in jüngster Zeit Einzug in die Philosophie gehalten hat, gibt es zurzeit nur wenige Studien, die als vollständig valide bezeichnet werden können. Allerdings mehren sich in letzter Zeit die Studien, die sehr wohl den Status von Explorationsstudien beanspruchen können.

Gemäß des Selbstanspruchs dieser Lern- und Lehrstrategie, die Reflexions- und Argumentationskompetenz der Kinder zu erhöhen, ihre Meinungen zu prüfen und gegebenenfalls aufgrund neuer Einsichten zu ändern sowie sich ihrer Konzepte bewusst zu werden, greifen wir aus der Fülle der vorliegenden Forschung drei relevante Forschungsschwerpunkte heraus: *Qualitätssicherung*, *Selbstkorrektur* und *Kindliche Weltbilder*.

Qualitätssicherung – Forschungsergebnisse des *Institute for the Advancement of Philosophy for Children (IAPC) Montclair State University*

In der geistigen Nachfolge des amerikanischen Philosophen, Pädagogen und Psychologen John Dewey gründete Matthew Lipman 1972 das *Institute for the Advancement of Philosophy for Children* (IAPC), um das logische und kritische Denken der Kinder systematisch zu fördern. Dieses Ziel wurde später um das kreative Denken und das *caring thinking* erweitert. Neben der Entwicklung von Lehrbüchern sowie internationalen Lehrplänen stand von Beginn an auch die Forschung zu den theoretischen Hintergründen und den didaktischen Strategien im Mittelpunkt, vor allem zur zentralen dialogischen Sozialform community of inquiry, der philosophierenden Klassengemeinschaft, in der die Kinder selbstständig den Prozess und die Ergebnisse ihres Denkens überprüfen.

Maughn Gregory, der folgende Direktor des IAPC, ein Philosoph und Mathematiker, ergänzte die Unterrichtsforschung um die Hinwendung zur Qualitätssicherung. Gemeinsam mit seiner Forschergruppe, wie z. B. David Kennedy und Joe Oyler, entwickelte er Instrumente zur Evaluierung des Unterrichts. Gregory wollte überprüfen, ob diese freien Unterrichtsgespräche, bei denen die Lehrer lediglich die Rolle von unterstützenden Moderatoren (*facilitator*) spielen, auch zu den angestrebten Zielen führen. Die dabei entwickelten Manuale erfassen den gesamten Bildungsprozess vom Kindergarten bis zur High School. Das jeweilige Manual setzt sich aus Tests zur Leistungserhebung, aus Feedbackfragebögen sowie Beobachtungsaufgaben für Lehrer, Schüler und Schülerinnen zusammen und wird nach einem präzisen Zeitplan im wöchentlichen, monatlichen und jährlichen Rhythmus eingesetzt. Sachlogisch steht dabei die Selbstüberprüfung im Vordergrund, deren Ziel die autonome Selbstkorrektur ist, und zwar sowohl bei den Lehrern als auch bei den Schülern. Die Selbstüberprüfung wird mit Hilfe von Fragebögen gemessen, bei denen die Selbstbewertung/Selbsteinschätzung abgerufen wird. Bewährt haben sich dabei die Fragebögen *Philosophy Self-Assessment for young children*, *Philosophy Self-Assessment for Primary School*, und *Philosophy Self-Assessment for Middle & High School* (Gregory 2008, 70-73).

Damit sich die Schulbehörde, die Elternschaft, aber auch die Schüler und Schülerinnen selbst ein Bild von der Effektivität der Unterrichtspraxis des „Philosophieren mit Kindern" machen können, werden auch Instrumente für die Fremdbewertung entwickelt. Je nach Zweck werden sie zur Evaluierung der staatsbürgerlichen, sozialen und kommunikativen Kompetenzen eingesetzt oder der Kompetenz zum logischen, kreativen, einfühlenden Denken. Hierunter wird auch das Textverständnis subsummiert. So dienen die Beobachtungsbögen, *Pre-and Primary School Philosophy Observation Guide* und *Middle & High School Philosophy Observation Guide* (Gregory 2008, 74-75) sowohl zur Bewertung der laufenden Prozesse als auch zur Ergebniskontrolle. Überprüft werden dabei die individuellen Leistungen und die Gruppenleistungen, d. h. die Kompetenz der Klasse eine Forschungsgemeinschaft zu bilden, in der die Argumente in gemeinsamen respektvollen Prüfprozessen verbessert und kreative Ansätze entwickelt werden. Zusätzlich werden laufend inhaltliche Tests entwickelt, in denen die Kenntnis philosophischer Begriffe, Probleme und Positionen abgefragt wird. Sie bilden die Grundlage der Notengebung.

Alina Reznitskaya (Montclair State University), einer Professorin der Forschungsgruppe um Maughn Gegory, gelang es, von angesehenen Organisationen im Bildungsbereich, wie z. B. die *National Academy of Education*, die *Spencer foundation* und das *Institute of Educational Sciences, US Department of Education*, Gelder zur Finanzierung weiterer Manuale zu erhalten. So konnten Reznitskaya, ihre Kollegen der Montclair State University und der Ohio State University drei Jahre lang (2012-2015) zusammen mit fünf Lehrkräften der Grundschule das dialogische Unterrichten theoretisch und empirisch erforschen und eine Serie von fünf Modulen zur Ausbildung des dialogischen Unterrichtens entwickeln, das Manual *Dialogic Teaching Through Classroom Discussion To Improve Argument Literacy*. Das Hauptziel dieses Projekts ist es, Materialen zu entwickeln, die den Grundschullehrerinnen und -lehrern dabei helfen, ihren dialogischen Unterricht so durchzuführen, dass er die Fähigkeit der Schülerinnen und Schüler erhöht, bei den Klassendiskussionen die Argumente der zugrundegelegten Texte zu verstehen und schriftlich zu formulieren. Diese Module werden als eine Kombination aus Workshops für Lehrerinnen und Lehrer, Gruppentreffen mit Schülerinnen und Schülern sowie einem Klassencoaching angeboten. Die im dialogischen Unterricht erworbene Lese-Schreib-Argumentationskompetenz, d. h. die tatsächliche Fähigkeit von Grundschulkindern, durch das Lesen von Texten die jeweiligen Argumente zu erfassen und schriftlich zu formulieren, wird mit dem Manual *Measuring Argument Literacy Skills of Elementary School Students (2014)*, gemessen. Dieses Manual besteht aus zwei Instrumenten, die die Lehrkräfte im Unterricht einsetzen können, um den Lernfortschritt der Kinder zu überprüfen. Damit auch die Qualität der Gruppe gemessen werden kann, also die Qualität des Klassendialogs, wurde 2010 bis 2012 das *Dialogic Inquiry Tool (DIT)* entwickelt, ein Beobachtungsinstrument, das theoretisch fundiert und validiert ist. Grundsätzlich werden nur solche Instrumente in die Manuale aufgenommen, deren psychometrische Daten den statistischen Gütekriterien entsprechen, die also über eine hohe Reliabilität und Validität verfügen.

Selbstkorrektur – Philosophieren als Strategie gegen Fremdenfeindlichkeit und Rassismus. Forschungsergebnisse der Österreichischen Gesellschaft für Kinderphilosophie

Das Projekt „*Entwicklung und Erforschung einer praxisrelevanten Strategie gegen Fremdenfeindlichkeit am Beispiel der Kinderphilosophie*" wurde von der Österreichischen Gesellschaft für Kinderphilosophie / Universität Graz durchgeführt. Daniela G. Camhy, Ursula Glaeser und Silvia Paar untersuchten 1998-1999 an den österreichischen Volksschulen, ob das Philosophieren bei 8-10-jährigen Kindern eine präventive Strategie gegenüber der wachsenden Ausländerfeindlichkeit und dem Vorurteil gegen „das Fremde" und „die Fremden" darstellt. Anlass für dieses Projekt war die steigende Aggressivität gegenüber Kindern mit Migrationshintergrund und sozial Benachteiligten.

Nachdem die Einstellungen der Kinder gegenüber Fremden durch Anfangsinterviews und Aufsätze erhoben war, wurden die zwölf Klassen der Stichprobe nach dem Zufallsprinzip der Versuchsgruppe oder der Kontrollgruppe zugeteilt. In den Versuchsklassen wurde der reguläre Deutschunterricht einmal wöchentlich durch eine Philosophiestunde ersetzt, in der die Kinder kritisches, kreatives und soziales Denken übten. Bei diesen sechs Versuchsklassen wurden neben dem sokratischen Dialog auch Spiele eingesetzt, vor allem Rollenspiele und kreatives Theater. Alle Gespräche und Spiele wurden mittels Videokamera aufgezeichnet. Zusätzlich wurde auch *Teilnehmende Beobachtung* praktiziert und die dabei gewonnenen Beobachtungen dokumentiert.

Zur Einstellungsüberprüfung wurden ausschließlich qualitative Forschungsinstrumente herangezogen wie *Narrative Interviews,* die aufgenommen und transkribiert wurden, *Aufsätze, Satz- und Bildergänzungen, Bildbeschreibungen, Denktests und Assoziationsspiele* (Camhy 2007, 5). Die Auswertung erfolgte durch quantitative Inhalts- und Diskursanalysen. Die Einstellungen gegenüber Fremden wurden sowohl laufend auf der diachronen

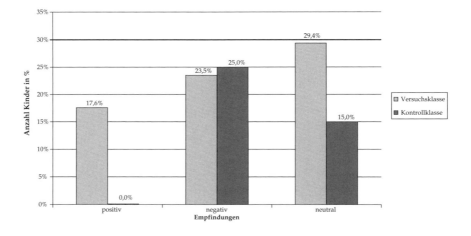

Abb. 5: Empfinden gegenüber fremden Menschen (Versuchsklassen vs. Kontrollklassen)

Ebene überprüft, als auch am Ende des Projekts. Hier wurde gezielt danach gefragt, wie eine Begegnung mit fremden Menschen und wie das Anderssein von Fremden empfunden wird (Camhy 2007, 141).

Das Diagramm zeigt, dass lediglich in den Versuchsklassen positive Gefühle erlebt werden. Nur in den Versuchsklassen gaben die Kinder im Laufe des Projekts ihre massiven Anfeindungen gegenüber bosnischen und türkischen Kindern auf und spielten auch mit ihnen. Auch wenn es Indizien dafür gibt, dass das *Philosophieren mit Kindern* die Fähigkeit zu Reflexion und kritischem Hinterfragen unterstützt, wäre doch kritisch zu prüfen, ob die vorliegenden Daten wirklich vorrangig durch das *Philosophieren* herbeigeführt wurden, oder ob sie durch andere bzw. weitere Faktoren bewirkt wurden. So evozieren das Design und die Daten folgende Fragen: A) Ist es wirklich erstaunlich, dass Kinder, die Monate lang über Fremdenfeindlichkeit reden, ein anderes Verhalten zeigten, als Gruppen ohne diese Intervention? B) Ist das wirklich ein Bewusstseinswandel? Vielleicht haben die Kinder nur gemerkt, was von ihnen erwartet wurde. C) Ist die Intervention spezifisch philosophisch gewesen oder wären die Maßnahmen auch in jedem Spielkreis möglich?

Die Hypothese des österreichischen Forschungsprojekts, dass das Philosophieren mit Kindern zur Senkung der Fremdenfeindlichkeit führt, veranlasste Giovanni Pace 2010 dazu, das vorliegende Unterrichtsexperiment in Deutschland in einer achten Realschulklasse zu replizieren. Auch in der kleinen Studie von Pace zeigen die Kinder am Ende des Projekts eine erhöhte Sensibilisierung gegenüber Fremden (Pace Karlsruhe 2011, 96 f; Dobashi, Marsal 2011, 13). Aber auch hier gelten die gleichen Bedenken wie bei der Studie von Camhy, Glaeser und Paar.

Kindliche Weltbilder – Forschungsergebnisse der Deutsch-Japanischen Forschungsinitiative zum Philosophieren mit Kindern (Karlsruhe-Hiroshima)

Der praktische Schwerpunkt der *Deutsch-Japanischen Forschungsinitiative zum Philosophieren mit Kindern* liegt in der Erforschung der kindlichen Weltbilder, die auf zwei Ebenen stattfindet. Auf der ersten Ebene wird der Forschungsprozess der Kinder in der *community of inquiry* mit der Fünf-Finger-Methode von Ekkehard Martens und dem Diskussionsplan von David Kennedy unterstützt, auf der zweiten Ebene werden die kindlichen Weltbilder aufgrund der transkribierten Dialoge inhaltsanalytisch ausgewertet (Marsal, Dobashi 2013, 690). Der Forschungsprozess der Kinder ist prozessual ausgerichtet und betrifft die Erkenntnis und Selbstkorrektur ihrer Weltbilder. Im Vordergrund steht dabei das von Ekkehard Martens geforderte sokratische *Logon didonai: Sich selbst und anderen Rechenschaft geben*. Diese Haltung gilt als Voraussetzung für das „Gute Leben" im Sinne von Aristoteles (Martens 2012, 86).

Der Begriff *kindliche Weltbilder* bezeichnet die jeweilige Gesamtheit der kindlichen Vorstellungen, die durch Sprechakte, Handlungen und Zeichnungen erfassbar sind. Die Konstruktion von kindlichen Weltbildern kann dabei „als Balanceakt zwischen dem Zusammenwirken von sinnlicher Wahrnehmung und innerer Repräsentation betrachtet werden" (Marsal, Dobashi 2010, 73). Die Bedeutung von Weltbildern tritt im Spiegel anderer Kulturen klarer hervor. Deshalb hat die internationale Zusammenarbeit einen hohen Stellenwert, z. B. die mit der Universität Jerusalem (Jen Glaser) über Zukunftsvorstellungen, Utopien oder Dystopien von Kindern und Jugendlichen (Marsal 2013b) oder die mit der Universität Vancouver UBC (Susan Gardner) über die kindlichen Weltbilder zum „Respekt" (Marsal, Münster 2013a) und zur Natur (Barbara Weber). Dass Kinder verschiedener Herkunftsländer in unterschiedlichen Kategorien denken, zeigt sich z. B. bei dem Forschungsprojekt „Wem würde ich in lebensbedrohlichen Situationen helfen", bei dem als Impuls Ausgrabungsfotos vom Vulkanausbruch des Berges Asama im 18. Jahrhundert angeboten wurden. Hier gab es bei der Kategorie „Gründe nicht zu helfen" nur in Japan die Unterkategorie „Mann/Kinder", die besagt, dass beim Helfen nicht das Risiko eingegangen werden darf, die Versorgung der selbstgegründeten Familie zu gefährden.

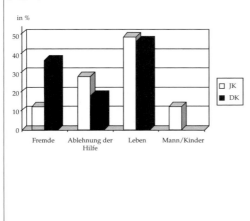

Ein Beispiel für die Kategorie „Mann/Kinder":
J209 (Mädchen = Noriko): „Du willst bleiben? Darfst du das Risiko einzugehen, zu sterben? Ich gehe davon aus, dass jene alte Frau dir unbekannt ist. Also angenommen, du lebst zusammen mit Frau und Kind. Das Kind könnte klein sein und auch die Frau noch jung. Zu Beginn des Ausbruchs möchtest du versuchen, die ältere Frau, die gefallen ist, zu retten, nicht wahr? Also willst du in dieser Stunde helfen, anstatt selbst fliehen. Darfst du dir erlauben, dass du deine Frau und das Kind über dich trauern lässt. Darf das erlaubt sein?"
(Marsal/Dobashi, Hannover 2008, S. 52).

Abb. 6: Gründe nicht zu helfen. Vergleich zwischen japanischen und deutschen Kindern (in Prozentwerten), (Japanische Kinder (JK, weiss): Einheiten N = 25 / Deutsche Kinder (DK, schwarz): Einheiten N = 33)

Da das Philosophieren mit Kindern „Gutes Leben" ermöglichen soll, orientiert sich die deutsch-japanische Forschung an den Bereichen, die im Kinderleben eine relevante Rolle spielen, wie z. B. „Was ist das Band der (Patchwork)-Familie?", „Was bedeutet ‚Spielen' für mich?", „Was ist das: ‚Glück'?", „Was ist der Unterschied und das Gemeinsame zwischen Mensch und Tier?", „Wer bin ich?", „Gibt es ein Leben nach dem Tod?"

Literatur

Dobashi, T.; Marsal, E.: *Was ist das ‚Fremde', Fräulein Prinzessin Kaguya? – Denkerziehung mit dem klassischen Bilderbuch*, Vol 59, Hiroshima 2011, 11-19.

Dobashi, T.: „‚INOCHI' oder die ‚Endlichkeit des Lebens'. Toshiaki Ôse philosophiert mit japanischen Kindern". In: Marsal, E.; Dobashi, Takara; Weber, B.; Lund, G. G. (Hg.): *Ethische Reflexionskompetenz im Grundschulalter. Konzepte des Philosophierens mit Kindern*, Frankfurt am Main 2007, 355-367.

Dobashi, T.: „Replication of a Philosophical Experiment Based on the Riddle of the Sphinx: a Comparison of the Anthropological Concepts of Japanese and German Primary School Children", in: *Thinking: The Journal of Philosophy for Children* 4 (2008), 10-18.

Camhy, D. G.: *Entwicklung und Erforschung einer praxisrelevanten Strategie gegen Fremdenfeindlichkeit am Beispiel der Kinderphilosophie*, Graz 2007.

Camhy, D. G.: „Kann das Philosophieren eine Strategie gegen Fremdenfeindlichkeit und Rassismus sein?" In: Marsal, E.; Dobashi, T.; Weber, B; Lund, G.G. (Hg.): *Ethnische Reflexionskompetenz im Grundschulalter. Konzepte des Philosophierens mit Kindern*, Frankfurt am Main 2007, 131-144.

Gregory, M.: *Philosophy for Children: Practitioner Handbook*, Montclair/New Jersey 2008.

Lipman, M.: *Nous*, Montclair/New Jersey 1996 .

Lipman, M.: „Philosophy for Children: Some Assumptions and Implications", in: Marsal, E.; Dobashi, T.; Weber, B. (Hg.); *Children Philosophize Worldwide*, Frankfurt am Main 2009, 23-42.

Martens, E.: *Methodik des Ethik und Philosophieunterrichts. Philosophieren als elementare Kulturtechnik.* Hannover 2012.

Marsal, E.: „‚Who Deserves Respect?' German Children Philosophize about the Conditions for Giving Respect", in: Marsal, E.; Weber, B.; Gardner, S. T. (Hg.): *Respect: How Do We Get There? A Philosophical Inquiry*, Münster, Berlin, Wien, Zürich 2013a, 157-172.

Marsal, E.: „Utopias as Visions and Dystopias as Warning: Democracy-Related Narrations of Young Germans Imagining the Future", in: Herb, K.; Glaser, Jen; Weber, B.; Marsal, E.; Dobashi, T. (Hg.): *Narrative, Dreams, Imagination. Israeli and German Youth Imagine their Futures*, Münster, Berlin, Wien, Zürich 2013b, pp. 163-172.

Marsal, E.: „Didactic Implementation of Ekkehard Martens' Five Finger Model. Example: The Unit ‚Who am I?' Dealing with Capabilities", in: *Thinking: The Journal of Philosophy for Children* 4 (2008), 19-22.

Marsal, E.: „Who is happy? Using poems of the philosophizing child Friedrich Nietzsche to instigate reflection in children and young people today", in: *childhood & philosophy* 6 (2008), URL: www.filoeduc.org/childphilo (aufgerufen am 16.12.2014).

Marsal, E.; Dobashi, T.: „Urspiel und Urwissenschaft. Die Selbsterschließung des Weltbildes", in: *Pädagogische Rundschau* 6 (2013), 689-713.

Marsal, E.; Dobashi, T.: „Death in Children's Construction of the World. A German Japanese Comparison with Gender Analysis", in: *Thinking* 3&4 (2012), 56-65.

Marsal. E.; Dobashi, T.: „Kindliche Weltbilder", in: Durcker, L.; Lieber, G., Neuß, N.; Uhlig, B. (Hg.): *Bildung in der Kindheit. Handbuch zum ästhetischen Lernen für Kindergarten und Grundschule*, Hannover 2010, 72-77.

Marsal, E.: „Children's Self-Assessments of Play in Connection with the Philosophy of Physical Being (Leiblicheit)", in: Turgeon, W. C. (Hg.): *Creativity and the Child: Interdisciplinary Perspectives*, Oxford 2009.

Marsal, E.; Dobashi, T.: „'Often the Lack of Conversation Has Ended a Friendship' – Aristotle's Concept of Friendship in the Mirror of P4C", in: *childhood & philosophy* 9 (2009), 339-365.

Marsal, E.; Dobashi, T.: „'Wem würde ich in lebensbedrohlichen Situationen helfen?' Eine Skizze zum Kulturvergleich zwischen japanischen und deutschen Grundschulkindern", in: *Zeitschrift für die Didaktik der Philosophie und Ethik* (2008), 48—55.

Marsal, E.a; Dobashi, T.: „Philosophieren über den Tod – Ein kinderphilosophisches Experiment von Toshiaki Ôse und seine Wiederholung in Deutschland", in: *Philosophie – Eine Schule der Freiheit. Philosophieren mit Kindern weltweit und in Deutschland*, hrsg. von Deutsche UNESCO-Kommission Bonn, 2008.

Marsal, E.; Dobashi, T.: „I and my family – Comparing the reflective competence of Japanese and German primary school children as related to the ‚Ethics of Care'", in: *childhood & philosophy* 6 (2007).

Marsal, E.; Dobashi, T. (Hg.): *Das Spiel als Kulturtechnik des ethischen Lernens*, Münster 2005.

Pace, G.: *Kinder philosophieren über das Fremde. Eine Unterrichtseinheit an einer deutschen Realschule als Vergleichsbasis zum österreichischen Forschungsprojekt „Strategien gegen Fremdenfeindlichkeit"*, Karlsruhe, 2010.

Reznitskaya, A.; Wilkinson, I. G.: „Dialogic Teaching: Rethinking and positively transforming classroom practice", in: Hoboken, J. S.: *Positive Psychology in Practice*, New Jersey 2014.

Reznitskaya, A. u. a. (in Bearb.): *Dialogic Inquiry Tool: Theory, research, and application in elementary classrooms*, 2014.

Reznitskaya, A.; Gregory, M.: „Student thought and classroom language: Examining the mechanisms of change in dialogic teaching", in: *Educational Psychologist* 48 (2013), 114-133.

Reznitskaya, A.; Glina, M.: „Comparing student experiences with story discussions in dialogic vs. traditional settings", in: *Journal of educational research* 106 (2013), 49-63.

Reznitskaya, A.: „Dialogic teaching: Rethinking language use during literature discussions", in: *The Reading Teacher* 65 (2012), 446-456.

II.

Die empirisch-kritische Ebene

1. Die empirische Wende in der Fachdidaktik und die (Sonder-)Stellung der Philosophiedidaktik

Stefan Applis

Die traditionelle Ausrichtung der meisten Fachdidaktiken vor der sogenannten empirischen Wende war die einer Methodenlehre in dem Sinne, als sie sich „einer Umsetzung relevanter (ausgewählter) fachwissenschaftlicher Inhalte in schulische Curriculumeinheiten für die verschiedenen Schulstufen und Schulformen, mit dem dominanten Ziel einer möglichst effektiven Weitervermittlung dieser Inhalte in die Köpfe der Schülerinnen und Schüler hinein" (Vollmer 2007, 6) verschrieb. Die Mehrzahl der Fachdidaktikerinnen und Fachdidaktiker versteht sich seitdem aber eher als Vertreter einer eigenständigen wissenschaftlichen Disziplin: Sie untersuchen fachliche Lehr-/Lernprozesse und leiten entsprechende Forschungsarbeiten an. Bedenkt man bezüglich dieser Unterscheidung die langen Debatten innerhalb der Philosophie um die Frage, ob Philosophie überhaupt einer eigenen Fachdidaktik bedürfe (vgl. Rehfus-Martens-Debatte), verwundert es nicht, dass alleine die Auseinandersetzung um die Frage nach den Lernzielen und Methoden des Philosophieunterrichts so viel Raum innerhalb von philosophiedidaktischen Überlegungen einnehmen musste (vgl. Martens 1979, 2003; Rohbeck 2008, 2009).

Im Verhältnis von Bildungsforschung und Bildungspolitik spricht man im Idealfall von einem sinnvoll aufeinander abgestimmten System von nationalen und internationalen Leistungserhebungen, wissenschaftlichen Berichterstattungen, wissenschaftsbasierten Steuerungsmaßnahmen zur Umsetzung staatlicher Bildungsziele und darauf ausgerichteter Maßnahmen zum Qualitätsmanagement auf allen Ebenen des Bildungssystems. Traditionell wird dabei die empirisch arbeitende Erziehungswissenschaft als Leitdisziplin angesehen und stellt entsprechend den Großteil der z. B. von der Deutschen Forschungsgesellschaft (DFG) geförderten Projekte. Ohne entsprechende politische Unterstützung ist qualitativ hochwertige Bildungsforschung ebenso wenig denkbar, wie wirkungsvolle wissensbasierte Bildungspolitik – entsprechend hat das Bundesministerium für Bildung und Forschung (BMBF) große Programme installiert, die selbstorganisiert durch Wissenschaft vermutlich nicht zustande gekommen wären (vgl. zum Überblick Buchhaas-Birkholz 2009, 30 ff.).

Seit PISA 2000 wurde allerdings auch deutlich, dass erziehungswissenschaftliche Forschung hinsichtlich der Untersuchung domänenspezifischer Problemstellungen der einzelnen Fachdidaktiken nicht differenziert genug agiert – entsprechend ließ das BMBF in Abstimmung mit den Ländern für die PISA-Fächer Deutsch, Englisch, Mathematik, Biologie und Chemie nationale Bildungsstandards entwickeln. Da sich die staatliche Förderung nur auf diese Fächer bezog, oblag es von da an den Fachdidaktiken anderer Fächer – meist unter Leitung der Hochschulverbände – entweder eigene Bildungsstandards zu entwickeln (z. B. Geographie, Geschichte, Politik, Philosophie) oder vom erziehungswissenschaftlichen, fachdidaktischen und bildungspolitischen Diskurs und auch von staatlicher Förderung ausgeschlossen zu sein.

Bildungsstandards legen fest, welche Kompetenzen Kinder oder Jugendlichen bis zu einer bestimmten Jahrgangsstufe mindestens erworben haben sollen. Diese Kompetenzen sind so konkret zu beschreiben, dass sie in Aufgabenstellungen umgesetzt und prinzipiell mit Hilfe von Testverfahren erfasst werden können. Die Darstellung von Kompetenzen innerhalb eines Lernbereiches oder Faches umfasst Teildimensionen und Niveaustufen. In Kompetenzmodellen sind Inhalte und Stufen der allgemeinen Bildung (Schlüsselkompetenzen und Metakompetenzen) und der fachbezogenen Bildung (domänenspezifische Fähigkeiten und Fertigkeiten zur Bewältigung spezifischer arbeits- und lebensweltbezogener Anforderungen) konkretisiert. Sie

„machen Aussagen über die Dimensionen und Stufen von Kompetenzen, die prinzipiell und mit Hilfe passender Aufgaben empirisch überprüft werden können. Kompetenzmodelle sind demzufolge wissenschaftliche Konstrukte" (Klieme 2003, 628), die als solche pragmatische Antworten auf Konstruktions- und Legitimationsprobleme von Bildungs- und Lehrplandebatten zu geben versuchen, insofern sie „nicht nur Leistungsniveaus im Querschnitt, sondern auch Lernentwicklungen abbilden sollen" (a.a.O.). In der Regel wird sich auf die von Weinert vorgeschlagene Definition bezogen, wenn im Zusammenhang mit der Bestimmung von Bildungszielen von Kompetenzen die Rede ist:

„Kompetenzen sind die bei Individuen verfügbaren oder durch sie erlernbaren kognitiven Fähigkeiten und Fertigkeiten, um bestimmte Probleme zu lösen, sowie die damit verbundenen motivationalen, volitionalen und sozialen Bereitschaften und Fähigkeiten, um die Problemlösungen in variablen Situationen erfolgreich und verantwortungsvoll nutzen zu können" (Weinert 2001).

In einer früheren vergleichenden Arbeit über verschiedene Fassungen des Kompetenzbegriffs bezeichnet Weinert (1999) Kompetenz als eine kontextspezifische kognitive Leistungsdisposition, die eine Person befähigt, bereichs- und situationsspezifische Anforderungen zu bewältigen. Hier werden Kontextspezifität und kognitiver Schwerpunkt der Kompetenz betont. Zu Grunde liegt die Annahme, dass sich Kompetenzen als Wissensstrukturen in konkreten Handlungen dokumentieren, so dass die Bewältigung einer Handlung oder Aufgabe Grundlage der Kompetenzmessung sein könne. Der Vorteil dieser Definition, die im Bereich der Bildungsforschung immer mehr an Bedeutung gewinnt, ist, dass trotz ihrer Betonung der kognitiven Komponente die Grenze zum Begriff der Intelligenz gewahrt bleibt und dass motivationale und affektive Aspekte aus der Definition ausgeschlossen bleiben können. Es kann also vor allem Bezug auf solche Fähigkeiten und Fertigkeiten genommen werden, die grundsätzlich als trainierbar und lernbar angesehen werden, die durch Interventionen beeinflussbar und durch Messinstrumente erfassbar sind, also als weniger persönlichkeitsbezogen als volitionale (durch den Willen beeinflussbare), motivationale (antriebsorientierte) und soziale (kommunikationsorientierte) Aspekte angesehen werden können (vgl. zum Überblick Becker 2008). Aus dem institutionellen Bedürfnis nach quantifizierbarer Erfassbarkeit und Evaluation heraus dominiert die Konzentration auf die kognitive Perspektive unter den derzeit entwickelten Kompetenzmodellen. Tiedemann umschreibt den kompetenzorientierten Bildungs- und Forschungsauftrag für die Philosophiedidaktik folgendermaßen.

„Im Wesentlichen geht es um die Vermittlung von Wissen, Können und Haltung. Wissen ist als Erwerb von Fach und Sachkenntnissen zu verstehen. Können steht für die Aneignung von Kompetenzen und das Beherrschen fachspezifischer Methoden und Techniken. Die Haltung repräsentiert die Aneignung eines philosophischen Ethos" (Tiedemann 2008, 1).

Im gesamten Bereich der Sozial-, Moral- und Demokratieerziehung – und damit einem Kernbereich von Philosophie- und Ethikunterricht – sind also neben rein kognitionsbezogenen auch volitionale, motivationale und sozial-kommunikative Kompetenzen von zentraler Bedeutung. Rösch (2009) hat für die Fächergruppe Philosophie, Ethik, Praktische Philosophie, LER (Lebensgestaltung-Ethik-Religionskunde) und Werte und Normen auf Basis vorliegender psychologischer Stufenkonzepte Kompetenzmodelle entwickelt und entsprechende Aufgaben vorgelegt. Sie fragt jedoch bezüglich der Operationalisierung volitionaler, motivationaler und sozialer Aspekte kritisch, „ob es überhaupt anstrebenswert ist, für alle diese Kompetenzen jahrgangsspezifische Mindest- und Regelstandards festzulegen. Kompetenzen bestehen nicht nur aus Wissen und Können, sondern beinhalten auch die Facetten Motivation und Haltung. Kann man diese Aspekte überprüfen? Lässt sich ein Lernfortschritt in diesem Bereich Altersstufen zuordnen? Ist es überhaupt anstrebenswert, diese Persönlichkeitseigenschaften zu evaluieren? Sollte man Leistungen in diesen Bereichen bewerten?" (Rösch 2009, 16).

Kritiker von Bildungsstandards befürchten, dass mit dem Paradigmenwechsel von der Input- zur Output-Steuerung den Schulen noch lange keine Vorgaben über den Erwerb der Kompetenzen gemacht und damit Fragen nach dem Unterrichten auf die Schulen ausgelagert werden; es werde schlicht davon ausgegangen, dass Bildungsstandards ausreichend zur Kommunikation über die Erwartungen der Gesellschaft sind. Findet keine sinnvolle Abstimmung zwischen Bildungsforschung, fachdidaktischer Forschung und Bildungspolitik statt, bestehe die Gefahr, dass sich Schulen bei der Umsetzung von Bildungsstandards auf die Konstruktion von Tests konzentrieren, die eher an traditionellen Prüfungsformen orientiert sein werden und somit an den Zielen der Kompetenzorientierung vorbeigehen.

Herausforderungen für die Fachdidaktiken im Zusammenhang mit der empirischen Wende

Zum Kompetenzbegriff als wissenschaftliches Konstrukt gibt es trotz oder wegen intensiver Forschungsarbeiten keine einheitliche Definition oder übereinstimmende Aussagen darüber, wie sich Kompetenz vermitteln und messen lässt. Das Grundproblem der in der wissenschaftlichen Diskussion erarbeiteten Kompetenzmodelle liegt zum einen in deren Abstraktheit, was es oft schwierig macht, sie für den Einsatz im Unterricht durch Lehrer anwendbar zu machen und zum anderen darin, dass gegenwärtig kaum direkte schulische Förderkonzepte vorliegen, gerade weil viele Kompetenzmodelle über den Theoriestatus oder den Status des empirisch noch nicht gesättigten Testinstruments nicht hinaus sind. Trotz mittlerweile einiger Jahre an Forschung haben Fachdidaktik und Bildungsinstitutionen auf vielen Ebenen noch nicht zusammengefunden. Dies trägt dazu bei, einen großen Abstand zwischen Forschung, Curricula und dem pädagogischen Personal, den Lehrern, manifestieren zu müssen, obgleich Kompetenzmodelle Diagnosewerkzeuge sein sollen, um individuelle Förderung zu ermöglich.

Diesbezüglich kann ein großer, bislang aber nicht genügend genutzter Vorteil der Philosophie- und Ethikdidaktik ausgemacht werden: „Seit jeher greifen Philosophiedidaktiker auf empirische Grundlagenforschung [...] wie die von Piaget [und] Kohlberg" zurück (Tiedemann 2011, 11), hier stehen seit Langem theoretisch etablierte und empirisch breit fundierte Bezugsmodelle zur Verfügung, die zudem, wie die Arbeit von Rösch (2009) zu Kompetenzmodellierung und Aufgabenerstellung zeigt, sowohl in Forschung als auch in der Unterrichtspraxis gut einsetzbar wären.

Die deutsche Gesellschaft für Fachdidaktik e.V. (GFD) fördert als Dachverband die Zusammenarbeit der Fachdidaktiken in Wissenschaft und Praxis sowie die Wahrnehmung der übergreifenden Belange und Interessen der Fachdidaktiken in der Öffentlichkeit und gibt hierzu u. a. Empfehlungen zur Evaluierung von Forschung und Entwicklung in den Fachdidaktiken heraus wie z. B. zu Qualität und Produktivität wissenschaftlicher Arbeit oder zur Förderung des wissenschaftlichen Nachwuchses; zudem wird in Positionspapieren zu Kompetenzen und Standards in der Lehrerbildung Stellung bezogen. Die Situation der Fachdidaktiken ist an den einzelnen Hochschulstandorten und in den einzelnen Fächern freilich sehr unterschiedlich, so dass viele Fachdidaktiken schon allein auf Grund dessen, dass sie nicht mit fachdidaktischen Professuren und wissenschaftlichen Personal ausgestattet sind, von Forschungsmitteln weitestgehend abgeschnitten sind. Entsprechend findet an vielen Universitäten keine forschungsbasierte fachdidaktische Ausbildung statt, sondern nur eine an schulischer Praxis orientierte Einführung in das Unterrichtsfach durch abgeordnete Lehrkräfte mit hohem Lehrdeputat und starker Einbindung in administrative Aufgaben; in Folge dessen ist auch im Falle der Philosophiedidaktik eine „maßgebliche Beteiligung an philosophiedidaktischer Forschung [...] aufgrund der hohen Belastungen dieser Statusgruppe nicht vorhanden" (Albus 2013, 16).

Gleichwohl erfährt die Lehrerbildung im Zuge der PISA-Diskussionen eine enorme Aufwertung – auch wenn dies an vielen Universitäten noch zu keiner entsprechenden Umsetzung geführt hat (Vollmer 2007, 2), wie sich am Beispiel der Philosophiedidaktik besonders dramatisch zeigt (vgl. Albus 2013 zur Bestandsaufnahme des wissenschaftlichen und nicht-wissenschaftlichen universitären Personals). Generell geht es auf Grund des oben dargelegten Verhältnisses zwischen Bildungspolitik und empirischer Bildungsforschung darum, dass die Fachdidaktiken sich der Herausforderung stellen müssen, das eigene Ansehen sowohl gegenüber den Fachwissenschaftlern als auch gegenüber den Erziehungswissenschaftlern zu erhöhen, um eigene fachbezogene Forschungsinteressen durchsetzen zu können.

Forschungsansätze in anderen Fachdidaktiken zu den Kompetenzbereichen Beurteilung und Bewertung

Nachbarwissenschaften sind der Philosophiedidaktik hierin weit voraus (vgl. Martens 2012 zur Standortbestimmung der Didaktik der Philosophie). Interessanterweise gilt dies auch für die empirische Erhebung ethischer Urteilskraft, deren Schulung ja prinzipiell nicht allein dem Philosophieunterricht obliegt, der aber seit Einführung der Bildungsstandards fächerübergreifend herausgehobene Bedeutung in der schulischen Bildung zugemessen wird. In den Fachdidaktiken der Naturwissenschaften (Biologie-, Physik- und Chemiedidaktik), der Geographiedidaktik und der Politikdidaktik ist in wenigen Arbeiten bereits vor der Einführung der Bildungsstandards ein Zugriff auf psychologische (kognitiv-konstruktistische Piaget-Kohlberg-Tradition) und philosophische Theorien zur Förderung der Urteilsfähigkeit und zur Werterziehung im engeren fachlichen und im weiteren pädagogischen Sinne festzustellen (vgl. z. B. Applis 2012 zur Wertorientierung im Geographieunterricht).

Vereinfacht zusammengefasst, greifen die verschiedenen Fachdidaktiken auf drei philosophische Konzeptionen zurück:

(a) Sokratisches Philosophieren (Abbildung des Prozesses der Urteilsbildung),
(b) Analytisches Philosophieren (Abbildung der Urteilsbildung als formal-logisches mit starker Ausrichtung am Syllogismus),
(c) Rekurs auf ethische Theorien (z. B. deontologische Ethik, Utilitarismus, Diskursethik, Verantwortungsethik – diese werden oft als ethisches Basiswissen bezeichnet).

In allen Modellen wird die Schulung der Urteilskraft als systematischer, begleiteter Reflexionsprozess verstanden, an dessen Ende eine monologische oder im Diskurs erarbeitete Urteilsbildung steht.

Allerdings ist zunächst keines der Modelle als Evaluationsinstrument ausgearbeitet worden. Erst mit der Einführung der Bildungsstandards folgte, was als empirische Wende in den Fachdidaktiken bezeichnet wird: Die Modelle werden seitdem – zunächst und derzeit wegweisend von der Biologiedidaktik – für die Fachdidaktiken entdeckt, adaptiert und in einzelne Forschungsprojekte eingebracht, die der Evaluation der Bildungsstandards dienen sollen. In der Biologiedidaktik wird z. B. mit dem Martens-Modell (Martens 2003; Gebhard, Martens, Mielke 2004) aus der Philosophiedidaktik gearbeitet (a), um zugleich methodologisch-systematisiert und orientiert an alltäglichen Sprech- und Handlungssituationen für bioethische Problemstellungen ethische Reflexionskompetenz zu evaluieren. In der Geographiedidaktik findet u. a. das Toulmin-Schema Anwendung (b), um die Qualität von Schülerargumentationen zu prüfen und zu fördern (Budke, Uhlenwinkel 2013). Das Stufenmodell ethischer Urteilsbildung nach Tödt (1976) in der Religionsdidaktik leitet sich als Prozessmodell vom Sokratischen Philosophieren ab (a) und findet darüber hinaus z. B. auch Anwendung in der Religionspädagogik, der Biologiedidaktik und der Umweltbildung im weiteren Sinne – ohne allerdings als Evaluationsinstrument weiterentwickelt worden zu sein. Schließlich wird in der Biologiedidaktik u. a. innerhalb von Prozessmodellen ethischer Entscheidungsfindung (a) zwischen deontolgischer und konsequenzialistischer (utilitaristischer) Argumentationsweise (c) unterschieden (Hößle 2001) – über die Fähigkeit zur Einordnung soll festgestellt werden, ob „der Schüler bzw. die Schülerin in der Lage ist, ethische Werte und deren Trag-

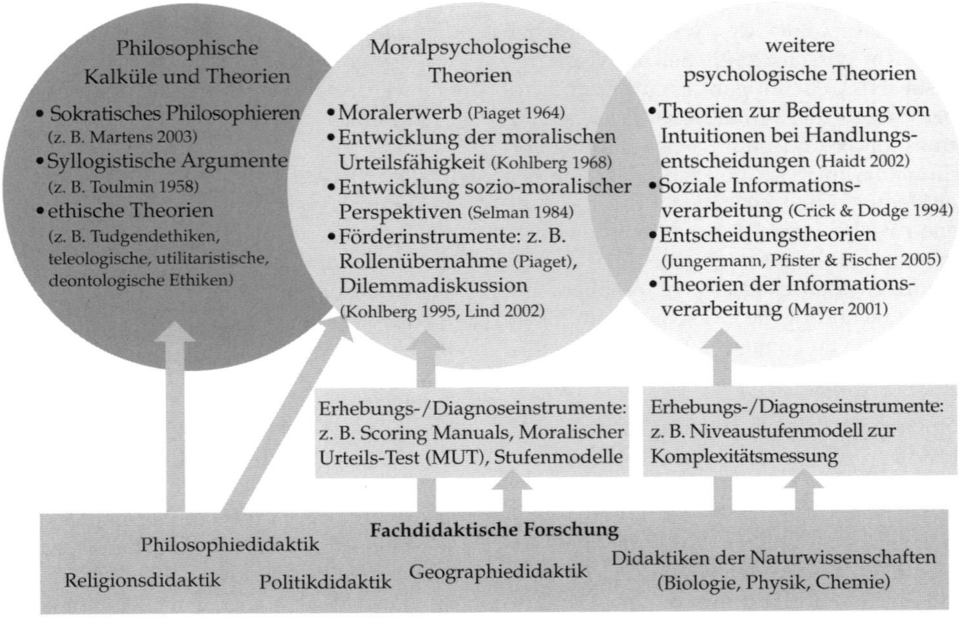

Philosophische Kalküle und Theorien
- Sokratisches Philosophieren (z. B. Martens 2003)
- Syllogistische Argumente (z. B. Toulmin 1958)
- ethische Theorien (z. B. Tudgendethiken, teleologische, utilitaristische, deontologische Ethiken)

Moralpsychologische Theorien
- Moralerwerb (Piaget 1964)
- Entwicklung der moralischen Urteilsfähigkeit (Kohlberg 1968)
- Entwicklung sozio-moralischer Perspektiven (Selman 1984)
- Förderinstrumente: z. B. Rollenübernahme (Piaget), Dilemmadiskussion (Kohlberg 1995, Lind 2002)

weitere psychologische Theorien
- Theorien zur Bedeutung von Intuitionen bei Handlungsentscheidungen (Haidt 2002)
- Soziale Informationsverarbeitung (Crick & Dodge 1994)
- Entscheidungstheorien (Jungermann, Pfister & Fischer 2005)
- Theorien der Informationsverarbeitung (Mayer 2001)

Erhebungs-/Diagnoseinstrumente: z. B. Scoring Manuals, Moralischer Urteils-Test (MUT), Stufenmodelle

Erhebungs-/Diagnoseinstrumente: z. B. Niveaustufenmodell zur Komplexitätsmessung

Fachdidaktische Forschung
Philosophiedidaktik
Religionsdidaktik   Politikdidaktik   Geographiedidaktik   Didaktiken der Naturwissenschaften (Biologie, Physik, Chemie)

Abb. 7: *Bezugstheorien für fachdidaktische Forschung zu den Kompetenzbereichen Beurteilung und Bewertung (eigener Entwurf)*

weite zu erkennen und zu reflektieren" (Bögeholz, Hößle, Langlet et al. 2004, 98). Diese Beispiele stellen nur kleine Ausschnitte dar aus den Feldern der didaktisch-methodischen Modellbildung, der davon abgeleiteten unterrichtspraktischen Umsetzung und der daran orientierten fachdidaktischen Forschung; wegen der theoretischen und methodischen Nähe der Modelle liegen vielfache Kombinationen, Verschränkungen und Ergänzungen vor zwischen (a), (b) und (c).

Im Folgenden sollen einzelne Schlaglichter auf fachdidaktische Forschungen zur Förderung ethischer Urteilskraft geworfen werden, um den engen Zusammenhang zur Philosophie aufzuzeigen und mögliche Perspektiven für philosophiedidaktische Forschungen zu skizzieren:

Biologiedidaktische Arbeiten zum ethischen Reflektieren referieren in der Konstruktion des unterrichtlichen Ablaufes von Beurteilungs- und Bewertungsprozessen meist auf das Modell Ekkehard Martens (2003) zur Ausbildung einer ethischen Reflexionskompetenz und auf Julia Dietrichs Modell zur ethischen Urteilsbildung (2003), die jenes, aufbauend auf den Arbeiten von Toulmin (1958), ergänzt um den praktischen Syllogismus als Grundlage. Ein systematisches Ausarbeiten der Modelle als Evaluationsinstrumente findet sich in Arbeiten zum moralischen Problemgehalt moderner Biotechnologien und medizinischen Fortschritts. Um Argumentation als Teilkompetenz von Bewertungskompetenz diagnostizieren und darauf aufbauend fördern zu können, werden Studien zur Evaluation von Niveaus der Argumentationskompetenz durchgeführt, die Bezug nehmen auf Theorien der philosophischen Logik. Leitend ist in den Untersuchungen die an der unterrichtlichen Praxis orientierte Frage, „welches Verhältnis zwischen der Argumentationsweise der philosophischen Logik und dem alltagssprachlichen Argumentieren besteht und welchen Beitrag die Argumentationsweise der philosophischen Logik für die Beschreibung alltagssprachlichen Argumentierens leistet" (Mittelsten Scheid, Hößle 2007, 149).

Ein anderer Weg wird mit dem Göttinger Modell der Bewertungskompetenz beschritten, das den Teilbereich „Nachhaltige Entwicklung" spezifiziert. Eggert & Bögeholz (2006) konstruieren Aufgaben, deren Beantwortung hinsichtlich der Komplexität der berücksichtigten Fakten, Zusammenhänge und verwendeten Begründungen und Bewertungen analysiert und Niveaustufen zugeordnet werden. Ökologische Bewertungskompetenz erfordert nach Eggert & Bögeholz (2006) (1) ökologisches Sachwissen, (2) Wissen um relevante Normen und Werte, (3) Unterscheidungsfähigkeit zwischen Fakten und Normen/Werten und (4) Bewertungsstrukturwissen, „um mit der doppelten Komplexität – bestehend aus faktischer und ethischer Komplexität – umzugehen, die vielen Gestaltungsaufgaben Nachhaltiger Entwicklung zu Grunde liegt" (Bögeholz, Hößle, Langlet et al. 2004, 101).

Den stärksten Bezug zur Piaget-Kohlberg-Tradition stellen die Forschungen der Arbeitsgruppe um Corinna Hößle her (Hößle, 2001; Reitschert, Hößle, 2007). Hier wird sich in der Unterscheidung zwischen konsequenzialistischer (utilitaristischer) und deontologischer Argumentationsweise im vierten Schritt der Dilemmadiskussion an Kohlbergs Stufenmodell orientiert, um eine Vertiefung der Reflexion ethischer Werte zu erreichen und eine Förderung innerhalb des Stufenmodells zu erzielen.

Die Geographiedidaktik verfolgt neben der Biologiedidaktik die meisten Projekte, die auf philosophische und philosophiedidaktische Konzepte Bezug nehmen (z. B. Umwelterziehung, Demokratieerziehung, Globales Lernen, Ökologische Risikoabwägung, Bildung für nachhaltige Entwicklung). Hier finden sich bereits seit den 1990ern sporadisch Verweise auf Kohlbergs Theorie zur moralischen Urteilsfähigkeit. Eine systematische Einführung zur strukturgenetisch-konstruktivistischen Piaget-Kohlberg-Tradition erfolgt jedoch erst nach der Einführung der Bildungsstandards durch Applis (2012; 2015).

Neben der Entwicklung von Kompetenzmodellen und Aufgaben geht es aber in fachdidaktischer Forschung notwendigerweise auch um Implementierungsfragen. Hier nehmen Forschungsprojekte der Geographiedidaktik eine Sonderstellung innerhalb der Fachdidaktiken ein, indem sie versuchen Stärken fachdidaktischer Ansätze mit denen erziehungswissenschaftlicher Forschungslinien zu verbinden und somit eine bisher bestehende Lücke zu schließen. Denn bislang haben noch zu wenige Erkenntnisse fachdidaktischer Forschung Eingang in Bildungsplanung und Schulpraxis gefunden, wie auf Seiten der GFD festgestellt wird. Als eine Ursache dieses Theorie-Praxis-Problems (vgl. Neuweg 2007, 8) wird etwa die relativ große Veränderungsresistenz von Lehrerüberzeugungen identifiziert. Insbesondere die dritte Ausbildungsphase gerät im Zuge der Bemühungen, diesem Missstand entgegenzuwirken, zunehmend in den Fokus. Hierbei werden ausgehend von kognitionspsychologischen Überlegungen erstmals in fachdidaktischen Studien zur Untersuchung der Kompetenzbereiche Beurteilung und Bewertung Gruppendiskussionsverfahren eingesetzt (vgl. Applis 2014a, b).

Damit gerät verstärkt die Art der pädagogischen Kommunikation und damit das Habitus-Konzept (Bourdieu 1979) in den Blick (vgl. zum Überblick Helsper, Kramer, Thiersch 2014), verbunden mit der Einsicht, Lehrende und Lernende in einem Untersuchungsfeld nicht isoliert voneinander betrachten zu können, in dem impliziten (Wert-)Orientierungen besondere Bedeutung zukommt – sowohl auf thematisch-inhaltlicher Ebene als auch auf der Ebene der unterrichtlichen Kommunikationen. Damit wird Anschluss genommen werden an theorie- und empiriestarke Schulen und Richtungen der Sozial- und Erziehungswissenschaften (z. B. dokumentarische Methode, Bohnsack 2006). Denn in den erziehungswissenschaftlichen Forschungen dominieren seit geraumer Zeit Untersuchungen zu konkret durchgeführtem Unterricht und damit qualitative Zugriffe auf schulische Handlungsfelder, da der Bereich der kognitiven Leistungstests als gesättigt angesehen wird und mittlerweile eher bildungsinstitutionellen Interessen zu folgen scheint. Entsprechend hat sich die Forschung verschoben hin zu qualitativen Erhebungsmethoden und Analyseverfahren, die metatheoretisch den konstruktivistischen Ansätzen der Systemtheorie (Luhmann, 1997), der Habitus-Theorie (Bourdieu 1979) und der Wissenssoziologie Mannheims (1980) nahe stehen.

Interessant für die fachdidaktische Forschung zu Professionswissen und professionsbezogenen Einstellungen ist die Frage danach, wie starke implizite Vorstellungen oder Orientierungen transferiert werden und mit dem Ziel der fachdidaktischen Innovationseinführung im Rahmen von Weiterbildungen transferierbar gemacht werden können. Hierzu sind Analysen dazu notwendig, in welchen sozialen Dynamiken implizite Wissensbestände wirksam werden, um die Bedingungen der Transferierbarkeit innovativer theorie- und praxisbezogener didaktischer Wissensbestände in der sogenannten dritten Ausbildungsphase der Lehrer-Weiterbildung zu eruieren. Hierzu aber ist das Referieren auf komplexe Metatheorien erforderlich, die es vermögen den untersuchten Praxisraum annähernd adäquat zu beschreiben (vgl. Applis 2014a, b). Entsprechend könnte auch für philosophiedidaktische Studien der Blick stärker auf die Logiken der Praxis von Lehrkräften gerichtet werden, d. h. es müssen u. a. die folgende Fragen theoretisch und empirisch bearbeitet werden: Über welche Theorien, welches Wissen, welche Pläne und Schemata (auf expliziter und impliziter Ebene) verfügen Lehrkräfte bezüglich der in den Bildungsstandards Philosophie als Zieldimensionen formulierten Kompetenzbereiche? Welche Praktiken einzelner Lehrkräfte sind beobachtbar, welche Denkprozesse und habituelle Orientierungen liegen diesen zu Grunde? Welche Lehrerkognitionen im obigen Sinne sind für die Gestaltung lernwirksamer, fachspezifischer Lehr-Lernarrangements erforderlich?

Stellung der Fachdidaktik Philosophie

Man kann festhalten, dass die Philosophie im Allgemeinen und die Philosophiedidaktik im Besonderen einen wichtigen Bezugspunkt für die Konzepte und Modelle der Nachbarwissenschaften darstellen. Biologie-, Geographie-, Politik-, Physik und Chemieunterricht werden dadurch zwar nicht zum Philosophieunterricht, allerdings wird in den Fachdidaktiken immer häufiger übergreifend festgestellt, dass „die Klärung grundlegender Begriffe, deren Kenntnis auch in den fachdidaktischen Modellen vorausgesetzt wird, notwendig [ist]" (für die Biologiedidaktik Bögeholz, Hößle, Langlet et al. 2004, 90). Hier besteht eine Vielzahl an Möglichkeiten fachdidaktikenübergreifende Forschungsansätze zu entwickeln und zu verfolgen.

Hierzu müsste zunächst aber die breite theoretische und empirische Basis der Fachdidaktiken der Natur- und Gesellschaftswissenschaften (v.a. Biologie- und Geographiedidaktik) innerhalb der Philosophie- und Ethikdidaktik zur Kenntnis genommen und die empirische Wende vollzogen werden, ist.

Als wegweisend kann Steensblocks Theorie der kulturellen Bildung angesehen werden (Steenblock 1999), in der die Didaktiken aller Geisteswissenschaften als Klammer zwischen Fachwissenschaft, Erziehungswissenschaft und praktischer Pädagogik gefasst sind. Tiedemann weist weiterführend darauf hin, dass das didaktische Selbstverständnis des philosophischen Bildungsprozesses es erlaube, Philosophiedidaktik als Verbindung von Fachphilosophie und Erziehungswissenschaft zu begreifen (Tiedemann 2011, 28). Auf Basis dieses sogenannten dualen Verständnisses „entsteht ein […] Gegenstandsverhältnis, das auch empirischen Forschungsmethoden zugänglich" ist jenseits eines rein philosophischen Diskurses (vgl. Tiedemann 2001, 36 ff.), innerhalb dessen Begriffe die zentralen Gegenstände der Philosophie sind. In diesem anderen Gegenstandsverhältnis sind Methoden und Sozialformen genau identifizier- und mit empirischen Verfahren untersuchbar, wie oben am Beispiel der anderen Fachdidaktiken gezeigt wurde.

Zusammenfassend ist festzustellen, dass die Philosophiedidaktik stark von den Evaluationserfahrungen ihrer Nachbardisziplinen profitieren kann. Denn:

„[Ob] Philosophieunterricht wirksam sein kann, ist in Vergleichs- und Langzeitstudien empirisch zu untersuchen, insofern sich jedenfalls, so das Kernproblem jeder empirischen Unterrichtsforschung, die multifaktoriellen Wenn-Dann-Beziehungen zuverlässig erfassen lassen" (Martens 2012).

In den Fachdidaktiken der Nachbardisziplinen sind bereits Methoden zur Evaluation philosophiespezifischen Kompetenzen entwickelt worden, auf die Bezug genommen werden kann. Zur validen Effizienzmessung philosophisch-ethischer Urteilskraft wird jedoch eine Zusammenführung qualitativer und quantitativer Methoden von Nöten sein, denn, darauf weist u. a. Steenblock (2013, 137) hin, „die Wirkung des Philosophierens als Bildungsprinzip [lasse sich] nicht quantitativ, [sondern] bestenfalls durch qualitative Erhebung in Gesprächen erfassen". Hierfür liegen zwar erst wenige Modellvorschläge vor (Tiedemann 2013), doch der Blick in fachdidaktische und erziehungswissenschaftliche Forschung macht deutlich, dass hierzu komplexe theoretische Modelle und Erhebungsmethoden zur Verfügung stehen (s.o.), deren Theoreme zunächst durchaus mit philosophischen Methoden zu prüfen sein werden.

Bei der konkreten Realisierung von Forschungsprojekten erscheint es also ratsam, die Konzeptionen anderer Fachdidaktiken zu berücksichtigen sowie Gelegenheiten zur Kooperation zu nutzen. Zugleich sollten die Fachdidaktiken der Fächer, die die Kompetenzbereiche Beurteilung und Bewertung untersuchen, nicht auf die Unterstützung der Kompetenzen der Philosophie- und Ethikdidaktik verzichten, da sonst grundlegende fachliche Fehler z. B. in der Konzeption von Projekten der Lehrerweiterbildung zur Entwicklung von Kompetenzen im Bereich der Urteils- und Bewertungsfähigkeit unterlaufen könnten.

Literatur

Albus, V.: „Die desolate Lage der Philosophiedidaktik", in: *Information Philosophie* (2013), 16-26.
Applis, S.: „Die soziale Dimension des kommunikativen Aushandelns von Gerechtigkeitsfragen", in: *Geographie und Schule* (2014), 15-23.
Applis, S.: *Wertorientierter Geographieunterricht im Kontext Globales Lernen. Theoretische Fundierung und empirische Untersuchung mit Hilfe der dokumentarischen Methode*, Weingarten 2012.
Applis, S.: Ein Vergleich kognitionsorientierter Stufenmodelle und ihrer normativen Implikationen für das interkulturelle und wertorientierte Lernen im Geographieunterricht. *Zeitschrift für Geographiedidaktik* 43 (2015), 3-28.
Applis, S.: Ethische Persönlichkeitsbildung aus geisteswissenschaftlicher und geographiedidaktischer Perspektive. Vorstellungen von Geographielehrkräften zu geographischer und schulischer Bildungsarbeit – Ergebnisse eines Projektes empirisch-rekonstruktiver Forschung. *Zeitschrift für Didaktik der Gesellschaftswissenschaften* 5 (2014a), 69-90.
Applis, S.: Moralische Urteilsfähigkeit, Bewertungen und Werthaltungen. Möglichkeiten qualitativ-rekonstruktiver Forschungsansätze für die Philosophie- und Ethikdidaktik, in: *Zeitschrift für Didaktik des Philosophie- und Ethikunterrichts* 38 (2014b), 82-93.
Becker, G.: *Soziale, moralische und demokratische Kompetenzen fördern. Ein Überblick über schulische Förderkonzepte.* Weinheim und Basel 2008.
Bohnsack, R.: *Rekonstruktive Sozialforschung – Einführung in qualitative Methoden*, Opladen 2006.
Bögeholz, S.; Hößle, C.; Langlet, J.; Sander, E.; Schlüter, K.: „Bewerten – Urteilen – Entscheiden im biologischen Kontext: Modelle in der Biologiedidaktik", in: *Zeitschrift für Didaktik der Naturwissenschaften* (2004), 89-115.
Bourdieu, P.: „Zur Genese der Begriffe Habitus und Feld", in: ders.: *Der Tote packt den Lebenden*, Hamburg 1979.
Budke, A.; Uhlenwinkel, A. (2013): „Argumentation", in: Rolfes, M.; Uhlenwinkel, A. (Hg.): *Metzler Handbuch 2.0 Geographieunterricht*, Braunschweig 2013, 11-16.
Dietrich, J.: „Ethische Urteilsbildung – Elemente und Arbeitsfragen für den Unterricht", in: *Zeitschrift für Didaktik der Philosophie und Ethik* (2003), 269-278.
Eggert, S.; Bögeholz, S.: „Göttinger Modell der Bewertungskompetenz – Teilkompetenz „Bewerten, Entscheiden und Reflektieren" für Gestaltungsaufgaben Nachhaltiger Entwicklung", in: *Zeitschrift für Didaktik der Naturwissenschaften* (2006), 177-199.
Gebhard, U.; Martens, E.; Mielke, R.: „Ist Tugend lehrbar? – Zum Zusammenspiel von Intuition und Reflexion beim moralischen Urteilen", in: Rohbeck, J. (Hg.): *Ethisch-philosophische Basiskompetenz*, Dresden 2004.
Gesellschaft für Fachdidaktik e.V. [GFD] (Hg.): *Empfehlungen zur Evaluierung von Forschung und Entwicklung in der Fachdidaktik*, 2009.
Helsper, W.; Kramer, R.-T.; Thiersch, S. (Hg.): *Schülerhabitus. Theoretische und empirische Analysen zum Bourdieuschen Theorem der kulturellen Passung*, Wiesbaden 2014.
Hößle, C.: *Moralische Urteilsfähigkeit. Eine Interventionsstudie zur moralischen Urteilsfähigkeit von Schülern zum Thema Gentechnik*, Innsbruck 2001.
Klieme, E. (Hg.): *Zur Entwicklung nationaler Bildungsstandards. Eine Expertise*, Bonn 2003.
Kohlberg, L.: *Die Psychologie der Moralentwicklung*, Aufsatzsammlung, Frankfurt am Main 1995.
Lamprecht, J.; Ulrich-Riedhammer, E.-M.: „Urteilsbildung und Einbildungskraft. Zum Fremden im Geographieunterricht", in: Schobert, I. (Hg.): *Urteilen lernen – Sich in der Polis bewegen*, Göttingen 2014.

Luhmann, N.: *Die Gesellschaft der Gesellschaft*, Bd. 1 und Bd. 2, Frankfurt am Main 1997.

Mannheim, K.: *Strukturen des Denkens*, Frankfurt am Main 1980.

Martens, E.: *Methodik des Ethik- und Philosophieunterrichts. Philosophieren als elementare Kulturtechnik*, Hannover 2003.

Martens, E.: *Dialogisch-pragmatische Philosophiedidaktik*, Hannover 1979.

Mittelsten Scheid, N.; Hößle, C.: „Wie Schüler unter Verwendung syllogistischer Elemente argumentieren. Eine empirische Studie zu Niveaus von Argumentation im naturwissenschaftlichen Unterricht", in: *Zeitschrift für Didaktik der Naturwissenschaften* 14 (2008), 145-165.

Piaget, J.: *Das moralische Urteil beim Kinde*, Stuttgart 1983.

Reitschert, K. ; Hößle, C.: „Wie Schüler ethisch bewerten. Eine qualitative Untersuchung zur Strukturierung und Ausdifferenzierung von Bewertungskompetenz in bioethischen Sachverhalten bei Schülern der Sek. I", in: *Zeitschrift für Didaktik der Naturwissenschaften* 13 (2007), 125-143.

Rohbeck, J.: *Didaktik der Philosophie und Ethik*, Dresden 2008.

Rohbeck, J.: „Didaktische Potentiale philosophischer Denkrichtungen", in: *Zeitschrift für Didaktik der Philosophie und Ethik* 22 (2000), 82-93.

Rösch, A.: *Kompetenzorientierung im Philosophie- und Ethikunterricht. Entwicklung eines Kompetenzmodells für die Fächergruppe Philosophie, Praktische Philosophie, Ethik, Werte und Normen*, LER, Zürich 2009.

Steenblock, V.: *Philosophische Bildung. Einführung in die Philosophiedidaktik und Handbuch Praktische Philosophie*, Münster 2013.

Selman, R. L.: *Die Entwicklung des sozialen Verstehens*, Frankfurt am Main 1984.

Tiedemann, M.: „Philosophiedidaktik und empirische Unterrichtsforschung. Eine Annäherung", in: Demantowsky, M.; Zurstrassen, B. (Hg.): *Forschungsmethoden und Forschungsstand in den Didaktiken der kulturwissenschaftlichen Fächer*, Bochum, Freiburg 2013.

Tiedemann, M.: „Philosophiedidaktik und empirische Unterrichtsforschung", in: *Informationen Philosophie* (2008).

Tödt, H.-E.: „Versuch zu einer Theorie ethischer Urteilsbildung", in: *Zeitschrift für Evangelische Ethik* 20 (1976), 81-93.

Vollmer, H. J.: „Zur Situation der Fachdidaktiken an deutschen Hochschulen", in: *Erziehungswissenschaft* 18 (2007), 85-103.

Weinert, F. E.: „Vergleichende Leistungsmessung in Schulen – eine umstrittene Selbstverständlichkeit", in: ders. (Hg.): *Leistungsmessung in Schulen*, Weinheim, Basel 2001.

Weinert, F. E.: *Konzepte der Kompetenz*, Paris 1999.

2. Die Herausforderung der Effizienzforschung

Markus Tiedemann

„Von der Passung einer Schule der Aufklärung und einer Philosophie der Aufklärung her lässt sich Philosophie in der Schule in Form eines praktischen Syllogismus rechtfertigen:

(d) Wenn Reflexionsfähigkeit und Persönlichkeitsbildung in der Schule sein sollen (normative Prämisse) und
(e) wenn Philosophieren als Kulturtechnik hierfür tatsächlich ein wirksames Mittel ist (deskriptive Prämisse),
(f) soll Philosophieren in der Schule unterrichtet werden."

Mit diesem praktischen Syllogismus verweist Ekkehard Martens auf die Attraktivität der empirischen Effizienzforschung für die Philosophiedidaktik (Martens 2010, 167 und in diesem Band). Nach Herbert Schnädelbach muss der Philosophie an der Erhebung „neuartiger Aufklärungsbedarfe" und Chancen zur Verbesserung der Aufklärungsarbeit gelegen sein (Schnädelbach 2003, 201). Neben diesen prinzipiellen Überlegungen sprechen auch handfeste bildungspolitische Zwänge für eine Integration empirischer Forschungsmethoden in die Philosophiedidaktik. Wie in den vorangegangenen Ausführungen zur „Empirischen Wende in der Fachdidaktik" aufgezeigt wurde, lastet seit den PISA-Untersuchung eine massive Evaluations- und Legitimationserwartung auf allen Schulfächern. Nach den Hauptfächern geraten dabei auch die sogenannten „Randfächer" zunehmend in den Fokus und reichen diese Verantwortung an ihre Fachdidaktiken weiter. Eine unkritische Anbiederung an die empirische Unterrichtsforschung ist dabei keinesfalls wünschenswert. Zu Recht betont Volker Steenblock, dass die „bewusst humanistisch zu begründende Zielperspektive aller Bildung" (Steenblock 2009, 58) für empirische Methoden unzugänglich sei.
Gleichzeitig wäre es wenig überzeugend, eine vollständige Unverträglichkeit von philosophischer Bildung und empirischen Testformaten zu proklamieren. Jeder Philosophielehrer, der bestreitet philosophische Kenntnisse und Kompetenzen messen zu können, begibt sich in die delikate Situation, seine eigene Notenfindung als willkürlich zu deklassieren. Zudem darf nicht versäumt werden, zwischen dem Wert der Philosophie an sich und der Güte ihrer Vermittlung zu unterscheiden. Der humane, intellektuelle und wohl auch politische Wert des Philosophierens mag unbestritten sein, für die Qualität des Philosophieunterrichts gilt dies nicht.

Selbstverständlich hat ein Gemeinwesen, das beträchtliche Mittel für die Finanzierung eines Schulfaches zur Verfügung stellt, das Recht, dessen Effizienz zu hinterfragen. Es ist daher sehr zu begrüßen, dass die Fachdidaktik ihre anfängliche Ablehnung gegenüber der empirische Unterrichtsforschung überwunden hat (Rohbeck, Thurnherr 2009). Erfolge sind vor allem im Bereich der Akzeptanzforschung zu vermelden. Die mit Sicherheit valideste Studie im deutschsprachigen, vielleicht sogar im internationalen Raum ist der Schulversuch „Praktische Philosophie" aus Nordrhein Westfalen (Nenninger 2002). Die Anzahl von 9 000 bis 12 000 Probanden, die vierjährige Dauer des Schulversuches sowie die Bestätigung durch zahlreiche Nachfolgeuntersuchungen (Wiesen 2009) stellten ein Novum für den Bereich der Philosophiedidaktik dar. Auch die Güte der wissenschaftlichen Begleitung durch Dieter Birnbacher, Ekkehard Martens und Peter Nenninger muss als Vorbild für die Kooperation von Fachphilosophie, Fachdidaktik und empirischer Unterrichtsforschung gelten. Nachgewiesen wurde, dass Konzept und Praxis des Schulfaches auf die Zustimmung von Fachphilosophie und Fachdidaktik stößt und durch hohe und konstante Akzeptanzwerte bei Schüler- und Lehrerschaft bestätigt wird.

Im Bereich der Effizienzforschung fallen die Erfolge allerdings weit bescheidener aus.

Eine 2011 veröffentlichte Populationsforschung fasst insgesamt 25 nationale und internationale empirische Studien aus dem Bereich der Philosophiedidaktik zusammen (Tiedemann 2011, 225). Darunter befanden sich sieben Effizienzstudien, von denen jedoch nur wenige sowohl den Standards der empirischen Bildungsforschung als auch dem Fach- und Selbstverständnis der Philosophiedidaktik gerecht wurden. 2009 erklärte der frisch gewählte Präsident der Deutschen Gesellschaft für Philosophie, Julian Nida-Rümelin, wie schwer es sei, „Kriterien zu ermitteln, die sich einfach quantifizieren lassen und dennoch die Differenziertheit der jeweils relevanten Kompetenzen erfassen" (Informationen Philosophie Heft 1, 2009).

Die unbequeme Aufgabe vollständig in die Hände empirisch arbeitender Erziehungswissenschaftler abzuschieben, erscheint ebenfalls nicht empfehlenswert. Zu groß ist die Gefahr, dass zwar valide Testformate zum Einsatz kommen, deren Zuschnitt jedoch keine Aussagen über philosophische Bildungsgehalte erlauben.

Als Beleg kann ein vielzitiertes Beispiel aus der ersten Staffel des DFG-Projektes „ETiK" (Entwicklung eines Testinstruments zu einer didaktisch und bildungstheoretisch ausgewiesenen Erfassung moralischer Kompetenzen, bezogen auf den Ethik-Unterricht an öffentlichen Schulen) angeführt werden. Das Programm unter Leitung des namhaften Erziehungswissenschaftlers Dietrich Benner hatte sich zum Ziel gesetzt, ein Testinstrument zur Quantifizierung der im Ethikunterricht erworbenen ethischen Urteils- und Handlungskompetenz zu entwickeln. Während der ersten Staffel kam unter anderem das folgende Format zum Einsatz:

1. Eine Schülerin, die zu einer Clique, die ihre Freizeit mit PC-Spielen verbringt, gehören will, hat selber kein Geld zur Anschaffung solcher Spiele. Eigene Spiele sind aber die Bedingung für die Zugehörigkeit zur Clique. Was rätst du der Schülerin? Kreuze eine Antwort an!

A   Sie sollte ihre Eltern oder Großeltern um Geld für die Spiele bitten. ☐
B   Sie sollte ihren Eltern und Großeltern einen anderen Grund angeben, für den sie das Geld benötigt. ☐
C   Die Schülerin sollte auf die Mitgliedschaft in der Clique verzichten. ☐
D   Sie könnte Spiele von anderen ausleihen und Kopien davon anfertigen. ☐

Hier wäre Antwort A richtig.
(Vgl.: Tiedemann 2011, 151-158)

Selbstverständlich haben Erziehungswissenschaftler das Recht philosophische Bildungsformate zum Gegenstand ihrer Forschung zu erheben. Darüber hinaus kann nicht genug betont werden, dass die Expertise der empirischen Unterrichtsforschung für eine gelungene Evaluation philosophischer Kompetenzen unverzichtbar ist. Gleichwohl muss in aller Deutlichkeit betont werden, wie sehr das hier dargestellte Testformat jedem fachdidaktischen Verständnis ethischer Urteilskraft widerspricht.

Bereits die Vorgabe einer eindeutig als „richtig" bestimmten Antwort, lässt befürchten, dass mit diesem Test nicht ethische Urteilskompetenz, sondern der Grad an Übereinstimmung mit der Political Correctness gemessen wird. Es stellt sich die Frage, weshalb die Antwort C nicht ebenso akzeptabel wie die Antwort A ist? Selbst die Antwort D, die ja den illegalen Akt des Kopierens vorschlägt, kann nicht a priori als unzulässig zurückgewiesen werden, sofern man das kritische Hinterfragen des Rechtspositivismus als philosophische Kompetenz betrachtet. Mit Blick auf die „richtige" Antwort A sei angemerkt, dass durch sie gleichermaßen eine tiefe Einsicht in die praktische Notwendigkeit des Kategorischen Imperativs, wie ein „good-girl-good-boy-Image" nach Kohlbergs präkonventionellen Stufen, zum Ausdruck kommen kann. Urteilskraft, so die Position der philosophischen Fachdidaktik, lässt sich eben nicht über den Inhalt einer Position, sondern allein durch die Konsistenz ihrer Begründung erfassen.

Gleichwohl sollte der empirischen Evaluation ethischer Urteilskraft keine generelle Absage erteilt werden. Erforderlich ist ein disziplinübergreifendes Projekt, das sich dem selbstkritischen Abgleich qualitativer und quantitativer Datenerhebungen verpflichtet. Die Ergebnisse wären sowohl von fachdidaktischem als auch von erziehungswissenschaftlichem und politischem Interesse.

Dies gilt insbesondere für die drei übergeordneten Lernziele aller Rahmen- und Bildungspläne: ethische Urteilskraft, Fähigkeit zum interkulturellen Dialog und demokratische Wertorientierung.

Ethische Urteilskraft ist das Vermögen, normative Werturteile in Kenntnis zustimmender und kontroverser Positionen, durch begriffliche Genauigkeit und argumentative Konsistenz vor sich und anderen rechtfertigen zu können.

Die Fähigkeit zum interkulturellen Dialog ist das Vermögen, in Kenntnis unterschiedlicher Traditionen und Vorverständnisse, in einen gleichberechtigten Austausch mit Menschen unterschiedlicher kultureller und religiöser Prägung einzutreten.

Demokratische Wertorientierung ist die prinzipielle Zustimmung zu Menschenrechten, Gewaltenteilung, Meinungsfreiheit, freien Wahlen und Säkularismus als den Basiswerten gelingenden Zusammenlebens.

In Anlehnung an den Kompetenzbegriff von Weinert (Weinert 2001, 27) lässt sich der Erwerb dieser Lernziele nach den fachdidaktischen Kategorien *Wissen*, *Können* und *Haltung* (Martens 1999, 12-13) differenzieren. Die Kategorie *Wissen* steht für jene Kenntnisse, die erforderlich sind, um die Komplexität eines Sachverhaltes oder Problems erfassen zu können. Die Kategorie *Können* steht für die Fähigkeit einen Sachverhalt oder ein Problem analysieren, bewerten, darstellen und gestalten zu können. Die Kategorie *Haltung* steht für die Bereitschaft, sich der erworbenen Kenntnisse und Fähigkeiten zur Bearbeitung eines Problems oder Sachverhaltes zu bedienen.

Um die komplexen Gegenstände empirisch erfassen zu können, scheint es notwendig, quantitative und qualitative Zugänge zu kombinieren. Als Grundlage weiterer Diskussionen sei hier ein vierfacher Zugriff auf die Wirksamkeit des Ethik- bzw. Philosophieunterrichtes vorgeschlagen:

Erster Zugriff – Schülerbefragung (Panel)

In diesem Zugriff werden die Schülerinnen und Schüler mit Fragebögen zur ihrem sozialen Kontext und zur Selbsteinschätzung konfrontiert. Zunächst werden soziale Daten der Schülerinnen und Schüler erhoben, um potentielle Störvariablen zu identifizieren. Sodann ist der Fragebogen in die Hauptaspekte Urteilskraft, Fähigkeit zum interkulturellen Dialog und demokratische Wertorientierung sowie die Kategorien Wissen, Können und Haltung unterteilt, ohne dass diese Aufteilung explizit ausgewiesen wird. Die Schülerinnen und Schüler machen ihre Angaben auf gestuften Skalen, die in der Regel von „stimmt" bis „stimmt gar nicht" gestaffelt sind. Bei der wiederholten Befragung sollen die Schülerinnen und Schüler zudem angeben, ob der Ethik- bzw. Philosophieunterricht für Ihre Meinungsbildung von Bedeutung war. Die Erhebung sollte als Panel zu Beginn und am Ende des ersten „Ethikschuljahres" in Jahrgang sieben sowie nach weiteren zwei bis drei Jahren am Ende der Jahrgänge acht, neun und zehn erfolgen.

Zweiter Zugriff – quantitative Pre-Post-Testung

Der Pre-Test sollte Wissen, Können und Haltung der Schülerinnen und Schüler in den drei Untersuchungsfeldern vor Beginn des Ethikunterrichts erfassen. Durch zwei Post-Test-Untersuchungen werden entsprechende Vergleichsdaten erhoben. Der Post-Test 2, eine erneute Überprüfung nach weiteren zwei bis drei Jahren, also nach Beendigung der Sekundarstufe I, könnte Rückschlüsse auf die Langzeitwirkung des Unterrichtes ermöglichen. Die Kategorie Haltung kann durch ein Testformat nicht valide erfasst werden. Der Test dokumentiert vor allem Sachwissen und argumentative Fähigkeiten, die in ausformulierten Stellungnahmen zu Tage treten. Zur Erfassung der Urteilskraft scheint besonders das MUT-Modell der Universität Konstanz geeignet (Lind 2003). Der MUT (Moralisches Urteil Test) enthält zwei Dilemmageschichten mit Pro- und Contra-Argumenten, die nach ihrer Akzeptabilität zu beurteilen sind. Anhand der Urteilsmuster kann festgestellt werden, in welchem Maße die Schülerinnen und Schüler sich bei ihren Urteilen konsequent an moralischen Maßstäben orientieren statt daran, ob die zu beurteilenden Argumente ihre persönliche Meinung unterstützen. Die erhobenen Daten ließen sich mit den Ergebnissen von Kontrollgruppen vergleichen.

Dritter Zugriff – Stichprobenhospitationen

Hospitationen könnten dazu dienen, den Prozess der Unterrichtsgestaltung zu erfassen. Methode ist die klassische Hospitation deren Eindrücke durch einen formalisierten Bogen einer qualitativen und quantitativen Auswertung zugeführt werden können. Sinnvoll wäre in diesem Format auch die Einbeziehung von Experten aus den Bereichen der Fachphilosophie und der Fachdidaktik.

Vierter Zugriff – Qualitative Interviews

Um das Bild zu vervollständigen, sind qualitative Interviews mit Schülerinnen und Schülern vorzuschlagen. Diese erfolgen zum Zeitpunkt der ersten und zweiten Post-Testung. Das gemeinsame Reflexionsgespräch wird dokumentiert und nach den oben genannten Forschungskriterien analysiert.

Indikatoren

Durch die Kombination der unterschiedlichen Zugriffe kann die Komplexität der Untersuchungsgegenstände besonders berücksichtigt werden. Nicht alle Instrumente sind dazu geeignet, alle Untersuchungsgegenstände zu erfassen. Beispielsweise können Testformate bestenfalls ergänzende Informationen über den Bereich der Haltung liefern, weshalb bei diesem Kriterium vor allem auf die Selbsteinschätzung und die qualitativen Interviews zurückgegriffen werden müsste. Die Indikatoren der Auswertung wären in den verschiedenen Teilbereichen noch auszudifferenzieren. Übergeordnete Indikatoren lassen sich gleichwohl benennen:

Moralische Urteilskraft:

- Kenntnis elementarer Theorien und Begriffe der philosophischen Ethik
- Fähigkeit zur folgerichtigen, kritischen und selbstkritischen Argumentation und zum dialogischen Geben von Gründen
- Fähigkeit konsistente Argumente unabhängig von der eigenen Meinung zu würdigen
- Bereitschaft zur kritischen und selbstkritischen Überprüfung von Gründen

Fähigkeit zum interkulturellen Dialog:

- Kenntnis elementarer Begriffe und Gebote der Weltreligionen
- Fähigkeit zum respektvollen und kritischen Gespräch über religiöse und kulturelle Traditionen
- Bereitschaft zur vorurteilsfreien Begegnung mit anderen Religionen und Kulturen

Demokratische Wertorientierung:

- Kenntnis der elementaren Grundsätze von Menschenrechten, Gewaltenteilung, freien Wahlen, Meinungsfreiheit und Säkularismus
- Fähigkeit zur Begründung von Menschenrechten, Gewaltenteilung, freien Wahlen, Meinungsfreiheit und Säkularismus
- Bejahung von Menschenrechten, Gewaltenteilung, freien Wahlen, Meinungsfreiheit und Säkularismus

Graphisch ließe sich das Projekt wie folgt visualisieren:

2. Die Herausforderung der Effizienzforschung

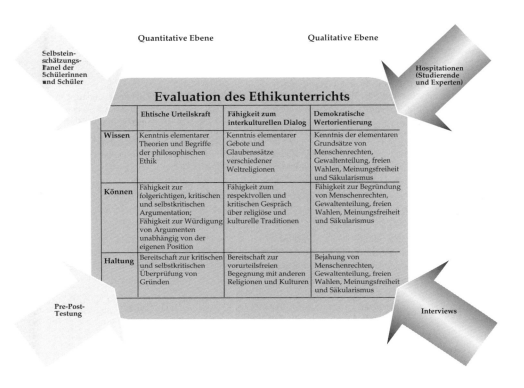

Abb. 8: Evaluation des Ethikunterrichts

Zusammenfassung

Zweifelsohne gehört ein entsprechendes Forschungsprojekt zu den dringlichen Aufgaben der Fachdidaktik. Wer die Möglichkeiten empirischer Unterrichtsforschung nutzt, kann glaubhaft deren Grenzen verdeutlichen. Hierzu gehört die Abgrenzung von einer naiven Quantifizierung zu Gunsten einer selbstkritischen Indikatorenmessung. Der beträchtliche Aufwand eines entsprechenden Forschungsprogramms wäre nicht nur epistemisch, sondern auch strategisch gerechtfertigt. Es geht darum, den eingangs erwähnten praktischen Syllogismus von Ekkehard Martens durch den validen Nachweis der deskriptiven Prämisse zu untermauern. Ein entsprechender Nachweis, wäre nicht nur eine wertvolle fachdidaktische Erkenntnis, sondern auch ein bildungspolitisches Argument.

Literatur

Bortz, J.; Döring, N.: *Forschungsmethoden und Evaluation für Human- und Sozialwissenschaftler*, Berlin, Heidelberg, New York 2003.

Informationen Philosophie, Heft 1/2009, Interview mit Julian Nida-Rümelin.

Lind, G.: *Moral ist lehrbar. Handbuch zur Theorie und Praxis moralischer und demokratischer Bildung*, Oldenbourg, München 2003.

Martens, E.: „Wozu Philosophie in der Schule", in: Meyer, K. (Hg.): *Anthologie zur „Didaktik der Philosophie"*, Leipzig 2010.

Nenninger, P.: „,Praktische Philosophie' als Schulfach: Akzeptanz und Wirksamkeit aus Sicht der empirischen Evaluation", in: Ministerium für Schule, Wissenschaft und Forschung des Landes Nordrhein-Westfalen: *„Praktische Philosophie" in Nordrhein-Westfalen. Erfahrungen mit einem neuen Schulfach. Materialien und Abschlussbericht der Wissenschaftlichen Begleitung*, Schriftreihe Schule in NRW Nr. 9038 (2002), 98-119.

Rohbeck, J.; Thurnherr, U. (Hg.): *Jahrbuch für Didaktik der Philosophie und Ethik: Empirische Unterrichtsforschung und Philosophiedidaktik*, 2008.

Schnädelbach, H.: „Das Projekt „Aufklärung" – Aspekte und Probleme", in: Birnbacher, D.; Siebert, J.; Steenblock, V. (Hg.): *Philosophie und ihre Vermittlung. Ekkehard Martens zum 60. Geburtstag*, Hannover 2003.

Steenblock, V.: „Philosophie und Bildung – über die Notwendigkeit, Lebenswelt und Wissenschaft zu verschränken", in: Martens, E.; Gefert, C.; Steenblock, V. (Hg.): *Philosophie und Bildung*, Bd. 2, Münster 2008.

Steenblock, V.: „Textkonstruktion und philosophisch-ethische Reflexivität. Überlegungen zu einer Nutzung von Elementen neuer Leseforschung für den Philosophieunterricht", in: Rohbeck, J.; Thurnherr, U.; Steenblock, V.: *Empirische Unterrichtsforschung und Philosophiedidaktik. Jahrbuch für Didaktik der Philosophie und Ethik*, Dresden 2009.

Tiedemann, M.: *Ethische Orientierung für Jugendliche*, Münster 2004.

Tiedemann, M.: *Möglichkeiten und Grenzen. Philosophiedidaktik und empirische Bildungsforschung*, Münster 2011.

Weinert, F. E.: „Vergleichende Leistungsmessung in Schulen – eine umstrittene Selbstverständlichkeit", in: ders. (Hg.): *Leistungsmessungen in Schulen*, Weinheim, Basel 2001.

Wiesen, B.: *Praktische Philosophie. Entstehung und Wirkungen des neuen Schulfaches in Nordrhein-Westfalen*, Münster 2009.

III.

Die methodisch-praktische Ebene

I. Metamethoden – eine fachbezogene Methodenlehre über den Arbeits- und Unterrichtsmethoden

Klaus Draken

Von der Methodenorientierung zur Metamethodik

Der Blick auf Methoden und Methodik kam in der Fachdidaktik Philosophie/Ethik endgültig mit einer allgemeinen bildungspolitischen Wende zur Kompetenzorientierung: Denn, wenn der Lernerfolg von Schülerinnen und Schülern nicht mehr allein am fachlichen Wissensbestand, sondern an fachlichem Können gemessen wird, müssen nicht nur die Inhalte, sondern vor allem die Art und Weise des Umgangs mit ihnen, erfasst werden. Davor hatten aber schon die zunehmend medial geprägte Lebenswelt unserer Schüler/innen, die Notwendigkeit vielfältiger Lernwege für zunehmend heterogene Lerngruppen sowie neue Lehr-Lern-Konzepte u. a. im Sinne der sogenannten Neurodidaktik in diese Richtung gewirkt. Der damit verbundene Innovationsschub in Form von Methodensammlungen für Schüler/innen, Studierende und Lehrende wurde von spürbaren Veränderungen in den Arbeitsschwerpunkten von Lehrplanarbeit, schulpraktischer Lehrerausbildung und den Bildungswissenschaften begleitet. Doch immer, wenn neue Entwicklungen auftreten, muss aus fachdidaktischer Perspektive kritisch geprüft werden, inwieweit und auf welche Weise dabei ein qualitativ fachlicher Fortschritt im Lernerfolg der Schülerinnen und Schüler erreicht werden kann. Für diese Bewertungsfrage benötigt man Kriterien, für die eine fachdidaktische Metamethodik dienen kann.

Ebenen des Methodenbegriffs

Der Methodenbegriff an sich ist fachlich, didaktisch und pädagogisch zunächst recht unspezifisch. So wird er auf vielen Ebenen verwendet: In der Fachwissenschaft bezeichnet er die Herangehensweise eines Philosophen an ein philosophisches Problem, z. B. durch ein Gedankenexperiment, eine Begriffsanalyse oder die Dekonstruktion eines Ansatzes. In der Schule kann damit die Vorgehensweise einer Schülerin bei der Bearbeitung ihrer Aufgabe gemeint sein, z. B. das Unterstreichen oder die Erstellung einer Strukturskizze bei der Texterarbeitung. In der Unterrichtsplanung kann damit die Anlage eines Lernvorhabens beschrieben werden, z. B. als Lehrgang oder als Projektunterricht. Darüber hinaus gibt es unzählige Methodenarrangements, die sich im Bemühen um das kooperative Lernen gesammelt und vor allem eine systematische Nutzung von Sozialformwechseln im Blick haben. Und mit dieser groben Aufzählung wird keineswegs ein Anspruch auf Vollständigkeit gestellt.

Auch gibt es keine allgemeinverbindliche Sprachregelung, wenn von Methoden und den Ebenen ihrer Reflexion bzw. Anwendung die Rede ist. So wird der hier im Zentrum stehende Begriff der Metamethoden im allgemeindidaktischen Kontext manchmal für solche Arrangements genutzt, die mehrere Arbeitsmethoden in sich vereinigen, z. B. beim Stationenlernen, in dem systematisch unterschiedliche Lernzugänge durch verschiedene Medien und Arbeitsmethoden zusammengeführt werden sollen. Auch wird der Begriff manchmal im Kontext von Metakognition genutzt, wenn z. B. in einer Schlussreflexion das Blitzlicht zum individuellen Blick auf den je eigenen Lernfortschritt in einer Unterrichtssequenz gelenkt wird. In diesem Artikel allerdings soll der Begriff Metamethoden eine fachspezifische Perspektive eröffnen. Er soll paradigmatische Aspekte, die in einem allgemeinen Sinne Grundlage konkret methodischer Herangehensweisen in der Philosophie als Fachwissenschaft repräsentieren, analytisch

1. METAMETHODEN – EINE FACHBEZOGENE METHODENLEHRE

Die Sokratische Methode
(nach Nelson/Heckmann/Raupach-Strey)

Paradigma	Phänomenologische Denkmethode (nach Martens)	Hermeneutische Denkmethode (nach Martens)	Analytische Denkmethode (nach Martens)	Dialektische Denkmethode (nach Martens)	Spekulative Denkmethode (nach Martens)
Metamethodik als Kennzeichen philosophischer Qualität					
Denkmethoden im Sinne einer Kulturtechnik					
Medien der schulischen Umsetzung philosophischer Denkmethoden	Gespräch, pl. Text, lit. Text, Musik, Bild, Film, Musikvideo, Internet	Gespräch, pl. Text, lit. Text, Musik, Bild, Film, Musikvideo, Internet	Gespräch, pl. Text, lit. Text, Musik, Bild, Film, Musikvideo, Internet	Gespräch, pl. Text, lit. Text, Musik, Bild, Film, Musikvideo, Internet	Gespräch, pl. Text, lit. Text, Musik, Bild, Film, Musikvideo, Internet
Arbeitsmethoden / Schulische Arbeitsmethoden für die Schüler/innen zur Arbeit mit den Medien	zum Gespräch: z. B. Brainstorming, Expertenbefragung, Diskussion, Dilemmadiskussion, Streitgespräch, Diskurs, Schreibgespräch	zum pl. Text: z. B. PLATO, Sprechaktanalyse, Strukturanalyse, Kernstellenanalyse, Textanalyse, reziprokes Lesen, theatrales Philosophieren, Texte als Diskursteilnehmer, Briefe schreiben, Essays verfassen, Klausuren bearbeiten	zum lit. Text: z. B. Textinterpretation, Bonbonmodell, Standbild bauen, szenische Erarbeitung, Gedankenexperimente verfassen	zu Musik: z. B. musikalische Analyse, Wort-Ton-Verhältnis	zum Bild: z. B. Bildanalyse, alternative Methoden des Umgangs mit Bildern	zum Film: z. B. Filmanalyse, Filmszenenanalyse, Photostorys erstellen, Storyboards entwickeln, eigene Videos drehen	zum Musikvideo: z. B. alle bisher zu Text, Musik, Bild und Film genannten Analysemethoden	zum Internet: z. B. Internetrecherche und entsprechender Umgang mit allen zuvor genannten Medien im Sinne der genannten Arbeitsmethoden, Gestaltungsraum im Sinne aller genannten Methoden
Unterrichtsmethoden zur Organisation wirksamer Prozesse / Schulische Unterrichtsmethoden zur fachlichen Prozessplanung	zum selbstständigen Handeln mit Rückgriff auf potentiell alle genannten Medien und Arbeitsmethoden: z. B. Projekt, Stationenlernen, Spiel				

Abb. 9: Systematik der Methodenebenen

beschreiben und damit die Grundlage für eine fachliche Bezugnahme bei konkreten unterrichts- oder arbeitsmethodischen Entscheidungen des Fachlehrers/der Fachlehrerin anbieten. So soll ein sinnvollerweise einzufordernder Zusammenhang zwischen fachwissenschaftlicher Methodik und unterrichtlichen Aktivitäten erkennbar, bestimmbar und systematisch herstellbar werden.

Fachdidaktische Ansätze zur Metamethodik
Ich greife bei meiner Entwicklung eines metamethodischen Ansatzes zur Beurteilung unterrichtlicher Methodenentscheidungen (Draken 2011) zum einen auf Gisela Raupach-Strey zurück. Sie hat mit ihrem Blick auf die Sokratische Gesprächspraxis, wie sie in der Tradition von Leonard Nelson (Nelson 1922) und Gustav Heckmann (Heckmann 1981; beide in: Birnbacher, Krohn 2002) heute vor allem in der Gesellschaft für Sokratisches Philosophieren geübt wird, ein allgemein fachliches Paradigma entwickelt. In ihrer Sokratischen Didaktik (Raupach-Strey 2002) beschreibt sie in neun Aspekten sehr umfassend, wie man den Akt eines gemeinsamen Philosophierens in Form paradigmatischer Methodenelemente darlegen kann.

Zum anderen haben Johannes Rohbeck und Ekkehart Martens eine Systematisierung von philosophischen Denkschulen methodisch reflektiert. Für Rohbeck, so sein Fazit, „verbietet sich heute ein einheitliches Hypersystem" aufgrund der Vielfalt der „verschiedenen Denkrichtungen und Methoden" in der Fachphilosophie. So will er sie alle „auf geeignete Verfahrensweisen hin [...] befragen, die die Schülerinnen und Schüler erlernen und selbstständig anwenden können." Entsprechend plädiert er für „einen fröhlichen Eklektizismus", in dem „die Leistungsfähigkeit zur Vermittlung bestimmter Kompetenzen" (Rohbeck 2008, 89 f.) bei der Auswahl im Vordergrund steht. Durch diese Art der „Transformation" der „Denkrichtungen der Philosophie in philosophische Methoden es Unterrichts" (Rohbeck 2008, 77) sieht er ein geeignetes Mittel, philosophische Qualität zu gewährleisten. Die darin enthaltene Offenheit scheint reizvoll, birgt aber auch das Risiko geringer Orientierungskraft. Martens hingegen hat die Denkschulen im Sinne von grundlegenden Denkweisen des Philosophierens in der Weise analysiert, dass sein daraus abstrahiertes Fünf-Finger-Modell der phänomenologischen, hermeneutischen, analytischen, dialektischen und spekulativen Denkmethode sogar als Möglichkeit erachtet wird, „Philosophieren als elementare Kulturtechnik" (Martens 2003) zu beschreiben. Er spricht sich dafür aus, sie wie der antike Sokrates integriert zu nutzen, d. h. die Ausdifferenzierung der spezialisierten Fachwissenschaft zunächst aus den pädagogischen Kontexten heraus zu halten. Dies erscheint für eine allgemein philosophisch orientierende Lenkungsfunktion sehr hilfreich.

Ein sokratisch geprägtes didaktisch-methodisches Paradigma zur metamethodischen Orientierung

Wenn man die Ansätze von Raupach-Strey und Martens zusammendenkt und aus ihnen ein entsprechendes sokratisch geprägtes didaktisch-methodisches Paradigma ableitet, kann man dies in den folgenden Aspekten darstellen, welche auf Planung und Reflexion des konkreten Unterrichtsgeschehens angewandt werden können, hier am Beispiel von Gesprächsimpulsen einer philosophisch geprägten Unterrichtsarbeit konkretisiert. Zur Verortung der metamethodischen Ebene gibt die beigefügte Grafik (Abb. 9, S. 161) Auskunft. Die im Folgenden gewählten Überschriften greifen bewusst Formulierungen der bereits vorliegenden Ansätze auf, welche ich durch (R) für Raupach-Strey (2002) und (M) für Martens (2003) kenntlich machen werde, um deren Anteile am vorgestellten Modell zu verdeutlichen.

„Die Verankerung in der Erfahrung" (R) bzw. „die differenzierte Beschreibung" der „eigenen Wahrnehmung" als „phänomenologische Methode" (M)
Wenn man auf den antiken Sokrates zurückblickt, dann sieht man ihn die Menschen auf ihre konkreten Beschäftigungen hin ansprechen. Er spricht den Feldherrn auf die Tapfer-

keit an und den zu Gericht gehenden auf die Gerechtigkeit. Diese Anbindung des Philosophierens an konkrete Erfahrungen aus der Alltagswelt hat das Sokratische Gespräch nach Leonard Nelson und Gustav Heckmann aufgenommen, indem auch dort konsequent gilt, dass „der Ausgang Sokratischen Philosophierens […] bei der Alltagserfahrung zu nehmen" (Raupach-Strey 2002, 45) ist. So wird in der ersten Phase eines solchen Gesprächs immer nach eigenen und persönlichen Erlebnissen, die die gewählte philosophische Fragestellung berühren, gefragt. Und als konkreter Bezugspunkt wird immer ein solches selbsterlebtes Beispiel zur Grundlage der philosophischen Untersuchung gemacht. Nach Martens wird dabei im Wesentlichen die phänomenologische Denkmethode geübt. Er bezeichnet als „phänomenologische Reduktion", dass in einem ersten Schritt „möglichst vorurteilsfrei oder vor allen theoretischen Deutungen und Erklärungen die reinen Gegebenheiten" zu „betrachten und beschreiben" seien. Dabei muss das betrachtete Phänomen „immer für jemanden ein Problem" (Martens 2003, 69 ff.) werden, da ansonsten eine weitere Anstrengung nur schwer zu motivieren wäre. Und so wird die phänomenologische Betrachtung zum Motor der weiteren Untersuchung und stellt insofern ein grundlegendes Element des geführten Diskurses dar.

Im Unterrichtsgespräch kann der Lehrer dieses Element befördern, wenn er Rückfragen stellt, die eine Bezugnahme zum Konkreten, zu einem zugrunde liegenden Beispiel, Fall oder einer fiktiven Geschichte einfordern. *Wie passt Deine Aussage zu unserem Beispiel/Fall/Text? Wie zeigt sich dort konkret, was Du allgemein formuliert hast? Was wurde bei diesem Sachverhalt genau im Beispiel/Fall/Text wahrgenommen?* oder *Welche Gründe führten im Beispiel/Fall/Text zu diesem Schluss?* sind Formulierungsbeispiele für derartige Impulse. Und solche Impulse können helfen, das Gespräch zur besseren Einbeziehung aller Schülerinnen und Schüler, zur Fokussierung und Verständigung auf einen gemeinsamen konkreten Ausgangspunkt zu beziehen, von dem aus eine weitergehende philosophische Untersuchung starten kann.

„Der Marktplatz als Ort des Philosophierens" (R) bzw. „das eigene Vorverständnis bewusst machen" (M) als hermeneutische Methode
Am Gespräch mit dem antiken Sokrates wie auch an den Sokratischen Gesprächen Nelson/Heckmannscher Tradition können prinzipiell „alle Menschen ohne Vorbedingung oder Vorleistung" (Raupach-Strey 2002, 44) teilnehmen. Dieser Aspekt einer Öffentlichkeit, welche auch durch den antiken Marktplatz symbolisiert wird, hat auch noch eine andere Seite:

„Indem Sokrates die Öffentlichkeit sucht, setzt er sich ihr auch aus und schirmt sich nicht gegen unangenehme Fragen ab, die vielleicht gestellt werden könnten."

Aber diese Öffentlichkeit wird damit nicht nur „zum Prüfstein für Wert und Allgemeinheit von Erkenntnissen, für Allgemeinverbindlichkeit" (Raupach-Strey 2002, 42), sondern ist zunächst vor allem Voraussetzung dafür, dass eine Berücksichtigung und Prüfung aller repräsentierten Vorverständnisse möglich wird. Dies wird in Martens Methodik durch die „hermeneutischen Methode" beschrieben, bei der er neben „Lehrmeinungen und Interpretationen oder ideengeschichtliche[m] Wissen […] die eigenen, alltäglichen Ansichten und Deutungsmuster heranziehen" (Martens 2003, 54) lassen will. Die kommen als Verstehenshorizonte entsprechend miteinander in Kontakt, was tieferes Verstehen im Sinne einer Horizontverschmelzung erst ermöglichen kann.

Solche Prozesse können im Unterrichtsgespräch durch Impulse verstärkt werden, die bei oberflächlichem Diskursverlauf (oder oberflächlicher Textwahrnehmung) auf wechselseitiges (bzw. Text-) Verstehen abzielen. *Hast Du verstanden, was […] damit ausdrücken will? Kannst Du mit Deinen Worten wiedergeben, was […] gemeint hat? War es das, was Du/er genau gemeint ha(s)t? Wie soll ich das aufschreiben, was Du eben gesagt hast? Wer kann […] helfen, eine präzise Formulierung zu finden?* Dies sind Formulierungsbeispiele für solche Impulse, die Verstehensprozesse im Sinne der hermeneutischen Denkmethode befördern helfen.

„Der Anti-Dogmatismus" (R) bzw. „ein Dialogangebot wahrnehmen" (M) als Grundlage der dialektischen Methode

Dieter Birnbacher verweist darauf, dass „Philosophie [...] kein geschlossenes Lehrgebäude, sondern eine Praxis des gemeinsamen Fragens und Suchens" (Birnbacher 2001, 3) sei. Auf dieser Feststellung beruhte bereits Nelsons rigoros verfolgte Zielsetzung der „Ausschaltung des Dogmatismus im Unterricht", für den er für den Lehrer „den Verzicht auf jedes belehrende Urteil überhaupt" forderte. „Hier muß man sich ehrlich entscheiden: Entweder Dogmatiker oder Sokratiker." (in: Birnbacher, Krohn 2002, 44) Für schulischen Unterricht erscheint dies zunächst als übertriebene Anforderung an einen Lehrer, der in einem langen akademischen Fachstudium große Wissensbestände anhäufen musste. Aber die dort erworbene Art von historischem oder methodischem „Wissen" ist nicht die, um die es Nelson ging. Er sah für das Urteil des Schülers die Gefahr, die auch für unsere heutige Schule mit ihrem auf Bewertung zielenden Unterricht besteht, dass strategisch nicht nach Wahrheit und eigenständig begründetem Urteil, sondern nach dem, „was der Lehrer hören will", gesucht wird. Und so hat auch das heute geltende Überwältigungs- oder Indoktrinationsverbot aus dem Beutelsbacher Konsens noch dieselbe Zielrichtung. Es geht um die eigene Denktätigkeit: „Das Hin-und-her-Überlegen, egal ob ‚im Kopf' als ‚Dialog in der Seele' oder ob in einem realen Dialog, geht in der Regel von widersprüchlichen Erfahrungen oder Behauptungen aus, die im Laufe der Überlegungen zugespitzt oder deutlicher herausgearbeitet und schließlich gelöst oder als (vorläufig) unlösbar festgestellt werden." (Martens 2003, 88). So konkretisiert Martens die Methode der Dialektik, die als entscheidendes Moment eine solche Offenheit bzw. diese Art eines Anti-Dogmatismus benötigt, um den authentischen und ergebnisoffenen Dialog erst möglich bzw. sinnvoll zu machen.

Als Gesprächsimpulse kann der Lehrer in unterschiedlicher Weise nachfragen: *Kannst du genauer beschreiben, wie Du zu diesem Urteil gekommen bist? Wer hat verstanden, wie [...] zu dieser Aussage kam? Eben hatte [...] aber gesagt, dass es sich anders verhielte. Was spricht für das eine, was für das andere? Wie passt das zusammen? Was müsste noch geklärt werden, um die Sache genauer zu verstehen?* Insbesondere bei emotionalisierten Frontstellungen können solche Formulierungen helfen, eine kritisch offene Denkhaltung der Schüler/innen im philosophischen Diskurs zu befördern.

„Das Selbstvertrauen der Vernunft" (R) und „die verwendeten zentralen Begriffe und Argumente hervorheben und prüfen" (M) als Grundlagen der analytischen Methode

Um die für die „einheitlichen Prüfungsanforderungen in der Abiturprüfung" geforderte philosophische „Reflexionskompetenz" zu vermitteln, die im Zentrum eine entsprechende „Argumentations- und Urteilskompetenz" (KMK 2006, 5 f.) beinhaltet, ist zunächst ein „Zutrauen zur Urteilsfähigkeit, in welchem Maße auch immer es im gegebenen Moment kontrafaktisch sein mag", notwendig. Dieses erst „ermöglicht die *Entwicklung* der je eigenen Urteilskompetenz und stärkt das Bewußtsein, zum eigenen, begründeten Urteil in der Lage zu sein." Bei diesen Formulierungen von Raupach-Strey geht es um die Innenperspektive, aus der heraus erst philosophisch-analytisches Denken motiviert werden kann. So „hat Vernunft (der ‚Logos') die Pflicht der kritischen Prüfung, um Gutgläubigkeit oder Schnellgläubigkeit, fehlerhaftes Denken oder Irrtum zu vermeiden". Insofern geht es im philosophischen Diskurs um „ein gemeinsames Ringen um die Wahrheit, das mit Anstrengung verbunden sein kann, aber gleichwohl lohnt." (Raupach-Strey 2002, 51 f.) Dabei wird realisiert, was Martens mit der analytischen Methode des philosophischen Denkens umschreibt. Er spricht u. a. davon, dass „häufig begriffliche oder argumentative Unklarheiten" auftreten. „Was ist mit ‚x' genauer gemeint? Wie ist eine bestimmte Aussage begründet, und ist die Begründung haltbar?" (Martens 2003, 83) Und so führt er vielfältige Techniken der Begriffs- und Argumentationsanalyse an, die in einem philosophischen Unterricht zum Tragen kommen können.

Um das Bemühen in diesem Sinne zu befördern, wenn nicht oder schlecht begründete Behauptungen im Raum stehen, können folgende Formulierungen helfen, das Selbstvertrauen und die Bereitschaft zur analytisch-argumentativen Durchdringung des Gesprächsgegenstandes zu befördern: *Wer versteht die Meinung von [...] und kann sie erklären bzw. weitere Gründe finden? Das widerspricht jetzt dem, was [...] gesagt hat, aber auch er hatte gute Gründe. Wie können wir diese unterschiedlichen Begründungen nachvollziehen, voneinander abgrenzen, ihre Unterschiede beschreiben und vielleicht verbindende Elemente erkennen? Du widersprichst [...]. Auf was genau in [...] Aussage bezieht sich Dein Widerspruch? Gibt es etwas in [...] Aussage, was Dich dennoch argumentativ überzeugt?*

„Die Maieutik" (R) oder „Einfälle zulassen und betrachten" (M) als Element der spekulativen Methode
In der Schule kann die Geburtshilfe des Sokrates auf verschiedenen Ebenen ansetzen. Martens fordert als Umsetzung einer spekulativen Denkmethode, „Phantasien und Einfälle zulassen und betrachten" (Martens 2003, 56) zu können. Dieser knapp als Zweischritt formulierte Vorgang wird bei Raupach-Strey weiter ausdifferenziert. Sie unterscheidet zwischen Maieutik erster, zweiter und dritter Stufe. Zur ersten, als „Verständigungsprüfung" bezeichneten Stufe erläutert sie:

„Das Aussprechen-Können von Erfahrungen, aber auch von Unsicherheiten, Zweifeln oder diversen anderen Bewußtseinsinhalten ist ein erster Schritt der Selbstverständigung [...]. Ob das Ausgesprochene ‚stimmt', kann auf dieser ersten Stufe nur der Sprechende selbst beurteilen."

Die zweite als „Zustimmungsprüfung" bezeichnete Stufe beinhaltet, „Urteile gedanklich wie sprachlich weiter zu ‚klären': auf ihre Voraussetzungen zu befragen, kritisch zu prüfen und zu begründen, evtl. auch zu widerlegen [...], daß über jede Aussage (möglichst restlose) Verständigung in der Gruppe hergestellt wird, bevor man fortschreitet."
Als dritte mit „Konsensprüfung" benannte Stufe bezeichnet sie die „gemeinsame Prüfung der Gesprächsgruppe, ob eine Aussage, die die ersten beiden Stufen durchlaufen hat, [...] nun auch die Zustimmung aller Gesprächsteilnehmer/innen findet". (Raupach-Strey 2002, 54 ff.) Diese Prozessbeschreibung auf drei Stufen entspricht im schulischen Kontext der Notwendigkeit, bei der inneren Klärung des scheinbar Selbstverständlichen ansetzend in eine gemeinschaftliche Verständigung über und Prüfung von den eigenen Ideen einzutreten, dann die scheinbar subjektive Beliebigkeit von Phantasien und Einfällen von ihrer philosophischen Nutzung deutlich zu unterscheiden, wenn der Unterricht nicht in einem therapeutisch anmutenden, „schön, dass wie einmal darüber geredet haben", enden soll.

Im Unterrichtsdiskurs können zunächst öffnende und offene Impulse das Stocken einer Diskussion durch neue Einfälle oder persönliche Bezugnahmen im Sinne eines selbsttätigen Weiterdenkens überwinden helfen. *Was fällt Euch zum jetzigen Stand der Erörterung des Themas auf? Welche Frage stellt sich euch jetzt? Wer hat eine Idee, wie wir mit dem gefundenen Problem umgehen könnten? Welcher der genannten Frage wollen wir nachgehen? Wo sollten wir nach einer Antwort auf unsere Frage suchen? Welche der gefundenen Ideen sollten wir untersuchen? Was führt uns am ehesten weiter?*

„Das Begründungskonzept" (R) bzw. „die verwendeten zentralen Begriffe und Argumente hervorheben und prüfen" (M) als Grundlage der analytischen Methode
Nach Raupach-Strey steht „das Begründen" als „Kernvorgang des Sokratischen Philosophierens" im Zentrum der Methodik. Dabei geht es darum, „die unserem Denken und Urteilen zugrundeliegenden Voraussetzungen und ggf. Prinzipien zu erheben" (Raupach-Strey 2002, 57 f.). Hierbei können Grenzen der Begründbarkeit durchaus bewusst gemacht und thematisiert werden. Aber das Prinzip des Gesprächs, jede Aussage auf ihre Begründbarkeit hin zu betrachten, geht im Sinne eines sozial vertretenen Anspruchs über das hinaus, was unter Punkt 2.4 für die jeweils individuelle Erfahrung der Begründbarkeit eigener Gedanken beschrieben wurde. Wenn Martens nun von „allgemeiner Begriffsanalyse" spricht und dabei die Bedeutung des Grundsatzes betont, „sich über seine Begriffsverwendung möglichst im

klaren zu sein", muss es auch hier um das wechselseitige Zugeständnis eines Rechts auf Klärung und Begründung im Gespräch gehen. Prinzipiell aber können die bei Martens benannten Techniken wie „Tatsachen und Werte unterscheiden", „Unbemerkte Implikationen aufdecken", „Tautologien vermeiden", „Trennschafe Begriffe verwenden", einen „Naturalistischen Fehlschluss erkennen" oder „einen pragmatischen Widerspruch aufdecken" (Martens 2003, 110-116) als Beispiele der Konkretisierung dieses Anspruchs im Diskurs verstanden werden, wie sie immer wieder als Notwendigkeit im Prozess verstanden sowie erprobt und geübt werden müssen.

Hier können unterrichtliche Impulse helfen, die nach Begründungen und der Analyse von Begründungen verlangen. *Warum kommst du zu dieser Auffassung? Wer kann versuchen zu formulieren, wie das genannte Urteil begründet wurde? Wo liegt das Verständnisproblem zwischen [...] und [...]? Gibt es ein Problem in dieser Begründung – und wenn ja, wo scheint es zu liegen? Wer kann den Stand der vorliegenden Begründungen zusammenfassen? Was haben wir bis jetzt als überzeugend begründet geklärt?* Insbesondere bei einem zerfließenden Diskussionsverlauf können solche Formulierungen zu einer besseren Orientierung bezüglich offener Probleme und des erreichten Argumentationsstandes in einer Lerngruppe verhelfen.

„Das Gesprächsziel des Wahrheitskonsenses" (R) oder worauf die philosophischen Denkmethoden abzielen

Schüler ruhen sich nicht selten auf der Behauptung aus, dass zu philosophischen Fragen jeder seine eigene Meinung habe und wegen der Unmöglichkeit einer objektiven Klärung auch behalten dürfen müsse. Deswegen sei eine weitere gedankliche und diskursive Anstrengung zu solchen Fragen von vornherein überflüssig und – darin kann diese Einstellung gipfeln – als generelle Zumutung zu verstehen. Dies ist die Form eines in Schule wenig wünschenswerten, aber aus Schülersicht scheinbar strategisch sinnvollen Relativismus, der Denkfaulheit als rational begründbar erscheinen lässt. Ich möchte Heckmann selbst auf diese Problematik antworten lassen:

„Im sokratischen Gespräch wollen wir über bloß subjektives Meinen hinauskommen. [...] Das sokratische Gespräch [...] setzt voraus, daß wir eine Aussage als falsch oder als nicht hinreichend begründet erkennen können. Dann geben wir sie entweder preis oder suchen sie so zu modifizieren, daß wir Einwände gegen die modifizierte Aussage nicht mehr sehen. So gewinnen wir Aussagen von der Qualität: bis auf weiteres als begründet anerkannt. Soviel können wir erreichen. [...] Mit dem kritischen Gebrauch, ja mit der Vermeidung des Wortes Wahrheit wird jedoch die Idee der Wahrheit, die das abendländische Denken beflügelt und Wissenschaft und kritisches Denken erst hervorgebracht hat, nicht preisgegeben. Im Gegenteil: eben diese Idee veranlaßt die von ihr Motivierten zu kritischem Selbstverständnis. Im sokratischen Gespräch sind wir von ihr motiviert. Sie veranlaßt uns, die Erfahrung, die wir im sokratischen Gespräch machen, mit Begriffen zu beschreiben, die kritischer Prüfung standhalten." (Krohn, Birnbacher 2002, 77 ff.)

Auch wenn umfassende Konsense zu komplexen philosophischen Problemen konkret nur sehr begrenzt realisierbar erscheinen, können Einigungen auf die Unhaltbarkeit bestimmter Behauptungen und das Auffinden bestimmter geteilter Überzeugungen helfen, die regulative Idee einer anzustrebenden Wahrheit aufrecht erhalten und somit den rationalen Diskurs weiter ermöglichen, der trotz aller Unzulänglichkeiten schulisch wie gesellschaftlich unverzichtbar erscheint.

Diese Haltung gilt es auch für den Lehrer selbstkritisch vorzuleben, zu vermitteln und im Unterricht zu üben. Sinnvolle Impulse können lauten, *Warum erscheint Dir diese Aussage nicht haltbar? Worin liegt genau der Unterschied Eurer Auffassungen? Kann jemand etwas Gemeinsames in diesen widersprechenden Aussagen sehen? Verstehst Du, wieso [...] zu diesem anderen Schluss als Du kommt? Was genau ist Dein Einwand gegen die Behauptung von [...]?* und *Was können wir zurzeit als von allen geteilte Auffassung zum Thema festhalten?* Bei diffuser Uneinigkeit in einer Diskussion können solche Formulierungen helfen, das wechselseitige Verstehen, die Unhaltbarkeit bestimmter Behauptungsaspekte wie das Erkennen geteilter Auffassungen zu befördern und damit das Problemverständnis insgesamt konstruktiv und rational zu vertiefen.

Die Diskursgemeinschaft und das darin realisierte „Menschenbild" (R) oder warum für die schulische Erziehung sokratisches Philosophieren so bedeutsam ist
Nach meiner persönlichen Erfahrung kann gelingendes gemeinschaftliches Philosophieren in sokratischer Weise ein Erlebnis vermitteln, welches hohen erzieherischen Wert besitzt. Denn was dabei „durch das Selbstbewußtsein seiner eigenen Denkfähigkeit […] in einem mit großer Toleranz und Verständnisbereitschaft geführten Gespräch" als Eindruck zurückbleibt, „könnte zu einer im Selbstwertgefühl der eigenen Denkfähigkeit gegründeten Offenheit und Toleranz führen, die die entspannte Fähigkeit und Bereitschaft, die Denkweisen anderer wahrzunehmen, zu verstehen und zu hinterfragen, fördern würde" (Draken 1989, 10 f.). Raupach-Strey spricht in diesem Kontext von einem entstehenden *„Solidaritätsbewusstsein in Wahrheitssuche"* und formuliert weiter: „Die Postulate der Aufrichtigkeit und Offenheit enthalten das grundsätzliche Ernst-Meinen und das Ernst-Nehmen jeder Äußerung sowie der äußernden Personen; die angestrebte Symmetrie in der Wahl der Sprechakte enthält die Gleichberechtigung und die wechselseitige Anerkennung der Gesprächspartner/innen; der Logos-Grundsatz, daß nur der ‚eigentümlich zwanglose Zwang des besseren Arguments' gelten soll, läßt keine anderen Zwänge irgendwelcher Art gelten; von der Utopie der Herrschaftsfreiheit geleitet ist die praktizierte Zurücknahme von Herrschaft in der Dialogsituation und das Bemühen um die Behebung von Kommunikationsverzerrungen, so weit dies jeweils in der Realität nur irgend möglich ist."

Diese Zielrichtung verweist auf ein „Menschenbild", welches den Menschen als soziales Wesen mit individueller Denkfähigkeit und Würde betrachtet und ihn mit der gemeinschaftlich geübten Hebammenkunst aus der Gefahr eines Solipsismus heraushebt. Im Bewusstsein der Gemeinschaft wird auch klar, dass sokratisches Philosophieren weit mehr als nur eine technizistische Methode darstellt, sondern, wie Raupach-Strey mit Habermas formuliert, „zugleich ‚Vorschein einer Lebensform' ist" (Raupach-Strey 2002, 63) und somit die Utopie der idealen Sprechsituation als regulative Idee in erzieherischer Absicht einsetzt.

Stärken lässt sich dies durch Impulse, die sowohl die individuelle Denkfähigkeit bestärken als auch die Gemeinschaftlichkeit des Denkens betonen. *Was haben wir bis hierhin geschafft? Was können wir als unser gemeinsames Ergebnis formulieren? Was können wir als in unserer Gruppe strittige bzw. nicht vereinbare Unterschiede in den Positionen festhalten?* oder *Was haben die bisher in unserer Gruppe abgewogenen Überlegungen Dir für Dein persönliches Verständnis und Deine Einschätzung des Problems gebracht?* sind Impulse, die, wenn ein Gespräch sich im Kreise zu drehen beginnt, Zusammenfassung und Metakognition mit einer Klärung des Verhältnisses der eigenen Position zur Gruppe verbinden.

Vom Nutzen und den Grenzen einer Metamethodik

In den vorgestellten Aspekten eines sokratisch geprägten didaktisch-methodischen Paradigmas sehe ich ein metamethodisches Instrumentarium, mit dem man durch Abgleich mit unterrichtlichen Arbeitsprozessen deren spezifisch philosophische Qualität erkennen, beschreiben und sicherstellen kann (siehe ausführlicher: Draken 2011). Dies gelingt auch Rohbeck, wenn er direkte Bezüge zwischen einzelnen Arbeitsweisen einer nach methodischen Kriterien systematisierten Fachwissenschaft und einzelnen unterrichtlichen Arbeitsmethoden herstellt. Aber mit dem hier vorgestellten Instrumentarium können Unterrichtsarrangements umfassender mit all ihrer denkbaren und wünschenswerten Vielfalt an Medien und Methoden erfasst und bewertet bzw. bei unbefriedigendem Ergebnis modifiziert werden. Wenn ein Unterrichtsprozess die hier beschriebenen Aspekte einlöst, kann ihm mit Sicherheit eine hohe philosophische Qualität im potentiellen Lernfortschritt der Schülerinnen und Schüler bestätigt werden.

Mögliche Einwände
Nun kann man natürlich einwenden, dass die Verengung auf ein sokratisch fundiertes Philosophieverständnis der Vielfalt heutigen Denkens nicht gerecht werden kann. Dies kann einerseits aus der Sicht eines postmodernen Denkens geschehen, das den Wahrheitsbegriff generell abzulehnen bereit ist. Allerdings erscheint mir solch eine Kritik wenig hilfreich für pädagogisch verantwortbares Lehrerhandeln, welches die Motivation zur Anstrengung der individuellen Schülervernunft zu leisten hat. Zum anderen verweisen neuere Entwicklungen der Fachphilosophie darauf, dass auch die Postmoderne nicht mehr unumstrittener Stand des Diskurses unserer Fachwissenschaft ist (s. Boghossian 2006 oder Gabriel 2013). Andererseits könnte aus Sicht einer interkulturellen Philosophie eingewandt werden, dass hier ein zu spezifisch westliches Philosophieverständnis vertreten werde. Dies ist in der Sache zunächst zutreffend, allerdings wäre die Bestimmung eines global geteilten Paradigmas entweder kaum leistbar oder würde in einer äußerst großen Unbestimmtheit enden, welche einer konkreten Nutzung für die Philosophiedidaktik kaum Fundament bieten könnte. Des Weiteren könnte noch aus dem Bemühen um einen stärkeren Eigenwert präsentativer Ausdrucksformen für den Philosophie- und Ethikunterricht ein Einwand erwachsen, da der sokratische Bezug natürlich die Diskursivität betont. Aber nach meiner Wahrnehmung gibt es gerade bei deren exponierten Vertretern die Betonung einer Verbindung von Präsentativem mit Diskursivem (s. insb. Gefert 2002), der auch mit dem hier vorgestellten Paradigma nichts im Wege steht. Im Gegenteil: Gerade dem Einwand gegen Medienzirkus und faulem Methodenzauber kann durch einen sokratisch reflektieren Umgang mit Medien- und Methodenvielfalt äußerst effektiv begegnet werden.

Ansätze bisheriger Aufnahme metamethodischer Überlegungen in die Diskussion
Die Ebene einer Metamethodik hat bereits in den vergangenen Jahren Einflüsse auf die fachlich motivierte Methodenreflexion gezeigt. So hat Rolf Sistermann auf eigene Art die metamethodische Vorarbeit von Ekkehart Martens aufgenommen, indem er ein Phasierungsmodell für den Philosophie- und Ethikunterricht entwickelt hat, welches einerseits auf der pädagogischen Psychologie Heinrich Roths fußt, andererseits aber das Fünf-Finger-Modell Martens integriert, indem er es für unterrichtliche Prozesse in eine bestimmte Abfolge bringt, welche Lernerträge philosophisch-ethischer Qualität gewährleisten soll (Sistermann 2005/2010). Dadurch entsteht natürlich ein relativ eng gefasstes Konzept, das stark determinierend wirkt, andererseits aber klare Orientierung bietet und bereits Grundlage der Veröffentlichung einer Reihe von Lehrwerken wurde.

Barbara Brüning hat in ihren Ausführungen über das „Philosophieren in der Sekundarstufe" (Brüning 2008) aus einer eigenen Beschreibung der „Problemfelder" und der „Tätigkeit" des Philosophierens sieben „Grundmethoden des Philosophierens" abgeleitet, unter denen z. B. „Das sokratische Gespräch" als eine Rubrik neben „Begriffsanalyse", „Argumentieren", „Gedankenexperimenten", „Textinterpretation", „kreativem Schreiben" und „theatralem Philosophieren" erscheint. Entsprechend wirken diese Methoden zwar weniger trennscharf – denn natürlich wird im „sokratischen Gespräch" auch „argumentiert" – und kriterial weniger systematisch begründet – z.T. finden wir Anklänge an Martens Systematik, z.T. an die von Rohbeck, wogegen das sokratische Gespräch eher als Arbeitsmethode denn als Anlass zu paradigmatischer Analyse gesehen wird. Dafür gelingt es ihr sehr überzeugend, konkret in aktueller unterrichtlicher Praxis relevante Methoden zu integrieren und z. B. auch präsentative Zugriffe in ihren Arbeitsmethoden für Schülerinnen und Schüler klar zu rubrizieren.

Michael Wittschier, der mittlerweile mit seinem „Textschlüssel" (Wittschier 2010), seinem „Gesprächsschlüssel" (Wittschier 2012) und seinem „Medienschlüssel Philosophie" (Wittschier 2013) drei Sammlungen von methodisch fachbezogen aufbereiteten Unterrichtsbeispielen veröffentlicht hat, verzichtet vollständig auf eine eigene metamethodische

Herleitung. Aber er greift bei seinen Systematisierungen und Ausarbeitungen verschiedentlich erkennbar auf die Vorarbeit z. B. von Martens oder Brüning zurück, so dass auf diese Weise metamethodische Begründungen in seiner fachspezifisch orientierten Methodensammlungen zumindest genutzt werden.

Insgesamt aber wird in diesen hier beispielhaft gewählten Umgangsweisen mit unterschiedlich systematischer metamethodischer Reflexion deutlich, dass es ein grundlegendes Bedürfnis gibt, dem Philosophie- und Ethikunterricht auf methodischer Ebene im Konzert der anderen Unterrichtsfächer ein klares eigenes Profil zu geben. Und das erscheint in verschiedenen Hinsichten auch notwendig. So haben die Fächer Philosophie, Ethik und vergleichbare Fachkonstruktionen in unserer föderal geprägten Schullandschaft äußerst unterschiedlichen und nicht immer und überall befriedigenden Status. Teilweise haben sie reinen Ersatzfachstatus, teilweise werden sie nur phasenweise und nicht für alle Jahrgänge angeboten oder nur nach vermeintlichem Bedarf an einzelnen Schulen eingerichtet. Hier benötigt der schulpolitische Diskurs ein profiliertes Fach, das sich auf dem Stand heutiger Kompetenzorientierung darstellen, abgrenzen und in seiner spezifischen Qualität und seinem spezifischen Nutzen ausweisen kann. Aber auch schulintern steht dieses Fach oft in Konkurrenz zu anderen Fächern, gegenüber denen sein spezifischer Reiz und seine allein von ihm repräsentierten Potenziale vertreten werden müssen. Und letztlich sollen auch die Schüler/innen und ihre Eltern erkennen können, was Philosophie/Ethik vom Deutsch-, Politik-, Kunst- oder vielleicht auch vom Literaturunterricht unterscheidet.

Anwendungschancen
Im Kern scheint mir die Selbstvergewisserung in einer Fächergruppe auch an sich wertvoll, um fachliche Qualität in den eingangs als allgemeindidaktisch motiviert geschilderten Entwicklungen zu gewährleisten. Natürlich sind die hier angebotenen metamethodischen Überlegungen im Sinne des vorgestellten sokratisch geprägten didaktisch-methodischen Paradigmas nicht als Korsett für jegliche unterrichtspraktische Entscheidung gemeint. Sie stellen keine abgeschlossene Sammlung dar, außerhalb derer kein Philosophieren stattfinden kann. Es wäre aus meiner Sicht ebenfalls ein Missverständnis, nun krampfhaft in jeder Stunde möglichst alle Aspekte immer umsetzen zu wollen. Diese Überlegungen taugen sicher nicht als Liste zum Abhaken, wann die fachlichen Ansprüche in einer Unterrichtsstunde befriedigt wurden und wann nicht.

Vielmehr können sie als paradigmatische Überlegungen im Sinne eines Orientierungswissens über den konkreten Planungs- und Gestaltungsaufgaben der Lehrkraft stehen. Sie sollen beschreiben, wie spezifisch fachliche Kompetenzen aussehen und in welcher Art von Prozessen sie gedeihen können. So müssen unter dieser Ebene die unterrichtsmethodischen Entscheidungen, die Wahl von unterrichtlichem Medieneinsatz sowie die Planung der konkreten Arbeitsmethoden und deren Einübung auf Ebene der Lerner immer wieder konkret ausgestaltet werden. Aber wenn man Philosophie in erster Linie als Akt, als durch das Denken der Schülerinnen und Schüler zu vollziehende Tätigkeit versteht, dann soll und kann durch Vorüberlegungen auf metamethodischer Ebene eine spezifische Orientierung geleistet werden, die für den Blick auf längerfristige Prozesse der unterrichtlichen Planung, Gestaltung und Reflexion hilfreich wirken kann. Vor dem Hintergrund der konkreten Gegebenheiten, die eine Lehrkraft mit ihrer Lerngruppe vorfindet, können sie helfen, ein gutes Maß an philosophischer Qualität im Lernprozess der Schülerinnen und Schüler zu gewährleisten.

Literatur

Birnbacher, D.; Krohn, D. (Hg.): *Das Sokratische Gespräch*, Stuttgart 2002.
Birnbacher, D.: „Praktische Philosophie – Profil eines neuen Fachs", in: *Ethik und Unterricht* (2001), 2-6.
Boghossian, P.: *Angst vor der Wahrheit. Ein Plädoyer gegen Relativismus und Konstruktivismus*, Berlin 2013.
Brüning, B.: *Philosophieren in der Sekundarstufe. Methoden und Medien*, Weinheim, Basel, Berlin 2003.
Draken, K.: *Sokrates als moderner Lehrer. Eine sokratisch reflektierte Methodik und ein methodisch reflektierter*

Sokrates für den Philosophie- und Ethikunterricht, Berlin, Münster 2011.

Draken, K.: „Das Sokratische Gespräch – mögliche Grundlage einer Didaktik der politischen Bildung?", in: Philosophisch-Politische Akademie e.V. (Hg.): *Rundbrief der Sokratiker Nr. 2*, Bonn 1989, 9-12.

Gabriel, M.: *Warum es die Welt nicht gibt*, Berlin 2013.

Gefert, C.: *Didaktik theatralen Philosophierens. Untersuchungen zum Zusammenspiel argumentativ-diskursiver und theatral-präsentativer Verfahren bei der Texteröffnung in philosophischen Bildungsprozessen*, Dresden 2002.

Heckmann, G.: *Das sokratische Gespräch. Erfahrungen in philosophischen Hochschulseminaren*, Hannover 1981. In Auszügen auch abgedruckt in: Birnbacher/Krahn 2002, 73-91.

Kultusministerkonferenz, Beschlüsse der: *Einheitliche Prüfungsanforderungen in der Abiturprüfung Philosophie* (Beschluss der Kultusministerkonferenz vom 01.12.1989 i.d.F. vom 16.11.2006), URL: http://www.kmk.org/fileadmin/veroeffentlichungen_beschluesse/1989/1989_12_01-EPA-Philosophie.pdf (aufgerufen am 23.09.2014).

Martens, E.: *Methodik des Ethik- und Philosophieunterrichts. Philosophieren als elementare Kulturtechnik*, Hannover 2003.

Nelson, L.: „Die sokratische Methode. Vortrag" [1922], in: Bernays, P. u. a. (Hg.): *Die Schule der kritischen Philosophie und ihre Methode*, Gesammelte Schriften, Erster Band, Hamburg 1970, 269-316. Auch abgedruckt in: Birnbacher/Krahn 2002, 21-72.

Raupach-Strey, G.: *Sokratische Didaktik. Die didaktische Bedeutung der Sokratischen Methode in der Tradition von Leonard Nelson und Gustav Heckmann*, Münster, Hamburg, London 2002.

Rohbeck, J.: *Didaktik der Philosophie und Ethik*, Dresden 2008.

Sistermann, R.: *Weiterdenken Ethik/Praktische Philosophie. Band A. Kommentare und Anregungen für den Unterricht*, Braunschweig 2010.

Sistermann, R.: „Konsumismus oder soziale Gerechtigkeit? Wirtschaftlicher Wettbewerb und Solidarität im Sozialstaat als Themen in der Sekundarstufe II", in: *Zeitschrift für Didaktik der Philosophie und Ethik* (2005), 16-27.

Wittschier, M.: *Medienschlüssel Philosophie – 30 Zugänge mit Beispielen*, München 2013.

Wittschier, M.: *Gesprächsschlüssel Philosophie – 30 Moderationsmodule mit Beispielen*, München 2010.

Wittschier, M.: *Textschlüssel Philosophie – 30 Erschließungsmethoden mit Beispielen*, München 2008.

2. Methoden und Arbeitsschwerpunkte

2.1 Neosokratische Methode und Sokratisches Gespräch

Dieter Birnbacher

Die sokratische Methode als Ausgangspunkt der „neosokratischen Methode"

Sokrates ist nicht nur der Quasi-Heilige der Philosophie, er ist auch in gewisser Weise der Urvater der Philosophiedidaktik. So prägend er – in der ihm von Platon gegebenen Gestalt – für die Philosophie war, so weit reicht auch sein Einfluss auf die Theorie ihrer Vermittlung. Die Figur des Sokrates steht einerseits für Philosophie als ein intersubjektives, auf Verständigung angelegtes Problemlösen, bei dem Gründe zählen und nichts als Gründe. Sokrates stellte sich der sophistischen Beliebigkeit entgegen, indem er scharf zwischen der subjektiven Gewissheit und der objektiven Begründetheit von Meinungen unterschied. Andererseits steht er für das Bemühen, die Vermittlung von Philosophie nicht als Belehrung – über Philosophen oder über philosophische Theorien – zu verstehen, sondern als Anregung zur eigenständigen engagierten Auseinandersetzung mit philosophischen Fragestellungen.

Die Sokratische Methode kann durch drei Bedingungen gekennzeichnet werden: 1. die selbstständige Bearbeitung philosophischer Fragen allein mit Mitteln eigener Anschauung und Einsicht; 2. das Bemühen um die Klärung der eigenen Gedanken und Fragen (statt der Gedanken und Fragen anderer); und 3. die Beschränkung der Aufgaben des Lehrers, den Philosophiereden bei der so weitgehend wie möglich selbstständigen Problemklärung und -lösung zu begleiten und zu unterstützen. Die Sokratische Methode in diesem Sinne ist eine mäeutische Methode, eine „Hebammenkunst" (vgl. Platon *Theätet*, 148e-151d, 161e): Der Lehrende ist bloß die Hebamme, die den Lernenden in seinen Bemühungen unterstützt, die Wahrheit aus eigener Kraft ans Licht zu bringen.

In den platonischen Schriften finden wir die sokratische Methode vor allem in denjenigen Zügen der Figur des Sokrates wieder, die gemeinhin dem *historischen* Sokrates zugeschrieben werden. Dieser Sokrates ist nicht am Errichten philosophischer Lehrgebäude interessiert, sondern an der Klärung der je eigenen Gedanken, einer Art intellektueller Selbsterfahrung. Sie setzt beim Einzelnen und Konkreten an und steigt von dort schrittweise zum Allgemeineren und Abstrakteren auf. Begriffsklärung und Vergewisserung über die Grundlagen des eigenen Denkens sind dabei kein Selbstzweck, sondern stehen im Dienst der Selbsttransparenz und einer moralisch und intellektuell vervollkommneten („tugendhaften") Lebensführung. Wenn Sokrates im Zuge seines philosophischen Credos in der *Apologie* äußert, dass für ihn „ein Leben ohne Selbsterforschung nicht lebenswert sei" (37d), so wird dem Philosophieren damit mehr als eine rein intellektuelle Aufgabe zugewiesen. Philosophische Selbstreflexion soll als Vehikel der persönlichen Tugend – im Sinne umfassender „Tüchtigkeit" – fungieren. Nicht Wahrheit um ihrer selbst willen ist das Ziel, sondern ein durch Wahrheit und Wahrhaftigkeit gekennzeichnetes gutes Leben. Insofern sieht sich Sokrates primär nicht als Lehrmeister, der eine Lehre zu verkünden hat, sondern als *Erzieher* und dies nicht – wie so oft bei Sokrates – im Sinn einer ironisch eingenommen Pose, sondern als authentische Grundlage seines Selbstverständnisses.

Auf dem Hintergrund dieses pädagogisch-praktischen Selbstverständnisses ist es zunächst überraschend, dass sich in dem dyadisch-dialogischen Philosophieren, das Platon insbesondere in seinen frühen Dialogen vorführt, nur wenige *konstruktive* Momente finden. Überall da, wo Sokrates nicht nur oder primär als Sprachrohr Platons fungiert, überwiegt das *Kritisch-Destruktive*: die Bloßstellung von Unverstand, Scheinwissen und intellektueller Überheblichkeit. In der Tat ist Sokrates bei Platon ganz überwiegend eine *subversive* Figur: Als „Zitterrochen" (Platon *Menon*, 80a), der seine Gesprächspartner durch Stromstöße in nicht gekannte Verwirrungen stürzt, macht Sokrates seine Unterredner nicht nur sprachlos. Er verwirrt sie auch dadurch, dass er sie dazu bringt, das, was sie für „gesunden Menschenverstand" hielten, als falsch, unbegründet und vorurteilhaft zu erkennen. Was ihnen als „natürliches Denken" erschien, erweist sich als schief, einseitig und durch Einflüsse von Interessen, Zeitgeist und Modegeschmack verzerrt. Philosophische Erkenntnis, wie sie Sokrates praktiziert, ist primär negativ. Sie ist weniger Wissenserweiterung als Aufdeckung von Nichtwissen und Entlarvung vermeintlicher Gewissheiten als bloßer Konventionen und interessengeleiteter Vorurteile.

In der allgemeinen Didaktik blickt die Sokratische Methode auf eine jahrhundertealte Tradition zurück, die bei Montaigne im 16. Jahrhundert beginnt und über Erhard Weigel, Christian Thomasius, Joachim Heinrich Campe bis zu Karl Weierstrass an der Schwelle zum 20. Jahrhundert reicht. Sie blieb nicht auf die Philosophie beschränkt, sondern fand Anwendung auch in der Mathematik und der phänomenologisch verfahrenden Psychologie. Der Mathematiker Karl Weierstrass charakterisierte die Sokratische Methode folgendermaßen:

> „Sokrates befolgte nicht die Weise der meisten Philosophen vor ihm und nach ihm, bestimmte Wahrheiten als das Resultat angestellter Forschungen vorzutragen und in fortlaufender Rede die Gründe derselben zu entwickeln. Sein Bemühen ging vielmehr darauf hinaus, die Erkenntniss in der Seele des Lernenden nach und nach sich entwickeln zu lassen, in der Art, dass sie ihm als Produkt seiner eigenen geistigen Kraft erscheinen sollte, wenn die auch noch zu schwach war, um ohne fremde Führung das Rechte zu finden. Darum war sein Unterricht nicht sowohl ein eigentliches Mittheilen als vielmehr ein Anregen und Beleben der geistigen Thätigkeit." (Weierstrass 1903, 321)

Weierstrass ging es in seiner Abhandlung vor allem darum, die *Grenzen* der Anwendung der Sokratischen Methode in der Mathematik aufzuzeigen: Sinnvoll sei sie nur, wenn der Lernende bereits über einen gewissen Sockel an mathematischen Fertigkeiten verfüge. Bereits 1801 hatte Pestalozzi, der das späte 18. Jahrhundert eine „Modezeit des Sokratisierens" nennt, davor gewarnt, die Methode auch bereits dann anzuwenden, wenn die Schüler noch nicht über die erforderliche Erfahrung und Reife verfügen (vgl. Loska 1995, 62).

Die neosokratische Methode

Die unmittelbar an die Figur des Sokrates anknüpfende Methode war orientiert am dyadischen sokratischen Dialog, wie wir ihn vor allem in Platons Frühschriften finden. Auch wenn an einem der Dialoge Platons mehrere Unterredner beteiligt sind, wendet sich Sokrates ganz überwiegend nur jeweils einem Einzigen zu. Dieses Muster wurde noch bei Weierstrass auf das Gespräch zwischen Lehrer und Schüler übertragen. Angesichts der pädagogisch-therapeutische Zielsetzung von Sokrates' Philosophieren ist diese Beschränkung in gewisser Weise konsequent. Es zielt auf Bewusstseinswandel einer jeweils konkreten Person. Die dialogische Form ist nicht nur Darstellungsmoment, sondern Zweckbestimmung. Sokrates geht es bei seinem Philosophieren ja vor allem darum, über das Denken die Person zu erreichen. Indem das sokratische Befragen und Infragestellen das *Denken* des anderen läutert, soll es die *Person* des anderen läutern. Was ihre sachlichen Ergebnisse betrifft, ist diese Methode allerdings in keiner Weise an diese Form gebunden. Die Erkenntnisse, die Sokrates' Gesprächspartner machen, lassen sich im Prinzip auch monologisch, in Gestalt des Nachdenkens eines Sprachanalytikers im „Lehnstuhl", gewinnen.

Die neosokratische Methode kann durch zwei Besonderheiten charakterisiert werden: 1. dass sie die streng dialogische Form aufgibt; und 2. dass sie sich in ihren Verfahrensweisen kritisch von denen des platonischen Sokrates absetzt. Die Neukonzeptionierung der sokratischen Methode geht in erster Linie auf den Göttinger Philosophen, Pädagogen und politischen Aktivisten Leonard Nelson (1882-1927) zurück, insbesondere auf seine Rede „Die sokratische Methode" vor der Pädagogischen Gesellschaft in Göttingen von 1922 (Nelson 2002). Nelson beschreibt die sokratische Methode als die Kunst, nicht Philosophie, sondern philosophieren zu lehren. Sie sei „nicht die Kunst, über Philosophien zu unterrichten, sondern Schüler zu Philosophen zu machen" (Nelson 2002, 21). Philosophie zu lehren, bedeutet danach nicht, philosophisches Wissen zu vermitteln, sondern die Fähigkeit zu entwickeln, sich philosophische Einsichten durch eigene Anstrengungen der Problemidentifikation, der Problemlösung und der reflexiven Selbstklärung zu erarbeiten. Das Ziel der Philosophie ist primär nicht die Weitergabe von Wissen, sondern die Entfaltung von Kompetenzen. Sie ist nicht an den Dialog gebunden, sondern lässt sich ebenso in einem Gruppengespräch – dem „Sokratischen Gespräch" – entwickeln.

Nelson erweiterte die sokratische Methode nicht nur zu einer Didaktik des Gruppengesprächs. Er verknüpfte (oder, wie man es auch sehen kann, belastete) die Methode auch mit einer Deutung, nach der die mittels dieser Methode aufgefundenen Wahrheiten als transzendentalphilosophische Erkenntnisse über die unserem Welt- und Selbstverständnis zugrundeliegenden Begriffsstrukturen aufgefasst werden können. Nelson versuchte also in ähnlicher Weise die sokratische Methode in seinen unabhängig entwickelten, neukantianischen Apriorismus zu integrieren, wie Platon es mit der Methode seines Lehrers Sokrates in Bezug auf seine eigene Philosophie getan hatte. Nelson berief sich dabei auf die Lehre von Jakob Friedrich Fries (1773-1843), nach der sich philosophische Wahrheiten dadurch auffinden lassen, dass man nach den Voraussetzungen fragt, die in unseren empirisch vorfindlichen Denkprozessen implizit enthalten sind. Diese sogenannte Methode der *Regression* soll die unseren Sichtweisen der Welt zugrundeliegenden letzten Prämissen dabei nicht lediglich als faktisch bestehende *framework principles* aufweisen, sondern diese auch begründen und rechtfertigen – als transzendentale Wahrheiten in einem objektiven und allgemeingültigen Sinn, d. h. als schlechthin notwendige Bedingungen der Möglichkeit einer in sich konsistenten und geordneten Weltsicht. Ein dazu passender Schlüsselbegriff ist bei Nelson – wie auch bereits bei Fries – der Begriff des „Selbstvertrauens der Vernunft". Er bezeichnet die Fähigkeit der menschlichen Vernunft als die Fähigkeit, mithilfe der Kombination von psychologischer Introspektion und philosophischer Reflexion letztgültige philosophische Wahrheiten aufzuspüren. Allerdings ist diese transzendentalphilosophische Deutung der Resultate des sokratischen Gesprächs von der Form des Gesprächs unabhängig. Die Regressionsmethode kann ebenso monologisch praktiziert werden, ohne dass dies an den Ergebnissen etwas ändert.

Das Sokratische Gespräch

Das Sokratische Gespräch ist die exemplarische Form, die die neosokratische Methode als philosophische und (in Grenzen) mathematische Didaktik angenommen hat. Ursprünglich entwickelt von Nelson, der es als Lehrer in der von ihm geleiteten Schule Walkemühle auch als Lehrform praktiziert hat, wurde es später insbesondere von Gustav Heckmann (1898-1996), einem Schüler Nelsons, weiter ausgebaut und durch die Formulierung eines Regelkanons gewissermaßen als Markenzeichen fixiert. Heckmanns Beitrag bestand vor allem darin, die Methode von Nelsons spezifisch neukantianischen Hintergrundannahmen zu emanzipieren (vgl. Heckmann 1993). Sie wird zu einer offenen, nicht mehr auf einen strikten Transzendentalismus verpflichteten Methode. Das Gespräch – anders als etwa der „herrschaftsfreie Diskurs" in der Diskurstheorie Habermas' – übernimmt keine *wahrheitskonstitutive* Funktion mehr, sondern ist Teil eines Selbstklärungsprozesses, der auf „Wahrheiten" führen kann, aber nicht muss. Anders als bei Nelson, der die sokratische Methode als eine Form speziell des philosophischen Unterrichts versteht, wird sie bei Heckmann zum Medium der Philosophie schlechthin. Der Dialog bzw. das Gruppengespräch ist wie bei Sokrates nicht mehr nur Methode oder Vermittlungsform, sondern eigenständiges Ziel. Das Sokratische Gespräch dient weder primär der Vermittlung unabhängig gewonnener philosophischer Erkenntnisse, noch ist sie eine bloße Übung zur Aneignung einer philosophischen Technik, auf die nach erlangter Beherrschung verzichtet werden kann. Die *Praxis* der Philosophierens ist vielmehr – ähnlich wie beim späten Wittgenstein – das *Ganze* der Philosophie. Philosophie ist kein Lehrgebäude, sondern eine Praxis des gemeinsamen Fragens und Antwortens.

In seiner Standardform ist das Sokratische Gespräch kein Dialog zwischen Lehrer und Lernendem, sondern ein „Polylog", bei dem jeder der Teilnehmer an einer Gesprächsgruppe die Rolle der „Hebamme" für die philosophischen Entdeckungen der anderen übernimmt. Ziel der „Hebammenkunst" ist es, eine gemeinsame, von der Gruppe als ganzer getragene philosophische Einsicht zu generieren. Mit dem Wechsel von der Dyade zur Gruppe wechselt zwangsläufig auch die Rolle des Leiters. Ein großer Teil seiner „Hebammenaufgaben" werden nunmehr von der Gruppe übernommen. Andererseits hat er die in der Praxis oft nicht leicht zu meisternde Aufgabe, als *facilitator* auf Regeleinhaltung zu achten, die Gesprächsdisziplin aufrechtzuerhalten und das Gespräch vor dem Entgleisen zu bewahren.

Das zweite Merkmal des Sokratischen Gesprächs ist seine konsequente „Demokratisierung" – in ausdrücklichem Gegensatz zu den dogmatischen Restbeständen der Methode beim platonischen Sokrates wie teilweise auch bei Nelson. Ein derartiger Restbestand ist bei Sokrates das *daimonion*, eine Art inneres Orakel, das zwar in den platonischen Dialogen stets nur negativ-warnend in Erscheinung tritt (vgl. Platon *Apologie*, 31d), aber dennoch zum dialogisch-diskursiven Prinzip von Sokrates' Philosophieren in einem unübersehbaren Widerspruch steht. Weder werden die Sprüche des *daimonion* begründet oder erklärt, noch werden sie einer kritischen Prüfung unterzogen. Als strikt persönliche Weisungen ohne verallgemeinerungsfähigen Gehalt stehen sie darüber hinaus in einem Spannungsverhältnis zur der öffentlich-politischen Rolle, zu der sich Sokrates als Denker des Marktplatzes bekennt. Ein weiterer dogmatischer Zug ist Sokrates' Neigung zum *Essenzialismus* – zu der Überzeugung, dass eine zufriedenstellende Begriffsklärung nur durch eine vollständige Definition zu erreichen ist, die noch dazu eine Definition *per genas proximum et differentia specifica* sein soll, also einzeln notwendige und zusammen hinreichenden semantische Bedingungen angibt. Die Definition soll das Eine und Gemeinsame in den vielfältigen unter ein und denselben Begriff fallenden Dinge (etwa der vielen heterogenen Formen von Gerechtigkeit) erkennen lassen. Für viele Begriffe ist es jedoch alles andere als selbstverständlich, ob diesen Anforderungen Genüge getan werden kann und es auch nur im Prinzip möglich ist, für eine Sache, etwa die Gerechtigkeit, ein einheitliches „Wesen" anzugeben.

Ein weiteres Stück Dogmatismus in Sokrates' Philosophieren, das auch Nelson nicht gänzlich hat überwinden können, ist die bei Sokrates mangelhafte Unterscheidung zwischen dem durch begriffliche Analyse gewährten *Explikationswissen* und der weitergehenden Interpretation dieses Wissens als eines unabhängig von semantischen Übereinkünften gültigen *Begründungswissens*. Insbesondere ethische Begriffsklärungen scheinen für Sokrates einen über die semantische Selbstvergewisserung weit hinausgehenden ethischen Erkenntnisgehalt zu besitzen. Die *semantische* Frage danach, was „Tugend" *bedeutet*, wird nicht klar getrennt von der *ethischen* Frage danach, was Tugend *ist*. Wer die Bedeutung des Worts „Tugend" erfasst hat, soll damit auch schon das *Wesen* der Tugend und insofern die *wahre* Tugend kennen. In dieser Annahme steckt jedoch ein Kategorienfehler: Sokratisch-dialogische Begriffsklärungen führen zunächst nur auf ein semantisches Explikationswissen darüber, wie bestimmte Begriffe gebraucht werden, nicht aber bereits auf ein Wissen darüber, ob dieser Gebrauch in normativer Hinsicht berechtigt oder unberechtigt ist. Begriffsanalyse ist allenfalls eine notwendige, nicht aber eine hinreichende Bedingung ethischer Erkenntnis. Nelson hat diese Tendenz bei Sokrates erkannt (vgl. Nelson 1970, 242 f.). Aber auch ihm ist es letztlich nicht gelungen, die Kluft zwischen dem durch die Regressionsmethode gewonnenen Explikationswissen und einem unabhängig fundierten Begründungswissen anders als durch die Berufung auf die eigenen Intuitionen zu überbrücken. Während das Explikationswissen durch sokratische Induktion und Abstraktion gewonnen werden soll, postuliert er für das Begründungswissen eine nicht weiter nachprüfbare und sich Dialog und Diskurs systematisch entziehende intuitive Evidenz.

Eine Tendenz zur „Demokratisierung" zeigt sich in der von Nelson und Heckmann entwickelten Form des Sokratischen Gesprächs auf mehreren Ebenen: Zunächst sind alle Teilnehmer *gleichberechtigt*. Die Arbeitsgrundlage des Sokratischen Gesprächs ist die Überzeugung, dass philosophische Einsichten prinzipiell jedermann zugänglich sind, der über hinreichende Erfahrung, Denkfähigkeit und guten Willen verfügt. Privilegien aufgrund „höheren" Wissens werden nicht anerkannt. Vielmehr gilt jeder als prinzipiell gleichwertiger Gesprächspartner – was nicht heißt, dass man auch die Meinungen eines jeden anderen gleicherweise anerkennen muss. Während der platonische Sokrates über weite Strecken das Gespräch so stark dominiert, dass sich die Rolle der Gesprächspartner auf die von Statisten reduziert, soll der Gesprächsleiter im Sokratischen Gespräch mit äußerster Zurückhaltung ins Gespräch eingreifen. Weiterhin gehört es zu den Basisnormen des Sokratischen Gesprächs, dass sich das Gespräch *kooperativ* und *partnerschaftlich* vollzieht, d. h. unter Respektierung der Würde und Autonomie jedes Gesprächspartners. Während der Sokrates der platonischen Dialoge u. a. auch manipulative Mittel einsetzt, um zum Ziel zu gelangen (z. B. seine Gesprächspartner dem Spott anderer aussetzt), ist im Sokratischen Gespräch jede persönliche Bloßstellung und Beschämung ausgeschlossen. Statt wie Sokrates seine Gesprächspartner zu überrumpeln und ihnen keine Zeit zum Nachdenken oder auch nur zum Nachvollziehen seiner eigenen Gedanken zu lassen, soll der Gesprächsleiter im Sokratischen Gespräch den Gesprächsteilnehmern so viel Zeit lassen, wie sie brauchen, um in der Klärung komplexer Problemstellungen weiterzukommen. Ziel ist, den Gesprächsteilnehmern zu den bestmöglichen Voraussetzungen für eine selbstständige Wahrheitsfindung zu verhelfen.

Der Regelkanon

Der Erfolg eines Sokratischen Gesprächs hängt wesentlich davon ab, dass die für diese Methode geltenden Regeln eingehalten werden. Diese Regeln sind von dreierlei Art: Regeln für den *Gesprächsleiter*, Regeln für die *Gesprächsteilnehmer* und *Verfahrensregeln*.

Die wichtigste Regel für den *Gesprächsleiter* ist die Nicht-Direktivität. Er soll die Teilnehmer begleiten, ohne sie inhaltlich anzuleiten. Nur in Verfahrensfragen darf oder (sofern es um die Einhaltung der Regeln geht) muss er direktiv werden. Es gehört nicht zu seinen Aufgaben, die Positionen anderer, am Gespräch nicht beteiligter Philosophen oder eigene Theorien und Lösungsansätze einzubringen. Darüber hinaus soll er das Gespräch aktiv fördern, indem er die atmosphärischen Voraussetzungen für ein offenes und freies Gespräch schafft und darauf hinwirkt, dass sich möglichst alle beteiligen, u. a. indem er die „langsam" Denkenden davor schützt, von den „Schnelldenkern" überfahren zu werden. Außerdem soll er dafür sorgen, dass alle Äußerungen innerhalb der Gruppe von allen Übrigen verstanden werden und dass jeder eine Chance bekommt, weitere Klärungen zu verlangen. Auch wenn Gefühle und Einstellungen, wie es häufig vorkommt, in sich intransparent, diffus oder nur teilweise verständlich sind, sollten sie so klar wie möglich geäußert werden, um der Gruppe als ganzer die Möglichkeit zu geben, sich an ihrer weiteren Klärung und Durchdringung zu beteiligen. Darüber hinaus ist es dem Gesprächsleiter durchaus erlaubt, von sich aus weitere Klärungen zu verlangen, wann immer dies ihm auf der Grundlagen seiner überlegenen Sachkenntnis für den Gesprächsverlauf fruchtbar erscheint. Schließlich soll der Gesprächsleiter auch darauf hinwirken, dass in der jeweiligen Gruppe ein Konsens gefunden wird. Erfahrungsgemäß ist dies nicht immer realistisch, so dass er sich darauf beschränken muss, dafür zu sorgen, dass die unvereinbaren Positionen möglichst prägnant nebeneinander stehenbleiben oder für alle vertretbare Kompromisse gefunden werden.

Das Hinarbeiten auf einen Konsens ist von offensichtlicher Bedeutung dann, wenn die Gesprächsergebnisse (wie in der Institutionenberatung) zur Grundlage praktischer Regeln oder Entscheidungen werden sollen. Aber auch dann, wenn in diesem Fall ein Einverständnis über die zu treffenden praktischen Entscheidungen erreicht ist, ist das eigentliche Ziel des Sokratischen Gesprächs noch nicht erreicht. Ein Sokratisches Gespräch zielt stets auf allgemeine und über den konkreten Anlass hinausreichende Einsichten, nicht auf partikuläre Entscheidungen. Es ist primär wahrheits- und erst sekundär anwendungsorientiert.

Die wichtigste Regel für die *Gesprächsteilnehmer* lautet, dass sie eigene Erfahrungen zum Ausgangspunkt nehmen. Diese Regel verrät vielleicht am eindeutigsten die „sokratische" Herkunft dieser Methode. Die eingebrachten persönlichen Erfahrungen werden der Gruppe in Gestalt eines detaillierten Berichts präsentiert, nachdem sie unter mehreren Angeboten von der Gruppe als die geeignetsten ausgewählt worden sind. Die Teilnehmer, die bereit sind, eine relevante Erfahrung beizusteuern, skizzieren, was sie anbieten können, so dass die Gruppe eine Grundlage dafür hat, unter den Angeboten eine sinnvolle Auswahl zu treffen. Häufig ergibt sich ein Überangebot an „Beispielen", so dass einige Angebote zurückgestellt werden können, was sich vor allem dann anbietet, wenn sie ersichtlich komplexer oder schwieriger sind. Es ist dann Sache des Gesprächsleiters, die Ergiebigkeit der angemeldeten Beispiele abzuschätzen und an geeigneter Stelle den Übergang zu einem neuen Beispiel anzuregen, von dem er sich die Erhellung bisher nicht berücksichtigter Aspekte der Ausgangsfrage erhofft. Das präsentierte Beispiel wird zunächst in allen relevanten deskriptiven Einzelheiten geklärt, bevor aus ihm Aufschlüsse für die zu bearbeitende Frage gezogen werden. Diese Aufgabe stellt sich insbesondere bei ethischen Fragen, bei denen häufig Entscheidungskonflikte zur Sprache kommen, die der „Beispielgeber" für sich selbst noch nicht vollständig oder befriedigend gelöst hat oder (wenn diese Konflikte in der Vergangenheit liegen) deren faktische Lösung er noch nicht völlig verstanden hat. Die Klärung der Situation und der beteiligten Motive kann dann der gesamten Gruppe (einschließlich des Beispielgebers selbst) zur Aufgabe gemacht werden. Emotionale Reaktionen auch heftiger Art sind dabei nicht ganz auszuschließen, sollten aber so weit wie möglich in einer Form artikuliert werden, die sie auf eine kognitive Ebene hebt und Argumenten zugänglich macht.

Die wichtigste *Verfahrensregel* sieht vor, dass zu jedem – sich in der Regel über mehrere Tage erstreckendem – Sokratischen Gespräch ein *Metagespräch* gehört, das den Gesprächsverlauf selbst thematisiert. Es bietet Gelegenheit, sich über die formalen und prozeduralen Aspekte der Gruppenarbeit auszutauschen und, wenn nötig, am Verhalten des Gesprächsleiters und einzelner Teilnehmer Kritik zu üben. Die Rolle des Gesprächsleiters sollte im Metagespräch einer der erfahreneren Teilnehmer übernehmen. Es ist wiederum Sache des Gesprächsleiters, ein Metagespräch vorzuschlagen (z. B. wenn er in der Gruppe wachsendes Unbehagen bemerkt). Alternativ kann der Bedarf nach einem Metagespräch auch von jedem beliebigen Teilnehmer angemeldet werden.

Eine weitere Verfahrensregel des Regelkanons findet heute nur noch wenig Anwendung: dass sich die Themenwahl aus der Gruppe entwickelt. Sie geht darauf zurück, dass Nelson ursprünglich an seiner eigenen Schule Walkemühle mit einer konstanten Gruppe arbeitete. Akademische und freie Sokratische Seminare werden in der Regel von vornherein zu bestimmten Themen angeboten (eine umfangreiche Liste findet sich in Krohn, Walter 1996), im Schulzusammenhang ergibt sich die Thematik zumeist aus dem Lehrplan. Der Gruppe bleibt allerdings die Möglichkeit, das Thema nach ihren Vorstellungen zu interpretieren und nach Maßgabe ihrer Interessen inhaltlich zu spezifizieren. Dafür, dass die Themenwahl beim Gesprächsleiter verbleibt, sprechen mehrere Gründe:

Die Themenwahl in der Gruppe kann sich als sehr langwierig darstellen, und ein erfahrener Gesprächsleiter kann die Eignung eines Themas im allgemeinen besser abschätzen. Um für die Gruppenarbeit geeignet zu sein, müssen die Themen ja bestimmten Kriterien genügen. Sie müssen sich für eine a priori verfahrende Klärung eignen (dürfen also nicht auf empirische oder historische Informationen angewiesen sein, über die die Gruppe nicht verfügt), sie müssen hinreichend komplex und undurchsichtig sein, um neue und produktive Einsichten zu ermöglichen, und sie müssen genug Interesse wecken, um die Teilnehmer dazu zu motivieren, ein Pensum anstrengender, wenn auch letztlich lohnender gedanklicher Arbeit auf sie zu verwenden.

Revisionen

In der Praxis des Sokratischen Gesprächs ist der „Regelkanon" verschiedentlich revidiert worden, um den konkret gegebenen Möglichkeiten gerecht zu werden:
1. Die Teilnehmerregel, jeweils eigene Erfahrungen zum Ausgangspunkt zu nehmen, lässt sich nicht immer erfüllen. Es bietet sich dann an, auch Beispiele vom Hörensagen oder fiktive Fälle aus Literatur und Film zuzulassen, auch wenn dies zwangsläufig einen Verlust an persönlichem Engagement bedeutet.
2. Die Regel der strengen Zurückhaltung des Gesprächsleiters erweist sich gelegentlich als kontraproduktiv. Inhaltliche Beiträge des Leiters können außerordentlich hilfreich sein, z. B. wenn das Gespräch in einer Sackgasse steckenbleibt, aus der es nur mit fremder Hilfe herausmanövriert werden kann. Außerdem macht sich gelegentlich das Fehlen von Hintergrundinformationen störend bemerkbar, über die die Teilnehmer nicht verfügen, die der Gesprächsleiter jedoch einbringen kann. Wenn – wie es oft der Fall ist – die Teilnehmer sehr viel jünger sind als der Gesprächsleiter, können sich auch Beispielfälle aus dessen Lebenserfahrung bereichernd auswirken. In meiner eigenen Erfahrung mit Sokratischen Gesprächen waren diejenigen besonders ergiebig, in der die Altersgruppen ausgewogen gemischt waren.

Sokratische Gespräche erweisen sich in der Regel als in kognitiver wie in nonkognitiver Hinsicht fruchtbar. In kognitiver Hinsicht ist die enge Interaktion einer Reihe von Köpfen, die konzentriert über ein Problem nachdenken, vielfach ergiebiger als individuelles Nachdenken. Darüber hinaus ist es eine Übung in rationaler Problemlösung im Rahmen einer strengen Gesprächsdisziplin, mit vielfach nachhaltigem Effekt. Verlauf und Inhalt von Sokratischen Gesprächen werden infolge der engen Interaktion zwischen den Teilnehmern in der Regel später gut erinnert. In affektiver Hinsicht bedeutet die Teilnahme an einer sokratischen Gesprächsgruppe zumeist eine als ausgesprochen befriedigend empfundene Erfahrung eines Gleichgewichts von Rationalität und Sachlichkeit auf der einen, Wärme, Angenommensein und Offenheit auf der anderen Seite. Der stützende Rahmen der Gruppe erlaubt es, eigene Konflikte zu erkennen, zu verstehen, seine eigene Selbstwahrnehmung an der Rückmeldung durch andere zu überprüfen und sich mit dem Denken und Fühlen anderer empathisch zu identifizieren.

Anwendung findet die Methode des Sokratischen Gesprächs gegenwärtig in einer Vielzahl von Kontexten: im schulischen Philosophie- und Ethikunterricht (vgl. Draken 1989; Krohn u. a. 2000; Neißer 2002; Raupach-Strey 2002, Kap. IV), in der Lehrerbildung und -weiterbildung (vgl. Raupach-Strey 2002, Kap. VIII), in der medizinethischen Ausbildung von angehenden Medizinern (vgl. Birnbacher 1999), in der Psychotherapie (vgl. Stavemann 2007) sowie in der Unternehmens- und Institutionenberatung (vgl. Kessels 2001). Im schulischen Philosophie- und Ethikunterricht hat sich das Sokratische Gespräch als Alternative zu einem einseitig textorientierten Unterricht bewährt. Insbesondere die durch die Beispielwahl erzwungene Verankerung philosophischer Fragestellungen in der konkreten biographischen Erfahrung (das „Fußfassen im Konkreten" (Heckmann 1993, 85; Stelzer in diesem Band) wirkt motivierend und regt zu eigenem Nachdenken an. Sie schlägt eine Brücke zwischen den konkreten

Fragen, die die Teilnehmer „auf dem Herzen haben" und den abstrakten Antworten der philosophischen Klassiker. In Nordrhein-Westfalen ist diese Methode sogar zu einem integralen Bestandteil der Didaktik des dort „Praktische Philosophie" genannten Ethikunterrichts geworden (vgl. Birnbacher 2010).

Literatur

Birnbacher, D.: „The Socratic method in teaching medical ethics: Potentials and limitations", in: *Medicine, Health Care and Philosophy* (1999), 219-224.
Birnbacher, D.: „Socratic Elements in ‚Practical Philosophy', a New Subject in North-Rhine-Westphalia", in: Brune, J. P.; Gronke, H.; Krohn, D. (Hg.): *The challenge of dialogue. Socratic dialogue and other forms of dialogue in different political systems and cultures*, Berlin 2010, 205-213.
Draken, K.: „Schulunterricht und das Sokratische Gespräch nach Leonard Nelson und Gustav Heckmann", in: *Zeitschrift für Didaktik der Philosophie* 11 (1989), 46-49.
Heckmann, G.: *Das sokratische Gespräch. Erfahrungen in philosophischen Hochschulseminaren* [1981], neu hrsg. von D. Krohn, Frankfurt am Main 1993.
Kessels, J.: *Die Macht der Argumente. Die sokratische Methode der Gesprächsführung in der Unternehmenspraxis*, Weinheim, Basel 2001.
Krohn, D. u. a. (Hg.): *Das Sokratische Gespräch im Unterricht*. Frankfurt am Main 2000.
Krohn, D.; Walter, N: „Sokratische Gespräche der Philosophisch-Politischen Akademie seit 1966 – eine Dokumentation", in: Knappe, S. u. a. (Hg.): *Vernunftbegriff und Menschenbild bei Leonard Nelson*, Frankfurt am Main 1996, 135-148.
Loska, R.: *Lehren ohne Belehrung. Leonard Nelsons neosokratische Methode der Gesprächsführung*, Bad Heilbrunn 1995.
Neißer, B.: „Das Sokratische Gespräch im Philosophieunterricht der Sekundarstufe II", in: Birnbacher, D.; Krohn, D. (Hg.): *Das sokratische Gespräch*, Stuttgart 2002, 198-214.
Nelson, L.: „Von der Kunst, zu philosophieren" [1918], in: ders.: *Gesammelte Schriften in neun Bänden*, Bd. 1, Hamburg 1970, 218-245.
Nelson, L.: „Die sokratische Methode" [1922], in: Birnbacher, D.; Krohn, D. (Hg.): *Das sokratische Gespräch*, Stuttgart 2002, 21-72.
Raupach-Strey, G.: *Sokratische Didaktik*, Münster 2002.
Stavemann, H. H.: *Sokratische Gesprächsführung in Therapie und Beratung*, Weinheim,Basel 2007.
Weierstrass, K.: „Über die sokratische Lehrmethode und deren Anwendbarkeit beim Schulunterrichte", in: ders.: *Mathematische Werke*, Bd. 3., Berlin 1903, 315-329.

2.2 Dilemmadiskussion

Klaus Blesenklemper

Einleitung: Aspekte einer etablierten Methode

Das breit angelegte Unternehmen des amerikanischen Psychologen und Erziehungswissenschaftlers Lawrence Kohlberg (1927 – 1987), Dilemmageschichten mit diagnostischen und moralpädagogischen Intentionen diskutieren zu lassen, ist in Deutschland seit den 80er Jahren fachphilosophisch diskutiert (vgl. Habermas 1983) und vor allem allgemein- und fachdidaktisch aufgegriffen und weiterentwickelt worden (vgl. etwa Raters 2011, 11-43; Rolf 2014). Bis in die Gegenwart hinein gilt in Schulbüchern zum Unterricht in „Ethik", „Praktischer Philosophie", „Werte und Normen" usw. für die Sekundarstufe I wie auch für den Philosophieunterricht in der gymnasialen Oberstufe die Diskussion von Dilemmata als eine Standardmethode; sie wird immer wieder vorgeschlagen und vorgestellt. Ergänzt werden diese Hinweise um einige mehr oder weniger für den Gebrauch in Schulen entwickelte Sammlungen von Dilemmata (z. B. Piel 2009; Mutzenbauer 2006; Cohen 2004) sowie um Abhandlungen zur Dilemma-Methode, die selbst eine Reihe von Dilemmata enthalten (z. B. Lind 2009; Kuld, Schmid 2001; s. a. MPI-MS 2008).

Das Spektrum der in den erwähnten Materialien vorgeschlagenen Dilemmata ist recht breit. Das hängt auch mit je unterschiedlichen Auffassungen bezüglich dessen zusammen, was ein Dilemma ist bzw. was als Dilemma gelten soll. Dieser *Begriffsklärungsfrage* werde ich mich daher zuerst zuwenden. Die Beantwortung der didaktischen Fragen nach dem *Warum und Wozu* der Dilemma-Diskussionen im Unterricht ist die Voraussetzung dafür, begründete *Verlaufspläne* für den Einsatz dieser Methode im Unterricht zu skizzieren. Neben diesen Vorschlägen für ‚klassischen' Dilemmadiskussionen werde ich abschließend zwei *spielerische Varianten* vorstellen.

Was *ist* ein Dilemma und was *soll* als Dilemma gelten?

Befinde ich mich in einem Dilemma, wenn ich darlegen soll, was ein Dilemma ist? – Die meisten würden die Frage verneinen, aber immer mehr Menschen könnten sie auch bejahen. Am 26.09.2012 beschrieb der Moderator Ingo Zamperoni in den ARD-Tagesthemen die verzweifelte Wirtschaftslage der Griechen mit den Worten:

„Mit dem Sisyphus-Dilemma kennen die Griechen sich aus. Da unternimmt man gewaltige Anstrengungen und am Ende reicht's doch nicht. Athen spart und spart und trotzdem tun sich immer neue Finanzlücken auf."

Die Vergeblichkeit der griechischen Finanz-Bemühungen im Jahre 2012 schien in der Tat Ähnlichkeiten mit der ausweglosen, frustrierenden, gar absurden Arbeit des mythischen Sisyphus zu haben. Aber befanden sich Sisyphus, befanden sich die Griechen wirklich in einem Dilemma? – Im alltäglichen Sprachgebrauch (und zum Teil auch in wissenschaftlicher Literatur) wird „Dilemma" immer häufiger zur Bezeichnung derartiger Zwangs- und Problemlagen verwendet. Wo es schwierig wird, etwa bei der Bestimmung dessen, was ein Dilemma ist, da wird schon vom Dilemma gesprochen.

Dem ursprünglichen Wortsinn entspricht die einfache Gleichsetzung von „Zwangslage" und „Dilemma" aber nicht. Das griechische Wort besteht aus „di" für „zwei" und „lemma" für „Annahme" oder „Voraussetzung". Es bezeichnete ursprünglich eine Schlussfigur der Logik. Heute wird der Begriff überwiegend auf Handlungen bezogen, so dass mit einem Dilemma ein praktisches und damit *ethisch relevantes* Problem bezeichnet wird. Wenn die Zwei für ein Dilemma konstitutiv ist, ist *nicht jede praktische Zwangslage* ein Dilemma, sondern nur eine solche, in der es einen Zwang gibt, sich zu *ent-scheiden*, nämlich zwischen *zwei* möglichen Handlungsoptionen. Und diese Ent-scheidung ist das Problem. Sie ist schwierig, problematisch aus folgenden Grunde: Entweder ist die Verfolgung *einer* Option, egal welcher, immer mit unerwünschten Konsequenzen verbunden (Wahl zwischen ‚Pest' oder ‚Cholera') oder die Konsequenzen einer Option sind zwar positiv, schließen aber auch erwünschte positive Konsequenzen der anderen, nicht gewählten Option aus (im Tun des einen wird das andere versäumt). Sisyphus war in einer Zwangslage, aber nicht in der, zwischen Optionen wählen zu müssen, er hatte nichts zu ent-scheiden. Er war verurteilt, die von einem Gott verhängte Strafe zu vollziehen.

Im Folgenden wird an der Zwei im (praktischen) Dilemma-Begriff festgehalten. Dass „Dilemma" heute auch in einem inflationär weiten Sinne ohne implizierte Zwei verwandt wird, ist möglicherweise ein Kommunikationsproblem, aber selbst kein Dilemma für die Begriffsbestimmung. Denn mit der Abweisung der weiten Bedeutung handelt man sich keine unerwünschten Konsequenzen ein. Es wird im Gegenteil die Möglichkeit eröffnet, zwischen unterschiedlichen Arten von Zwangslagen präziser zu unterscheiden.

Der Kernbereich ethisch relevanter dilemmatischer Zwangslagen werden *moralische Dilemmata* genannt. Nach Sellmaier liegen sie dann vor, wenn fünf Bedingungen erfüllt sind (vgl. Sellmaier 2011, 50 f.). Sie werden hier in vereinfachter Version aufgelistet und mit Beispielen, die sich meist auf das Müller-Dilemma beziehen (s.u.), angereichert:

1. In einer Entscheidungssituation gibt es zwei einander ausschließende Handlungsalternativen. (Beispiel: Eine Fundsache unterschlagen oder nicht unterschlagen)
2. Die Handlungsalternativen basieren auf zwei moralischen Forderungen oder Werten, die beide *für den Handelnden* maßgeblich sind und nicht durch eine übergeordnete(n) Forderung/Wert übertroffen werden. (Beispiel: Hilfeleistungen für Notleidende und Achtung des Eigentumsrechtes)
3. Die Entscheidungssituation ist weder fahrlässig noch absichtlich herbeigeführt worden. (Gegenbeispiel: Jemand verspricht zwei Menschen, die sich an unterschiedlichen Orten befinden, sie zur selben Zeit zu besuchen. Die von ihm selbst herbeigeführte Zwangslage ist dann nicht dilemmatisch.)

4. Der Handelnde ist im Prinzip in der Lage, den beiden moralischen Forderungen entsprechend zu handeln. (Beispiel: Der Handelnde ist mit seinen Mitteln in der Lage, Notleidenden zu helfen und auch das Eigentumsrecht zu achten. Gegenbeispiel: Ein gelähmter Rollstuhlfahrer steht nicht vor dem Dilemma ‚Selbstgefährdung versus Hilfestellung für einen Ertrinkenden', da er diesem nicht helfen kann.)
5. Der Handelnde kann in einer konkreten Entscheidungssituation nicht den für ihn maßgeblichen beiden Forderungen oder Werten gleichzeitig gerecht werden. (Beispiel: Er kann in einem spezifischen Entscheidungsfall nicht zugleich das Eigentumsrecht achten und Notleidenden effektiv helfen.)

Mit diesen Bedingungen für das moralische Dilemma grenzt sich Sellmaier von anderen Begriffsbestimmungen ab. *Eine* Abgrenzung wird im Folgenden aufgegriffen, *zwei* andere sollten aus didaktischen Gründen aufgeweicht werden.

In der fachwissenschaftlichen Diskussion wird zum Teil bestritten, ob es tatsächlich moralische Dilemmata gibt. Viele moralische Konflikte erwiesen sich als Scheinkonflikte, die sich bei genauerer Analyse der Situation und der moralischen Forderungen lösen ließen. Aber auch dort, wo dies nicht möglich zu sein scheint, bliebe letztlich kein wirklicher Widerspruch zwischen moralischen Anforderungen bestehen. Denn nach dem kantisch-ethischen Grundsatz, Sollen impliziert Können, könne es keine verbindliche Pflicht geben, der man nicht entsprechen könne. Eine Pflicht, die in einer bestimmten Situation keine Pflicht ist, ist eben keine Pflicht (vgl. Boshammer 2008, 152 f; Raters 2011, 128 ff.).

Eine solche Argumentation hält Sellmaier für problematisch. Die Existenz von echten Dilemmata ausschließen zu wollen, werde der Komplexität vieler ethisch relevanter Phänomene nicht gerecht und verbaue der Ethik Problemlösungschancen: „Die Annahme der Realität genuiner Dilemmata […] ist näher an den tatsächlichen, von uns ethisch zu untersuchenden Phänomenen und erlaubt uns eine Entwicklung von Theorien, einer *Ethik der Konflikte,* die besser für die Bewältigung unserer tatsächlichen Entscheidungsprobleme geeignet ist" (Sellmaier 2011, 55). Und die Annahme der Existenz von Dilemmata entspricht auch eher dem Vorverständnis der meisten Menschen und vor allem der meisten Schülerinnen und Schüler, die sich vielfältig in „Zwickmühlen" gefangen sehen. Sie sind aber gleichwohl aufgefordert, ein Dilemma auf seine mögliche Scheinhaftigkeit hin zu überprüfen.

Zu den moralischen Konflikten, die Sellmaier aus dem Bereich der Dilemmata ausschließen möchte, gehören ethische Dissense. Wenn etwa eine Fallbeurteilung unterschiedlich ausfällt, je nachdem, ob utilitaristische oder deontologische Prinzipien zugrunde gelegt werden, dann liege ein solcher Dissens vor, nicht aber ein moralisches Dilemma. Dieses beziehe sich immer auf *eine* ethische Grundtheorie. Zu einer besonderen Form des Dissenses gehören folgende:

„Bei Rollenkonflikten, denen einzelne Individuen aufgrund ihrer Zugehörigkeit zu verschiedenen kulturell differenzierten Teilgemeinschaften einer Gesellschaft ausgesetzt sind, handelt es sich um den auf den Einzelfall spezifizierten ethischen Dissens. In pluralen Gesellschaften kommt es zu einer Häufung dieser individuellen Rollenkonflikte" (ebd. 11).

Begrifflich mögen solche Rollenkonflikte sinnvoll als Dissense zwischen zwei Theorien gefasst werden, aus der Perspektive des ganzheitlichen *Erlebens* vor allem jüngerer Akteure sollten sie unter didaktischen Gesichtspunkten als Dilemmata im weiteren Sinne gelten können.

Aus derselben Perspektive folgt für didaktische Zwecke eine noch gravierendere Erweiterung des Dilemmabegriffs. Sellmaier zählt – sicherlich in Übereinstimmung mit den meisten Moralphilosophen – Kollisionen „zwischen moralische[n] Forderungen mit dem Selbstinteresse eines Akteurs […] nicht zu dem Bereich moralischer Dilemmata" (ebd. 49). Welche Gegenüberstellung hier gemeint ist, soll an zwei ähnlichen, im entscheidenden Punkt aber divergierenden Situationen illustriert werden. Sie werden ausführlich zitiert, da sie auch zur ethischen Reflexion innerhalb und außerhalb von Dilemmadiskussionen in der Schule geeignet sind.

Der Moralphilosophie Kurt Bayertz stellt eine Entscheidungssituation des fiktiven Herrn „Müller" der des ebenso erfundenen Herrn „Meier" gegenüber:
„Beide Geschichten haben ihren Ausgangspunkt in der Suche nach einem Parkplatz in einer Tiefgarage. [...]
Der Held unserer ersten Geschichte (nennen wir ihn Müller) ist nach einigem Suchen froh, in der hintersten Reihe des untersten Stockwerks noch einen freien Platz gefunden zu haben. Beim Aussteigen findet er eine auf dem Boden liegende Brieftasche. Ihr Inhalt besteht aus mehreren tausend Euro sowie der Visitenkarte des Besitzers: Es handelt sich um einen stadtbekannten Immobilienspekulanten. Müller weiß natürlich, daß er die Brieftasche ‚eigentlich' ihrem Besitzer zurückgeben sollte; dennoch zögert er. Der Grund seines Zögerns liegt darin, daß er sich seit langem für die Belange der Dritten Welt engagiert. Gegenwärtig sammelt er im Rahmen eines örtlichen Solidaritätskomitees *Hilfe für Afrika* Geld für den Bau einer Meerwasserentsalzungsanlage in einem afrikanischen Dorf; diese Anlage würde etlichen Familien einen ausreichenden Lebensunterhalt als Bauern ermöglichen. Müller weiß nun, daß die in der Brieftasche enthaltene Summe ausreichen würde, die Anlage zu finanzieren; daß andererseits der Verlust einiger tausend Euro dem Immobilienspekulanten nicht sonderlich weh tun würde" (Bayertz 2004, 14).

„Auch in ihr [der zweiten Geschichte, K.B.] findet jemand (nennen wir ihn Meier) an der dunkelsten Stelle der Tiefgarage die wohlgefüllte Brieftasche eines reichen Immobilienspekulanten. Auch Meier kennt die grundsätzliche moralische Verpflichtung, Gefundenes zurückzuerstatten; und auch er zögert. Der Grund für sein Zögern unterscheidet sich allerdings von dem Müllers. Er möchte nämlich seit langem einen Urlaub in einem komfortablen Golfhotel auf den Bahamas verbringen, von dem ihm betuchte Freunde vorgeschwärmt haben. Die gefundene Summe würde ausreichen, diesen Urlaub zu finanzieren" (ebd. 18).

Müller befindet sich in einem moralischen Dilemma, das den Bedingungen von Sellmaier entspricht, erkennbar an den oben den Bedingungen beigefügten Beispielen. Meier nicht, er weiß genau, was moralisch geboten ist. Insofern braucht er sich nicht zu entscheiden. Er befindet sich nicht in einem Konflikt *innerhalb* einer Moral, sondern *mit* der Moral. Sein Zwiespalt ist der zwischen Moral und Eigeninteresse.

Die Psychologin Monika Keller beklagt in ihrem Forschungsgebiet die Nicht-Berücksichtigung von Dilemmata, „in denen moralische Verpflichtungen mit egoistischen Neigungen im Konflikt stehen und eigene Interessen zu Gunsten der Bedürfnisse anderer zurückgestellt werden müssen. [...] Dieser Typ von moralischen Dilemmata hat in der entwicklungspsychologischen Forschung unverdient wenig Beachtung gefunden, obwohl solche Konflikte im Alltagshandeln allgemein und insbesondere bei Kindern und Jugendlichen sehr häufig sind" (Keller 2001, 112; vgl. Rolf 2014). Was für die Erforschung der moralischen Motivation billig ist, die Berücksichtigung dieser Art von Dilemmata, sollte auch für Dilemmadiskussionen als Methode des philosophischen Unterrichts recht sein, vor allem dann, wenn die Schülerinnen und Schüler noch so jung sind, dass ihr moralischer Horizont den des eigenen Ichs noch nicht sehr weit übersteigt, also – in Termini Kohlbergs – die Urteilsniveau noch präkonventionell ist.

Zur Erinnerung: Kohlberg unterscheidet zwischen dem *präkonventionellen* Urteilsniveau mit der Orientierung an Gehorsam, Strafe und Autorität (1. Stufe) oder individuellem Austausch von Interessen (2. Stufe), dem *konventionellen* Urteilsniveau mit der Orientierung an der sozialen Gruppe im Nahbereich (3. Stufe) oder der Gesellschaft im ganzen (4. Stufe) sowie dem *postkonventionellen* Niveau mit der Orientierung am revidierbaren Sozialvertrag (5. Stufe) oder der Orientierung an universalen Prinzipien bzw. dem dies berücksichtigenden Gewissen (6. Stufe) (vgl. Kohlberg 1976; Raters 2011, 11-16).

Im Sinne der vorgeschlagenen Erweiterung des Dilemmabegriffs empfiehlt auch der Philosophiedidaktiker Pfeifer für die inhaltliche Gestaltung des Dilemmas, man „sollte sich an der Stufenzughörigkeit der Schüler orientieren: Befinden sie sich zwischen Stufen 1 und 2, dann sollte in dem zur Diskussion stehenden Dilemma der Konflikt zwischen den eigenen Bedürfnissen und den Interessen anderer im Mittelpunkt stehen (z. B. selbstbezogener Spaß vs. Gehorsam gegenüber Autoritäten)" (Pfeifer 2013, 316).

Zusammenfassend ergibt sich folgendes Bild: Das begriffliche Spektrum von Dilemma umfasst an einem Pol alle möglichen Zwangslagen und auf der entgegen gesetzten Seite ist das Begriffswort so eng gefasst, dass dem so Begriffenen alle Realität abgesprochen wird. Diese Extreme bleiben für die folgenden Erwägungen unberücksichtigt. Der fachphilosophisch begründete Begriff des moralischen Dilemmas nach Sellmaier – zwischen diesen Extremen verortet – soll aber unter didaktischen Gesichtspunkten erweitert werden um Rollenkonflikte wie auch um Situationen des Zwiespalts zwischen moralischen Forderungen und egoistischen Neigungen. Als Dilemma für Dilemmadiskussion soll daher – einfach formuliert – gelten, eine „konflikthafte Situation, in der sich unvereinbare Interessen und Werte gegenüberstehen und jede Handlungsmöglichkeit falsch zu sein scheint" (Brauer, Blesenkemper et al. 2009, 102). Diese für Schülerinnen und Schüler formulierte Definition entspricht der hier geforderten Weite und motiviert zudem auch zu genauerer Untersuchung, da der ‚Schein' ja trügen könnte.

Warum und wozu Dilemmadiskussionen?

Eine der vier Kantischen Fragen, nämlich die *ethische* Grundfrage lautet: „Was soll ich tun?". In dilemmatischen Ent-scheidungssituationen wird sie individualisiert und konkretisiert zu: „Was soll ich bloß in dieser Situation tun? Wie soll ich mich hier nur entscheiden?". Dilemmasituationen sind somit ethische relevante Probleme par exellence – ein erster, fachphilosophischer Grund, sie im philosophischen Unterricht zur Diskussion zu stellen.

Moralische Konflikte, auch moralische Dilemmata, vor allem wenn sie – wie hier vorgeschlagen – weiter gefasst werden, begegnen uns allüberall. Sie gehören zur alltäglichen Erfahrungswelt auch und gerade jüngerer Menschen. Solche Alltagskonflikte von Schülerinnen und Schülern können in zweifacher Weise im Unterricht zum Gegenstand werden: entweder ihrer Struktur nach, insofern sie sich als moralische Dilemmata (mehr oder weniger beliebigen Inhalts) erweisen, oder strukturell *und* inhaltlich als konkrete Dilemmata der Lernenden selbst. In beiden Fällen – im zweiten mehr als im ersten – werden die Schülerinnen und Schüler die Erfahrung machen: tua res agitur. Dass es mit Dilemmata in vielen Fällen um die ureigenen Angelegenheiten der Schülerinnen und Schüler selbst geht, ist ein zweiter, motivationaler Grund, sie im Unterricht zu diskutieren.

Nicht zu wissen, was man tun soll, stellt eine Verunsicherung dar, einen kognitiven Konflikt (vgl. Henke in diesem Band). Vor allem für junge Menschen sind solche Perturbationen Anlässe und Quellen der Erweiterung ihrer kognitiven Fähigkeiten. Schon der Schweizer Entwicklungspsychologe Jean Piaget (1896 – 1980) hatte mögliche Lernzuwächse als ein Wechselspiel von Assimilation und Akkomodation des Subjekts im Hinblick auf Begegnendes in der Welt begriffen. Wenn etwas nicht in die Strukturen der im Subjekt etablierten Denkweise passt, kann das Subjekt versuchen, das Neue für sich passend zu machen (Assimilation), wird häufig aber dazu bewogen werden, umgekehrt die eigenen Strukturen angesichts des Neuen anzupassen (Akkomodation). Dies aufgreifend ging auch Kohlberg davon aus, dass die Begegnung mit Dilemmasituationen junge Menschen in der Weise verunsichert, dass sie genötigt sind, eine etablierte und bewährte Urteilsweise infrage zu stellen und eine neues, differenzierteres Beurteilungsschema zu erproben. Dilemmata können und müssen so zur Erweiterung der Urteilsfähigkeit beitragen. Sie ermöglichen Lernenden, auf einer höheren Stufe des Argumentationsniveaus im Sinne Kohlbergs moralische Probleme anzugehen (vgl. Rolf 2014). Der dritte Grund, sie im Unterricht zu diskutieren, ist somit entwicklungs- und lerntheoretischer Provenienz.

Mit der Dilemmamethode werden folglich hohe Erwartungen verbunden. Pfeifer nennt bezüglich der durch sie erweiterbaren Kompetenzen nicht weniger als sechs Teilbereiche:

1. „*Selbstreflexion:* Die Schüler werden sich ihrer Werthaltungen bewusst.
2. *Empathie:* Die Schüler fühlen sich durch Perspektivenwechsel in fremde Wahrnehmungen, Einstellungen ein.
3. *Kommunikation:* Die Schüler verbalisieren ihre Positionen, nehmen andere auf und setzen sich damit auseinander.
4. *Argumentation:* Die Schüler untersuchen Gründe auf ihre Relevanz und Triftigkeit. Sie setzen Prioritäten und nehmen Güterabwägungen vor. Sie urteilen kontextsensitiv, indem sie die Besonderheiten des Einzelfalls berücksichtigen. Sie suchen konstruktiv nach Lösungen und entwickeln moralische Phantasie.
5. *Argumentierhaltung:* Die Schüler entwickeln eine rationale Argumentierhaltung. Sie werden sich bewusst, einer rationalen Diskursgemeinschaft anzugehören, in der ein ‚milder Zwang des besseren Arguments' herrscht.
6. *Ambiguitätstoleranz:* Die Schüler lernen, mit Zweideutigkeiten, Widersprüchen und Aporien umzugehen" (Pfeifer 2013, 318).

Lawrence Kohlberg und sein Schüler Georg Lind sind auch aufgrund entsprechender empirischer Untersuchungen überzeugt, dass die Dilemmadiskussionen zu einer signifikanten Steigerung der moralischen *Urteils*fähigkeit führen (vgl. Rolf 2014). In diesem Sinne gelte: „Moral ist lehrbar" (Lind 2009). Aber moralische *Urteils*fähigkeit und die Fähigkeit zu moralischem *Handeln* fallen nicht per se zusammen (vgl. Kohlberg 1984). Doch entsprechende Einflüsse gebe es durchaus. Lind verweist auf ein Experiment, bei dem zwei Probandengruppen bezüglich ihrer Bereitschaft getestet wurden, in einer Notsituation schnell zu helfen. In beiden Gruppen war die Haltung, ggf. helfen zu *wollen*, nahezu gleich ausgeprägt. Die Gruppen unterschieden sich aber hinsichtlich des Niveaus der Urteilsfähigkeit. Die Gruppe mit höherem Urteilsniveau (im Sinne Kohlbergs) war deutlich *schneller* in der Lage zu helfen als die Kontrollgruppe. Warum? – „Der offenkundigste Unterschied zwischen beiden Gruppen bestand darin, dass diejenigen, die schließlich etwas unternahmen, es schneller schafften, die widerstreitenden Überlegungen zu klären und zu einer Entscheidung zu kommen, als die Gruppe, die regungslos sitzen blieb. Ihr Nichtstun war offenbar nicht die Folge einer bewussten Entscheidung gegen das Helfen auf Grund antisozialer Motive, sondern die Folge einer Unfähigkeit, die inneren Dilemmas zu lösen, die durch den Vorfall [der plötzlichen Konfrontation mit einer Notsituation im psychologischen Experiment, K.B.] ausgelöst wurden" (Lind 2009, 57). Insofern könnten Dilemmadiskussionen sogar dazu beitragen, prosoziales Verhalten zu fördern.

In der kritischen Diskussion und Revision des Ansatzes von Kohlberg weist Marie-Luise Raters in eine Richtung, welche die von Pfeifer genannte vierten Kompetenz (s.o.) genauer entfaltet. Unter anderem von Habermas angeregt, der dem richtigen moralischen Urteil als notwendige weitere Kompetenz eine „praktische Klugheit bei der Regelanwendung" und die Fähigkeit zur „kontextsensitiven Anwendung allgemeiner Normen" (Habermas 1983, 193 f.) an die Seite stellt, plädiert Raters für eine neue siebte Stufe des Kohlbergschemas. Gemäß dieser seien Menschen in der Lage, für einen „situativ begründeten[.] Prinzipienverstoß" (Raters 2011, 87) argumentativ einzutreten. Ein Denken auf dieser Stufe sei von Erfahrungen geprägt, „dass es Situationen geben kann, in denen ein Verstoß gegen etablierte moralphilosophische Prinzipien moralisch geboten ist, obwohl der Akteur weiß, dass es generell nicht erstrebenswert ist, die jeweiligen Moralprinzipien im Sinne eines moralischen Nihilismus ganz aufzugeben oder im Sinne eines moralischen Relativismus infrage zu stellen" (ebd.).

Auch Günther Ortmann verweist in seinen organisationssoziologischen Erwägungen auf Habermas' These, dass Regeln mit Anwendungsproblemen verbunden seien, verlangt aber mehr, vielleicht sogar mehr als Raters:

„Daß die Anwendung von Regeln paradoxerweise ihre regelmäßige Verschiebung, Veränderung, Ergänzung, Ersetzung und Verletzung *impliziert* […], finde ich dort [bei Habermas und seinen Nachfolgern, K.B.] nicht energisch thematisiert" (Ortmann 2003, 137).

Erst der Einbezug der Regelverletzung, die „Inklusion des Chaos in das Reich der Ordnung stabilisiert die Ordnung" (ebd. 189). Dies erfordert somit als kontextsensitive neue Kompetenz die „Regelverletzungskompetenz" (ebd. 204). Wie sie von Lehrern zur Geltung gebracht werden muss und gebracht wird, zeigt Ortmann eindrucksvoll (vgl. ebd.). Man wird sie auch für Schülerinnen und Schüler als „praktische Klugheit" zu einer förderungswürdigen Kompetenz erklären dürfen.

Im Sinne eines energischen Plädoyers für eine Förderung einer so verstandenen Regelverletzungskompetenz bei Schülerinnen und Schülern – auch durch Dilemmadiskussionen – scheint mir Raters argumentieren zu wollen:

„Für mein Plädoyer für eine Erweiterung von Kohlbergs Stufenfolge um eine 7. Stufe des situativ begründeten Prinzipienverstoßes führe ich vor allem das normative Argument ins Feld, dass es in meinen Augen nicht zu verantworten wäre, wenn in unseren Schulen puristische Prinzipienmoralisten ‚herangezüchtet' würden" (Raters 2011, 95).

Verlaufspläne für Dilemmadiskussionen

Bevor ich auf Verlaufspläne eingehe, zunächst noch einige Bemerkungen zur *Auswahl* des zu diskutierenden Dilemmas: Aus oben bereits erwähnten motivationalen Gründen sind vor allem Dilemmata geeignet, die eine Nähe zur Lebenswelt der jeweiligen Schülerinnen und Schüler aufweisen (vgl. Rolf 2014, Goergen in diesem Band). Die erwähnten Sammlungen entsprechen dem in der Regel. Sie sind auch so gestaltet, dass eine Entscheidung schwer fällt und sich meist die Gesamtlerngruppe tendenziell in zwei gleichgroße Untergruppen (Pro- und Contra-Gruppen) aufteilt.

Kaum geeignet ist das berühmteste Dilemma in der Geschichte der Dilemmamethode, das Heinz-Dilemma von Kohlberg. Als rein hypothetisches Dilemma hat es mit deutschen Verhältnissen und erst recht mit den Lebensumständen junger Menschen in Deutschland nichts zu tun. Es sollte daher, wie Raters mit Recht fordert, aus didaktischen Gründen „in den längst verdienten Ruhestand geschickt werden" (Raters 2011, 29). Der Lebensweltbezug eines Dilemmas ist dann sicherlich nicht verfehlt, wenn es nicht nur als in die Lebenswelt junger Menschen eingepasst gedacht werden kann, sondern wenn es *direkt aus ihr stammt* (vgl. das zum Abschluss vorgestellte Spiel in diesem Beitrag).

Hinsichtlich des generellen Ablaufschemas einer Dilemmadiskussion, für die eine Lehrkraft nach Möglichkeit 90 Minuten einplanen sollte, herrscht unter Didaktikern im Prinzip weitgehend Einigkeit. Je nach Differenzierungsgrad in der Darstellung skizzieren oder entfalten sie drei bis neun ggf. wieder unterteilte Unterrichtsschritte (MPI-MS 2008; Pfeifer 2013, 190; Piel 2009, 6; Rolf 2014, erläutert mit dem oben zitierten Müller-Dilemma von Bayertz; Raters 2011, 17 f; Mutzbauer 2006, 5 f; Lind 2009, 133, vgl. 83-85; weitere Schemata in Kuld, Schmid 2001, 151-158).

Im Folgenden orientiere ich mich am Vier-Schritt-Schema von Pfeifer (2013, 190) und füge unter Berücksichtigung der anderen Vorschläge Erläuterungen, Ergänzungen und Differenzierungen hinzu:

1. „Konfrontation mit einem moralischen Dilemma"
   Die Schülerinnen und Schüler lernen das ausgewählte Dilemma kennen, indem die Lehrkraft es vorträgt oder sie selbst den entsprechenden Text in Einzelarbeit gründlich lesen. Kennenlernen heißt hier auch, dass sich eine kürzere Unterrichtsphase anschließt, in der gemeinsam der Kern des moralischen Problems herausgearbeitet wird, so dass allen das Dilemmatische klar vor Augen steht. Insbesondere gilt es zu klären, welche Normen, Werte und Interessen sich hier ‚beißen'.
2. „Festlegung einer ersten Position"
   Dem Zwang, sich für ein ‚Übel' entscheiden zu müssen, wollen sich erfahrungsgemäß nicht alle Schülerinnen und Schüler unterwerfen. Sie suchen nach Auswegen oder Kompromissen. Die Lehrperson muss hier

aber um der Klarheit willen auf der Struktur des Entweder-Oder beharren und kann allerfalls mögliche Differenzierungen für spätere Diskussionen in Aussicht stellen.
Dieser erste Schritt dient dazu, dass die Lernenden im Sinne der 1. von Pfeifer genannten Kompetenz sich ihrer Werthaltungen bewusst werden. Außerdem wird so die Chance eröffnet, klarer zu erkennen, ob sich die Einstellung durch den diskursiven Prozess (vgl. 4. Schritt) ändert.
Diese erste Abstimmung sollten nach Lind zunächst mit geschlossenen Augen erfolgen, damit gruppendynamische Einflüsse auf die eigene Entscheidung weitgehend ausgeschlossen werden. Für die weitere Diskussion muss aber allen klar sein, wer welche Position vertritt.

3. „Überprüfen der Positionen und ihrer Begründungen"
Dies ist der diskursive Kern einer Dilemmadiskussion, die in Kleingruppenarbeit erfolgen sollte. Die Gruppen können arbeitsgleiche Aufgaben erhalten und sind bezüglich der vorläufig eingenommenen Positionen heterogen zusammengesetzt. In diesem Fall erörtert jede Gruppe den Gesamtkomplex des Dilemmas mit Pro- und Contrabegründungen.
Nach Lind ist es erfolgversprechender, wenn die Gruppen positionshomogen zusammengesetzt sind. Pro- und Contra-Gruppen sammeln zunächst für sich die Argumente. Im nächsten Schritt werden sie vor allem dadurch geprüft, dass sie mit Argumenten hierarchisiert werden. Die Ergebnisse werden für alle sichtbar notiert. Dann folgt nach Lind ein wie mir scheint besonders wichtiger Teilschritt: Die Untergruppen wenden sich den Argumenten der *Gegen*position zu und versuchen diese in eine Rangordnung zu bringen. Auf diese Weise werden Perspektivwechsel und fruchtbare Irritationen gefördert (vor allem 2. und 5. Kompetenz nach Pfeifer).
Nach diesem Teilschritt erfolgt im Plenumsgespräch ein Austausch zwischen allen Gruppen. Lind votiert für eine Ermutigung von Minderheitenmeinungen; Piel plädiert für das „Fällen einer gemeinsamen Entscheidung". Dies mag in manchen Fällen möglich sein, eine Konsensfindung sollte bei Dilemmata aber nicht obligatorisch sein.

4. „Nachdenken über die eigene Position (Stellungnahme und Auswertung)"
Am Ende des Diskurses steht die Reflexion, die Rück-Beugung des lernenden Subjektes auf sich selbst. Jede(r) einzelne sollte auf der Basis der vorgebrachten und bewerteten Argumente zu einer definiten Position finden, diese in einer Schlussabstimmung bekunden und mit der vorläufigen (2. Schritt) vergleichen.
Die dann noch von manchen vorgeschlagene Nachbesprechung kann sich auf einzelne Aspekte des Dilemmas, mögliche (Teil-)Auswege und/oder auf die Methode beziehen.

Zwei Spielerische Varianten von Dilemmadiskussionen

Das *Gefangenen-Dilemma* (vgl. Bayertz 2004, 147-155), das hier im Detail nicht entfaltet werden kann (vgl. Spiegel in diesem Band), spielt eine wichtige Rolle in der Diskussion um Möglichkeiten und Grenzen kooperativer Handlungen von Akteuren, die am eigenen Interesses orientiert sind. Seine Bedeutung gewinnt es dadurch, dass es eine Struktur abbildet, „die sich in vielen ansonsten sehr unterschiedlichen Handlungssituationen wiederfinden läßt" (ebd., 150). So gelingt es auch Piel (2009, 94) eine solche Handlungssituation aus der Schülerlebenswelt für ihre Dilemmata-Vorschläge auszugestalten. Es kann dann im Sinne der oben umrissenen Ablaufpläne diskutiert werden.

Das Gefangenen-Dilemma ist aber auch im Original aufschlussreich und diskussionswürdig. Seine Tragweite kommt nach meinen Erfahrungen dann besonders gut zur Geltung, wenn es im Unterricht nicht nur diskutiert, sondern *simulierend gespielt* wird. Demnach sollen zwei Schüler bzw. Schülerinnen sich in die Situation versetzen, als ‚Gefangene', durch eine wirksame Sichtblende getrennt und schweigend an Tischen sitzend, eine Entscheidung treffen zu müssen. Jede(r) nimmt zunächst die Dilemmasituation in

Textform zur Kenntnis, überlegt und soll dann durch entsprechend beschriftete Karten nur den Mitschülern, die auch den Dilemmatext kennen, gegenüber bekunden, ob sie oder er die für dieses Dilemma angenommene Straftat ‚gesteht' oder ‚leugnet'. In einer weiteren Phase können dann Entscheidungs*gründe* genannt, erläutert und hinsichtlich der allgemeinen Konsequenzen für Kooperationsfragen diskutiert werden. Die dürre Matrix für mögliche Entscheidungskombinationen beim Gefangenen-Dilemma (vgl. Bayertz 2004, 148) wird auf diese Weise mit Leben gefüllt. Schülerinnen und Schüler spüren gleichsam am eigenen Leibe oder als Mitschüler in Empathie mit den ‚Gefangenen', dass eine rein egoistische Entscheidung zu suboptimalen Ergebnissen führt und andererseits kooperatives Verhalten risikoreich ist.

„Deine Klassenkameradin hat Mundgeruch. Sagst du es ihr? – „Du stehst mit deiner Clique zusammen und redest. Dann kommt ein Mädchen, was ihr alle nicht mögt. Lasst ihr sie mitreden?" – „Du hast heimlich die Lieblingsbluse deiner Schwester getragen und kaputt gemacht. Hängst du sie heimlich zurück, ohne etwas zu sagen?" – „Eine Freundin gibt dir ihre Philomappe, da dir einige Sachen fehlen. Ihre Mappe ist perfekt. Sie kommt kurzfristig ins Krankenhaus. Gibst du ihre Mappe als deine ab?" – „Dein Freund will von dir Geld ausleihen. Du weißt, dass er es nicht zurückgeben kann, weil er ganz viele Schulden hat. Gibst du ihm trotzdem das Geld?" – „Du siehst auf der Straße ein Mädchen, das von drei Skinheads bedrängt wird. Hilfst du ihr?"

Dies ist eine kleine Auswahl von Dilemmata von Schülerinnen und Schülern der Sek. I. Sie sind notiert auf Karten des Spiels „Wie soll ich mich entscheiden?". Es handelt sich um ein Dilemmaspiel, das Schülerinnen und Schüler ohne großen Aufwand weitgehend selbst entwickeln und im Unterricht spielen können (Spielregeln und Druckvorlagen für die Spielkarten in Blesenkemper 2014b). Der Kerngedanke des Kartenspiels ist folgender: Schülerinnen und Schüler sammeln eine Reihe von Dilemmata aus ihrem Alltag und notieren sie auf Fragekarten. Im Spiel in einer Gruppe von bis zu zehn Schülerinnen und Schülern wird jeweils ein Dilemma von einem Mitspieler (a) vorgelesen, so dass sich alle damit gedanklich auseinandersetzen müssen. Ein weiterer Mitspieler (b) muss laut eine begründete Entscheidung zu einer solchen Dilemma-Frage bekanntgeben. Er hat dazu drei Antwortmöglichkeiten „Ja", „Nein" oder „Es kommt darauf an". Im Falle der letzten Antwort muss angegeben werden, worauf es ankommt. Hier ist besondere Kontextsensitivität gefordert. Alle Antworten müssen begründet werden. Es geht also auch um Argumentationskompetenz. Der Mitspieler (a) beweist besondere Menschenkenntnisse bzw. Empathie, wenn er die Antwort von (b) vorausgeahnt hat, d. h. wenn er ihn mit der richtigen Antwortkarte vorab verknüpft hat. In diesem Falle hat er formal den Spielzug gewonnen. In der Risikovariante des Spiels kann jeder Spieler die gegebene Antwort von (b) anzweifeln und eine kurze Dilemmadiskussion initiieren.

Der von Schülerinnen und Schüler bestätigte Reiz des Spiels besteht vor allem darin, dass es ‚ihre' Dilemmata sind, mit denen sie sich spielerisch auseinandersetzen. Außerdem sind sie auch schon bei der Vorbereitung kreativ. In mehreren Lerngruppen eingesetzt, wächst im Laufe Zeit der Stapel der Fragekarten, so dass das Spiel immer abwechslungsreicher wird und in mehreren Untergruppen gleichzeitig gespielt werden kann.

Wenn es richtig ist, dass Werteerziehung verstanden als Klärung von und selbsttätiger Auseinandersetzung mit divergierenden Werten auf die Konfrontation mit Beispielen, Beispielen und nochmals Beispielen angewiesen ist, könnte dieses Spiel dazu ein Beitrag leisten (vgl. Blesenkemper 2014a).

Literatur

Bayertz, K.: *Warum überhaupt moralisch sein?*, München 2004.

Blesenkemper, K.: „Werteerziehung? – An Beispielen!", in: *Lernchancen 102*, Heftteil: *Unterricht – Werteerziehung im Ethikunterricht*, hrsg. von K. Blesenkemper, Velbert 2014a, 2-5.

Blesenkemper, K.: „‚Wie soll ich mich entscheiden?' – Dilemmata diskutieren mithilfe eines Spiels", in: *Lernchancen 102*, Heftteil: *Unterricht – Werteerziehung im Ethikunterricht*, hrsg. von K. Blesenkemper, Velbert 2014b, 25-27.

Boshammer, S.: „Von schmutzigen Händen und reinen Gewissen – Konflikte und Dilemmata als Problem der Ethik", in: Ach, J. S.; Bayertz, K.; Siep, L. (Hg.): *Grundkurs Ethik*, Bd. 1., Paderborn 2008, 143-161.

Brauer, L.; Blesenkemper, K. u. a.: *Leben leben 2, Schulbuch für Praktische Philosophie und Ethik für Klasse 7-9 an Gymnasien und 7-10 an Real- und Gesamtschulen*, Stuttgart 2009.

Cohen, M.: *99 moralische Zwickmühlen. Eine unterhaltsame Einführung in die Philosophie des richtigen Handelns* [2001], übersetzt von R. Seuß und T. Woltermann, Frankfurt am Main, New York 2004.

Habermas, J.: „Moralbewußtsein und kommunikatives Handeln", in: ders.: *Moralbewußtsein und kommunikatives Handeln*, Frankfurt am Main 1983, 127-206.

Keller, M.: „Moral in Beziehungen. Die Entwicklung des frühen moralischen Denkens in Kindheit und Jugend", in: Edelstein, W.; Oser, F.; Schuster, P. (Hg.): *Moralische Erziehung in der Schule. Entwicklungspsychologie und pädagogische Praxis*, Weinheim, Basel 2001, 111-140.

Kohlberg, L.: „Moralstufen und Moralerwerb" [1976], in: ders.: *Die Psychologie der Moralentwicklung*, hrsg. von W. Althof, Frankfurt am Main 2010, 123-174.

Kohlberg, L.: „Die Beziehung zwischen moralischen Urteil und moralischen Handeln (mit Daniel Candee)" [1984], in: ders.: *Die Psychologie der Moralentwicklung*, hrsg. von W. Althof, Frankfurt am Main 2010, 373-497.

Kuld, L.; Schmid, B.: *Lernen aus Widersprüchen. Dilemmageschichten im Religionsunterricht*, Donauwörth 2001.

Lind, G.: *Moral ist lehrbar. Handbuch zur Theorie und Praxis moralischer und demokratischer Bildung*, München 2009.

Max-Planck-Institut für molekulare Biomedizin Münster (MPI-MS): *zellux.net. Das Themenportal*, URL: http://www.zellux.net/m.php?sid=208&page=1 (aufgerufen am 28.09.2014).

Mutzbauer, M.: *Dilemmageschichten. Ethik Jahrgangsstufe 5-10*, München 2006.

Ortmann, G.: *Regel und Ausnahme. Paradoxien sozialer Ordnung*, Frankfurt am Main 2003.

Pfeifer, V.: *Didaktik des Ethikunterrichts. Bausteine einer integrativen Wertevermittlung*, Stuttgart 2013.

Piel, L: *Wie soll ich mit entscheiden? Dilemmageschichten mit Arbeitsanregungen für Jugendliche*, Mülheim an der Ruhr 2009.

Raters, M-L.: *Das moralische Dilemma im Ethik-Unterricht. Moralphilosophische Überlegungen zur Dilemma-Methode nach Lawrence Kohlberg*, Dresden 2011.

Rolf, B.: „Dilemmadiskussion. Ein Weg der Werteerziehung", in: *Lernchancen 102*, Heftteil: *Unterricht – Werteerziehung im Ethikunterricht*, hrsg. v. Blesenkemper, K., Velbert 2014, 18-25.

Sellmaier, S.: *Ethik der Konflikte. Über den angemessenen Umgang mit ethischem Dissens und moralischen Dilemmata*, Stuttgart 2011.

Zoglauer, T.: *Tödliche Konflikte. Moralisches Handeln zwischen Leben und Tod*, Stuttgart 2007.

2.3 Gedankenexperimente

Helmut Engels

Adressaten

Jugendlichen und vor allem auch Kindern fällt es nicht schwer, sich auf Gedankenexperimente einzulassen. Sie sind noch nicht wie viele Erwachsene auf das Faktische fixiert. Sie können noch Gedankenreisen machen und sich eine Welt ausdenken, die mit der Realität nicht viel gemeinsam hat. Fantasy und Sciencefiction tun ein Übriges, dass sie sich mit dem bloß Möglichen, mit dem Unwahrscheinlichen oder sogar mit dem Unmöglichen beschäftigen, und dies mit Lust. Gedankenexperimente sind aber nicht bloß luftige Gedankengebilde, erst recht keine eskapistischen Spielereien, vielmehr haben sie einen harten Kern, der mit bloßem Tagträumen nichts zu tun hat.

Was sind Gedankenexperimente?

Vorläufiges

Das Gedankenexperiment besteht in dem Versuch, auf der Grundlage kontrafaktischer Vorstellungen philosophisch relevante Erkenntnisse zu gewinnen oder zu vermitteln. Hiermit kompatibel ist die Formulierung: Gedankenexperimente sind wohldurchdachte Was-wäre-wenn-Überlegungen, die dem Erkenntnisgewinn im Zusammenhang mit philosophischen Fragen dienen. Solche mentalen Experimente gibt es in der Philosophie seit der Antike. Eine besondere Bedeutung haben sie in der analytischen Philosophie der Gegenwart gewonnen. Entsprechend modifiziert kommen sie auch in der Physik und in der Geschichtswissenschaft vor, man denke – was letztere angeht – an die kontrafaktische oder experimentelle Geschichte.

Die Fragen, zu deren Beantwortung Gedankenexperimente beitragen sollen, sind im Philosophieunterricht solche, die den Disziplinen der Philosophie zuzuordnen sind, aber auch der Philosophie als Lebensform. Hin und wieder sind sie ein Mittel, um Staunen zu erzeugen, etwa bei der Betrachtung von scheinbar Selbstverständlichem, das durch das Experiment seiner Selbstverständlichkeit entkleidet wird.

Im Folgenden wird die akademische Diskussion über Wert und Reichweite des Gedankenexperiments ausgeklammert. Vielmehr geht es ausschließlich um einen für den Philosophie- und Ethikunterricht relevanten Begriff dieses Verfahrens und seine Anwendung und Vermittlung im Unterricht.

Strukturmomente des Gedankenexperiments
Idealtypisch dargestellt haben Gedankenexperimente folgende Strukturmomente (Engels 2004):

1. Zum Gedankenexperiment gehört eine Versuchsanordnung. Sie besteht aus einer oder mehreren Annahmen. „Annahme" bedeutet hier nicht Vermutung oder Hypothese, sondern eine bloße Vorstellung wie in dem Satz „Nehmen wir einmal an, dass morgen die Welt untergeht". Die sprachlichen Einleitungen solcher Annahmen sind variabel, sie lauten z. B.: – *Angenommen, man könnte ..., – Gesetzt, man habe ..., – Gehen wir einmal davon aus, dass ...* oder: – *Stellt euch vor, X wollte ...* Diese Annahmen könnten stets auch in einem Wenn-Satz ausgedrückt werden: – *Wenn X nun die Eigenschaften c, d und e hätte, ...*
Die Annahmen des Gedankenexperiments werden nicht, wie das bei Vermutungen oder Hypothesen der Fall ist, auf ihre Berechtigung oder Gültigkeit hin befragt. Sie sind vielmehr Katalysatoren, die bestimmte Gedanken in Gang setzen. Sie werden nur verändert, wenn sie als Katalysatoren nicht taugen.
Die Versuchsanordnung kann aus einem einzigen Satz bestehen.
Beispiel: „Nehmen wir einmal an, ein Wissenschaftler hätte eine Substanz erfunden, die irdische Unsterblichkeit verleiht." Sie kann auch höchst komplex sein. Searles „Das Chinesisches Zimmer" etwa enthält eine ganze Liste von Prämissen (in: Freese 1995, 139 ff.) Es heißt da: *„Nehmen wir an, dass ..., Nehmen wir weiter an, ... Nehmen wir nun weiterhin an, dass ... Nehmen wir nun auch noch an ... Nun stellen wir uns vor, dass ... Und so weiter.*
Man kann solche Annahmen auch als die „Prämissen" des Gedankenexperiments oder als seine „Basis" bezeichnen. Sinnvoll ist oft auch die Bezeichnung „hypothetisches Szenario". Der Begriff „Versuchsanordnung" macht deutlich, dass es um ein Experiment geht, mit dem man etwas herausfinden möchte. Dass es sich beim Gedankenexperiment um ein Experiment handelt, ist umstritten, insofern es lediglich als besondere Form der Argumentation aufgefasst wird. Für den Philosophie- und Ethikunterricht ist aber gerade der Experimentcharakter von Bedeutung, da die Schülerinnen und Schüler so zu Eigenaktivität und Selbstdenken angeregt werden.

2. Der Versuchsanordnung folgt die Versuchanweisung. Denn eine bloße Versuchsanordnung sagt noch nichts Genaues über ihre Verwendung. Ich muss wissen, was ich mit dem Vorgestellten tun muss, welche Operationen ich durchzuführen habe. Die Experimentieranweisung kann als Imperativ auftreten, sie hat aber meist die Form einer Frage. Die Frage ist allerdings auch eine Art der Aufforderung.
Mit Blick auf die Prämisse *„Nehmen wir einmal an, ein Wissenschaftler hätte eine Substanz erfunden, die irdische Unsterblichkeit verleiht"* könnte die Anweisung lauten: „Schildere, was in dem Kopf des Wissenschaftlers vor sich gehen könnte!" Als Frage formuliert kann die Anweisung lauten: „Sollte der Wissenschaftler seine Erfindung geheim halten?" Darüber ließe sich nachdenken oder diskutieren. Die Frage könnte aber auch lauten: „Sollte der Wissenschaftler diese Substanz nur besonderen Menschen wie Nobelpreisträgern oder großen Künstlern zugute kommen lassen?" Oder auch: „Würdest du diese Substanz nehmen? Wenn ja, warum, wenn nein, warum nicht?" Die Fragestellung zu ein und derselben Annahme kann recht unterschiedlich sein. Die Fruchtbarkeit bestimmter Szenarien kommt genau daher, dass sie unterschiedliche Operationen ermöglichen. In der Darstellung von Gedankenexperimenten fehlt zuweilen die auf das Szenario unmittelbar bezogene didaktische Experimentieranweisung (Bertram 2012). Die explizite Nennung einer solchen Anweisung ist jedoch sinn-

voll, ja notwendig, wenn es darauf ankommt, dass die Schülerinnen und Schüler selbst Gedankenexperimente auf der Grundlage vorgegebener Prämissen durchführen. Denn dann müssen sie genau wissen, was zu tun ist.

In literarischen Texten und Filmen, die man als die anschauliche Durchführung von Gedankenexperimenten auffassen kann, fehlt natürlich die Nennung der beiden genannten Strukturmomente. Um Gedankenexperimente handelt es sich allerdings nur, wenn sich die beiden Strukturmomente aus dem Text selbst erschließen lassen. So liegt dem bekannten Film „Und täglich grüßt das Murmeltier" von 1993 etwa die folgende Prämisse zugrunde:

„Stelle dir vor, dass ein Mensch mit einer negativen Lebenseinstellung gezwungen wird, ein und denselben Tag immer wieder zu erleben, bis er schließlich herausgefunden hat, worin ein erfülltes Leben besteht. Verleihe diesem Menschen die Erinnerung an die Tage, die sich wiederholt haben, betraue ihn mit einer beruflichen Tätigkeit und statte seine Welt mit Personen aus, die ihm mehr oder minder nahestehen und die auf sein Verhalten reagieren." Die sich hierauf beziehende Anweisung könnte lauten:

„Schildere anschaulich, welche Phasen dieser Mensch durchlaufen dürfte, bis er endlich aus der Zeitfalle erlöst wird."

3. Das eigentliche Experiment, die Durchführung, besteht in den Überlegungen und Vorstellungen, die zur Realisierung der Anweisung bzw. zur Beantwortung der gestellten Frage führen. In diese Überlegungen können noch weitere Voraussetzungen einbezogen werden, etwa moralische Normen, Wertentscheidungen, Erkenntnisse der Einzelwissenschaften, Einsichten aus der Lebenserfahrung, lebensweltliches Wissen usw. – Je nach Aufgabe können die Schüler und Schülerinnen das Experiment in Form eines diskursiven Textes oder einer anschaulichen Geschichte durchführen. Üblich jedoch sind Unterrichtsgespräche und Diskussionen.
Der Ausgang des Experiments sollte nicht von vornherein feststehen, da andernfalls gar nicht von einem Experiment die Rede sein könnte. Bei der Lektüre von Gedankenexperimenten muss man allerdings immer wieder feststellen, dass von der geforderten experimentellen Offenheit nicht die Rede sein kann. Der Autor weiß genau – und er zeigt dies auch dem Leser –, was bei seinen Überlegungen herauskommen soll. Allerdings zeigt die Erfahrung, dass die Ergebnisse der Autoren keineswegs immer identisch sind mit dem, was der selbstständig denkende Leser herausbringt. Die Prämissen der Experimente enthalten oft ein größeres Potential, als von den Autoren realisiert wird. Im Unterricht käme es jedenfalls darauf an, geschlossene Gedankenexperimente in echte, also resultatsoffene Experimente zu verwandeln.

Zur Terminologie: In einer verkürzenden Redeweise wird auch die Kombination der Momente 1 und 2 schon als Gedankenexperiment bezeichnet, obwohl die Durchführung das eigentliche Experiment darstellt.

4. Das Gedankenexperiment sollte in einen größeren Zusammenhang eingebettet sein, in dem eine Frage aufgetaucht ist, zu deren Beantwortung das Experiment einen Beitrag liefern kann. So kann das oben angeführte Experiment zur Einnahme einer unsterblich machenden Substanz Anlass sein, über die Verantwortung des Wissenschaftlers oder über den Sinn des Todes nachzudenken. Und der „Groundhog Day" mag Antwort geben zu Fragen nach einem gelingenden Leben oder nach der Verbindlichkeit sittlicher Gebote und Verbote.

Das Gedankenexperiment im engen und im erweiterten Sinn

Den Begriff Gedankenexperiment kann man in einen engen, strengen und in einem weiteren Sinne gebrauchen. Im Unterschied zu einer Alltagsfrage wie „Was würdest du tun, wenn du eine Million im Lotto gewonnen hättest?" besteht das Eigentümliche eines strengen Gedankenexperiments darin, dass die Irrealität, die in solchen Sätzen im „wäre", „würde", „hätte" ausgedrückt wird, sozusagen potenziert ist: „Wenn du dich unsichtbar machen könntest, was würdest du dann alles tun?" In diesem Wenn-Satz haben wir nicht nur den Irrealis, sondern zugleich eine Irrealität, die außerhalb des wirklich Möglichen liegt. Wir bewegen uns im Bereich einer bloßen Denkmöglichkeit. Dieser potenzierte Irrealis wird zuweilen als befremdlich empfunden, macht aber gerade den Reiz und auch die Fruchtbarkeit von strengen Gedankenexperimenten aus. Ihre heuristische Kraft verdanken solche Experimente dem Umstand, dass sich hier die kindliche Freude an der Aufhebung des Realitätsprinzips mit strenger Rationalität verbindet. Sie faszinieren, weil sie in uns eine Seite ansprechen, die einer früheren Entwicklungsstufe angehört, und zugleich unseren wachen Verstand herausfordern. Oft stammen die Elemente der Versuchsanordnung sozusagen aus einer Zeit, in der das Wünschen noch geholfen hat: Zahllos sind Motive aus Märchen, Mythen, Fantasiegeschichten und Sciencefiction. Die – vorübergehende – Suspendierung der Wirklichkeit und ihrer Ansprüche hat ihren guten Sinn. Er kommt in der Redensart zum Ausdruck „Reculer pour mieux sauter", „Zurücktreten, um weiter springen zu können" (Koestler 1965). Indem ich in einen früheren Zustand, in dem die Gesetze der Realität nicht gelten, regrediere, werden Problemlösungen möglich, die der bloßen Ratio nicht vergönnt sind.

Aber: Die Aufkündigung des Realitätsprinzips geschieht beim Gedankenexperiment durchaus bewusst: Ich weiß, dass es sich hier um bloße Annahmen handelt. Das Experiment selbst ist der Realität verpflichtet. Es bedarf neben schon genannter Voraussetzungen des Möglichkeitssinns als eines Sinnes nicht nur für das bloß Denkbare, sondern für das *real* Mögliche. Zu den Gedankenexperimenten im engen Sinn gehören bekannte Beipiele wie „Der Seelentausch", „Der unsichtbar machende Ring", „Die Erlebnismaschine", „Reise in die Vergangenheit" und „Flächenland". Sie gelten als typische Gedankenexperimente.

Weniger befremdlich, vielleicht auch weniger faszinierend sind Gedankenexperimente, deren Annahmen im Bereich des real Möglichen liegen. Zu einem erweiterten Begriff des Gedankenexperiments gehören u. a. folgende Formen:

– Das Gedankenexperiment fungiert als *Ersatz für ein Realexperiment*, das nicht durchgeführt werden kann oder darf, sei es aus technischen Gründen, aus Kostengründen oder aus moralischen Gründen. Der Film „Das Experiment" spielt ein Experiment durch, in dem eine Gruppe von Studenten in Gefangene und Gefängniswärter eingeteilt wird. Die Studenten identifizieren sich mit ihren Rollen so sehr, dass die Folgen verhängnisvoll sind. Das Realexperiment, das Stanford-Prison-Experiment, musste aus rechtlichen und moralischen Gründen abgebrochen werden. Erinnert sei auch an das Buch „Die Welle", das von einem Realexperiment erzählt, das aus moralischen Gründen nicht zu Ende geführt werden konnte.

- Zu analysierende *Fallbeispiele*, wie man sie aus dem Jurastudium oder der Ethik kennt, werden dann als Gedankenexperimente bezeichnet, wenn es sich um ungewöhnliche, eher unwahrscheinliche, extreme Fälle handelt, die ein Problem verdeutlichen sollen. So geht es in dem kleinen Text „Die Bergbahn" um die Entscheidung, ob der Fahrer der Bahn den Tod eines Gleisarbeiters in Kauf nehmen darf, um fünf aus dem Nebel auftauchende Menschen zu retten (Freese 1995, 268).
- *Utopien* sind großangelegte mentale Experimente. Hier wird durchgespielt und ganz konkret geschildert, welche Folgen sich bei der Verwirklichung bestimmter Prinzipien oder Maßnahmen in Staat und Gesellschaft zeigen würden, man denke an die Verwirklichung der Gleichheit der Menschen, an Besitzlosigkeit, an Anarchie im Sinne von Herrschaftslosigkeit, an Demokratie in allen Lebensbereichen, an die staatlich verordnete Erzeugung von Glück usw. Beispiele positiver Utopien sind „Ökotopia" von Ernest Callenbach (Callenbach 1978) und Aldous Huxleys „Eiland" (Huxley 1973). Negative Utopien zeigen, welche Folgen sich einstellen, wenn sich gegenwärtige Tendenzen ungehindert fortsetzen würden. Siehe Huxleys „Brave New World".
- Die *experimentelle Umkehrung* lautet allgemein: „Nehmen wir an, es verhielte sich gerade umgekehrt, als gewöhnlich geglaubt wird!" Oder: „Man treffe Maßnahmen, die den üblichen entgegengesetzt sind!" Bei der Umkehrung kann es wichtige Ergebnisse geben (erinnert sei an Kopernikus, Kant, Marx und Einstein). Als Beispiel diene die

folgende Forderung: „Man sollte Kranke bestrafen und ins Gefängnis stecken und Kriminelle in Krankenhäusern therapieren." Das Durchdenken einer so absurden Vorstellung kann zu bemerkenswerten Ergebnissen hinsichtlich der Freiheit und Verantwortungsfähigkeit des Menschen führen. Weitere Beispiele: – Das Mittel heiligt den Zweck. – Der Mensch ist nicht die Krone der Schöpfung, er ist vielmehr das Entsetzen aller übrigen Lebewesen. – Gott ist nicht männlich, sondern weiblich. – Maßstab des menschlichen Handelns sollte nicht die Vernunft, sondern das Gefühl sein. – Wirklichkeit ist nichts Vorfindliches, sie ist etwas vom Menschen Hervorgebrachtes.

Bei manchen Verfahren steht nicht von vornherein fest, ob es sich um Gedankenexperimente im engen Sinne handelt oder nicht. Ein vielfältig anzuwendendes Verfahren ist das des *Fremden Blicks*. Ein Szenario, das real nicht möglich ist, lautet: „Stelle dir vor, ein Chinese aus der Zeit vor tausend Jahren kommt dank einer Erfindung zu uns und geht durch eine moderne Großstadt!" Dagegen enthält die Formulierung „Nehmen wir an, ein Afrikaner aus einem urwüchsigen Dorf käme zu uns und verhielte sich so wie die europäischen Touristen bei ihm!" eine real mögliche Annahme.

Das Gedankenexperiment im Unterricht

Didaktische Qualitätsstufen

Der Einsatz von Gedankenexperimenten im Unterricht kann auf mannigfache Weise geschehen, aber nicht alle Möglichkeiten haben den gleichen didaktischen Wert. Folgende Stufen könnten unterschieden werden.

1. Das vorgegebene Gedankenexperiment wird zur Gänze – wie bei der Arbeit mit Texten üblich – gelesen, interpretiert und einer kritischen Betrachtung unterzogen. Ähnliches gilt für die Besprechung von literarischen Texten und Filmen, die „verdeckte" Gedankenexperimente sind. Die Schülerinnen und Schüler erfahren, welche Momente ein Gedankenexperiment ausmachen und welche Funktionen es haben kann. Gegen dieses Vorgehen ist nichts einwenden. Gleichwohl gibt es didaktisch effektivere Möglichkeiten des Einsatzes von Gedankenexperimenten im Unterricht.
2. Die Schülerinnen und Schüler bekommen schriftlich oder in Form eines Vortrags lediglich das Szenario des Gedankenexperiments. Nach der Überprüfung, ob alle die Versuchsanordnung verstanden haben, wird die Experimentieranweisung, meist in Form einer Frage, vorgetragen. Jetzt versuchen die Schülerinnen und Schüler in Einzel- oder Gruppenarbeit oder unmittelbar im Unterrichtsgespräch, diese Aufgabe durchzuführen. Gefordert sind Selbstdenken, Phantasie und Kreativität. Die Ergebnisse des Experiments werden mündlich vorgetragen und gemeinsam erörtert. Wichtig ist hier, dass die Schüler selbst zu Experimentierenden werden und nicht einfach nachvollziehen und bedenken, was andere vorgedacht haben.

Manchmal ist es nötig, die Prämissen zu ändern oder zu ergänzen, damit die Klasse mit ihnen sinnvoll arbeiten kann. Hierzu ein bekanntes Beispiel, Spaemanns „Dauereuphorie":

„Stellen wir uns einen Menschen vor, der in einem Operationssaal auf einem Tisch festgeschnallt ist. Er steht unter Narkose. In seine Schädeldecke sind einige Drähte eingeführt. Durch diese Drähte werden genau dosierte Stromstöße in die Gehirnzentren geleitet, die dazu führen, dass dieser Mensch sich in einer Dauereuphorie befindet. Sein Gesicht spiegelt den Zustand äußersten Wohlbehagens. Der Arzt, der das Experiment leitet, erklärt uns, dass dieser Mensch mindestens weitere 10 Jahre in diesem Zustand bleiben wird. Wenn es nicht mehr möglich sein wird, den Zustand zu verlängern, werde man ihn mit dem Abschalten der Maschine unverzüglich schmerzlos sterben lassen. Der Arzt bietet uns an, uns sofort in die gleiche Lage zu versetzen. Und nun frage sich jeder, ob er freudig bereit wäre, sich in diese Art von Seligkeit versetzen zu lassen?" (Spaemann 1982, 30)

(Im Übrigen haben wir hier eine deutliche Trennung von Versuchsanordnung und Experimentieranweisung.)

Die meisten Schüler und Schülerinnen verneinen die von Spaemann gestellte Frage, kommen bei ihrer Begründung aber nicht zum Wesentlichen. Es heißt da: – *Schrecklich, auf dem Tisch zu liegen, mit Drähten im Kopf. Ich würd's nicht machen. – Nee, den Ärzten da so ausgeliefert zu sein auf dem Operationstisch. So wehrlos. Ich würde Nein sagen. – Zehn Jahre, das ist mir doch zu wenig. Nein, nicht mit mir.*

Da sich diese Gründe für die Ablehnung nur auf Akzidentelles beziehen, muss man die Prämissen ändern. Man sagt den Schülern: „Dann stellt euch eben eine Art Stargate vor, durch das man hindurchgehen muss, um eine Dauereuphorie zu erreichen." Jetzt sind die ersten beiden Bedenken – Drähte im Kopf, Wehrlosigkeit – beseitigt. Und was die Lebensdauer angeht, so kann man sagen: „O.K., dann stellt euch vor, ihr lebt dort genauso lange, wie ihr in der hiesigen Wirklichkeit leben würdet."

Jetzt kann angemessener darüber gesprochen werden, welche tieferen Gründe es geben könnte, die für oder gegen eine positive Beantwortung der Frage sprechen. Es zeigt sich auch, dass die Schülerinnen und Schüler andere Argumente für die Verneinung der Frage als Spaemann anführen.

3. Hier ist die Aktivität der Schüler gegenüber den vorigen Punkten noch gesteigert: Auf der Grundlage vorgegebener Prämissen und entsprechender Aufgaben schreiben die Schülerinnen diskursive Texte oder – besser noch – kleine Geschichten, die als konkrete und anschauliche Durchführung des Experiments gelten können (Engels 2003 u. Engels 2004, 190–207).

Bei Letzterem muss eine besondere Sorgfalt auf die Formulierung der Aufgabenstellung gelegt werden. Hierzu ein Beispiel: Im Zusammenhang mit der Bedeutung von Regeln im menschlichen Zusammenleben bietet sich in der Sekundarstufe I das Thema Verkehrsregeln an. Viel zu *weit* wäre die Aufgabe: „Schildere die Folgen des Fehlens von Verkehrsregeln!" Sie ließe wegen ihrer Vagheit die Schüler im Stich. Genauer wäre die Formulierung: „Stelle dir eine moderne Großstadt vor, in der es keine Verkehrsregeln gibt, und schildere, wie es dort zugeht!" Das ginge zur Not. Angemessen dagegen wäre die letzte Formulierung, wenn man sie durch den Einschub präzisierte: „Du stehst an einer Straßenkreuzung und beobachtest den Verkehr." Voraussetzung für ein Gelingen ist hier, dass die Aufgabenstellung möglichst eingeengt, möglichst konkret wird.

Wer im Unterricht Gedankenexperimente schreiben lassen möchte, muss sich außerdem überlegen, wie er den Schreibprozess erleichtern könnte. Eine Hilfe kann darin bestehen, einen möglichen Anfang der Geschichte vorzugeben, damit die Schüler ins Schreiben kommen. Ein Gedankenexperiment, mit dessen Hilfe man sich bewusst machen kann, was für ein Mensch man ist, lautet:

„Stelle dir vor, man könne in Sekunden ein Duplikat von dir machen. Alles ist gleich: Körperliches, Geistiges, Seelisches, Fähigkeiten, Erinnerungen, Einstellungen usw. Möchtest du mit ‚dir' zusammenleben oder zusammen arbeiten? Schreibe deine Überlegungen in Form einer Geschichte nieder."

Die Einstiegshilfe könnte so aussehen:

„Als ich wieder zu Bewusstsein kam, saß mir gegenüber, ebenfalls in einem bequemen Sessel, mein Ebenbild. Ich schaute verblüfft hin: So sah ich also aus, von außen betrachtet. Mein Gegenüber grinste und sagte: ‚Schon komisch, sich so zu sehen.' Wir standen beide gleichzeitig auf. Ich sagte: ‚Was machen wir denn heute?' ‚Das wollte ich dich auch gerade fragen.' Wir beschlossen, erst einmal in die Stadt zu gehen.

Wollt ihr wissen, wie's weitergeht? O.K. Ich erzähle euch mal, wie es mir – oder besser: uns – ergangen ist. Also: In der ersten Zeit war es …"

Es ist nun keineswegs notwendig, dass die Schüler hier weiterschreiben. Sie können diese Einleitung auch als Beispiel für einen eigenen Anfang der Geschichte nehmen.

Eine weitere Schreibaufgabe besteht darin, den Schülerinnen und Schülern nur den – mehr oder minder umfangreichen – Anfang eines literarischen Gedankenexperiments zu geben und sie weiterschreiben zu lassen. Beispiel: „Der Unsterbliche" von E. Bencivenga (Freese 1995, 300 f.).

Eine Empfehlung: Die Aufgaben zu Gedankenexperimenten sollten so formuliert werden, dass sie nicht ins Private und Persönliche eindringen und eine Art Nötigung entsteht, Dinge auszuplaudern, die man eigentlich für sich behalten möchte. Überall da, wo die Gefahr des Sich-Outen-Müssens besteht, sollte die Möglichkeit eingeräumt werden, sich auf einen unpersönlichen Standpunkt zurückzuziehen und Formulierungen zu verwenden wie „Folgendes könnte geschehen ..." oder „Ich kenne Menschen, die dies so und so beurteilen würden."

4. Im Sinne einer Methodenkompetenz wäre erstrebenswert, wenn die Schüler lernten, sich selbst die Voraussetzungen von Gedankenexperimenten – Szenario und Experimentieraufgabe – auszudenken und die Experimente selbst durchzuführen. Dies können sie nur, wenn sie wissen, wie ein Gedankenexperiment strukturiert ist und wie es funktioniert. Hilfreich ist hier die Kenntnis einer Reihe von Verfahren, mit deren Hilfe hypothetische Szenarien gebildet werden (s.u.). Sie sollten auch dazu ermuntert werden, in Diskussionen selbstständig Gedankenexperimente einzubringen.

Zur Einübung in das Entwerfen von Gedankenexperimenten kann man ihnen entsprechende Aufgaben geben. Einige Beispiele: „Denke dir ein Gedankenexperiment aus, mit dessen Hilfe du dir klar machen kannst, – ob man immer die Wahrheit sagen sollte, – wie Routinen im täglichen Leben zu bewerten sind, – wie man mit der eigenen Lebenszeit umgehen sollte, – ob staatliche Gewalt notwendig ist." Schüler sind hier oft kreativer als wir Lehrer.

An welcher Stelle innerhalb einer Unterrichtsreihe kann das Gedankenexperiment sinnvoll eingesetzt werden? Eine allgemeine Antwort könnte lauten: In Abhängigkeit von der besonderen Funktion des Gedankenexperiments kann es in jeder Phase sinnvoll eingesetzt werden, denn es kann der Eröffnung eines Fragehorizonts ebenso dienen wie als Zwischenglied einer längeren Argumentationskette oder als Schluss- und Höhepunkt einer sachlichen Auseinandersetzung oder auch der Überprüfung des Besprochenen.

Wozu Gedankenexperimente im Unterricht?

Bei der Beschäftigung mit Gedankenexperimenten lernen die Schülerinnen und Schüler eine effektive Methode kennen, die sich seit der Antike bewährt hat. Sie zeichnet sich vor allem durch ihre heuristische Kraft aus. Bei der Durchführung von Gedankenexperimenten üben die Schülerinnen und Schüler das hypothetische Denken, das für die Bewältigung des Alltags ebenso wichtig ist wie für ein verantwortliches Handeln. In eins damit stärken sie ihre Fähigkeit zur Imagination, sie gewöhnen sich daran, sich das Unübliche, Andersartige, Unvertraute, Fremde, Neue und Unerprobte vorzustellen. Dass hier die Lust am Experimentieren geweckt wird, versteht sich von selbst. Wer Gedankenexperimente selbst durchführt, der lernt u. a.:

- die eigenen Vorstellungen zu klären,
- Bekanntes, aber nicht Erkanntes zu untersuchen und zu begreifen,
- sich selbst und andere besser zu verstehen,
- Normen und Werte zu entdecken,
- Sinn zu erfassen,
- mögliche Lebensweisen zu erkunden,
- Perspektivwechsel durchzuführen,
- Gefahren zu erkennen usw.

Wichtig auch: Mit ihrer Hilfe kann man Argumente entwickeln und Theoreme plausibel machen oder falsifizieren.

Zum Erfinden von Gedankenexperimenten

Es ist nicht schwer, Gedankenexperimente für den Unterricht ausfindig zu machen. Eine Fülle von Beispielen findet sich in: Freese 1995, Engels 2004, Bertrand 2012 (obgleich hier nicht alle Beispiele überzeugen) und vor allem in der großartigen Sammlung Eberhardt 2008.

Mit Blick auf Fähigkeiten, Bedürfnisse und Alter der Lerngruppe ist es jedoch sinnvoll, wenn Lehrerinnen und Lehrer selbst Szenarien von Gedankenexperimenten und die entsprechenden Versuchsanweisungen entwerfen (Tagung 2009). Anregungen dazu gibt es genug. So kann man bekannte Beispiele abwandeln. Hoimar von Ditfurth stellt die Frage, ob es eigentlich im Kosmos dunkel würde, wenn alle Augen verschwänden. Es spricht nichts dagegen, sich zu einer ähnlichen Frage anregen zu lassen, etwa zu der: „Welche Folgen hätte es, wenn alle Menschen mit einem Mal nur noch schwarzweiß sehen könnten?"

Im Zusammenhang mit Ästhetik wäre dieses Experiment brauchbar.

Den Stoff für eigene Experimente bieten auch Filme wie „Clockwork Orange", „Blade Runner", „Gattaca", „Die Truman Show", „Matrix", „Der 200 Jahre Mann", „Was Frauen wollen", A.I. – Künstliche Intelligenz", „Avatar", „Inception" oder „Elysium". Bestimmte literarische Werke, vor allem SF und Fantasy, sind implizite Gedankenexperimente und können Ideen zu Eigenem liefern. Man denke an Autoren wie E. A. Abbott, Golding, A. Huxley, Orwell, Lem, LeGuin, Asimow, Bradbury, A. Schlüter und Ch. Kerner. Das folgende Gedankenexperiment ist Goldings Roman „Der Herr der Fliegen" verpflichtet:

„Nehmen wir Folgendes an: Zehn Mädchen und zehn Jungen im Alter zwischen 10 und 14 stranden auf einer einsamen Tropeninsel mit einem erloschenen Vulkan. Es gibt keinen Erwachsenen. Die einzigen Werkzeuge, die man hat: drei Taschenmesser. Einige der Kinder haben Brillen. Auf der Insel gibt es einen Bach mit Trinkwasser. Tropenfrüchte gibt es in Hülle und Fülle. Die einzigen größeren Tiere sind Wildschweine. In der durch ein Korallenriff geschützten Lagune gibt es Fische, Krabben und Muscheln. Das Wetter ist meist sehr angenehm, es kann aber auch Wolkenbrüche geben. – Wenn ihr zu dieser Gruppe gehörtet: Was würdet ihr tun? Welche Regeln würdet ihr euch geben? Zeichnet zuvor gemeinsam die Insel von oben gesehen auf einen Papierbogen."

Erfahrungsgemäß fangen die Schülerinnen und Schüler schon beim Entwurf der Insel an, Gedanken über Lebensweise und Regeln auszutauschen.

Auch außerhalb von Literatur und Film findet sich Anregendes. Hierzu zählt Alan Weismans eher naturwissenschaftlich orientiertes Gedankenexperiment: „Die Welt ohne uns. Reise über eine unbevölkerte Erde" (Weisman 2007). Die entsprechende Dokufiktion-Serie lautet: „Zukunft ohne Menschen (Life After People)". Das hier Geschilderte ist interessant, aber nur hier und da philosophisch relevant. Den Dreh zum Philosophischen erreicht man durch folgende Umformulierung der Versuchsanordnung:

Im Rahmen eines großen Experiments wollen Aliens alle Menschen von der Erde wegbeamen an einen Ort, wo es ihnen gut geht. Sie geben den Menschen hundert Tage Zeit bis zum Beginn der Aktion.

Schreibt auf, worum sich die Menschen in diesen hundert Tagen kümmern sollten. Denkt, dabei auch an die Tiere (nein, die Menschen dürfen kein Tier mitnehmen), denkt dabei an mögliche Katastrophen, die eintreten können, wenn die Menschen verschwunden sind.

Jetzt kommt in den Blick, in welchem Maße Tiere von uns abhängig sind, Stichworte: Massentierhaltung, Versuchstiere, Pets, Haustiere, Aquarien, Zoo und Zirkus. Und es kommt in den Blick, wo mögliche Katastrophen lauern, denen die Menschen entgegensteuern sollten. Die ethische Dimension wird so eröffnet. Jonas' sog. ökologischer Imperativ kann den größeren Rahmen bilden: „Handle so, dass die Wirkungen deiner Handlung verträglich sind mit der Permanenz echten menschlichen Lebens auf Erden."

Auch Lieder („Imagine" von John Lennon) und Bilder (Alexis Rockman: „The Farm") bieten Anregungen zu eigenen Erfindungen.

Ein allgemeiner Ratschlag könnte lauten: Mache ungeniert Anleihe bei Märchen, Mythen, Sagen, Unterhaltungsfilmen und Comics. Der fliegende Teppich aus dem Märchen lässt sich genauso gut für ein Gedankenexperiment verwenden wie Harry Potters Mantel, der unsichtbar macht. Und die Zeitraffung im „Mönch von Heisterbach" ist genauso brauchbar wie der Tausch der Seelen von Mann und Frau oder Vater und Sohn in Hollywoodfilmen.

Erfahrene Experimentatoren würden für einen Entwurf von Versuchsanordnungen noch folgende Vorschläge machen:

- Lasse in Gedanken verschwinden, was es gibt: Dinge, Fähigkeiten oder Vorstellungen.
- Erfinde ideale Wesen oder Wesen, die ungeahnte Fähigkeiten haben.
- Hebe Gattungsgrenzen auf, etwa die zwischen Mensch und Tier, Mensch und Automat, Roboter und Tier, Tier und Pflanze.

- Denke dir Maschinen und Apparate aus, die etwas können, was noch nicht möglich ist oder auch nie möglich sein wird.
- Lass Unbelebtes lebendig sein, statte es mit Bewusstsein aus.
- Spiele mit der Zeit, reise in ihr vor und zurück, mache Neuanfänge möglich.
- Schildere Zukünftiges als Wünschbares, Optimales, Ideales.
- Stelle dir vor, in Zukunft sei das vollständig verwirklicht, was sich heute schon tendenziell ankündigt.
- Vervielfältige, was singulär ist, mache zu Singulärem, was es in großer Anzahl gibt.
- Vergrößere oder verkleinere weit über das mögliche Maß hinaus.
- Denke dir ein irreales Bild aus, das als Analogon zu einem problematischen Sachverhalt dienen kann.
- Nimm als wahr an, was keineswegs bewiesen ist, und arbeite damit.
- Stelle dir vor, du wüsstest bestimmte Dinge nicht, die dir durchaus vertraut sind.
- Denke dir als allgemein wirklich, was nur hier und da zutrifft.
- Gehe davon aus, du könntest einen bestimmten Bereich der Wirklichkeit mit fremden Sinnen wahrnehmen oder aus einer fremden Perspektive betrachten.
- Blende als nichtexistierend aus, was die Beurteilung des Kerns einer Sache stören würde.

Erläuterung zum zuletzt genannten Ratschlag: Dieses Verfahren kann man auch als „fokussierende Abstraktion" bezeichnen, wobei „Abstraktion" als „absehen von etwas" oder nach Kant als „absondern von etwas" zu verstehen ist. Diese Art der Abstraktion wird durchgeführt, wenn bei einer Sachanalyse von allen akzidentellen Faktoren, die in der Realität eine Rolle spielen, abgesehen und das Wesentliche der Sache scharf in den Blick genommen werden soll. Ein Beispiel:

Die Gegner der Todesstrafe haben ein breites Spektrum von Argumenten, die alle gegen die Todesstrafe sprechen und in ihrer Breite auch überzeugend sind. Wenn man allerdings den Kern des Problems Todesstrafe herausarbeiten will, so empfiehlt sich folgendes Vorgehen:

Nehmen wir an, die Tat des Angeklagten sei absolut korrekt erfasst, so dass es keinen Justizirrtum geben kann. Nehmen wir ferner an, Richter und Geschworene richteten sich streng nach dem Gesetz und ließen sich nicht durch Vorurteile oder Neigungen beeinflussen. Nehmen wir ferner an, dass die Vollstreckung keinerlei negativen Auswirkungen hätte: Die Mentalität eines Volkes wird nicht beeinflusst; Henker, begleitender Arzt, Angehörige des Strafvollzugs, Staatsanwalt und Richter leiden nicht unter dem Urteil und seiner Vollstreckung; es gibt keine Angehörigen, denen die Diskriminierung wegen des Urteils Nachteile bringt oder denen die Art der Vollstreckung seelische Schmerzen zufügt; die Hinrichtung ist für den Delinquenten nicht grausamer als eine lebenslange Haft.

Wenn all dies ausgeblendet ist, kommt das Wesentliche der Todesstrafe in den Blick: Wäre es *jetzt* sittlich gerechtfertigt, einen Menschen zu töten, der gemordet hat? Die isolierende, das Wesentliche herauspräparierende Abstraktion schiebt beiseite, was nicht das Eigentliche des Problems der Todesstrafe ausmacht, und ermöglicht so eine Diskussion, ob Menschen das Recht haben, um der Gerechtigkeit willen das Leben eines Menschen auszulöschen.

Kaum eine Erkenntnismethode ist spannender und fruchtbarer als das Gedankenexperiment. Es verbindet Phantasie mit Rationalität, Gefühl mit dem Denken, Offenheit mit Strenge, seine Motivationskraft beruht nicht zuletzt auf seiner Anschaulichkeit.

Literatur

Bertram, G. W. (Hg.): *Philosophische Gedankenexperimente. Ein Lese- und Studienbuch*, Stuttgart 2012.
Callenbach, E.: *Ökotopia. Notizen und Reportagen von William Weston aus dem Jahre 1999*, Berlin 1978.
Eberhardt, J.: *Lexikon philosophischer Gedankenexperimente* (2008), URL: www.jg-eberhardt.de/philo_exp/
Engels, H.: „Literarisches Philosophieren. Überlegungen und Beispiele zu einem effektiven Schreibmodus", in: *Ethik & Unterricht* (2003), 16-21.
Engels, H.: *„Nehmen wir an ..." Das Gedankenexperiment in didaktischer Absicht*, Weinheim, Basel 2004.

Freese, H.-L.: *Abenteuer im Kopf*, Weinheim, Berlin 1995.
Huxley, A.: *Eiland*, München 1973.
Koestler, A.: *Diesseits von Gut und Böse*, Bern, München 1965.
Spaemann, R.: *Moralische Grundbegriffe*, München 1982.
Tagung der Unesco Projekt Schulen 2009. *AG 1 Gedankenexperimente*, URL: www.ups-newsletter.de/index.php?id=81
Weisman, A.: *Die Welt ohne uns. – Reise über eine unbevölkerte Erde*, München 2007.

Weiterführende Literatur

Baggini, J.: *Das Schwein, das unbedingt gegessen werden möchte. 100 philosophische Gedankenspiele*, München 2007.
Brüning, B.: *Philosophieren in der Grundschule: Grundlagen, Methoden, Anregungen*, Berlin 2001.
Buschlinger, W.: *Denk-Kapriolen? Gedankenexperimente in Naturwissenschaften, Ethik und Philosophy of Mind*, Würzburg 1993.
Engels, H.: „Überlegungen zum Gedankenexperiment im Unterricht", in: *Ethik & Unterricht* (2001), 11–17.
Engels, H.: Reader zum Gedankenexperiment in Philosophie und Ethik 2011, URL: fv-philosophie.de/hp/dat/Engels%20Gedankenexperiment.doc
Macho, T.; Wunschel, A. (Hg.): *Science & Fiction. Über Gedankenexperimente in Wissenschaft, Philosophie und Literatur*, Frankfurt am Main 2004.
Roitsch, P.: „Perfekter Mensch = perfekte Gesellschaft? Vorschläge zum Einsatz eines Gedankenexperiments", in: *Ethik & Unterricht* (2003).
Stock, G.: *The Kids's Book of Questions*, New York 2004.

2.4 Debatten im Ethik- und Philosophieunterricht

Bärbel Montag

Wörtlich übersetzt bedeutet „Debatte" so viel wie „Wortschlacht" (Matthes 2002, 55). Als solche ist sie seit tausenden Jahren eine Form der verbalen Auseinandersetzung zu strittigen Themen nach vorgegebenen Regeln. Sowohl die philosophischen Schulen Griechenlands als auch die Mönchsschulen Südindiens verstanden die Fähigkeit des Debattierens als notwendigen Teil der Ausbildung. Dabei wird die besondere Bedeutung des argumentativen Wettstreits für die Analyse, kritische Betrachtung und die sich daraus ergebende begründete Position zu einer Sache sowohl von Aristoteles in seinen Ausführungen zur Rhetorik als auch in Schriften zum tibetischen Buddhismus (u. a. Daniel E. Perdue 2014) betont. So ist es der Zweck des Debattierens in der buddhistischen Ausbildung, entscheidendes „Gewahrsein" zu entwickeln, indem man eine Position einnimmt und diese gegen alle Einwände verteidigt. Enthält sie keine logischen Inkonsistenzen und erweist sich als widerspruchsfrei, wird sie zur „festen Überzeugung". „Im Buddhismus gilt die so gewonnene intellektuelle Erkenntnis als Sprungbrett zu meditativer Versenkung." (Berzin 2014) Es liegt also nahe, sich mit Debatten als Methode und Medium philosophischer Bildung zu beschäftigen.

Der Zusammenhang von Philosophie und Rhetorik

Zur Zeit der Antike beschäftigte sich die Rhetorik mit dem gesamten Prozess der Wissensermittlung, -verarbeitung und -weitergabe. Sie galt als „Gegenstück zur Dialektik", die Themen behandelt, „deren Erkenntnisse gewissermaßen allen Wissenschaftsgebieten zuzuordnen sind"(Aristoteles 2007, 7).

Aristoteles' „Rhetorik" enthält eine systematische Abhandlung der Kunst, durch Rede zu überzeugen (*téchnē rhētorikḗ*). Er unterscheidet die aus „Gewohnheit erworbene

Fertigkeit" der Rhetorik, von der Methode, sich diese gezielt anzueignen (ebd.). Die Rhetorik und die Logik betrachtet er als Schwesterndisziplinen. Der Begriff *lógos* wird im Sinne von Wort und Rede sowie deren Gehalt gebraucht, bezeichnet aber auch das geistige Vermögen und was dieses hervorbringt bzw. ein allgemeines Prinzip einer Weltvernunft. Die Aufgabe der Rhetorik besteht für Aristoteles darin, „zu erkennen, ..., was jeder Sache an Überzeugendem zugrunde liegt ...". Dabei gilt es, „Überzeugendes und scheinbar Überzeugendes zu erkennen, wie in der Dialektik einen echten und scheinbaren Schluss". Im Gegensatz zu den Sophisten, die nur mit der Absicht agieren, ihr Gegenüber von der eigenen Position zu überzeugen, versucht der Rhetoriker im aristotelischen Sinne „das Überzeugende, das jeder Sache innewohnt, zu erkennen" (Knape 2012, 66) und als Überzeugungsmittel zu nutzen, indem er die so gefundenen Argumente als „rhetorischen Syllogismus" innerhalb eines Induktionsbeweises (Aristoteles 2007, 13) gebraucht.

Wenn man heute von Rhetorik spricht, sind vor allem Sprecherziehung und die Vortragskunst gemeint. Definitionsgemäß wird sie als Lehre vom persuasiven Sprechen verstanden. Ihr Gegenstand sind Mittel und Techniken der Überzeugung durch eine Rede. Diese hat das Ziel, die subjektive Überzeugung von einer Sache allgemein zu machen (Ueding, Steinbrink 1986). Persönliche Gewissheiten sollen als solche von den Gesprächspartnern anerkannt werden. Traditionell ist dies in der Politik und Rechtsprechung von besonderer Bedeutung.

Bis heute beanspruchen Philologen wie Philosophen die aristotelische Rhetorik für sich. Ganz offensichtlich hatte die Schrift auch für Martin Heidegger besondere Bedeutung. Schließlich stellte er sie in den Mittelpunkt seiner Auseinandersetzung mit Aristoteles, die er in seiner Vorlesungsreihe zur „Neuinterpretation aristotelischer Grundbegriffe" 1922 in Marburg hielt (Knape, Schirren 2005). Hier betont Heidegger den philosophischen Gehalt der aristotelischen „Rhetorik". Für ihn ist sie die „erste systematische Hermeneutik der Alltäglichkeit des Miteinanderseins" (Heidegger 1993, 138). Rhetorik wird zum Kollektivereignis und somit zur Sache der Philosophie. Im Gespräch und durch die Rede hat der Mensch sein eigentliches Dasein. Der Mensch als *zōon lógon échon*, als mit Sprache und Vernunft begabtes Lebewesen, nutzt die Rhetorik als „Auslegung des konkreten Daseins, die Hermeneutik des Daseins selbst" (Knape 2012, 67). Der Redner ist für Heidegger nicht in erster Linie befähigt zu überzeugen, sondern zu erwägen. Den Sophisten ging es dagegen darum, im Reden „gewaltig" zu sein (Platon 2011, Bd.1, 279), um zu überzeugen (Knape 2012, 69) Mit Platon verändert sich der Anspruch an philosophisches Denken; dieses hatte nun das Streben nach Erkenntnis zum Ziel. Für Platon bedeutete deshalb „sophistischer Unterricht... Gefahr für die Seele" (Platon 2011, Bd.1, 279). Erst die Auswüchse der Sophisten und die Polemik Platons gegen diese, ließen Philosophie und Rhetorik als unterschiedliche Disziplinen erscheinen. Rhetorische Bildung ist nun von philosophischer Erkenntnis zu unterscheiden.

Bereits Isokrates distanzierte sich klar von den Sophisten. Er war ein Schüler des Gorgias, der im 4. Jh. v. Chr. in Athen eine Rednerschule betrieb, die ihre Schüler auf die unmittelbare Tätigkeit als Politiker vorbereitete. Zwischen dieser Schule und der Akademie Platons bestand eine Rivalität, sich u. a. in Platons *Gorgias* zeigt. Richtiges Reden war für Isokrates untrennbar mit richtigem Denken und Handeln verbunden. In dieser philosophischen Rhetorik dient die Vernunft als Mittel, um die Zuhörer von der Wahrheit zu überzeugen. Die Verbindung von Wissenschaft und Rede, die Rhetorik ursprünglich vornimmt und die Platon bestritt, behauptet etwa 300 Jahre später Cicero erneut. Er forderte, dass Menschen mit höherer Einsicht die Redekunst studieren sollten, um „dadurch politische Macht zu gewinnen und zum Nutzen aller zu herrschen" – eine platonische Vorstellung. (Stroh 2013, 33) In der *Politeia* entwickelt Platon die Vision von den philosophierenden Königen, die er als Voraussetzung für seinen idealen Staat formuliert (Platon 2011, Bd. 2, 378). Die Rhetorik erwähnt er hier nicht. Cicero verbindet Weisheit, Rede und tugendhaftes

Handeln und führt die Rhetorik so zurück zu ihren Wurzeln.

Eine Renaissance erfuhr dieses Denken in den 1960er Jahren durch die Diskurstheorien Apels und Habermas'. Der öffentliche Diskurs wurde zum Maßstab für die demokratische Verfasstheit einer Gesellschaft (Habermas 1990). Diskurs und Moralität ergeben miteinander verknüpft die Diskursethik. Der Diskurs ist eine zwanglose Form der Kommunikation, in dem das bessere Argument (an)erkannt wird. Dabei wird der subjektive Standpunkt bzw. das partikulare Eigeninteresse zugunsten einer rationalen Beurteilung der Argumente bewusst aufgegeben. Ein Konsens ergibt sich nur aus dem, „was alle wollen können" (Habermas 1973, 148).

Die Idee der verallgemeinerbaren Interessen jenseits individueller Forderungen wird in der kommunitaristischen Debatte zur Rawls'schen Gerechtigkeitstheorie diskutiert (Reese-Schäfer 1994).

Die Debatte als Unterrichtsmethode

In der allgemeinen Didaktik ist die Debatte eine Mikromethode, die als Gesprächsform eine Alternative zum Unterrichts- oder Streitgespräch darstellt (Meyer 1987, Bd. 2, 295). Unterschieden werden dabei üblicherweise die Diskussion, Fishbowl und die Pro-Contra-Debatte, die entsprechend vereinbarter Gesprächsregeln verlaufen. Während die Diskussion einen kontrovers geführten spontanen Meinungs- und Gedankenaustausch zu einer Sache ermöglicht, geht es in der Fishbowl-Diskussion stärker um die Form der Auseinandersetzung und die Überprüfung des Gesprächsverhaltens. Die Pro-Contra-Debatte ist eine zugespitzte Form der Diskussion, die hochformalisiert nach genauen Regeln abläuft (Matthes 2002, 52ff.).

Besondere Bedeutung hat diese Methode im Politikunterricht, der sich an der Problem- und Handlungsorientierung und am Prinzip der Kontroversität orientiert. Dabei geht man davon aus, dass das offene Austragen widerstreitender Meinungen und Interessen wesentlich für das Handeln in einer Demokratie ist und deshalb geübt werden sollte, damit die „Schülerinnen und Schüler ... lernen, ihre eigenen Interessen zu erkennen, sie zu artikulieren, gewaltfreie Formen der Auseinandersetzung zu praktizieren und sich dabei auch in die Position anderer hineinzuversetzen" (Dadalos 2014). Die Debatte leistet dabei einen „besonderen Beitrag zur rationalen politischen Urteilsbildung" (Massing 1999, 403) und dient zur Vorbereitung einer Entscheidung zu einem umstrittenen Thema bzw. zu einer Entscheidungsfrage, bei der eine Pro-Einstellung ebenso möglich ist, wie eine Contra-Einstellung.

Generell werden beim Debattieren verschiedene Phasen unterschieden, die sich grundsätzlich an den Produktionsstadien einer Rede nach Aristoteles orientieren. Das Finden des Themas und das Sammeln und Strukturieren des zugehörigen Wissens, die *Inventio*, entspricht der Formulierung der Fragestellung im Unterricht. Sie sollte hinreichend kontrovers sein und ein Problem beinhalten, das für die Schüler relevant und erfassbar ist. Dazu wird das nötige Wissen erarbeitet, um nachvollziehbare Argumente zur Streitfrage formulieren zu können. Je nach Zielstellung kann die Erarbeitung mit oder ohne Hilfestellung durch vom Lehrer zur Verfügung gestellte Materialien erfolgen. Die Einteilung in die jeweiligen Positionen ist davor oder danach möglich. Das hängt davon ab, ob mit der Debatte Inhalte erarbeitet und reflektiert werden sollen oder die nötige Sachkenntnis vorausgesetzt werden kann, um die Rollen und die damit verbundenen Argumente und Strategien zu erarbeiten. Dafür sollten die möglichen Argumente der Gegenseite einbezogen und diskutiert werden, um diese widerlegen zu können. In dieser Phase bietet sich meist Gruppenarbeit an.

Die klassische *Dispositio* findet sich in der Vorbereitung der Eröffnungsrede: Nach der Einleitung, die ins Thema einführt und die Frage klärt, erfolgt die Argumentation und Beweisführung. Dabei gilt es, mit schlüssigen Argumenten die eigene Position zu stärken und andere Perspektiven kritisch zu betrachten. Hierfür bedarf es einer eingehenden Analyse des Themas, um zu erkennen, „was Glaubwürdigkeit bewirkt" (Aristoteles *Rhetorik* 2007). In der *Elocutio* erfolgt das Ausformulieren der Rede. Dabei wird auf sprachlich-stilistische Mittel ebenso geachtet, wie auf den zielgerichteten Einsatz der erarbeiteten Argumente. Diese müssen nach den unterschiedlichen Aspekten, auf die sie sich beziehen, und nach ihrer Stärke unterschieden werden. Bei einigen Varianten des Debattierens im Unterricht müssen die Schüler aus dem Gedächtnis reden; *Memoria* ist das Einprägen der Rede in der klassischen Rhetorik. Die *Actio* entspricht der Präsentation der Eröffnungsrede durch einen Vortrag, der den Zuhörer zu überzeugen versucht.

Für die Durchführung der Debatte müssen die Regeln, die Bewertungskriterien und der zeitliche Rahmen geklärt bzw. in Erinnerung gebracht werden. Die Kontrahenten sollten sich so gegenüber sitzen, dass sie von den zuschauenden Schülern gut gesehen und gehört werden können, damit diese die, im Vorfeld geklärten, Beobachtungsaufgaben erfüllen können. Karten, die auf die Pro- oder Contraposition hinweisen, sind dabei ebenso hilfreich, wie eine Glocke (o.ä.), die den Beginn und das Ende der Debatte markiert. Abhängig vom Debattenformat ist die Zahl der Debattanten, die Bewertung durch eine Jury nach zuvor vereinbarten Kriterien und die Lenkung durch einen Gesprächsleiter.

Nun kommen die Pro- und Contra-Redner zu Wort. Dies geschieht zunächst über zeitlich begrenzte Eingangsplädoyers. Danach erfolgt der Austausch der Argumente im Wechsel von Rede und Gegenrede. Zum Abschluss werden Schlussplädoyers vorgebracht. Die Möglichkeiten für Nachfragen durch das Publikum und Abstimmungen vor und nach der Debatte sind vom Format abhängig und sollten allen Beteiligten klar sein.

Unverzichtbar ist zum Abschluss eine formalisierte Auswertung der Pro-Contra-Debatte. Je nach Zielstellung kann hier zunächst eine Methodenreflexion erfolgen, die den Rednern Gelegenheit zur Auseinandersetzung mit ihrer Rolle und den Zuschauern (ggf. der Jury) die Möglichkeit zur Wichtung und Wertung der vorgebrachten Argumente bietet. Dabei orientieren sie sich an den im Vorfeld erarbeiteten Bewertungskriterien. Im Rahmen des wertebildenden Unterrichts stellt sich hier im Besonderen die Frage, ob und wie die genutzten Argumente zur Urteilsbildung beigetragen haben. Die Positionierung der Zuschauer vor und nach der Debatte kann zur Reflexion der Prozesse, die zum Urteil führten, genutzt werden. Dabei sollten Argumente benannt werden, die zur abschließenden Urteilsbildung und der damit verbundenen Meinungsänderung oder -konsistenz beitrugen.

Debattenformate

Neben der zunehmenden Nutzung der Debatte als Unterrichtsmethode ist ein regelrechter Boom von Debattierclubs an Schulen, Hochschulen und Universitäten festzustellen. Wie schon im antiken Griechenland ist die Fähigkeit, Reden zu halten, um mit Argumenten zu überzeugen, nicht nur im Bereich der Politik und Rechtsprechung eine erstrebenswerte Kompetenz.

Im angelsächsischen Sprachraum haben Debattierclubs eine jahrhundertelange Tradition. Ähnlich wie in den antiken philosophischen Schulen und buddhistischen Klöstern gehört dort die Schulung der rhetorischen Fähigkeiten zum akademischen curriculum.

Die Form der Pro-Contra-Debatte, die sich als Unterrichtsmethode weitgehend etabliert hat, ist die „amerikanische Debatte". An deutschen Hochschulen wird nach verschiedenen Regularien debattiert. Neben dem Wartburgformat wird gemäß des British Parlismentary Style (BPS) und der Offenen Parlamentarischen Debatte (OPD) debattiert. *Diese Formate regeln Rednerabfolge, Redezeit und Möglichkeiten der Interaktion mit dem Publikum* (VDCH 2014).

Debattieren an deutschen Hochschulen

2001 wurde zum Geburtsjahr des deutschlandweiten Debattierens: Der Verband der Debattierclubs an Hochschulen wurde gegründet. Die seitdem stattfindenden Hochschulmeisterschaften sind neben den ZEIT-DEBATTEN (Unterstützt durch die Wochenzeitschrift „Die Zeit") die Höhepunkte des Debattierens an Hochschulen. Hier trainieren die Redner Rhetorik, Sachkompetenz und Teamgeist, indem nach festen Regeln aktuelle Themen debattiert werden. Beim British Parlismentary Style nehmen insgesamt vier Teams mit je zwei Rednern an der Debatte teil. Dabei argumentieren zwei auf der Regierungsseite und zwei auf der Oppositionsseite. Je zwei Teams bilden eine Art Koalition, in der sie zwar gemeinsam eine Seite vertreten müssen, sich aber dennoch gegeneinander abzugrenzen versuchen, indem sie ihre eigene kohärente Argumentation führen. Für diese Abgrenzung ist der erste Redner des zweiten Teams der jeweiligen Seite zuständig. Nachdem die Debatte durch einen Antrag der Regierung eröffnet wird, reagiert darauf der erste Redner des eröffnenden Teams der Opposition. Die Regierung und Opposition tragen ihre Pro- und Contra-Argumente vor. Zum Abschluss fassen die letzten Redner die Debatte zusammen.

„Die Regeln der offenen parlamentarischen Debatte (OPD) wurden in Tübingen entwickelt und kamen dort im Dezember 2001 zum ersten Mal auf einem Turnier zum Einsatz. Die Besonderheit dieses Formates ist die Hinzunahme einer dritten, neutralen Rednerpartei (neben Pro und Contra nun die freien Redner)." Es nehmen nur zwei Teams an der Debatte teil, die dafür je drei Redner stellen. Zwei von ihnen tragen abwechselnd ihre Argumentation vor. Die freien Redner prüfen die vorgetragenen Argumente und unterstützen anschließend entweder die Regierung oder die Opposition mit ihrer Rede. Danach erhält die nicht unterstützte Fraktion noch einmal die Möglichkeit, den freien Redner argumentativ umzustimmen. Die Schlussredner fassen die Debatte zusammen" (VDCH 2014). Wie beim OPD stehen sich beim Wartburgformat zwei Dreierteams gegenüber, die abwechselnd ihre Argumente vorbringen, wobei es jedem Redner gestattet ist, neue Argumente in die Debatte einzubringen. Dabei soll der letzte Redner jeder Seite an der Argumentation seiner Vorredner anknüpfen. Den Beiträgen der einzelnen Redner liegt eine erkennbare Teamstrategie zu Grunde. Eine Besonderheit ist, dass die Redezeit in einen geschützten und einen ungeschützten Bereich zerfällt. Sie beträgt insgesamt sieben Minuten; davon sind die ersten und die letzten 60 Sekunden geschützt. Im ungeschützten Bereich dürfen sich die Gegenseite und das Publikum mit Interventionen zu Wort melden. Während der ungeschützten Redezeit des jeweils letzten Redners darf der jeweils erste Redner der Gegenseite eine sogenannte Privileg-Frage stellen. Diese Frage ist vom letzten Redner auf jeden Fall anzunehmen. Wird die Privilegfrage abgelehnt, so führt dies zu einem Punktabzug in der Teamwertung. Zweck der Privileg-Frage ist es, noch einmal einen Schwachpunkt in der Argumentation der Gegenseite, welcher sich im Verlaufe der Debatte herauskristallisiert hat, aufzugreifen. Bei der Bewertung wird die Teamwertung von der Wertung der einzelnen Redner unterschieden. Dabei richtet die Jury ihre Rednerwertung an vier gleich gewichteten Kriterien aus. Dies sind die äußere Form wie die Mimik, Gestik, der Blickkontakt, die Freiheit der Rede und die Klarheit der Sprache. Darüber hinaus gilt dem sachlichen Inhalt der Argumente und dem so vermittelten Kenntnisstand des Redners besonderes Augenmerk. Es wird auf Stil und Struktur beim Aufbau der Rede, der Gliederung und der Verwendung von rhetorischen Figuren, Bildern und Beispielen geachtet. Auch die Schlagfertigkeit der Redner fließt in die Bewertung ein. Dazu gehört die Reaktion auf Interventionen und Zwischenrufe.

Für die Teamwertung ist die Würdigung der Gegenseite durch das Aufgreifen der gegnerischen Argumente ebenso wichtig wie die Strategie der Debattenführung und deren Auswirkungen auf den Verlauf der Debatte. Nutzung und inhaltliche Qualität von Interventionen und Zwischenrufen werden ebenfalls bewertet. Diese haben den Zweck, Lücken in der Argumentation aufzudecken und den Redner zur genaueren Bestimmung seiner Position und seiner Argumente anzuregen. Dabei signalisieren die Fragen den bestehenden Informationsbedarf, dagegen unterstreichen Interventionen, dass aufmerksam zugehört wird, während Zwischenrufe zur Belebung der Debatte beitragen, aber auch inhaltliche Funktion übernehmen können (Klartext 2014).

Die Debatte im Unterricht
Die nachfolgend beschriebene Form der amerikanischen Debatte entspricht weitgehend der Vorgehensweise, die mit der Methode der Pro-Contra-Debatte verbunden ist. In der klassischen Variante lässt sie sich in sechs Phasen einteilen:

1. Die Vorbereitungsphase, in der die Schüler über Verlauf, Regeln und Struktur der geplanten Debatte informiert werden, bevor das Thema festgelegt wird und sie in die Gruppen (Pro, Contra und Jury/Beobachter) eingeteilt werden.
2. Danach werden die Argumente formuliert und auf die Gruppenmitglieder verteilt. Dabei kann Hilfestellung durch das Bereitstellen von Material gewährt werden. Die Jury erarbeitet währenddessen einen Beobachtungskatalog, der Bewertungskriterien und eine Wichtung derselben enthalten sollte.
3. In der Hinrunde stellen die Gruppen abwechselnd ihre Argumente vor. Die Redezeit ist dabei auf eine Minute für jedes Argument begrenzt. Die Redner machen sich dabei Notizen zu den gegnerischen Argumenten.
4. In der nun folgenden Beratungsphase erarbeiten die Gruppen eine Argumentationsstrategie, die die Argumente der Gegenseite berücksichtigt. Die Jury berät sich entsprechend der festgelegten Kriterien. Hierbei ist es sinnvoll, eine Aufgabenverteilung für das spätere Feedback vorzunehmen.
5. In der Rückrunde platzieren sich die Redner so, dass sie ihrem argumentativen Gegner gegenüber sitzen. Sie gehen direkt auf dessen Argumente ein und versuchen sie zu widerlegen. Dabei ist das Argument des Vorredners aufzunehmen und auszubauen. Auch hier ist die Redezeit auf eine Minute begrenzt.
6. Zum Abschluss gibt die Jury ein gezieltes Feedback welches sich an den vereinbarten Beobachtungskriterien orientiert und sowohl die Leistung der Einzelredner als auch die Teamstrategie bewertet.

Der Lehrer achtet auf das Einhalten der Spielregeln. Ihm kommt in allen Phasen eine beratende und moderierende Rolle zu (Methoden für Deutschunterricht und Leseförderung, 05/2011).

Im Jahr 2014 nahmen an dem Wettbewerb „Jugend debattiert" 175000 SchülerInnen der Klassenstufen acht bis 13 an ca. 1000 deutschen Schulen teil. Die Gliederung der Debatte beim Schülerwettbewerb orientiert sich am klassischen Aufbau (Aristoteles 2007) einer Rede im Sinne aristotelischer Rhetorik und leitet die Regeln daraus ab. So beantwortet in der *Eröffnungsrede* in vorgegebener Reihenfolge jeder Teilnehmer in zwei Minuten die Streitfrage aus seiner Sicht. Die anschließende *Freie Aussprache* dauert zwölf Minuten. Hier werden in einem nicht reglementierten Schlagabtausch weitere Argumente gebracht und miteinander abgeglichen. In der *Schlussrunde* hat jeder Teilnehmer noch einmal eine Minute Zeit, die Debatte zusammenzufassen und die Streitfrage vor dem Hintergrund der ausgetauschten Argumente erneut zu beantworten.

Debattiert wird jeweils zu viert: Zwei Personen vertreten die „Pro-Seite" und sprechen sich für, zwei vertreten die „Contra-Seite" und sprechen sich gegen die diskutierte Maßnahme aus. In der Eröffnungsrunde kommt allen vier Positionen eine besondere Aufgabe zu. So klärt z. B. der erste Redner der „Pro-Seite" zunächst Begriffe, die in der Streitfrage enthalten sind. Anschließend erläutert sie die geforderte Maßnahme, die immer eine Veränderung der bestehenden Situation anstrebt.

Seit dem bundesweiten Start des Wettbewerbs 2002 durch verschiedene gemeinnützige Stiftungen bekommt die Vermittlung rhetorischer Fähigkeiten in den Schulen zunehmende Bedeutung. Ganz im geschilderten klassischen Sinn hat der Wettbewerb ein Ideal vor Augen, in dem jungen Menschen die kritische Reflexion eigenen Handelns in Bezug auf ihre Umwelt erlernen. Sie sollen darin bestärkt werden, ihre Meinung zu sagen und sich mit den Ansichten anderer sachlich und fair auseinanderzusetzen. Menschen, die zuhören und die Perspektive anderer übernehmen können, so die Idee des Wettbewerbs, braucht die Demokratie (Jugend debattiert 2014).

Die teilnehmenden Schulen sind Mitglied im Schulverbund von „Jugend debattiert" und bereiten die Schüler auf den Schul-, Regional-, Landes- und ggf. auch Bundeswettbewerb vor. Dafür werden Lehrer und Schüler als Juroren ausgebildet und in den verschiedenen Wettbewerbsphasen eingesetzt. Das Training der Wettbewerbsteilnehmer erfolgt meist im Rahmen des Sozialkunde- und Deutschunterrichtes; oft gibt es an den Schulen Debattierclubs.

Beim Debattieren nach den vorgegebenen Regeln wird besonderer Wert auf Sachkenntnis, Gesprächsfähigkeit, Überzeugungskraft und auf Ausdrucksvermögen gelegt. Da gute Debatten eine gute Vorbereitung verlangen, bedarf es im Unterricht eines Trainings für die Schüler. Dafür bietet „Jugend debattiert" eine Unterrichtsreihe (Hielscher, Kemmann, Wagner, Seelze 2010) mit einer systematischen Auswahl an aktivierenden Übungen, die handlungs- und kompetenzorientiert sind. Mit diesen Übungen, die sich in verschiedenen Fächern anwenden lassen, wird das aufmerksame Zuhören und aufeinander Eingehen gefördert und das freie Sprechen, bei dem Dinge anschaulich und präzise auf den Punkt gebracht werden, trainiert. Dabei soll ein eigener Standpunkt gefunden und mit guten Argumenten vertreten werden. Gegensätzliche Meinungen sind dabei grundsätzlich auszuhalten (Jugend debattiert 2014).

Das didaktische Potential der Debatte für den Philosophie- und Ethikunterricht

Philosophieren kann man nur lernen, indem man philosophiert. Wenn man philosophieren als nachdenken fasst, ist das Debattieren eine Form des Nachdenkens mit anderen. Die Debatte ermöglicht die gründliche Analyse und Prüfung eines Argumentes. Sie sollte nicht das sophistische Ziel haben, die Gegenseite zu besiegen, sondern dazu beitragen, die richtige Ansicht zu erkennen und falsche Positionen zu widerlegen. Die Argumentation wird auf ihre Plausibilität geprüft und Widersprüche müssen (auf)gelöst werden. Das gemeinsame Ziel ist dabei die Erkenntnis der Wahrheit. Auf diese Weise leistet die Debatte einen großen Beitrag zum Erlernen des Philosophierens als „Kulturtechnik".

Nutzt man diese Methode für den Unterricht, ist das keine Kapitulation gegenüber den Schülern, die sich durch abstraktes Philosophieren überfordert fühlen. Die Rededuelle oder „Wortschlachten" sind ein tausende Jahre altes Erfolgskonzept des Lernens. Beim Debattieren werden die Gedanken der Sprecher strukturiert und nach außen gerichtet. Für den auf Erkenntnisgewinn gerichteten Schlagabtausch braucht es Wissen und die Fähigkeit, zu schlussfolgern. Das Erlernen bzw. Üben der Rhetorik bietet die Möglichkeit, Philosophieren zu lernen. Der Vorwurf, dass es keine besondere Methodik gibt, die diese Kompetenz entwickelt, ist zurückzuweisen (Martens 2012, 44)

Philosophisches Argumentieren ist dabei weniger das Anwenden formallogischer Prinzipien, als der Versuch, „spezielle Fragen und Themen der Philosophie... verständlich werden zu lassen" (Goergen in: Tetens 2004, 10). Es ist ebenso gut möglich, zu klassischen philosophischen Fragen zu debattieren, wie zu Fragen, die einen konkreten Lebensweltbezug haben. Seit Sokrates ist diese Lehr- und Lernmethode gängige Praxis. Vom konkret Wahrgenommenen ausgehend, sind seine Dialoge „argumentative Rede und Gegenrede des Hin-und her-Überlegens" (Martens 2012, 51).

Das Debattieren im Ethikunterricht steigert die Fähigkeit des Philosophierens und ermöglicht dabei einen schüler-, handlungs- und problemorientierten Zugang zu den jeweils bearbeiteten Inhalten.

Um sich für oder gegen etwas positionieren zu können, bedarf es einer differenzierten Auseinandersetzung mit der Sache, die Gegenstand der Debatte sein soll. Dies erfordert – klassisch philosophisch – immer ein Nachdenken über die Bedeutung des Sachverhaltes für „das Leben des Menschen und für seine Vorstellungen von sich und seiner Stellung in der Welt... Ein Sachverhalt wird bedeutsam, indem Menschen sich in und mit ihrem Leben auf ihn beziehen." (ebd. 18) Die phänomenologische Methode hat das Ziel, von subjektive Voreinstellungen zu abstrahieren und zu einem vorurteilsfreien Blickes auf eine Sache zu gelangen. Beim Debattieren gelingt das besonders gut, wenn die sachliche Auseinandersetzung mit dem Thema erfolgt, bevor die SchülerInnen eine Position dazu einnehmen. Unabhängig von dieser wird zunächst geklärt, worum es bei der Streitfrage geht und welches die wichtigen Aspekte dabei sind. Die Argumente, die für und gegen etwas sprechen werden dabei erarbeitet. Dabei machen sich die SchülerInnen das eigene Vorverständnis bewusst. Ausgehend von diesem und der damit verbundener intuitiven Position, wird eine genauere Betrachtung des Problems nötig, um überzeugend argumentieren zu können. Nachdem die Position in der Debatte festgelegt wurden, wird die Argumentation ausgebaut. Dabei werden potentielle Argumente der Gegenseite berücksichtigt und zu entkräften versucht. Bei der damit verbundenen Analyse kommt es zum „Auflösen von begrifflichen und argumentativen Schwierigkeiten oder Unklarheiten". Dieses „Tätigsein" entspricht der Aufgabe von Philosophie im Sinne Wittgensteins (ebd. 80). Im „Tractatus" beschreibt er dieses Tätigsein als das des philosophierenden Subjektes. Die Analyse einer Sache erfolgt vor der eigentlichen Debatte und ermöglicht einen Dialog „um kontroverse Begriffs- und Argumentationsklärungen in einem realen Prozess mit verschiedenen Personen, um so die eigenen und gemeinsamen Vorstellungen zu verstehen, zu prüfen und zu korrigieren" (ebd. 86).

Die begriffliche und argumentative Auseinandersetzung mit anderen ist kooperative Wahrheitssuche im Sinne Habermas'. Dialektik als „Kunst und Theorie der kontroversen Argumentation" (Tetens 2004, 216) ermöglicht das Herausarbeiten relevanter Fakten und Argumente und die Prüfung dieser. Beim Debattieren üben die SchülerInnen sowohl das kooperative als auch das kontroverse Diskutieren. Durch das Bilden von Pro- und Contragruppen werden gemeinsam Argumente erarbeitet und auf deren Plausibilität geprüft. Argumentationslücken und – fehler werden so leichter geschlossen bzw. behoben.

So verstanden geht es beim Debattieren nicht darum, die jeweils andere Seite zu überzeugen, sondern gemeinsam die überzeugendsten Argumente zu finden. Es muss darauf geachtet werden, dass die Debatten und die damit verbundenen Übungen nicht zur Sophisterei im Sinne eines rein technischen Schlagabtausches werden. Deshalb besteht die größte Schwierigkeit beim Einsatz der o.g. Methoden darin, das Wettbewerbsformat so zu nutzen, dass das bessere Argument entscheidend ist und nicht der „Sieg" in der Debatte. Schließlich geht es im Ethikunterricht nicht primär um die Streitkunst, sondern um die Auseinandersetzung zu einer Sache. Deshalb ist die Reflexion jeder Debatte so wichtig. Dabei sollten Effekthaschereien und Bluffs rigoros entlarvt und deren Bedeutung für den Verlauf der Debatte untersucht werden. Diejenigen SchülerInnen, die nicht aktiv an der Debatte beteiligt sind, sollten dazu beitragen, indem sie sich gemäß konkreter Beobachtungsschwerpunkte Notizen anfertigen und diese für eine fundierte Auswertung nutzen.

Bei der amerikanischen Debatte werden die Regeln und Bewertungskriterien in der Vorbereitungsphase besprochen. Dies ist eine Möglichkeit für den Lehrer, im Sinne einer philosophischen Auseinandersetzung wirksam zu werden. Argumente sollen überzeugen. weil sie auf plausiblen Prämissen beruhen und als wahr (an-)erkannt werden.

Bei der Auswertung sollte darauf geachtet werden, inwiefern sich die Parteien aufeinander bezogen haben. Die Einwände der Gegenseite nicht zu entkräften, sondern an Stelle dessen andere Aspekte zu betrachten, sollte ebenso wenig zulässig sein, wie das Ignorieren einer eingeforderte Klärung. Die Regeln des Wettbewerbs „Jugend debattiert" tragen dem Rechnung. Hier sind Bewertungskriterien vorgegeben, die in regelmäßig stattfindenden Jurorenschulungen differenziert betrachtet werden. Im Unterricht und in den Siegerseminaren werden diese erläutert und an exemplarischen Debatten veranschaulicht. Dabei ist die Gesprächsfähigkeit, die die Bezugnahme auf andere ebenso beinhaltet wie die Teamfähigkeit, ebenso wichtig wie Sachkenntnis, sprachliche Fähigkeiten und die individuelle Überzeugungskraft eines Sprechers.

Das Debattieren zu Problemen der Ethik ermöglicht eine sachliche Auseinandersetzung entsprechend des Kenntnisstandes der Schüler. Gerade für aktuell diskutierte Themen schafft die Debatte einen Zugang, der durch die dialektische Betrachtung und die Reflexion desselben wesentlich zur Entwicklung der moralischen Urteilsfähigkeit beiträgt. Ähnlich der Dilemmamethode, die Georg Lind (Lind 2009) für die Entwicklung und Messung der moralisch-demokratischen Kompetenzen nutzt, trägt das Debattieren dazu bei, Auseinandersetzungen im Rahmen eines Diskurses zu führen.

Darüber hinaus schult die Methode das philosophische Denken und trägt zur Verbesserung der argumentativen Kompetenzen der Schüler bei. Anders als bei bloßer Textarbeit sind sie gezwungen, die gewonnenen Erkenntnisse für eine plausible Argumentation zu nutzen, die immer eine eigene Stellungnahme beinhaltet. Im Idealfall kann so eine gelungene Verknüpfung phänomenologischer, hermeneutischer, analytischer, dialektischer und oft auch spekulativer Denk-, Arbeits-, und Unterrichtsmethoden erfolgen.

Das Debattieren eignet sich gut zur Problematisierung, Erarbeitung und ggf. Positionierung bioethischer Themen. Beispielsweise ermöglicht die geforderte Gesetzesänderung zur sogenannten „Sterbehilfe" in Deutschland die Auseinandersetzung mit einem aktuellen Thema, welches in der Öffentlichkeit kontrovers diskutiert wird. Die individuelle Urteilsbildung dazu kann gut unterstützt werden, wenn es genügend Raum für die qualitative Bewertung der Argumente gibt.

Die Erarbeitung des Themas entsprechend der Vorgaben von „Jugend debattiert" soll im Folgenden kurz dargestellt werden. Die vorbereitende Arbeit ist für die oben beschriebene Kompetenzentwicklung der Schüler von besonderer Bedeutung.

1. Vorbereitung der Debatte: Durch geeignete Materialien (aktueller Fall bzw. aktuelle Berichterstattung in den Medien) wird den Schülern das Thema nahe gebracht. Es wird deutlich, dass hier ein Klärungs- bzw. Regulierungsbedarf besteht. Nun wird die Streitfrage so formuliert, dass sie der Form „Soll....?" entspricht und eine Positionierung dafür und dagegen möglich ist: *Soll die Sterbehilfe in Deutschland gesetzlich erlaubt sein?*

Für die inhaltliche Erarbeitung bedarf es einer zielgerichteten Recherche. Dafür kann gemeinsam ein Fragennetz (Hielscher, Kemmann, Wagner, 58 ff.) erstellt werden, für das arbeitsteilig in einem Gruppenpuzzle Antworten gefunden werden. Zur Beantwortung dieser Fragen ist eine umfassende Auseinandersetzung mit dem Thema erforderlich, die elementare analytische Kompetenzen der Schüler schult. Gerade für ungeübte oder schwächere Schüler bieten die konkreten Fragen eine Orientierung bei der Recherche. Die selbstständige Recherche ist deshalb von besonderer Bedeutung, weil sie zu einer ersten Wertung und Wichtung der umfassenden Quellen zwingt.

Die Auswertung in den Expertengruppen ermöglicht die differenzierte Analyse zum Thema „Sterbehilfe". Im Anschluss hilft die Verwendung des „Fragenfächers" (Hielscher, Kemmann, Wagner 2010, 26) bei der Formulierung der Eröffnungsrede. Mit der Strukturierung nach den Fragen „Wer, was, wann, wie, wo, womit und wozu soll Sterbehilfe erlaubt sein?" können alle wichtigen Aspekte der Streitfrage erfasst werden. Im Unterrichtsgespräch oder in einer Gruppenarbeitsphase leiten die Schüler die Unterfragen ab, die so beantwortet werden, dass die Maßnahme, die zur Veränderung der bestehenden Situation beiträgt, genauer bestimmt wird.

Anschließend sollten die Argumente für und gegen die Maßnahme (hier: die Ermöglichung von Sterbehilfe) gesammelt werden. Dafür eignet sich die Arbeit mit Pro-Contra-Listen (oder Tabellen), die in Gruppen erstellt werden. Innerhalb der Gruppen erfolgt eine Zuordnung zu pro und contra. Idealerweise bilden sich zwei Paare, die im ersten Schritt Gründe für, bzw. gegen die geforderte Maßnahme formulieren. Es ist darauf zu achten, dass dies in vollständigen Sätzen geschieht.

Die Gruppe „Pro" bearbeitet die linke Seite der Liste, die Gruppe „Contra" die rechte Seite. Danach tauschen die Teilgruppen (Paare) die Listen aus. Nun müssen sie für jedes Argument, das die andere Seite notiert hat, ein exakt passendes Gegenargument finden und dieses eintragen. Sie passen dann zusammen, wenn sie denselben Aspekt des Themas betreffen. Anschließend werden die Ergebnisse präsentiert. Dabei wird immer erst der Grund der Gegenseite und dann die eigene Erwiderung genannt. Die Pro-Contra-Liste ermöglicht es, Argumente zu sammeln und qualitativ zu bewerten. Gleichzeitig üben die Schüler, die unterschiedlichen Streitebenen zu unterscheiden und an die Position der Gegenseite anzuknüpfen. (Hielscher, Kemmann, Wagner 2010, 62)

Bevor die Debatte beginnt, empfiehlt es sich, den Ablauf und die Aufgaben der jeweiligen Position zu klären und in Lerngruppe, die mit dem Format nicht vertraut sind, zu üben. Dabei können Mikro- und Trainingsdebatten nach vorgegebenen Strukturen hilfreich sein.

2. Durchführung der Debatte: Debattiert wird entsprechend der oben beschriebenen Regeln. In der Eröffnungsrede beziehen die Parteien Position und klären die geforderte Maßnahme. Der Abgleich und die Klärung der jeweiligen Positionen erfolgt in der freien Aussprache. Die Schlussrunde ermöglicht eine Bilanz der Debatte und eine erneute Positionierung. In diesem Teil der Debatte erfolgt die Würdigung der qualitativ besten Argumente unabhängig davon, ob sie der eigenen Position entsprachen oder von der Gegenseite vorgebracht wurden. Die Übung und Auswertung der Schlussrede trägt somit besonders zur Entwicklung der Urteilskraft bei.

Für die anschließende Reflexion erhalten die Zuhörer konkrete Aufgaben, die z. B. darin bestehen, dass die Position und die dafür benannten Begründungen der Redner notiert werden. Eine Arbeitsteilung ermöglicht das vollständige Erfassen der Argumente. Darüber hinaus kann eine Jury die Debatte so beobachten und protokollieren, dass eine Auswertung und Rückmeldung nach den vorgegebenen Kriterien (Hielscher, Kemmann, Wagner, 76) erfolgt.

3. Die Reflexion der Debatte: Durch eine gut strukturierte Auswertung bekommen die Redner eine konstruktive Rückmeldung, die ihre Stärken und Schwächen aufzeigt und Hinweise für die weitere Arbeit gibt.

Die Schüler werten und wichten die vorgebrachten Argumente zur Sterbehilfe und können so zu einem begründeten Urteil gelangen.

Beim Einsatz der Methode im Ethik- und Philosophieunterricht sollte diesem Aspekt in der Auswertung besonders Rechnung getragen werden. Die Argumentation und Beweisführung ist für die Entwicklung moralischer Urteilsfähigkeit von größerer Bedeutung, als die sprachlich-stilistische Leistung der Redner.

So trägt die Debatte tatsächlich dazu bei, „das Überzeugende, das einer Sache innewohnt" (Knape 2012, 66) zu erkennen und wird dem philosophischen Anspruch gerecht, den Aristoteles formulierte.

Literatur

Aristoteles: *Rhetorik*, Stuttgart 2007.
Habermas, J.: *Strukturwandel der Öffentlichkeit*, Frankfurt am Main 1990.
Habermas, J.: *Legitimationsprobleme im Spätkapitalismus*, Frankfurt am Main 1973.
Heidegger, M.: *Sein und Zeit*, Tübingen 1993.
Hielscher, F.; Kemmann, A.; Wagner, T.: *Debattieren unterrichten*, Seelze 2010.
Knape, J.: *Was ist Rhetorik?*, Stuttgart 2012.
Knape, J.; Schirren, T.: „Aristotelische Rhetoriktradition", in: *Akten der 5. Tagung der K.-u. G.-Abel- Stiftung 2001 in Tübingen*, hrsg. von J. Knape, Stuttgart 2005.
Lind, G.: *Moral ist lehrbar*, Oldenburg 2009.
Martens, E.: *Methodik des Ethik- und Philosophieunterrichts*, Hannover 2012.
Matthes, W.: *Methoden für den Unterricht*, Paderborn 2002.
Massing, P.: „Pro-Contra-Debatte", in: Mickel, W. W. (Hg.): *Handbuch zur politischen Bildung*, Bonn 1999.
Meyer, H.: *Unterrichtsmethoden*, Bd. II, Berlin 1987.
Platon: *Sämtl. Werke*, Bd. 1 und 2, Hamburg 2011.
Reese-Schäfer, W.: *Was ist Kommunitarismus*, Frankfurt am Main, New York 1994.
Tetens, H.: *Philosophisches Argumentieren*, München 2004.
Ueding, G.; Steinbrink, B.: *Grundriss der Rhetorik*, Stuttgart 1986.
Methoden für Deutschunterricht und Leseförderung, Thema des Monats Mai 2011: *Die Amerikanische Debatte*, Hamburg 2011.
Stroh, W.: *Philosophie und Rhetorik in der antiken Bildungsgeschichte*, URL: http://stroh.userweb.mwn.de/schriften/philosophie_rhetorik.pdf (Abgerufen am 25.7. 2013).
Perdue, D. E., URL: http://www.tibet.de/zeitschrift/newsdetail/article/979/philosophisc.html?cHash=c8548977e736677988869bd35a22668b (Abgerufen am 15.9.2014).
Berzin, A., URL: http://www.berzinarchives.com/web/de/archives/sutra/level1_getting_started/approaching_study_meditation/purpose_benefits_debate.html (Abgerufen am 31.8.2014).
http://www.dadalos-d.org/methoden/grundkurs_4/debatte.htm (Abgerufen am 10.9.2014).
http://www.vdch.de/debattieren/regeln/11.9.2014 (Abgerufen am 11.9.2014).
http://www.klartext.uni-halle.de/Regeln/wartburg1.pdf (Abgerufen am 11.9.2014).
http://www.jugend-debattiert.de/idee.html (Abgerufen am 15.9.2014).

2.5 Rezeptionsorientierte Textarbeit

VOLKER HAASE UND DONAT SCHMIDT

Grundverständnis und Problemaufriss

Eine wichtige didaktische Standpunktklärung betrifft die Rolle von Texten im philosophischen Unterricht. Ausgehend von den Paradigmen des → Lebensweltbezuges, der Schülerzentrierung und der Dialogizität kann es nicht seine Aufgabe sein, selbstzweckhaft Theoreme der Philosophiegeschichte zu tradieren. Andererseits erfordert jedes Philosophieren eine Abstraktion vom Nahbereich des eigenen Erlebens und eine kritische Überprüfung von Vorurteilsstrukturen mit Hilfe fremder Perspektiven (Münnix 2002). Zudem gelingen Diskussionen, und zwar insbesondere im Bereich der sogenannten angewandten Ethiken, nur auf der Basis eines sicher verfügbaren Sachwissens. Zur Herstellung einer geeigneten Reflexionsdistanz haben sich Texte ebenso bewährt wie als Informationsquelle. Ihr Status als Leitmedium der philosophischen Fächergruppe ist in der Konsequenz unbestritten. Dabei darf es allerdings nicht darum gehen, im philosophischen Text nach einer einzig möglichen, vom Autor unmissverständlich angelegten Interpretation zu forschen. Ein solches Verständnis von Textarbeit als Exegese entspräche auch nicht dem gegenwärtigen Entwicklungsstand der Textwissenschaften. Benötigt wird im Sinne einer angstfreien Heranführung an philosophische Originaltexte vielmehr eine Unterrichtsmethodik, die auch schon ein erstes, „naives" Textverständnis der Lernenden würdigt und nicht als defizitär abwertet. Die darüber hinausgehende, mehr oder weniger gegebene Fremdheit des Textes sollte im weiteren Unterrichtsgang aber auch als Provokation erlebbar gemacht werden und eine aktive Neupositionierung der Schülerinnen und Schüler einfordern. Der Text ist damit insgesamt zu verstehen als ein wichtiger „Gesprächspartner" der Lerngruppe in lebensweltlich relevanten philosophischen Fragen (Langebeck 1985; Gefert 2001, 145 f.).

Die Unterrichtspraxis spiegelt überwiegend diese zentrale Bedeutung der Textarbeit für den philosophischen Erkenntnisgewinn wider. Ebenso weit verbreitet sind jedoch typische Probleme: Die Lernenden tun sich oftmals bereits mit dem Verständnis von vergleichsweise einfach strukturierten Texten schwer. Zudem sind sie nur selten intrinsisch dazu motiviert, sich mit genuin philosophischen Texten auseinanderzusetzen. Beide Schwierigkeiten bedingen sich wechselseitig. Neben der schon markierten Notwendigkeit, lebensweltliche Zugänge zum Text anzubieten, kommt es daher auch darauf an, den Schülerinnen und Schülern ein explizites, zunehmend selbstständig anwendbares Methodenwissens an die Hand zu geben. Denn wer weiß, wie er Texte für sich erschließen kann, ist auch eher gewillt, sich mit ihnen auseinanderzusetzen.

Entsprechend liegt der Fokus dieses Artikels darauf, rezeptionsorientierte Verfahren der Textarbeit vorzustellen und zu diskutieren. Gemeint sind hierbei Verfahren, die systematisch auf die Herstellung eines Verständnisses von Texten abzielen, indem einzelne Elemente in ihnen fokussiert, nach bestimmten Kriterien geordnet oder in ihren Beziehungen zueinander bzw. zu weiteren Quellen oder zum Vorwissen des Lesers untersucht werden. Ziel solcher Operationen ist neben der Beschreibung auch die Kritik von Aussagen, Absichten und Funktionsweisen der Texte. Für dieses Spektrum von Tätigkeiten ist der recht verbreitete Alternativbegriff der „Textanalyse" kein geeignetes Synonym. Er ermöglicht zwar einerseits eine sinnvolle Abgrenzung von den sog. „produktionsorientierten" bzw. „kreativ-dekonstruktiven" Verfahren der Textarbeit, und zwar insbesondere in den Bereichen des → theatralen Philosophierens und des → kreativen Schreibens. Andererseits suggeriert er aber eine Beschränkung auf Methoden der analytischen Philosophie, während de facto insbesondere auch Verfahren der hermeneutischen und dialektischen Tradition (→ Transformationsdidaktik) eine Rolle spielen.

Die nachfolgenden Ausführungen bemühen sich um einen systematischen Überblick über besonders bewährte Verfahren rezeptionsorientierter Textarbeit.

Typische Unterrichtsphasen rezeptionsorientierter Textarbeit

Rezeptionsorientierte Textarbeit, die den Qualitätsmerkmalen schülerzentrierten und problemorientierten Unterrichts folgt, befähigt die Lernenden zunehmend dazu, sich selbstständig mit dem Gesprächspartner Text auseinanderzusetzen. Der idealtypische Verlauf einer Textarbeit umfasst daher mehr als nur eine „Texterschließung" im engeren Sinne. Vielmehr ist in Anknüpfung an Volker Pfeifer (2003, 119) so oft wie möglich ein vierstufiges, projektartiges Vorgehen zweckmäßig, das den Lernenden als solches auch transparent gemacht werden sollte. Mit Abstrichen im ersten und vierten Schritt, ist diese Anleitung jedoch auch für die Planung von Stunden mit stärkerer Lehrerzentrierung, in denen Textarbeit im Mittelpunkt steht, instruktiv

(1) In der *Vorbereitungsphase* geht es zunächst darum, Vorwissen, Erwartungen und Einstellungen zum Thema des Textes zu explizieren. Außerdem kommt es im Sinne einer inhaltlichen Planung der Textarbeit zur Formulierung einer Problemfrage bzw. eines konkreten Erkenntniszieles. Ferner ist festzulegen, auf welcher Textgrundlage, in welcher konkreten Sozialform und mit welcher speziellen Methode der Textarbeit der weitere Unterrichtsverlauf ausgestaltet werden soll.

(2) Hieran schließt sich eine *Phase der Textbegegnung* und der Erarbeitung eines Konsenses im Textverständnis an. Für den ersten Zugriff auf den Text empfiehlt sich zunächst die Verwendung einer oder mehrerer der im Folgenden angeführten Methoden der Texterschließung. Es folgt eine dezidiert noch im Vorläufigen verbleibende Textdeutung und die gemeinsame Formulierung weiterführender Verständnisfragen an den Text. Diese bieten eine Orientierung für die sich anschließende, genauere Untersuchung auf der Basis einer konkreten Methode aus dem Repertoire der *analytischen* und *hermeneutischen Verfahren* (vgl. hierzu die folgenden Abschnitte). Die Ergebnisse dieser Erarbeitung münden in eine erneute, tiefer fundierte Deutung des Textes.

(3) Hieran knüpft die *Phase der Textkritik und Reflexion* an. Die herausgearbeiteten Aussagen sind nun einer argumentativen Überprüfung durch die Lernenden zu unterziehen. Ziel ist die Erarbeitung eines eigenen Standpunktes unter Verwendung *dialektischer Verfahren* (vgl. Abschnitt Dialektische Verfahren), wobei auch individuelle Positionen innerhalb der Lerngruppe nebeneinander stehenbleiben können, sofern sie schlüssig auf den Text bezogen bleiben. Diese Phase endet mit einem Rückbezug auf den eigenen Erfahrungshorizont der Schülerinnen und Schüler. Gefragt werden kann z. B. nach der Bedeutung des Kennengelernten für das Verständnis bzw. für die Bewältigung philosophisch relevanter Probleme in der Alltagswirklichkeit.

(4) In der abschließenden *Auswertungsphase* ist zu beurteilen, ob die am Anfang des Unterrichtsganges aufgeworfene Problemfrage geklärt ist. Die Formulierung neuer Fragestellungen ist darüber hinaus ebenso möglich wie die Auswahl weiterer Texte zum Thema. Neben der Bilanzierung des Erkenntnisgewinns aus der Arbeit mit dem Text kommt es in dieser Phase auch darauf an, die gewählte Methode der Textarbeit hinsichtlich ihrer Stärken und Schwächen zu reflektieren und konkrete Defizite zu benennen, die bei einer nochmaligen Anwendung vermieden werden können.

Im wünschenswerten Fall werden die Lernenden zu einer selbstständigen Auseinandersetzung mit Texten nach diesem Muster bereits bis zum Abschluss der Sekundarstufe I hingeführt. Wichtig ist hierbei v. a. der systematische Aufbau eines breiteren Repertoires an geeigneten Methoden. Die nachfolgende Auswahl stützt sich auf die oben bereits erwähnte Einteilung im Sinne der → Transformationsdidaktik. Vorangestellt werden kleinere Methoden, die die tiefere Arbeit am Text vorbereiten können.

Typisierung methodischer Zugänge

Basale Formen der Texterschließung

Bei der gemeinsamen Satz-für-Satz-Lektüre (Close Reading) tragen die Schülerinnen und Schüler der Reihe nach jeweils einen Satz vor, wobei sie auf eine sinnerschließende Betonung der wichtigsten inhaltlichen Akzente achten. Fortgesetzt wird die Lektüre immer erst dann, wenn unklare Begriffe von der Lerngruppe definiert worden sind. Eine weiterführende Möglichkeit zur Überprüfung des Textverständnisses besteht in der Aufgabe, den gelesenen Satz oder Abschnitt jeweils knapp in eigenen Worten zusammenzufassen. Zu dieser Technik des Verzögerten Lesens gehört es zugleich, an geeigneten Stellen Spekulationen zum inhaltlichen Fortgang des Textes zu äußern. Weil hier eine starke Lenkung durch die Lehrkraft erkennbar ist, handelt es sich nach Klaus Langebeck (1985) bzw. nach Barbara Brüning (2003, 84-88) in beiden Fällen um Verfahren der *Texterschließung mit Anleitung*. Dasselbe gilt, in schriftlicher Form, für vorgegebene Leitfragen, die von den Lernenden bei der ersten Lektüre des Textes beantwortet werden sollen. Ebenfalls in diese Kategorie zählen z. B. Thesen-Kataloge (Multiple-Choice-Aufgaben), bei denen die Richtigkeit von vorgegebenen Paraphrasen schwieriger Textsequenzen zu überprüfen ist, und vorstrukturierte Arbeitsblätter, auf denen an den entsprechenden Stellen Informationen aus dem Text einzutragen sind.

Von solchen Verfahren unterscheiden die genannten Autoren Methoden der *eigenständigen Texterschließung mit Anleitung*. Sie sind dadurch charakterisiert, dass sie „unterstützend für das eigene Nachdenken über den Text" wirken. Beispiele in dieser Kategorie sind das Gliedern des Textes in Sinnabschnitte, das Formulieren von Zwischenüberschriften für jeden Abschnitt sowie das verschiedenfarbige Markieren von Informationen zu unterschiedlichen inhaltlichen Aspekten des Textes. Die Ergebnisse der individuellen Erarbeitungen können jeweils sehr leicht in einer gemeinsamen Ergebnissicherung, etwa im Tafelbild, zusammengeführt werden. Besonderer Beliebtheit erfreut sich in diesem Bereich auch die sog. Västeras-Methode (Pfeifer 2009, 148). Die Schülerinnen und Schüler halten am Textrand durch die Verwendung der Zeichen „?", „!" und „X" (und ggf. durch weiterführende Kommentare) individuell fest, wo sie Verständnisprobleme haben, eine Meinung des Verfassers besonders einleuchtend finden bzw. Kritik üben möchten. Das nachfolgende Unterrichtsgespräch wird durch diese Kategorien bereits vorstrukturiert: An die Klärung der Fragezeichen und die Sicherung eines gemeinsamen Textverständnisses schließt sich eine Diskussion des Für und Wider aller anderen markierten Stellen an.

Eine dritte Rubrik bilden Methoden der *selbstständigen Texterschließung*. Hierbei handelt es sich zumeist um aufwendigere Verfahren der Reduktion und schriftlichen Reorganisation des Textes, namentlich um die Anfertigung von „Spickzetteln" oder Exzerpten, die Kürzung der Vorlage (z. B. auf ein Drittel) und das Verfassen vollständiger, ausformulierter Inhaltsangaben. Weil diese Methoden ein bereits gesichertes Textverständnis voraussetzen, ist es auch möglich, sie als abschließende Ergebnissicherung zu nutzen, die an die nachfolgend zu betrachtenden Verfahren einer genaueren Textuntersuchung anknüpft.

Analytische Verfahren

Die analytische Philosophie zerlegt komplexe und problematische Sachverhalte in ihre Bestandteile, um sie genauer zu untersuchen. Analytische Verfahren der Arbeit am Text befassen sich demzufolge mit den Bestandteilen des Textes. Konkret geht es hierbei darum, in welcher Weise bestimmte Begriffe und andere sprachliche Elemente verwendet werden, welche zusammenhängenden Strukturen sich aus ihrer inhaltlichen Organisation ergeben und mit welchen formalen Mustern der Text darüber hinaus argumentiert. Für die sprachliche, die strukturelle und die argumentative Ebene des Textes eignen sich jeweils spezifische Methoden der Textarbeit.

Im Bereich der *Begriffsbestimmung* sollten den Schülerinnen und Schülern zumindest die folgenden fünf Verfahren, die in fachdidaktischen Praxisratgebern und Lehrwerken am häufigsten anzutreffen sind, verfügbar gemacht werden (Engels 2001):

- Mit Hilfe der *intensionalen Definition* wird für einen zentralen Begriff (definiendum) des Textes eine bestimmte Bedeutung (definiens) festgelegt. Konkret erfolgt dies durch die Angabe eines nächst höheren Oberbegriffs (genus proximum) und eines Merkmales, das diesen Begriff von den anderen Begriffen unterscheidet, die unter denselben Oberbegriff fallen (differentia specifica). Beispiel: Ein ‚Junggeselle' (definiendum) ist ein ‚Mann' (genus proximum), der ‚unverheiratet' ist (differentia specifica).
- Ebenso kann ein im Text enthaltener Terminus genauer bestimmt werden, indem typische *Beispiele, Gegenbeispiele* oder *Grenzfälle* zu diesem Begriff aufgeführt werden. Beispiel: ‚Moralische Werte' sind ‚Ehrlichkeit' und ‚Freundlichkeit'. Keine sind dagegen ‚Cleverness' oder ‚Arroganz'. Als Grenzfälle können womöglich ‚Enthaltsamkeit' oder ‚Gehorsam' gelten.
- Insbesondere lohnt es sich auch, *Relationsbegriffe*, wie etwa den Terminus der ‚Gleichheit', hinsichtlich der Beziehungen zu befragen, die sie zwischen verschiedenen Dingen konstruieren. Beispiel: Woran erkennt man die ‚Gleichheit', die der Autor für alle Menschen als erstrebenswertes politisches Ziel propagiert? In welchen Hinsichten sind für ihn tatsächlich alle Menschen ‚gleich'? In welchen hingegen nicht?
- Mit Hilfe der *Begriffsunterscheidung* können zudem auch feinere Nuancen nebengeordneter bzw. bedeutungsnaher Begriffe herausgearbeitet werden. Beispiel: Was unterscheidet ‚Angst' von ‚Furcht'? Worin besteht die Differenz zwischen ‚Gesetz' und ‚Recht'?
- Darüber hinaus ist es unter Umständen angezeigt, *emotive Bedeutungen* zu analysieren, die an bestimmte Schlagwörter des Textes geknüpft sind, und die die Gefühle des Lesers positiv oder negativ beeinflussen können. Beispiele: Der Begriff der ‚Freiheit' ist überwiegend positiv konnotiert. Die Titulierung von etwas als ‚Herausforderung' entschärft die negative Wirkung der alternativen Bezeichnung als ‚Problem'. Zu einer genaueren Bewusstmachung solcher psychologischen Wirkungen von Sprache, die oftmals auch einen manipulativen Charakter haben können, schlägt Volker Pfeifer (2009, 151-155) u. a. den Rückgriff auf das Instrumentarium der Sprechaktanalyse vor.

Die vier zuerst genannten Verfahren können in unterschiedlicher Weise bei der Arbeit am konkreten Text zur Anwendung kommen: Zum einen können sie dazu verwendet werden, diejenigen Informationen, die für ein adäquates Verständnis des jeweiligen Begriffes notwendig sind, gezielt aus dem Text zu entnehmen. Zum anderen können sie aber auch innerhalb der Lerngruppe als Grundlage für die Verständigung über Begriffe dienen, die der Text selbst gar nicht näher charakterisiert, sondern, und zwar oft zu Unrecht, als unmissverständlich voraussetzt. Auf der Grundlage solcher Begriffsbestimmungen kann insbesondere für längere Lektüren (z. B. für Auszüge aus der „Nikomachische Ethik" des Aristoteles) auch ein Register bzw. ein Lexikon erstellt werden.

Ebenso lohnenswert ist auf der begrifflichen Ebene aber auch eine *Metaphern-Analyse*. In philosophischen Texten finden sich häufig Metaphern. Aufgrund der ihr eigenen Deutungsoffenheit fördern diese Sprachbilder zuweilen interessante weitere Aspekte eines Sachverhalts im Sinne einer heuristischen Funktion zutage. Andererseits verdecken sie u. U. auch problematische Äußerungen. Empfohlen werden können in Anlehnung an Steffen Kurpierz (2003) folgende Schritte:

1. Identifizieren: Die Metapher ist als solche überhaupt erst einmal aufzufinden und zu benennen.
2. Assoziieren: Es werden Vermutungen über ihre Bedeutung angestellt, wobei auch spontane persönliche Vorstellungen und gefühlsmäßige Wertungen hilfreich sein können.

3. *Charakterisieren:* Das Konzept der Metapher wird genauer untersucht. Diesem Schritt dient es insbesondere, Eigenschaften des verwendeten Bildes und des gemeinten Sachverhaltes tabellarisch gegenüberzustellen, das sog. tertium comparationis anzugeben und Attribute zu benennen, in denen Bild und Sache nicht übereinstimmen. Beispiel: Wenn Moral für Nietzsche ein Narkotikum ist, stellt sich die Frage nach den Merkmalen solcher Arzneien und danach, was Moral von einem Narkotikum vielleicht doch unterscheidet.
4. *Kritisieren:* Die Metapher wird weitergedacht bzw. auf andere Bereiche ausgeweitet, um ihr weiterführendes Erkenntnispotenzial zu überprüfen. Beispiel: Falls Moral ein Narkotikum ist, welche Operation steht dann an? Welche Krankheit liegt vor? Wer ist der Anästhesist? Welche Nebenfolgen werden in Kauf genommen?

Die *strukturale Textanalyse* ist ein spezielles Verfahren zur Reduktion und Reorganisation des Textes hinsichtlich seiner wesentlichen Aussagen, wobei analysiert wird, wie sich dieser aus seinen begrifflichen Elementen, aber auch aus den inhaltlichen Relationen zwischen diesen, zusammensetzt. Das entsprechende Modell des Textes wird in vier Arbeitsschritten erstellt (Schmidt 2002):

1. *Segmentieren:* Wesentliche Begriffe werden aus dem Text herausgefiltert, relevante Begriffe werden dabei beispielsweise auf Karteikarten notiert.
2. *Vergleichen:* Es wird ein erster Überblick über die herausgefilterten Begriffe gewonnen. Die zueinander in Beziehung stehenden Begriffe werden zusammengerückt.
3. *Klassifizieren:* Zum tieferen Verständnis werden kurze Erläuterungen, Definitionen, Oberbegriffe und Unterbegriffe auf die Karteikarten notiert.
4. *Relationieren:* Ein Strukturmodell zum Text wird erstellt. Dies kann z. B. in einer Gruppenarbeit auf Plakaten erfolgen. Alternativ dazu kann im Plenum auch jeder Lernende eine Karteikarte an die Tafel heften und seinen Begriff zu mindestens zwei anderen Begriffen grafisch mit geeigneten Verbindungselementen in Beziehungen setzen.

Schwieriger als die Abbildung zentraler Aussagen des Textes mit Hilfe seiner wichtigsten Begriffe und der Relationen zwischen diesen ist zweifelsohne das Erfassen seiner logischen Funktionsweise. Auch bei solchen *Argumentationsanalysen* können grafische Darstellungen am Ende des Erarbeitungsprozesses stehen (Pfeifer 2009, 151). Leichter als die exakte Reorganisation des Textes in Form eines solchen Argumentationsschemas fällt es Schülerinnen und Schülern jedoch, klassische Argumentationsmuster an den Text heranzutragen (Wilkes 2000). Dies gilt beispielsweise für den Fünfsatz (Geißner 1974). Hierbei handelt es sich um eine Figur, die – titelgebend – aus fünf Sätzen bzw. Sinnabschnitten besteht. Vor allem die sog. Standpunkt-Formel des Fünfsatzes ist dazu geeignet, die Argumentationsstruktur eines Textes (und seine argumentativen Leerstellen) zu rekonstruieren. Als nützlich für die Lernenden haben sich zugleich die nachfolgenden Formulierungshilfen herausgestellt:

1. Standpunkt: ‚Im Text wird behauptet, dass …'.
   Begründung des Standpunktes: ‚Denn …'
2. Nähere Erläuterung: ‚Da beispielsweise …'
3. Zusammenfassung: ‚Daraus folgt …'
4. Appell: ‚Daher sollte …'

Selbstredend kann die These des Textes auch mehrfach begründet sein. Das lässt sich nachbilden, indem die Abschnitte 2 und 3 mehrfach aufgeführt und dann im Abschnitt 4 noch einmal knapp gebündelt werden. Weitere argumentationsanalytische Verfahren wären z. B. Rekonstruktionen der Argumentationsstruktur eines Textes durch das *Toulmin-Schema* (Toulmin 1975) sowie die Umformung des Textes in *Syllogismen* (→ Argumentationsschulung).

Hermeneutische Verfahren

Während die Textanalyse einzelne Bestandteile innerhalb des Textes fokussiert, nehmen hermeneutische Verfahren ihn verstärkt in seiner kulturellen Einbettung ins Visier. Neben der Beleuchtung seiner konkreten Produktionsbedingungen kann hier auch ein Blick auf die Rezeptionsgeschichte aufschlussreich sein, um zu erfahren, dass Bedeutungen in Texten nichts Feststehendes darstellen, sondern historischen Wandlungen ausgesetzt sind. Dass sie sich darüber hinaus auch ein ganzes Stück weit als Wechselwirkung zwischen dem Geschriebenen und der Subjektivität des Lesers mit seinen jeweils eigenen Erfahrungen, Einstellungen und Vorverständnissen ergeben, ist ebenfalls eine Grundannahme der Hermeneutik. Gängige hermeneutische Zugriffe (Rohbeck 2001) auf den Text sind in der Praxis des Philosophie- und Ethikunterrichtes v. a. die folgenden:

- *Ausgang der Lektüre von persönlichen Assoziationen zum Titel des Textes.* Beispiel: „Formulieren Sie vor der eigentlichen Lektüre, ausgehend von der Überschrift, Erwartungen an den Inhalt des Textes."
- *Klärung des persönlichen Vorverständnisses zu dem im Text behandelten Problem.* Beispiel: „In Peter Singers Text geht es um die Rechte von Tieren. Verfassen Sie vor der Lektüre selbst einen kurzen Text zu diesem Thema, in dem Sie folgende Fragen aufgreifen: Inwiefern haben Tiere Ihrer Meinung nach überhaupt Rechte und womit könnte man diese begründen? Wären die Rechte von Tieren denen der Menschen gleich- oder unterzuordnen? Vergleichen Sie ihre eigenen Ansichten daraufhin mit denen des Autors."
- *Antizipation von Argumenten für die zentrale These des Textes.* Beispiel: „Erörtern Sie, welche Gründe Sokrates dazu bewegt haben könnten, sich der Todesstrafe zu stellen, und welche Überlegungen für eine Flucht gesprochen haben könnten."
- *Bezug auf ein sinnerschließendes Sprachbild des Textes vor seiner Lektüre.* Beispiel: „Stellen Sie Vermutungen darüber an, wie La Mettrie darauf kommt, den Menschen mit einer Maschine zu vergleichen."
- *Vorausgriff auf nachfolgende Abschnitte des Textes.* Beispiel: „Platon erörtert im ‚Höhlengleichnis' auch die Frage, was mit dem entfesselten Menschen geschehen würde, wenn er nach der Erkenntnis der Wahrheit zu seinen Höhlengenossen zurückkäme, um sie über das Gesehene aufzuklären. Verfassen Sie selbst einen möglichen Schlussteil des Gleichnisses!"
- *Zeitgeschichtliche Ausweitung des Textverständnisses.* Beispiel: „Recherchieren Sie Informationen zur Lebenszeit und zur konkreten Biografie des Autors Thomas Hobbes. Stellen Sie im Anschluss daran möglichst viele Bezüge zwischen diesen Hintergrundinformationen und den philosophischen Ansichten im ‚Leviathan' heraus. Beantworten Sie auf dieser Grundlage die Frage, inwiefern die persönlichen Lebenserfahrungen des Autors sein Schreiben beeinflussten."
- *Philosophiegeschichtliche Einordnung des Textes.* Beispiel: „Obwohl Sigmund Freuds Instanzen-Lehre vielen seiner Zeitgenossen als etwas ganz Neues erschien, hat sie schon in der antiken philosophischen Tradition prominente Vorbilder: Recherchieren Sie, wie sich die beiden griechischen Autoren Platon und Aristoteles den Aufbau der Seele vorstellten. Benennen Sie jeweils Gemeinsamkeiten und Unterschiede zum Modell Freuds. Bestimmen Sie von hier aus noch einmal genauer, worin das eigentlich Provokante bei ihm besteht."
- *Kulturgeschichtliche Einordnung des Textes.* Beispiel: „Charles Darwins Evolutionslehre hat nicht nur die philosophische Anthropologie revolutioniert. Auch das Schaffen zahlreicher Künstler wäre ohne seine Theorie nicht denkbar. Recherchieren Sie z. B. nach Einflüssen Darwins auf konkrete Werke von Arnold Böcklin, Gabriel von Max oder Max Ernst. Beschreiben Sie, wie die von Ihnen aufgefundenen Bilder Leitgedanken Darwins jeweils verarbeiten. Formulieren Sie eine weiterführende Erkenntnis über die Evolutionstheorie, zu der Sie bei der Betrachtung der Bilder gelangt sind."
- *Gattungstheoretische Betrachtung.* Beispiel: „Schopenhauers Text von den ‚Stachelschweinen' ist eine Fabel. Weisen Sie charakteristische Merkmale nach. Stellen Sie, ausgehend von der Frage, warum sich der Autor gerade für ein Schreiben in dieser Textsorte entschieden hat, Vermutungen über mögliche Intentionen an."

Dialektische Verfahren

Während analytische und hermeneutische Verfahren den Lernenden verschiedene, vertiefende Zugänge zu den Texten verschaffen, machen wohl erst dialektische Verfahren den Text zum Dialogpartner im eigentlichen Sinn. Analyse und Hermeneutik sind folglich eher Vorarbeiten, die innerhalb der Lerngruppe ein gemeinsames Textverständnis, einen Konsens hinsichtlich der Textbedeutung schaffen, während die nachfolgende, kritische Auseinandersetzung mit dem Text deutlicher in der Tradition der Dialektik steht. Fachdidaktisch war diese in einem solchen Verständnis allerdings erst einmal zu rehabilitieren (Rohbeck 2008, 119-143). Widerspruch wird hier zur treibenden Kraft des Denkens, der kritischen Auseinandersetzung mit dem Text und der Urteilsbildung. Entsprechende Verfahren ermöglichen dem Lesenden einerseits einen Zugewinn an Reflexionsdistanz zum Text, indem sie zur Infragestellung oder Negation seiner Kernaussagen anleiten. Sie laden aber andererseits auch zu einem Perspektivenwechsel ein, indem sie uns prüfen lassen, welche Positionen und Intentionen des philosophischen Textes eine Würdigung als anerkennenswertes Argument, bleibendes Kulturgut, zeitgemäße Provokation, persönliche Entdeckung etc. verdienen. Zumindest einzelne Passagen des Textes können so im eigenen Denken „aufgehoben" werden, und zwar in einem gleich dreifachen Wortsinn: im Sinne einer „Bewahrung" von Textinhalten, als „Negation" von Textaussagen und als „Heben auf eine höhere Stufe", indem neue Erkenntnisse eine Vermittlung von Thesen des Textes und ihrer Negation ermöglichen. Vom dialektischen Denken sind die folgenden, unterrichtspraktisch besonders bewährten Aufgabenstellungen geprägt, wobei z. T. Übergänge zum → kreativen Schreiben vorhanden sind:

- „Sammeln Sie in einer *Mindmap* möglichst viele Argumente gegen die These. Sammeln Sie zudem Argumente für geeignete Gegenthesen."
- „Verfassen Sie eine *Standpunktrede* zu Thesen des Textes. Schreiben Sie hierbei aus Ihrer eigenen Perspektive oder aus der Sicht eines Kritikers. Verwenden Sie den Fünfsatz oder ein anderes, Ihnen bekanntes Argumentationsmuster."
- „Schreiben Sie einen *Gegentext*. Orientieren Sie sich dabei wahlweise am Stil eines Flugblattes, einer Streitschrift, eines Thesenpapiers oder eines Leserbriefes."
- „Stellen Sie sich vor, dass der Autor des vorliegenden Textes mit einem anderen, von Ihnen bereits zur Kenntnis genommenen Philosophen zusammentrifft und dessen Thesen vor dem Hintergrund der eigenen Theorie hinterfragt. Verfassen Sie hierzu ein fiktives Interview oder einen Dialog."
- „Formulieren Sie die *zentrale These* des vorliegenden Textes (Beispiel: „Die Technik beherrscht den Menschen."). Formulieren Sie daraufhin eine *gegenteilige These* (Beispiel-Lösung: „Der Mensch beherrscht die Technik."). Erörtern Sie am Beispiel des Smartphones das Für und Wider beider Thesen. Diskutieren Sie schließlich, auf welche Weise beide Thesen miteinander vereinbar sein könnten (Beispiel-Lösung: „Der Mensch beherrscht sich durch seine Technik." oder: „Die Technik schafft Freiheiten, die ohne sie weder gedacht werden könnten noch gewollt werden würden.")."

Für eine tiefergehende Kritik, die v. a. auch die Stärken des Textes würdigt, empfiehlt es sich allerdings oft, systematischer an Ergebnisse der vorangegangenen Texterschließung anzuknüpfen. Die nachfolgenden Leitfragen geben einige Anhaltspunkte für entsprechende Untersuchungen, die ggf. auch arbeitsteilig von der Lerngruppe durchgeführt werden können:

- *Begriffliche Kritik:* Werden Kernbegriffe definiert und einheitlich verwendet? Mit welchen Absichten werden Metaphern im Text verwendet? Kommen Bild- und Sachebene der Metapher hinreichend überein?
- *Argumentative Kritik:* Werden die im Text aufgestellten Hypothesen hinreichend gestützt? Werden Prämissen und Konklusionen explizit im Text aufgeführt? Ist ihre Verknüpfung logisch korrekt und plausibel? Basieren die Prämissen auf nachweis-

lichen Fakten? Werden Gegenargumente sachlich dargestellt und redlich geprüft?
- *Kritik der Theoreme:* Werden die dem Text zugrundeliegenden Theorien reflektiert und gerechtfertigt? Werden zur Stützung Theoreme einbezogen, die allgemeinen wissenschaftlichen Standards genügen?
- *Erfahrungsbasierte Kritik:* Decken sich die Behauptungen des Textes mit eigenen Erfahrungen? Lassen sich Gegenbeispiele oder weitere Beispiele finden?

Es liegt auf der Hand, dass die in diesem Abschnitt vorgestellten Methoden unterschiedliche Schwierigkeitsgrade aufweisen. Aufgrund der erforderlichen Abstraktheit des Denkens zeigt sich dies insbesondere dort, wo im Leseprozess involvierte Teilfähigkeiten dem Bereich des logischen Argumentierens zuzuordnen sind (Rösch 2009, 245-257). Für die übrigen Methoden gilt erfahrungsgemäß, dass sie, zumindest innerhalb der gymnasialen Mittelstufe, mehrheitlich nicht an bestimmte Altersgruppen gebunden sein müssen, wenn die Lehrkraft bei der Textauswahl umso bewusster auf die jeweilige Leistungsfähigkeit der Lernenden eingeht. Entsprechende Hinweise finden sich v. a. bei Rösch (2009, 209-219) und Schmidt (2009).

Literatur

Brünning, B.: *Philosophieren in der Sekundarstufe. Methoden und Medien*, Weinheim 2003, 84-88.

Engels, H.: „Sprachanalytische Methoden im Philosophieunterricht. Mittel der Kritik, Hilfe beim Verstehen und Erkennen, Schutz vor Fallstricken der Sprache", in: Rohbeck, J. (Hg.): *Philosophische Denkrichtungen*, Dresden 2001, 44-80.

Gefert, C.: „Die Arbeit am Text – das *Schweigen der Schrift* und Strategien der Texteröffnung", in: Rohbeck, J. (Hg.): *Philosophische Denkrichtungen*, Dresden 2001, 144-164.

Geißner, H.: „Zum Fünfsatz", in: Dyck, J. (Hg.): *Rhetorik in der Schule*, Kronenberg 1974, 32-48.

Haase, V.: „Autobiografische Narrationskompetenz", in: Rohbeck, J. (Hg.): *Didaktische Konzeptionen*, Dresden 2013, 85-104.

Kurpierz, S.: „Mit Metaphern auf Reisen", in: Rohbeck, J. (Hg.): *Didaktische Transformationen*, Dresden 2003, 110-138.

Langenbeck, K.: „Verfahren der Texterschließung im Philosophieunterricht", in: *Zeitschrift für Didaktik der Philosophie und Ethik* (1985), 3-11.

Martens, E.: *Methodik des Ethik- und Philosophieunterrichts. Philosophieren als elementare Kulturtechnik*, Hannover 2003, 103-109.

Münnix, G.: „Fremdheit als Grenze des Verstehens. Zum Problem von Multiperspektivität und Hermeneutik", in: Hogrebe, W. (Hg.): *Grenzen und Grenzüberschreitungen*, Bonn 2002, 1173-1180.

Pfeifer, V.: *Didaktik des Ethikunterrichts. Wie lässt sich Moral lehren und lernen?*, Stuttgart 2003.

Pfeifer, V.: *Didaktik des Ethikunterrichts. Bausteine einer integrativen Wertevermittlung*, Stuttgart 2009.

Rohbeck, J.: „Zehn Arten, einen Text zu lesen", in: *Zeitschrift für Didaktik der Philosophie und Ethik* (2001), 286-292.

Rohbeck, J.: *Didaktik der Philosophie und Ethik*, Dresden 2008.

Rösch, A.: *Kompetenzorientierung im Philosophie- und Ethikunterricht. Entwicklung eines Kompetenzmodells für die Fächergruppe Philosophie, Praktische Philosophie, Ethik, Werte und Normen, LER*, Wien 2009.

Schmidt, D.: „Reading literacy bei philosophischen Texten. Zur Konzeption einer empirischen Studie über die Messbarkeit von Reflexions- und Verstehensprozessen im Philosophieunterricht", in: Rohbeck, J.; Thurnherr, U.; Steenblock, V. (Hg.): *Empirische Unterrichtsforschung und Philosophiedidaktik*, Dresden 2009, 65-82.

Schmidt, D.: „Strukturale Textanalyse im Philosophieunterricht", in: Rohbeck, J. (Hg.): *Denkstile der Philosophie*, Dresden 2002, 157-178.

Toulmin, S.: *Der Gebrauch von Argumenten*, Kronenberg 1975, 86-130.

Wilkes, V.: „‚Was für ein Hut? Einer zum Aufsetzen'. Logiktraining und Argumentationsanalyse anhand von Texten der Philosophiegeschichte", in: *Zeitschrift für Didaktik der Philosophie und Ethik* (2000), 284-290.

Wittschier, M.: *Textschlüssel Philosophie. 30 Erschließungsmethoden mit Beispielen*, München 2010.

2.6. Argumentationsschulung

Klaus Goergen

Die Notwendigkeit des Argumentierens wächst in einer Welt der Optionen. Wir können und müssen in unserer gesellschaftlich liberalisierten, kulturell heterogenen, politisch partizipativen und technisch optimierten Welt permanent wählen: zwischen den Angeboten an Konsumgütern und Lebensstilen, an Werten und Bekenntnissen, an Parteien und Projekten. Und seit die menschliche Natur zum Reich der Freiheit zählt, haben wir hundertfach die Wahl von der Befruchtung bis zum Tod. Die meisten dieser Entscheidungen müssen wir, da nicht alleine auf der Welt, den anderen gegenüber begründen, wir müssen ihre Einwände kritisch prüfen und diskursiv eine Einigung suchen, kurz: Wir müssen argumentieren.

Im Philosophie- und Ethikunterricht kommt hinzu, dass das Philosophieren-Können als zentrale Kompetenz im Wesentlichen meint, argumentieren zu können – wenn der Begriff des Argumentierens nur weit genug gefasst ist. Und tatsächlich sind mit dem Niedergang des engen, wahrheitsfixierten Logozentrismus seit den 50er Jahren Argumentationstheorien im Aufwind, die weniger die Wahrheit als das Überzeugen für das Ziel des Argumentierens halten, die neben deduktiven auch induktive, neben analytischen auch dialektische und synthetische Aussagen als Argument akzeptieren, die nicht allein die Logik, sondern auch die Rhetorik und Linguistik für zuständig halten, wenn es ums Argumentieren geht. (Toulmin 1958; Perelman, Olbrechts-Tyteca 1958; Kienpointer 1992; Deppermann 2003; Wohlrapp 2009)

Argumentieren als Methode im Philosophie- und Ethikunterricht soll auch hier nicht verstanden werden als das einsame Geschäft des Entwerfens logischer Schlüsse und des Prüfens der Gültigkeit von Schlussregeln, vielmehr liegt den folgenden Vorschlägen zur Argumentationsschulung ein offener, diskursiver Begriff von Argumentation zugrunde, der alle Äußerungen einschließt, die dazu dienen, Behauptungen plausibel zu begründen, die anderen Diskursteilnehmer zu überzeugen – nicht zu überreden – , den Dissens zu minimieren und den Konsens zu befördern. Das oberste Ziel des Argumentierens ist nicht nur der intellektuelle Gewinn der „Beurteilung der ‚Gültigkeit' von Thesen" (Wohlrapp 2009, 42), sondern ein Gewinn an Sicherheit und gefestigter Handlungsorientierung in einer Welt der Optionen.

Zur Argumentationsschulung werden in vier Schritten insgesamt zwölf Methoden vorgestellt, beginnend mit jener Art des Argumentierens, „in dem durchgängig ein gemeinsames Erwägen von Gründen stattfindet." (Heckmann 1981, 7), also das vom Stammvater des argumentierenden Diskurses, Sokrates, geadelte, mäeutisch-dialektische Argumentieren im mündlichen Diskurs. In einem zweiten Schritt werden Methoden logischen Argumentierens erläutert und, nicht minder bedeutsam im Alltag des Argumentierens, auf Übungen zum Erkennen diverser Fehlschlüsse verwiesen. Am Logos im weiteren Sinn orientieren sich die Kriterien vernünftigen Begründens zwischen Widerspruchsfreiheit, Wahrscheinlichkeit und Wiederholbarkeit, die ebenfalls mit einer Übung dargestellt werden. Die im dritten Schritt erläuterten Methoden rhetorischen und ethischen Argumentierens erweitern das Verständnis vom Argumentieren noch einmal und beziehen auch die Ergebnisse der Argumentationsforschung aus Rhetorik, Linguistik und Ethik ein. Schließlich wird mit Übungen zur Argumentationskritik dem Umstand Rechnung getragen, dass wir im medialen Alltag in vielfältigster Weise eingebunden sind in die Kunst, Recht zu behalten. Die eristischen und sophistischen Argumentationstricks in fremder Rede zu durchschauen gehört ebenfalls zur Argumentationsschulung. Alle dargebotenen Methoden aktiven Argumentierens im Mündlichen und Schriftlichen wie die Methoden passiven Argumentierens müssen, um nachhaltig über sie zu verfügen, unterrichtlich von der Lehrkraft eingeführt, an Übungs-Beispielen erläutert und in eigenen, kreativen Übungen gefestigt werden.

Methoden der Argumentationsschulung in vier Schritten

Natürlich stellen diese zwölf Methoden insgesamt ein Maximalprogramm für den Philosophie- und Ethikunterricht dar. Sie werden nur im Verlauf mehrerer Schuljahre und je nach Gelegenheit im Unterricht realisiert werden können. Aber dass Argumentationsschulung, neben der Empathieschulung, überhaupt zum Kern der Aufgaben des Philosophie- und Ethikunterrichts zählt, scheint mir evident. Sie ist weit mehr als eine Unterrichtsmethode die *via regia* zur Erkenntnis und daher auch zentraler Bestandteil der Bildungspläne der Fächer Philosophie und Ethik in den allermeisten Bundesländern.

Sokratisches Gespräch

Ausgangspunkt der Schulung im sokratischen Argumentieren soll ein sprachlich und didaktisch soweit reduzierter Auszug aus einem sokratischen Tugend-Dialog von Platon sein, dass der dialektische Aufbau und die argumentative Struktur des Einkreisens einer angemessenen Definition für die Lernenden leicht erkennbar sind. Sie erhalten in Gruppen die einzelnen Aussagen der Dialogpartner ungeordnet auf großen Karten und sortieren sie zu einem sinnvollen Dialog, den sie dann im Plenum vortragen. Dessen argumentative Struktur wird anschließend gemeinsam analysiert, die dialektische Bewegung und die fehlerhaften Definitionsversuche werden freigelegt. Hilfreich ist es, wenn zuvor das Definieren bereits geübt wurde. Das Verfahren kann mit anderen Dialogauszügen wiederholt oder gleich an mehreren Beispielen in Gruppen geübt werden. Eine kompetitive Anlage der Übung steigert die Motivation. Das folgende Beispiel basiert auf dem besonders geeigneten Dialog „Laches".

Argumentationsmethoden

Argumentieren im mündlichen Diskurs	Logisches Argumentieren, Erweiterungen und Fallstricke	Rhetorisches Argumentieren, ethisches Argumentieren	Argumentationskritik
1. Sokratisches Gespräch: Mäeutik und Dialektik	4. Syllogismen und Toulmin-Schema	7. Übungen zu rhetorischen Argumentationsfiguren	11. Kritische Prüfung der Qualität von Argumenten in Texten
2. Pro-Contra-Debatte: Formen des *Debating*	5. Syllogistische, naturalistische, konditionale, kausale Fehlschlüsse	8. Argumentieren mit abgestuften Geltungsansprüchen	12. Eristische Strategien in mündlichen Diskursen
3. Argumentieren nach Diskursregeln	6. Kriterien rationalen Begründens anwenden	9. Utilitaristisches Argumentieren	
		10. Übungen zu Drei-B-Argumenten	

Dialektisches Argumentieren mit Sokrates (vgl. *Laches*, 190b – 193d)

Laches	Sokrates	Strukturanalyse
1. Mein Sohn wird Fechtunterricht erhalten.	2. Wozu soll er denn Fechtunterricht erhalten?	Frage nach dem Zweck der geplanten Handlung
3. Er soll zur Tapferkeit erzogen werden.	4. Muss man sein Erziehungsziel nicht genau kennen? Was bedeutet denn Tapferkeit?	Frage nach der Definition des Zielbegriffs „Tapferkeit". Präzise Benennung des Ziels als Voraussetzung, um Zweck-Mittel-Angemessenheit einschätzen zu können.
5. Tapferkeit ist Standfestigkeit vor dem Feind. Nicht zu fliehen, heißt das, im Krieg. (1. These)	6. Ziehen sich die Tapferen nicht manchmal auch zurück, um aus der Verteidigung besser siegen zu können? (1. Antithese)	1. Definition; Sokrates' Rückfrage zeigt: zu eng in Bezug auf tapfere Handlungen; Beginn des dialektischen Gesprächs
7. Gut, Tapferkeit kann auch taktischen Rückzug vor dem Feind einschließen. (1. Synthese = 2. These)	8. Und die Frauen, die Kinder, die Alten? Können die ganz ohne Krieg nicht auch tapfer sein? (2. Antithese)	2. Definition; Sokrates' Rückfrage zeigt: zu eng in Bezug auf tapfere Personen
9. Dann ist Tapferkeit eben Beharrlichkeit allgemein. (2. Synthese = 3. These)	10. Und die Beharrlichkeit im Geiz, in der Faulheit? Ist das etwa auch tapfer? (3. Antithese)	3. Definition; Sokrates Rückfrage zeigt: zu weit in Bezug auf Anwendungsfelder von Beharrlichkeit
11. Also gut. Dann ist Tapferkeit eben vernünftige Beharrlichkeit. (3. Synthese = 4. These)	12. Aber ist denn, wer vernünftig darauf beharrt, sein Geld gewinnbringend zu investieren oder nachhaltig zu heilen wirklich tapfer? (4. Antithese)	Scheinbar angemessene Definition: Nennt Oberbegriff und *differentia specifica* Sokrates' Einwand verweist auf Gefahr als Element von Tapferkeit (vgl. 1. These)
13. Nein, zur Tapferkeit gehört offenbar doch auch die Bereitschaft, sich in Gefahr zu begeben, also etwas unvernünftig zu sein. (4. Synthese = 5. These)	14. So kommen wir nicht weiter: Einerseits gehört Vernunft zur Tapferkeit, andererseits auch Unvernunft.	Sokrates benennt die Dilemma-Situation, in die die bisherige Argumentation führt. Fazit und Abbruch des Gesprächs mit Laches.

An die Übungen an vorgelegten Beispielen sokratischen Argumentierens sollen sich kreative Übungen anschließen, in denen die Lernenden in Gruppen sokratische Dialoge nach dem erarbeiteten Muster entwerfen und im Rollenspiel vor dem Plenum vortragen. Tugend-Dialoge zum Thema „Gerechtigkeit" etwa können zu folgenden Situationen entworfen werden:
a. *An der Tankstelle trifft Sokrates den Kunden Kevin. Dieser sagt: „Was sagst du dazu, Sokrates, der Benzinpreis ist doch eine Unverschämtheit. Der Staat plündert seine Bürger aus, das ist völlig ungerecht."*
b. *Im Pausenhof trifft Sokrates die Schülerin Vanessa. Diese sagt: „Sag' mal, Sokrates, ist es nicht total ungerecht, dass wir hier kostenlos arbeiten, und jeder Lehrling kriegt schon mindestens 600 Euro im Monat, obwohl er auch nicht mehr schafft als wir?"*
c. *Vor der Disco trifft Sokrates den deutschen Jungen Max. Er darf an diesem Abend nicht in die Disco, weil „Griechen-Nacht" ist. Er sagt: „Ist das nicht der übelste Rassismus, Sokrates, dass die mich da nicht reinlassen wollen? Bloß weil ich Deutscher bin. Das ist ja vollkommen ungerecht."*
d. *Vor einem Wahllokal trifft Sokrates die 15-jährige Jenny. Sie sagt: „Schau, Sokrates, die wollen mich nicht wählen lassen, obwohl hier über meine Zukunft bestimmt wird. Dabei darf jeder 90-Jährige wählen, der's überhaupt nicht mehr blickt, und dem egal sein kann, wer regiert. Das ist total unfair."*

Pro-Contra-Debatte
Das kontroverse Debattieren erlebt unter der Bezeichnung *Debating* seit zwei Dekaden in deutschen Hochschulen und Schulen einen starken Aufschwung; mit „Jugend debattiert" gar einen nationalen Wettbewerb, an dem sich über 800 Schulen beteiligen. Das Debating kann als regelgeleitetes, auf eine pragmatische Entscheidungsfrage konzentriertes Streitgespräch definiert werden, dessen Ziel nicht der Konsens der Disputierenden, sondern deren Bewertung durch eine Jury ist. Das turniermäßige Debattieren findet meist nach den Regeln des „British Parliamentary Style (BPS)" in zwei Gruppen – Befürworter und Gegner – statt oder nach den Regeln der „offenen parlamentarischen Debatte (OPD)", die zusätzlich eine Gruppe von fraktionsfreien Rednern vorsieht.

In der Debatte wechseln die zwei bis vier Redner beider Seiten nach strengen Zeitvorgaben (3 – 5 Minuten) strikt ab; die Vorbereitungszeit beträgt 15 Minuten; die Argumente der Gegenseite müssen direkt pariert werden, Zwischenfragen sind erwünscht, Zwischenrufe erlaubt. Die Bewertung des einzelnen Redners misst etwa bei der OPD die fünf Fähigkeiten: Sprachkraft, Auftreten, Kontaktfähigkeit, Sachverstand und Urteilskraft. Die erste dieser Fähigkeiten wird wie folgt präzisiert: „Sprachkraft meint Verständlichkeit und Klarheit, Plausibilität und Schlüssigkeit in Vortrag und Darstellung. Ausgezeichnet werden Prägnanz in der Beschreibung, Eindringlichkeit der Beweisführung sowie passende sprachliche Bilder und Vergleiche, Wortspiele und rhetorische Figuren." (Streitkultur 2011, 24) Die Maßstäbe enthalten also sowohl logische Kategorien („Schlüssigkeit") als rhetorische („Wortspiele") und machen damit deutlich: Beim Debating geht es um Logik *und* Rhetorik des Argumentierens.

Argumentieren nach Diskursregeln
Sokratische Gespräche münden meist in Aporie oder Paralogie, die Kontrahenten beim Debating wollen Publikum und Jury von ihren argumentativen Fähigkeiten überzeugen, aber nicht die Gegenseite von der Wahrheit. Die Teilnehmer an einem Diskurs hingegen, der nach diskurstheoretischen Regeln geführt wird, zielen auf den Konsens, und dieser beansprucht, ein Wahrheitskriterium zu sein. Dem „eigentümlich zwanglosen Zwang des besseren Argumentes" (Habermas 1972, 161) soll sich niemand entziehen können, wenn nur alle Diskursregeln strikt eingehalten werden. Diese sind so formuliert, dass alle Teilnehmer am Diskurs als gleich, frei, vernünftig und wahrhaftig gesehen werden (Habermas 1983, 97-99). Sie diskutieren so lange, bis sie sich geeinigt haben. In einem epistemischen Diskurs zielt der angestrebte Konsens auf die Wahrheit der Aussagen, im ethischen Diskurs zielt er auf die normative Richtigkeit der Übereinkunft. Um im ethischen Diskurs die universelle Verbindlichkeit der Normen plausibel behaupten zu können, müssen sie

der Bedingung gehorchen, dass ihre allgemeine Befolgung, mit allen Nebenwirkungen und weitergehenden Folgen, von allen Betroffenen als beste Alternative zu denkbaren anderen Normen eingeschätzt werden. Diese Bedingung nennt Habermas „Universalisierungsgrundsatz". Den diskursethischen Grundsatz formuliert Habermas so: „Der Diskursethik zufolge darf eine Norm nur dann Geltung beanspruchen, wenn alle von ihr möglicherweise Betroffenen als *Teilnehmer eines praktischen Diskurses* Einverständnis darüber erzielen (bzw. erzielen würden), dass diese Norm gilt." (Habermas 1983, 76)

Eine nach Regeln der Diskurstheorie geführte Debatte sollte zudem bedenken, dass jedes Argument mehreren Geltungsansprüchen genügen muss: es muss verständlich, wahrhaftig, richtig und wahr sein. (Habermas 1972, 138 ff.) Verständlichkeit und Wahrhaftigkeit sind generelle subjektive Voraussetzungen für gelingende Kommunikation; Richtigkeit zielt auf die Welt des Normativen, wird sie bestritten, können wir mit Rechtfertigungen reagieren; der Anspruch auf Wahrheit zielt auf die objektive Welt der Tatsachen, wird sie bezweifelt, können wir mit Erklärungen und weiteren Behauptungen reagieren.

Beim Üben des Argumentierens nach Diskursregeln sollten beide Aspekte der Diskurstheorie bedacht werden, es sollten von allen Teilnehmern die eigentlich regulativen Diskursregeln eingehalten und von einem Diskursleiter überwacht werden und es sollte an konkreten Beispielsätzen geübt werden, mit welchen Aussagen die vier Geltungsansprüche bezweifelt werden können. Für Letzteres hier ein konkretes Beispiel: Welcher Geltungsanspruch wird mit welcher Äußerung (1.-4.) bestritten?

Der Minister sagt: *„Die Krim war noch nie russisch, sondern immer ein Teil der Ukraine."*
1. *„Wenn Sie so etwas behaupten, schüren sie nur Hass und gefährden den Frieden."*
2. *„Sie wissen doch genau, dass das nicht stimmt und sagen es nur aus taktischen Gründen."*
3. *„Wo liegt überhaupt die Krim?"*
4. *„Tatsächlich war die Krim seit 1783 Teil des russischen Reichs."*

Syllogismus und Toulmin-Schema

Alle neueren Einführungen in logisches Argumentieren zum Zweck der Argumentationsschulung (Tetens 2004; Weimer 2005; Pfister 2013) betonen die Grenzen syllogistischer Übungen. Diese können zwar das logische Denken trainieren, das Bedingung für rationales Argumentieren ist, aber Syllogismen vermitteln nichts Neues und kommen in der Praxis des Argumentierens, zumindest in ihren Standardformen, kaum vor.

Stephen Toulmin setzt mit seinem Versuch einer induktiven Erweiterung des logischen Argumentierens an dem Defizit des analytischen Syllogismus an, der auch korrekt schließt, wenn die Prämissen falsch sind.

Fast alle bayrischen Bauern wählen CSU. Max ist ein bayrischer Bauer. Also wählt Max wahrscheinlich CSU.

Ein solcher einfacher Syllogismus schließt nicht minder zwingend, wenn anstelle der CSU die SPD gesetzt würde. Allerdings ist es dann ein inhaltlich falsches Argument. Toulmin dreht in seinem „synthetischen Syllogismus" (Toulmin 1975) die Reihenfolge von Konklusion und Prämisse um und erweitert die Schlussregel („warrant"), die der strittigen Prämisse im einfachen Syllogismus entspricht, durch eine weitere Begründung („backing"), die nun garantieren soll, dass von keinen falschen Prämissen mehr richtig geschlossen werden kann.

Max wählt wahrscheinlich die CSU (claim), *weil Max bayrischer Bauer ist* (Data), *und weil fast alle bayrischen Bauern CSU wählen* (warrant), *wie die Wahlergebnisse regelmäßig belegen.* (backing).

In deskriptiven Argumenten, wie diesem, wird die Begründung der Schlussregel aus empirischen Aussagen bestehen, in normativen, wie dem folgenden, aus normativen Aussagen. Ein einfacher normativer Syllogismus kann lauten:

Lügen ist eine moralisch schlechte Handlung, Max hat gelogen, also hat Max moralisch schlecht gehandelt.

Toulmin dreht die Reihenfolge nun wieder um und begründet die strittige erste Prämisse durch eine weitere normative Aussage:

Max hat moralisch schlecht gehandelt (claim), *weil Max gelogen hat* (Data) *und weil Lügen moralisch schlecht ist* (warrant), *denn es zerstört das Vertrauen zwischen den Menschen.* (backing)

Auch wenn das Toulmin-Schema an der Logik des klassischen Arguments nichts zu ändern vermag und die Erweiterung des Arguments um eine zusätzliche Begründung nur um den Preis der Aufweichung des Wahrheitsanspruchs gelingt, (Wohlrapp 2009, 22 ff.) ist es für die Methodik der Argumentationsschulung dennoch gut geeignet: Es zwingt zur Suche nach weiteren Begründungen – auch wenn die Differenz von Gültigkeit und Schlüssigkeit letztlich bestehen bleiben muss.

Das folgende Beispiel entstammt einer medizinethischen Übung, in der über den authentischen Fall einer schizophrenen, hochgradig aggressiven jungen Patientin beraten werden soll, die darauf dringt, dass ihr ein liegendes Verhütungsstäbchen entfernt wird.

aller vier syllogistischen Figuren nur 24 gültige Schlüsse darstellen, bleibt hier viel Spielraum zum Üben. Die Übungen sollten mit Beispielen ungültiger Schlüsse beginnen, die quantitativen und qualitativen Regeln (z. B. dass aus verneinten Aussagen nichts, aus nur partikularen keine allgemeine Aussage geschlossen werden kann) können aus den Beispielen abgeleitet und nach deren Muster dann in kreativen Schreibübungen eigene Beispiele für ungültige Schlüsse entworfen werden. Ein entsprechendes Vorgehen empfiehlt sich bei den hypothetischen, kausalen und naturalistischen Fehlschlüssen. Die zentrale Regel für hypothetische Schlüsse lautet: Wenn die Bedingung gilt, gilt auch das Bedingte, und wenn das Bedingte nicht gilt, gilt auch nicht die Bedingung. Bei kausalen Schlüssen muss beachtet werden, dass sie nicht fälschlicherweise aus der bloßen Gleichzeitigkeit oder Vorzeitigkeit auf Kausalität schließen; ein naturalistischer Fehlschluss

Argumentation nach dem Toulmin-Schema:

C: conclusion (konkretes normatives Urteil)	D: Data (Information über Handlung)	W: warrant/Schlussregel (allgemeines normatives Urteil)	B: Begründungsregel (Begründung des allgemeinen Urteils)
Die Ärzte der Patientin handeln moralisch korrekt, wenn sie ihr eine Schwangerschaft verunmöglichen.	weil sie das Verhütungsstäbchen nicht entfernen und damit eine Schwangerschaft verhindern.	weil eine Überforderung der Patientin durch eine Schwangerschaft aus moralischen Gründen vermieden werden muss.	weil es für das Wohl von Mutter und Kind bedrohlich ist, wenn die Mutter durch ein Kind überfordert ist.
Die Patientin handelt moralisch korrekt, wenn sie darauf besteht, schwanger werden zu können.	weil sie das Verhütungsstäbchen entfernt haben will, um schwanger werden zu können.	weil jede Frau selbst darüber entscheiden darf, ob sie Empfängnisverhütung betreiben will oder nicht.	weil das Recht zur Empfängnisverhütung zum Selbstbestimmungsrecht jeder Frau gehört.

Fehlschlüsse vermeiden und erkennen

Ein Argument kann rhetorisch noch so elegant und aufwändig formuliert sein, enthält es einen logischen Fehlschluss, ist es völlig entwertet. Für das aktive Argumentieren ist das Vermeiden, für das passive das Erkennen von Fehlschlüssen daher von zentraler Bedeutung. Da von den 256 denkbaren Modi

liegt vor, wenn aus zwei deskriptiven Prämissen ein normativer Schluss gezogen wird. Die folgenden vier Beispiele stehen für je eine der Arten von Fehlschluss.

Veganer essen keinen Schweinebraten.
Necla isst keinen Schweinebraten.
Also ist Necla Veganerin.

Mein Auto war heute Morgen völlig verbeult.
Heute Nacht hat es gehagelt.
Also hat mein Auto einen Hagelschaden.

Wenn der Bodensee zufriert, fährt keine Fähre.
Es fährt keine Fähre.
Also ist der Bodensee zugefroren.

Viele Skipisten werden mit Kunstschnee präpariert,
Bergpflanzen leiden unter dem Kunstschnee.
Du sollst auf Kunstschnee verzichten.

Nach Kriterien rationalen Begründens argumentieren

Wenn Argumentieren als der Königsweg zur Erkenntnis gilt, und diese definiert ist als wahre, rational begründete Überzeugung, dann heißt Argumentieren: rational begründen. Wann also kann eine Überzeugung als rational begründet gelten? Die logischen Kriterien rationalen Begründens heißen: Widerspruchsfreiheit und logische Gültigkeit; die naturwissenschaftlich üblichen heißen: Wahrscheinlichkeit, Wiederholbarkeit, Überprüfbarkeit; weichere Kriterien sind Konsens, Kohärenz, Plausibilität und Verlässlichkeit. Zur Argumentationsschulung sollten aus negativen Beispielfällen die Kriterien ermittelt und dann in eigenen positiven Beispielen eingeübt werden. Aus den folgenden Beispielen können die Kriterien der Widerspruchsfreiheit und der Verlässlichkeit ermittelt werden.

Frauke findet Massentierhaltung, wie sie z. B. bei der Putenmast üblich ist, abscheulich. Sie hat daher auch schon an einer Online-Petition einer Tierschutzvereinigung teilgenommen und gegen den Bau eines Geflügelmastbetriebs nahe ihrem Wohnort demonstriert.

Im Supermarkt kauft sie preisbewusst und greift daher immer zum günstigsten Putenfleisch.

Um die mündlichen Jahresnoten zu ermitteln, bewertet Lehrer Schlau die mündlichen Leistungen seiner Schüler in der Unterrichtsstunde vor der Notenkonferenz. Die Schülerin Janine z. B. zeigte in der letzten Stunde befriedigende mündliche Leistungen und erhält somit eine Drei im Mündlichen.

Argumentieren nach rhetorischen Argumentationsfiguren

Nicht alle Argumente, die nicht im strengen Sinne deduktiv sind und einer logischen Wahrheit verpflichtet, sind deshalb Sophisterei, Scheinargumente, Überredungskunst. Die rhetorische Unterscheidung zwischen *argumentum ad rem* und *ad personam* trennt eine „gediegene" von einer „bedenklichen" Rhetorik (Bloch 1935, 78). Ob ich schein-argumentativ mit der Angst meiner Zuhörer spiele oder ob ich ein slippery-slope-Argument verwende, macht etwa diesen Unterschied aus. Aus der endlosen Liste rhetorischer Argumentationsfiguren (Kienpointer 1992) können daher einige sehr wohl zur Argumentationsschulung verwendet, d. h. wieder: an Beispielen erläutert, auf den Begriff gebracht und nach diesem an eigenen Beispielen eingeübt werden. Dies gilt etwa für Argumente, die über die Falsifizierung des Gegenteils laufen (*argumentum e contrario*), für Analogieargumente, Berufungen auf Autoritäten, Werte, die allgemeine Überzeugung oder eigene Erfahrungen. Es gilt für den Traditions- und den Erfolgsverweis als Argument („wer heilt, hat recht."), es gilt für das Dammbruchargument und natürlich für alle induktiven Argumente, solange sie nicht den Fehlschlüssen der Gleich- oder Vorzeitigkeit unterliegen. Warum sollte das folgende Zitat von Robert Spaemann nicht als gutes Argument gelten können, auch wenn es nicht im strengen Sinne logisch ist?

„Wenn einmal die Tötung auf Verlangen freigegeben ist, dann ist es vorauszusehen, dass man von alten und kranken Menschen erwarten wird, dass sie endlich den Wunsch äußern, getötet zu werden. Wenn ein chronisch leidender Mensch sieht, wie er seinen Mitmenschen zur Last fällt, und wenn er weiß, dass er sie von dieser Last befreien kann durch einen Tötungswunsch, und wenn er weiter weiß, dass jedermann es für akzeptabel hält, einen solchen Wunsch zu äußern, dann wird in der Tat für ihn persönlich das Weiterleben unerträglich..." (Spaemann 2001, 426).

Argumentieren mit abgestuften Geltungsansprüchen

Auch wenn normative Argumente nur richtig und nicht wahr im objektiven Sinne sein können, wird man beim ethischen Argumentieren doch zwischen Graden an Richtigkeit unterscheiden können. Jürgen Habermas schlägt ein dreistufiges Modell beim Begründen von Handlungsentscheidungen vor, das dergestalt nach Gewichtigkeit unterscheidet, dass mit höherstufigen Argumenten zeitlich und räumlich zunehmend von den eigenen, kurzfristigen Interessen abstrahiert wird. (Habermas 1991, 100 ff.) Pragmatische Argumente bedenken nur das kurzfristig-egoistische Interesse, ethische Argumente fragen, was längerfristig für alle Mitglieder der eigenen Gemeinschaft gut ist und moralische Argumente fragen nach dem allgemein und immer Richtigen, also dem Gerechten. Habermas: „Die ethische Betrachtungsweise generalisiert über lebensgeschichtlich wechselnde, die moralische über gesellschaftlich und kulturell entgegen gesetzte Interessenlagen hinweg." (Habermas 2006, 674 f.) In der Argumentationsschulung kann das Verfahren vor allem bei Konflikten der angewandten Ethik hilfreich sein. Für den o.g. Fall der schizophrenen Patientin können Argumente der drei Stufen wie folgt lauten:

Pragmatisches Argument: (Was ist jetzt für mich gut?)
Es ist gut für mich, wenn das Verhütungsstäbchen entfernt wird, denn dann kann ich schwanger werden und ein Kind bekommen, das ich mir so sehr wünsche.

Ethisches Argument: (Was ist längerfristig für uns gut?)
Ein Kind wird mich ruhiger machen, dann bleibt der Vater des Kindes auch bei mir, ich muss dann nicht mehr in Behandlung und so profitieren langfristig alle Beteiligten davon.

Moralisches Argument: (Was ist immer für alle gut?)
Grundsätzlich darf keine Frau jemals durch Zwangsmedikation daran gehindert werden, schwanger werden zu können, denn das wäre gegen ihr Selbstbestimmungsrecht und damit gegen ihre Menschenwürde gerichtet.

Utilitaristisches Argumentieren
Auch wenn eine utilitaristische Argumentation einer deontologischen, die an das Preisgeben eigener Interessen im Namen des Gerechten glaubt, misstraut, unterscheidet sie doch zwischen mehr oder minder guten Begründungen für das, was moralisch geboten ist. Nicht nur die schiere Menge an Lust, bilanziert mit der Menge an Unlust, die bei allen Betroffenen einer potentiellen Handlung zu erwarten sind, fließen in ein utilitaristisches Argument ein, seit Jeremy Bentham sollten u. a. auch die Dauer und die Gewissheit, die Intensität und die Folgenträchtigkeit von Lust und Unlust ermittelt und abgewägt werden. In der Argumentationsschulung können entsprechende Spekulationen als komplexe Argumente formuliert werden, die für die ethische Beurteilung von Konfliktfällen angewandter Ethik sehr hilfreich sind: Wie stark, sicher und dauerhaft Lust und Leid von einer Handlung zu erwarten sind, spielt für deren ethische Einschätzung eine zentrale Rolle. Wird das Formulieren eines utilitaristischen Arguments als kompetitive Aufgabe gestellt, nach der gewonnen hat, wer das Argument mit den meisten Weil-Konstruktionen bilden kann, ist für zusätzliche Motivation gesorgt. Für den Fall der schizophrenen Patientin könnte demnach ein utilitaristisches Argument lauten:

Weil die Menge an Lust durch die Entfernung des Verhütungsstäbchens bei der Patientin vermutlich viel geringer ist als die Menge an Unlust bei allen anderen Beteiligten, einschließlich einem potentiellen Kind, und weil die Freude über das Kind vermutlich nicht lange anhalten wird und weil es gar nicht sicher ist, ob die Patientin sich angesichts anstehender Mutterpflichten überhaupt über ein Kind freuen wird, und weil die Freude dann vermutlich rasch durch Unlust überlagert werden wird und weil die Gefahr, ein geschädigtes Kind zu gebären sehr groß ist, das Kind der Patientin vermutlich direkt nach der Geburt weggenommen und zur Adoption gegeben wird und weil die Patientin durch den Verlust des Kindes vermutlich zusätzlich psychisch destabilisiert wird, ist es nicht ratsam, das Verhütungsstäbchen zu entfernen.

Übungen zu Drei B-Argumenten
Wenn ein Argument einerseits dadurch stark wird, dass seine Behauptung mit Beispielen belegt ist, sie andererseits durch eine plausible Begründung abgesichert werden soll, erscheint es doppelt gestärkt, wenn die Be-

hauptung begründet *und* mit Beispielen belegt ist. Von dieser schlichten Annahme geht ein Verständnis von Argument aus, nach dem es – schülergerecht – als „Drei-B-Argument" bezeichnet wird: Ein Argument besteht demnach aus einer *Behauptung*, einer *Begründung* und *Belegen*. Sie können in unterschiedlicher Reihenfolge im Argument auftreten, steht die Behauptung am Anfang und die Belege am Ende, spricht man von einem deduktiven, verhält es sich umgekehrt von einem induktiven Aufbau. Entsprechende Übungen haben im Deutschunterricht eine lange Tradition, warum sollten sie nicht auch im Philosophie- und Ethikunterricht zur Argumentationsschulung dienen. Für unseren medizinethischen Fall könnten ein deduktives und ein induktives Argument lauten:

Eine Schwangerschaft der Patientin sollte möglichst vermieden werden, weil sie nicht in der Lage sein wird, Verantwortung für ein Kind zu übernehmen, wie sich an ihrem permanenten selbst- und fremdgefährdenden Handeln zeigt: dem Drogenmissbrauch, den wiederholten Selbstverletzungen, den Suizidversuchen, den tätlichen Angriffen auf das Pflegepersonal, die Polizeibeamten und ihre Eltern.

Die Patientin betreibt seit Jahren Drogenmissbrauch, verletzt sich häufig selbst, versuchte mehrfach sich zu töten und verhält sich extrem aggressiv gegenüber allen Personen in ihrem Umfeld. Da sie also aufgrund permanenter Selbst – und Fremdgefährdung offensichtlich nicht in der Lage sein wird, Verantwortung für ein Kind zu übernehmen, sollte eine Schwangerschaft der Patientin möglichst vermieden werden.

Prüfung der Qualität von Argumenten in Texten
Zur Argumentationsschulung gehört auch das passive Beurteilen der Argumentation anderer, sei es von Texten oder von mündlichen Diskursen. Dabei fällt es leicht, logische Mängel zu entdecken (s. 5.), sehr viel schwieriger ist es, ein gutes von einem schlechten Argument zu unterscheiden oder festzustellen, wann eine Argumentation überzeugt und wann sie nur überredet (Pasierbsky, Rezat 2006), zumal Letzteres immer auch von weltanschaulichen Grundüberzeugungen abhängt. Dennoch können unter diesem Vorbehalt und ohne jeden Anspruch auf Vollständigkeit einige Prüfkriterien genannt werden, die für die kritische Textanalyse unter dem Aspekt der Qualitätsprüfung von Argumentationen hilfreich sein können.

Logische und rhetorische Mängel auf Satz- und Textebene:

Logische Brüche, Widersprüche, Fehlschlüsse, Zirkelschlüsse, falsche oder fehlende Begründungen, falsche oder fehlende Belege, Übertreibungen, ungenaue Ausdrucksweise, Doppeldeutigkeiten, Zynismen, Abschweifungen, inhaltliche Wiederholungen. Schüren von Angst, Neid, Hass, Konstruktion eines Sündenbocks, Beleidigung, Verunglimpfung, Verwendung konventioneller Metaphern und Vergleiche zur ideologischen Steuerung („das Boot ist voll", „soziale Hängematte")

Rhetorisch bedenkliche Besonderheiten auf Wort- und Satzebene:

Blumige Ausdrucksweise, übertriebenes Pathos, Kraftausdrücke, ausschmückende Adjektive, Häufung wertender Begriffe, Hochwertwörter, abwertende Ausdrücke, häufige Wiederholungen: Anaphern, Wortwiederholungen, Satzteilwiederholungen; Euphemismen, Berufung auf zweifelhafte Autoritäten, rhetorische Fragen, Anspielungen, Einwandsvorwegnahme

Eristische Strategien in mündlichen Diskursen
Arthur Schopenhauer zählt in seiner eristischen Dialektik insgesamt 38 rhetorische Tricks auf, die der „Kunst, Recht zu behalten" dienen (Schopenhauer 1864). Viele dieser unlauteren Tricks werden wir in jeder TV-Talksendung, in jeder Wahldebatte (Kienpointer 2003), jeder Werbesendung entdecken können – wenn wir sie zuvor an Beispielen geübt, auf den Begriff gebracht und in eigenen Schreibübungen trainiert haben. Das gemeinsame Analysieren argumentierender TV-Sendungen unter der Fragestellung „Welche eristischen Tricks werden von den Teilnehmern angewendet?" ist eine gute Übung im kritischen Denken und kann vor Überlistung und Überredung schützen. Die üblichsten Kunstgriffe Schopenhauers sind im Folgenden zusammengestellt.

Konstruktion eines Widerspruchs zu den Aussagen des Gegners durch Erwähnung einer früheren Aussage.

Mehrdeutigkeit von Begriffen ausnutzen, Begriffe anders verwenden, als vom Gegner gemeint.

Die relative Gültigkeit einer Behauptung als absolute unterstellen und dann bestreiten.

Statt gegen die Behauptung gegen die Belege argumentieren und dann behaupten, das Argument sei entkräftet.

Sich Einzelfälle konzedieren lassen und dann die allgemeine Aussage für zugestanden behaupten.

Bei drohender Niederlage: ablenken, dem Gegner absurde Ansichten unterstellen, damit er sie parieren muss.

Dem Gegner falsche Positionen unterstellen und diese dann angreifen.

Das Argument des Gegners für sich selbst und gegen ihn verwenden.

Bei einem Bonus an eigener Autorität: Dem anderen ironisch zugestehen, man verstehe ihn nicht.

Der Gegner zum Zorn reizen, damit sein Urteilsvermögen getrübt wird.

Seinen letzten Kunstgriff hält Schopenhauer für besonders beliebt, es ist das berüchtigte *argumentum ad personam*: „Wenn man merkt, dass der Gegner überlegen ist und man Unrecht behalten wird; so werde man persönlich, beleidigend, grob." (Schopenhauer 1864, 76)

Literatur

Bloch, E.: *Erbschaft dieser Zeit* [1935], Gesamtausgabe Band 4, Frankfurt am Main 1962.

Deppermann, A.; Hartung, M. (Hg.): *Argumentieren in Gesprächen. Gesprächsanalytische Studien*. Tübingen 2003.

Habermas, J.: „Wahrheitstheorien" [1972], in: ders.: *Vorstudien und Ergänzungen zur Theorie des kommunikativen Handelns*, Frankfurt am Main 1995, 127-183.

Habermas, J.: *Moralbewusstsein und kommunikatives Handeln*, Frankfurt am Main 1983.

Habermas, J.: *Erläuterungen zur Diskursethik*, Frankfurt am Main 1991.

Habermas, J.: „Das Sprachspiel verantwortlicher Urheberschaft und das Problem der Willensfreiheit: Wie lässt sich der epistemische Dualismus mit einem ontologischen Monismus versöhnen?", in: *Deutsche Zeitschrift für Philosophie* (2006), 669-708.

Heckmann, G.: *Das sokratische Gespräch*, Neuausgabe mit Vorwort von D. Krohn, Frankfurt am Main 1993.

Kienpointer, M.: *Alltagslogik. Struktur und Funktion von Argumentationsmustern*, Stuttgart, Bad-Cannstatt 1992.

Kienpointer, M.: „Ideologie und Argumentation in TV-Wahldebatten", in: Deppermann, A.; Hartung, M. (Hg.): *Argumentieren in Gesprächen. Gesprächsanalytische Studien*, Tübingen 2003, 64-87.

Kopperschmidt, J.: *Argumentationstheorie zur Einführung*. Hamburg 2005.

Lumer, C.: *Praktische Argumentationstheorie. Theoretische Grundlagen, praktische Begründung und Regeln wichtiger Argumentationsarten*, Braunschweig 1990.

Pasierbsky, F.; Rezat, S.: *Überreden oder überzeugen? Sprachlichen Strategien auf die Schliche kommen*, Tübingen 2006.

Perelman, C.; Olbrechts-Tyteca, L.: *Die neue Rhetorik. Eine Abhandlung über das Argumentieren* [1958], hrsg. von J. Kopperschmidt, 2 Bände, Stuttgart, Bad-Cannstatt 2004.

Pfister, J.: *Werkzeuge des Philosophierens*, Stuttgart 2013.

Schleichert, H.: *Wie man mit Fundamentalisten diskutiert, ohne den Verstand zu verlieren. Anleitung zum subversiven Denken*, München 1997.

Schopenhauer, A.: *Eristische Dialektik oder Die Kunst, Recht zu behalten* [1864], Zürich 1983.

Spaemann, R.: *Grenzen. Zur ethischen Dimension des Handelns*, Stuttgart 2001.

Streitkultur e.V.: „Regeln für die offene parlamentarische Debatte. Kommentierte Fassung", URL: http://www.streitkultur.net/wp-content/uploads/2011/08/OPD-Kommentiertes-Regelwerk-V08.pdf (aufgerufen am 08.08.2014).

Tetens, H.: *Philosophisches Argumentieren*, München 2004.

Thomson, A.: *Argumentieren – und wie man es gleich richtig macht*, Stuttgart 2001.

Toulmin, S.: *Der Gebrauch von Argumenten*, Weinheim 1975.

Weimer, W.: *Logisches Argumentieren*, Stuttgart 2005.

Wohlrapp, H.: *Der Begriff des Arguments. Über die Beziehungen zwischen Wissen, Forschen, Glauben, Subjektivität und Vernunft*, Würzburg 2009.

2.7 Logik & Entscheidungs- und Spieltheorie

Irina Spiegel

Logik sowie Entscheidungs- und Spieltheorie (vgl. Godehard Link, Martin Rechenauer im 2. Band) sind zwei wichtige analytische Methoden des (philosophischen) Denkens. Sie strukturieren unser Wissen und unsere Gedanken (Prämissen) und decken in unserem Gedachten Inkonsistenzen und Inkohärenzen auf. An deutschen Schulen kommen Logik und Entscheidungs- und Spieltheorie kaum zum Einsatz, obwohl Ethik- bzw. Philosophieunterricht als Meta- und Methoden-Fächer geradezu dafür prädestiniert sind, die Heranwachsenden schon im schulischen Bildungsprozess mit Logik bzw. Entscheidungs- und Spieltheorie sowohl implizit und spielerisch als auch explizit und formal zu konfrontieren.

Logik – vom Meinen zum Denken

Wozu überhaupt logisch denken (lernen)? Logisches und widerspruchsfreies Begründen bekräftigt die mitgeteilten Überzeugungen, unlogisches Meinen wird dagegen meist abgelehnt. Im diskursiven Überzeugungsprozess wird also auf das logische Argumentieren gesetzt, das bloße Meinen und Manipulieren wird im begründenden Diskurs nicht akzeptiert (vgl. Goergen in diesem Band). Dieser normative Kern des logisch-argumentativen Denkens gilt also allgemein: Wir können uns rational nur dann gegenseitig überzeugen, wenn wir uns über die Prämissen und gültigen Schlussfolgerungsregeln einigen. Die Heranwachsenden müssen je nach Entwicklungsfenster und individueller kognitiver Entwicklung lernen, logische Argumente von unlogischen, gültige Schlüsse von ungültigen zu unterscheiden, damit sie nicht Manipulationen zum Opfer fallen und die Möglichkeit bekommen, an sachlich-wissenschaftlichen und politisch-gesellschaftlichen Diskursen teilzunehmen.

Schon im Vorschulalter beginnen Kinder, relationale Strukturen zu erkennen, was eine wichtige Rolle in der Entwicklung des logischen Denkens spielt (Goswami 2001, 299). Die Fähigkeit, Analogieschlüsse zu ziehen (A verhält sich zu B wie X zu Y, z.B. Vögel: Nest ↔ Hund: Hundehütte), steht den Kindern schon ab vier Jahren zur Verfügung (ebd., 300). Dass analogisches Schließen schon im Denken der Kleinkinder eine Rolle spielt, hängt damit zusammen, dass sie wirksame Instrumente bilden, die Umwelt zu begreifen und etwas über sie herauszufinden. Analogisch-logisches Denken trägt sowohl zum Erwerb als auch zur Umstrukturierung von Wissen bei (Halford et al. 2010). Eine andere sich früh entwickelnde Form des logischen Denkens ist das deduktive Schließen. Bei deduktiven Aufgaben gibt es nur eine richtige Antwort, sie ist aus der logischen Kombination der vorliegenden Prämissen eindeutig ableitbar. Zum Beispiel: Alle Katzen bellen. Rex ist eine Katze. Bellt Rex? Schon Vier- bis Sechsjährige können solche Schlüsse, in denen nur eine einfache Prämisse der Realität widerspricht, korrekt ziehen. Das tun sie allerdings nur im Rahmen von fiktiven Als-Ob-Spielen. Vorschulkinder haben also noch Schwierigkeiten, die Schlüsse ohne den fiktiven Rahmen aus einer Prämissenmenge mit mehr als nur einer unrealistischen Prämisse zu ziehen. Zum Beispiel: Wenn Mäuse größer sind als Hunde und Hunde größer als Elefanten. Dann sind Mäuse größer als Elefanten. Kinder, die jünger sind als zehn Jahre, beurteilen diese Ableitung als falsch, da einige Relationen nicht der Realität entsprechen (Pillow 2002). Es ist für sie noch schwierig, die Aktivierung ihres bisherigen Wissens zu unterdrücken, das die Richtigkeit der Prämisse infrage stellt (Klaczynski 2004). Diesen Kindern gelingt es noch nicht, die logische Notwendigkeit zu verstehen, dass die Richtigkeit einer Schlussfolgerung auf den Regeln der Logik beruht und nicht auf einer Bestätigung der Prämisse durch die Realität. In der frühen Adoleszenz wird die logische Gültigkeit einer Aussage allmählich unabhängig von ihrem (realistischen oder unrealistischen) Inhalt verstanden. Ältere Kinder lernen also immer besser die Regeln der Logik nachzuvollziehen (Venet et al. 2001).

Interessant ist, dass nicht nur Kinder, sondern auch viele gebildete Erwachsene oft bei logisch-deduktiven Aufgaben versagen und Schwierigkeiten haben, mit Aussagen zu argumentieren, die realen Tatsachen widersprechen (Markovits et al. 1990). Erwachsene können häufig nur über solche Aufgaben abstrakt denken, für die sie ausgebildet, d. h. in denen sie geübt sind. Explizite Beschäftigung mit Logik und Entscheidungstheorie kann zur Verbesserung des abstrakten, logischen und statistischen Schlussfolgerns führen (Lehmann, Nisbett 1990). Der Ethik- bzw. Philosophieunterricht sollte den Heranwachsenden die Möglichkeit eröffnen, Konditionale ihrer alltäglichen Lebenswelt zu hinterfragen. Das Alltagsdenken kollidiert meist mit den in den wissenschaftlichen und diskursiven Kontexten gebräuchlichen logischen Regeln. Heranwachsende sollen also Gelegenheiten erhalten, ihr Denken logisch zu hinterfragen und, wenn notwendig, zu revidieren.

Implizite Beschäftigung mit Logik in jüngeren Jahrgängen

Kinder mögen das Rätseln und Knobeln. Angelehnt an die Kognitionsforschung empfiehlt es sich, in jüngeren Jahrgängen das logische Denken mit Hilfe von Rätseln und fiktiven Erzählungen zu fördern. Aus dem angelsächsischen Raum stammen zwei prominente Geschichten, die die Kinder unterhaltsam mit dem logischen Denken konfrontieren. Das sind der von Matthew Lipman konzipierte Lektüre-Kurs mit Lehrerbegleitbuch „Harry Stottelmeier's Discovery" (Lipman 1972) und die Erzählungen des Logikers und Mathematikers Lewis Carroll „Alice in Wonderland".

Das Hauptziel Lipmans Methode in Harry Stottelmeier's Discovery ist nicht die Vermittlung historischen philosophischen Wissens, sondern das praktische Philosophieren, also logisch-argumentative Denken, wie z. B. gültiges Schließen, Begründen, Verallgemeinern, Herausfinden von verborgenen Voraussetzungen und Vorurteilen sowie der Umgang mit Mehrdeutigkeit. Drei Teilziele lassen sich in Lipmans Methode ausmachen: erstens mit dem Sprechen zugleich das Denken zu lernen – das Nachdenken über die logische Struktur der natürlichen Sprache führt implizit zum Nachdenken über Logik –, zweitens logisches Denken als Selbstdenken zu initiieren und intrinsisch zu motivieren sowie drittens Diskurs- und Kritikfähigkeit schon relativ früh zu fördern.

Im Gegensatz zu Gaarders „Sofies Welt" werden in der Erzählung keine Theorien und Begriffe der philosophischen Tradition in für Kinder vereinfachter, reduzierter Form präsentiert, sondern der Fokus liegt auf den unterschiedlichen Schulalltagssituationen des Protagonisten Harry, der allmählich von selbst die logischen Regeln entdeckt. Die Erzählung enthält viele Dialoge, welche automatisch zum dialogischen Denken verleiten. Lipmans Geschichte hat allerdings den Nachteil, dass sie nicht unmittelbar der aktuellen Lebenswelt der Schüler entspricht und dadurch etwas verstaubt wirkt. Ein geschickter Lehrer kann sie aber als Anregung aufgreifen und mehr oder weniger der aktuellen Lebenswelt der Heranwachsenden und dem Schul- und Klassenkontext anpassen bzw. sie reformulieren. Hierfür ist das ausführliche Lehrerbegleitbuch sehr hilfreich, das explizit für logisch nicht vorgebildete Lehrer konzipiert wurde. Es enthält eine Einführung in die elementare Logik, und es werden Leitgedanken und mögliche Fragen bei den einzelnen Lektüre-Passagen mit Umsetzungsbeispielen vorgestellt.

In bester angelsächsischer Nonsens- und Humor-Tradition werden Heranwachsende (und Erwachsene) in der Geschichte „Alice in Wonderland" mit Logik konfrontiert (vgl. Davis 2010), wie etwa im 6. Kapitel: „Pig and Pepper". Die Grinsekatze versucht mithilfe des folgenden Arguments zu zeigen, dass sie verrückt ist:
„And how do you know that you're mad?"
„To begin with," said the Cat, „a dog's not mad. You grant that?"
„I suppose so," said Alice.
„Well, then," the Cat went on, „you see a dog growls when it's angry, and wags its tail when it's pleased. Now I growl when I'm pleased, and wag my tail when I'm angry. Therefore I'm mad." (Carroll 1939, 66)

Quasi automatisch fordert dieser Dialog den Leser heraus, sich mit dem Argument auseinanderzusetzen: Ist es gültig? Welche impliziten Prämissen enthält es? Der Lehrer, der seine Schüler im logischen Denken fördern möchte, kann sich je nach Bedarf bei „Alice in Wonderland" bedienen und die ausgewählten Passagen dem jeweiligen Unterrichtskontext anpassen. Da Kinder das Rätseln lieben, sind auch die Logik-Puzzles zu empfehlen, die Raymond Smullyan angelehnt an Carrolls „Alice in Wonderland" für Jung und Alt entwickelt hat. Auch hier sind keine Formalisierungen notwendig, um die logischen Rätsel zu lösen, es reichen das bloße Nachdenken und die Phantasie (Smullyan 1982).

Explizite Beschäftigung mit Logik in älteren Jahrgängen

In der expliziten Beschäftigung mit der Logik in der Schule werden drei Funktionen differenziert (Bremer 1996): die propädeutische, die diagnostische und die erkenntnistheoretische.

Logik als Propädeutik des wissenschaftlichen Denkens umfasst insbesondere das Training des folgerichtigen Denkens. Natürliche Sprache ist schon teilweise logisch imprägniert, nur wissen die meisten nicht, welche logischen Regeln hinter dem natürlichen Sprechen stehen. Logik als Propädeutik kann diese explizit und damit wahrnehmbar machen. Wenn die logischen Regeln im Sprechen erkannt werden, dann können auch logische Fehler und Fehlschlüsse vermieden werden. Es geht bei der Logik als Propädeutik nicht um das abstrakte Formalisieren, sondern um die Fähigkeit, logische Zusammenhänge erkennen zu können (vgl. Bremer 1996, 3).

Die diagnostische Funktion der Logik bezieht sich auf die Auseinandersetzung mit wissenschaftlichen und philosophischen Texten, die meist argumentativ ausgerichtet sind, also im Allgemeinen eine logische Struktur aufweisen. Hier kann die Logik als Analysewerkzeug zur Überprüfung der Korrektheit der Argumente eingesetzt werden, wobei allmählich elementares logisches Wissen und auch eine minimale Symbolisierung notwendig werden. Die diagnostische Anwendung der Logik ist insbesondere bei strittigen Diskursen sehr nützlich. Schüler können überprüfen, ob in der Argumentation logische Fehler vorliegen, indem sie zwei Arten der Argumentationskritik unterscheiden lernen: Die Wahrheit der Prämissen wird angezweifelt oder der Übergang von den Prämissen zur Konklusion wird kritisiert. Am spannendsten ist aber das Aufdecken von Fehlschlüssen. Denn vorausgesetzt, es handelt sich in einem philosophischen Text um ein Argument, dann müssten die Schüler fragen lernen, ob es nicht um unerwähnte oder unterschlagene Prämissen ergänzt werden müsse, damit es logisch korrekt werde. Die impliziten Prämissen können irrelevant, aber auch sehr wichtig für den strittigen Gegenstand des Textes werden. „In der diagnostischen Funktion zeigt sich Logik nicht bloß als Symbolspielerei, sondern als methodisches Werkzeug in der argumentativen Auseinandersetzung" (ebd., 3).

In der erkenntnistheoretischen Funktion der Logik geht es schließlich darum, die Bedeutung und kohärente Verwendungsweise einiger für das Denken fundamentaler Begriffe (wie ‚folgt aus' oder ‚ist wahr') zu rekonstruieren. „Logik ist hier Teil der Erläuterung der Grundnormen unseres Denkens. Die logische Hinterfragung der Grundbegriffe und Grundnormen des Denkens begründet erst die wissenschaftliche Praxis." (ebd., 4).

Den drei Funktionen der Logik ist eine didaktische Progression inhärent (ebd., 5). Am Anfang steht die propädeutische Hinführung zur Logik bzw. Argumentanalyse, dann kann die Logik auch diagnostisch zum Ansatz kommen, und auf der Grundlage eines Vorwissens bezüglich der Regeln der Logik lässt sich schließlich die erkenntnistheoretische Dimension der Logik thematisieren. Als Einstieg in die propädeutische Auseinandersetzung mit der Logik empfiehlt sich eine nicht formale Analyse von Argumenten. Bei kontroversen Themen, wie z. B. „Hirnforschung und Willensfreiheit", käme dann die Logik als Diagnostik zum Einsatz. Haben die Schüler eine gewisse Vertrautheit mit dem Vorgehen logischer Diagnose gewonnen, kann an dieses logische Vorverständnis auch erkenntnistheoretisch angeknüpft werden, und es wird z. B. elementaren Begriffen wie ‚Definition', ‚Erklärung', ‚Syllogismus', ‚Deduktion', ‚Induktion', ‚Beweis' und ‚Kalkül' nachgegangen. Auch die Aussagen-, Prädikaten-, Klassen- und Relationenkalküle sowie Operatoren und Operationsregeln können schon in der Oberstufe thematisiert werden.

Entscheidungs- und Spieltheorie

Die Entscheidungs- und Spieltheorie gilt als präzises Analysewerkzeug in der modernen (analytischen) praktischen Philosophie, und zwar sowohl bei der Strukturierung und Modellierung von Entscheidungs- und Interaktionssituationen als auch im (normativen und empirischen) Rationalitäts-Diskurs. Die Entscheidungs- und Spieltheorie baut auf logisches Denken auf und lässt sich als eine Art von ‚Wahrscheinlichkeitslogik' begreifen. Während in der Entscheidungstheorie die probabilistisch begriffenen Entscheidungen eines rationalen Individuums modelliert werden, versteht die Spieltheorie die Entscheidungssituationen als Interaktionsspiele, in denen sich mehrere Individuen, also Spieler, gegenseitig beeinflussen. Sie beschreibt also diejenigen Entscheidungssituationen, in denen der Erfolg des Einzelnen nicht nur vom eigenen Handeln, sondern auch von den Aktionen anderer Spieler abhängt (Interdependenz).

Der Ethik- und Philosophieunterricht muss nicht mathematisiert werden. Die Entscheidungs- und Spieltheorien lassen sich schon minimal-formal auf anschauliche und experimentelle Weise einsetzen. Sie sind heute aus den unterschiedlichsten Disziplinen (v. a. der Ökonomie und Soziologie) nicht mehr wegzudenken, bilden „methodische Brücken" und tragen bei Heranwachsenden zum besseren Verständnis von Interdisziplinarität bei. Kinder und Jugendliche sollen je nach Entwicklung auf Muster im Entscheiden und Interagieren hingewiesen werden, auf Regeln also, die in Entscheidungen bzw. Handlungen und hinter Interaktionen ausfindig gemacht werden können. Damit werden sie in der individuellen und kollektiven Entscheidungsfindung unterstützt und gefördert.

Kinder können noch nicht rational abwägen, wenn sie alltägliche Entscheidungen treffen. Es fällt ihnen noch schwer, die Vor- und Nachteile jeder Alternative und die Wahrscheinlichkeiten verschiedener Konsequenzen abzuschätzen. Schwierigkeiten haben sie auch darin, ihre Entscheidung im Hinblick darauf zu prüfen, ob diese zum gewünschten Ergebnis geführt hat, und auch darin, aus Fehlentscheidungen zu lernen, um diese in Zukunft zu vermeiden (Halpern-Felsher, Cauffman 2001). Es ist überhaupt für Kinder noch schwierig, Entscheidungen zu treffen; ihre Impulskontrolle ist noch nicht vollständig entwickelt. Gleichzeitig werden sie mit widersprüchlichen Absichten und Wünschen konfrontiert. Zudem fühlen sich viele der Heranwachsenden häufig von der immer größer werdenden Vielzahl von Möglichkeiten überwältigt. Daher scheitern oft ihre Bemühungen, sich zu entscheiden – sie fallen auf Gewohnheiten zurück, handeln impulsiv, oder es kommt erst gar nicht zu einem Entscheidungsprozess. Die folgenden Möglichkeiten können aufgegriffen werden, um bei Kindern und Jugendlichen die Kompetenz der begründeten Entscheidungsfindung zu fördern.

Implizite Beschäftigung mit Entscheidungs- und Spieltheorie in jüngeren Jahrgängen

Mit jüngeren Schülern lassen sich unmittelbar Spiele aus der Spieltheorie, insbesondere solche wie das Ultimatumspiel und das Trittbrettfahr- bzw. Kooperationsspiel, sehr gut nachspielen und experimentell im Unterricht einsetzen. Zum Beispiel das Ultimatumspiel:

Es werden zwei Schüler/innen ausgewählt, die miteinander spielen. Schüler A erhält X, Schüler B erhält keine Sammelsticker und weiß nicht, wie viele Sammelsticker Schüler A erhalten hat. Schüler A erhält den Auftrag, Schüler B Sammelsticker anzubieten und zwar nur so viele, wie er möchte, aber mindestens einen. Lehnt dieser die ihm angebotene Anzahl an Sammelstickern ab, so muss auch Schüler A auf seinen Anteil Sammelsticker verzichten, und beide gehen leer aus. Nimmt Schüler B das Angebot an, erhält er die ihm angebotenen Sammelsticker und Schüler A behält den Rest. Wie entscheidest Du Dich?

Bei solchen Entscheidungsexperimenten bzw. Spielen können Kinder lernen, selbstständig Entscheidungen zu treffen und sich deren Konsequenzen bewusst zu werden. Sie werden mit dem Rationalitäts- und Risikobegriff konfrontiert und lernen Risikosituationen zu reflektieren und besser einzuschätzen. Sie können bei solchen Spielen lernen, dass man Entscheidungen rational, irrational oder auch indifferent gegenüberstehen kann und dass sie von außen beeinflussbar sind. In den experimentellen Spielsimulationen werden sie sich bewusst, ob sie selbst eher risikoscheu oder risikofreudig sind. Das Ultimatum-Spiel bildet einen Einstig in die Spieltheorie. Das Spiel zeigt, dass Entscheidungen oft von Informationen sowie Entscheidungen anderer Personen abhängig sind und dass sie oft das Ergebnis einer strategischen Wechselbeziehung darstellen.

Bei Kooperations- und Trittbrettfahr-Spielen wird den Kindern das Problem des öffentlichen Gutes vermittelt. Durch eine Situation aus ihrem Alltag wird ihnen offenbar, dass wenn jeder sich so verhält, dass er seinen individuellen Nutzen maximiert, es zu einem Ergebnis kommt, das für alle nicht optimal ist (sog. Gefangenen- bzw. Kooperationsdilemma). Anhand einer Entscheidungsmatrix kann den Kindern das Kooperationsproblem anschaulich vermittelt werden.

Explizite Beschäftigung mit der Entscheidungs- und Spieltheorie in älteren Jahrgängen

In den älteren Jahrgängen können ausgewählte abstrakte Grundbegriffe und das formale Paradigma der rationalen Entscheidungs- und Spieltheorie eingeführt werden (vgl. Rahnfeld 1995). Die Entscheidungs- und Spieltheorie stellt einen analytischen Rahmen für alltägliche Interaktionssituationen, aber auch für die Plausibilisierung und präzise Kritik von philosophischen Positionen und Paradigmen wie etwa von Hobbes (Modell: Gefangenendilemma) oder Rousseau (Modell: Hirschjagd bzw. *stag hunt* oder *assurance game*) bereit. Rahnfeld zeigt, wie Schritt für Schritt die Grundbegriffe der Entscheidungs- und Spieltheorie im Unterricht eingeführt werden können. Den Einstieg könnte das Verständnis der Konzepte ‚Präferenzordnung‘ und Nutzenfunktion‘ bilden. Der nächste Schritt wäre das Verstehen des Entscheidens bei unterschiedlichen Graden von Wissen bzw. Unwissen. Letztendlich ließen sich philosophische Konzeptionen wie etwa Rawls risikoaverse ‚Theorie der Gerechtigkeit‘ und die spieltheoretische Reformulierung des Gesellschaftsvertrags bei Hobbes mit den Jugendlichen diskutieren.

Die Theorie der rationalen Entscheidung (*Rational Choice*) wird in unserer westlichen Gesellschaft immer noch als primär individualistisch-egoistisch oder optimierend-konsequenzialistisch interpretiert und missverstanden. Der *homo oeconomicus* dominiert weiterhin unsere Lebenswelt. Die schulische Beschäftigung mit der Rational Choice Theorie könnte der optimierend-egoistischen Interpretation der Rationalität entgegenwirken helfen. Diese Thematik sollte mit älteren Schülern offen problematisiert werden. Das Kooperations- bzw. Gefangenendilemma würde ihnen automatisch vor Augen führen, dass der egoistisch-rationale Optimierer nicht nur sich selbst widerspricht, sondern auch die soziale Lebenswelt zerstört. (vgl. Nida-Rümelin 2011, 21 f.). Ferner würden die Schüler von selbst darauf kommen, dass die Entscheidungs- und Spieltheorie nur sehr reduzierte (rationale) Modelle liefern, welche der Wirklichkeit daher nur teilweise entsprechen. Sie würden schnell einsehen, dass menschliche Interaktionen viel komplexer sind als die mit Rational Choice formalisierten. Dem folgt auch die Konzeption der *Bounded Rationality*, welche versucht, Rational Choice zu revidieren bzw. zu erweitern, indem sie u. a. die These widerlegt, dass Entscheidungen immer rational gefällt werden (müssen), um zum Erfolg zu führen. Gigerenzer zeigt, wie begrenzt und oft riskant rein rationale Entscheidungen sein können. Er plädiert für die Rationalität durch Heuristiken, d. h. auf Erfahrung basierenden und kontextabhängigen Faustregeln. Diese schneiden bei vielen Entscheidungsfindungen besser ab als rein rationale Kalküle (Gigerenzer 2008). Den Schülern würde also durch die Konfrontation mit Rational Choice offenbar, dass der Mensch nur begrenzt ein rationales Wesen ist und dass er seine Entscheidungen oft unbewusst und intuitiv trifft. Dabei ist es wichtig für sie zu verstehen, dass dies nicht bedeutet, dass intuitive Entscheidungen völlig unkontrolliert und beliebig sind. Auch die unbewussten Entscheidungsregeln müssen erst eingesehen und die richtigen Heuristiken trainiert werden, bevor sie zum rationalen Entscheidungsverhalten führen können.

Literatur

Beckermann, A.: *Einführung in die Logik*, Berlin, New York 2011.
Carroll, L.: *The Complete Works*, Arno-Schmidt Referenzbibliothek der GASL, 1939.
Davis, M. D.: *Spieltheorie für Nichtmathematiker*, München 1993.
Goswami, U.: *So denken Kinder. Einführung in die Psychologie der kognitiven Entwicklung*, Bern 2002.
Gigerenzer, G.: *Bauchentscheidungen. Die Intelligenz des Unbewussten und die Macht der Intuition*, München 2008.
Halford, G. S.; Wilson, W. H.; Phillips, S.: „Relational knowledge: The foundation of higher cognition", in: *Trends in Cognitive Sciences* 14 (2010), 497-505.
Halpern-Felsher, B. L.; Cauffman, E.: „Costs and benefits of a decision – decision-making competence in adolescents and adults", in: *Journal of Applied Developmental Psychology* 22 (2001), 257-273.
Klaczynski, P. A.; Schuneman, M. J.; Daniel, D.: „Development of conditional reasoning: A test of competing theories", in: *Developmental Psychology* 40 (2004), 559-571.
Pillow, B. H.: „Children's and adult's evaluation of the certainty of deductive inferences, inductive inferences and guesses", in: *Child Development* 73 (2002), 779-792.
Lehman, D. R., Nisbett, R. E.: „A longitudinal study of the effects of undergraduate education on reasoning", in: *Developmental Psychology* 26 (1990), 952-960.
Lipman, M.: *Harry Stottelmeier's Discovery* [1971], übers. von U. Scheer, bearb. und hrsg. von D. C. Camhy, Wien 1990.
Markovits, H.; Vachon, R.: „Conditional reasoning, representation, and level of abstraction", in: *Developmental Psychology* 26 (1990), 942-951.
Nida-Rümelin, J.: *Politische Philosophie der Gegenwart. Rationalität und politische Ordnung*, München 2009.
Nida-Rümelin, J.: *Optimierungsfalle*, München 2011.
Rahnfeld, M.: „Entscheidungs- und Spieltheorie im Philosophieunterricht", in: *Zeitschrift für Didaktik der Philosophie und Ethik* (1995), 120-127.
Smullyan, R.: *Alice im Rätselland, phantastische Rätselgeschichten, abenteuerliche Fangfragen und logische Traumreisen*, übersetzt von T. Brandt, Frankfurt am Main 1982.
Stein, G.: *Erkenntnistheorie. Logik, Begriffe definieren, Schlüsse ziehen, Gegensätze begreifen*, München 2003.
Venet, M.; Markovits, H.: „Understanding Uncertainty with Abstract Conditional Premises", in: *Merrill-Palmer Quarterly* 47 (2001).
Zeitschrift für Didaktik der Philosophie, Thema: *Logik und Sprache*, Heft 3/1980.
http://www.wirtschaftundschule.de (aufgerufen am 29.09.2014).
http://www.wirtschaftundschule.de/unterrichtsmaterialien/ (aufgerufen am 29.09.2014).
http://www.mbph.de/Logic.htm (aufgerufen am 29.09.2014).
http://www.mbph.de/Logic/LogikimPhilosophieunterricht.pdf (aufgerufen am 29.09.2014).

2.8 Kreatives Schreiben

Volker Haase

Beim kreativen Schreiben ging die Praxis des Philosophie- und Ethikunterrichtes der Theorie eine Zeitlang voraus (Martens 2003, 106-108). Nennenswerte Impulse finden sich in der fachdidaktischen Literatur verstärkt seit der zweiten Hälfte der 1990er Jahre. Zunächst wurden hier, in Anlehnung an die Deutsch-Didaktik, Möglichkeiten der *produktiven Hermeneutik* diskutiert. Wenig später wurde dieser Ansatz durch die Anregung dekonstruktivistischer Verfahren ergänzt. Eingebettet war diese Entwicklung in ein breiteres Bestreben, philosophiegeschichtlich bedeutsame *Denkstile* für den methodischen Gebrauch im Unterricht nutzbar zu machen (→ *Transformationsdidaktik*). In dieser Entwicklung, die eine große Vielfalt dessen präsent machte, was Philosophieren im Klassenzimmer bedeuten kann, waren auch grundsätzlichere Fragen angelegt. Namentlich ging es u. a. darum, in welchem Verhältnis Philosophie und Literatur, aber auch Philosophie und Rhetorik (Rohbeck 2008, 189-228) zueinander stehen. Diskutiert wurde dabei nicht zuletzt, ob philosophisches Denken zwingend an einen analytisch-diskursiven Modus geknüpft ist oder ob es alternativ dazu auf dem Weg der → *Anschaulichkeit* gelingen kann. In den Blick gerieten hierbei auch die Phänomene der *symbolischen Repräsentation* und der *Narrativität*. Im Ergebnis existiert inzwischen ein weites Feld von fachdidaktisch reflektierten Schreibformen.

Dieser Beitrag definiert zunächst allgemein, was unter ‚kreativem Schreiben' im Philosophie- und Ethikunterricht zu verstehen ist, und gibt daraufhin einen kurzen Überblick über die relevantesten Textsorten. Die darauffolgenden Abschnitte sind praktischer angelegt und folgen dem Bemühen, Lücken in den bisherigen fachdidaktischen Überlegungen zum Thema zu schließen. So melden insbesondere Referendarinnen und Referendare zurück, dass sie konkretere Hilfestellungen für die Integration entsprechender Verfahren in typische Verläufe von Philosophie- und Ethikstunden benötigen. Ebenso scheint es nicht selbsterklärend zu sein, wie eine erkenntnis- und sinnstiftende Anschlusskommunikation an die Texte von Schülerinnen und Schülern gestaltet werden kann. Unterrichtspraktische Hinweise zu diesen Fragen werden mit Beispielen illustriert, die *en passant* auch einen Eindruck davon vermitteln sollen, wie die verschiedenen Denkstile der Philosophie über kreative Schreibaufträge angeregt werden können. Der Artikel endet mit konkreten Formulierungshilfen für Aufgabenstellungen.

Definition

Unter kreativen Formen des Schreibens im Philosophie- und Ethikunterricht werden nachfolgend alle Textproduktionen verstanden, die der Fantasie und den Intuitionen sowie dem individuellen Erleben und Ausdruckspotenzial von Schülerinnen und Schülern einen erkennbaren Raum geben und in deren Mittelpunkt zugleich die Auseinandersetzung mit einem moralisch bzw. philosophisch relevanten Gegenstand steht. Durch das Einnehmen einer betont persönlichen Haltung oder einer bestimmten Erzählperspektive, die in einer experimentellen Weise vom Standort des Schreibenden auch abweichen kann, unterscheiden sich solche Verfahren deutlich von → *rezeptionsorientierter Textarbeit*, in denen Lernende unter weitgehender Ausklammerung subjektiver Momente gelesene Texte reorganisieren und beurteilen. Innerhalb des kreativen Schreibens lassen sich, über diese Basisdefinition hinaus, drei Varianten nach dem jeweiligen Steuerungsgrad durch entsprechende Aufgabenstellungen unterscheiden (Thies 1990, 29 f.):

- Beim *freien Schreiben* bekommen die Schülerinnen und Schüler keine weitere inhaltliche Vorgabe neben jener, dass die Reflexion mit dem Thema der Unterrichtseinheit in Beziehung stehen muss.
- *Problemgebundenes Schreiben* basiert demgegenüber auf der Vorgabe einer konkreteren philosophischen Fragestellung.
- Beim *textgebundenen Schreiben* nehmen die Lernenden einen vorgegebenen philosophischen Text zur Kenntnis und setzen sich daraufhin in einem *produktionsorientierten Ver-*

fahrer mit ihm auseinander. (Diese Verfahren werden in den Abschnitten Kreative Texterschließung und Kreatives Schreiben als Bestandteil der Urteilsbildung genauer erklärt.)

In der Unterrichtspraxis nehmen die zuletzt genannten, eng auf den Originaltext bezogenen Schreibanlässe eine dominante Stellung ein, zumal sie sich in das Zeitmanagement typischer Philosophie- und Ethikstunden vergleichsweise leicht integrieren lassen. Obwohl es sich bei ihnen nur um einen Teilbereich des kreativen Schreibens im Philosophie- und Ethikunterricht handelt, werden sie daher häufig mit diesem gleichgesetzt.

Geeignete Textsorten

Kleinere Formen

Eine Pointe bei der Produktion von Texten im Philosophie- und Ethikunterricht liegt darin, dass hier aus didaktischen Erwägungen heraus Schreibformen besonders interessant sind, die in der Philosophiegeschichte nur eine Rolle als „marginale Gattungen" (Rohbeck 2008, 189-211) spielen. Ein einfacher Grund für ihre Verwendung besteht zunächst darin, dass sie als exoterisch tradierte Genres über leicht abzurufende Merkmale verfügen und daher auch als eingängige formale Richtschnüre für die Hervorbringungen der Lernenden dienen können. Naheliegend ist hier zunächst das Verfassen pragmatischer Texte. Zu ihnen zählen einerseits adressatenbezogene, öffentliche Publikationsformen wie *Kommentare*, aber auch *Reden* und *Interviews*. Ebenso zugehörig sind Texte aus dem Bereich der privaten Verständigung und Selbstreflexion, wobei sich insbesondere der *Tagebucheintrag* und der *Brief* einer größeren Beliebtheit in der Unterrichtspraxis erfreuen. Obwohl diese Textsorten von analytischen und argumentativen Anteilen getragen werden, fordern sie durch einen ausgeprägten Adressaten- und Selbstbezug zu vergleichsweise lebhaften Kommentierungen des gelesenen philosophischen Textes im Gestus von Ich- oder Du-Botschaften auf und können durch die entsprechende Unmittelbarkeit zum Abbau von Schreibhemmungen und Motivationsblockaden beitragen. Weil die Empfänger solcher Texte oftmals, aber nicht zwingend, fiktiv sind, nehmen diese Genres eine mittlere Stellung zwischen Alltagskommunikation und Literatur ein. In besonders deutlicher Weise gilt dies für *Dialoge*.

Ebenso denkbar ist die Produktion von genuin fiktionalen Kurztexten (Brüning, Martens 2007), und zwar v. a. von *Märchen*, *Fabeln* und *Parabeln*, die per definitionem bestimmte moralische Orientierungen, aber auch Vorstellungen von einem gelingenden Leben transportieren, illustrieren, konterkarieren oder zur Diskussion stellen können. Oftmals besteht ihr besonderer Nutzen für eine Anschlusskommunikation darin, dass die Fiktionalität des Handlungsrahmens und der literarischen Figur reale Probleme und Positionen innerhalb der Lerngruppe gleichsam maskiert bereitstellt. Insofern kommt das kreative Schreiben hier einer *Didaktik des geschützten Raumes* entgegen. Zudem erweist es sich für Heranwachsende mitunter als Zugewinn an praktischen Orientierungshilfen im Sinne eines gedanklichen Probehandelns. Instruktiv ist dafür die Fragestellung: „Wie würde ich mich verhalten, wenn ich selbst in dieser Situation wäre?" Dabei besteht eine Nähe zum philosophischen → *Gedankenexperiment*. Die genannten literarischen Genres sind in der Unterrichtspraxis allerdings vergleichsweise selten anzutreffen. Ein Grund ist darin zu sehen, dass die Realisierung der jeweiligen Form eine gewisse Kunstfertigkeit verlangt, die einer längeren Einübung und nicht selten auch mehrerer konkreter Überarbeitungen bedarf. Gegenüber weniger reglementierten narrativen Kurztexten (Engels 2005) bedeutet dieser Aufwand aber offenbar nicht immer einen substanziellen Profit für das weitere gemeinsame Philosophieren.

Essays

Eine maximale Aufforderung der Schülerinnen und Schüler zum schriftlichen Selbstdenken stellt, im Vergleich zu den bisher genannten Textsorten, der Essay dar. Philosophisch, aber auch publizistisch gesehen, ist Deutschland allerdings traditionell keine Essay-Region. Dieser Befund ist seit jüngerer Zeit, wie ein Blick auf einschlägige Zeitungen und Wochenmagazine zeigt, in einem deutlichen Umbruch begriffen. Zu einer ähnlichen Entwicklung, die gegenwärtig in der universitären Ausbildung festzustellen ist, hat sicherlich v. a. die Internationalisierung von Studiengängen beigetragen. Inzwischen existiert auch für den schulischen Bereich ein weitgehender Konsens darüber, was unter einem Essay hierzulande verstanden werden kann. Zu unterscheiden ist für den Unterricht in der philosophischen Fächergruppe zunächst einmal deutlicher zwischen einer literarischeren Spielart in der Tradition Montaignes und dem → analytischen Essay nach dem Vorbild Bacons. Während letzterer in diesem Band in einem eigenen Beitrag beschrieben wird, bezieht sich die nachfolgende Aufzählung von Merkmalen auf den literarischen Essay. Dieser vertritt eine oder mehrere Thesen, wobei er sich u. U. aber des Deckmantels der Ironie bedient. Er umkreist zudem sein Thema eher unter beständigem Wechsel der Perspektive, anstatt es systematisch abzuhandeln. Nicht zuletzt stellt er es in größere, kulturelle Zusammenhänge und knüpft entsprechend sowohl an tradierte Wissensbestände als auch an aktuelle gesellschaftliche Diskussionen an. Dabei bringt der Essayist neben vielerlei Zitaten immer auch eigene Erfahrungen und Wertungen ein, deren Subjektivität er aber als solche reflektiert und augenzwinkernd zu erkennen gibt. Hinsichtlich der sprachlichen Ausgestaltung fällt v. a. ein gewisses Maß an Bildlichkeit und Ästhetizität ins Auge.

Es dürfte schon bei dieser recht groben Aufzählung klar werden, dass es sich beim literarischen Essay um eine besonders anspruchsvolle, voraussetzungsreiche Schreibform handelt. Ein weiter ausgearbeiteter und praktisch erprobter Vorschlag konkreter Kriterien und Niveaubeschreibungen, nach denen das Verfassen literarischer Essays geschult und bewertet werden kann, liegt eigens für den Philosophie- und Ethikunterricht inzwischen vor (Haase 2011). Hingewiesen werden muss jedoch auf etwas, das hier wie für keine der schon genannten Textsorten gilt: dass nämlich eine gewinnbringende Realisierung in aller Regel produktionsorientierte Unterrichtsformen mit mehreren Rückmeldungs- und Überarbeitungsphasen erforderlich macht. Der literarische Essay ist darüber hinaus idealerweise im Sinne eines klassenstufenübergreifenden Schreibcurriculums von vorbereitenden, einfacheren Textsorten her zu entwickeln. Dabei sollten, um das charakteristische Moment einer reflektierten Subjektivität des Schreibers zu trainieren, auch solche Genres eine Rolle spielen, die einen autobiografischen Selbstbezug aufweisen (Haase 2013, 97; Rösch 2013). Die Fähigkeit zur pointierten Anspielung kann ferner am *Aphorismus* (u. a. Zill 2005) geschult werden. Vor dem Verfassen eines literarischen Essays gilt es zudem, ein Gespür für seinen charakteristischen ‚Sound' anhand von Beispielen aus der Feder professioneller philosophischer Schreiber zu entwickeln.

Philosophische Tagebücher
Das Philosophische Tagebuch stellt „eine Arbeitsform [dar], bei der die Schüler aufgefordert werden [...], ausgehend von persönlichen Erfahrungen oder subjektiven Meinungen, über das im Philosophieunterricht behandelte Thema nachzudenken. [...] Das Schreiben bildet [...] dabei aber nicht einfach den Denkprozess ab, sondern zwingt zur Ordnung und Ausarbeitung der Gedanken". Teile dieses Denkens können im Unterrichtsraum öffentlich gemacht, weiterdiskutiert und noch einmal schreibend vertieft werden. Möglich ist dies auch auf dem Weg schriftlicher Kommentierungen durch die Lehrkraft, wobei im Wiederholungsfall „eine Art philosophischer Korrespondenz" entstehen kann. Das persönliche Moment dieser Äußerungen steht nicht zuletzt im Dienst der „Selbstvergewisserung und Identitätsbildung" (Thies 1990, 27 f.). Obwohl die einzelnen Beiträge des Tagebuches dem *textgebundenen Schreiben* ebenso zugehören können wie dem *freien* und dem *problemgebundenen* Schreiben, spricht dieses Ziel eher für die zuletzt genannten, offeneren beiden Formen. Weil aber ‚Kreativität' nichts ist, was den Schülerinnen und Schülern im Unterrichtsalltag wie selbstverständlich von der Hand geht, bedarf es zumindest einiger Anregungen und Fingerzeige dafür, wie mit dem zur Verfügung gestellten Freiraum verfahren werden könnte. Dabei geht es zugleich darum, Philosophieren

als radikales Weiterfragen hin zum „Grundsätzlichen", zum „Übergreifenden" oder zu den „obersten Zwecken" (Engels 2000) zu initiieren. Bewährt haben sich hierfür v. a. Kataloge von offenen Fragen (Bierbrodt, Röhr 2011, 117; Rösch 2013). Darüber hinaus existieren Hinweise zu einer weiterführenden, nicht zuletzt auch ästhetischen Gestaltung des entstehenden Buches (Brüning 2003, 101).

Die im Philosophischen Tagebuch gesammelten Beiträge werden mehrheitlich zu Hause angefertigt und oftmals auch außerhalb des Unterrichtes kommentiert. In allen anderen Fällen stellt sich die Frage nach der gewinnbringenden Einbindung des kreativen Schreibens in typische Strukturen der Philosophie- oder Ethikstunde. Diese Frage soll nachfolgend angegangen werden. Gleich vorab muss aber darauf hingewiesen sein, dass für das meiste des hier Dargestellten die Verfügbarkeit von Doppelstunden eine notwendige Voraussetzung ist.

Häufige Funktionen und Fehlformen kreativen Schreibens im Unterrichtsverlauf

Unterrichtseinstiege

Als Einstieg kann freies bzw. problemgebundenes Schreiben dazu dienen, Vorwissen zu einem philosophisch relevanten Gegenstand abzurufen, einen hinreichenden → *Lebensweltbezug* zu ihm herzustellen oder ihn auf seiner phänomenalen Ebene zu erfassen (Schröder-Werle 2003). Ebenso kann es dazu beitragen, Vorurteilsstrukturen zu explizieren oder ‚naive Theorien' zum jeweiligen Sachverhalt im Sinne eines *philosophischen Modellierens* zu entwickeln. Schreibaufträge haben zudem, wenn sich an sie eine Auseinandersetzung mit einer Quelle zum Thema anschließt, eine texteröffnende Funktion. Die Möglichkeit, selbst schöpferisch aktiv zu werden und Eigenes einzubringen, wird von vielen Schülerinnen und Schülern als besonders motivierender, angstfreier Zugang erlebt. Insofern handelt es sich v. a. auch um Angebote für Lernende, die bei der „sonst üblichen, mündlichen intuitiven Vorverständigung" zurückhaltender sind (Thies 1990, 30). Einfache, typische Arbeitsaufträge für eine Gestaltung von Einstiegen

im Sinne des *dekonstruktivistischen Denkstils* bestehen etwa darin, Assoziationsketten zu Kernbegriffen des zu lesenden Textes oder zu bearbeitenden Problems zu erstellen und sie ggf. in die geschlossene Form eines kurzen Gedichtes oder Prosatextes zu bringen. Bewährt hat es sich darüber hinaus z. B., ein bislang unhinterfragtes Alltagsphänomen aus einer fremden Perspektive – wie etwa der eines Außerirdischen oder eines Eingeborenen – neu in den Blick zu nehmen. Bei bestimmten Unterrichtsthemen stellt der Einsatz kreativer Schreibaufträge im Einstieg aber nicht nur eine abwechslungsreiche Alternative zu analytischeren Herangehensweisen dar. Manchmal ist der Zugang zum Unterrichtsthema über sie sogar ungleich leichter. An zwei Beispielen, die eher dem *phänomenologischen Denkstil* folgen, soll dies kurz aufgezeigt werden.

Fremd- und Selbstbild: Das Thema der Identität ist in vielen der derzeit gültigen Bildungspläne am Anfang der Sekundarstufe platziert und hat dort, aufgrund der Veränderungen, die Schülerinnen und Schüler dieses Alters an sich beobachten können, seine unbestreitbare Relevanz. Zugleich sind sie, kognitionspsychologisch gesehen, nun auch in der Lage, die hierfür notwendigen Perspektivenwechsel einzuüben. Um diesen Prozess auch theoretisch transparent zu begleiten, kann das Verständnis des Begriffspaares ‚Selbstbild – Fremdbild' erfahrungsgemäß nützlich sein. Es handelt sich aber um ein Konstrukt, das der Lerngruppe zunächst einmal recht abstrakt vorkommen wird. Hilfreich ist in hier *Beispielaufgabe 1:*

Über Nacht sind aus einem unerklärlichen Grund alle Spiegel in deiner Stadt verschwunden. Verfasse einen Erlebnisbericht über den nächsten Tag, beginnend mit Deinem Aufwachen am Morgen (250-300 Wörter).

Bei den Beiträgen der Schülerinnen und Schüler ist erwartungsgemäß die Erkenntnis greifbar, dass fremde Sichtweisen auf die eigene Person notwendige Orientierungen für das Selbstverständnis sind und dass wir insofern zu den Daten, die für letzteres relevant sind, nicht unbedingt einen privilegierten Zugang haben.

Religionsphänomenologie: Wenn sich Schülerinnen und Schüler im Fach Ethik am Ende der Mittel- oder in der Kursstufe mit religiösen Themen auseinandersetzen sollen, bedeutet dies für die Lehrkraft vorab oftmals einen erhöhten Aufwand an Überzeugungsarbeit. Immerhin haben sich viele der Jugendlichen bewusst, und u. U. sogar gegen Widerstände im näheren sozialen Umfeld, gegen die weitere Teilnahme am Religionsunterricht entschieden. Das vielfach vorgetragene Ansinnen, im Gegensatz zu den bisherigen Erfahrungen der Lernenden einen äußerlich bleibenden, neutral beschreibenden Blick auf religiöse Phänomene zu werfen und sie zum Ausgangspunkt philosophischer Reflexionen zu machen, wirkt gegenüber den entsprechenden Ressentiments nicht immer überzeugend, zumal hier Begriffe und Konzepte vorausgesetzt werden, die vielleicht erst im Verlauf der Unterrichtseinheit erworben werden müssen. Für religionskritisch eingestellte Teile der Lerngruppe kann die *Beispielaufgabe 2* in dieser Situation motivierend ‚sophisticated' wirken:

Erfinden Sie eine Religion! Notieren Sie einen entsprechenden Lexikon-Eintrag. Aber Vorsicht: Achten Sie darauf, dass Sie keine Merkmale tatsächlich existierender Religionsgemeinschaften übernehmen. Vermeiden Sie zudem logische Widersprüche, durch die Ihr religiöses System für Kritiker angreifbar wird. Umfang: Ca. ½ Druckseite (Schriftgrad: 11, Zeilenabstand: 1,5).

Um Unterrichtseinstiege effizient zu gestalten, werden die entsprechenden Produktionen oftmals ‚vorentlastend' in Hausaufgaben erbracht. Einer bestimmten Quelle der Frustration, die auch bei Schreibanlässen innerhalb der Stunde eine Rolle spielen kann, ist hier besonders Rechnung zu tragen, weil solche Arbeitsaufträge i. d. R. umfangreicher sind und weil die Freizeit der Schüler tangiert ist. Konkret geht es um folgendes Problem: In der Stunde, die auf die Hausaufgabe folgt, besteht nur in Ausnahmefällen die Kapazität dafür, alle Beiträge gemeinsam wahrzunehmen und zu würdigen. Spielen sie jedoch im wiederholten Fall keine merkliche Rolle, so sinkt die Motivation dafür, sie überhaupt noch anzufertigen. Drei Verfahrensweisen haben sich im Umgang mit dieser Problematik besonders bewährt:

- Es werden nur die Beiträge weniger Schüler exemplarisch in das Unterrichtsgeschehen eingebunden, während die übrigen von der Lehrperson ein schriftliches Feedback zu der von ihnen erbrachten Leistung erhalten.
- Am Anfang der Stunde werden alle Produkte für die gesamte Lerngruppe zugänglich gemacht, indem sie z. B. an einer quer durch den Raum gespannten Wäscheleine ausgehängt werden. Die Schülerinnen und Schüler haben nun die Aufgabe, sie in einem Rundgang zu erkunden und denjenigen Text mit einem verabredeten Kennzeichen zu markieren, der ihnen persönlich am gelungensten erscheint. Das entstehende Ranking führt zu einer Auswahl von zwei bis drei Texten, die im Klassenverband nachfolgend genauer untersucht werden können.
- Die Lernenden stellen sich ihre Texte zunächst in Gruppen von vier bis fünf Personen gegenseitig vor. Die Gruppen wählen daraufhin ebenfalls jeweils einen Text für die detailliertere Besprechung im Plenum aus.

Kreative Texterschließungen
Verständnisfördernd können produktionsorientierte Verfahren auch in Phasen der *Erarbeitung* philosophischer Texte eingesetzt werden. Hier erweist sich eine genauere Differenzierung als hilfreich (Runtenberg 1999, 48):

- Verfahren der *Konkretisierung* von Texten bestehen u. a. darin, dass Kernaussagen mit eigenen Beispielen gestützt oder ‚Leerstellen' der Vorlage durch geeignete Berichte persönlicher Erlebnisse ausgefüllt werden.
- Davon zu unterscheiden sind Möglichkeiten der *produktiven Rezeption modifizierter Texte*, worunter z. B. zu verstehen ist, dass absichtlich eingebaute Unstimmigkeiten

durch die Lernenden in einer korrigierten Textfassung zu beheben oder vorenthaltene Textpassagen spekulativ zu ergänzen und daraufhin mit dem Originaltext zu vergleichen sind.

Das zuletzt genannte Vorgehen eignet sich auch für eine Schulung des formal-logischen Denkens, wenn Konklusionen zu vorgegebenen Prämissen zu rekonstruieren sind. Diese Form des → Gedankenexperimentes erweist sich außerdem als eine Technik des verzögerten Lesens, wodurch Spannung in Bezug auf den Fortgang des Originaltextes aufgebaut wird. Der Weg über Vorentwürfe, die die Schülerinnen und Schüler hier hinsichtlich des fehlenden Textteiles erstellen, um sie später mit diesem zu vergleichen, verweist deutlich auf den *hermeneutischen Denkstil*. Ein geradezu klassisches Beispiel ist hierfür das Fortschreiben des Platonischen „Höhlengleichnisses", das in der nachfolgenden *Beispielaufgabe 3* angeleitet wird:

Stellen Sie sich vor, die entfesselte Person beschließt, nachdem sie die wahre Welt außerhalb der Höhle erkannt hat, zu ihren früheren Kameraden zurückzukehren, um diese zu befreien und sie von der Scheinhaftigkeit ihres Daseins zu überzeugen. Was würde geschehen? Schreiben Sie in Platons Stil weiter! (Zeitvorgabe: 10 Minuten.)

Relevant ist für die Phase der Texterschließung aber noch eine dritte Variante produktionsorientierter Verfahren:

- *Produktive Veränderungen* eines schwierigeren philosophischen Originaltextes (wie etwa aus Kants „Kritik der praktischen Vernunft") nehmen die Schülerinnen und Schüler dann vor, wenn sie diesen in eine leichter verständliche Textsorte – z.B. einen Brief oder ein Interview – umwandeln, wenn sie ihn kurzerhand in die eigene Alltagssprache ‚übersetzen' oder wenn sie seine Quintessenz in einem Aphorismus bündeln. Solche Übungen entsprechen dem *strukturalistischen Denkstil*.

Die Eignung kreativer Schreibformen in der Phase der Texterarbeitung steht und fällt allerdings mit der Frage nach einer gemeinsamen, verbindlichen und nachhaltigen Sicherung des Textverständnisses für die gesamte Lerngruppe. Vermieden werden sollte im Sinne eines progressiven und zeitökonomisch bewusst geplanten Unterrichtens zugleich das Problem der sog. Doppelsicherung. Dieses liegt vor, wenn Erkenntnisse über den Text, die auf produktivem Wege bereits erarbeitet worden sind, ohne zusätzlichen inhaltlichen Gewinn noch einmal mit einem Verfahren der → rezeptionsorientierten Textarbeit festgestellt werden oder umgekehrt. Sinnvoll ist der Einsatz beider Erarbeitungswege hingegen dann, wenn aus den einzelnen Beiträgen des kreativen Schreibens im Modus des Vergleichs in einem zweiten Schritt noch einmal besonders Wesentliches abstrahiert wird oder wenn analytische und produktive Verfahren – i. S. einer nach Lerntypen differenzierenden Individualisierung – parallel zum Einsatz kommen. Aufgrund der markierten Schwierigkeiten kommt kreatives Schreiben in der Phase der Texterarbeitung v. a. im Unterricht der Oberstufe, in dem auf ein systematisches Textverstehen besonderer Wert gelegt wird, vergleichsweise selten zum Einsatz. Häufiger finden wir es hingegen in der sich anschließenden Phase der Urteilsbildung.

Kreatives Schreiben als Bestandteil der Urteilsbildung

Hierbei handelt es sich, im Anschluss an die schon vorgestellte Typologie der produktionsorientierten Verfahren nach Runtenberg, um ein *gestaltendes Schreiben zu einem vorgegebenen Text*, wobei sich verschiedene pragmatische und fiktionale Textsorten als Formatvorlage anbieten. Gegenüber anderen Arten der Auseinandersetzung mit dem Text zielen solche Verfahrensweisen auf einen affektiveren Umgang mit den erarbeiteten Inhalten und tragen, bei entsprechender Reflexion der eigenen Reaktionen auf das Gelesene, zur Selbstkompetenz der Lernenden bei. Außerdem stellen sie, neben der Beschäftigung mit dem Text im engeren Sinn, Möglichkeiten für die Übung im Perspektivenwechsel dar, wenn sie sich an einen speziellen Adressaten richten oder aus dem Erleben einer anderen Person heraus verfasst sind. Charakteristisch ist in diesem Sinne auch die Aufgabe, Kernaussagen eines philosophischen Textes, dessen Grundverständnis soeben gesichert wurde, in einer Form des kreativen Schreibens noch einmal ‚verdichten' und im Sinne eines intelligenten Übens zugleich mit dem Vorwissen einer anders gearteten Position zu konfrontieren. Oft kommt es dabei zu einer ‚Aufhebung' der verschiedenen Standpunkte im Sinne des *dialektischen Denkstils*. *Beispielaufgabe 4* verdeutlicht diese Idee für die Kursstufe:

Im Philosophenhimmel begegnen sich Immanuel Kant und Jeremy Bentham. Schnell kommen sie in eine angeregte Diskussion über ihre unterschiedlichen Verständnisse einer Ethik und die zugrundeliegenden Menschenbilder. Verfassen Sie diesen Dialog (ca. 1 Seite)!

Selbstredend limitiert diese Form der Textkritik die Möglichkeiten der Schülerinnen und Schüler, auch ganz persönliche Wertungen einzubringen. Eher abgerufen werden diese z. B. durch die Aufgabe, einen Leserbrief an den Autor zu verfassen. Schreibaufträge wie der oben formulierte eignen sich demgegenüber v. a. für die Gestaltung der ‚Gelenkstelle' zwischen der Texterarbeitung und der Urteilsbildung, wobei letztere dann diskursiv noch weiter auszuschöpfen ist.

Eine andere, klassische Option für Kritik besteht im Anschluss an eine Text-Rezeption darin, Alternativen zu dem Modell zu entwickeln, das der kennengelernte Autor zum Angelpunkt seiner Philosophie gemacht hat. *Beispielaufgabe 5* zeigt dies für die Idee der Staatsgründung und Rechtspositivierung durch Gesellschaftsverträge auf. Sie folgt letztlich dem *konstruktivistischen Denkstil*:

Versetzen Sie sich gedanklich zurück in den sehr frühen Zustand einer menschlichen Gemeinschaft ohne Staat. Beschreiben Sie von hier aus in einer kurzen Anekdote, wie es zur Festsetzung eines positiven Rechts gekommen sein könnte. Wählen Sie dabei bewusst eine Alternative zum Vertragsgedanken nach Hobbes bzw. Locke. (10 Minuten.)

Es kann angenommen werden, dass die meisten Schülerinnen und Schüler bei Schreibaufträgen dieser Art vorab keine abstrakte Theorie entwickeln, die sie daraufhin im narrativen Text nur noch ‚verpacken'. Vielmehr liegt der besondere Gewinn des produktiven Schreibens hier darin, Intuitionen zu aktivieren, die dem analytischen Verständnis komplexer Sachverhalte zuweilen bemerkenswert klar vorangehen können.

Methodische Hinweise zur Gestaltung der Anschlusskommunikation

Wenn Lehrer gefragt werden, was eine gute Impulstechnik ausmacht, verweisen sie häufig kurzerhand auf den Wert einer längeren Erfahrung. Für Berufsanfänger ist dies ebenso nachvollziehbar wie nutzlos. Im Folgenden sollen daher einige methodische Hilfestellungen gegeben werden, die sich im kommunikativen Umgang mit kreativen Schreibprodukten besonders leicht umsetzen lassen. Ihren Ausgang nehmen diese Hinweise von zwei griffigen Leitsätzen:

- *Maxime 1:* Erfolgreiches Philosophieren bleibt nicht im Konkreten des Einzelfalls stecken, sondern kommt über gedankliche Operationen der Verallgemeinerung zu abstrakteren Erkenntnissen (Thies 1990, 26).
- *Maxime 2:* Gute Feedbacks geben Rückmeldungen zur Qualität des Schreibproduktes, verlieren aber zugleich nie den Unterrichtsgegenstand bzw. den philosophischen Originaltext aus dem Blick (Runtenberg 2000, 115).

Maxime 1: Vom konkreten Beispiel zur abstrakteren Erkenntnis

Die oben formulierten Beispielaufgaben 1 und 2 haben eine Herausforderung gemeinsam, die für die Anschlusskommunikation an kreative Schreibaufgaben des *phänomenologischen Denkstils* charakteristisch ist: Sie führen zu Texten, die Vermutungen zum ‚Wesen' einer Sache wachrufen. Von hier aus soll die Lerngruppe später zu einer abstrakteren Definition gelangen. Aber wie kommt man im Anschluss an die Präsentation der Schülertexte zu den notwendigen Verallgemeinerungen? Vier Wege haben sich besonders bewährt:

- Weg 1: Im fragend-entwickelnden Unterrichtsgespräch steuert der Lehrer die Lerngruppe in den abstrakten Bereich, indem er bei der Formulierung seiner Impulse bestimmte, zielführende Termini an geeigneten Stellen selbst einbringt. Für Produktionen im Rahmen der *Beispielaufgabe 1* könnten solche Fragen lauten:

Wer kann noch einmal zusammenfassen, warum Spiegelbilder für unser soziales Zusammenleben wichtig sind?" – „Die Eindrücke, die wir von uns selbst haben, kann man mit dem Begriff des ‚Selbstbildes' zusammenfassen; was gehört, wenn wir uns den vorgelesenen Text noch einmal vergegenwärtigen, zu diesem ‚Selbstbild' alles dazu?" – „Jetzt haben wir von sogenannten ‚Selbstbildern' gesprochen; wie könnten Psychologen dann eigentlich diejenigen Bilder nennen, die sich andere von uns machen?" – „Und wie beeinflussen uns solche ‚Fremdbilder' im Alltag – finde Beispiele im Text!

- Weg 2: Nach einer kurzen, verständnissichernden Wiedergabe der zentralen Handlungsmomente oder einer Abfrage persönlicher Wertungen zur Qualität des vorgestellten Produktes erfolgt sein *Abgleich mit einem theoretischen Text* zum selben Thema. Aus ihm sind für das in Frage stehende Phänomen abstraktere Kategorien in exakter Terminologie herauszulesen. Im nachfolgenden Schritt können diese dann zur genaueren Analyse der Schüler-Texte herangezogen werden. Eine Ergebnissicherung in Form einer tabellarischen Gegenüberstellung von Merkmalen aus dem theoretischen Text und Beispielen aus dem Schüler-Text ist denkbar.
- Weg 3: Die Abstraktion entwickelt sich aus dem Vergleich mehrerer Produkte miteinander. Dabei ergeben sich insbesondere aus den zutagetretenden Gemeinsamkeiten geeignete Begriffe für eine allgemeingültige Definition, während die Unterschiede eine Binnenunterscheidung zulassen. Das kreative Schreiben entspricht in diesem Fall dem Ausgangspunkt für ein → Neosokratisches Gespräch.
- Weg 4: Die Schülerinnen und Schüler finden für die konkreten Beispiele eines (erzählenden) Textes die abstrakteren Kategorien selbstständig, indem sie die im kreativen Schreibprodukt vorgefundenen narrativen Strukturen in ein kausales Modell ‚übersetzen'. Diese Option ist kognitiv allerdings anspruchsvoller als die zuvor genannten Möglichkeiten. Eine grafische Lösung kann z. B. die Anfertigung einer ‚Strukturskizze' sein, in der Kernbegriffe mit symbolisch aussagekräftigen Verbindungspfeilen verknüpft werden. Diese vierte Strategie der Verallgemeinerung kann an einem Schüler-Text aufgezeigt werden, der durch *Beispielaufgabe 5* angeregt wurde:

Tiho und Tahi sind zwei Steinzeitmenschen. Tiho isst am liebsten rote Beeren und weiß auch genau, wo diese wachsen. Weil er Tahi sehr gern hat, bringt er ihr immer eine handvoll Beeren mit. Irgendwann wollen auch die anderen Mitglieder der Horde diese ach so leckeren Früchte. Tiho hat zwar nichts dagegen, dass sie ebenfalls Beeren bekommen, befürchtet aber, dass es dann bald keine mehr gibt. Also erfindet er eine Geschichte, und diese geht so, dass nur er die Beeren pflücken kann, weil jeder andere, der es versuchen würde, durch einen Geist krank gemacht werden würde. Um dieser Erfindung Wirkung zu verleihen, weiht er einige Freunde in seinen Plan ein. Diese sollen eine Abschreckung inszenieren. Tiho führt dafür die übrige Sippe zum Beerenstrauch und seine Freunde täuschen Übermut vor, pflücken sich Beeren und verfallen daraufhin zum Schein in furchtbare Krämpfe und Geschrei. Tiho pflückt daraufhin Beeren, isst einige davon selbst und verteilt die übrigen an die Umstehenden. Alle akzeptieren nun, dass er die Zuteilung vornehmen muss und keiner außer ihm an den Strauch gehen darf. Er wendet diesen Trick auch bei anderen Dingen an, da ihm nun ohnehin schon übernatürliche Macht zugesprochen wird. […]

Herauszuarbeiten wäre anhand dieses Produktes die These, dass rechtsstaatliche Strukturen auf Macht-Monopole kleinerer elitärer Gruppen zurückgehen, die ihren Führungsanspruch mit ihrer scheinbaren Auserwähltheit durch eine höhere Macht legitimieren und ihn zugleich über die willkürliche Verteilung knapper Güter demonstrieren.

Maxime 2: Vom Schülerprodukt zurück zum Unterrichtsgegenstand

Bei den bisher aufgezeigten Vorgehensweisen werden die Texte der Schülerinnen und Schüler weitgehend auf eine Rolle als Stichwortgeber für die weitere Bearbeitung des Unterrichtsthemas reduziert. Der kreative Eigenwert der Produktionen wird hingegen allenfalls mit Kommentaren am Rande gewürdigt. Dasselbe gilt für ihre formale Gestaltung. Sie ins Zentrum der gemeinsamen Betrachtung zu rücken, ist manchmal aber durchaus sachdienlich. Aufgezeigt werden kann dies an der Bearbeitung der *Beispielaufgabe 2* durch einen Kursstufen-Schüler. Er schrieb:

Der Serpentinismus
Serpentinismus, der; bezeichnet eine antike Naturreligion, welche sich im Raum zwischen dem heutigen südlichen China, Burma, Laos, Thailand und Vietnam ausbreitete. Funde datieren die Epoche des Serpentinismus zwischen 8000 und 3000 v. Chr. Laut „Tabula Serpentina", einer Steintafel, welche in einem ca. 7000 Jahre alten Tempel in der Nähe von Bangkok gefunden wurde, glaubten die Anhänger dieser Religion an verschiedene Götter in Form von Schlangen. Sie gingen davon aus, dass am Anfang aller Zeit eine endlos lange Schleife von Planeten existierte, welche miteinander verbunden waren durch die Urschlange. Diese gebar viele Millionen Kinder, eines davon ist die Milchstraße. Die Erde war also ein Glied einer Tochter der Urschlange. Diese Tochter bildete daraufhin die Wesen Flora und Fauna auf ihrem Rücken, der Erde, aus und beauftragte die Menschen, den Schlangen zu dienen, welche die Verbindung von allem Leben, bishin zur Urschlange, waren. Die „Diener der Schlange", wie sich die Anhänger nannten, kamen vielen täglichen Regeln nach. So hatte jedes Familienmitglied eine Hausschlange, welche mit geweihter Nahrung, oft kleinen Nagetieren oder Vögeln, gefüttert werden musste. Nach dem Ableben der Schlange musste man selbst ein kleines rituelles Schlangenlederobjekt herstellen. Beliebte Symbole waren Ringe, welche wie die Urschlange keinen Anfang und kein Ende hatten. In jedem Dorf konnte so die älteste und weiseste Person festgestellt werden – das war nämlich die mit den meisten Lederobjekten. Außerdem war es Pflicht, seinen zweiten Sohn zum Tempel zu schicken, wo er als Priester ausgebildet werden sollte. Aufnahmeprüfung war das Ausharren dreier Tage und dreier Nächte in einer kleinen Kammer, welche mit giftigen Schlangen gefüllt war. Aus diesem Grunde überlebte nur ein Bruchteil der Anwärter. Diese waren jedoch in der Lage, die Sprache der Schlangen zu verstehen und so auch den Willen der großen Schlangentochter aufzunehmen und an die übrigen Menschen weiterzuleiten. Das berühmteste Bauwerk ist der Tempel in der Nähe von Bangkok, wo auch die „Tabula Serpentina" entdeckt wurde. Besonders an ihm ist, dass keine einzige Treppe vorhanden ist, sondern Steigungen nur in Form enger Kehrtwenden überwunden wurden, sogenannter Serpentinen. Sie stellen den allmächtigen Lauf der Schlange dar und galten als Pfade zu Weisheit und Unsterblichkeit.

Neben der Erarbeitung allgemeiner Merkmale von Religionen bestehen hier weitere, naheliegende Fragen für die Anschlusskommunikation darin, inwiefern der Beitrag den besonderen, in der Aufgabenstellung verlangten Qualitätsmerkmalen gerecht wird. Formale Vorgaben der Textsorte, logische Kohärenz und ein gewisser Innovationsgeist gegenüber bekannten Modellen, die in Beispielaufgabe 2 explizit als Gütekriterien ausgewiesen sind, eignen sich aber auch generell für die Besprechung kreativer Schreibprodukte. An den nachfolgenden Fragen 3 und 5, die an diese Kriterien anknüpfen, wird ersichtlich, wie leicht man von hier aus bei gut gestellten Aufgaben zum eigentlichen Unterrichtsthema zurückkommen kann. Konkret geht es hier um eine Erschließung philosophisch interessanter Wesenszüge von Religionen:

(1) „Werden die charakteristischen Merkmale eines Lexikon-Eintrages durchgängig berücksichtigt?" – (2) „Erkennt man an bestimmten Stellen aufgrund von Ungereimtheiten, dass es sich um ein Fantasie-Stück handelt?" – (3) „Welche Widersprüche sind hingegen auch für ‚echte' Religionen typisch?" – (4) „Greift die erfundene Religion nicht doch Elemente aus tatsächlich existierenden Glaubenssystemen auf?" – (5) „Und wie kommt es überhaupt, dass bestimmte religiöse Ideen in ganz verschiedenen Regionen der Welt gleichermaßen anzutreffen sind?"

Solche ‚organischen' Übergänge zwischen Feedbacks zur Gestalt des Produktes und weiterführenden Überlegungen zum Unterrichtsgegenstand gelingen freilich nur bei sorgfältig ausgearbeiteten Ausgabenstellungen. Neben inhaltlichen Aspekten kommen hier auch formale Qualitätsmerkmale zum Tragen. Eine kurze Überlegung hierzu soll den vorliegenden Artikel abrunden.

Abschließender Hinweis zur Formulierung von Aufgabenstellungen

Ein wesentlicher Grund für kreatives Schreiben besteht im Unterricht der philosophischen Fächergruppe darin, Schülerinnen und Schülern Gelegenheiten zu einem intensiveren ‚Selbstdenken' zu geben. Die dafür benötigten Freiräume zu gewähren, bedeutet aber nicht, entsprechende Arbeitsaufträge unpräzise zu formulieren. Im Gegenteil: Weil die Lernenden hier oftmals, jedenfalls mehr als bei anderen Formen der schriftlichen Stellungnahme, ihrer eigenen Individualität Ausdruck verleihen, können auseinandergehende Erwartungen hinsichtlich der Resultate auch besondere Frustrationen bewirken. Daher hat sich für Aufgabenstellungen im Bereich des kreativen Schreibens dieselbe Formulierungshilfe bewährt, die auch für alle anderen Ausarbeitungen im Philosophie- und Ethikunterricht gilt: Gute Impulse signalisieren den Lernenden durch *Operatoren*, welche Tätigkeit von ihnen erwartet wird, und geben durch die Benennung geeigneter *Methoden*, *Medien* und *Sozialformen* zusätzliche Hinweise für eine geeignete Bewerkstelligung. Im Bereich der ‚analytischen' Arbeit am Text lautet eine entsprechende, vollständig ausformulierte Aufgabenstellung z. B.:

Fassen Sie das Menschenbild, das Kant im vorgelegten Textauszug entwickelt, in Arbeitsgruppen zu je vier Personen in der Form einer Strukturskizze auf einem Präsentationsplakat zusammen.

Für den Bereich des kreativen Schreibens hieße ein analoges Beispiel:

Beurteilen Sie die Tauglichkeit der kennen gelernten Mesotes-Lehre als Richtschnur für Ihr Alltagshandeln. Verfassen Sie ein entsprechendes Schreibgespräch mit einem Partner Ihrer Wahl.

Zusätzlich ist bei der Instruktion zusammenhängender schriftlicher Ausarbeitungen eine Angabe des zu erwartenden Umfanges angebracht, um vergleichbare Leistungen einzuholen, aber zuweilen auch, um ehrgeizige Schülerinnen und Schüler vor Selbstüberforderungen in ihrem schulischen Arbeitsalltag zu bewahren.

Literatur

Bierbrodt, J.; Röhr, H.: „Unzensierbarkeit oder freies Denken unter Zwang", in: Schmidt, D.; Rohbeck, J.; Ruthendorf, P. v.: *Maß nehmen – Maß geben. Leistungsbewertung im Philosophieunterricht und Ethikunterricht*, Dresden 2011, 107-126.
Brüning, B.; Martens, E. (Hg.): *Anschaulich philosophieren. Mit Märchen, Fabeln, Bildern und Filmen*, Weinheim 2007.
Brüning, B.: *Philosophieren in der Sekundarstufe. Methoden und Medien*, Weinheim 2003, 13-44.
Engels, H.: „Narrative Kurztexte. Ein Kommentar zu Schülerarbeiten", in: Rohbeck, J. (Hg.): *Anschauliches Denken*, Dresden 2005, 13-44.
Engels, H.: „Heuristik – oder: Wie kommt man auf philosophische Gedanken?", in: Rohbeck, J. (Hg.): *Methoden des Philosophierens*, Dresden 2000, 46-76.
Haase, V.: „Autobiographische Narrationskompetenz", in: Rohbeck, J. (Hg.): *Didaktische Konzeptionen*, Dresden 2013, 85-104.
Haase, V.: „Essays im Philosophie- und Ethikunterricht bewerten", in: Schmidt, D.; Rohbeck, J.; Ruthendorf, P. v. (Hg.): *Maß nehmen – Maß geben. Leistungsbewertung im Philosophieunterricht und Ethikunterricht*, Dresden 2011, 75-105.
Martens, E.: *Methodik des Ethik- und Philosophieunterrichts. Philosophieren als elementare Kulturtechnik*, Hannover 2003.
Rohbeck, J.: *Didaktik der Philosophie und Ethik*, Dresden 2008.
Rösch, A.: „Sprache ist die Kleidung der Gedanken. Vorformen essayistischen Schreibens", in: *Ethik & Unterricht* (2013), 40-44.
Runtenberg, C.: „Produktionsorientierte Verfahren der Textinterpretation", in: *Zeitschrift für Didaktik der Philosophie und Ethik* (2002), 115-121.
Runtenberg, C.: „Transgene Tiere – Genetische Eingriffe in die Natur? Produktionsorientierte Verfahren im Unterricht", in: *Zeitschrift für Didaktik der Philosophie und Ethik* (1999), 46-57.
Runtenberg, C.: „Wie funktionieren produktive Verfahren im Philosophieunterricht?", in: Steenblock,

V.: *Philosophische Bildung. Einführung in die Philosophiedidaktik und Handbuch*, Münster 2000, 176 f..

Schröder-Werle, R.: „Erfassen der Wirklichkeit. Didaktische Potenziale phänomenologischen Denkens", in: Birnbacher, D.; Siebert, J.; Steenblock, V. (Hg.): *Philosophie und ihre Vermittlung*, Hannover 2003, 50-71.

Thies, C.: „Das Philosophische Tagebuch", in: *Zeitschrift für Didaktik der Philosophie und Ethik* (1990), 26-32.

Zill, R.: „Ein Rudel voller Einzelgänger. Die drei Stellungen des Aphorismus zum System", in: Rohbeck, J. (Hg.): *Anschaulich Denken*, Dresden 2005, 153-183.

2.9 Theatrales Philosophieren – performatives Denken in philosophischen Bildungsprozessen

CHRISTIAN GEFERT

Das *theatrale Philosophieren* (vgl. u. a. Gefert 2002, 2005, 2010) ermöglicht eine besondere Form der methodischen Gestaltung philosophischer Bildungsprozesse: Die Bedeutung eines philosophischen Textes wird dabei nicht nur diskursiv, sondern ebenso durch die Entwicklung angemessener *Körperbilder* (vgl. Lehmann 1999, 371 ff.) eröffnet. Dieses Verfahren betont ein weitgehend vernachlässigtes Potenzial des Philosophierens, nämlich seinen *leiblich-wahrnehmbaren* Charakter. Das „Kerngeschäft der Philosophie" (Gefert, Tiedemann 2012, 154) wird dabei nicht in der rationalen Verkürzung auf einen diskursiven Ausdrucksmodus betrieben, sondern es wird eine fruchtbare Verbindung unterschiedlicher *Rationalitätstypen* (vgl. Schnädelbach 2000, 256 ff.), angestrebt. Dies geschieht vor dem Hintergrund eines erweiterten Rationalitätsbegriffs in Anschluss an die symboltheoretischen Ansätze Ernst Cassirers (vgl. Cassirer 1923-29) und Susanne K. Langers (Langer 1942): Ein theatral-leiblicher Ausdruck, zum Beispiel in Form einer performativen Geste, ist aus dieser symboltheoretischen Perspektive nicht irrational, sondern genau wie das diskursiv formulierte Argument *rational*, d. h. eine symbolische Ausdrucksform des menschlichen Geistes. Philosophisch ist dieser präsentative Ausdruck (genau wie der diskursive) immer dann, wenn er einem fortgesetzten und potenziell unabgeschlossenen Prozess des Deutens von Deutungen mit dem Ziel dient, „weiterreichenden, klareren, besser anwendbaren, artikulierteren Bedeutungen" (Langer 1942, 289) nachzugehen. In dieser Funktion artikuliert die prägnante theatral-präsentative Geste also wie die treffende diskursiv-argumentative Aussage *philosophische Deutungen* innerhalb eines philosophischen Bildungsprozesses. Mit einer *Didaktik theatralen Philosophierens* wird demnach die „Leistungsunterschiedlichkeit beider Symbolisierungstypen" des menschlichen Geistes in philosophischen Bildungsprozessen gewürdigt und für eine „komplementäre Ausrichtung der Philosophie-Didaktik" votiert (Maeger 2013, 20), d. h. für eine Ausrichtung, die diskursive und präsentative Ausdrucksformen in philosophischen Bildungsprozessen gleichermaßen berücksichtigt, ohne dabei die Stärken und Schwächen dieser unterschiedlichen Symbolisierungsmodi aus dem Blick zu verlieren (vgl. dazu u. a. Gefert 2002, 96 f.). Eine *Didaktik theatralen Philosophierens* wendet sich damit gegen Behauptungen, dass sich das Denken in Bildern vom Philosophieren mit Bildern trennen ließe (vgl. Tiedemann 2014) oder dass sich der „Anspruch auf Allgemeinheit" beim Philosophieren allein durch eine strikte Bindung an einen „diskursiv-propositionalen Sprachgebrauch" ergäbe (vgl. Tichy 2011).

Das besondere methodische Potenzial dieses Ansatzes liegt also darin, dass sie es den Philosophierenden in Bildungsprozessen ermöglicht, diskursive *und* präsentative Ausdrucksformen zur Deutung eines philosophischen Textes gleichzeitig zu entfalten und auch aufeinander zu beziehen. So erörtern sie beispielsweise zum einen ihre Deutung der These Wittgensteins „Wovon man nicht sprechen kann, darüber muss man schweigen" im diskursiv-argumentativ geprägten Gespräch über den *Tractatus* (Wittgenstein 1921, 85). Zum anderen werden im Rahmen dieses Verfahrens aber auch adäquate *theatrale Gesten* bzw. *performative Haltungen* zur Deutung dieser These entwickelt. Im Rahmen einer ersten theatralen Annäherung könnten dabei beispielsweise Schüler im Philosophieunterricht aufgefordert werden, eine kleine Szene zu improvisieren, mit der ihre Vorstellungen zu Witgensteins Sprachverständnis dadurch konkretisiert werden, dass sie eine fiktive Situation durchspielen, in der sich eine Person mit Wittgensteins Grundhaltung in einem Wartezimmer mit anderen Kranken über den Grund ihres Arztbesuchs unterhält.

Die Entwicklung performativer Ausdrucksformen ist jedoch nicht durch ihre Artikulation in improvisiert theatralen Gesten abgeschlossen: Die ad hoc konstruierte Szene stellt lediglich szenisches Material dar, das im Prozess des *theatralen Philosophierens* von der Improvisation zum möglichst *präzisen* theatralen Symbol weiter entwickelt wird, um beispielsweise die Deutung der Position Wittgensteins möglichst weiterreichend, klar, gut anwendbar bzw. artikuliert darzustellen.

Jedes Projekt im Rahmen des *theatralen Philosophierens* zielt auf die Erarbeitung einer Performance, die entweder im kleinen (z. B. lerngruppeninternen) oder großen (z. B. schulöffentlichen) Rahmen präsentiert werden kann. Methodisch oszilliert die Projektarbeit dabei zwischen Anteilen mit diskursiv-argumentativ strukturierten Gesprächen über den Text und der diskursiven Reflexion über die gespielten Szenen einerseits sowie der Improvisation und Weiterentwicklung angemessener präsentativ-theatraler Ausdrucksformen zur Deutung des Textes andererseits. Das *theatrale Philosophieren* eröffnet so die Möglichkeit, sich als Philosophierender in beiden Symbolisierungsmodi zu artikulieren. Es bietet ferner die Gelegenheit, wechselseitige Impulse des symbolischen Ausdrucks von Ideen unterschiedlicher Rationalitätstypen fruchtbar aufeinander zu beziehen: Mit Bezug auf den oben beschriebenen Spielimpuls bedeutet dies beispielsweise, dass bei der anschließenden Reflexion über die Arztbesuch-Szene darüber gesprochen wird, was die Haltung der betreffenden Figur eigentlich mit Wittgensteins Diktum zu tun hat bzw. was es für die Handlungsfähigkeit der Figur in der konkreten Situation bedeutet, über Dinge zu schweigen, über die man nicht sprechen kann.

Um diesen zwischen diskursiven und präsentativen Formen oszillierenden Prozess des *theatralen Philosophierens* zu initiieren, werden in einem Projekt vier Phasen wiederholt durchlaufen, die jeweils das diskursiv-argumentative oder das präsentativ-leibliche Ausdrucksvermögen der Schüler fokussieren. Zusammenfassend lassen sich diese Phasen des *theatralen Philosophierens* beispielsweise im Hinblick auf die Organisation des schulischen Philosophieunterrichts folgendermaßen charakterisieren:

1. *Die Argumentationsphase:* Lehrer und Schüler führen ein Gespräch über einen philo-

sophischen Text. Sie erörtern dabei die Bedeutung verschiedener Begriffe oder Argumente aus dem Text, die theatral gedeutet werden sollen. Zur Initiierung der Argumentationsphase in einer Unterrichtssituation könnte beispielsweise folgendes Vorgehen gewählt werden: Ein Schüler liest den Text laut vor. Jeder Philosophierende (auch der Lehrer) darf das laute Vorlesen mit dem Ausruf „STOPP" unterbrechen, wenn er eine Formulierung nicht (genau) verstanden hat. Nun stellt er seine Frage zur Formulierung und die Lerngruppe klärt gemeinsam eine möglichst weitreichende Beantwortung der Frage. Hat der Unterbrechende besser verstanden, sagt er „WEITER" und der Text wird wieder (bis zur nächsten Unterbrechung) im Plenum laut vorgelesen.
2. *Die Vorbereitungsphase:* Der Lehrer wählt geeignete Übungen zur Vorbereitung und Durchführung des Arbeitsprozesses mit theatralen Formen. Er sensibilisiert die Schüler in der Vorbereitungsphase durch diese Übungen für den Arbeitsprozess mit theatralen Formen. Dabei können unterschiedliche Schwerpunkte gesetzt werden – so zum Beispiel die Assoziationsfähigkeit der Schüler, das Vertrauen zum Mitschüler oder die Sensibilisierung für die performativen Ausdrucksformen der anderen theatral Philosophierenden (vgl. zu entsprechenden Übungen u. a. Gefert 2005).
3. *Die Erprobungsphase:* Die Schüler erproben unter Anleitung des Lehrers theatrale Ausdrucksformen, um ihre Deutungen relevanter Begriffe oder Argumente des Textes, die sie in der Argumentationsphase erörtert haben, zu artikulieren. Als Initiierungsimpuls zur Etablierung einer Spielsituation für eine Improvisation bieten sich z. B. konkrete Situationen an, die im Text oder in der Diskussion über den Text zur Veranschaulichung abstrakter Argumente als Beispiele genannt werden – z. B. das Kaminzimmer in den cartesianischen *Meditationen* (Descartes 1641) oder Vorgaben für Sprachspiele mit dem philosophischen Text, die sich in der offenen Improvisation zu einer konkreten Situation verdichten. Solche Vorgaben könnten beispielsweise in folgenden performativen Erprobungssituationen realisiert werden:

a) Es werden Kleingruppen mit jeweils drei Schülern gebildet. Der Lehrer gibt eine Formulierung aus dem philosophischen Text vor, der die Kleingruppe ein „Körperdenkmal" setzt. Musik setzt ein. Das erste Gruppenmitglied realisiert eine passende Pose, und „friert" seine Bewegung an einer von ihm bestimmten Stelle so „ein", dass er einen markanten „Schlusspunkt" seiner Bewegungsfolge als Impuls an ein zweites Gruppenmitglied richtet. Dieses Gruppenmitglied wiederum verfährt genauso und reicht wiederum einen Impuls an ein anderes Gruppenmitglied weiter. Diese Impulskette kann beliebig lang „weitergesponnen" werden. Es entstehen jeweils neue „Denkmäler".

b) Auf dem Boden wird ein Feld mit mindestens vier mal vier Feldern abgeklebt. Zwei oder drei Schüler gestalten eine improvisierte Szene zu einer vom Spielleiter vorgegebenen Formulierung aus dem philosophischen Text. Dabei ziehen sie abwechselnd „Zug um Zug" jeweils auf ein neues Feld und verbinden diesen Zug mit jeweils einem Textfragment und einer deutlichen Geste.

c) Zwei leere Stühle stehen in der Mitte eines Stuhlkreises. Im Stuhlkreis sitzen alle Schüler. Der Lehrer gibt eine Formulierung aus dem philosophischen Text als Thema für eine Improvisation vor. Zwei Schüler setzen sich jeweils auf die Stühle und improvisieren dazu eine (angemessene) Szene. Die Schüler im Stuhlkreises können die Szene mit einem Klatschen unterbrechen. Nach einem Klatschen müssen die Schüler in der Mitte ihre Szene „einfrieren". Die klatschende Person aus dem Stuhlkreises löst einen Schüler auf dem Stuhl in der Mitte ab und spielte die Szene mit einer neuen Spielidee weiter.

Neben solchen und anderen performativen Erprobungssituationen zur Generierung neuen szenischen Materials entwickeln die Schüler unter Anleitung des Lehrers in der Erprobungsphase aber auch immer klarere Szenen aus dem bestehenden szenischen Material, das in der

Reflexionsphase als angemessene performative Deutung des Textes charakterisiert wurde. Sie erarbeiten so möglichst weitreichende und immer präzisere theatrale Deutungsformen für ausgewählte Begriffe oder Argumente des Textes.

4. *Die Reflexionsphase:* In der Reflexionsphase sprechen Schüler und Lehrer zum einen über die Improvisationen und bestimmen diejenigen szenischen Elemente (Kernmaterial), die ihnen angemessen erscheinen, um die Bedeutung besonders relevanter Begriffe oder Argumente des philosophischen Textes zu artikulieren. Zum anderen erörtern Schüler und Lehrer in der Reflexionsphase Ideen für eine Weiterentwicklung dieses szenischen Materials und eine abschließende Gesamtpräsentation im Rahmen des Projekts.

Als *Kernmaterial* wird in diesem Zusammenhang eine erprobte Szene bezeichnet, die „intersubjektiv" als Deutung überzeugen kann. Maßstab für diese Überzeugungskraft ist die Reflexion des Verhältnisses zwischen der bisher erarbeiteten präsentativen Form des jeweiligen Ausdrucks und der bisher im Bildungsprozess erörterten Lesart des Textes. Diese Reflexion wird im Rahmen der *Reflexionsphase* geleistet. Ziel der Suche nach Kernmaterial bzw. -szenen ist es, in einem „intersubjektiven" Verständigungsprozess aus dem vorliegenden szenischen Material Szenen zu isolieren, die eine angemessene bzw. nachvollziehbare *Korrespondenz* zwischen diskursiv erörterten und präsentativ dargestellten Vorstellungen über die Bedeutung des Textes erkennen lassen. Diese Reflexion kann und soll jedoch nicht dazu dienen, nachträglich die Bedeutung einzelner theatral-präsentativer Ausdrucksformen *vollständig* in die Diskursivität zu überführen, d. h. sie erst dann als Kernszene auszuwählen, wenn sie sich als *bloß illustrierende* Form der diskursiv darstellbaren Bedeutung des Textes beschreiben lassen. Die Eigenschaft einer präsentativen Ausdrucksform als Kernszene kann und sollte vielmehr lediglich vor dem Hintergrund einer *hinreichend begründbaren* Anbindung an die bisher diskursiv erörterte Bedeutung des Textes erfolgen, die intersubjektiv von Schülern und dem Lehrer nachvollzogen werden kann.

Doch nicht nur die Isolierung einzelner Kernszenen charakterisiert die Reflexionsphase: Der dort initiierte gemeinsame Verständigungsprozess dient darüber hinaus dem Ziel, die einzelnen Kernszenen in ein dramatisches Gesamtkonzept einer Performance einzubinden, die der Bedeutungsvielfalt des gesamten Textes möglichst weitreichend gerecht wird. Der Weg zur Erarbeitung eines solchen Konzepts kann unterschiedlich verlaufen: Eine Idee für ein dramatisches Gesamtkonzept einer Performance zu entwickeln, kann heißen, einzelne oder alle bisher erarbeiteten Kernszenen zu unterschiedlichen (Teil-)Aspekten des philosophischen Textes zu bündeln und zu einem „Plot" zu verarbeiten. Die Entwicklung einer Gesamtkonzeption kann jedoch auch aus Vorstellungen entstehen, die die Dramaturgie des philosophischen Textes betreffen und aufgrund derer sich die einzelnen Kernszenen in eine Ordnung fügen, die als dramatisches Gesamtkonzept für die Performance genutzt wird. Wichtig ist aber, dass das dramatische Gesamtkonzept – genau wie die einzelnen Kernszenen – in einem hinreichend begründeten Verhältnis zum philosophischen Text steht.

Im vierphasigen Arbeitseinheiten auf der Suche nach angemessenen präsentativ-theatralen Ausdrucksformen entstehen beim *theatralen Philosophieren* im Idealfall immer besser artikulierte Diskurse und Körperbilder zur Deutung eines philosophischen Textes. Theatral Philosophierende riskieren sich dabei in einer doppelten Deutungsbewegung des philosophischen Textes:

- Sie riskieren sich in der *Verdichtung* von Ideen, die die Bedeutung des Textes zum Ausdruck bringen – denn wie lässt sich etwa mit einem theatralen Symbolensemble (d. h. beispielsweise in einer Szene) genau das treffend zum Ausdruck bringen, was der Text an einer bestimmten Stelle und in einer bestimmten Lektüresituation bedeutet?
- Sie riskieren sich darüber hinaus auch in der *Konkretion* abstrakter Bedeutungselemente eines Textes – denn wie lässt sich etwa mit einer Szene eine abstrakte These oder Argumentation besonders anschaulich machen, d. h. konkret begreifbar machen, was der Text an dieser Stelle bedeutet?

Die spielerische Entwicklung präsentativ-theatraler Symbole beim *theatralen Philosophieren* ist kein willkürlicher Prozess: Er verlangt die Verdichtung und Konkretion dessen, was Lehrer und Schüler in einer Bildungssituation von einem philosophischen Text verstanden haben. Für den Lehrer ergibt sich dadurch im Rahmen der Projektarbeit die Möglichkeit, trotz seines Informationsvorsprungs in Hinblick auf die argumentative Konsistenz eines philosophischen Textes mit den Schülern „auf einer Augenhöhe" zu philosophieren und in jeder Lektüresituation mit Schülern unvertraute Bedeutungsnuancen in ihm vermeintlich vertrauten Texten zu entdecken: Denn auch wenn er etwa die Thesen und Argumente Wittgensteins als fachphilosophisch sozialisierter Mensch kennt, so weiß er doch zu Beginn einer Auseinandersetzung mit einem philosophischen Text in einem Projekt nie, welche theatral-präsentative Bedeutungsgestalt (d. h. welche konkrete szenische Form) seine Deutung im Verlauf eines Projekts annehmen wird.

Das *theatrale Philosophieren* erweitert dabei das Ausdrucksrepertoire der Philosophierenden um eine präsentative Komponente, die ihnen die Bildungschance eröffnet, je eigene (künstlerisch) verdichtete und (körperlich) veranschaulichte Lesarten der Bedeutung des Textes zu entfalten. Die kontinuierlich handlungs- und produktionsorientierte Arbeit an präsentativ-theatralen Ausdrucksformen zur Deutung philosophischer Texte erlaubt es Philosophierenden ferner, die komplexen Bedeutungen hoch abstrakter philosophischer Begriffe und Argumente im philosophischen Bildungsprozess in performativen Haltungen konkretisiert und in künstlerischer Form verdichtet auszuloten. Philosophische Bildungsprozesse gewinnen dabei durch die Erweiterung des rationalen Ausdrucksspektrums der Beteiligten etwas von dem zurück, worüber sich sonst wohl nur schweigen ließe.

Literatur

Cassierer, E.: *Philosophie der symbolischen Formen*, 3 Bd., Berlin 1923-29.
Descartes, R.: *Meditationes de prima philosophia, in qua Dei existentia et animae immortalitas demonstratur*, Paris 1641.
Gefert, C.: *Didaktik theatralen Philosophierens. Untersuchungen zum Zusammenspiel argumentativ-diskursiver und theatral-präsentativer Verfahren bei der Texteröffnung in philosophischen Bildungsprozessen*, Dresden 2002.
Gefert, C.: „Das theatrale Spiel mit dem philosophischen Text – das theatrale Philosophieren", in: Marsal, E.; Dobashi, T. (Hg.): *Das Spiel als Kulturtechnik des ethischen Lernens*, Münster 2005, 207-214.
Gefert, C.: „Philosophieren mit dem Körper. Theatrales Philosophieren in philosophischen Bildungsprozessen", in: Kraus, A.: *Körperlichkeit in der Schule. Aktuelle Körperdiskurse und ihre Empirie*, Bd. 3, Oberhausen 2010.
Gefert, C.; Tiedemann, M.: „Diskursive und präsentative Symbole", in: *Zeitschrift für Didaktik der Philosophie und Ethik* (2012).
Langer, S. K.: *Philosophy in a New Key: A Study in the Symbolism of Reason, Rite, and Art*, Cambridge Mass [1942], zit. in dt. Übers. *Philosophie auf neuem Wege. Das Symbol im Denken, im Ritus und in der Kunst*, Mittenwalde 1979.
Lehmann, H.-T.: *Postdramatisches Theater*, Frankfurt am Main 1999.
Maeger, S.: *Umgang mit Bildern. Bilddidaktik in der Philosophie*, Paderborn 2013.
Schnädelbach, H.: *Philosophie in der modernen Kultur*, Frankfurt am Main 2000.
Tichy, M.: „Bilderdenken. Zu Tiedemanns Kritik an der Verselbständigung präsentativer Formen im Philosophieunterricht", in: *Zeitschrift für Didaktik der Philosophie und Ethik* (2011).
Tiedemann, M.: „Zwischen leeren Anschauungen und blinden Begriffen – Wie viel Abstraktion braucht der Philosophie- und Ethikunterricht?", in: Draken, K.; Peters, J.: *Mitteilungen des Fachverbandes Philosophie e.V. 54 (2014) Philosophieunterricht in Nordrhein-Westfalen. Beiträge und Informationen 50 (2014)*, 41 ff.
Wittgenstein, L.: *Tractatus logico-philosophicus*, Werkausgabe in acht Bänden, Band 1, Frankfurt am Main 1989.

2.10 Empathie- und Compassion-Training

Irina Spiegel

Der Ethikunterricht stellt einen angemessen Ort in der Schule dar, um Empathie und Compassion (vgl. Tanja Singer in Bd. 2 dieses Handbuches) bei Kindern und Jugendlichen zu fördern, da er als ein ‚Methoden-' oder gar eine Art ‚Metafach' begriffen werden kann. Empathie ist zwar keine genuin philosophische Kompetenz (wie z. B. die logische Analysekompetenz), sie lässt sich eher in den allgemeineren Komplex des sozialen, emotionalen und personalen Kompetenzfeldes einordnen. Empathie leistet jedoch auch einen wichtigen Beitrag bei der Entwicklung der Urteilskraft, womit die Empathieschulung als eine Disziplin des Ethikunterrichts begriffen werden kann und sollte. Es gibt kein geeigneteres Fach in der Schule als den Ethikunterricht, um empathische Fähigkeiten bei Heranwachsenden explizit zu fördern. In keinem anderen Schulfach geht es so vorrangig um die Entwicklung von Fähigkeiten und Methoden wie die des richtigen Denkens und guten Handelns. Gerade dies bildet das Spezifikum des Ethik- bzw. des Philosophieunterrichts in Abgrenzung zu allen anderen Schulfächer, deren primäres Ziel es ist, spezielles Fachwissen zu vermitteln, und dies trotz der angestrebten ‚Kompetenzorientierung' in der Schule.

Um kurz zu begründen, warum Empathie im Ethikunterricht trainiert werden kann und soll, möchte ich hier auf die Kantische Konzeption der Urteilskraft verweisen: Empathie ist eine der drei Maximen der Urteilskraft. Mit Kant nennt auch Hannah Arendt diese Fähigkeit die „erweiterte Denkungsart", die neben der „autonomen und konsequenten Denkungsart" im sog. „sensus communis" eine wesentliche Rolle spielt (vgl. Spiegel 2011, 86 f, 205). Somit kann eine entwickelte Empathiefähigkeit der Urteilskraft nicht widersprechen, da jene doch eine Bedingung der Möglichkeit der (vollständigen) Urteilskraft selbst darstellt. Der Frage, ob man eine exzellente Philosophin auch ohne Empathie sein kann, könnte man mit der Gegenfrage parieren, ob man eine exzellente Philosophin auch ohne Urteilskraft sein kann. Aber die entscheidende Frage bei Empathie ist doch, ob man ohne Empathie bzw. Urteilskraft ein guter (im Sinne von gesellschaftlich und sozial engagierter) Mensch werden kann.

Empathie als selbstwahrnehmende, sozioemotionale und sozioreflexive Fähigkeit zur Perspektivübernahme ist zwar nach Kantschem Verständnis eine Maxime der Urteilskraft, was aber mittels Empathie individuell gespürt und gedacht wird, lässt sich jedoch nicht direkt bewerten, weil diese Fähigkeit stets subjektive Urteile (a priori) liefert. Was allerdings (wie bei allen zwar subjektiven, aber dennoch – approximativ gesehen – allgemein begründbaren Urteilen) bewertet werden kann, ist die konsistente Begründung und adäquate sprachliche Artikulation des empathischen Gefühls und Denkens, also diejenigen Kompetenzen, die im Ethikunterricht in der Regel bewertet werden können (vgl. dazu die kontroverse Debatte: Tichy 2011/2012; Tiedemann 2004; Rösch 2009; Dege, Tichy ZDPE 2011, 244-251). Die hier skizzierte Position entgeht den Problemen wie z. B. dem Wertevermittlungsdilemma, aber auch dem Bewertungsdilemma im Ethikunterricht. Das, was Schüler während des Empathie- und Compassion-Trainings erleben und sich vorstellen, kann nicht bewertet werden. Eine schriftliche Ausarbeitung oder eine diskursive Auseinandersetzung mit dem Erlebten lässt sich allerdings beurteilen und bewerten. Dabei kann hier die diskursive Auseinandersetzung nach den jeweiligen Modulen oder auch erst am Ende des Trainingsprogramms angeschlossen werden.

Es gibt heute verschiedene Methoden, die selbstwahrnehmenden, sozioemotionalen und sozioreflexiven Fähigkeiten der Empathie bzw. Compassion bei Erwachsenen zu trainieren (vgl. hierzu das ReSource Projekt von Tanja Singer 2013). Eine Übertragung des Empathie- bzw. Compassiontrainings in den pädagogischen und schulischen Bereich ist in Deutschland bislang kaum unternommen worden. In den USA gibt es dagegen mittlerweile eine ganze Reihe von mehr oder weniger authentischen fernöstlichen Achtsamkeits- und Mitgefühlprogrammen und auf die westliche Welt angepassten und säkularisierten Programmen für Kinder und Jugendliche, welche in der Regel von psychologischen und neurowissenschaftlichen Studien begleitet werden. Exemplarisch wird im Folgenden ein studienbegleitendes säkulares Programm für ein Empathie- und Compassiontraining, das an Kinder angepasst wurde, vorgestellt. Es weist sowohl kontemplative bzw. meditative als auch kognitive Elemente auf, d. h. es überwindet den Gegensatz zwischen der Förderung der kognitiven Perspektivübernahme und der Förderung der affektiv-emotionalen Empathiefähigkeit.

Das Trainingsprogramm geht zurück auf das „Kognitive Mitgefühlstraining" (*Cognitively-Based Compassion Training – CBCT*), das ursprünglich für Studierende entwickelt wurde, um bei dieser Zielgruppe Stress und Burnout vorzubeugen oder zu reduzieren (Pace et al. 2009). Die Ergebnisse des Projektes waren dermaßen signifikant, dass eine Anpassung von CBCT auch auf andere Zielgruppen, wie z. B. Grundschulkinder, initiiert wurde (Ozawa-de Silva, Dodson-Lavelle 2011). Bei dieser Anpassung und Erprobung wurde das primäre Ziel, nämlich die Stressreduktion und Resilienz, erweitert, mit der Absicht, die empathischen Fähigkeiten und das prosoziale Verhalten bei Kindern systematisch zu stärken. Die Leitidee des Programms bildet die Überzeugung, dass egozentrische Gedanken und Verhaltensweisen uns selbst und den anderen schaden, dagegen empathische Gedanken und prosoziale Verhaltensweisen uns selbst und dem anderen nutzen. Diese Überzeugung gründet in der Überlegung, die (egoistische) individualistische Rationalität mit der Prosozialität und Kooperativität in Einklang zu bringen (vgl. Tanja Singer in Band 2, dritter Abschnitt).

Wissenschaftler haben das Programm in einer öffentlichen Schule getestet. Dazu wurden für Kinder im Alter von fünf bis sieben und von acht bis zehn Jahren zwölfwöchige CBCT-Curricula entwickelt. Mit diesem Projekt wollten sie herausfinden, ob Kinder über ein Training in Empathie und Compassion nicht nur eine größere Resilienz und Achtsamkeit entwickeln, sondern auch höhere soziale Intelligenz und prosoziale Motivation zeigen. Dabei wurde beachtet, dass Übungen entwicklungsgerecht und kulturell angemessen sind; auch wurde versucht, die individuellen Erfahrungen des Kindes und der Gruppe zu berücksichtigen. Nach der jeweiligen Anpassung an die unterschiedlichen Gruppen und individuellen Bedürfnisse blieben die folgenden sechs Module konstant:
1. Achtsamkeit entwickeln, 2. Selbstempathie kultivieren, 3. Unvoreingenommenheit entwickeln, 4. Interdependenz entdecken, 5. Empathie stärken und 6. Compassion fördern (vgl. Dodson-Lavelle, Lobsang 2013, 40).

Diese Module bauen einerseits aufeinander auf – z. B. um mit anderen Kindern empathisch sein zu können, müssen Kinder erst empathisch mit sich selbst werden – und sind anderseits aber auch flexibel kombinierbar. So können vor einer Compassionübung kurze Achtsamkeits- oder Körper- und Atemübungen vorgeschaltet werden. Solche Übungen bringen Kinder dazu, mehr in sich zu ruhen, wodurch sie sich auch besser in die anderen Kindern hineinversetzen und achtsam mit diesen umgehen können.

Achtsamkeit entwickeln

Es gibt mehrere Möglichkeiten, Kinder bei der Entwicklung von Achtsamkeit zu unterstützen. In Deutschland hat auf diesem Gebiet die Pädagogin Vera Kaltwasser (2008) eine wichtige Arbeit geleistet. Sie hat ein Konzept entwickelt, wie Kinder sich selbst besser wahrnehmen lernen und die Fähigkeit der Selbstwirksamkeit entwickeln können. Das Programm basiert auf Entspannungs- und Achtsamkeitsübungen, die sich nahtlos in den Unterricht einbauen lassen.

Ab wann Kinder mit Achtsamkeitstraining und kontemplativen Techniken wie der Meditation konfrontiert werden können, ist noch nicht hinreichend erforscht. Aber mit der Hirnforschung lässt sich auch heute schon sagen, dass sich die Fähigkeit zur Selbstreflexion und Impulskontrolle ab etwa elf Jahren rasant entwickelt (vgl. Steinbeis 2012). Der präfrontale Kortex kann ab diesem Alter zunehmend Impulse aus früher gereiften Hirnregionen steuern bzw. hemmen. Wissenschaftler und Pädagogen (z. B. Kaltwasser 2007; Saltzman, Goldin 2011) sind sich einig, dass die meisten Kinder zwischen neun und 13 Jahren dazu in der Lage sind, Achtsamkeitsübungen anzuwenden, auch wenn noch auf eher spielerische und „körperliche" Art und Weise. Ab 13 Jahren lassen sich auch abstraktere Übungen wie die wertfreie Beobachtung und die differenziertere Wahrnehmung von Atmung, Gefühlen und sogar Bewusstsein durchführen.

Wichtig in der Praxis der Achtsamkeit ist ihre Regelmäßigkeit. Es ist besser, regelmäßig und kurz als sporadisch und lang zu üben. Längere Übungen können kürzere Übungseinheiten ergänzen. Bei regelmäßiger Durchführung werden die Achtsamkeitsübungen vertrauter und dadurch auch wirksamer. Die strukturierten und ritualisierten Abläufe (wie z. B. Einstimmen, Übung, Ausstimmen) unterstützen diesen Prozess. Was im Einzelnen bei der Implementierung der Achtsamkeit in der Schule beachtet werden sollte, wird von Vera Kaltwasser ausführlich dargestellt. (Kaltwasser 2008). Wichtig ist auch, dass Lehrer nur dann adäquat die Achtsamkeit bei Kindern fördern können, wenn sie selbst Achtsamkeit und Meditation mit Überzeugung praktizieren und kultivieren (Kaltwasser 2007; Kaiser-Greenland 2011; Michalak et al. 2006; Saltzmann, Goldin 2011).

Viele Studien und Metaanalysen stützen die Hypothese, dass durch Achtsamkeitsübungen die Aufmerksamkeitsfähigkeit (Flook 2010) und Emotionsregulation bei Kindern (Kohls, Sauer 2012) verbessert werden. Positive Emotionen und Stimmungen können durch solche Übungen gefördert sowie negative Emotionen und Stimmungen reduziert werden (Sauer 2011). Es lässt sich ein gesteigertes Wohlbefinden und signifikant verminderter Stress mit verbessertem Stress-Management registrieren. Manche positive Effekte können durch Achtsamkeitsübungen buchstäblich antrainiert werden. Faszinierend ist, dass die positiven Effekte keine expliziten Ziele darstellen, sondern sie tauchen plötzlich auf. Schon nach sehr kurzen Übungen können positive Effekte beobachtet werden, doch es gilt, regelmäßig und langfristig zu üben, damit die Veränderungen im Leben (wie auch im Gehirn) verankert werden.

„Eine Förderung der Aufmerksamkeitsstabilität trägt auch entscheidend dazu bei, dass Kinder maladaptive Denk- und Gefühlsmuster erkennen können. Kinder wissen oft sehr gut, was sie gerade unbedingt haben wollen (beispielsweise Süßigkeiten) und was sie nicht mögen oder vermeiden möchten. Mit einem Achtsamkeitstraining können Kinder lernen, solche Tendenzen zu erkennen und achtsam darauf zu reagieren, statt gedankenlos auf Entbehrungen, Versuchungen und sogar Stressoren in ihrem Leben anzuspringen." (Dodson-Lavelle, Lobsang 2013, 45) Kurz: Diese Übungen stärken effektiv die Impulskontrolle der Kinder.

Der physische Körper und die Emotionen der Kinder werden in der Schule oft noch als ein Störfaktor betrachtet; die Achtsamkeitsübungen wirken diesem Vorurteil entgegen. Kinder und Jugendliche fühlen sich oft im eigenen Körper nicht wohl, daher bilden die kindgerechten Körperübungen, welche z.B. dem Yoga oder Chi-Gong entnommen sind einen festen Bestandteil des Achtsamkeitsmoduls. Solche Übungen können Gleichgewicht und Konzentration verbessern sowie gleichzeitig innere Ruhe und Stabilität der Kinder fördern. Zudem haben sie oft große Schwierigkeiten, eine über mehrere Minuten hinausgehende Sitz- bzw. Meditationsübung durchzuhalten, ohne dabei unruhig zu werden. Durch Körperübungen lernen sie ihren Körper besser und differenzierter zu spüren, was ihnen wiederum dabei hilft, mit der Achtsamkeitspraxis vertrauter zu werden. Die Durchführung von Körperübungen stellt so eine notwendige Ergänzung für die kontemplativen und kognitiven Teile des Moduls ‚Achtsamkeit' wie auch des gesamten Programms dar (Kindgerechte Achtsamkeitsübungen: Juul, Hoeg 2012; Kaltwasser 2008).

Selbstempathie kultivieren

‚Selbstempathie' bedeutet, sich selbst gegenüber freundlich zu sein und sich zu akzeptieren. Drei Aspekte spielen bei Selbstempathie eine wichtige Rolle: erstens, die Quelle eigener Emotionen erkennen; zweitens, verstehen, dass man teilweise selbst in der Lage ist, sein eigenes Unwohlsein zu überwinden und Gefühle zu kontrollieren; und drittens, darauf vertrauen, dass man sein eigenes Leben selbst aktiv verändern kann (ebd. 46). Bei der Einführung dieses zunächst abstrakten Konzepts bei den Kindern zeigte sich, dass diese schon über die Fähigkeit verfügen, die schmerzhaften und freudvollen Momente in ihrem Leben genau zu beschreiben. Darauf baut das Modul ‚Selbstempathie' systematisch auf.

Literarische Werke für Kinder und Jugendliche, die das Gefühls- und Sozialleben thematisieren, bilden ein wichtiges Medium im Empathie-Training. Warum eignet sich hier die Lektüre von Erzählungen für und über Kinder so gut? Weil der fiktive Rahmen die Kinder vor der oft nicht angenehmen Realität und den negativen Gefühlen schützt und das Verstehen und Nachspüren der Gefühls- und Denkmuster, aber auch Handlungsimpulse (der fiktiven Figuren und von sich selbst) fördert. Fiktionale Literatur trägt zur Entwicklung des Vorstellungsvermögens bei und stärkt damit gleichzeitig die Einfühlungsfähigkeit.

In einer Gesprächsrunde hat Dodson-Lavelle Kinder gefragt, ob sie ein in der vorgelesenen Geschichte thematisiertes ‚Was-wenn-Gefühl' schon einmal erlebt hatten. Schüler konnten das jeweilige Gefühl gut erfassen und sogar detailliert Situationen beschreiben, in denen sie sich ähnlich gefühlt hatten. Sie konnten auch angeben, wie sich das fokussierte Gefühl und ein vielleicht damit einhergehender Stress in ihrem Körper angefühlt hatte und wo es im Körper spürbar wurde. Kinder berichteten, dass sie bei negativen Gefühlen und in Stresssituationen oft versuchen, sich selbst zu beruhigen, indem sie sich mit etwas Positivem ablenken (ebd., 46). An solche individuelle Erfahrungen knüpft das Programm der Selbstwahrnehmung und Selbstempathie systematisch an. Bei Jugendlichen, die noch keinen guten Kontakt zu sich selbst aufgebaut haben, sind die Mentoren- oder Wohltäter-Übungen hilfreich (Dodson-Lavelle, Lobsang 2013, 45-46). Dabei können sie sich die Freundlichkeit, Liebe und Unterstützung einer positiven Person oder eines Vorbilds aus ihrem Leben ins Gedächtnis rufen und als Folie ihrer Selbstwahrnehmung und Selbstempathie benutzen.

Unvoreingenommenheit entwickeln

Es ist natürlich, Empathie für Familienmitglieder und Freunde zu empfinden, was Kinder bei günstigen Verhältnissen auch tun. Dagegen ist es für die meisten Kinder viel schwieriger, Empathie für Menschen zu empfinden, die ihnen nicht ähnlich bzw. fremd sind oder die ihnen gar in irgendeiner Weise Unrecht getan haben. Sie empfinden das zunächst beängstigend und sogar verwirrend (vgl. Dodson-Lavelle, Lobsang 2013, 46). Damit Kinder Empathie für alle Menschen und Lebewesen entwickeln können, muss ihnen vermittelt werden, dass alle Lebewesen nach Wohlbefinden streben und Leid und Schmerz zu vermeiden versuchen, d. h. dass sie Menschen in dieser Hinsicht sehr ähnlich sind. Auch ist es wichtig, den Kindern zu verdeutlichen, wie unsere eigenen Vorurteile und Gefühle für andere und damit auch unsere Beziehungen zu anderen von verschiedenen Faktoren wie z. B. äußerliche Ähnlichkeit und Unähnlichkeit abhängen. Kindern aufzuzeigen, in welcher Weise sie auf andere angewiesen sind und wie sie den anderen bei aller Individualität ähnlich sind, ist ein wesentlicher Schritt in der Entwicklung von Unvoreingenommenheit. Als methodisches Beispiel wird von Autoren das Spiel „Ist mir nicht egal/Ist mir egal" empfohlen. Bei diesem Spiel wird ein Szenario, z. B. „Ein Mädchen in deiner Klasse konnte seine Aufgaben nicht lösen" oder „Dein bester Freund wird aufgrund seiner Brille ausgelacht." vorgelesen, in dem also ein Kind in einer schwierigen Situation beschrieben wird. Schüler werden aufgefordert, sich entlang einer Empathieskala aufzustellen, und zwar abhängig davon, wie stark sie sich mit der in der Situation beschriebenen Person verbunden fühlen. Die Personen in der jeweiligen Szene werden auf der Grundlage von Geschlecht, Ethnie und Gruppe sowie nach Kategorien wie „Freund",

„Fremder" und „Feind" variiert. Durch die emotionale Veränderung in Bezug auf die Variation dieser Kategorien wird den Kindern offenbar, wie die Einfühlung in andere durch unsere Gruppenzugehörigkeit sowie durch die jeweiligen Lebenserfahrungen geprägt wird (vgl. Dodson-Lavelle, Lobsang 2013, 47).

Interdependenz entdecken

Dies ist eine Möglichkeit, Kinder das Konzept der Interdependenz entdecken zu lassen:

„Schaut euch diesen Bleistift an. Er schreibt gut und ist nützlich ... Aber woher kommt dieser Bleistift? Was ist nötig, damit ich zu diesem Bleistift komme?"
„Ein Geschäft", „Geld", antworten die Kinder oft. „Und das Geschäft? Werden die Bleistifte dort hergestellt? Woher kommen die Bleistifte?" – ... „Man braucht Holz und Mine." – „Und Bäume und Menschen, die Bäume fällen ... viele Menschen." „Und wo endet das?", fragt der Lehrer. „Wo endet dieses Netz?"
„Es ist unendlich!" rufen die Kinder oft aufgeregt. „Man braucht die ganze Welt!" (vgl. Dodson-Lavelle, Lobsang 2013, 49).

Der entscheidende Punkt dieser Denkarbeit ist klar: Selbst ein einfacher Gegenstand wie ein Bleistift ist Teil eines Interdependenzgefüges, das ein riesiges Netz von Beziehungen beinhaltet. Die Idee und das Gefühl der Interdependenz den Kindern zu vermitteln, ist ein weiterer Schritt bei der Kultivierung von Empathie. Die Idee der Interdependenz umfasst unsere Verbundenheit mit anderen Menschen und das Angewiesensein der Menschen aufeinander. Lehrer können Kinder dabei unterstützen, systematisch über solche Interdependenz-Zusammenhänge nachzudenken. Die Entdeckung des Gefühls der Verbundenheit und der Interdependenz kann auf unterschiedliche Weise erfolgen. Es kann auf kontemplative und meditative Art und Weise geschehen, indem der Lehrer eine Gedankenreise für die Kinder konzipiert oder mit ihnen eine Gruppen-Gehmeditation durchführt (ein Kind schließt die Augen und lässt sich vom anderen Kind durch den Raum führen), in der Kinder die Angewiesenheit aufeinander geradezu körperlich spüren können. Die Entdeckung der Interdependenz kann aber auch kognitiv initiiert werden, wie im dialogischen Interdependenz-Spiel oben angedeutet ist.

Empathie entwickeln

Den Heranwachsenden muss vorgelebt und aufgezeigt werden, wie sie sich auf andere besser einstellen und auf ihre Gefühle (Freude und Leid) angemessen reagieren können. Wenn sie lernen, achtsam zu ihren eigenen Gefühlen zu sein, lernen sie auch gleichzeitig, sich besser auf die Gefühle anderer einzustellen und auf sie angemessen und prosozial zu reagieren. Dieser Prozess kann durch verschiedene spielerische, aber auch diskursive Formen der unterrichtlichen Behandlung des Themas „Gefühle" unterstützt werden. Dodson-Lavelle schlägt das Spiel vor, bei dem Gefühle anderer im Körperausdruck dargestellt werden. Das szenische Spiel unterstützt die Entwicklung der emotionalen Wahrnehmung. Zum Beispiel kann Folgendes ausprobiert werden: In einer Box werden Karten mit Gefühlswörtern wie „erschrocken", „überrascht", „verärgert", „traurig", „böse", „hoffnungslos", „dankbar", „empört" usw. gesammelt. Die Kinder werden gebeten, eine Gefühlskarte zu ziehen und dieses Gefühl vor den anderen zu inszenieren. Diese sollen dann erraten, welches Gefühl ihr Mitschüler darzustellen versucht. Danach folgt ein Austausch darüber, welche Merkmale ihnen bei der Identifizierung des inszenierten Gefühls geholfen bzw. in die Irre geführt haben. Schließlich werden die Kinder gebeten, das inszenierende Kind, d. h. seine Darstellung des jeweiligen Gefühls, detailliert zu beschreiben. Es ist darauf zu achten, dass genau beschrieben wird, wie sich die inszenierten Gefühle im Körper anfühlen, um besser erkennen zu können, wann wir uns wie fühlen (vgl. Dodson-Lavelle, Lobsang 2013, 50).

Es wurde beobachtet, dass bei Jugendlichen besonders die Empathie-Lesekreise sehr wirksam sind (ebd.). Hier lesen Schüler gemeinsam regelmäßig eine kurze Passage aus einem ausgewählten Buch. Dabei lernen sie, sich, in die Protagonisten einzufühlen, für diese Empathie zu entwickeln und die empathischen Erkenntnisse in Beziehung zu ihrem eigenen Leben zu setzen. Gleichzeitig können sie erfahren, dass es wohltuend sein kann, in einem offenen und geschützten Kontext mit anderen über eigene Gefühle zu sprechen. Durch die größere Aufmerksamkeit für einander und durch die Reflexion des eigenen Gefühlslebens und der eigenen Erfahrungen gewinnen Kinder den Einblick in die Erfahrungs- und Gefühlswelt anderer, lernen also besser, stellvertretend für andere zu fühlen und zu denken. Zum Abschluss der Leseübung werden alle Teilnehmer gebeten, einen Aspekt, den sie über sich selbst erfahren haben, sowie einen Aspekt, an dem sie arbeiten möchten, für sich in Gedanken zu fixieren oder, wenn notwendig, den anderen mitzuteilen.

Compassion fördern

Compassion, also die Fähigkeit, Empathie in prosoziales Handeln umzusetzen, ist die natürliche Konsequenz und der Abschluss des Programms (Dodson-Lavelle, Lobsang 2013, 51). Dabei wird die Empathie über kontinuierliche Reflexion vertieft und auf soziales Engagement bezogen bzw. dort umgesetzt. In dem Programm wurden Kinder dazu animiert, darüber nachzudenken, wie sie nicht nur besser empathisch sein können, sondern auch wie sie sich in der Klasse, Schule und Gemeinschaft prosozial verhalten und sozial engagieren können. Hierzu sind viele Formen denkbar, wie etwa die „Random Acts of Kindness"- bzw. „Stille Taten"- oder die Engagement-Tage (vgl. Dodson-Lavelle, Lobsang 2013, 51). Dies ist kein Training mehr im engeren Sinne, sondern das wahre Leben. Konkrete soziale Projekte verankern und stabilisieren auf reale Art und Weise die Empathie und lassen die Heranwachsenden erfahren, dass es sich nicht nur um ein Ideal handelt, sondern um etwas, das sie selbst mit ihrem Handeln und Engagement bewirken können. So kann das Bewusstsein für sozial organisierte Tätigkeiten erweckt und ausgebaut werden. Ein Ansatz, der sich nicht nur auf Einzelpersonen (wie bei reinen Achtsamkeitsübungen) konzentriert, sondern die Gemeinschaft oder soziale Aspekte fokussiert, kann einen größeren Einfluss auf die interpersonale Dynamik ausüben und gleichzeitig die Prosozialität und Kooperativität stärken. Die Erfahrung mit dem Empathie- und Compassion-Training bei Kindern hat gezeigt, dass in einem solchen Programm ein großes Potenzial für eine zielgerichtete, systematische und lebenslang wirksame Stärkung des Wohlbefindens des Menschen und somit der Gesellschaft steckt. Dieses Programm zeigt, dass Rationalität und Prosozialität zusammenhängen können und auch sollen: Die systematische Förderung des eigenen Wohlbefindens der Kinder, der Stärkung ihres prosozialen Verhaltens und damit des besseren Zusammenlebens aller Menschen ist rational. Langfristige Erfolge solcher Programme für Kinder und Jugendliche hängen jedoch davon ab, ob eine Integration solcher Praktiken in das alltägliche Leben jedes Einzelnen und in die Struktur der Gesellschaften erfolgt, ob also die Erwachsenen (Lehrer, Eltern, Politiker) auch die Empathie- und Compassion-Trainings absolvieren und sie in ihrem Leben verankern, ob also Empathie und Compassion rationalerweise von allen im Leben umgesetzt werden.

Literatur

Berens, N.; Koob, M.: *Miteinander leben – mit Gefühlen umgehen. Komplett ausgearbeitete Unterrichtseinheiten mit Kopiervorlagen 1./2. Klasse*, Donauwörth 2012.
Dege, M.: „Befremdliche Polemik. Zu Markus Tiedemann: ‚Mal mir was!'", in: *Zeitschrift für Didaktik der Philosophie und Ethik* (2011), 241-243.
Dodson-Lavelle, B.; Lobsan, G.: „Unsere Kinder unterrichten: Wohlwollen und Mitgefühl in Grundschulen und Pflegeverhältnissen", in: Singer, T., Bolz M.: *Mitgefühl in Alltag und Forschung*, München 2013.
Flook, L.; Smalley, S. L.; Kitil, M. J.; Galla, B. M. u. a.: „Effects of Mindful Awareness Practices on Executive Functions in Elementary School Children", in: *Journal of Applied School Psychology* 26 (2010), 70-95.
Fontana, D.; Slack, I.: *Teaching meditation to children. A practical guide to the use and benefits of meditation techniques*, Shaftesbury, Dorset, Rockport, Mass 1997.
Foreyt, J.; Prathjen, D. P. (Hg.): *Social Competence. Interventions for Children and Adults*, New York 1980.
Hillenbrand, C.; Hennemann, T.; Hens, S.: *Lubo aus dem All! – 1. und 2. Klasse: Programm zur Förderung sozialemotionaler Kompetenzen*, München 2008.

Kaiser-Greenland, S.: *The mindful child: How to help your kid manage stress and become happier, kinder, and more compassionate*, New York 2010.

Kaiser-Greenland, S.: *Wache Kinder. Wie wir unseren Kindern helfen, mit Stress umzugehen und Glück, Freude und Mitgefühl zu erleben*, Freiburg im Breisgau 2011

Kaltwasser, V.: *Achtsamkeit in der Schule. Stille-Inseln im Unterricht: Entspannung und Konzentration*, Weinheim 2008.

Michalak, J.; Heidenreich, T.; Williams, J. M. G.: *Achtsamkeit*, Göttingen 2012.

Olsen, R.: „Das Phänomen ‚Empathie' beim Lesen literarischer Texte. Eine didaktisch-kompetenzorientierte Annäherung", in: *Zeitschrift für ästhetische Bildung* (2011), URL: http://zaeb.net/index.php/zaeb/article/viewFile/41/37 (aufgerufen am 29.09.12).

Ozawa-de Silva, B.; Dodson-Lavelle, B.: Educating the heart and mind: Issues in teaching cognitive-based compassion training to children", in: *Practical Matters* (2011), 1-28.

Pace, T. W. W.; Negi L. T.; Adame, D. D.; Cole, S. P. u. a.: „Effect of compassion meditation on neuroendocrine, innate immune and behavioral responses to psychosocial stress", in: *Psychoneuroendocrinology* 34 (2009), 87-98.

Reddy, S. D.; Negi, L. T.; Dodson-Lavelle, B.; Ozawa-de Silva, B.; Pace, T. W. W.: „Cognitive-based compassion training: A promising prevention strategy for at-risk adolescents", in: *Journal of Child and Family Studies* (2012). Advance online publication. doi: 10.1007/S10826-012-9571-7.

Rösch, A.: *Kompetenzorientierung im Philosophie- und Ethikunterricht. Entwicklung eines Kompetenzmodells für die Fächergruppe Philosophie, Praktische Philosophie, Ethik, Werte und Normen, LER*, Münster 2009.

Sarason, B. R.: „The dimensions of social competence. Contributions from a variety of research areas", in: Wine, J. D.; Smye, M. D. (Hg.): *Social competence*, New York 1981, 100-122.

Saltzmann, A. P. G.; Goldin, P.: Achtsamkeitsbasierte Stressreduktion für Kinder im Schulalter, in: Greco, L. A.; Hayes, S. C. (Hg.): *Akzeptanz und Achtsamkeit in der Kinder und Jugendlichenpsychotherapie*, Weinheim 2011, 154-179.

Sauer, S.: *Wirkfaktoren von Achtsamkeit. Wirkt Achtsamkeit durch Verringerung der affektiven Reaktivität?*, Kröning 2011.

Sauer, S.; Lynch, S.; Walach, H.; Kohls, N.: „Dialectics of mindfulness: implications for western medicine", in: *Philosophy, Ethics, and Humanities in Medicine* 6 (2011), 1-10.

Sauer, S.; Walach, H.; Schmidt, S.; Hinterberger, T. u. a.: „Assessment of Mindfulness: Review on State of the Art", in: *Mindfulness*, 4, 3-17 (2012).

Steinbeis, N.; Bernhardt, B.; Singer, T.: „Impulse control and underlying functions of the left DLPFC mediate age-related and age-independent individual differences in strategic social behavior", in: *Neuron* 73 (2012), 1040-1051.

Tichy, M.: „Bilderdenken. Zu Tiedemanns Kritik an der Verselbstständigung präsentativer Formen im Philosophieunterricht", in: *Zeitschrift für Didaktik der Philosophie und Ethik* (2011), 244-251.

Tichy, M.: „Eine Zweideutigkeit des Kompetenzbegriffs und deren Bedeutung für die Philosophiedidaktik", in: *Zeitschrift für Didaktik der Philosophie und Ethik* (2012), 221-229.

Tiedemann, M.: *Ethische Orientierung für Jugendliche*, Münster 2004.

3. Medien

3.1 Kanon und Klassiker

Vanessa Albus

Texte von philosophischen Klassikern gelten in der Regel eher irrtümlich als zentrales Unterrichtsmedium im Philosophieunterricht. Blickt man genauer auf die Selektion von Medien im historischen und gegenwärtigen Philosophieunterricht ergibt sich ein differenzierteres Bild. Zunächst lässt sich feststellen, dass sich heute ein Hybridkanon etabliert, der aus unterschiedlichen Gattungen wie z. B. Musik, Bildern, Comics, Filmen oder digitalen Medien besteht. Zweitens handelte und handelt es sich bei den ausgewählten Texten im Philosophieunterricht, wie noch zu zeigen ist, nicht zwangsläufig um die Werke der Klassiker. Als Klassiker gelten jene Werke, die nicht nur von sehr langer Dauer, sondern auch von immer wieder neu bestätigter Bedeutsamkeit sind (vgl. Steenblock 2000, 17).

Um Kanones überhaupt zu ermitteln, werden in der deskriptiven Kanonforschung entweder empirisch-qualitative Untersuchungen oder exemplarische Lektüreanalysen durchgeführt. Vertreter der exemplarischen Lektüre klopfen ausgewählte Literatur auf einen darin enthaltenen impliziten Kanon ab, während empirische Kanonforscher durch quantitative Erhebungen an Anthologien, Chrestomathien, Leselisten, Lehrplänen, Unterrichtsmaterialien, Bücherkatalogen und Bestandsverzeichnissen einen expliziten Kanon ermitteln (vgl. Zelle 2009, 230.) In der philosophiedidaktischen Kanonforschung gibt es bisher nur empirisch-qualitative Ansätze (vgl. Albus 2013a; Tiedemann 2012).

Zur Beschreibung von Phänomenen der Kanonbildung bedient sich die Forschung eines Begriffsapparates, der insbesondere durch Initiativen der Literaturdidaktik geschärft und reflektiert wird (Korte 2002; von Heydebrand 1989). Das Interesse der Philosophie ist im Gegensatz zur Literatur seit ihren Ursprüngen jedoch auf ewige Wahrheiten gerichtet. Dies geht mit spezifischen Formen von Kanonbildungsprozessen einher und führt zur begrifflichen Erweiterung der Nomenklatur in der Kanonforschung. Der vorliegende Beitrag führt in diesem Sinne in die Begrifflichkeiten der deskriptiven Kanonforschung ein (vgl. auch Albus 2013a, 27 ff.).

Die Aufgaben der Kanonforschung erschöpfen sich jedoch nicht mit Begriffsschärfung und wertfreier Beschreibung von Phänomenen der Kanonbildungen. In der Spannung zwischen Wissenschaftsanspruch und Orientierungsbedürfnis werden an die Kanonforschung auch normative Fragen herangetragen. Welche Texte sollen im Philosophieunterricht studiert werden? Lehrkräfte sehen sich alltäglich der spezifischen Schwierigkeit gegenüber, Medien so auszuwählen, dass einerseits philosophische Gehalte sachadäquat vermittelt und anderseits eigenständiges Denken eingeübt werden kann. Zudem wird mit der flächendeckenden Einführung des Zentralabiturs und der bildungspolitischen Forderung nach einheitlichen Qualitätsstandards die präskriptive Dimension immer dringlicher. Damit der gegenwärtige Selektionsprozess nicht unnötig in die Irre führt, entwickelt die Kanonforschung auf der Basis ihrer deskriptiven Analysen zukunftsweisende Vorschläge, die sowohl in der Fachdidaktik als auch in der Fachphilosophie diskutiert werden. Auch die normative Dimension wird in diesem Beitrag beleuchtet werden. Unter der Überschrift grundlegender Kanonarten werden nach einer begrifflichen Klärung Vor- und Nachteile der Konzepte auf der Basis einschlägiger Beispiele aus dem historischen Philosophieunterricht erörtert. Daraus ergeben sich zukunftsorientierte Vorschläge zur Gestaltung von Kanones. Die Möglichkeit der Gestaltung wirft abschließend die Frage nach den Kanoninstanzen auf.

Systemkanon

Ein philosophisches System ist eine Zusammenstellung von philosophischen Lehrsätzen aus verschiedenen philosophischen Disziplinen, die so aufeinander bezogen sind, dass sie in ihrer Wechselwirkung eine autarke Gesamtheit bilden. Wenn ein bestimmtes philosophisches System als verbindliche und einzig wahre Lehre Breitenwirkung entfaltet, sprechen wir von einem Systemkanon. Dieser beansprucht, in allen philosophischen Fragen endgültige Gewissheit erlangt zu haben und ignoriert folglich alle Philosophien, die sich nicht in das System integrieren lassen.

Einer der wirkmächtigsten Systemkanones in der Geistesgeschichte ist Christian Wolffs weitgehend an Leibniz orientierte Schulphilosophie in der ersten Hälfte des 18. Jahrhunderts. Die philosophischen Lehrstühle seiner Zeit waren überwiegend von Wolffianern besetzt, die die außerordentliche Verbreitung seiner populären Philosophie im frühaufklärerischen Geist vorantrieben. In Anwendung der mathematisch-demonstrativen Methode errichtet Wolff auf der Grundlage der Logik ein philosophisches System bestehend aus Metaphysik, Ethik, Politik, Physik, Teleologie und Physiologie (Wolff: 1962 ff.). Auf dem Wege der syllogistischen Wahrheitsdemonstration blendet Wolff die Genese philosophischer Erkenntnisse in der Geistesgeschichte aus und schafft auf diesem Weg ein statisches Gerüst von philosophischen Lehrsätzen. Die Argumentation, wie sie Anfang des 18. Jahrhunderts innerhalb der Wolff'schen Systemphilosophie auf die Spitze getrieben wurde, lässt sich folgendermaßen auf den Punkt bringen:

1. In der Schule soll nichts Falsches, sondern nur Wahres vermittelt werden.
2. Alles, was in der Geschichte der Philosophie zuvor gedacht wurde, ist falsch.
3. Nur Christian Wolffs Systemphilosophie ist wahr.

Konklusion: Nur Wolffs Systemphilosophie soll in der Schule vermittelt werden.

Den Schülern wurde Wolffs Philosophie zum Auswendiglernen in Form von unumstößlichen Merkregeln diktiert (Büsching 1789, 47; vgl. Albus 2013a, 198 f.). Präsentiert wurde ein verzerrtes Bild der Philosophie. Die Schüler konnten auf diesem Weg keine Einsicht in die Diskussionswürdigkeit und Fraglichkeit der diktierten Thesen gewinnen. Sie konnten auf dieser Grundlage nicht erkennen, dass es sich bloß um *eine* Philosophie handelte und dass es Philosophen gab, die die vermeintliche Wahrheit in Frage stellten.

In die Geschichte der Philosophie ist dann schließlich Wolff aufgrund seines Hochmuts eingegangen. Sehr überzeugend schreibt schon Christoph Meiners Ende des 18. Jahrhunderts:

„Schwerlich hatte ein anderer neuer Philosoph eine so hohe Meynung von seinen Verdiensten, als Wolf, und schwerlich auch hat auch irgendein anderer sich selbst und sein Zeitalter so sehr getäuscht, als eben dieser Weltweise" (Meiners 1786, 298).

Dennoch behielt das Konzept des Systemkanons noch lange seine Reize. Zuletzt wurde in den 70er Jahren des 20. Jahrhunderts in der konstruktivistischen Philosophiedidaktik versucht, Wilhelm Kamlahs und Paul Lorenzens *Logische Propädeutik* – die Gründungsurkunde des Erlanger Konstruktivismus – als traditionsfreie Protophilosophie für den schulischen Philosophieunterricht fruchtbar zu machen, obwohl sogar in den damals gültigen Lehrplänen einiger Bundesländer die Aufgabe von Systemkanones klar gefordert wurde (vgl. Albus 2013a, 499 ff; 510 ff.).

Heute besteht in der Philosophiedidaktik zu Recht der Konsens, dass im Unterricht pluralistisch zu verfahren ist, indem alle möglichen Denkrichtungen und Philosophien thematisiert werden können (vgl. Henke: Kognitive Konflikte, in diesem Band). Die Philosophie zeichnet sich gerade dadurch aus, dass sie über kein kompendienartiges Lehrbuchwissen verfügt, das ausschließlich aus einer bestimmten philosophischen Schule hervorgeht.

Deutungskanon

Ein Deutungskanon ist ein Kanon von Interpretationen kanonischer Texte, aufgrund derer ein maßgebliches Textverständnis der Klassiker entsteht. Oftmals wird am schulischen Lernort ein Kanon gar nicht in Form von Primärquellen zur Kenntnis genommen, sondern nur in Form von Interpretationen.

Der erste Deutungskanon in der Geschichte des philosophischen Unterrichts etablierte sich im Mittelalter aufgrund der schlechten Quellenlage geradezu zwangsläufig. Der Mangel an Schriften in den Klosterschulen führte nämlich dazu, dass nicht etwa Aristoteles' *Organon* studiert werden konnte, sondern meist nur Kommentare zur aristotelischen Logik.

Aber auch in Zeiten, in denen ein Zugriff auf die Primärquellen möglich gewesen wäre, entschieden sich Lehrkräfte häufig für die Lektüre der Sekundärliteratur. Deutungskanonische Zusammenfassungen des Wolff'schen Systems wurden im schulischen Philosophieunterricht des 18. Jahrhunderts weitaus regelmäßiger gelesen als Auszüge aus Wolffs Werk. Zahlreiche Schüler oder Interpreten Wolffs wie etwa Thümmig, Gottsched, Baumeister, Darjes und Sulzer boten komprimierte Versionen des Systems an (Albus 2013a, 200 ff.).

Ein Vorteil dieser Reduktion besteht darin, dass Aufbau, Struktur und Kernanliegen einer philosophischen Position verdichtet vermitteln werden kann. Wolffs umfangreiches Werk zeichnet sich bekanntlich durch Weitschweifigkeit und Dickleibigkeit aus, so dass mit der Lektüre der deutungskanonischen Schriften das zeitaufwendige Lesen der umfangreichen Primärquellen entfällt. Die Schriften der klassischen Philosophen sind jedoch größtenteils nicht nur umfangreich, sondern auch sprachlich und inhaltlich sehr anspruchsvoll. Ein Schüler Kants, Johann Gottfried Carl Christian Kiesewetter, versuchte z. B. durch sprachliche Simplifizierung und inhaltliche Reduktion Kants Schriften für den schulischen Lernort in Form von Lehrbüchern im rezeptartigen Kochbuchstil, die er selbst seinen Schülern im Philosophieunterricht diktierte, zu vereinfachen. Kiesewetter brachte dies auf der einen Seite einen verlegerischen Erfolg, auf der anderen Seite aber auch Kants Unmut ein. Die deutungskanonischen Texte wurden von Kant nicht autorisiert (Kiesewetter 1797; Kant 1922, Bd. 11, 266; 436).

Ein Nachteil der Deutungskanones besteht darin, dass die eigentümliche Diktion der Klassiker und ihre Methode des Philosophierens der didaktischen Transformation zum Opfer fallen. Seitdem im Zuge des *linguistic turn* die reine Vernunft als sprachliche Vernunft entlarvt wurde, gelten Untersuchungen zur philosophischen Diktion nicht mehr als ein Geschäft, das man Linguisten und Philologen zu überlassen hat, sondern als eines, das zur philosophischen Selbstreflexion ebenso hinzugehört wie vormals die Vernunftkritik. In Ermangelung analytischer und hermeneutischen Kompetenzen können schließlich Lerner, die lediglich Deutungskanones zur Kenntnis nehmen, sich in der Regel die Primärquellen gar nicht eigenständig erschließen. Schwer wiegt außerdem, dass Laien in den deutungskanonischen Schriften nicht unterscheiden können zwischen der Interpretation des didaktisierenden Autors und der Ansicht des Philosophen. In den deutungskanonischen Schriften der Popularphilosophie des 18. Jahrhunderts vermischen sich Wolffs Systemphilosophie und die eigene, teilweise zur Systemphilosophie konträre Position des deutungskanonischen Autors bis zur völligen Unkenntlichkeit (vgl. Albus 2013a, 271 ff; Albus 2005).

Die Anfälligkeit für inhaltliche Simplifizierungen, Verzerrungen oder gar sachliche Fehler ist in den deutungskanonischen Schriften besonders hoch, wenn der Interpret die Primärquellen nicht einmal selbst gelesen hat, sondern nur Interpretationen. In diesem Fall handelt es sich um einen Deutungskanon zweiter Ordnung. Als etwa Julius Erduin Koch das Wolff'sche System allein auf der Basis von Sulzers Zusammenfassung erneut zusammenfasste, schuf er eine deutungskanonische Schrift zweiter Ordnung (Albus 2013a, 232 f; Koch 1793).

Die Lehrbuchautoren der ehemaligen DDR schufen einen Deutungskanon zweiter Ordnung, indem sie nicht aus Marx' Primärschriften schöpften, sondern aus ideologischen Lehrbüchern, die für die Universität bestimmt waren. Auf diesem Weg entfalteten sie eine Ideologie, die sich der jeweils aktuellen SED-Parteilinie fügte. Deutungskanonische Schriften haben das Potential, als politisch-manipulatives Instrument zu fungieren. Im Staatsbürgerkundeunterricht der ehemaligen DDR waren Unterrichtsreihen zur Geschichte der Philosophie vorgesehen, die der

Beförderung der marxistisch-leninistischen Weltanschauung dienten. Das Lehrbuch, in dem allwissende Autoritäten ohne Quellenangaben die Geschichte der Philosophie aus marxistischer Perspektive erzählen und bewerten, um sie reproduktionsorientiert am Ende eines Kapitels auf der Basis von Verständnisfragen abzuprüfen, war das zentrale Unterrichtsmedium. Der Didaktiker im historischen Materialismus präsentierte den Lernenden die Philosophiegeschichte als auf Klassenkämpfe beruhende Entwicklung zum Sozialismus und Kommunismus. Der Deutungskanon eröffnet die Möglichkeit, Philosophien inadäquat darzustellen und zu bewerten. Der philosophische Laie, der weder in der Lage ist, die Primärquellen zu lesen, geschweige denn, sich ein eigenes Urteil darüber zu bilden, wird entmündigt und manipuliert. So werden z. B. in dem in den 70er Jahren entstandenen Lehrbuch des Autorenkollektivs unter der Federführung von Götz Redlow die Philosophien von Thales, Anaximander und Heraklit als Samenkörner der materialistischen Auffassung gelobt, die mittelalterliche Philosophie als Ausdruck eines Klassenkampfes zwischen Klerus und Volk dargestellt und Kants Ding-an-sich als hirnkranker Einfall einer „Schrulle" des bürgerlichen Idealismus verspottet (Redlow et al. 1973, 33; 39 ff, 238).

In der Nachkriegszeit etablierte sich im Westen, wo der Philosophieunterricht regulär an naturwissenschaftlichen Knabengymnasien in Nordrhein-Westfalen stattfand, ein ebenso bedenklicher Deutungskanon. Hermann Joseph Odys Philosophielehrbuch ist Vehikel und Multiplikator eines philosophisch unreflektierten christlich-patriarchalischen Wertesystems. In der Einführung in die Staatsphilosophie lernen die Jungen, dass der Mann von Natur aus „den sittlichen Vorrang" gegenüber der Frau habe und dass in der Ehe „im höchsten Grade" ein „Autoritätsprinzip" zu herrschen habe. Auf der Basis eines deutungskanonischen Cartesianismus belehrt Ody weiterhin die Schüler im Bereich der Tierethik, dass Tiere keine Individuen seien, wie man mit Leibniz meinen könnte, sondern nur Automaten, die kein Leid empfänden. Der Autor legt hier von vornherein fest, was moralisch richtig ist und unterdrückt im Klassenraum jede eigenständige philosophische Regung. In Odys deutungskanonischer Anthropologie, die sich an Augustinus, Thomas von Aquin und Meister Eckhart orientiert, lernen die Jungen schließlich, dass Religion dem Menschen zum Menschen mache und alle Menschen ohne Glauben an Gott Tiere seien (Ody 1955, 25; 56; 50 f.).

In dieser deutungskanonischen Tradition steht etwa zeitgleich auch Arnold Rumps Philosophielehrbuch, in dem unter dem Signum des christlich-patriarchalischen Wertesystems nach einer fragwürdigen Darstellung der philosophischen Gottesbeweise schließlich sachlich völlig inakzeptabel das Fazit gezogen wird, dass alle Gottesbeweise gültig, logisch fehlerfrei und höchst überzeugend seien. Kant, so lesen wir erschrocken weiter, gelte in der Philosophiegeschichtsschreibung manchmal fälschlich als „Zermalmer der Gottesbeweise". Dies sei nur darauf zurückzuführen, dass viele Interpreten sich in blinder Autorotässucht nicht trauten, Irrtümer großer Philosophen zu benennen (Rump 1947, 170 f.). In tiefer Überzeugung, die Existenz Gottes bewiesen zu haben, schließt Rump mit den pastoralen Worten: „Gibt es eine Weltanschauung, welche die Wahrheit enthält, die sichere, volle Wahrheit? Die Wahrheit, die für alle Zeiten gilt und nicht falsch werden kann? Jetzt am Schluß können wir ruhig und mit Bestimmtheit sagen: Ja, es gibt eine solche Weltanschauung, und es ist die, welche man die christliche nennt" (Rump 1947, 201).

Heute befinden sich deutungskanonische Elemente in den Schulbüchern und Materialsammlungen für den Philosophieunterricht in Form von sogenannten „Nach-Texten" wieder. Nach-Texte zerfallen nach Steenblock in *Um*geschriebene und Um*geschriebene*. Die bisher vorgestellten deutungskanonischen Texte gehören zur ersten Kategorie. Beim Um*schreiben* werden im Gegensatz dazu die Philosophien der Klassiker im aktualisierenden Gestus in einen fiktiven Kontext gesetzt und die Textform auf möglichst unterhaltsame Weise geändert (Steenblock 1999; 2009). Dies ist z. B. der Fall, wenn in Texten mit jugendlicher Diktion Kant in einer Talk-Show oder Gehlen am Telefon auftritt (Peters, Rolf:

2009). Auch hier entsteht erstens die Schwierigkeit, dass sich die Auslegung der philosophischen Klassiker in den Nach-Texten nicht immer mit den einschlägigen Interpretationen der Wissenschaft deckt und die Nach-Texte fachlich nicht autorisiert sind (vgl. Peters, Rolf 2009, 97 ff; Martens 2009, 87 ff.). Zweitens ergibt sich das Problem, dass die aktualisierende Lesart zur Ausblendung der Philosophiegeschichte führt. An die Klassikertexte werden unter Umständen Leitfragen herangetragen, die im philosophiehistorischen Kontext gar nicht existierten.

Auf normativer Ebene zeichnet sich daher gegenwärtig der Konsens ab, authentischen Texten den Vorrang gegenüber deutungskanonischen Schriften einzuräumen und mit zunehmenden Fortschritt der philosophischen Bildung einer Lerngruppe den Anteil an deutungskanonischen Schriften zu reduzieren.

Exemplakanon

Der Typus des Exemplakanons kommt dem populären Kanonbegriff am nächsten. In einem Exemplakanon stehen vorbildliche und paradigmatische Autoren als Beispiel oder Stellvertreter einer bestimmten Epoche, Schule oder geistigen Richtung. Ein Exemplakanon kann sowohl aus Ganzschriften, als auch aus einer Zusammenstellung von zentralen Textauszügen bestehen. In jedem Fall handelt es sich um authentische Quellen. Ein Exemplakanon zielt darauf ab, hermeneutische Kompetenzen so zu vermitteln, dass die Lernenden sich mehr und mehr philosophische Quellen eigenständig erschließen können. Ein breit gestreuter Exemplakanon ermöglicht die Kenntnisnahme von konträren philosophischen Positionen und regt auf diesem Weg zum problemorientierten Philosophieren an.

Die Ursprünge des Exemplakanons im philosophischen Lehr- und Lernkontext liegen in der Eklektik des 17. Jahrhunderts. Der Eklektiker schließt sich bekanntlich nicht einer bestimmten philosophischen Schule oder geistigen Strömung an, sondern prüft Kraft seiner freien Urteilskraft alle möglichen Denkansätze, um aus dem Überzeugendsten eine eigene Philosophie zusammenzustellen. Als im 17. Jahrhundert der Philosophieunterricht im Wesentlichen auf Logikunterricht reduziert war und sich in der universitären Philosophie verschiedene und teils konkurrierende Logikschulen etablierten, entstand für den schulischen Philosophieunterricht die Frage, welcher Richtung man sich nun anzuschließen habe. Während sich die meisten Didaktiker für eine bestimmte Richtung entschieden, plädierte Keckermann im Geiste der Eklektik für die Aufnahme des Besten aus verschiedenen Strömungen. In seinem philosophischen Lehrwerk wurden erstmals kleinere Zitate und Textauszüge abgedruckt (Keckermann 1614).

Auf der Epochenschwelle Mitte des 18. Jahrhunderts verschob sich mit der neu einsetzenden Verzeitlichung des Weltbildes das Interesse von den festen Wahrheiten und Regeln der Logik auf den Prozess ihrer Findung und Wirkung. Die Geschichte der Philosophie entstand als eigene philosophische Disziplin und mit ihr die Idee, die Geschichte der Philosophie anhand von Textauszügen wichtiger Denker im Unterricht zu thematisieren. Gedike unterschied vor diesem Hintergrund zwischen deutungskanonischen „Lehrbüchern" und exemplakanonoischen „Lesebüchern". Im neuhumanistischen Gestus wollte er im Philosophieunterricht die Sprache befördern und Methoden zur Erschließung von authentischen Texten vermitteln. Das Authentizitätspostulat ging soweit, dass in den Chrestomathien keine deutschen Übersetzungen, sondern nur Originalbeiträge in Griechisch und Latein publiziert wurden. (Gedike 1787, 16 f; Gedike 1782). Im Neoaristotelismus des 19. Jahrhunderts fasste Trendelenburg das Authentizitätspostulat ähnlich eng, als er für den Philosophieunterricht griechische Textauszüge aus Aristoteles' Werk zusammenstellte (Trendelenburg 1836).

Die Philologisierung des Philosophieunterrichts führte in der Schulpraxis aber zu einer erheblichen Reduzierung des Philosophierens zu Gunsten einer langwierigen Übersetzungsarbeit und trug schließlich zur Abschaffung des Philosophieunterrichts mit bei. Philosophische Unterrichtsinhalte wurden dann curricular verbindlich in den Deutschunterricht verlegt. In der Literaturdidaktik des 19. Jahrhunderts hatte sich im Gegensatz zur Philosophiedidaktik, in der die Frage nach einem Deutungs- oder Exemplakanon nicht eindeutig geklärt war, das Konzept des Lesebuchs etabliert. Erstmals entstand anlässlich der literaturdidaktischen Impulse eine Diskussion, welche Klassiker der Philosophie in einen schulischen Kanon aufzunehmen seien. In die Lesebücher des Deutschunterrichts wurden zum Verdruss der Philosophiedidaktiker faktisch nur sehr wenige und vor allem kaum klassische Texte der Philosophie eingestreut. Es handelte sich um Textauszüge von Curtius, Herder, Erdmann, Garve, Lazarus, Schlegel, Kant, Humboldt, Barniß, Leuchtenberger, Fortlage und Leopold.

Werkzeug der Manipulation wurde der Exemplakanon zwischen 1925 und 1938 in der idealistischen sowie in der christlich-missionarischen Philosophiedidaktik der Nachkriegszeit. Wichtigster Vertreter der an Hegel anknüpfenden idealistischen Philosophiedidaktik ist Hans Richert, der auf der Basis der Klassikerlektüre großer deutscher Denker den Volksgeist nationalerzieherisch stärken wollte. Die verschiedenen Philosophien der Denker und der Lernenden stehen im Sinne Richerts nicht unversöhnlich und isoliert nebeneinander. Mögen die philosophischen Ansätze auch thetisch und antithetisch strukturiert sein, so kommen sie doch im dialektischen Prozess zur Synthese. Die einzelnen philosophischen Weltanschauungen fusionieren nach Richert zum Volksgeist, die verschiedenen Volksgeister wiederum zum Weltgeist. Sowohl die individuellen Weltanschauungen der Lernenden als auch die der großen Philosophen seien Wesenszüge des einen deutschen Geistes, der sich als das Gemeinsame in allem Einzelnen zeige. Der Philosophieunterricht ist für Richert der Lernort, an dem der deutsche Geist in seiner höchsten Einheit zu sich kommt und den Schülern erscheint. Das Ich des Schülers solle durch das Erlebnis der grandiosen Gedanken der deutschen Klassiker dadurch zur Vollendung gelangen, dass es im Volksgeist aufgehe (vgl. Richert 1920; 1922; 1925).

Eine Einengung zu missionarischen Zwecken erfuhr der Exemplakanon als Wilhelm Grenzmann und Josef Schnippenkötter in der Nachkriegsära Kanoninstanz wurde. In einen Kanon seien nur „große[] Philosophen vom Hintergrund christlicher Gesinnung" aufzunehmen, denn die religiöse Weltanschauung biete „für die notwendig fragmentarische Art dieses Unterrichts […] immer die letzte maßgebende Orientierung." (Grenzmann 1932, Sp. 572 f.). Ein Schwerpunkt lag folglich in der Lektüre von Texten aus der Scholastik und Neoscholastik, darunter Textauszüge von Augustinus, Thomas von Aquin und Josef Pieper.

Daraus ergibt sich klar, dass zur Vermeidung von Dogmatisierung und Manipulation ein Exemplakanon weltanschaulich offen, plural und breit gestreut sein sollte. Der aktuell etablierte Exemplakanon deckt in der Tat eine Vielzahl von Denkrichtungen und philosophischen Traditionen ab. Jede Selektion geht aber zwangsläufig mit dem Verlust an Vollständigkeit einher. So geraten im gegenwärtigen Bemühen um eine Kanonmodifizierung auch die bisher negativ selektierten Autorinnen und Autoren in den Fokus. Vor diesem Hintergrund stellt sich die Frage, ob und wie Texte aus der islamischen Philosophie stärker in einen Exemplakanon eingebunden werden müssten (Albus, Rudoph 2013), und ob im geschlechtersensiblen Philosophieunterricht nicht nur die Thematisierung von Geschlechterstereotypen (Albus 2013b), sondern auch die Rezeption von Schriften aus der Feder von Philosophinnen obligatorisch sein sollte (Hagengruber 2013; 2014; Golus 2014). Frauen ist der Zugang zur philosophischen Bildung in der Geistesgeschichte mit Erfolg versperrt worden (Albus, 2014a; 2014b) und so finden sich heute nur in Ausnahmefällen Texte von Philosophinnen in den Materialsammlungen für den Unterricht.

Kern- und Randkanon
Eine Schwierigkeit bei der Bildung von kulturpluralistischen und breit gestreuten Exemplakanones besteht in Anbetracht der endlichen Unterrichtszeit darin, das rechte Maß zu finden, da der Philosophieunterricht nicht

auf Klassikerlektüre reduziert werden darf. Wenn auf der einen Seite ein Exemplakanon zu viele Elemente enthält, droht der Ausbruch einer „hermeneutischen Krankheit" (Schnädelbach 1981). Beliebigkeit in der Auswahl von Unterrichtsmedien führt – wie sich anhand der Bildungsgeschichte nachweisen lässt – auf der anderen Seite zu Orientierungslosigkeit und Stabilitätsverlust des Faches (Albus 2013a, 354; 398; 409; 421).

Das Strukturmodell von Kern- und Randkanon hilft, diese Schwierigkeiten zu überwinden. Der Kernkanon repräsentiert, im Kontrast zum Randkanon, die sehr langlebige und mächtige Tradition mustergültiger Werke. Er ist konstant und verbindlich. Im Idealfall enthält er einen quantitativ überschaubaren Korpus paradigmatischer Texte. Im Zuge der starken Kompetenzorientierung wird in den aktuellen Lehrplänen aber vielfach auf Angaben zum Kernkanon verzichtet. Nur in Baden-Württemberg, Bayern, Hamburg und Thüringen gibt es einen Kernkanon. Positiv selektiert sind: Platon (Apologie, Höhlengleichnis), Epikur, Aristoteles, Konfuzius oder Laotse, Hume, Kant (kategorischer Imperativ), Hobbes/Rousseau (Vertragstheorien), Bentham, Mill, Freud, Jonas und Rawls.

Der Randkanon hat im Vergleich zum Kernkanon eine geringere Reichweite des Geltungsanspruches und der Wirkmächtigkeit. Die Texte des Randkanons sind im schulischen Bildungsprozess zu empfehlen, ihre Lektüre ist aber nicht zwingend. Der Randkanon hält ein Angebot bereit, aus dem situativ ausgewählt werden kann. Um Dringlichkeitsstufen im Auswahlverfahren aus dem Randkanon kenntlich zu machen, wird unterschieden zwischen verschiedenen Frequenzstufen. Die Reichweite des Geltungsanspruches ist beim Randkanon erster Frequenzstufe größer als beim Randkanon zweiter Frequenzstufe.

Im Hinblick auf die konkrete Ausgestaltung von Kern- und Randkanon können wir aus der Geschichte der Kanonbildung lernen, dass über zeitgenössische Werke keine verlässliche Aussage über deren paradigmatische Leistung zustande kommen kann, weil im Prozess einer Denkbewegung ihr Ausgang und ihre geistesgeschichtliche Wirkung nicht erkennbar sind. Frischeisen-Köhler behauptete im ersten Viertel des 20. Jahrhunderts das Gegenteil, als er versuchte einen Exemplakanon von zeitgenössischen Philosophen zusammenzustellen, von denen er annahm, dass sie in unserer Gegenwart als gleichnamig große Denker wie Platon oder Kant gelten würden (Frischeisen-Köhler 1907). Die von ihm zusammengestellten Texte von Eugen Dühring, Rudolf Lehmann, Wilhelm Rein, Carl Stumpf oder Christoph von Sigwart sind heute sicherlich nicht als klassisch zu bezeichnen. Eine ähnliche Verfehlung stellt auch das Urteil eines Autorenkollektivs der DDR dar, das annahm, dass in heutiger Zeit Kusnezow, Kopnin, Kammari, Dynnik und Fedossejew weltweit in der Philosophie klassisch sein würden (Bittighöfer et al. 1968, 291). Da das Paradigmatische nur ex post feststellbar ist, und der quantitativ überschaubare Kernkanon nur paradigmatische Texte enthalten sollte, gehören Werke zeitgenössischer Denker in einen höherstufigen Randkanon.

Kanoninstanzen

Kanoninstanzen sind Personen oder Institutionen, die aufgrund ihrer politisch-gesellschaftlichen Macht maßgeblich an Kanonbildungsprozessen beteiligt sind. Während im 18. Jahrhundert noch Könige festlegten, was im Philosophieunterricht zu lesen ist, so bestimmten später Ministerien und Lehrplankommissionen auf Direktorenkonferenzen den Kanon des schulischen Philosophieunterrichts. Schwer wiegen im Kanonbildungsprozess leider nicht immer gute Argumente für oder gegen eine bestimmte Selektion. Manchmal erweisen sich schlicht persönliche Kontakte von Philosophen oder Philosophiedidaktikern zur königlichen oder ministeriellen Kanoninstanz als sehr hilfreich (vgl. Albus 2013a, 194 ff; 398 f; 409 ff, 563).

Die Universitätsphilosophie ist insofern relevant, als dass einerseits die Textauswahl am schulischen Lernort häufig die Einschlägigkeit aktueller Denkrichtungen abbildet. Anderseits spricht die Wissenschaft Empfehlungen zur Gestaltung von Kanones aus, die gegenwärtig seltenst, wie etwa die Aufnahme von Platons Höhlengleichnis in den Kernkanon, behördlich umgesetzt werden (vgl. Albus 2013a, 539). Mit Blick auf die Lehrpläne und die Auswahl von Texten im Zuge des Zentralabiturs lässt sich feststellen, dass die Selektion weitgehend ein Werk von Behörden ist, die neue Forschungsergebnisse nicht hinreichend zur Kenntnis nehmen. Zur besseren Orientierung bedarf es hier einer stärkeren Mitwirkung von Fachdidaktikern und Fachphilosophen. Aber selbst wenn diese punktuell vorhanden ist, entscheiden sich Kanoninstanzen in einigen Fällen bewusst gegen derartige Empfehlungen. Nietzsche etwa wurde jüngst als Kanonautor zu einer Unterrichtseinheit über die Kritik der Moral ministeriell nicht anerkannt, weil man einen moralischen Schaden für die Jugend befürchtete (vgl. Albus 2013a, 540).

Jede Selektion von Klassikertexten findet einerseits im Rahmen eines schon etablierten Wertekanons einer Gesellschaft statt, und anderseits fungiert Schule auch immer als Multiplikator von Werten und Normen. In einem auf Mündigkeit, Aufklärung und Demokratie abzielenden Bildungssystem, in dem das Philosophieren als elementare Kulturtechnik aufgefasst wird, sollten Selektionsprozesse nicht nur „von oben" durch Ministerien, Behörden und Wissenschaften gesteuert werden. Die dynamische Kanontektonik von Kern- und mehrstufigem Randkanon ermöglicht den Lernenden, im gewissen Umfang eigenständig auszuwählen.

Literatur

Albus, V.: „Wissen ohne Bildung. Adelungs Enzyklopädie im Philosophieunterricht des 18. Jahrhunderts", in: *Philosophie und Bildung. Beiträge zur Philosophiedidaktik*, hrsg. von E. Martens, C. Gefert, V. Steenblock, Münster 2005, 9-22.

Albus, V.: *Kanonbildung im Philosophieunterricht. Lösungsmöglichkeiten und Aporien*, Dresden 2013.

Albus, V.: „Rousseaus Geschlechtertheorie. Unterrichtsmaterialien für den Ethik- und Philosophieunterricht", in: *Zeitschrift für Didaktik der Philosophie und Ethik* (2013), 46-59.

Albus, V.: „Philosophieren mit Ehemännern zwischen Küchenherd und Wochenbett", in: *Zeitschrift für Didaktik der Philosophie und Ethik* (2014), 13-18.

Albus, V.: „Philosophieren mit Jedermann", in: *Philosophieren mit Jedermann. Ein hochschuldidaktisches Projekt zum Service Learning*, hrsg. von V. Albus, K. Altenschmidt, Münster 2014, 19-31.

Albus, V.; Rudolph, U.: „Islamische Philosophie. Überlegungen zur Kanonmodifizierung im Ethik- und Philosophieunterricht. Ein Gespräch", in: *Zeitschrift für Didaktik der Philosophie und Ethik* (2013), 84-88.

Bittighöfer, B.; Hahn, E.; Leitko, H. u. a.: *Staatsbürgerkunde 3. Die sozialistische Weltanschauung*, Berlin 1968.

Büsching, A. F.: *Eigene Lebensgeschichte in vier Stücken*, Halle 1989.

Frischeisen-Köhler, M.: *Moderne Philosophie. Ein Lesebuch zur Einführung in ihre Standpunkte und Probleme*, Stuttgart 1907.

Gedike, F.: M.T. *Ciceronis historia philosophiae antiquae; ex omnibus illius scriptis collegit disposuit aliorumque auctorum cum Latinorum tum graecorum locis et illustravit et amplificavit Frid. Gedike*, Berlin 1782.

Gedike, F.: *Einige Gedanken ueber Schulbuecher und Kinderschriften*, Berlin 1787.

Grenzmann, W.: „Philosophische Propädeutik und Philosophie als Unterrichtsfach", in: *Lexikon der Pädagogik der Gegenwart*, hrsg. vom Deutschen Institut für wissenschaftliche Pädagogik Münster in Westfalen, Bd. 2, Freiburg 1932.

Golus, K.: „Geschlechterblindheit und Androzentrismus in der traditionellen philosophischen Bildung", in: *Zeitschrift für Didaktik der Philosophie und Ethik* (2014), 19-27.

Hagengruber, R.: „2600 Jahre Philosophiegeschichte mit Philosophinnen. Herausforderung oder Vervollständigung des philosophischen Kanons? Ergebnisse der Forschung und ihre Auswirkungen auf Rahmenrichtlinien und Schulpraxis", in: *Zeitschrift für Didaktik der Philosophie und Ethik* (2013), 15-27.

Hagengruber, R.: „Ethik und Geschlecht", in: *Zeitschrift für Didaktik der Philosophie und Ethik* (2014), 76.

Heydebrand, R. v.: „Kanon Macht Kultur – Versuch einer Zusammenfassung", in: *Kanon Macht Kultur. Theoretische, historische und soziale Aspekte ästhetischer Kanonbildungen*, hrsg. von R. v. Heydebrand, Stuttgart 1989.

Kant, I.: *Gesammelte Schriften*, hrsg. von der Königlichen Preußischen Akademie der Wissenschaften, Berlin 1922.

Keckermann, B.: *Dantiscani, in Gymnasio Patrio Philosophiae Professoris eruditissimi, Operum Omnium quae extant. Tomus Secundus. In quo speciatim, methodice & uberrime de Ethica, Oeconomica, Politica disciplina, necnon de Arte Rhetorica agitur*, Genevae 1614.

Korte, H.: „K wie Kanon und Kultur. Kleines Kanonglossar in 25 Stichwörtern", in: *Literarische Kanonbildung*, hrsg. von H. L. Arnold, München 2002, 25-38.

Kiesewetter, J. G. C. C.: *Logik zum Gebrauch an Schulen*, Berlin 1797.

Martens, E.: *Grundwissen Philosophie. Platon*, Stuttgart 2009.

Meiners, C.: *Grundriß der Geschichte der Weltweisheit*, Lemgo 1786.

Ody, H. J.: *Grundlegung der Philosophie. Hilfsbuch für den philosophischen Unterricht an höheren Schulen*, Bonn 1955.

Peters, J.; Rolf, B.: *Kant & Co. im Interview. Fiktive Gespräche mit Philosophen über ihre Theorien*, Stuttgart 2009.

Redlow, G.; Frommknecht, H.; Klein, M. u. a.: *Einführung in den dialektischen und historischen Materialismus*, Frankfurt 1973.

Richert, H.: *Die deutsche Bildungseinheit und die höhere Schule. Ein Buch von deutscher Nationalerziehung*, Tübingen 1920.

Richert, H.: *Weltanschauung. Ein Führer für Suchende*, Leipzig 1922.

Richert, H.: *Richtlinien für die Lehrpläne der höheren Schulen Preußens, Mit Anmerkungen und Literaturnachweisen, Teil 1, Grundsätzliches und Methodisches*, Berlin 1925.

Rump, A.: *Grundfragen des Lebens. Einführung in die Philosophie*, Münster 1947.

Schnädelbach, H.: „Morbus hermeneuticus – Thesen über eine philosophische Krankheit", in: *Zeitschrift für Didaktik der Philosophie* (1981), 3-6.

Steenblock, V.: „Plaudern, Umschreiben, Faszinationsinszenierung – Populäre Transformationsformen philosophischer Texte", in: *Ethik und Unterricht* (1999), 43.

Steenblock, V.: „Philosophische Bildung als ‚Arbeit am Logos'", in: *Methoden des Philosophierens*, hrsg. von J. Rohbeck, Dresden 2000, 13-25.

Steenblock, V. (2009): „Textkonstruktion und philosophisch-ethische Reflexivität, Überlegungen zu einer Nutzung von Elementen neuerer Leseforschung für den Philosophieunterricht", in: *Empirische Unterrichtsforschung und Philosophiedidaktik*, hrsg. von J. Rohbeck, U. Turnherr, V. Steenblock, Dresden 2009, 47-65.

Tiedemann, M.: „Welche Inhalte, welche Methoden fordert die Praxis? Versuch einer kurzen Studienberatung auf der Basis prinzipieller Überlegungen und empirischer Evaluation", in: *Zeitschrift für Didaktik der Philosophie und Ethik* (2012), 160-166.

Trendelenburg, F. A.: *Elementa logices Aristotelicae. In usum scholarum ex Aristotele excerpsit convertit Frid. Adolph.* Trendelenburg, Berlin 1836.

Wolff, C.: *Gesammelte Werke*, hrsg. von J. Ecole, H. W. Arndt, R. Theis, W. Schneiders, Hildesheim 1962ff.

Zelle, C.: „Europäischer Kanon im Zeitalter der Aufklärung? Versuch einer Zusammenfassung in sechs Thesen", in: *Der Kanon im Zeitalter der Aufklärung. Beiträge zur historischen Kanonforschung*, hrsg. von A. Lütteken, M. Weishaupt, C. Zelle, Göttingen 2009, 229-231.

Betrachtungen", in: *Zeitschrift für Didaktik der Philosophie und Ethik* (2013), 7-14.

Albus, V.: „Philosophischer Kanon. Ausdruck von Beschränkung und Beschränktheit?", in: *Zeitschrift für Didaktik der Philosophie und Ethik* (2013), 3-6.

Weiterführende Literatur

Albus, V.: „(K)ein Kanon philosophischer Bildung?", in: *Didaktische Konzeptionen*, Jahrbuch für Didaktik der Philosophie und Ethik 13/2012, hrsg. von J. Rohbeck, Dresden 2013, 159-168.

Albus, V.: „Kanonbildungsprozesse im Philosophieunterricht. Deskriptive, evaluative und präskriptive

3.2 Der argumentierende Essay

Klaus Thomalla

Das wichtigste Medium zur Entfaltung einer philosophischen Dialektik ist der philosophische Essay.

(Rosenberg 1986, 81)

Vorüberlegungen

1. Eine erste Unterscheidung: Zunächst gilt es, eine Unterscheidung vorzunehmen, die für die hier zu entwickelnden Überlegungen von wesentlicher Bedeutung ist, insofern von ihr die Gestalt des Essays maßgeblich bestimmt wird (Gerhardt 2009, 217): *Auf der einen Seite* gibt es den literarischen Essay: Im Vordergrund steht hier „eine betont subjektive Schreibweise". Zudem ist diese Form des Essays durch „provokative oder sogar widersprüchliche Aussagen" charakterisiert, die dazu dienen, „den behandelten Gegenstand von verschiedenen Seiten aus zu beleuchten" (Redaktion 2008, 128).

Davon lässt sich – *auf der anderen Seite* – ein zweiter Typ des Essays unterscheiden, den ich in Anknüpfung an Gerd Gerhardt den argumentierenden Essay nenne (Gerhardt 2011). Er ist – anders als der erste Typ – durch folgende Eigenschaften gekennzeichnet: „Klarheit und Genauigkeit im Ausdruck, Ordnung der Gedanken sowie logische Schärfe und Konsistenz in der Behandlung dieser Gedanken" (Rosenberg 1986, 81). Nach diesem analytisch geprägten Verständnis ist der Essay als „die *begründete Verteidigung* [oder Ablehnung; K. T.] *einer These"* zu verstehen, wobei es darum geht, Überlegungen für oder gegen eine These vorzubringen (Rosenberg 1986, 81; Hervorh. in Zitaten stets im Original). Diese zweite Form des philosophischen Essays steht im Zentrum der vorliegenden Ausführungen.

2. Zur didaktischen Verortung der Fragestellung: Die „Einheitlichen Prüfungsordnungen in der Abiturprüfung Philosophie" sehen folgende Anforderungsbereiche vor: Während der Anforderungsbereich I darauf angelegt ist, reproduktiv auf Gedankengänge zurückzugreifen, soll sich der Schüler im Anforderungsbereich II „mit aus dem Unterricht nicht bekanntem Material auseinandersetzen und dieses in Verbindung mit Ergebnissen bzw. Prozessen aus dem Unterricht für die Problemreflexion nutzen". Dagegen zielt der Anforderungsbereich III darauf, das philosophische Problem „inhaltlich und methodisch selbstständig" zu reflektieren (Kultusministerkonferenz 2006, 9) Oftmals stellt es für die Schüler eine Schwierigkeit dar, dem Anforderungsbereich III von Klausuraufgaben in strukturierter Weise zu entsprechen.

Wenngleich dieser mit den Operatoren des Erörterns und Stellungnehmens das Begreifen des Sachverhalts voraussetzt, kann doch nicht geleugnet werden, dass die Herausforderung für die Schüler im Hinblick auf die an dieser Stelle erwartete Argumentations- und Urteilskompetenz ungleich größer ist. Denn hier geht es darum, „eine eigene Stellungnahme [zu; K. T.] entwickeln". Mögen die Operatoren, die den Anforderungsbereich III umschreiben, auch verschieden sein, stets wird von den Schülern verlangt, zunächst einen Sachverhalt zu verstehen und sodann eine Erörterung (Diskussion) oder Beurteilung (Bewertung, Stellungnahme) zu verfassen (Ministerium 2007).

Mithin wird von den Schülern gerade im Anforderungsbereich III dasjenige gefordert, was Philosophie als Reflexionskompetenz ausmacht: eine *Wahrnehmungs- und Deutungskompetenz*, die darin besteht, „philosophische Implikationen" von Texten zu erkennen, eine *Darstellungskompetenz* als Fähigkeit, philosophische Gedanken angemessen zur Sprache zu bringen, sowie eine *Argumentations- und Urteilskompetenz*, die darauf abzielt, Begriffe und Gedankengänge zu erschließen und danach kritisch zu prüfen (Kultusministerkonferenz 2006, 5 f.) – Im Folgenden will ich zeigen, dass der argumentierende Essay ein wirkungsvolles Medium ist, um diese im Anforderungsbereich III erwarteten Fähigkeiten zu verbessern.

Unterformen des argumentierenden Essays

Im Anschluss an den amerikanischen Philosophen Jay F. Rosenberg lassen sich drei Typen des argumentierenden Essays unterscheiden:

1. Die kritische Prüfung einer Ansicht oder die Grundform des philosophischen Essays: Bei diesem Untertyp des argumentierenden Essays geht es darum, dass ein Zitat oder ein kürzerer Text, in denen der Verfasser eine bestimmte Auffassung vertritt, auf ihre Überzeugungskraft hin überprüft werden. Daraus ergibt sich die Gliederung der Überlegungen in zwei Teile: *Zunächst* ist die Ansicht möglichst vorurteilsfrei mit ihren jeweiligen Argumenten darzustellen. Insofern die Position verstanden werden muss, bedarf es der Auslegung, wodurch der darstellende Teil bestimmt wird. Es handelt sich um die Grundform des philosophischen Essays, insoweit ihre Beherrschung „den Zugang zu allen anderen Arten philosophischer Essays" eröffnet (Rosenberg 1986, 82).

Erst danach erfolgt in einem zweiten Schritt die Beurteilung der Position, indem man die vorgebrachten Argumente hinterfragt. Der kritische Teil wäre missverstanden, wenn eine bloße Meinungsäußerung beabsichtigt wäre. Dieser Gefahr soll begegnet werden, indem man Begründungen gibt und so eine womöglich beliebige Meinungsverschiedenheit zu einer „*begründete[n]* Meinungsverschiedenheit" transformiert. Das freilich bedeutet, im kritischen Teil auf die Argumente der zu prüfenden Ansicht einzugehen: Vermögen diese zu überzeugen? (Rosenberg 1986, 83)

2. Die Entscheidung eines philosophischen Streits oder der urteilende Essay: Eine weitere Unterform des argumentierenden Essays ist der sogenannte urteilende Essay, in dem der Autor wie ein Schiedsrichter einen philosophischen Streit zu entscheiden hat (Rosenberg 1986, 135). Zwar geht es auch bei dieser Essayform um Darstellung und Kritik, jedoch erhöht sich die Komplexität dadurch, dass nicht *eine* Ansicht geprüft wird, sondern nach einer Problemformulierung jeweils *zwei verschiedene Positionen* dargestellt und bewertet werden, um erst dann zu einer Entscheidung zu kommen, welche der beiden Positionen überzeugender ist (Rosenberg 1986, 138). Daher rechtfertigen es diese erhöhten Anforderungen, von einer eigenen Unterform des argumentierenden Essays auszugehen (Rosenberg 1986, 135; Gerhardt 2008, 22).

Die Problemfindung muss häufig aus einem Text erst gewonnen werden, indem man diesen interpretiert, wobei die Positionen zuweilen durch uneindeutige Begriffe verschleiert werden. Rosenberg empfiehlt hierbei, das Problem als Frage zu formulieren, auf welche die zu prüfenden Positionen unterschiedliche Antworten geben (Rosenberg 1986, 135 f.).

Ziel bei dieser Auseinandersetzung ist nicht, dass eine Auffassung vollständig Recht bekommen soll, sondern dass eine wohlabgewogene Begründung „zu einer sorgfältigen Verflechtung komplementärer Einsichten" führt. Denn es kann durchaus *ein* Aspekt, der für die Problemlösung relevant ist, eher von der einen Position zutreffend erkannt worden sein, *ein anderer* aber von der Gegenauffassung (Rosenberg 1986, 137).

3. Die Lösung eines philosophischen Problems oder der problemlösende Essay: Auch dieser dritte Typ bezieht sich – wie der urteilende Essay – auf eine philosophische Problemstellung. Im Unterschied zu jener Form geht es aber hier darum, nach der Problemanalyse selbstständig Kriterien für eine adäquate Lösung zu entwickeln. Sodann ist die vorgeschlagene Lösung in begründeter Weise zu entfalten und auf ihre Angemessenheit hin zu prüfen, wobei eine mögliche Kritik der vorgeschlagenen Lösung vorweggenommen wird (Rosenberg 1986, 139).

4. Fazit: Diese drei Typen des philosophischen Essays haben eines gemeinsam: Sie lassen sich als Unterarten des argumentierenden Essays verstehen (Gerhardt 2011). Freilich gibt es im Detail Unterschiede, die in Bezug auf die Entwicklung des vorliegenden Konzeptes bedeutsam sind.

Am einfachsten erscheint die kritische Prüfung einer Ansicht, insofern ihr Aufbau sich übersichtlich in Darstellung und Kritik einer Position gliedert. Sie ist für die folgenden Überlegungen entscheidend, weil sich ebendiese Struktur im Anforderungsbereich III von Klausuren findet, wo das Schreiben von Primärtexten für Schüler besonders relevant wird.

Hingegen ist der urteilende Essay eine größere Herausforderung, weil darin nicht nur *eine* Ansicht geprüft wird, sondern vom Verfasser verlangt wird, dass er sich in die Gegenposition hineinversetzt und deren Argumente vorurteilsfrei darstellt. Hierzu bedarf es eines höheren Maßes „an wohlwollender Auslegung und philosophischer Phantasie", damit der Verfasser beide philosophischen Positionen so weit versteht, dass er sowohl ihre Stärken als auch ihre Schwächen einschätzen kann, bevor er sich entscheidet (Rosenberg 1986, 137 f.).

Auch diese Form kann durchaus ein wichtiges Unterrichtsmedium sein, wenn man bedenkt, dass der Operator „erörtern" (Anforderungsbereich III) meint, Problemstellungen argumentativ zu erklären und zu prüfen, um „auf dieser Grundlage eine eigene Stellungnahme [zu; K. T.] entwickeln" (Ministerium 2007). Was heißt dies anderes, als dass es gilt, Probleme zu analysieren und die verschiedenen Auffassungen zu bedenken, um dann zu einer Entscheidung zu kommen?

Im Gegensatz zu den eben erläuterten Typen zielt der problemlösende Essay nicht allein auf Auslegungs- und Interpretationsfertigkeit, sondern – was die Lösungsfindung betrifft – auf „Selbstständigkeit und kreative Einsicht" (Rosenberg 1986, 139). – Nicht, dass diese Variante für Schüler unmöglich wäre, aber als Medium, um sie im Hinblick auf das Schreiben von Primärtexten zu fördern, wäre die dritte Unterform wohl weniger geeignet, weil sie bereits zu viel von denjenigen Kompetenzen voraussetzt, die es mit Hilfe des zu entwickelnden Konzeptes erst einzuüben gilt.

Eine Methodik philosophischer Denkrichtungen zur Grundlegung einer pluriperspektivischen Argumentationslehre

Die bisherigen Ausführungen zur Theorie des philosophischen Essays sind möglicherweise durch eine analytische Einseitigkeit geprägt, insoweit die Absicht vor allem darin bestand, begriffszentriert vorzugehen, indem man Argumente auf ihre „logische Schärfe und Konsistenz" hin (Rosenberg 1986, 81) überprüft und schließlich einen Primärtext dazu verfasst.

Hierbei freilich wird außer Acht gelassen, dass es außer der analytischen Methode andere philosophische „Denkstile" gibt – wie Johannes Rohbeck dies bezeichnet –, die jeweils „Grundeinstellungen des Philosophierens" repräsentieren, die sich in bestimmten Schreibstilen widerspiegeln. Der sogenannte Denkstil ist dabei derjenige Zusammenhang, der sich „auf die Integration von Argumentationsweise, sprachlichem Ausdruck und persönlicher Überzeugung" bezieht (Rohbeck 2008, 175).

Worauf es hier ankommt, ist der Aspekt, dass ein Schreibstil nicht lediglich als Instrumentarium technischer Regeln verstanden werden kann – das hätte „die Gefahr des Formalismus" zur Folge –, sondern in den Formen des Schreibens spiegeln sich bestimmte philosophische Methoden wider, die wiederum mit verschiedenen „*Denkrichtungen der Philosophie*" zusammenhängen (Rohbeck 2008, 181 f.). Jeder Denkrichtung kommt ihre besondere Stärke zu, um entsprechende Kompetenzen zu erlangen (Rentsch, Rohbeck 2002, 48). Daher muss im Hinblick auf eine Argumentationslehre deren pluriperspektivische Prägung beachtet werden; das heißt: Sie muss darum bemüht sein, möglichst auf eine Vielfalt philosophischer Schreibstile zurückgreifen zu können.

So stehen in der *sprachanalytischen Philosophie* präzise Begriffe und logische Verknüpfungen im Zentrum – diesen Aspekt betont Rosenberg in seinen Ausführungen zum Essay –, während die *Hermeneutik* die Interpretation von Texten ermöglicht, indem man fremde und eigene Überzeugungen verstehen lernt und wechselseitig anerkennt. Die *Phänomenologie* ist geeignet, Alltagserfahrungen genau zu beschreiben. Die *Dialektik* wiederum dient der Kritik, indem man Widersprüche und Defizite eines Textes oder Zitats aufzeigt (Rohbeck 2000, 85 f.).

Diese Methoden philosophischer Denkrichtungen mit ihren verschiedenen Schreibstilen haben Konsequenzen für das Verfassen von Primärtexten, insofern sie sich hier im Rahmen des Hauptteils, aber auch schon in der Einleitung, fruchtbar machen lassen. Je nachdem, welche Absicht man mit dem Essay verfolgt, wird analytisch, hermeneutisch, phänomenologisch oder dialektisch vorgegangen.

Es geht darum, eine Methodenvielfalt beim Schreiben von Primärtexten einsetzen zu können. So lässt sich das erreichen, was man im Anschluss an Helmut Engels „heuristische" Methode nennen kann (Engels 1993, 255): Indem sie auf ein Instrumentarium vieler Schreibstile zurückgreift und suchend die Wirklichkeit erkundet, vermag die Methode des Essayschreibens deren Vielfalt zu entdecken und im Primärtext zur Sprache zu bringen.

Entwicklung eines Konzeptes zum Verfassen von argumentierenden Essays

1. Integration des Essays in den Philosophieunterricht: Längst findet der philosophische Essay im Kernlehrplan Philosophie Erwähnung (Ministerium 2014, 26; 34; 46). Auch der jährlich stattfindende „Bundes- und Landeswettbewerb Philosophischer Essay" versucht, die Verbreitung dieses Mediums zu befördern (Ministerium 2013-2014). Es gibt mehrere Möglichkeiten, den Essay im Philosophieunterricht einzusetzen, je nach Komplexität der Fragestellung eher in der Oberstufe als in der Mittelstufe: Zunächst kann er in der *ersten Phase einer neuen Unterrichtsreihe* den Schülern bewusst machen, wo sie im Hinblick auf ein bestimmtes Thema stehen, und dient so der Sicherung des jeweiligen Vorverständnisses. Auf diese Weise lässt sich der Unterricht schülerorientiert gestalten, indem man gleich zu Beginn die Standpunkte der Schüler kennenlernt (Gerhardt 2008, 13 f.). Damit ist gewährleistet, dass die erste Wahrnehmung eines Themas in schriftlicher Form festgehalten wird, noch bevor eine Veränderung des Denkens im Wege der Textarbeit einsetzen kann.

Dieser Phase der Vorverständigung kommt der philosophische Essay als Medium entgegen, weil es darin gerade nicht um ein abgeschlossenes Urteil geht, sondern um ein Wägen und kritisches Prüfen (Gerhardt 2008, 11 f.). Die Einführungsphase einer Unterrichtsreihe wird für die Anliegen und Auffassungen der Schüler geöffnet, so dass sich Anhaltspunkte für die weitere Unterrichtsgestaltung und Textauswahl im Anschluss an die Besprechung der Essays ergeben können. Die Anforderungen an den Essay können zu diesem Zeitpunkt noch gering sein, insofern es eher um eine Vorverständigung geht als um eine voraussetzungsreiche Erörterung (Gerhardt 2008, 14).

Anders in der *Phase der Erarbeitung*: Hier verfügen die Schüler idealerweise über ein gewisses „philosophisches Verständnis des Themas" (Gerhardt 2008, 23), haben bereits Texte hierzu erarbeitet und so eine inhaltliche Grundlage für ihren Primärtext geschaffen. Das bedeutet: Die Anforderungen sind größer, insofern während dieser Phase einer Unterrichtsreihe in gesteigerter Form „begriffliche Klarheit und argumentative Überzeugungskraft angestrebt werden" (Gerhardt 2008, 14).

Zudem eignet sich der Essay als Medium, um die *Phase des Rückblicks und Ausblicks* zu gestalten, indem die Schüler die erreichten Ergebnisse zusammenfassen und mögliche Anschlussprobleme diskutieren. Auch Kurzessays, die unabhängig von der jeweiligen Unterrichtsreihe sind, bieten sich an, um einzelne Themen zu vertiefen, die nicht im Rahmen des Unterrichtsthemas erörtert werden können (Gerhardt 2008, 15).

Was die Themenwahl betrifft, müssen mehrere Aspekte bedacht werden: Zunächst sollte es sich um eine überschaubare Aufgabe handeln; insbesondere dann, wenn zu Beginn einer Unterrichtsreihe noch kaum Kenntnisse zum Thema vorausgesetzt werden können. Sodann sollte das Thema „ein echtes Problem" formulieren, sei es in Form eines Zitats oder einer Frage. Hiermit soll vermieden werden, dass sich die Antwort bereits aus dem vorausgegangenen Unterricht aufdrängt. Es ist auch möglich, dass der Essayschreiber, ausgehend von einem Zitat, selbst die philosophisch relevanten Probleme entdecken und formulieren muss (Gerhardt 2008, 15).

Insgesamt betrachtet, sollte man ein Thema wählen, das sich die Schüler ohne Schwierigkeiten zum Anliegen machen können, oder eines, in welchem die Schüler einen Aspekt finden, der sie in irgendeiner Weise anspricht, so dass sie herausgefordert sind, sich damit zu beschäftigen (Gerhardt 2008, 13; Beispiele für Aufgabenstellungen finden sich unter 2).

2. Grundlegung des Konzeptes: Ziel der nun folgenden Methodenteile ist es, den Schülern die Unterformen des argumentierender Essays vorzustellen und besonders den Aufbau der Grundform des philosophischen Essays nahezubringen. Dabei sollen sie erkennen, dass diese Parallelen zum Anforderungsbereich III von Klausuraufgaben hat. Es gilt also auf Seiten der Schüler, das Bewusstsein zu schaffen, dass sie das Erlernen der Grundform im Blick auf den dritten Anforderungsbereich fruchtbar machen können.

Bei sämtlichen Methodenteilen ist darauf zu achten, die Zitate, zu denen Essays verfasst werden sollen, so zu wählen, dass sie sich in die jeweilige Unterrichtsreihe integrieren lassen; das bedeutet, dass sich auf Seiten der Schüler zum methodischen zugleich ein inhaltlicher Erkenntnisgewinn einstellen kann. Der Lehrer wird also darum bemüht sein, bei den ersten Essays nicht allzu voraussetzungsreiche Zitate zu nehmen, um die Schüler nicht zu überfordern. Immerhin müssen sie neben dem inhaltlichen Aspekt eine neue Methode erlernen, auf deren Anwendung sie sich konzentrieren sollen. Daher ist es sinnvoll, die Fragestellung so zu gestalten, dass aus dem Reihenthema ein Gedanke problematisiert wird, der das Interesse der Schüler auch ohne allzu große philosophische Vorkenntnisse weckt.

Außerdem ist zu bedenken, dass die Methodenteile den Schülern nicht auf einmal, sondern sukzessive vermittelt werden. Dabei folgt nach der Einleitung des jeweiligen Methodenteils stets eine Umsetzung anhand eines Zitats, wobei der nächsthöhere Methodenteil die vorangegangenen voraussetzt und darauf aufbaut. Das heißt: Der Essay zu Methodenteil II soll idealerweise den bereits erlernten Methodenteil I verarbeitet haben. Und der am Ende zu verfassende Gesamtessay soll sämtliche Methodenteile erkennen lassen, auch wenn sein Schwerpunkt auf Methodenteil III liegt.

Zunächst gilt es, sich über die in den Vorüberlegungen festgestellten Schwierigkeiten in Bezug auf das Beurteilen und Bewerten klarzuwerden. Das kann meines Erachtens in zweierlei Weise geschehen: *Zum einen*, indem man in einer Klausur den Anforderungsbereich III so gestaltet, dass im Zentrum der Operator des Beurteilens oder Stellungnehmens steht, so dass die Schüler zu einem Zitat „eine eigene Position argumentativ gesichert vertreten" müssen (Ministerium 2007). *Zum anderen*, indem man beispielsweise als Hausaufgabe eine Stellungnahme zu einem Zitat schreiben lässt. Im Hinblick auf den in der Einführungsphase möglichen inhaltlichen Schwerpunkt „Die Sonderstellung des Menschen" (Ministerium 2014, 22) kommt folgende Aufgabenstellung in Betracht:

„Ungeheuer ist viel und nichts ungeheurer als der Mensch." – Nehmen Sie Stellung zu diesem Zitat aus Sophokles' „Antigone" (Sophokles 1989, 18).

Hier sollte der Begriff „Essay", wenn überhaupt, nur in einem vormethodischen Sinn verwendet werden; etwa indem man kurz erläutert, dass es sich um „die *begründete Verteidigung [oder Ablehnung; K. T.] einer These*" (Rosenberg 1986, 81) handelt. – Beide Maßnahmen dienen dazu, als Vorbereitung der Methodenteile den Lernstand der Schüler zu erfahren, um später – nach Einführung der Methode – eine mögliche Veränderung in der Struktur ihrer Texte feststellen zu können.

Nun folgt Methodenteil I: Einführung in die Unterformen des argumentierenden Essays mit dem Schwerpunkt auf der kritischen Prüfung einer Ansicht als Grundform. In diesem Teil sollen die Schüler einen Überblick zu den drei Unterformen des argumentierenden Essays erhalten. Dabei werden die Unterformen mit Hilfe eines Schemas einzeln vorgestellt (Gerhard 2008, 22; angelehnt an: Rosenberg 1986, 82; 135; 139). Hier sollen die Schüler zunächst genügend Zeit haben, um sich den Aufbau der drei Unterformen anzusehen und miteinander zu vergleichen. Damit bereits Bekanntes für den Lernprozess der Schüler genutzt werden kann, ist es hilfreich, die Anbindung an den Anforderungsbereich III vorzunehmen. Dies könnte geschehen, indem man die Schüler in Bezug auf die kritische Prüfung einer Ansicht fragt, ob sie im Aufbau Parallelen zum Anforderungsbereich III einer Klausur sehen. Zu erwarten ist, dass die Schüler erkennen, dass die dritte Klausurfrage zumeist ein kurzes darstellendes und ein beurteilendes Element enthält; jedenfalls dann, wenn es um ein Problem geht, das nicht bereits im Anforderungsbereich I dargestellt worden ist. Und ebendies ist der Aufbau der ersten Unterform: unvoreingenommene Darstellung und Kritik der Ansicht.

Um die Schüler einzubeziehen, kann weiter gefragt werden, welche Unterform ihnen am komplexesten erscheint. Hier kommt es darauf an, die Schüler erschließen zu lassen, dass der urteilende Essay – anders als die erste Unterform – nicht nur *eine* Position behandelt, sondern zwei, die jeweils darzustellen und zu beurteilen sind, wobei zusätzlich eine eigene Entscheidung verlangt wird. Damit handelt es sich also um eine Steigerung von Komplexität im Vergleich zur ersten Unterform (Rosenberg 1986, 138).

Ebenso können die Schüler entdecken, dass der problemlösende Essay nochmals erhöhte Anforderungen stellt, insofern sie hier das Problem selbst formulieren und – ohne Vorgabe – selbstständig Lösungen entwickeln sollen.

Mit dem Hinweis darauf, dass diese letzte Unterart im schulischen Alltag – jedenfalls bei komplexen philosophischen Problemen – häufig eine Überforderung bedeuten würde und dass die Grundform des philosophischen Essays auch als Basis für die zweite Unterform gelten kann, wird den Schülern vermittelt, dass sie im Rahmen des vorliegenden Konzeptes nur in die Grundform eingeführt werden sollen. – Aufgabe der Schüler ist es nun, die erlernte Struktur in einem Essay umzusetzen, welcher der ersten Unterform entspricht: der kritischen Prüfung einer Ansicht, wobei es nur darum geht, überhaupt zwischen Darstellung und Kritik zu unterscheiden, nicht aber darum, eine differenzierte kritische Prüfung vorzunehmen, was erst im letzten Methodenteil grundgelegt wird. In Bezug auf den inhaltlichen Schwerpunkt „Die Sonderstellung des Menschen" ist folgende Aufgabenstellung möglich:

„*Die These dieses Buches ist, dass wir und alle anderen Tiere Maschinen sind, die durch Gene geschaffen wurden."* *(Dawkins 2002, 25) – Nehmen Sie Stellung zu Richard Dawkins' These, indem Sie sich auf die Grundform des philosophischen Essays konzentrieren.*

Danach folgt der Schreibprozess im engeren Sinne zunächst mit Methodenteil II: Freies Assoziieren und Klärung der Fragestellung (Einleitung). An dieser Stelle können die Schüler in die Auffindung der Methodenschritte einbezogen werden, indem man sie fragt, wie nun weiter vorzugehen sei, um den Punkt der Darstellung auszuarbeiten. Hierbei kommt es nicht darauf an, dass sie exakt die Schritte „freies Assoziieren" und „Klärung der Fragestellung" nennen (Brandt 1991, 223; 226), sondern es geht darum, dass sie sich eine Struktur zurechtlegen, die diesen Schritten entspricht, indem sie ihr Vorgehen beim Schreibprozess schildern. Hier können sie Punkte wie „Brainstorming" und das „Verstehen der These" anführen. Auf diese Weise wird gesichert, dass die Schüler an der Methodenfindung beteiligt sind: Was sie selbst herausfinden, wird eher einleuchten als ein von außen an sie herangetragenes Methodensystem.

Bei der Technik des freien Assoziierens geht es darum, dass die Schüler zu den zentralen Begriffen eines Zitats ihre ersten spontanen Einfälle notieren; dies soll ganz ins Unreine geschehen und nur wenige Minuten in Anspruch nehmen (Brandt 1991, 223). Dieses Verfahren ist wie ein Clustering zu verschiedenen Begriffen und kann zunächst gemeinsam anhand eines auf Folie präsentierten Zitats im Unterrichtsgespräch eingeübt werden.

Wichtig ist, die Schüler selbst die entscheidenden Vorteile dieser Methode entdecken zu lassen, indem sie überlegen, was es für Auswirkungen hätte, wenn man auf diese Phase des Schreibprozesses verzichten würde. Die zu erwartende Antwort: Man würde möglicherweise zentrale Aspekte des Zitats übersehen.

Die Methode der freien Assoziation zielt außerdem darauf ab, nicht nur die bewusst-rationale Einstellung der Schüler zu einem Zitat anzusprechen, sondern auch deren emotionale Haltung. So ist zu erwarten, dass sie zu Begriffen Gegenbegriffe nennen oder aber Aspekte herausfinden, die sie aufgrund eigener Erfahrung besonders berühren (Brandt 1991, 223).

Mithin geht die freie Assoziation stets von den Schülern aus: Sie finden in den notierten Einstellungen ihr eigenes Produkt vor (Brandt 1991, 224), das die Grundlage für ihren Essay bildet. Bereits an dieser Stelle werden also die Weichen für den weiteren Verlauf des Schreibprozesses entscheidend gestellt.

Im Wege der freien Assoziation werden folglich zwei Elemente miteinander verknüpft: Das vorgegebene Zitat ist zwar die Basis der Assoziation, aber es bleibt nicht für sich, sondern wird um die kreative Leistung der Schüler ergänzt, indem sie die Assoziationen als ihr Eigenes hinzutun.

Der nächste Methodenschritt besteht darin, dass die freien Assoziationen in der Einleitung verarbeitet werden, in welcher die Schüler die Fragestellung klären sollen. Während das freie Assoziieren dazu dient, die Perspektive zu öffnen, um möglichst eine Vielzahl von Ideen zur Verfügung zu haben – denn nur so können die Schüler neue Gedanken entdecken –, muss nunmehr der Blick wieder auf die wesentlichen Aspekte des Zitats konzentriert werden: Worum geht es darin genauer? Lässt sich eine Problemfrage herauslesen? Welche zentralen Begriffe werden im Zitat verwendet, und wie lassen sich die gefundenen Assoziationen für die Klärung der Fragestellung fruchtbar machen? (Warburton 2009, 25-29; Gerhardt 2011)

Da die freien Assoziationen in der Einleitung mit dem Ziel verarbeitet werden, die Fragestellung zu klären, fasse ich beide Schritte zum Methodenteil II zusammen, den die Schüler in einem zweiten Essay umsetzen sollen, wobei sie idealerweise hier zeigen, dass sie den ersten Methodenteil ebenfalls zur Anwendung bringen können. Denn tatsächlich handelt es sich bei den Punkten „freies Assoziieren" und „Klärung der Fragestellung" um eine Konkretisierung des bereits erarbeiteten Aufbaus: Es sind diejenigen Schritte, die für die Darstellung der im Zitat geäußerten Ansicht wesentlich sind: Indem man assoziiert, klärt man die Fragestellung, und in dieser Klärung geschieht bereits eine erste Darstellung der jeweiligen Position, die im Hauptteil noch detaillierter erfolgt.

Beispiel für eine Aufgabenstellung: „Das Wesen des Menschen und das, was man seine ‚Sonderstellung' nennen kann, steht hoch über dem, was man Intelligenz und Wahlfähigkeit nennt, und würde auch nicht erreicht, wenn man sich diese Intelligenz und Wahlfähigkeit quantitativ beliebig, ja bis ins Unendliche gesteigert vorstellte." (Scheler 1991, 37) – Nehmen Sie in Form eines argumentierenden Essays Stellung zu diesem Zitat, indem Sie besonderen Wert auf das freie Assoziieren und die Klärung der Fragestellung legen.

In dem nun folgenden dritten Methodenteil sollen die Schüler lernen, den Hauptteil und den Schluss des Essays zu verfassen, der teilweise noch aus der in der Einleitung begonnenen Darstellung der Ansicht sowie aus deren Kritik besteht, indem sie sich eine Argumentationslehre aneignen, die über eine sprachanalytische Konzentration auf Begrifflichkeit hinausgeht. Dazu ist es erforderlich, dass sie mit den oben erörterten philosophischen Schreibstilen bekannt gemacht werden, die sich durchaus auch in der Einleitung des Essays verwenden lassen und die es den Schülern ermöglichen sollen, das Zitat in vielen Dimensionen zu erfassen.

Dabei steht nicht im Zentrum, die Schüler *im Einzelnen* mit den philosophischen Denkrichtungen vertraut zu machen, die hinter den Schreibstilen stehen. Die Denkrichtungen sind nicht Selbstzweck; sie sind Mittel zum Zweck, die Verschiedenartigkeit der Schreibstile zu verstehen. Sie können daher kurz genannt und etymologisch hergeleitet werden, wichtig aber ist, dass die Schüler erlernen, welche Schreibstile ihnen beim Verfassen des Essays zur Verfügung stehen. Dazu müssen sie aber deren Bedeutung verstehen, die ihnen mit kurzen Erläuterungen nahegebracht werden kann: Wollen sie zentrale Begriffe klären und die Argumentation eines Textes prüfen (analytische Dimension)? Wollen sie das Zitat interpretieren, indem sie ihr eigenes Vorverständnis mit der Intention des Autors in einen Sinnzusammenhang bringen (hermeneutische Dimension)? Wollen sie möglichst genau ihre Alltagserfahrungen beschreiben, um das Zitat zu erläutern (phänomenologische Dimension)? Oder wollen sie Widersprüche des Zitats aufdecken und dessen Gedanken in kritischer Absicht fortentwickeln (dialektische Dimension)?

(Rohbeck 2000, 85 f.) – Diese Fragen umschreiben verschiedene Schreibstile, die zumeist in einem Text nicht alternativ auftreten, sondern miteinander vermengt sind.

Die Schüler sollen in diesem Methodenteil darauf aufmerksam gemacht werden, dass sie nicht zwingend sämtliche Schreibstile zur Anwendung bringen müssen, sondern dass sie selbst Schwerpunkte setzen können: Je nachdem, was sie in ihrem Essay zum Ausdruck bringen wollen, wird das eine Mal der Schwerpunkt darin liegen, eine Argumentation zu prüfen, das andere Mal in der Wahrnehmung und Beschreibung der Wirklichkeit.

An diesem Punkt des Konzeptes kann es gelingen, dass sich die Schüler auf die Suche nach gedanklichen Zusammenhängen begeben und mit Hilfe der Schreibstile Argumente für die Richtigkeit oder Fehlerhaftigkeit einer Position finden. Hier wird die Bedeutung des Essayschreibens als eine heuristische Methode hervorgehoben (Engels 1993, 255-257). Idealerweise lernen die Schüler so dasjenige, was Philosophie als Reflexionskompetenz ausmacht: eine *Wahrnehmungskompetenz*, indem sie ihre Erfahrungen und Beobachtungen beschreiben, eine *Deutungskompetenz*, indem sie Begriffe klären und das jeweilige Zitat verstehen, eine *Darstellungskompetenz*, indem sie die zentralen Gedanken des Zitats angemessen zur Sprache bringen sowie eine *Argumentations- und Urteilskompetenz*, indem sie Begriffe und Gedankengänge einer Kritik unterziehen.

Auf den Hauptteil folgt der Schluss des Essays, in welchem die Schüler ein Resümee ziehen sollen, das sich auf die These des Zitats bezieht. Hier ist der richtige Ort, um aufgeworfene Fragen zu beantworten, Ergebnisse zu relativieren und mögliche neue Fragen zu skizzieren. Auch ein pointierter Gedanke kann nochmals die Aufmerksamkeit des Lesers wecken (Schüren 1993, 445; Warburton 2009, 43).

Ziel dieses dritten Methodenteils ist es, den Schülern eine Strukturierungskompetenz von Primärtexten an die Hand zu geben, damit sie ihre Gedanken vor der Niederschrift ordnen. Auf diese Weise soll verhindert werden, dass die Schüler ihre Überlegungen diffus aneinanderreihen, ohne selbst einen Überblick über das Geschriebene zu besitzen.

Der Methodenteil III soll die Schüler dazu ermächtigen, zu ihren Gedankengängen ein reflexives Verhältnis einzunehmen: Geht es beispielsweise darum, Begriffe und Argumentationen zu prüfen oder die Wirklichkeit differenziert und umfassend zu beschreiben? Ebenso sollen sie lernen, ein Fazit zu formulieren, das ihre Gedankengänge bündelt und den Essay abschließt.

Durch die vorgestellten Methodenteile I bis III sollen sich die Schüler über ihren eigenen Schreibprozess bewusst werden, und was sich sonst bestenfalls intuitiv während des Schreibens entwickelt, kann so – mit einiger Übung – auf das Verfassen aller möglichen Primärtexte mit Beurteilungsschwerpunkt übertragen werden.

Beispiel für eine Aufgabenstellung: „Der Mensch ist die Krone der Schöpfung. Wie schade, dass es eine Dornenkrone ist." (Stanislaw J. Lec; zitiert nach Spicker 2010, 125) – Nehmen Sie Stellung zu diesem Zitat, indem Sie einen argumentierenden Essay verfassen, der die Methodenteile I bis III umsetzt.

3. Was die Besprechung der Essays betrifft, gibt es vielfältige Möglichkeiten (Engels 1993, 257), die man abwechseln sollte, um das Interesse der Schüler aufrechtzuerhalten: Zum einen können die Schüler ihren Essay im Unterricht vorlesen. Der Rest des Kurses bekommt dann beispielsweise den Auftrag zu überprüfen, an welcher Stelle ein Methodenschritt beendet ist und ein neuer beginnt; dies können die Schüler durch Handzeichen mitteilen.

Um sie noch mehr einzubeziehen, bietet es sich an, die Essays mit dem Partner austauschen zu lassen und, orientiert an den erlernten Kriterien, selbst von den Schülern eine kurze Beurteilung verfassen zu lassen. Auch können die Schüler ihre Stellungnahme vom Beginn mit ihrem letzten Essay vergleichen, um eine mögliche Lernentwicklung festzustellen.

Außerdem kann der Lehrer nach dem Vorlesen eines Essays den einen oder anderen Gedanken hervorheben (Engels 1993, 257), auf den es methodisch oder inhaltlich ankommt. Weiterhin lässt sich – des zeitlichen Aufwands wegen freilich nur selten – an eine Einzelbesprechung denken, um die Texte mit den Schülern gemeinsam durchzugehen.

Allen hier erwähnten Arten der Besprechung ist gemeinsam, dass sie die Schüler mit ihrer Leistung, die im Falle des Essayschreibens doch recht aufwändig sein kann, in besonderer Weise ernst nehmen wollen.

4. Die Bewertung der Essays richtet sich danach, wie es den Schülern gelungen ist, die Methodenteile I bis III in ihren Texten umzusetzen. Dabei werden für jeden Essay nur diejenigen Methodenteile vorausgesetzt, die bis dahin erlernt worden sind. So ist für den ersten Essay unabdingbar, dass die Schüler die Trennung zwischen unvoreingenommener Darstellung und Kritik der These vornehmen, weil dies für die Grundform des philosophischen Essays charakteristisch ist. Im Blick auf den zweiten Essay kommt es besonders darauf an, wie den Schülern das freie Assoziieren und die Klärung der Fragestellung gelingen. Schließlich soll der dritte Essay neben den bereits eingeübten Methodenschritten noch die philosophischen Schreibstile und die Überlegungen zum Fazit zur Anwendung bringen. Daraus folgt, dass an den Gesamtessay die höchsten Anforderungen gestellt werden, insofern die Schüler zu diesem Zeitpunkt sämtliche Methodenteile beherrschen sollen und bereits zwei Übungsessays zur Umsetzung der Methodenteile I bis II verfasst haben.

Sodann müssen die Essays der Schüler allgemeinen Kriterien von Texten entsprechen: Enthält der Essay nur Behauptungen und ist ungereimt, undifferenziert, oberflächlich, oder ist eine Argumentation zu erkennen, die stringent, differenziert und durchdacht ist? (Engels 1993, 256)

Nicht zuletzt lässt sich auch der Stil eines Essays bewerten; denn ohne eine klare Sprache können philosophische Gedanken nicht angemessen dargestellt werden: Handelt es sich um eine prägnante, geordnete und präzise Darstellung, oder gibt es viele unnötige Passagen, die zudem ungenau sind? (Engels 1993, 256)

Fazit

Wer dieses Konzept mit seinen Schülern umsetzt, wird vermutlich zweierlei erfahren: Zum einen ist zu erwarten, dass die Schüler den Anforderungsbereich III einer Klausur tatsächlich systematischer angehen werden als zuvor, wenn sie sich darauf eingelassen haben, mit Hilfe der erarbeiteten Methode ihre Darstellungskompetenz wie auch ihre Argumentationskompetenz zu verbessern. Zum anderen mag das größte Problem darin liegen, die Motivation der Schüler zum Schreiben eigener Texte über einen längeren Zeitraum aufrechtzuerhalten.

Obgleich die Methode des Essayschreibens beträchtliche Anforderungen stellt – sowohl was die Schüler betrifft, die teils viel Zeit aufgewendet und manche Anstrengung beim Verfassen der Essays auf sich genommen haben, als auch in Bezug auf den eigenen Lektüreaufwand –, handelt es sich doch um ein lohnenswertes Projekt, das den Schülern künftig das Schreiben von Primärtexten erleichtern kann.

(Dieser Beitrag ist die gekürzte und leicht überarbeitete Fassung des folgenden Textes: Klaus Thomalla, „Der Essay als heuristische Methode im Philosophieunterricht der Sekundarstufe II. Entwicklung eines Konzeptes zur Förderung des Schreibens von Primärtexten in einem Grundkurs der Jahrgangsstufe 11", in: *Zeitschrift für Didaktik der Philosophie und Ethik*, 2/2011, 124-136.)

Literatur

Brandt, M.: „,Gibt es einen gerechten Krieg?'. Erfahrungen mit dem Essay als Mittel, sich mit einem aktuell bedrängenden Thema auseinanderzusetzen", in: *Zeitschrift für Didaktik der Philosophie* (1991), 222-230.

Dawkins, R.: *The Selfish Gene* [1976]; dt.: *Das egoistische Gen* [1989], übersetzt von K. de Sousa Ferreira, Reinbek bei Hamburg 2002.

Engels, H.: „Plädoyer für das Schreiben von Primärtexten oder: Über die künstliche Erzeugung von ,serendipity'", in: *Zeitschrift für Didaktik der Philosophie* (1993), 250-257.

Gerhardt, G.: „Der philosophische Essay und seine Verwendung im Unterricht", in: Fachverband Philosophie: *Mitteilungen* 48 (2008), 11-24.

Gerhardt, G.: „Schriftliches Arbeiten im Philosophieunterricht", in: Albers, F. J.; Simon-Schaefer, R. (Hg.): *Philosophie konkret: Praktische Philosophie in der Diskussion*, Berlin 2009.

Gerhardt, G.: *Hinweise zum Essayschreiben*, 2011, URL: http://www.schulministerium.nrw.de/docs/bp/Schueler/Mitmachen/Wettbewerbe/schulisch/Philosophischer-Essay/Hinweise-Essayschreiben/index.html (abgerufen am 8. 10. 2014).

Kultusministerkonferenz: Einheitliche Prüfungsanforderungen in der Abiturprüfung Philosophie. Beschluss der Kultusministerkonferenz vom 1.12.1989 i.d.F. vom 16.11.2006, URL: http://www.kmk.org/fileadmin/veroeffentlichungen_beschluesse/1989/1989_12_01-EPA-Philosophie.pdf (abgerufen am 8. 10. 2014).

Ministerium für Schule und Weiterbildung des Landes Nordrhein-Westfalen: *Philosophie. Übersicht über die Operatoren. Abitur NRW*, 2007, URL: http://www.standardsicherung.nrw.de/abitur-gost/getfile.php?file=194 (abgerufen am 8. 10. 2014).

Ministerium für Schule und Weiterbildung des Landes Nordrhein-Westfalen: *Bundes- und Landeswettbewerb Philosophischer Essay*, 2013f., URL: http://www.schulministerium.nrw.de/docs/bp/Schueler/Mitmachen/Wettbewerbe/schulisch/Philosophischer-Essay/* (abgerufen am 8. 10. 2014).

Ministerium für Schule und Weiterbildung des Landes Nordrhein-Westfalen (Hg.): *Kernlehrplan für die Sekundarstufe II. Gymnasium/Gesamtschule in Nordrhein-Westfalen. Philosophie*, Düsseldorf 2014, URL: http://www.standardsicherung.schulministerium.nrw.de/lehrplaene/upload/klp_SII/pl/KLP_GOSt_Philosophie.pdf (abgerufen am 8. 10. 2014).

Redaktion Schule und Lernen (Hg.): *Schüler-Duden Literatur*, Mannheim, Leipzig, Wien, Zürich 2008.

Rentsch, T.; Rohbeck, J.: „Essays schreiben – aber mit Methode", in: *Information Philosophie* (2002), 48-52.

Rohbeck, J.: „Didaktische Potenziale philosophischer Denkrichtungen", in: *Zeitschrift für Didaktik der Philosophie und Ethik* (2000), 82-93.

Rohbeck, J.: „Philosophische Schreibstile", in: ders.: *Didaktik der Philosophie und Ethik*, Dresden 2008.

Rosenberg, J. F.: *The Practice of Philosophy. A Handbook for Beginners*, dt.: Philosophieren. Ein Handbuch für Anfänger, übersetzt von B. Flickinger, Frankfurt am Main 1986.

Scheler, M.: *Die Stellung des Menschen im Kosmos* [1928], Bonn 1991.

Schüren, R.: „Putting Together a Decent Essay. Ein Schreibkurs nach amerikanischem Modell für die deutsche Oberstufe", in: *Diskussion Deutsch. Zeitschrift für Deutschlehrerinnen und Deutschlehrer in Ausbildung und Praxis* 134 (1993), 441-450.

Sophokles: *Antigone. Tragödie*, übersetzt von W. Kuchenmüller, Stuttgart 1989.

Spicker, F.: *Die Welt ist voller Sprüche. Große Aphoristiker im Porträt*, Bochum 2010.

Warburton, N.: *The Basics of Essay Writing*, London, New York 2009.

3.3 Literarische Texte

Rolf Sistermann

Gedanken ohne Inhalt sind leer, Anschauungen ohne Begriffe sind blind. Daher ist es eben so notwendig, seine Begriffe sinnlich zu machen (d.i. ihnen den Gegenstand in der Anschauung beizufügen) als seine Anschauungen sich verständlich zu machen (d.i. sie unter Begriffe zu bringen).

(Kant AA III, 75, KrV B 75)

Diese weitreichende Forderung Kants sollte im Hintergrund jeder philosophiedidaktischen Arbeit stehen. Da es in der Philosophie darum geht, in immer neuen und immer wieder in Frage gestellten Versuchen zu allgemeingültigen Aussagen über unsere Wirklichkeit zu kommen, fallen diese notwendiger Weise abstrakt aus. Schülern, die die Geschichte der betreffenden Begriffe und die Diskussion um diese nicht kennen, fällt der Zugang zu ihnen schwer. Sie brauchen anschauliche inhaltliche Beispiele, damit die Begriffe nicht leer bleiben. Es ist also notwendig, „die Begriffe sinnlich zu machen".

Anschauung im wörtlichen Sinne bieten vor allem Bilder und Filme. Aber um genauer an Details und Motivationen zu arbeiten, sind Texte manchmal hilfreicher. Natürlich finden sich in Tages- oder Wochenzeitschriften Beispiele für Dilemmasituationen oder ungeheuerliche Vorfälle, die unmittelbar zur philosophischen Problemreflexion herausfordern. Allgemein zugänglicher und meist auch differenzierter sind jedoch literarische Beispiele. Repräsentative Überblicke über philosophisch relevante literarische Texte oder Zusammenstellungen von philosophischen Texten mit literarischem Bezug sind allerdings Desiderate und nicht leicht zu finden. Auch in dem 2012 erschienen umfangreichen *Handbuch: Literatur und Philosophie* sucht man diese vergebens. Ergiebiger und anregender sind der umfang- und inhaltsreiche Essay des amerikanischen Literaturwissenschaftlers G. Steiner *Gedanken dichten* (2011) und die neue Studie der amerikanischen Philosophen H.

Dreyfus und S.D. Kelly *Alles was leuchtet* (2014). Immer noch gut brauchbar für den Unterricht ist die 1995 bei Reclam erschienene kleine Sammlung von *Geschichten zum Philosophieren* für die Sek. I., in der 38 literarische Texte von Voltaires *Mikromegas* bis Abbotts *Flächerland* mit Arbeitsvorschlägen zusammengestellt sind (Kähler, Nordhoven 1995). Besonders hilfreich für die Unterrichtsplanung aber sind die umfangreichen kommentierten Listen „Literarische Texte für das (Oberstufenfach) Philosophie" und die „Vorleseliste von Geschichten für die Klassen 5-7" in dem 2013 erschienen *Medienschlüssel Philosophie* von M. Wittschier. Schließlich sind noch zwei Hefte der wichtigsten fachdidaktischen Zeitschriften zu nennen, die sich dem Thema gewidmet haben: Das Heft *Literarisches Philosophieren* der *Zeitschrift für Didaktik der Philosophie und Ethik* (2/2004) und das Heft *Leselust* der Zeitschrift für *Ethik und Unterricht* (1/2008). In dem letzteren findet man auf jeweils zwei oder drei Seiten 22 Unterrichtsvorschläge zur Arbeit mit literarischen Texten für die Grundschule bis zur Sek. II (u. a. zu M. Ende: *Die unendliche Geschichte*, J. Zeh: *Spieltrieb*, R. Musil: *Der Mann ohne Eigenschaften* und M. Sutor: *Die dunkle Seite des Mondes*).

Grundsätzlich kann man bei der Arbeit mit literarischen Texten im Philosophie- und Ethikunterricht drei Formen unterscheiden. Einmal gibt es Texte, in denen sich Philosophen auf literarische Texte beziehen, und andere, in denen Literaten auf das Werk eines Philosophen eingehen.

Zu der ersten Art gehören Platons heftige Kritik der Werke Homers und Hesiods wegen ihrer Darstellung der Unmoral der Götter im zweiten Buch der *Politeia*, Hegels mehrfache Auseinandersetzung mit Sophokles' *Antigone* (kritisch dargestellt von Steiner 2011, 134 f.), Bergsons Bezug auf Molière in seinem Buch über das Lachen (1900), die eindringlichen Interpretationen von Hölderlin, Eichendorff, Heine, Balzac, Proust und Valéry in Th. Adornos *Noten zur Literatur* (1958), E. Blochs (Das Prinzip Hoffnung 1959) und G. Lukács' (Faust und Faustus 1967) ausführliche Auseinandersetzungen mit Goethes *Faust* und anderen Werken klassischer Literatur, H. Arendts Essay über Franz Kafka in ihrem Band *Die verborgene Tradition* (1976), P. Ricoeurs Abhandlungen über die Zeit im Werk Thomas Manns und Marcel Prousts im zweiten Band von *Zeit und Erzählung* (1984) sowie die durchgehende Auseinandersetzung P. Bieris mit Stellen aus Dostojewskis Raskolinikov in seinem Buch *Handwerk der Freiheit* (2001). P. Bieri gehört ja bekanntlich unter dem Pseudonym Pascal Mercier zu den Philosophen, die selber literarisch tätig sind, wie vor ihm schon Albert Camus und Jean-Paul Sartre.

Zu der anderen Art gehören die Darstellung des Sokrates in Ces Notebooms *Die folgende Geschichte* (vgl. Früchtl 2007, 125-144), Hofmannsthals *Brief des Lord Chandos* an Francis Bacon, Martin Walsers Interpretation Lamettries in *Ein Augenblick der Liebe*, die Darstellung der Auswirkungen von Nietzsches Amoralismus in Juli Zehs *Spieltrieb*, die Auseinandersetzung mit Kants Erkenntnistheorie in Paul Austers *Buch der Illusionen* und die mit Kants Pflichtethik bei einer Diskussion im Hause Eichmanns in J. Littells verstörendem Roman *Die Wohlgesinnten*, der die Judenvernichtung aus der Sicht eines daran beteiligten hohen SS-Offiziers schildert, und schließlich, aber nicht zuletzt Irvin Yaloms packende Romane, in denen drei Philosophen im Mittelpunkt stehen: *Und Nietzsche weinte, Die Schopenhauer-Kur* und *Das Spinoza-Problem*.

Dazu kommen natürlich drittens sehr viele literarische Werke, in denen der Bezug weder in die eine noch in die andere Richtung direkt hergestellt ist, die aber zur philosophischen Problemreflexion herausfordern und motivieren können. Um damit im Unterricht sinnvoll umgehen zu können, muss man sich allerdings grundsätzlich darüber klar werden, wie man das Verhältnis von Philosophie und Literatur sehen will.

Dazu gab es vor mehr als 20 Jahren eine interessante Kontroverse. Jürgen Habermas hatte sich in seiner Darstellung des *Philosophischen Diskurs[es] der Moderne* gegen die Einebnung des Gattungsunterschiedes zwischen Philosophie und Literatur durch Derrida und Rorty gewandt:

„Sie bringt die Konstellationen durcheinander, in denen die rhetorischen Elemente der Sprache ganz verschiedene Rollen übernehmen. In reiner Form tritt das Rhetorische nur in der Selbstbezüglichkeit des poetischen Ausdrucks, d. h. in der auf Welterschließung spezialisierten Sprache der Fiktion auf."

„Das philosophische Denken wird, wenn es gemäß Derridas Empfehlung von der Pflicht, Probleme zu lösen, entbunden und literaturkritisch umfunktioniert wird, nicht nur seines Ernstes, sondern seiner Produktivität und Leistungsfähigkeit beraubt" (Habermas, 1985, 245 f.).

Manfred Frank bestreitet Habermas' These, „wonach der philosophische Diskurs propositional, also wahrheits-different sei, während der literarische allenfalls die Wahrhaftigkeit von Gefühlen [...] repräsentiere." Er ist sich zwar mit Habermas einig und dies ist für die Didaktik literarischer Texte im Philosophieunterricht wichtig, dass literarische Texte nicht nur Anschauung, sondern auch Gefühle vermitteln. Aber er hält es für falsch, dass poetische Texte „ihre Wirkungen innerhalb des Elfenbeinturms der Fiktion" erschöpfen, während in theoretischen Texten das „in der Lektüre für verbindlich Erkannte [...] seinen „Geltungstransfer" außerhalb der Grenzen des Textes, also in der Alltagspraxis, fort[setze]". Für Frank gilt diese Selbstbezüglichkeit poetischer Texte nur für einige ausgefallene Beispiele wie bei Italo Calvino. „Nicht jede Literatur verwickelt ihren Leser / ihre Leserin ins Geflecht der Imagination, so daß er/sie, wie Habermas sagt, diese Auslieferung mit Abdankung seiner/ihrer Autonomie, mit „Abhängigkeit bezahlt". Für die überwiegende anspruchsvolle Literatur ist „die schon von Kant aufgezeigte und von Novalis geradezu so getaufte Konvergenz des „ästhetischen Imperativs" mit dem moralischen unabweisbar und mit ihm auch die Analogie der Rezeption des Literarischen mit dem Für-verbindlich-Erkennen des normativ Gebotenen." Also lasse sich „sich kein prinzipieller Keil treiben zwischen die Verbindlichkeit von Philosophie und der einer gewissen Literatur" (Frank 1992, 71 ff.).

Gottfried Gabriel, der sich in vielen Veröffentlichungen intensiv mit dem Verhältnis von literarischen und philosophischen Texten beschäftigt hat, beschreibt dieses als „komplementär" (Gabriel 1991, 221). Diese Auffassung ist auch für das folgende Unterrichtskonzept, beim dem sich, wie anfangs angekündigt, Anschauung und Begriff ergänzen sollen, leitend gewesen. In einem Vortrag auf dem Deutschen Kongress für Philosophie (2008) hat Gabriel ausgeführt:

„Nicht-propositionale Vergegenwärtigungsleistungen der Literatur, deren ästhetisches Gelingen an ihrer Prägnanz im Sinne einer komplexen, d. h. detailgenauen und nuancenreichen Darstellung gemessen wird, können [...] Anlass zu weiteren propositionalen Erörterungen etwa in moralphilosophischer Absicht geben. Der Erkenntniswert der Literatur besteht hier in einer Kultivierung unserer moralischen Urteilskraft, in einer Sensibilisierung durch adäquate Vergegenwärtigung des Allgemeinen im Besonderen, ohne die ein differenzierter moralischer Diskurs nicht möglich ist. Die Vergegenwärtigung von Situationen ‚Anderer' (in Gestalt literarischer Figuren) erweitert den Horizont unseres Verstehens; sie erlaubt uns eine imaginative ‚Teilnahme' an vielfältigen Handlungszusammen-hängen, Motiven, Gefühlen, Haltungen, Sichtweisen und Stimmungen, die uns selbst im wirklichen Leben nicht ‚zuteil' geworden – oder auch erspart geblieben sind." (Gabriel 2008, 734)

Die letzte Bemerkung stimmt mit dem überein, was der Philosophiedidaktiker Klaus Draken als Vorzug bei der Einbeziehung literarischer Texte gegenüber der Einbringung umittelbarer persönlicher Erfahrungen im Philosophieunterricht hervorhebt:

„Zwar ist es im sokratischen Gespräch von großem Vorteil, wenn das Konkrete die selbsterlebte Erfahrung eines anwesenden Mitglieds der Gesprächsgemeinschaft ist [...]. Andererseits aber haben wir es in der Schule mit Kindern bzw. Jugendlichen zu tun, die in ihrer Entwicklung Unsicherheiten der eigenen Verortung deutlich spüren und die Schon- bzw. Rückzugsräume vor der Lerngruppe benötigen, um nicht in unzumutbare gruppendynamische Prozesse verwickelt zu werden. [...] So ist es häufig sinnvoll, Projektionsflächen bei Themen zu schaffen, die zwar einerseits brisant und deshalb notwendig zu thematisieren sind, die aber andererseits keine offene und in der Konsequenz die einzelne Person bloßstellende Behandlung zulassen. Man kann recht ungeniert das Verhalten oder die Wertmaßstäbe eines fiktiven Charakters bezüglich heikler Problemlagen analysieren, hinterfragen, mit Gründen loben oder kritisieren und kann sogar in der Fiktion Konsequenzen und Fortführungen dieser erkannten Phänomene erproben, ohne damit die Grenzen der eigenen Persönlichkeit oder eines realen Gegenübers in unzumutbarer Weise öffnen zu müssen. [...] Auch können in einer fiktiven Geschichte Dinge thematisiert werden, die außerhalb des aktuellen Erlebnishorizontes der Lerngruppe liegen (z. B. Todesstrafe). Es können Bereiche thematisiert werden, die erst perspektivisch auf die Zukunft der repräsentierten Altersgruppe hin akut relevant werden könnten (z. B. Abtreibungsfrage)" (Draken 2010, 194).

Es geht also nicht nur darum, dass „die Schöne Literatur doch eine willkommene Abwechslung gegenüber den häufig abstrakten und schwierigen Texten der Philosophie" bietet, wie Johannes Rohbeck meint, sondern um Möglichkeiten der Verknüpfung „mit der Lebenswelt der Schüler(innen)" durch Beschreibung konkreter Ereignisse, wie er dies anschließend andeutet (Rohbeck, 2004, 90).

Wie ist es aber nun möglich, im Unterricht literarische Texte mit ihrem Proprium der konkreten sinnlichen Anschauung so einzubringen, dass sie direkt auf die philosophischen Texte mit ihrer verallgemeinernden Begrifflichkeit bezogen sind, so dass keine von beiden zu kurz oder nur der Abwechslung halber mal die eine und mal die andere zum Zuge kommt?

Ein Lernprozessmodell, das man sich in Form eines Bonbons vorstellen kann, wenn man sich die offeneren und die enger geführten Unterrichtsphasen vor Augen stellen möchte, soll genau dieses leisten.

Im Bonbonmodell des Lernprozesses kommen alle Methoden zum Zuge, die Ekkehard Martens in seiner Methodik des Ethik- und Philosophieunterrichts beschrieben hat, allerdings nicht in einer beliebigen Reihenfolge, wie seine Methodenschlange suggeriert

Phasen des Denkvorgangs nach J. Dewey	Methoden des Philosophie- und Ethikunterrichts nach E. Martens	Das Bonbonmodell des Lernprozesses
1. Man begegnet einer Schwierigkeit	(1.) Phänomenologische Methode: Eine Wahrnehmung differenziert und umfassend beschreiben,	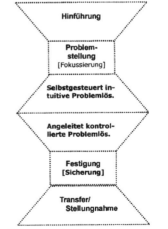
2. Sie wird lokalisiert und präzisiert	(2.) Probleme konstituieren	
3. Ansätze einer möglichen Lösung	(3.) Spekulative Methode: Phantasien und Einfälle zulassen und betrachten	
4. Logische Entwicklung der Konsequenzen des Ansatzes	(4.) Hermeneutische Methode: Jemanden verstehen können	
5. Weitere Beobachtung und experimentelles Vorgehen	(5.) Analytische Methode: Argumente und Begriffe klären können	
6. führen zur Annahme oder Ablehnung der Lösung	(6.) Dialektische Methode: Auseinandersetzungen führen können	
(John Dewey, Wie wir denken, 1910)	(Ekkehard Martens, Methodik des Ethik- und Philosophieunterrichts, 2003)	(Rolf Sistermann in: Zeitschrift für Didaktik der Philosophie und Ethik, 1/2005; 4/2008; 1/2011; 4/2012; 1/2015)

Abb. 10: Bonbonmodell des Lernprozesses

(Martens 2003, 57). Vielmehr ist die Reihenfolge an der Beschreibung des pragmatischen Denkprozesses durch John Dewey (1910, 56) ausgerichtet, die schon vor 50 Jahren die Psychologen Werner Correll und Heinrich Roth in die fünf bzw. sechs Lernphasen ihrer Lernpsychologie übernommen haben.

Deutlich wird an der Gegenüberstellung, dass der literarische Text in erster Linie in der Hinführung zu einer Problemstellung seinen Ort hat (1). Die phänomenologisch genaue Wahrnehmung des Schriftstellers kann Schülerinnen und Schüler dazu bringen, ein philosophisches Problem zu erkennen (2) und sie dazu motivieren, sich selbstständig damit auseinanderzusetzen und eigene Lösungsversuche zu entwerfen (3). Danach sind sie bereit und in der Lage, auch schwierige und abstrakte philosophische Texte zu verstehen, die sich mit dem selben Problem beschäftigen (4). Wenn die dort eingeführten Begriffe verstanden und gefestigt sind (5), können diese auf ähnliche Situationen übertragen und erprobt werden (6). Auch in dieser letzten Phase können literarische Texte zum Weiterdenken motivieren. Dazu gehören natürlich gerade solche der oben beschriebenen ersten Art, auf die Philosophen selbst hingewiesen haben und an denen ihre Theorie verdeutlicht werden kann.

Im Unterricht, besonders dem in der Sek.I, werden aber vor allem literarische Texte der dritten Art zum Einsatz kommen, die keinen direkten Bezug auf einen philosophischen Text haben, aber weitreichende Fragen aufwerfen, die zur philosophischen Problemreflexion motivieren können. Hier muss die Lehrkraft oder der Lehrbuchautor den Bezug selbst herstellen.

Um in einem so vielschichtigen Medium wie einem literarischen Text unter allen möglichen Fragen, die man an diesen stellen kann, eine zu finden, die ein wirkliches Problem enthält, das einen ergiebigen philosophischen Lernprozess verspricht, bedarf es freilich einer für den Unterricht entscheidenden Kompetenz, die man nach einer Idee Roland Henkes „Philosophiepotentialaufspürkompetenz" oder auch nach dem oben Ausgeführten „Problemfindungskompetenz" nennen könnte (vgl. Tiedemann in diesem Band).

Es gilt, genau die Szene, die Formulierung oder das Stichwort zu finden, welches das philosophische Problem in nuce enthält. Umgekehrt muss der philosophische Text, der erarbeitet werden soll, genau auf das Problem eingehen, das den Schülern mit der Hinführung durch den literarischen Text bewusst geworden ist, damit ihnen durch die eigenständige Arbeit an diesem Problem in der selbstgesteuert-intuitiven Lernphase das Verständnis des philosophischen Textes auch wirklich erleichtert wird. Das ist nicht immer so einfach.

Da der Philosophieunterricht nicht die Aufgabe hat, das literarische Werk in seiner Komposition als ganzes zu betrachten, kann er sich auf die Stellen konzentrieren, die zum problemorientierten Weiterdenken anregen. Man wird also entweder mit Kürzestgeschichten (z. B. Graf von Nayhauss 1995 oder Engels 2007) oder mit Textausschnitten aus größeren Werken arbeiten, deren Verständnis durch eine Zusammenfassung des inhaltlichen Kontextes garantiert werden muss. Sinnvoll ist es natürlich besonders in der Sek. I über die gesamte Unterrichtsreihe bei einem literarischen Werk zu bleiben, damit der Kontext nicht immer neu hergestellt werden muss.

Im Folgenden soll dies an zwei Beispielen zur Anthropologie und Ethik skizziert werden. Die ausgeführten Unterrichtseinheiten findet man in dem Oberstufenband des Unterrichtswerks *Weiterdenken*, das durchgängig nach den oben beschriebenen Prinzipien konzipiert ist (Autoren der betreffenden Kapitel: S. Backhaus, R. Ilge und H. Engels 2012).

In einer Unterrichtsreihe zur Anthropologie mit dem Thema „Der Mensch als freies und selbstbestimmtes Wesen" dienen Ausschnitte aus dem auch als Film erschienen Buch von Jon Krakauer *Into the wild* als Hinführung zu den einzelnen Problemstellungen. Sein Buch schildert die authentische Geschichte des 22 Jahre alten Christophers, der gerade das College mit hervorragenden Noten abgeschlossen hat und von der Eliteuniversität Harvard zum Jurastudium angenommen wurde. Das neue Auto, das seine erfreuten Eltern, selber erfolgreiche Geschäftsleute, ihm zum Examen schenken wollen, lehnt er jedoch für sie überraschend ab. Nachdem seine Eltern im Streit abgereist sind, beschließt er, sich von allem frei zu machen, was ihn einschränkt. Er verschenkt seine Ersparnisse an eine Hilfsorganisation und zieht quer durch Amerika in die Wildnis, um das Leben für sich neu zu erfinden. Das führt zu der ersten Problemstellung, ob es erstrebenswert ist, sich von allem unabhängig machen zu wollen. Nachdem die Schüler in der intuitiven Phase Gelegenheit hatten, sich in Christophers Situation zu versetzen und diese eventuell auch als angstmachend empfunden haben, lernen sie Sartres Analyse der Angst als Erfahrung der Freiheit und im „dialektischen Kontrast" dazu (vgl. den Artikel von R. Henke in diesem Band) Gehlens Lehre von der Stabilisierung der Persönlichkeit durch Institutionen kennen. In der Hinführung zu der zweiten Einheit, in der es um die Freiheit des Willens geht, schildert Christophers Schwester, nachdem Chris in der Wildnis einen unfreiwilligen Tod gefunden hat, seine Entwicklung bis zu seinem zweifelhaften Entschluss, alles hinter sich zu lassen. Aus dieser Erzählung erscheint der Ausbruch aus der auf einer Lüge seiner Eltern aufgebauten Familienidylle, den falschen Sicherheiten und dem materiellen Überfluss fast zwangsläufig. Es erhebt sich die Frage, ob und wie der Mensch trotz der ihn determinierenden Faktoren frei sein kann. Nachdem die Schüler sich an eigenen Lösungen versucht haben, lernen sie Kants Vorstellung des Menschen als Doppelwesen kennen, das, sofern es zur Sinnenwelt gehört, heteronom ist, aber als ein „zur intelligiblen Welt gehöriges Wesen die Kausalität seines Willens niemals anders als unter der Idee der Freiheit denken" kann. Alternativ dazu steht Schopenhauers Antwort, dass jeder sich a priori in den einzelnen Handlungen frei fühlt und a posteriori erkennt, dass „sein Handeln ganz notwendig hervorgeht aus dem Zusammentreffen des Charakters mit den Motiven".

In der Hinführung zur dritten Einheit mit dem Titel „Freiheit und Verantwortung" stellt ein wohlwollender väterlicher Freund, den Chris beim Trampen kennen lernt, ihm angesichts seiner ziemlich erbärmlichen Lebensumstände die Frage „Junge, meinst du nicht, du solltest dich um eine Ausbildung kümmern und einen Job und darum, aus deinem Leben etwas zu machen?" Er bekommt zur Antwort: „Sie brauchen sich um mich keine Sorgen zu machen. Ich hab' mir dieses Leben ausgesucht." Im Folgenden geht es um die Frage, ob man sein Leben tatsächlich eigenverantwortlich selbst entwerfen kann. Dazu erhalten die Schüler einerseits ein Bild, das die Erschaffung von Menschen auf einer Töpferscheibe durch den ägyptischen Gott Chrum darstellt, und andererseits den berühmten Text von Jean-Paul Sartre, in dem dieser behauptet, dass es keinen Handwerkergott für den Menschen gibt, der wie der Produzent eines Brieföffners einen vorgefertigten Plan für sein Produkt bereit hält. Vielmehr ist der Mensch nichts anderes „als das, wozu er sich macht" und auch dafür verantwortlich. Sartres darüber hinausgehende Behauptung, der Mensch sei nicht nur für sich, sondern für alle Menschen verantwortlich, wird anschließend in Frage gestellt:

„Diese ohne jede Untermauerung vorgebrachte Behauptung in einer Philosophie, die den Begriff der menschlichen Natur radikal ablehnt, erscheint höchst willkürlich" (Mounier).

Als Hinführung zu der vierten Einheit mit dem Titel „Von den Fesseln der Liebe" dient die Episode mit Tracy, in die sich Christopher auf seiner Trampfahrt verliebt, die er aber dann doch verlässt, weil er befürchtet, dass die Liebe ihn unfrei macht. Dies führt zu der Problemstellung, ob die Liebe tatsächlich unfrei macht. Angeregt durch das Bild Magrittes „Die Liebenden", auf dem zwei durch Tücher verhüllte Köpfe im Kuss vereint erscheinen, können die Schüler dazu eigene Antworten entwerfen. Anschließend lernen sie in einem fiktiven Interview Sartres Theorie der Liebe als einen gegenseitigen Betrug kennen, dem zu Folge in der Liebe einer die Freiheit des anderen bedroht, weil er eigentlich den anderen nur dazu bringen will, ihn zu lieben. In dialektischem Kontrast dazu lernen sie die Theorie der engen Verbindung von Freiheit und Liebe von Harry Frankfurt kennen:

„Indem uns das geliebte Wesen gefangen nimmt, befreit es uns von jenen Hindernissen, die der Wahlfreiheit und dem Handeln im Weg stehen und die darauf hinauslaufen, entweder keine Endzwecke zu haben oder unentschieden mal in die eine, mal in die andere Richtung zu tendieren."

In dem zweiten Beispiel, einer Unterrichtsreihe zur Ethik mit dem Thema „Nützlichkeit und Pflicht als ethische Prinzipien", dienen Ausschnitte aus Henrik Ibsens Drama *Ein Volksfeind* der Hinführung zu den philosophischen Problemen. In diesem Drama geht es um den Badearzt Dr. Thomas Stockmann und seinen Bruder Peter, den Chef der Stadtverwaltung in einem norwegischen Kurort. Nachdem der Arzt Nachricht erhält, dass seine Untersuchungen, die gefährliche Keime im Kurwasser nachgewiesen haben, von der Universität bestätigt wurden, lässt er sich als glücklichen und erfolgreichen Forscher feiern. Hier schließt sich die Problemstellung an, ob und welches Glück Ziel menschlichen Handelns sein sollte. Nach der intuitiven Phase können die Glücksvorstellungen Epikurs und Aristoteles eingeführt werden. In einer folgenden Einheit fordert sein Bruder, der Verwaltungschef des Kurortes, dass Thomas seine Untersuchungen „im Interesse des Gemeinwohls" zurückhalten müsse. Daraus ergibt sich die Problemstellung, wie sich das Gemeinwohl mit dem Glück des Einzelnen verträgt. Nach den intuitiven Lösungen auf diese Frage, bei denen die Schüler die Diskussion zwischen den Brüdern fortführen können, werden die utilitaristischen Vorstellungen von Bentham und Mill eingebracht. Nachdem der Stadtvogt dem Arzt vor Augen hält, dass die Stadt durch eine neue Wasserversorgung finanziell ruiniert werde, können die Frage nach der Moral des Utilitarismus gestellt und neuere Varianten, z. B. der Präferenzutilitarismus von Peter Singer, eingeführt und auf seine Tauglichkeit zur Lösung des Problems erprobt werden. Der Badearzt will sich selbst von der Drohung seiner Entlassung nicht zurückhalten lassen, seine Entdeckung zu veröffentlichen. Auch gegenüber den Bitten seiner Frau betont er immer wieder, er müsse seine Pflicht tun. Dies führt zu der Problemstellung, ob es in jedem Falle richtig ist, nur seine Pflicht zu tun. Nachdem die Schüler zu dieser Frage intuitiv Stellung genommen haben, kann man den Pflichtbegriff Kants und dessen Fundierung im guten Willen einführen. In einer Volksversammlung, in der der einst Gefeierte als Volksfeind angegriffen wird, versteigt er sich zu der Maxime:

„Ja, meine Geburtsstadt liegt mir so sehr am Herzen, dass ich sie lieber ruinieren will als zuzusehen, wie sie durch eine Lüge aufblüht." „Wen stört es, wenn eine verlogene Gemeinde zerstört wird! Sie muss dem Erdboden gleichgemacht werden, behaupte ich! Ausgerottet wie Ungeziefer gehören alle, die in der Lüge leben!"

Diese kategorischen Äußerungen führen zu dem Problem, inwieweit sie mit dem kategorischen Imperativ im Sinne Kants vergleichbar sind. In der kontrollierten Problemlösung stellt Günther Patzigs Kritik am Kantischen Rigorismus (1994) eine Hilfe zur Beantwortung dieser Frage dar. Schließlich kann auch im Transfer der neue kategorische Imperativ, den Hans Jonas in Bezug auf die Umweltverantwortung formuliert hat, mit einbezogen werden.

Literatur

Dewey, J.: *Wie wir denken* [1910], hrsg. von R. Horlacher und J. Oelkers, 2. Aufl., Zürich 2009.

Draken, K.: *Sokrates als moderner Lehrer. Eine sokratisch reflektierte Methodik und ein methodisch reflektierter Sokrates für den Philosophie- und Ethikunterricht*, Berlin 2010.

Dreyfus, H. und Kelly, S.D.: *Alles was leuchtet, wie große Literatur den Sinn des Lebens erklärt* (2011), übers. v. Y. Badal, 2. Aufl., Berlin 2014.

Engels, H.: *Blaue Schokolade. Geschichten zum Denken und Querdenken*, Hannover 2007.

Feger, H. (Hg.): *Handbuch Literatur und Philosophie*, Stuttgart 2012.

Frank, M.: *Stil in der Philosophie*, Stuttgart 1992.

Früchtl, J.: „Scham vor der Metaphysik, Cees Nooteboom und ‚Die folgende Geschichte'", in: Gamm, G. u. a. (Hg.): *Philosophie im Spiegel der Literatur*, Hamburg 2007, 125-144.

Gabriel, G.: „Erkenntnis in Wissenschaft, Philosophie und Dichtung. Argumente für einen komplementären Pluralismus", in: ders: *Zwischen Logik und Literatur, Erkenntnisformen von Dichtung, Philosophie und Wissenschaft*, Stuttgart 1991, 202-224.

Gabriel, G.: „Vergegenwärtigung in Literatur, Kunst und Philosophie", in: Gethmann, C. F. (Hg.): *Lebenswelt und Wissenschaft*, XXI, Deutscher Kongreß für Philosophie 2008, Deutsches Jahrbuch Philosophie, Bd. 2, Hamburg 2011, 726-745.

Habermas, J.: *Der philosophische Diskurs der Moderne. Zwölf Vorlesungen* [1985], Frankfurt am Main 1989.
Leselust, Ethik und Unterricht, Heft 1/2008, Seelze 2008.
Martens, E.: *Methodik des Ethik- und Philosophieunterrichts*, Hannover 2003.
Nayhaus, H.-C. G. v.: *Kürzestgeschichten für die Sekundarstufe*, Stuttgart 1995.
Rohbeck J.: „Literarische Formen des Philosophierens im Unterricht", in: *Zeitschrift für Didaktik der Philosophie und Ethik* (2004), 89-101.
Steiner, G.: *Gedanken dichten*, übers. von N. Bornhorn, Berlin 2011.
Wittschier, M.: *Medienschlüssel Philosophie. 30 Zugänge mit Beispielen*, München 2013.

3.4 Bilder und Comics

Jörg Peters

Präsentative Medien

Spricht man im Bereich des Philosophie- oder Ethikunterrichts von sogenannten *präsentativen Medien*, so sind damit primär Bilder, Comics, Musik-Clips und Filme gemeint. *Präsentative Medien* dürfen aber nicht mit *präsentativen Darstellungsformen* verwechselt werden. Bei den *präsentativen Darstellungsformen* geht es darum, dass Schülerinnen und Schüler eine philosophische Theorie, eine philosophische Fragestellung oder ein philosophisches Problem darstellend umzusetzen – also etwa pantomimisch oder als Skulptur –, wie dies etwa methodisch durch das Theatrale Philosophieren oder durch Standbilder geleistet wird.

Das Gemeinsame dieser vier präsentativen Medien besteht nun darin, dass ihnen – wie durch den Begriff *präsentativ* schon zum Ausdruck gebracht wird – das Veranschaulichende immanent gegeben ist. Der Vorteil, Veranschaulichungen im Unterricht der Sekundarstufen I und II einzusetzen, besteht darin, dass manche Schülerinnen und Schüler auf diese Weise überhaupt erst einen Zugang zu philosophischen Fragestellungen erhalten oder in der Lage sind, (schwierige) Theorien nachvollziehen zu können. Veranschaulichungen können darüber hinaus auch noch motivierend wirken und somit dazu beitragen, sich einem philosophischen Problem zuzuwenden. Auf diese Weise wird also ganz nebenbei – und ohne dass sie es merken – auch noch das eigenständige Denken von Jugendlichen gefördert.

Präsentative Medien lassen sich grundsätzlich in zwei Gruppen unterteilen: Auf der einen Seite stehen Bilder und Comics, die sich zu einer Gruppe zusammenfassen lassen, weil sie visuell-optisch angelegt sind, während auf der anderen Seite Video-Clips und Filme eine zweite Gruppe bilden, die über das Visuell-optische hinaus auch noch auditiv-akustische Elemente aufweisen. Im Folgenden soll das Augenmerk allerdings nur auf die erste der beiden Gruppen gelegt werden, weil sich andere Kapitel dieses Buches detailliert mit dem Einsatz der anderen Medien im Unterricht auseinandersetzen werden.

Generelles zur Bilddidaktik in den Fächern Philosophie und Ethik

Der Einsatz von Bildern und ihre philosophische Interpretation in den Fächern Philosophie und Ethik ist seit Mitte der 90er Jahre des 20. Jahrhunderts nicht mehr aus dem Unterrichtsgeschehen wegzudenken. Dies sieht in den beiden diesem Jahrzehnt vorangehenden Dekaden noch ganz anders aus: Philosophie-Unterricht besteht zu diesem Zeitpunkt praktisch ausschließlich aus der Lektüre und dem damit verbundenen Studium von langen Textauszügen aus philosophischen Klassikern wie Platons *Politeia*, Kants *Grundlegung zur Metaphysik der Sitten* oder Heideggers *Sein und Zeit*, um nur einige Beispiele anzuführen. Dies hat natürlich zur Folge, dass in den damals aktuellen philosophischen Schulbüchern – man denke beispielsweise an die Schulbuchreihen *Texte und Kommentare* aus dem Bayrischen Schulbuch-Verlag oder *Materialien für die Sekundarstufe II Philosophie* aus dem Hermann Schroedel Verlag – nahezu ausschließlich Texte vorzufinden sind und nur sporadisch mal eine Grafik zur Illustration angeboten wird.

Dies ändert sich erst grundlegend als Gabriele Münnix in den Jahren 1997 und 1998 die drei Bände *Menschlich?* (Münnix 1997), *Nirgendwo?* (Münnix 1998a) und *Wirklich?* (Münnix 1998b) vorlegt, die alle den Untertitel „Philosophie für Einsteiger" tragen, wodurch deutlich gemacht werden soll, dass es sich hierbei um Bücher für die Sekundarstufe I handelt. Münnix setzt gegen den anfänglichen Widerstand des Klett-Verlages durch, dass in ihren Büchern fast alle Texte mit zu ihnen passenden schwarz-weißen Karikaturen, Fotos, Screenshots oder Kunstwerken bebildert werden. Ist diese Vorgehensweise schon innovativ – auch wenn etliche Bilder nicht selbst Material, sondern „nur" Illustrationen sind –, so ist aber besonders hervorzuheben, dass die Düsseldorfer Didaktikerin den Verlag darüber hinaus davon überzeugen kann, am Anfang oder Ende jeden Bandes acht bis vierzehn farbige Bildtafeln zu platzieren, die entweder eine halbe oder eine ganze Seite füllen. Diese beiden Entscheidungen ziehen zwei für die philosophische Fachdidaktik prägende Folgen nach sich:

1. Aufgrund der Größe der Bildtafeln und des Farbdrucks können Schülerinnen und Schüler auf einmal mit Bildern als zentralem Unterrichtsgegenstand arbeiten und somit auf eine neue Weise an philosophischen Fragen, Problemstellungen und Theorien herangeführt werden.

2. In der Folgezeit entwickelt sich eine noch genauer zu betrachtende, differenzierte philosophische Bilddidaktik, die dazu führt, dass die beiden wesentlichen deutschsprachigen fachdidaktischen Zeitschriften, *Ethik und Unterricht* sowie *Zeitschrift für Didaktik der Philosophie und Ethik*, diesem Thema eigene Ausgaben widmen (Ethik und Unterricht 2002, 13 (2): Medium Bild und Zeitschrift für Didaktik der Philosophie und Ethik 2003, 25 (2): Bilddidaktik).

Schulbücher wandeln sich derart, dass es heute kein einziges philosophisches Schulbuch – weder für die Sekundarstufe I noch für die Sekundarstufe II – mehr gibt, das nicht bebildert und im Vierfarbdruck hergestellt wird. Dabei sind die in den Schulbüchern enthaltenen Bilder in der Regel nicht illustrativ, sondern stellen Materialien dar, die innerhalb des jeweiligen Kapitels durch Bearbeitung durch die Schülerinnen und Schüler zu philosophischen Erkenntnissen führen sollen. Auch die philosophische Fachwissenschaft entdeckt ab der Jahrtausendwende mit Reinhard Brandt die Philosophie in Bildern für sich (Brandt 2000), während Lucien Braun die Bilder der Philosophie untersucht (Braun 1994; 1996). Nur wenig später erscheint als bislang einziges Spezialmaterial auf dem philosophischen Schulbuchmarkt die von Peters und Rolf erstellte Folienmappe *Ethik im Bild*, die 28 Kunstwerke und Installationen mit vorgefertigten Arbeitsblättern zu unterschiedlichen ethischen Themen für beide Sekundarstufen enthält (Peters, Rolf 2003). Schließlich legt Stefan Maeger 2013 mit seinem Buch *Umgang mit Bildern. Bilddidaktik in der Philosophie* die bislang letzte umfassende Studie zur Bilddidaktik vor (Maeger 2013).

Moderne Bilddidaktik im Philosophie- und Ethik-Unterricht

Vor der Pionierarbeit von Gabriele Münnix wurde ein Bild im Philosophie-Unterricht entweder als rein ästhetischer Gegenstand betrachtet und dementsprechend unter ästhetischen Gesichtspunkten analysiert und interpretiert oder es wurde Schülerinnen und Schülern vorgestellt, um ihnen deutlich zu machen, dass Bilder – so die neuzeitliche Bilderkritik bei Bacon, Hobbes und Locke – unter dem Verdacht stehen, „das Erfassen der ‚Dinge selbst' [zu] verhindern und den Zugang zur eigentlichen Wirklichkeit [zu] verstellen" (Herold 1982, 71; vgl. auch Münnix 1998c, 28). Selbst in den 80er Jahren betrachtet Wulff D. Rehfus Bilder noch als Sekundärmedien, die allenfalls zur Illustration von Denkbewegungen und Denkmodellen herangezogen werden sollen (vgl. Rehfus 1980, 190). Auf die immer wieder vorgetragenen Einwände gegen den Einsatz von Bildern im Philosophieunterricht kann und soll hier – abgesehen von dem nachfolgenden Aspekt – nicht vertieft eingegangen werden (wer sich diesem Thema zuwenden möchte, kann Genaueres nachlesen z. B. bei Niehoff 2004 und Herold 1982).

Die von vielen Philosophen immer wieder gesehene Gefahr, von einer Bilderflut überwältigt und über sie nicht mehr Herr zu werden, scheint sich im 20. Jahrhundert, besonders seit der Zeit als die Bilder laufen lernten, noch wesentlich vergrößert zu haben. Tom Mitchell bezeichnet die Zeitspanne, in der die Bilder maßgeblichen Einfluss über die Vorstellungskraft gewinnen, die bis dahin das gedruckte und davor das gesprochene Wort hatte, als *pictural turn* (Mitchell 1995). In diesem Zusammenhang weisen Bernd Rolf und Brigitte Wiesen zurecht darauf hin, dass derjenige, der vor der Macht der Bilder zurückschreckt, denen Jugendliche nach der visuellen Zeitenwende tagtäglich ausgesetzt sind, nicht dazu anraten wird, Bilder auch noch im Unterricht zu behandeln. Vielmehr wird er sie aus der Schule verbannen und seinen Unterricht ausschließlich sprachlich-diskursiv gestalten, indem er seine Schülerinnen und Schüler beispielsweise philosophische Texte interpretieren, philosophische Gespräche führen oder philosophische Essays schreiben lässt (Rolf, Wiesen 2006, 131). Wie Rolf und Wiesen aber auch hervorheben, erkennen sowohl der Medienwissenschaftler Siegfried Frey als auch der Hirnforscher Ernst Pöppel klar, dass die Jugendlichen des ausgehenden 20. und beginnenden 21. Jahrhunderts aufgrund des kulturellen Wandels – man denke an die Allgegenwart der visuellen und audiovisuellen Medien (Kino, Fernsehen, analoge und digitale Fotoapparate, Videos, Computer und Handys) – mehr durch Bilder als durch Sprache geprägt sind. So stellt Frey heraus, „dass die Balance zwischen Auge und Ohr im Kommunikationsprozess sich immer mehr in Richtung auf das Visuelle verschiebt" (Frey 1999, 9) und Pöppel betont, dass die „Informationsverarbeitung in den Gehirnen junger Menschen, die weniger sprachliche und dafür umso mehr bildliche ‚Nahrung' zu sich nehmen, […] [anders geschieht], es finden andere strukturelle Prägungen statt" (Krempl 1999).

Welche Chancen bietet der Einsatz von Bildern im Philosophie- bzw. Ethikunterricht?

Die hier angeführten Erkenntnisse der Medienwissenschaft und der Hirnforschung bestätigen, was sich schon seit langem in Schule beobachten lässt, nämlich dass Jugendliche in den letzten 25 Jahren Bilder auf eine andere Weise perzipieren als dies zuvor der Fall war. Der Kunstwissenschaftler Rolf Niehoff setzt in Anlehnung an Wolfgang Welsch die Zeitspanne noch viel größer an. Für ihn beginnt – was m. E. zu früh angesetzt ist – die Allgegenwart des Bildes spätestens in den 70er Jahren des 20. Jahrhunderts. Gleichzeitig räumt er aber ein, dass das Bild erst mit dem Aufkommen der neuen Medien Überhand über die Sprache gewinnt:

„Spätestens seit den 70er Jahren des letzten Jahrhunderts ist mit der enorm angestiegenen Bilderflut das Bild in unserer Kultur nahezu omnipräsent geworden. Eingebettet in den Auseinandersetzungen mit den so genannten ‚neuen Medien', verbunden mit Erforschungen von deren spezifischen Strukturen und Wirkungsweisen sowie mit Prognosen über ihre möglichen Auswirkungen, stellte und stellt sich noch weiter die Frage nach der Relevanz des Visuellen für unsere aktuell-gegenwärtigen und zukünftigen kulturellen Orientierungs- und Kommunikationsprozesse. Mit der Ausweitung der ‚neuen Medien' sind Bilder im heutigen Alltag selbstverständlich geworden. In manchen Bereich unseres Alltags haben sie bereits begonnen, die Sprache als Verständigungsmittel zu überholen" (Niehoff 2004, 328).

Zu der neuen Form der Perzeption von Bildern mag auch die schnelle Schnittfolge seit den ausgehenden 80er Jahren zunächst in Musik-Clips und dann auch in Kinofilmen beigetragen haben. Auf diesen wichtigen und interessanten Aspekt sei hier nur hingewiesen, aus Platzgründen kann er leider nicht weiter verfolgt werden.

Man kann festhalten, dass Jugendliche aufgrund ihrer Sehgewohnheiten im Unterricht gerne mit und an Bildern arbeiten. Daher reagieren sie auf künstlerische Darstellungen – ganz anders als auf das geschriebene Wort – nur äußerst selten mit Ablehnung. Dass der Einsatz von Bildern im Philosophie- und Ethik-Unterricht positiv bei Schülerinnen und Schülern ankommt, lässt sich darüber hinaus zumindest auch noch auf folgende Gründe zurückführen:

1. Ein Problem kann manchmal besser durch ein Bild als durch einen Text veranschaulicht werden, weil es gegenständlicher und damit für Schülerinnen und Schüler greifbarer und verständlicher ist. In diesem Fall stellt das Bild die Grundlage dar, auf der dann philosophisch-begriffliches Denken aufgebaut werden kann.
2. Bei der Auseinandersetzung mit einem Bild können zumindest zu Beginn alle Schülerinnen und Schüler am Unterrichtsgespräch teilnehmen, indem sie sich z. B. dadurch in den Unterricht einbringen, dass sie das Bild so genau wie möglich beschreiben oder auch nur ihre damit verbundenen Assoziationen benennen. Durch eine solche Vorgehensweise können auch die diskursiv schwächeren Schülerinnen und Schüler in den Unterricht integriert werden.
3. Durch Bilder werden grundsätzlich Emotionen ausgelöst – selbst wenn es nur die Feststellung ist, dass man ein Bild mag oder nicht. Wenn Schülerinnen und Schüler von sich aus emotional auf ein Kunstwerk reagieren (und das tun sie in der Regel), müssen sie – fast schon automatisch – begründen, warum ein Bild auf die ein oder die andere Weise auf sie wirkt. Beiträge, die mit: „Ich finde das Bild schön/hässlich, ..." oder „Die Farben, die der Künstler benutzt hat, stimmen mich fröhlich/traurig, ..." beginnen, verlangen ein „weil", eine Begründung, wodurch die Schülerinnen und Schüler – ohne dass es zu einem „Seelenstriptease" kommt – ihre Haltung, ihre Sichtweise oder ihre Gefühle in Bezug auf ein Bild deutlich machen müssen. Durch diese Vorgehensweise gelingt es schnell, sich mit einem Bild und dem im ihm enthaltenen philosophischen Problem auseinanderzusetzen oder zumindest zu ihm hingeführt zu werden.
4. Durch den Einsatz von Bildern wird im Philosophie- bzw. Ethik-Unterricht auch die Nachhaltigkeit des Lernens unterstützt, weil Schülerinnen und Schüler sich in der Regel intensiv Bildern zuwenden und sich gerne über sie bzw. die darin zu findenden Themen austauschen.
5. Wie alle vorangegangen Punkte zeigen, wird die Motivation der Schülerinnen und Schüler durch die methodische bzw. mediale Variation gesteigert, sich überhaupt auf philosophische Probleme einzulassen.

Methoden des Umgangs mit Bildern im Philosophie- und Ethikunterricht

Es gibt keinen anderen Bereich in der philosophischen Didaktik, der so viele verschiedene methodische Zugangsmöglichkeiten bietet, einen Unterrichtsgegenstand einzusetzen, wie ein Bild, wobei mit dem Begriff „Bild" sowohl Kunstwerke als auch Karikaturen, Fotografien, CD- oder DVD-Cover, Werbeplakate etc. gemeint sein können. Für die Arbeit mit dieser Art von Bildern hat Stefan Maeger das Fünf-Schritt-Schema für das Bildverstehen im Unterricht entwickelt, das sich aus folgenden Punkten zusammensetzt (Maeger 2002, 27):

1. Erster Eindruck
2. Inhaltliche Analyse
3. Formale Analyse
4. Metaphorische Analyse
5. Interpretation

Diese Aspekte sind der Kunstdidaktik entliehen und können auf den Philosophie- und Ethikunterricht nur dann konsequent übertragen werden, wenn ästhetische Gesichtspunkte im Vordergrund der Auseinandersetzung mit einem Bild stehen. Das Schema greift allerdings nur eingeschränkt, wenn man ein Bild im Philosophie- oder Ethikunterricht zur Problematisierung, zur Hinführung zu einem Thema oder zu einer Auseinandersetzung mit einer Theorie heranzieht. In diesem Fall muss jede Lehrkraft entscheiden, welche Aspekte des Fünf-Schritt-Schemas sich für die Auseinandersetzung mit dem von ihr ausgewählten Bild anbieten. Bei einer solchen Vorgehensweise wird im Philosophie- bzw. Ethikunterricht nämlich ein Bild funktionalisiert und für einen bestimmten Zweck gebraucht. Dies ist meiner Auffassung zufolge legitim, auch wenn dabei in Kauf genommen werden muss, unter Umständen das eigentliche Ansinnen einer Künstlerin oder eines Künstlers nicht zu berücksichtigen oder auch die formalen Kriterien einer Bildanalyse nicht zu beachten. Einen ähnlichen Gedanken trägt auch Brigitte Wiesen vor:

„Der philosophische Zugang zum Bild mit den Methoden der Philosophie wird sicher nicht allen Ansprüchen der Kunstgeschichte genügen, dies ist auch nicht intendiert. […] [Es] soll vielmehr die philosophische Dimension des Bildes im Zentrum stehen, wie dies Paul Klee einmal formuliert hat: ‚Kunst gibt nicht das Sichtbare wieder, sondern macht sichtbar'" (Wiesen 2003, 131).

Die Aufgabe eines Bildes im Philosophie- und Ethikunterricht besteht doch primär darin, dazu beizutragen, Schülerinnen und Schüler zum (eigenständigen) Denken anzuleiten. Dieser Gedanke wird auch vom spanischen Künstler Antoni Tápies unterstützt, wenn er sagt:

„Wenn ihr ein Bild betrachtet, denkt nie daran, was die Malerei ‚sein soll' oder was viele wollen, dass sie sei. Die Malerei kann alles sein. Sie kann ein Sonnenfleck sein mitten in einem Windstoß. Sie kann eine Gewitterwolke sein. Sie kann der Schritt eines Menschen auf dem Weg ins Leben sein. Ich möchte euch einladen aufmerksam hinzuschauen, ich möchte euch einladen zu denken" (Tápies 2000, 2).

In einem anderen Beitrag stellt Maeger die unterschiedlichen Verwendungsmöglichkeiten von Bildern im Philosophie- und Ethikunterricht übersichtlich in einem Schema dar (Maeger 2000, 38). In diesem Überblick unterscheidet er sechs Bereiche, die 1. den Einstieg durch Bildnutzung (beispielsweise als Appell, Provokation oder als Hilfe zur Perzeptbildung), 2. die Problematisierung durch Bildeinsatz (beispielsweise als Vorlage zur Dialogisierung oder Kommentierung), 3. die Erarbeitung durch Bildverwendung (beispielsweise als Beitrag zum Argumentationsgang, Kontrastierung oder Exemplifikation), 4. die Überprüfung durch Bildnutzung im Sinne einer Konkretisierung, Kontrastierung, Generalisierung, Modifizierung oder Aktualisierung, 5. die Sicherung des Ergebnisstandes durch Bildeinsatz und 6. die Weiterführung durch Bildverwendung zur Überleitung, zum Transfer oder als Variation umfassen. Maeger geht es also in dieser Zusammenstellung nicht darum, zu zeigen, wie man mit einem Bild eine Unterrichtsstunde bestreitet, sondern lediglich darum, dass in einer bestimmten Sequenz des Unterrichts ein Bild bzw. die eigene Bildproduktion dazu beitragen kann, den Erkenntnisgewinn von Schülerinnen und Schülern zu fördern. Eine solche Differenzierung ist sicherlich hilfreich, schon allein um zu zeigen, dass mit einem Bild nicht zwangsweise eine komplette Unterrichtsstunde bestritten werden muss, sondern Bilder an jenen Stellen des Unterrichts eingesetzt werden können, an denen sie ihn voranbringen.

Dass von Ekkehard Martens (Martens 2001, 7 und Martens 2002, 8) in Anlehnung an Aristoteles (*N.E.* VII 1, 1145b 2-10) entwickelte und von Brigitte Wiesen auf die Bilddidaktik übertragene Fünf-Finger-Modell gibt ebenfalls gute Hinweise, wie man mit Bildern im Philosophie- und Ethikunterricht handlungsorientiert umgehen kann (Wiesen 2003, 133 und 135 ff.).

Marlies Gress und Eberhard Ritz haben eine unkommentierte Liste mit 28 Ideen zum Umgang mit Bildern im Philosophieunterricht zusammengestellt. Man merkt dieser Liste an, dass viele der vorgeschlagenen Methoden aus der Religionsdidaktik stammen und nicht unbedingt auf den Philosophie- bzw. Ethikunterricht übertragbar sind. Dennoch ist festzuhalten, dass der Ideenpool Anregungen gibt, wie ein Bild im Unterricht gewinnbringend eingesetzt werden kann (Gress, Ritz o.J., Internetseite).

Es muss zum Abschluss dieser Übersicht noch kurz darauf hingewiesen werden, dass in Bezug auf Spezialbereiche der Bilddidaktik für den Philosophie- und Ethikunterricht Bernd Stiegler, Patrick Baum und Stefan Maeger darstellen, wie man mit Fotografien philosophischen Unterricht gestalten kann (Stiegler 2011; Baum, Maeger 2011) und Martina und Jörg Peters anhand eines Beispiels zeigen, wie sich auch Bilderbücher in den Philosophie- bzw. Ethikunterricht integrieren lassen (Peters, Peters 2001).

Über Bilder und mit Bildern philosophieren

Die Auseinandersetzung mit Bildern bedeutet nicht generell, dass man immer denselben Weg einschlagen muss, nämlich vom anschaulichen Vorstellen zum sprachlich-diskursiven Denken zu gelangen. Rolf und Wiesen zeigen, dass auch der umgekehrte Weg möglich ist und dass Visualisierung vom sprachlich-diskursiven Denken zum anschaulichen Vorstellen führen kann. Leider reduzieren sie ihren Ansatz darauf, dass Schülerinnen und Schüler sich durch dieses Verfahren lediglich bereits *vorhandene Gedanken aneignen können*, wie z. B. im Prozess des Textverstehens:

„Nachdem Schülerinnen und Schüler einen Text gelesen haben, kann es hilfreich sein, dass sie zunächst ihr Verständnis des Textes in einem kreativen Prozess visualisieren, bildlich darstellen, um sich in einem zweiten Zugriff die Momente dieser simultanen Darstellung sprachlich diskursiv und analytisch anzuzeigen. […] [D]as didaktische Potenzial des Bildes [liegt] in einer Transformationsleistung, in einer Vermittlung zwischen anschaulich-intuitivem und sprachlich-diskursivem Denken" (Rolf, Wiesen 2006, 141).

Barbara Brüning geht über den didaktischen Ansatz von Rolf und Wiesen hinaus und unterscheidet zu Recht zwischen dem Philosophieren *über* Bilder, also dem sprachlichen Diskurs über bereits existierende Kunstwerke, Fotografien, etc. auf der einen, und dem Philosophieren *mit* Bildern, also der eigenen Produktion von Bildern, Zeichnungen, etc. auf der anderen Seite. Das produktive Tätigwerden bezeichnet die Didaktikerin als „*philosophische Gedanken oder Begriffe mit Hilfe von Bildern aus[zu]drücken*" (Brüning 2003, 133), wobei sie drei verschiedene Typen in der Darstellungsform ausmacht:

1. *Das Klären von Begriffen mithilfe von Zeichnungen*: Schülerinnen und Schüler können sich selbst überlegen, wie sie beispielsweise den Terminus „Unendlichkeit" darstellen wollen. Möglicherweise malen sie ihn in Form einer Spirale, die weder Anfang noch Ende aufweist.
2. *Das Darstellen von philosophischen Problemen oder Fragen als Zeichnung*: Um z. B. die Frage deutlich zu machen, ob ein Tier den Menschen versteht, wenn dieser mit ihm redet, wäre es möglich, dass Schülerinnen und Schüler ein Bild malen, auf dem die Gedanken eines Menschen sich auf ein Tier übertragen.
3. *Das Umsetzen von Gedankenexperimenten*: Man kann sich beispielhaft vorstellen, dass die Welt von morgen in einem Bild so präsentiert wird, dass sie weniger Technik, dafür aber mehr Natur aufweist (Brüning 2003, 135 f.).

Brüning geht sogar noch weiter und sagt, nicht nur die gegenständliche, sondern auch die abstrakte Darstellung in Form von Clustern, Mind-Mapping und Strukturskizzen drücken ebenfalls philosophische Gedanken oder Begriffe aus. So hilft ein Cluster, Assoziationen, Modelle oder auch konträre Auffassungen zu einem philosophischen Begriff zu sammeln und diese gegebenenfalls zu ordnen. Das Mind-Mapping trägt dazu bei, Unterbegriffe zu einem Oberbegriff und Aspekte, die zu einem Unterbegriff gehören, strukturiert darzustellen; und Strukturskizzen verdeutlichen z. B. einen Gedankengang, einen Begriff oder eine Theorie.

Zwar stellen all diese Formen vereinfachte Formen des ungegenständlichen Zeichnens

(Brüning 2003, 136) dar, aber meines Erachtens gehören sie nicht zur Bilddidaktik, sondern in den Bereich der Ergebnissicherung.

Wie man mit Bildern im Philosophie- und Ethikunterricht umgehen kann

Eigentum eigentlich ist (Locke), bis hin zu den wirtschaftsethischen Positionen von Keynes, Friedman, Sen oder Sandel.

Abb. 11: Andy Warhol: U.S. Dollar Sign

Abb. 12: Jubiläumsausgabe von Onkel Dagobert

Um zumindest kurz auf die vielfältigen Möglichkeiten hinzuweisen, die sich durch den Einsatz von Bildern im Philosophie- und Ethikunterricht bieten, soll hier der Einstieg in eine Unterrichtsreihe beleuchtet werden. Dazu greifen wir auf Andy Warhols Siebdruck *U.S. Dollar Sign* (Peters, Rolf 2003, Folie 21) zurück: Die 20 in diesem Bild in verschiedenen Formen und Größen dargestellten Dollarzeichen symbolisieren nicht nur offensichtlich Dollars bzw. Geld, sondern rekurrieren auch auf Termini wie z. B. Finanzwelt, Kaufkraft, Wohlstand, Reichtum oder Kapitalismus. Diese Begriffe können in einer solchen Reihe ebenso angesprochen werden, wie die Frage nach dem gerechten Preis (Thomas von Aquin), der Definition von Arbeit (Smith), der Zusammensetzung des Lohns (Marx), was

Mag man einen solchen Einstieg in eine Unterrichtsreihe schon als unkonventionell bezeichnen, so wird er dadurch noch ungewöhnlicher, wenn man mit seinen Schülerinnen und Schülern im Bild verharrt und sich die Dollarzeichen noch genauer ansieht. Man stellt schnell fest, dass zwei verschiedene Dollar-Zeichen zu erkennen sind. Das eine Dollar-Zeichen hat Warhol mit einem, das andere dagegen mit zwei Längsstrichen versehen: Schauen Sie sich die beiden Dollar-Zeichen auf Warhols Bild noch einmal genau an und beantworten Sie anschließend die Frage, welches der beiden das „richtige", das „echte" Dollar-Zeichen ist. Wenn Sie sagen, das Dollar-Zeichen, das nur einen Längsstrich aufweist, sei das richtige, haben Sie Recht. Dennoch sind viele Menschen in Amerika und Deutschland felsenfest davon überzeugt, dass das Dollar-Zeichen mit den zwei Längsstrichen die amerikanische Währungseinheit symbolisiere. Aber wie kommt es, so muss man sich fragen, dass so viele Menschen – ohne darüber nachzudenken – diese Auffassung teilen. Der Grund dafür ist einfach zu benennen: Diejenigen, die sich sicher sind, es gebe ein Dollar-Zeichen mit einem doppelten Längsstrich, haben dieses Symbol tatsächlich schon mehr als einmal gesehen. Allerdings handelt es sich dabei nicht etwa um ein gültiges Zeichen aus der Finanzwelt, sondern um ein Zeichen aus einem Comic. Jeder der schon einmal eine Walt Disney-Geschichte mit Onkel Dagobert bzw. Scrooge McDuck, wie er im amerikanischen Original heißt, gelesen hat, weiß, dass die Taler bzw. die Dollar, die er in seinem Geldspeicher aufbewahrt, einen doppelten Längsstrich aufweisen. Dies belegt auch das hier abgebildete Cover des Albums, das zu Onkel Dagoberts 50. Geburtstag 1997 herausgegeben worden ist (Disney 1997, Titelbild).

An dieser Stelle wird klar, dass es im Philosophie- bzw. Ethikunterricht nicht darum geht zu analysieren, welche Verfahren Warhol zur Herstellung des Bildes angewandt, warum er bestimmte Farben ausgewählt oder warum er die Dollar-Zeichen in der zu sehenden Reihenfolge angeordnet hat. All diese Aspekte müssten allerdings nach Maegers Fünf-Schritt-Schema – sofern man es ernst nimmt – erarbeitet werden. In dem vorgeführten Beispiel wird das Bild aber benutzt, um in eine Fragestellung, in ein Thema einzuführen. Auf der durch die Besprechung der Dollar-Zeichen geschaffenen Grundlage kann dann in den Folgestunden mit verschiedenen Gedankenexperimenten weitergearbeitet werden:

Stellen Sie sich vor, es gäbe Onkel Dagobert tatsächlich. Was würde das im Hinblick auf die monetäre Frage für ihn selbst, für seine Mitarbeiter, seine Verwandten und seine Mitmenschen bedeuten? – Stellen Sie sich nun vor, es gäbe kein Geld auf der Welt. Welche Konsequenzen hätte das?

Es können Rechercheaufgaben gestellt werden: *Definieren Sie den Begriff „Geld". Nutzen Sie dazu allgemeine, philosophische, soziologische und wirtschaftswissenschaftliche Lexika.*

Es können Diskussionen angestoßen werden: *Welche Funktion(en) hat Geld? Welche Gefahren können mit Geld verbunden sein? Wonach ermisst sich der Preis einer Ware?*

Auch ein kreatives Spiel (*Arbeiten Sie in Kleingruppen und denken Sie sich ein bislang nicht-existierendes Produkt aus, das Sie Ihren Mitschülern verkaufen wollen und sollen. Zu diesem Zweck müssen Sie einen Preis festlegen. Versuchen Sie anschließend in einer Produktvorstellung Ihre Ware Ihren Mitschülern schmackhaft zu machen. Wählen Sie das Produkt, das ihnen am besten gefällt (ausgenommen ist Ihr eigenes) und begründen Sie Ihre Wahl. Welches Produkt hat aufgrund welcher Aspekte gewonnen?*)

Nach dem Spiel kann man dann dazu übergehen, die Theorie des gerechtes Preises von Thomas von Aquin zu besprechen und von dort aus in die unterschiedlichen Bereiche der Wirtschaftsethik – wie an anderer Stelle dargelegt – vordringen.

Diese stichwortartigen Ausführungen lassen erahnen, welche unterrichtlichen Möglichkeiten sich durch den Einsatz eines Bildes ergeben.

Comics werden im Philosophie- bzw. Ethik-Unterricht bislang praktisch nicht genutzt

Das Beispiel *U.S. Dollar Sign* macht aber auch evident, dass wir durch Comicelemente beeinflusst werden und sie in unserem Alltag überall zu finden sind. Man denke beispielsweise an Piktogramme, Werbung oder sogar den Bundestagswahlkampf 2013, in dem sich Christian Ströbele von den GRÜNEN als Comic-Figur hat darstellen lassen oder Peer Steinbrück, der vom Plakat aus dem Betrachter das „Das WIR entscheidet" zuruft (hier fehlt einzig und allein die Sprechblase um den Slogan herum, um das comichafte perfekt zu machen). Ob wir es wollen oder nicht, graphische Elemente verankern sich äußerst schnell in unserem Unterbewusstsein.

Wenn Comics oder Comicelemente Einfluss auf uns ausüben, stellt sich die Frage, ob man dieses Medium nicht positiv für den Philosophie-Unterricht nutzen kann, um an ihm mit Schülerinnen und Schülern schwierige philosophische Fragestellungen zu erörtern, philosophische Theorien nachzuvollziehen oder philosophische Diskussionen in Gang zu setzen.

Comics haben erst in den letzten Jahren und dann auch nur in bestimmten Fächern Einzug in den Schulalltag gefunden. In Fächern wie Latein, Kunst, Geschichte, Deutsch oder den Fremdsprachen sind Comics inzwischen etabliert, so dass selbst der Schulbuchmarkt darauf reagiert und – zumindest für besagte Fächer – längst Unterrichtsmaterialien entwickelt hat: So erscheint *Asterix* bereits seit 1974 auf Lateinisch und wird seitdem im Fach Latein häufig eingesetzt. Im Bereich Kunst gibt es zahlreiche Publikationen, in denen z. B. berühmter Maler in Comics vorgestellt werden, z. B. in der Reihe Kunst-Comics aus dem Prestel Verlag. Auch im Bereich der Schulbücher wird das Thema „Comics" aufgegriffen und als Unterrichtsstoff angeboten. Als Beispiel sei hier nur das Buch *Werkstatt Kunst. Comic und Cartoon* verwiesen (Michaelis, Margot 2006). Der C.C. Buchner Verlag hat das Heft *Comics erzählen Geschichte* herausgegeben, in dem unterschiedliche Themen der Geschichte in Comic-Form dargeboten werden. Neben den Comics, Ausschnitten aus Manga und Graphic Novels sind dem Heft auch noch Arbeitsblätter auf CD beigefügt, so dass die jeweils zu besprechenden Themen methodisch unterschiedlich durchgeführt werden können (Mounajed, Semel 2010). Für den Fremdsprachenunterricht sei schließlich noch der zum Comic umgearbeitete Roman von Agatha Christie (1937): *Death on the Nile* erwähnt, der im Bearbeitungsteil viele *Activities* aufweist, die von den Schülerinnen und Schülern schon während des While-Readings durchführt werden können.

In den Fächern Philosophie und Ethik sieht dies ganz anders aus. Comics werden hier bislang stiefmütterlich behandelt und nur selten im Unterricht eingesetzt. In den meisten Fällen, in denen eventuell doch einmal ein Comic zum Tragen kommt, wird er vielleicht als Stunden-Opener benutzt, nicht aber, um an ihm ein philosophisches Problem deutlich zu machen. Folglich ist es (momentan noch) die Ausnahme, wenn mit gezeichneten Bildgeschichten ganze Unterrichtsstunden bestritten werden. Dabei können Comics aber auch für den Philosophie- und Ethik-Unterricht sehr gewinnbringend sein.

Die Bedeutung von Comics für den Philosophie- und Ethik-Unterricht

Comics können im Philosophie- und Ethik-Unterricht 1. genutzt werden, um sich motiviert auf ein philosophisches Problem einzulassen, in schwierige Theorien einzudringen oder Abstraktes zu erfassen. Sie helfen aber auch, um 2. komplizierte und komplexe Theorien vereinfacht darzustellen, 3. Emotionen zu erzeugen, die für Diskussionen nützlich sind oder 4. die Phantasie anzuregen.

Da der Einsatz von Comics im Unterricht eine ähnliche Funktion wie der von Filmen bzw. Filmausschnitten hat, lassen sich einige Parallelen zwischen diesen beiden Medien aufzeigen (zur Didaktik des Einsatzes von Filmen im Unterricht vgl. Peters, Peters, Rolf 2006, 5 ff.):

1. *Sich einem philosophischen Problem zuzuwenden, Abstraktes erfassen und in schwierige Theorien eindringen*: Wie der Film besteht im Bereich der Bildenden Kunst nur noch der Comic aus einer Kombination aus Bild und Sprache. Dass es Ausnahmen gibt, in denen Comics und Filme auch ohne Sprache auskommen – man denke etwa an o. e. plauens *Vater und Sohn* oder an die Ära der Stummfilme –, soll hier unberücksichtigt bleiben. Daher lässt sich ein Comic genauso wenig allein auf Malerei oder Literatur reduzieren, wie ein Film nicht allein der Fotografie oder Literatur zugeschlagen werden darf (Platthaus 2008, 116). Aber genau die Kombination aus Bild und Sprache hilft vielen Schülerinnen und Schülern, sich einem philosophischen Problem bzw. einer philosophischen Fragestellung zuzuwenden und sich damit auseinanderzusetzen, etwas Abstraktes auf einmal als fassbar zu erfahren oder sich in eine schwierige Theorie einzufinden. Der dem Medium innewohnende Motivationsgehalt ist daher nicht zu unterschätzen, wenn es darum geht, Jugendliche des 21. Jahrhunderts mit philosophischen Theorien vertraut zu machen.

2. *Vereinfachung von komplizierten und komplexen Theorien*: Das Zurückgreifen auf Filme für unterrichtliche Zwecke legitimiert sich dadurch, dass durch geeignete Filmsequenzen komplizierte und/oder komplexe philosophische Sachverhalte durchaus vereinfacht dargestellt werden können. Dieser Fakt kann ohne Einschränkung auf den Einsatz von Comics im Philosophie-Unter-

richt übertragen werden. Mehr noch: Während es sich beim Film um ein sogenanntes ephemeres (Peters, Rolf 2007, 119) oder „flüchtiges" Medium handelt, weil man in der Regel nicht (wieder und wieder) zurückspult, um eine für ein zu behandelndes Problem relevante Szene mehrmals zu betrachten, lässt sich dies beim Comic einfach dadurch bewerkstelligen, dass man zu der Stelle zurückblättert, die man sich noch einmal vergegenwärtigen möchte.

3. *Emotionen nutzen*: Möglicherweise werden durch einen Film bzw. Filmausschnitt bei Schülerinnen und Schülern – insbesondere dann, wenn ethische Fragestellungen betroffen sind – Emotionen hervorgerufen. Da dieser Zustand bei nahezu allen Schülerinnen und Schülern erreicht wird, kann darauf verwiesen werden, dass er intendiert ist, weil die auf diesem Wege entstandene Emotionalität zu einer intensiveren Auseinandersetzung mit dem anstehenden philosophischen Problem führt. Ein solcher emotionaler Zustand kann, wenngleich schwächer, weil unter anderem Musik und Geräusche fehlen, auch durch einen Leseprozess hervorgerufen werden, insbesondere dann, wenn er durch Bilder – wie dies beim Comic der Fall ist – unterstützt wird. Die einsetzenden Emotionen lassen sich z. B. nutzen, um im Bereich der Ethik kontroverse Diskussionen zwischen den Schülerinnen und Schülern führen zu lassen.

4. *Die Phantasie anregen*: Die Phantasie der Lesenden wird durch Comics angeregt, denn die eigentliche Denkleistung findet zwischen zwei Panels statt (Platthaus 2008, 23): In den Panels eines Comics sind nur Momente der Handlung aufgehoben, alles andere aber muss sich der Leser dazu denken. Das, was nicht gezeigt wird, ist aber elementar für die Handlung, denn es wäre unmöglich, auf dem beschränkten Raum eines Heftes oder eines Strips ein Geschehen in all seinen Aspekten abzubilden. Diese Aufgabe wird der Erfahrung und der Phantasie des Lesers überlassen.

Nach den Maßgaben unserer Alltagserfahrung ist es allerdings unmöglich, was uns ein gängiges Comic-Bild vorführt: eine stillgestellte Szene von der Dauer eines Sekundenbruchteils (denn es bewegt sich ja niemand), in der zugleich gesprochen wird (wofür im Regelfall eine deutlich längere Zeitspanne nötig wäre). Das Panel präsentiert also einerseits in der Zeichnung nur einen Augenblick, andererseits mit seinem Text eine ganze Szene. Schon innerhalb eines Bildes ist vom Leser Phantasie gefordert, weil er nicht nur den Übergang zum nächsten Panel meistern, sondern sich auch das vorstellen muss, was während des dargebotenen Dialogs passiert (Platthaus 2008, 23). Kurz: Hier wird – wie beim Philosophieren mit Bildern – das selbstständige Denken der Jugendlichen gefördert.

Wann und wie sollte man Comics im Unterricht einsetzen?

1. Es gibt kein Rezept, wann man Comics im Unterricht einsetzen kann oder soll. Ein Comic kann – je nach Unterrichtsgestaltung – an den unterschiedlichsten Stellen im Unterricht seinen Platz finden. Dies kann dementsprechend am Anfang, innerhalb oder am Ende einer Unterrichtsreihe sein.
2. Eine in diesem Zusammenhang wichtige Frage lautet, wie lang denn ein Comic sein darf oder muss. Auch auf sie gibt es keine eindeutige Antwort und keine Regel, die beachtet werden müsste. Folglich können im Philosophie- und Ethik-Unterricht Four-Panel-Strips, Ausschnitte aus Comic-Heften, Kurzgeschichten, ein Comic-Heft, mehrere Comic-Hefte (die eine Geschichte ergeben) oder auch Graphic Novels besprochen werden.
3. Was die Frage betrifft, wie Comics im Philosophie- bzw. Ethik-Unterricht benutzt werden können, ergeben sich eine Reihe von Möglichkeiten, etwa 1. um eine Stunde zu eröffnen, 2. um zu einem Thema hinzuführen oder ein Thema zu rekapitulieren, 3. um sich mit einer philosophischen Theorie auseinanderzusetzen, 4. um ein Gedankenexperiment durchführen zu lassen, 5. um ein philosophisches Problem deutlich zu machen oder 6. um ein Dilemma aufzuzeigen.

Abb. 13: Freundschaft? (Karikatur v. C. Browne)

Im Folgenden sollen diese Aspekte anhand von Beispielen erläutert werden:
1. Häufig werden Comics als *Impulsgeber* am Anfang einer Stunde genutzt, um die Schülerinnen und Schüler auf ein Thema einzustimmen oder um sie zum Thema der Stunde hinzuleiten. Comics, die für diesen Zweck eingesetzt werden, können oft auch nicht mehr leisten; in den meisten Fällen wäre es sogar unmöglich, mit ihnen eine Unterrichtsstunde Philosophie zu füllen. Dies gilt auch für den hier abgebildeten Comic (entnommen aus: Blesenkemper, Gindele, Philipp 1999, 51), der z. B. in das Thema „Freundschaft" einführen soll: Die Schülerinnen und Schüler können in Bezug auf diesen Comic sämtliche Gefahren aufzählen und beschreiben, die Sven Glückspilz durchläuft, um seinem Freund Hägar einen Hamburger zu bringen (schwieriger Weg an einer Liane durch den Dschungel, Überqueren eines Gewässers durch Hüpfen von einem Krokodilrücken zum anderen, Verfolgung durch wilde Tiere und Sprung über eine Kluft sowie Schwimmen durch ein Gewässer bei Gewitter). Ferner können sie sagen, dass Hägar den Freundschaftsdienst Svens mit der Frage quittiert, warum er nur einen Hamburger und keine Pommes frites erhalten habe. Darüber hinaus können sie noch konstatieren, dass der Comic dadurch lustig wird, weil Hägar überhaupt nicht weiß, welche Gefahren Sven Glückspilz auf sich genommen und überwunden hat, um sein Ziel zu erreichen, nämlich seinem Freund den (wahrscheinlich bestellten) Hamburger unbeschadet zu übergeben. Da aus philosophischer Sicht nicht mehr aus dem Comic herausgeholt werden kann, kann dieser nur dazu genutzt werden, um die Schülerinnen und Schüler zum Thema der Stunde zu führen oder um sie auf das neu zu bearbeitende Unterrichtsthema einzustimmen.
2. Comics können auch dazu genutzt werden, um z. B. in die *Problematik eines Themas einzuführen oder um bereits behandelte Themen zu rekapitulieren*. Um das Gelernte noch einmal zu wiederholen und zu kontrollieren, ob der methodische Zweifel bzw. der Weg zum Cogito verstanden wurden, bietet sich der Comic auf Seite 289 an (Berg 1969, 122 ff.). Was Schülerinnen und Schüler in der Beschäftigung mit dem Comic leisten sollen, ist 1. zu erkennen, dass Kenny sich mit dem Problem beschäftigt, ob die Erkenntnis von Descartes „Ich denke, also bin ich" überhaupt richtig ist. 2. wirft Kenny die Frage auf, ob es sich bei seiner Vorstellung von ihm als seiendem Wesen um eine Täuschung handelt, die ihm durch einen Traum vorgegaukelt wird oder ob er nicht nur ein Teil eines „bösen" Traumes ist, den ein anderer gerade träumt. Darüber hinaus stellt er sich 3. die Frage, ob er überhaupt existiert. Das Kriterium „Ich denke" hilft ihm nicht weiter, weil er die Möglichkeit in Betracht zieht, dass er denken könnte, er würde gerade denken. Wenn dieser Gedanke richtig wäre, käme Kenny in einen Regress in infinitum und er müsste den Gedanken immer weiter denken, ohne je zu einem Ende gelangen zu können. Darüber hinaus müssen die Schülerinnen und Schüler herausarbeiten, dass Kenny nicht alle Schritte der cartesischen Beweisführung, die zum „Ich denke, also bin ich" (Descartes 1637, IV 3) führen, in seine Überlegungen einbezieht. Aus diesem Grund ist es wichtig, dass die Schülerinnen und Schüler noch einmal aufzeigen, wie Descartes zu seiner Erkenntnis gelangt, weil sonst nicht klar ist, auf welcher Grundlage die drei von Kenny aufgeworfenen Probleme diskutiert werden können.
3. Insbesondere in philosophischen Comics gelingt es oft auf hervorragende Weise, *komplexe und/oder komplizierte Theorien so vereinfacht darzustellen*, dass sie von Schülerinnen und Schülern gut nachvollzogen werden können. Unter der Voraussetzung, dass Bild und Wort sich sinnvoll ergänzen, können selbst schwierige Theorien von den Jugendlichen nachvollzogen und verstanden werden. Ein gutes Beispiel dafür sind sie Gottesbeweise von Thomas von Aquin, die Fred van Lente und Ryan Dunlavey in ihrem Comic über den mittelalterlichen Philosophen dargestellt haben (Lente, Dunlavey 2006, 19). Sie haben für ihren Comic keinen eigenen Text geschrieben, sondern ihn einer englischen Übersetzung der *Summa theologica* entnommen. Für die hier vorliegende Fassung habe ich den

Abb. 14: Dave Berg: *Putting Descartes before the Horses*, 1969

Abb. 15: Fred van Leute, Ryan Dunlavey: Thomas von Aquin, 2006

Text der deutschen Thomas-Ausgabe in die Sprechblasen eingefügt.
Während der reine Text des Aquinaten für Schülerinnen und Schüler nicht einfach nachzuvollziehen ist, ändert sich dies, sobald seine Theorie durch Bilder unterstützt wird. In dem gewählten Ausschnitt aus dem Comic erläutert Thomas seine Lehre selbst anhand von gezeichneten Beispielen: So stutzt der Kinderarzt, weil er eigentlich kein Baby, sondern ein der Mutter en detail gleichendes Kind zur Welt bringt. Dadurch, so erklärt Thomas, soll die Unmöglichkeit deutlich gemacht werden, dass „etwas seine eigene Wirkursache ist". Dass etwas sich selbst erschaffen kann, ist unmöglich, weil es sich dann „selbst im Sein vorausgehen [müsste]". Auch die thomistische Erklärung, dass die Wirkursache nicht ins Unendliche gehen kann und dass es ohne eine erste Ursache keine Wirkung gebe, ist – ohne genauer darauf einzugehen – anhand der drei Darstellungen mit Domino-Steinen ebenso sofort nachvollziehbar wie die von Thomas gezogene Conclusio, dass, wenn es aufgrund der gesetzten Prämissen eine erste Wirkursache gibt. Wenn es aber eine erste Wirkursache gibt, so kann diese, wie Thomas glaubt bewiesen zu haben, nur „Gott" heißen.

4. Die meisten Comics sind schon in ihrer Anlage *Gedankenexperimente*. Die Frage nach dem: „Was wäre, wenn ..." steht häufig im Raum und führt direkt in philosophische Fragestellungen aller Richtungen. In dem Heft *WHAT IF ... Aunt May had died instead of Uncle Ben?* (Brubaker, Di Vito, Villari 2005) wird beispielsweise der Frage nachgegangen, ob Peter Parker alias Spider-Man sich ebenfalls zu einem moralischen Menschen entwickelt hätte, wie er es nach dem vom ihm mitverschuldeten Tod von Onkel Ben in unzähligen Abenteuern unter Beweis stellt, wenn stattdessen Tante May gestorben wäre. Wie wäre Spider-Mans Geschichte verlaufen, wenn er sich zu einem skrupel- und gewissenlosen Menschen entwickelt hätte, den seine Umwelt und Mitmenschen nicht interessieren, sondern dem es allein um sein Wohlergehen geht?

5. Comics können auch dazu beitragen, *ein philosophisches Problem deutlich zu machen*. Die Kurzgeschichte *L'hôte* von Albert Camus umfasst fünfzehn Seiten (Camus 1957, 159), während der gleichnamige Comic mit sieben Seiten auskommt (Mairowitz, Korkos 2000, 150 ff.). Inhaltlich unterscheidet sich der Comic nicht von der Kurzgeschichte und die philosophischen Fragen nach Freiheit und Verantwortung stehen bei ihm genauso im Mittelpunkt wie in dem literarischen Werk.

6. In vielen Comic-Geschichten sind *Dilemmata* enthalten, die sich schon allein deshalb für den Unterricht eignen. Dilemmata können nämlich, wie Kohlberg und Rolf herausstellen, dazu beitragen, dass Schülerinnen und Schüler lernen, eine begründete Position zu beziehen (Kohlberg 1958; Rolf 2001, 19).

Wo steht die philosophische Comic-Forschung?

Abschließend sei noch ein Blick auf die philosophische Comic-Forschung gestattet. Sie ist (noch) recht übersichtlich, da sie doch noch in den Kinderschuhen steckt. Wenn man bedenkt, dass die ernsthafte Auseinandersetzung mit Comics überhaupt erst vor 40 Jahren begann, dann handelt es sich selbst bei der generellen Comic-Forschung noch um eine sehr junge Disziplin. In Bezug auf die Philosophie muss sogar betont werden, dass sich (amerikanische) Philosophen erst vor weniger als zehn Jahren das erste Mal mit Comics philosophisch und wissenschaftlich auseinandergesetzt haben.

In Deutschland gibt es meines Wissens bislang keine Studie, die sich diesem Thema in irgendeiner Weise zugewandt hätte. Bislang ist nur ein – wenngleich sehr lesenswerter – kurzer didaktischer Aufsatz erschienen, der zeigt, wie die Konfrontation mit den Bildmitteln eines Comics zur genaueren Lektüre von Platons Höhlengleichnis anleiten kann (Wiesinger 2011, 304 ff.). In England dagegen hat sich die philosophiedidaktische Zeitschrift *Philosophy Now* dem Philosophieren mit Comics schon vor einigen Jahren zugewandt und sogar ein Heft mit dem Titel *Comics & Philosophy* (Philosophy Now 2009, No. 73) herausgebracht.

In den USA beschäftigt sich die Fachwissenschaft seit 2004 recht intensiv mit Comics, die philosophische Inhalte aufweisen. Dabei haben sich in den letzten Jahren insbesondere zwei Buch-Reihen hervorgetan, die sich entweder verfilmten Comics wie *Watchmen* (vgl. White 2009) oder der philosophischen Auseinandersetzung mit Superheroes widmen. Beide Reihen heißen ... *and Philosophy*, werden von William Irwin herausgegeben und sind in ihrem Aufbau identisch. Jedes Buch ist in vier bis sechs Teilkapitel unterteilt. Die Überschrift zu jedem Kapitel zeigt an, mit welchem philosophischen Problem sich zwei oder drei Autoren in ihren jeweiligen Beiträgen beschäftigen. Während die eine Serie „Blackwell Philosophy and Pop Culture Series" heißt, lautet der Titel der anderen „Popular Culture and Philosophy". Außerdem hat Jeff McLaughlin bereits 2005 eine Essay-Sammlung mit dem Titel *Comics as Philosophy* herausgegeben, der man aber deutlich anmerkt, dass zu dem damaligen Zeitpunkt ein neues Forschungsgebiet betreten wurde, denn die in diesem Band gesammelten Beiträge sind m. E. oft von geringer Qualität (McLaughlin 2005).

Schaut man sich Schulbücher für die Fächer Ethik, L-E-R, Praktische Philosophie und Werte und Normen an, dann sieht man schnell, dass dort – wenn überhaupt – fast ausschließlich 4-Panel-Comics Einzug gehalten haben und die in der Regel mit einer Punch-Line versehen sind. In der Regel handelt es sich dabei um sogenannte Funnies (Peanuts, Hägar, Blondie, BC etc.), also um solche Geschichten, die in einem bestimmten Stil gezeichnet sind und sich durch ihre humoristische Aussage auszeichnen.

Längere, ganzseitige oder sogar mehrseitige Comics fehlen in der Regel in deutschen Philosophie-Schulbüchern für die Sekundarstufe II. Eine Ausnahme bilden im Bereich der Sekundarstufe I lediglich das von Jörg Peters, Martina Peters und Bernd Rolf in drei Bänden für Niedersachsen herausgegebene Lehrwerk *Lebenswert* (Peters, Peters, Rolf 2011-2013) und das von Jörg Peters und Bernd Rolf für NRW ebenfalls in drei Bänden herausgegebene Lehrwerk *philo praktisch* (Peters, Rolf 2008-2011): In *LebensWert* wird in Band 1 auf einer ganzen Seite anhand der Brüder Dalton deutlich gemacht, gegen welche Gesetze sie bei einem räuberischen Banküberfall verstoßen (Peters, Peters, Rolf 2011, 106). In Band 2 gibt es einen ganzseitigen Comic zur Bergpredigt (Peters, Peters, Rolf 2012, 156), mehrere Ausschnitte zur Auferstehung Jesu (Peters, Peters, Rolf 2012, 165) und einen weiteren ganzseitigen Comic zur kirchlichen Hilfsorganisation Adveniat (Peters, Peters, Rolf 2012, 178). In Band 3 finden sich auf einer Seite zwei verschiedene Disney-Comics zur Unterscheidung von „Glück haben" und „glücklich sein" (Peters, Peters, Rolf 2013, 18) und auf einer anderen Seite die Wandlung von Prinz Siddhartha zu Buddha (Peters, Peters, Rolf 2013, 156). *Ethik aktuell* schließlich ist im deutschsprachigen Raum (wahrscheinlich) das einzige Schulbuch, das mit der Transformation der Kurzgeschichte „L'hôte" von Albert Camus in eine Bildgeschichte einen mehrseitigen Comic aufweisen kann (Peters, Rolf 2002, 126-132).

Es bleibt zu hoffen, dass sich zukünftig mehr Bildgeschichten in Schulbüchern finden lassen, die zum Philosophieren einladen, und sich der Umgang mit Comics im Philosophie-Unterricht als Methode etablieren wird.

Literatur

Aquin, T. v.: „Summa Theologica" [1265/66-1273], in: *Die deutsche Thomas-Ausgabe*, Bd. I, 1-13: Gottes Dasein und Wesen, Salzburg, Leipzig 1934.
Aristoteles: *Die Nikomachische Ethik*, München 1984.
Baum, P.; Maeger, S.: „Fotografie. Material Extra", in: *Ethik &Unterricht* 22 (2011).
Berg, D.: „Putting Descartes before the Horses", in: *MAD's Dave Berg looks at Modern Things*, London, New York, Scarborough 1969, 122-125.
Blesenkemper, K.; Gindele, E.; Philipp, B.: *Freunde haben, Freunde sein. Didaktische Anregungen und Unterrichtsmaterialien für ‚Praktische Philosophie'*, Soest 1999.
Brandt, R.: *Philosophie in Bildern. Von Giorgione bis Magritte*, Köln 2000.
Braun, L.: *Iconographie et Philosophie*, 2 Bände, Straßburg 1994/1996.
Brubaker, E.; Di Vito, A.; Villari, L.: *WHAT IF ...*, Vol. 3, #1: What if ... Aunt May had died instead of Uncle Ben?, New York 2005.
Brüning, B.: *Philosophieren in der Sekundarstufe. Methoden und Medien*, Weinheim, Basel, Berlin 2003.

Camus, A.: „Der Gast", in: *Kleine Prosa*, Reinbek bei Hamburg 1997.
Christie, A.: *Death on the Nile*, London 1998.
Descartes, R.: *Von der Methode des richtigen Vernunftgebrauchs und der wissenschaftlichen Forschung* [1637], Hamburg 1978.
Disney, W.: *50 Jahre Onkel Dagobert*, Stuttgart 1997.
Frey, S.: *Die Macht des Bildes*, Bern 1999.
Gress, M.; Ritz, E.: *28 Ideen zum Umgang mit Bildern im Philosophieunterricht*, URL: http://bildungsserver.hamburg.de/ideen-zum-umgang-mit-bildern/ (abgerufen am 16.08.2014).
Herold, N.: „Das Zwischenreich der Bilder. Zur Rolle des Bildes im Prozeß des Philosophierens", in: *Zeitschrift für Didaktik der Philosophie* 2 (1982), 71-81.
Kohlberg, L.: *Die Psychologie der Moralentwicklung* [1958], hrsg. von W. Althof, Frankfurt am Main 1995.
Krempl, S.: Auf der Suche nach der Landkarte des Wissens. Interview mit dem Münchner Hirnforscher Ernst Pöppel über die Folgen des Medienwandels für den Menschen am 24.02.1999, URL: http://www.heise.de/tp/artikel/2/2651/1.html (Stand: 04.08.2014).
Maeger, S.: „Der Reiz der Bilder. Einsatzmöglichkeiten von Bildern im Philosophie- und Ethikunterricht", in: *Ethik & Unterricht* 11 (2000), 35-41.
Maeger, S.: *Umgang mit Bildern. Bilddidaktik in der Philosophie*, Paderborn 2013.
Maeger, S.: „Drei Köpfe, vier Ohren, fünf Sinne. Bildverstehen im Philosophie- und Ethikunterricht der Klasse 9", in: *Ethik & Unterricht* 13 (2002).
Mairowitz, D. Z.; Korkos, A.: *Camus. Kurz und knapp*, Frankfurt am Main 2000.
Martens, E.: „Fachspezifische Methodik ‚Praktische Philosophie'", in: *Ethik und Unterricht* 12 (2001), 7-10.
Martens, E.: „Praktische Philosophie: Eine Einschätzung des Schulversuchs Praktische Philosophie aus fachdidaktischer Sicht", in: Ministerium für Schule, Wissenschaft und Forschung des Landes NRW (Hg.): *Praktische Philosophie in Nordrhein-Westfalen. Erfahrungen mit einem neuen Schulfach. Abschlussbericht der Wissenschaftlichen Begleitung*, Schriftenreihe Schule in NRW Nr. 9038, Düsseldorf 2002, 68-97.
McLaughlin, J.: *Comics as Philosophy*, Jackson 2005.
Michaelis, M.: *Werkstatt Kunst. Comic und Cartoon*, Hannover 2006.
Mitchell, W. J. T.: *Picture Theory. Essays on Verbal and Visual Representation*, Chicago 1995.
Morris, T.; Morris, M. (Hg.): *Superheroes and Philosophy, Popular Culture and Philosophy*, Chicago, La Salle, IL 2005.
Mounajed, R.; Semel, S.: *Comics erzählen Geschichte. Begleitmaterial Geschichte, Sequenzen aus Comics, Mangas und Graphic Novels für den Geschichtsunterricht*, Bamberg 2010.
Münnix, G.: *Menschlich? Mensch und Ethik. Philosophie für Einsteiger*, Leipzig 1997.
Münnix, G.: *Nirgendwo? Gesellschaft und Ethik. Philosophie für Einsteiger*, Leipzig 1998a.
Münnix, G.: *Wirklich? Erkenntnis und Ethik. Philosophie für Einsteiger*, Leipzig 1998b.
Münnix, G.: „Weshalb mit Bildern philosophieren? Versuch einer didaktischen Begründung", in: *Ethik & Unterricht* 9 (1998c), 28-35.
Niehoff, R.: „Aus kunstdidaktischer Sicht: Beobachtungen und Reflexionen zum Bildverständnis in ‚anderen' Fächern", in: Bering, K.; Bilstein, J.; Thurn, H. P. (Hg.): *Kultur – Kompetenz*, Oberhausen 2004, 327-359.
Peters, J.; Rolf, B. (Hg.): *philo praktisch 3*, Bamberg 2008.
Peters, J.; Rolf, B. (Hg.): *philo praktisch 1*, Bamberg 2009.
Peters, J.; Rolf, B. (Hg.): *philo praktisch 2*, Bamberg 2011.
Peters, J.; Peters, M.: „Mit Bild-Geschichten philosophieren", in: *Ethik & Unterricht* 12 (2001), 29-33.
Peters, J.; Peters, M.; Rolf, B. (Hg.): *Lebenswert 1*, Bamberg 2011.
Peters, J.; Peters, M.; Rolf, B. (Hg.): *Lebenswert 2*, Bamberg 2012.
Peters, J.; Peters, M.; Rolf, B. (Hg.): *Lebenswert 3*, Bamberg 2013.
Peters, J.; Peters, M.; Rolf, B.: *Philosophie im Film*, Bamberg 2006.
Peters, J.; Rolf, B.: *Ethik aktuell. Texte und Materialien zur Klassischen und Angewandten Ethik*, Bamberg 2002.
Peters, J.; Rolf, B.: *Ethik im Bild*, Bamberg 2003.
Peters, J.; Rolf, B.: „Spielfilme im Philosophie- und Ethikunterricht", in: Brüning, B.; Martens, E. (Hg.): *Anschaulich philosophieren. Mit Märchen, Fabeln, Bildern und Filmen*, Weinheim, Basel 2007, 116-136.
Philosophy Now 73 (2009): Philosophy & Comics.
Platthaus, A.: *Die 101 wichtigsten Fragen: Comics und Manga*, München 2008.
Rehfus, W. D.: *Didaktik der Philosophie. Grundlage und Praxis*, Düsseldorf 1980.
Rolf, B.: „‚Wie soll ich mich entscheiden?' Dilemmata im Philosophie- und Ethikunterricht", in: *Ethik und Unterricht* 12 (2001).
Rolf, B.; Wiesen, B.: „Bildung durch Bilder – Zur Didaktik und Methodik des bildlichen Denkens", in: Rohbeck, J.; Steenblock, V. (Hg.): *Philosophische Bildung und Ausbildung*, Jahrbuch für Didaktik der Philosophie und Ethik, Dresden 2006, 130-151.
Stiegler, B.: „Sechs Ansichten einer Philosophie der Fotografie", in: *Ethik & Unterricht* 22 (2011), 6-10.
Tápies, A.: „Wenn ihr ein Bild betrachtet ...", in: *... für Ihren Kunstunterricht: Fresco* 3, Klett Magazin 29 (2000).
van Lente, F.; Dunlavey, R.: „St. Thomas Aquinas", in: *Action Philosophers* (2006), 14-23.
Wiesen, B.: „Mit Bildern philosophieren – aber wie?", in: *Zeitschrift für Didaktik der Philosophie und Ethik* 25 (2003), 130-137.
Wiesinger, K.: „Die schwierige Liebe zur Wahrheit. Blick mit einem Comic auf das Höhlengleichnis", in: *Zeitschrift für Didaktik der Philosophie und Ethik* (2011), 304-308.
Zeitschrift für Didaktik der Philosophie und Ethik, Heft 2/2003.

3.5 Philosophieren mit Filmen

Volker Steenblock

Für ein „Philosophieren mit Filmen" bieten sich viele Themen an, z. B. Platons Höhlenkino in der *Truman Show* und in der *Matrix*, Woody Allens Verzweiflung über den „Sinn des Lebens" in *Matchpoint*, der großartige *Blade Runner* von Ridley Scott, schließlich, mit einem Drehbuch von Sartre: *Das Spiel ist aus*.

Filme und Filmausschnitte im Unterricht machen „theoretische" Problemstellungen *erlebbar* und sie können Problemstellungen *verdichten* wie sonst nur in existentiellen Lebensmomenten. Dem eigentlichen Profil unsers Metiers als argumentative Orientierung im Denken widerspricht dies nicht. Es führt ganz im Gegenteil in eine Dimension des Verstehens, die der philosophischen Bildung im „Pisa"- und „Kompetenzen"-Zeitgeist nicht verloren gehen darf.

Film und Philosophie – ein Problemaufriss

Was bei Shakespeare noch das Theater konnte, ein Massenpublikum ergreifen, das erreicht heute der Film. Shakespeare klingt in unseren Ohren nach Hochkultur oder nach profilierter Inszenierung unseres (gesamtgesellschaftlich freilich recht marginalisierten) Gegenwartstheaters. Aber Shakespeares berühmtes Globe Theatre stand neben Tierhatz-Arenen im Vergnügungsviertel des elisabethanischen London südlich der Themse. Shakespeare fand dort statt, wo die Menschen waren, aus welchen Motiven auch immer. Heute verhält es sich genauso mit dem *Kino*. Das Kino ist Teil der oft genug profitfördernd pornographisierten Popkultur und statt der echten Tierhatz gibt es eben in Horror, Splatter und Krimi eine inszenierte Menschenhatz im Medium Film. Hier äußert sich offenbar ein typisch Menschliches. Aber mittendrin eben gibt es Momente dessen, was wir *Bildung* nennen. (Nutzt man Produkte der Popkultur für Bildungsprozesse, liegt es zudem nahe, zugleich auch deren andere Seite zum Thema zu machen, Systemdynamiken der Kulturindustrie zu diskutieren und zu einem kritisch-reflektierenden Umgang mit der Popkultur anzuregen.)

Die Einstellung der Philosophie dem Film gegenüber schwankt traditionell von Skepsis (Sartre) bis Verriss (Adorno). Obwohl es hierfür genügend Gründe gibt, sind Filme doch mehr als das, was sie mindestens sind: aufschlussreiche Kulturindikatoren. Zudem wird in den Kulturwissenschaften ihnen gegenüber längst ein erheblicher filmästhetischer, pädagogischer und medientheoretischer Aufwand betrieben. Erst langsam, mit Annäherung an die Gegenwart aber steigend, finden Filme auch ein freundlicheres *philosophisches* Interesse. Stanley Cavell (2010) bezieht sich ausgerechnet auf jene Hollywood-Komödien der 1930er und 40er Jahre, die ein Theodor W. Adorno offenkundig vor Augen hatte, als er seine völlige Verachtung kund tat. Noch nicht einmal, wo eine avancierte Theoriebildung zwischenzeitlich tatsächlich auf bestimmte Filme eingegangen war (etwa auf Sergej Eisensteins revolutionäre Montagen oder auf Orson Welles' legendären Film *Citizen Kane*, USA 1941), sind ausgerechnet diese „seichten" Komödien je in den Blick genommen worden. Und weiter: Die Lebensfremdheit der akademischen Philosophie, spottet Cavell, führe dazu, dass das schwierige Gebiet tatsächlicher, konkreter moralischer Probleme längst eher in der Kunst, insbesondere eben auch im Film behandelt werde. Cavells Arbeiten schlagen damit eine Brücke zur Popkultur. Für den Blick auf den Film wird deutlich, was auch von der deutschen und kontinentalen Tradition her festgestellt wird: Die Philosophen haben sehr zu Unrecht lange Zeit an einem Leitmedium unserer Gegenwart vorbeigeblickt (Recki 2007).

Immerhin liegt seit Neuerem doch Einiges vor. Dimitri Liebsch (2010; vgl. auch Livingston, Plantinga 2008) unterscheidet eine Philosophie des Films im Sinne eines Genitivus subjectivus (in der etwa *Matrix* das „bewegte Bild zum erkenntnistheoretischen Skeptizismus" liefert) von einer Philosophie des Films im Sinne eines Genitivus objectivus (als Wesensbestimmung des Films). Seit den 1980er Jahren (mit Vorläufern, man denke nur an Siegfried Kracauer) gibt es eine gewisse filmphilosophische Szenerie mit „kontinentalem" (Jacques Deleuze) und (konträrem) „amerikanischem" Flügel (Noel Caroll) und daneben auch noch eine filmrelevante Medienwissenschaft. Zahlreiche Veröffentlichungen dokumentieren ein wachsendes Interesse (vgl. auch weiter Abschnitt: Zur besonderen philosophischen und didaktischen Bedeutung des Films).

Sperrt sich nicht aber der Film als Kunstwerk gegen eine philosophische (und übrigens auch oft theologische) Inanspruchnahme? Muss man nicht erst einmal dem *Film* gerecht werden? Wie bei allen Künsten ist ein kompetenter Umgang mit solchen Formalaspekten wichtig, die den Film als Film verstehen lassen. Es gilt ins Bewusstsein zu heben, welche Gestaltungsentscheidungen welche Konsequenzen hervorrufen (z. B. die Bildeinstellungsformate, Kamerafahrten, ruhig-atmosphärische, dann wieder schnelle Bildsequenzen). Als Kunst können die Stilmittel des Films eine analoge ästhetische und hermeneutische Aufmerksamkeit beanspruchen wie die der Literatur, welche der Film freilich zugleich im Lebensalltag der Menschen mit jeder nachfolgenden Generation weiter zurückdrängt. Die Deutschdidaktik etwa – die den Film mittlerweile in der Tat als eigenständige Kunstform neben die Literatur stellt – gibt zu einer „Visual Literacy" und „Spielfilmkompetenz" sowie zu möglichen, auch produktionsorientierten Arbeitsverfahren im Unterricht hilfreiche Mittel an die Hand. Theorie und Praxis einer Analyse des „Gesamtkunstwerks" Film als Text, Drehbuch, Dramaturgie, Schauspiel, Filmkritik (Fach Deutsch), als Bildschnitt, Design, Maske, Kostüm (Fach Kunst) und als Ton/Komposition/Synchronisation (Fach Musik) finden sich filmwissenschaftlich grundlegend behandelt (Monaco 2009). Solche filmästhetischen und mediendidaktischen Zugriffe (Kameraeinstellungen, Montagetechniken, Tongestaltung) zeigen, dass es ein Eigenrecht des Films als *Filmkunstwerk* auf eine *ihm* angemessene Analyse gegenüber möglichen Indienstnahmen jeweiliger weltanschaulicher Deutungsanliegen gibt. Und zugleich besteht auf der anderen Seite ein Eigenrecht jeweiliger philosophischer, religiöser usw. Theoriebildung gegenüber ihrer möglichen Verkürzung und Verzerrung in der Verbindung mit jeweiligen Filmsichten. Analog zur „Mal-mir-was"-Debatte (Tiedemann 2011) hat die Philosophie das spezifische Vernunftbemühen ihrer „Arbeit am Logos" auch beim Philosophieren mit Filmen didaktisch zu wahren. Beides muss eine Filmdidaktik achten, wenn sie zugleich (wie z. B. Litch 2002) versucht, diese Verbindung herzustellen. Dies festzuhalten, bedeutet übrigens keineswegs, den Einfluss der Philosophie und Theologie auf das Metier *Film* zu leugnen. Wie stark in der Sinnmaschine Kino gerade Rückgriffe auf religiöse Motive sind, fällt Theologen längst auf. In *Matrix* erwacht durch das „Heilshandeln" (!) der weiblichen Hauptdarstellerin Trinity der bereits (schein-)tote Neo zu neuem Leben und wird nun als Quasi-Messias endlich erfolgreich aktiv. Freilich ist angesichts einer erdrückenden Überzahl produzierter Schemaware Vorsicht geboten. So wenig *Matrix* eine Persistenz Gottes in der Gegenwartskultur beweisen muss, so wenig können die Philosophen aus ihren Entdeckungen schon auf eine Reflexivität und Intelligenz der Popkultur schließen.

Ein Beispiel: Blade Runner (USA 1982)

Für das, was philosophie- und filmdidaktisch angestrebt werden könnte, möchte ich als Beispiel auf eine mittlerweile fast legendäre Schluss-Szene des Films *Blade Runner* (USA 1982; siehe Bukatman 2003) verweisen. In dieser erkennt der in seiner Lebenszeit auf vier Jahre beschränkte künstliche Mensch oder „Replikant" Roy Batty in seinem abstürzenden Verfolger Deckard die eigene Endlichkeit wieder, dem er ins angst- und schmerzverzerrte Gesicht sagt: „Quite an experience to live in fear, isn't it? That's what it is to be a slave."

Am Ende sitzt der Replikant nach der Rettung seines Feindes zusammensackend im strömenden Regen, in ein bläulich-nächtliches Licht getaucht: „Ich habe Dinge gesehen", so sagt er stockend als Letztes, „die ihr Menschen niemals glauben würdet ...": „I've seen things you people wouldn't believe. Attack ships on fire off the shoulder of Orion. I watched C-beams glitter in the dark near Tannhäuser Gate. All those ... moments will be lost ... in time, like tears ... in rain".

Diese Filmszene scheint Widersprüche zur Debatte zu stellen: „Will be lost ..." dekodiert der Zuschauer als: es wird keine jenseitige, göttliche Aufhebung geben (alle Bildung geht verloren!); eine emporsteigende Taube/Seele könnte der Zuschauer aber auch interpretieren als: es kann doch eine jenseitige, göttliche Aufhebung in einen höheren Sinnzusammenhang zu erhoffen sein. Beides können und müssen wir auf eine eigene Stellungnahme zu diesem Problem beziehen. Dabei dürften wir uns rückwirkend an jene Szene erinnern, in der Roy Batty seinen Schöpfer Tyrell tötet und sich Bezüge zum „Tod Gottes" realisieren, den Nietzsche keineswegs nur mit fröhlicher Mutwilligkeit behauptet, sondern als die Ungeheuerlichkeit inszeniert, die er ist. Diese Inbeziehungsetzung von Sinngehalten des Films und Gedankenmodellen unserer eigenen Orientierung in den sogenannten „letzten Fragen" impliziert in der stellvertretenden Vorführung durch die Replikanten argumentativ komplexe Problemstellungen zu solchen Norm- und Sinnfragen, zu denen jede(r) sich aus sich selbst heraus und für sich selbst verhalten muss: das Problem der Theodizee, also der Rechtfertigung des guten und allmächtigen Göttlichen angesichts der Leiden in der Welt, die Frage nach moralisch gutem Handeln, nach jenseitsbezogenem oder nur diesseitigem Lebenssinn (genaue Vorstellung mit Unterrichtsmaterialien in Steenblock 2013, 147-160). Die Bedeutung dieser Passage geht aber noch weiter: Die Filmszene führt nichts weniger als eine Identitätsgewinnung Battys durch ein Handeln als moralisches Subjekt und durch Narration vor. Dies impliziert als Kohärenz u. a. eine soziale Dimension: Es ist wichtig, dass Deckard *zuhört*, dem Batty soeben das Leben gerettet hat. Sich mitvollziehend in solche Denkmodelle einzuschwingen, muss in einem lebendigen Diskurs- und Diskussionsszenario entwickelt werden, in dem Menschen als Subjekte aus ihrem Interesse am behandelten Problem nachdenken und sich orientieren.

Zur besonderen philosophischen und didaktischen Bedeutung des Films

Warum ist gerade der Film aus dem Spektrum der von ihr thematisierten Medien und Methoden in der Philosophie und ihrer Didaktik besonders interessant? Hierauf gibt es signifikante Antworten einer neueren Philosophie des Films: „Hätte man den Film nicht erfunden, fehlte den Kindern der Moderne der wichtigste Spiegel", sagt Josef Früchtl, Autor des Buches „Vertrauen in die Welt" (2013). Schon ohne auf dessen komplexen Theorierahmen einzugehen, kann man sagen: Die Geschichten des Kinos spiegeln den Alltag, die Träume und Albträume von Millionen. Dies ist so, weil praktisch jeder Film eine Gemeinschaftshervorbringung in „Tuchfühlung" mit der sozialen Wirklichkeit ist und natürlich auch, weil er als ein Pop-Produkt auf jene „anonymous multitude" zielt, die ihn schließlich sehen und profitabel machen soll. Der Ästhetiker Martin Seel sieht im Film vor allem eine Form der *Kunst*; diese wiederum aber ist mit *Religion* und *Philosophie* nach Hegel bekanntlich die „höchste Form menschlicher Selbstverständigung" (Seel 2013, 228). Dirk Rustemeyer, Kulturtheoretiker, attestiert den Künsten wie insbesondere auch dem Film eine *Bildungsdimension*. Der Film schaffe (sozusagen wie Shakespeare) „Reflexionsfiguren gesellschaftlichen Lebens, wie dies früher dem Theater zufiel" (Rustemeyer 2013, 12). Im Anschluss an Birgit Recki (2007) schließlich und an den Begriff der „symbolische Prägnanz" des Klassikers Ernst Cassirer (1874-1945) ließe sich konstatieren, dass der Film die besondere (und erinnerungsfeste) *Erfahrung einer Synthese von Erlebnis und Begriff* erzeugen kann. Erfahrungen aus Filmen, die zugleich begrifflich-diskursiv zu verarbeiten sind, können, wenn man so formulieren darf, Sinngehalte (nicht nur kognitiv, sondern auch) „emotional bewusst machen".

Auch pädagogisch gibt es einschlägige Forschung (z. B. Greimer, Ehrenspeck 2013). Freilich ist, worum es hier geht, schwerlich in der Art mancher Messregimes abfragbar nach dem Schema: Was hat Roy Batty gesehen? A: die Schulter des Orion, B: das Sternbild des

Schützen, C: Spiders from Mars oder D: den Mann im Mond? Denn („bildungstypische") Sinnfragen und Probleme der Moral und Ästhetik lassen sich nur sehr begrenzt nach der Art „eine Antwort ist richtig" erfassen. Sinngehalte müssen im gemeinsamen Gespräch unter Heranziehung eines geeigneten didaktischen Methodenspektrums für eine je individuelle Orientierung und Bildung offen diskutiert und frei entwickelt werden (vgl. Steenblock: Philosophische Bildung als Arbeit am Logos, Beitrag in diesem Band).

Wie mit Filmen philosophieren?

Bildungsprozesse wären also schlecht beraten, über das didaktische Potenzial des Mediums hinwegzusehen. „Medien nutzen und reflektieren" ist eine Grundforderung in Lehrplänen im Fach Deutsch, auch in den Didaktiken anderer Fächer ist eine „Spielfilmbildung" längst hochrangig gefordert (vgl. Bundeszentrale für politische Bildung: „Kino macht Schule" 2003). Entsprechend ist der Film als Teil schulischer wie allgemeiner Bildung aufzufassen. Wenn herauszustellen ist, welche Einsichten sich im Film für uns zeigen und wie wir durch die besondere Kraft dieses Mediums unsere bewusste Wahrnehmung und Reflexion intensivieren können, ist freilich immer auch ein wenig abzuschätzen, wie viel hiervon eine jeweilige in den Teams von Konzeption und Drehbuch erzeugte Intention ist – und wie viel eine beim Rezipienten zum Schwingen gebrachte gedankliche und gefühlsmäßige Interpretation. Letzteres ist keineswegs illegitim, im Gegenteil: Ein Kunstwerk zeichnet sich immer auch dadurch aus, dass es ein *Mehr* an Bedeutung gewinnen kann über das hinaus, was seinem Autor bewusst ist.

Zur Organisation solcher Bildungsprozesse spielt das richtige *Timing* eine Rolle. Wir alle erleben es, dass man nach einem Kinobesuch unter dem frischen Eindruck des Gesehenen sehr leicht über einen Film sprechen kann. Wie ist das in Universitätsseminaren und Schulstunden? Nehmen wir etwa die 45 Minuten einer sechsten Stunde in einer neunten Jahrgangsstufe mit 30 Schülern, die für das Fach „Ethik" oder „Praktische Philosophie" aus vier verschiedenen Klassen zusammenkommen. Die einen hatten vorher Sport, die anderen haben eine Klassenarbeit geschrieben. Für alle scheint, was in den Fünfminutenpausen geschieht und wer was über wen gesagt hat, wohl zuerst wichtiger als die Unterrichtsstunden. Zeigt man hier einen *Teil* des Films, unterbricht aber den Gang einer Auseinandersetzung mit dem Film, müssen die Schüler ihre Eindrücke, Emotionen, Fragen und Sinnkonstruktionen bis zur nächsten Stunde gleichsam „einfrieren" (Sistermann 2009). Dann aber sind sie meist „erkaltet" und bieten nur noch eine fade Erinnerung an ihren ursprünglichen Zustand. Der Einsichtsgewinn droht die investierte Unterrichtszeit kaum mehr zu rechtfertigen. Zwar erinnern die Schülerinnen und Schüler sich an den *Inhalt* des Films. Die spezifischen Emotionen und Sinnzuschreibungen, die für Bildungsprozesse zu mobilisieren wären, können sie aber nicht konservieren und wiederbeleben. Hieraus kann man den Schluss ziehen, dass das Assoziations-, Erfahrungs- und Kreativpotential, das der Filmeindruck erzeugen kann, vor allem „frisch" zur Wirkung kommen muss. Deshalb ist es mit Sistermann zu empfehlen, gezielt ausgewählte Filmausschnitte zu nutzen. Diese Erfahrung wiederum kann (sie muss nicht) so gesucht werden, wie dies in vielen Veröffentlichungen empfohlen wird, in denen ausgesuchten Filmen philosophische Thematiken, Autoren oder Texte sozusagen interaktiv zugeordnet werden. Beispiele für dieses Erlebnispotential sind etwa (genaue Vorschläge zu diesen Filmen mit Unterrichtsvorlagen in Steenblock 2013):

- die Verdichtung existentieller „Lebenssinnfragen" in *Blade Runner*
- die anschauliche Plausibilisierung der von Platon über Descartes thematisierten Möglichkeit einer Täuschung über die Realität der Welt in *Truman Show* (USA 1998) und *Matrix* (USA 1999)
- das provozierende Potential einer Konfrontation von Wissenschaft und Religion in historisch opulenter Anschauung im Film über das Schicksal der antiken Philosophin Hypatía: *Agorá* (Spanien 2009)

- der Hobbes'sche Naturzustand unter Schülern (!) in *Lord of the Flies* (UK 1990)
- die Frage nach Sinn und Schicksal des Menschen in Raum und Zeit in *2001 – A Space Odyssey* (UK 1968),
- eine in Szene gesetzte Perspektive emotionaler Bildung in *Groundhog Day* (USA 1993)
- die personale Zuspitzung gesellschaftlicher Konflikte und das Motiv des künstlichen Menschen in dem Kultklassiker *Metropolis* (Deutschland 1927)
- Jean-Paul Sartres Existentialismus in *Das Spiel ist aus* (Frankreich 1947).

Dabei ergeben sich durchaus Differenzierungspotentiale. In John Fords Western *The Searchers* (USA 1956) schwankt ein erstaunlich schwieriger, von John Wayne gespielter „Westernhelden-Charakter" zwischen Indianerhass, Rassismus und besseren Momenten. Hieraus kann man ersehen:

„Moralische Erziehung durch Filme ist ebenso wenig wie bei Romanen als Vermittlung von allgemeinen Normen zu verstehen, etwa indem eine Geschichte vorgeführt wird, aus der eine ‚Lehre' im Sinne einer allgemeinen moralischen Formel zu ziehen ist. Filme, die offenkundig solche Zwecke verfolgen, sind in der Regel langweilig. Moralische Erziehung durch Filmnarrative ist nicht *generalistischer*, sondern *partikularistischer* Art: sie besteht nicht in der abstrakten Vermittlung allgemeiner moralischer Formeln, sondern der Entwicklung eines differenzierten Bewusstseins der ethischen Herausforderungen je besonderer Lebenslagen" (Lotter 2014, 73).

Um solche je unterschiedlichen Bildungserfahrungen, die Filme ermöglichen, aufzuschließen, können in etwa die folgenden Hinweise gegeben werden:

- Für einen Unterricht, der in Erinnerung bleibt, liegt es nahe, emotionale Filmwirkung und Reflexion zu verbinden. Die machtvolle „Realitäts"-Erzeugung im Film ist auf emotionale Effekte hin angelegt. Diese können beim Zuschauer bestimmte psychologisch benennbare Reaktionen erzeugen: Identifikationen (Empathie; Rezipient empfindet zwischen sich und einer Filmfigur oder Filmsituation oder dem Film insgesamt Übereinstimmungen bzw. ein Eigenes ausgedrückt), Irritationen (Provokationen, Fremdes, keine Übereinstimmungen), Projektionen (Zuschauer fantasiert eigene Wünsche und Vorstellungen in den Film hinein). All dies ergreift uns und ruft *zugleich* nach Argument und Begriff, Text und Reflexion.
- Möglicher Wirkungen von Filmen auf Lernende sollten in einer (Vorab-)Bewusstmachung reflektiert werden. Nicht nur Figuren, auch ganze Filme „mag" der/die eine. Aber: Dem/der anderen sagen sie nichts oder sie erzeugen sogar Widerwillen. Dies betrifft sowohl die Filmsprache wie den Filminhalt, es gilt für Lernende wie für Lehrende (!). Dieser Umstand kann irritieren, er kann aber auch die Diskussion sehr befruchten. Es sind gerade seine *Polysemie*, die Vielfalt und der Perspektivenreichtum seiner möglichen Deutungen, die, wie alle Kunstwerke, auch ein Filmkunstwerk ausmachen. Es ist eine „Hin-und-Her-Bewegung" zwischen Identifikation und Distanzierung (Maria-Sibylla Lotter), zwischen Perspektivenübernahme und Befremdung, die den Raum zur Reflexion eröffnet. Natürlich gibt es aber oft Übereinstimmungen in der Beurteilung von Filmen. Im „Happy end" können sich z. B. generell akzeptierte Sinn- und Gerechtigkeitsvorstellungen spiegeln, die sich thematisch in den Unterricht als moralische Wertaussagen einbringen lassen.
- Philosophischen Bezug bedenken: Die Grundfrage ist, zu welchen genuin philosophischen bzw. ethischen Fragestellungen und (oft ja sehr traditionsreichen) Antwortversuchen sich die Filmthematik zuordnen lässt.
- Auswahl von Einzelszenen vornehmen, Gesamtkunstwerk Film respektieren: Welche Szene ist als Lernmedium geeignet? Gibt sie „genug her", um anregend zu wirken? Würde es lohnen, bei passender Gelegenheit mehr, evtl. den ganzen Film zu zeigen?
- Position einer ausgewählten Szene im Unterrichtsablauf bestimmen: Soll die Szene (eher am Anfang einer Stunde) einen Problemhorizont eröffnen/erzeugen oder

wäre auch ein Einsatz in einer späteren Phase (als profilierende Illustration, als Hinweis auf eine weiterführende Problemperspektive o.ä.) denkbar?
- Unter dem Eindruck des Gesehenen in Lerngruppen über eine Filmsequenz ins Gespräch kommen: Elemente einer themenorientierten Arbeit mit Filmsequenzen können sein (vgl. auch Peters/Rolf 2006): Verbalisierung erster Eindrücke; Gespräch über die Dokumentationen des Gesehenen mit Hilfe von schriftlichen Beobachtungsaufträgen, Erarbeitung bestimmter filmischer Mittel im Hinblick auf die Eindrücke/(emotionalen) Wirkungen, die der Film auslöst (ggfs. in Gruppen), Diskussion des Inhaltes/des Standpunktes/der Inszenierungszugriffe des Films; schließlich auch: Beurteilung des Films und Reflexion seiner Fruchtbarkeit für die im Unterricht (in gemeinsamen Planungssequenzen) vereinbarten Untersuchungsfragen.
- Auswertungen vornehmen: Rückbezug des Filmeindrucks auf die im Unterricht vereinbarten Untersuchungsfragen und Problemstellungen (der Film als Gesprächspartner/Antwortangebot nach Ekkehard Martens).
- Als wichtige Option zur Auseinandersetzung wie Ergebnissicherung: Über Filme schreiben! Mit Filmen zu philosophieren heißt im Allgemeinen, die Filmsprache wiederum in eigene Narrationen zu überführen. Für jüngere Lernende sind Sequenzenprotokolle in einfacher Form geeignet, für ältere sind auch komplexere (etwa in vorbereiteten Schemata) gut möglich. Über diese Funktion hinaus kann ein Schreiben zu Filmen weitere Aufgaben gewinnen. Es wird dann zu einer Fortsetzung des Filmgesprächs mit anderen Mitteln, eben denjenigen Mitteln, welche die Schrift als Medium zu bieten hat. Neben interpretierenden „Fachtexten" (Sequenzen beschreiben, die Filmhandlungen zusammenfassen, zentrale Figuren charakterisieren, Filmszenen schriftlich deuten, eine Filmkritik verfassen) kann es auch ein fiktionales Schreiben geben (einen Brief einer Figur oder ihren inneren Monolog schreiben, die Filmhandlung weiter erzählen).

Fazit

Der Autor und Unterrichtspraktiker Veit Straßner (2013), der viel Lesenswertes vor allem über Dokumentarfilme schreibt, hat mit Sinn für die Situation auf Szenen verwiesen, wie sie sich jeden Tag an unseren Schulen ereignen. Schüler treten mit dem Wunsch an den Lehrer heran, mal etwas „Cooles" zu machen: „Einen Film gucken, oder so…". Also kündigt der Lehrer an, dass ein Film gesehen wird. Die Schüler nehmen alsbald erfreut die scheinbar üblichen Vorbereitungen für eine Filmsichtung vor: „Unnötige" Arbeitsmaterialien verschwinden vom Tisch und man macht es sich bequem. Der Rucksack wird auf dem Tisch platziert, um sich dann gemütlich auf denselben legen zu können. Schließlich „guckt man ja nur einen Film" … Die Lehrerin/der Lehrer freilich mag sich von Kollegen dabei „ertappt" fühlen, dass man den Medienraum reserviert oder mit einer DVD auf dem Weg zum Unterricht ist.

Dies zeigt: Filme motivieren, aber ihr Potential wird oftmals nicht richtig ausgeschöpft, weil alle Beteiligten Filme eher als Konsumgüter betrachten statt als ein Unterrichtsmedium, mit dem *gearbeitet* werden könnte. Nach Eintragung der Noten am Schuljahresende wird der Film auch oft zur Verlegenheitslösung, wenn „richtiger" Unterricht nicht mehr möglich erscheint. Dabei sind eigentlich die Voraussetzungen, so Straßner, doch gut: Für eine nicht-öffentliche Wiedergabe bedarf es im Allgemeinen keiner Zustimmung des Rechtsinhabers, auch kann man auf Filme der staatlichen oder kirchlichen Medienstellen mit den entsprechenden Aufführungslizenzen zurückgreifen (natürlich ist beim Einsatz von Filmen auf eine Altersangemessenheit und auf die Altersbeschränkung durch die freiwillige Selbstkontrolle der Filmwirtschaft FSK zu achten; in der Regel auf dem DVD-Cover). Entsprechend möchten dieser Beitrag und die Literaturhinweise auf die Chancen einer *Bildungsarbeit mit Filmen* verweisen. Diese lohnt: Der Film vermag Bezüge zu einer emotionalen Tiefe herzustellen, die sich in einer Philosophiestunde im Kontext schulischer Alltagsroutinen sonst oft nicht erreichen ließe. Ein Philosophieren mit Filmen ist, wie die vorbenannten Beispiele zeigen, nicht einfach ein „didaktischer Köder" oder, quasihegelianisch, bloß „sinnliches Scheinen der Idee", sondern als Synthese von Erlebnis und Begriff für Bildungsprozesse zutiefst relevant. Dadurch, nicht durch „Filmzeigen", wird Unterricht attraktiv und kann Reflexionsfortschritte erreichen, die in Erinnerung bleiben.

Literatur

Bukatman, S.: *Blade Runner*, London 2003.
Cavell, S.: *Cities of Words. Ein moralisches Register in Philosophie, Film und Literatur*, dt. von M.-S. Lotter, Zürich 2010.
Früchtl, J.: *Das unverschämte Ich*, Frankfurt 2004.
Früchtl, J.: *Vertrauen in die Welt. Eine Philosophie des Films*, München 2013.
Greimer, A.; Ehrenspeck, Y.: „Qualitative Filmanalyse in den Sozial- und Erziehungswissenschaften", in: *Handbuch Qualitative Forschungsmethoden in der Erziehungswissenschaft*, Weinheim 2013, 589-598.
Liebsch, D.: *Philosophie des Films. Grundlagentexte*, Paderborn 2010.
Litch, M. M.: *Philosophy through Film*, New York, London 2002.
Livingston, P.; Plantinga, C. (Hg.): *The Routledge Companion to Philosophy and Film*, London, New York 2008.
Lotter, M.-S.: „Warum Adorno Unrecht hat und alte Westernchauvis wie John Wayne in den Ethik-Unterricht gehören", in: *Zeitschrift für Didaktik der Philosophie und Ethik* 36 (2014), 67-79.
Monaco, J.: *Film verstehen. Kunst, Technik, Sprache, Geschichte und Theorie des Films und der Neuen Medien*, Reinbek 2009.
Peters, J.; Rolf, B.: *Philosophie im Film*, Bamberg 2006.
Recki, B.: „Technik und Natur *oder*: Wie es der weißen Frau möglich wird, den Affen zu lieben", in: Heilinger, J.-C. (Hg.): *Naturgeschichte der Freiheit*, Berlin 2007, 391-404.
Rustemeyer, D.: *Darstellung*, Weilerswist 2013.
Seel, M.: *Die Künste des Kinos*, Frankfurt 2013.
Sistermann, R.; Schmitter, J.: „Im unerbittlichen 45 Minutentakt – Ein Plädoyer für die Arbeit mit Filmausschnitten im Religionsunterricht", in: Kirsner, I.; Wermke, M. (Hg.): *Passion Kino. Existentielle Filmmotive in Religionsunterricht und Schulgottesdienst*, Göttingen 2009.
Steenblock, V.: *Philosophieren mit Filmen*, Tübingen 2013.
Straßner, V.: *Filme im Politikunterricht*, Schwalbach im Taunus, 2013.
Tiedemann, M.: „Mal mir was!", in: *Zeitschrift für Didaktik der Philosophie und Ethik* 33 (2011), 78.

3.6 Digitale Medien im philosophischen Unterricht

DONAT SCHMIDT UND MANDY SCHÜTZE

Digitale Medien als Gegenstand der Philosophiedidaktik

Digitale Medien – Medien also, die auf der Grundlage digitaler Codes bzw. eines binären Zahlensystems arbeiten (oder um es einfacher auszudrücken: alle Medien, deren Nutzung auf Computertechnik basieren) – sind mittlerweile ein, wenn nicht *das* Leitmedium unserer Zeit; man könnte auch von einem Kulturzugangsgerät sprechen (http://v.gd/shiftingschool). Bekanntermaßen ruft ein Paradigmenwechsel immer eine Reihe von Mahnern und Kritikern auf den Plan – und so nimmt es nicht wunder, dass Philosophen und Pädagogen sich nicht scheuen, vor digitalen Medien zu warnen, deren Gebrauch von „Wesentlichem" ablenke, in die Unmündigkeit führe, Unsicherheiten und Orientierungslosigkeit Vorschub leiste, die Sprache, überhaupt die Kultur bedrohe und verrohe und Abhängigkeiten schaffe (vgl. Weizenbaum 2003; Zelger 2008).

Mit solch vorschnellen Urteilen wird man digitalen Medien jedoch in keiner Weise gerecht – zumal sie in breiter Vielfalt auftreten. Sie stellen, gerade weil sie ein wesentlicher Bestandteil der Lebenswelt sind, einen wichtigen Gegenstand für den philosophischen Unterricht dar. Es wäre sträflich, diese Medien nicht kritisch und differenziert wahrzunehmen und zu reflektieren. Somit verbieten sich Pauschalurteile.

Darüber hinaus sind digitale Medien nicht nur als Inhalt für den philosophischen Unterricht von Interesse, sondern auch als Unterrichtsmedien. Sie können unter anderem als Informationsmedien, zur Informationsverarbeitung und als Kommunikationsmittel genutzt werden. Es wird im Folgenden gezeigt, wie sich durch den Einsatz verschiedener digitaler Medien Reflexionsprozesse unterstützen lassen und wie diese einen sinnvollen Beitrag zur Entwicklung philosophischer Basiskompetenzen (Textkompetenz, soziale

Kompetenz, Urteilskompetenz, Orientierungskompetenz, interkulturelle Kompetenz, interdisziplinäre Methodenkompetenz) leisten können (vgl. Bonner Erklärung).

Digitale Medien als Informationsmedien

Viele Nutzer sehen im Internet eine schnelle und unproblematische Informationsquelle; zumindest Letzteres ist es nicht. Über den Computer sind eine Vielzahl von Daten zugänglich, und es obliegt dem Nutzer, die gewünschten Daten zu sammeln. Grundsätzlich ist festzustellen, dass es nicht ohne Weiteres möglich ist, relevante Informationen im Netz aufzufinden.

Der Internetnutzer muss sich beim Aufspüren von Informationen auf sogenannte Suchmaschinen wie etwa „Google" verlassen. Die notwendige Selektion der Informationsquellen durch die Suchmaschinen kann man zugleich negativ als Vorstrukturierung, Zensur oder gar Manipulation deuten. Außerdem ist die Verlässlichkeit der gefundenen Informationen nicht immer gegeben. Die Quellenarbeit ist deshalb ein zentraler Problembereich der Nutzung von Computer und Internet als Informationsmedium. Da die Informationen im Internet zumeist in Form von Hypertexten präsentiert werden, ist vor allem der sinnhafte Umgang mit dieser Textsorte von Belang.

Hypertexte

„Hypertexte" sind Texte, die nichtlinear dargestellt werden und die durch Verweisungen auf andere Texte oder Textelemente geprägt sind. Konkret: Statt einen fortlaufenden Text zu einem komplexen Inhalt zu verfassen, wird dieser Inhalt in kleinere Informationseinheiten (Knoten) gegliedert, die einen inhaltlichen Aspekt vermitteln und/oder erläutern.

Bei der Lektüre von Hypertexten steuert der Leser also selbst, was er liest: Er wird mündig, indem er Stützungen, Nachweise einfordern und sein Wissen in wählbare Richtungen ausweiten kann. Die Frage ist einzig, ob vorgegebene Wahlmöglichkeiten nicht über informatorische Leerstellen hinwegtäuschen. Dies wäre eine Art „rhetorischer Duktus" elektronisch aufbereiteter Hypertexte. Die Bedingung für die angemessene Rezeption eines solchen Textes ist ein kompetenter Leser, der die einzelnen Inhalte und ihre Verknüpfung angemessen befragt.

Aus philosophiedidaktischer Sicht ist ein ambivalentes Verhältnis zu den elektronisch verfügbaren Hypertexten angezeigt. Durch die multimediale Gestaltbarkeit (z. B. die Einbindung von Videos, Bildern, Grafiken oder Audio-Dateien) erwächst aus lerntheoretischer Sicht die Möglichkeit einer lerntypengerechten und abwechslungsreichen Informationserarbeitung. Aus philosophischer Sicht birgt dies möglicherweise Risiken – zumal Reflexionsprozesse durch die scheinbar leicht zugängliche Aufbereitung nicht gerade unterstützt werden. Allerdings ist es wohl die falsche Konsequenz, „medial gut aufbereitete" Texte als Blendwerk aus dem Philosophieunterricht zu verbannen und den Schüler mit diesen Texten allein zu lassen. Es wird vielmehr deutlich, wie notwendig die Entwicklung einer *Kompetenz* ist, die sich mit der rhetorischen Aufbereitung und den Gestaltungsmöglichkeiten elektronischer Texte auseinandersetzt.

Auf der anderen Seite bergen Hypertexte enorme didaktische Potentiale, insofern im Lernen mit Hypertexten die Umsetzung von Prinzipien einer konstruktivistischen Didaktik gesehen werden kann: Die nichtlineare Gestaltung der Texte fordert vom Lernenden ein, dass er sich seinen Lernweg selbst wählt und aktiv gestaltet.

Quellenarbeit

Wenn der Weg zur Information frei gewählt werden kann, ist es nicht nur möglich, sondern sogar wahrscheinlich, dass man zur Orientierung auf vorgegebenes Wissen zurückgreift und die ausgetretenen Wissenspfade nutzt, die durch Suchmaschinen selektiv angesteuert werden oder als empfohlen gelten. Es entwickeln sich nicht Wissensgemeinplätze, keine Topoi, sondern Orte, von denen man glaubt, dass dort dieses Wissen verfügbar sei. Es entstehen Meta-Topoi wie Wikipedia (zur Zuverlässigkeit und Brauchbarkeit dieser Enzyklopädie vgl. Schmidt 2008) oder Google.

Selbstredend haben Schüler Schwierigkeiten, mündig mit diesen Meta-Topoi umzugehen; immerhin ist eine positive Entwicklung erkennbar. Anekdotenhaft könnte man hierzu anführen, wie in den Anfangsjahren der Internetnutzung durch Schüler häufig noch Quellenangaben „google", „yahoo" oder „wikipedia" lauteten, während heute i. d. R. die genaue URL der Internetquellen angegeben wird.

Die gezielte Suche nach Quellen und das Hinterfragen des Weges zu diesen ist ein erster Schritt zum mündigen Umgang mit dem Informationsmedium Internet. Metasuchmaschinen erleichtern dabei den kritischen Umgang mit jenen Meta-Topoi und helfen die selektive Informationsdarbietung einzelner Suchmaschinen zu prüfen.

Auch der Umgang mit den gefundenen Informationsquellen ist ein wichtiges Arbeitsfeld des philosophischen Unterrichts. Dass im Umgang mit dem Mediensystem Computer und Internet die *Orientierungskompetenz* an Relevanz gewinnt, muss sicher nicht weiter ausgeführt werden. Gerade der Umgang mit der Vielzahl unterschiedlicher, teils gegensätzlicher Meinungen und Standpunkte weckt bei den Schülern das Bewusstsein für die Notwendigkeit einer kritischen Reflexion. Die Philosophie verfügt in hohem Maße über fachspezifische Theoreme und Methoden zur Bewertung von Informationen, die sich im Gebrauch der neuen Medien bewähren können und müssen. Wahrheitskriterien wie *Korrespondenz*, *Kohärenz*, *Konsens*, *Intersubjektivität* und *Nützlichkeit* können dabei als Diskussionsansätze dienen; phänomenologische Betrachtungen, analytisches und dialektisches Denken können hilfreiche Werkzeuge sein. Es sollte der Anspruch einer lebensweltnahen Philosophiedidaktik sein, dem Schüler hier Orientierungen zu bieten.

Die Frage nach methodischen Konsequenzen dieser Ausführungen zum Informationsmedium Computer und Internet ist indes schnell beantwortet. Ein adäquater Mediengebrauch muss sich als kritischer Umgang mit den gewonnenen Informationen verstehen. Konkret: Informationen werden gesichtet, geprüft und bewertet. Dieser Dreischritt zielt darauf ab, dass Schüler eine angemessene Distanz zu diesem Informationsmedium gewinnen. Die folgende Übersicht zur kritischen Quellenarbeit wäre z. B. für Schüler der Sekundarstufe I geeignet (detaillierter hierzu: Schmidt 2008, 108 ff.):

Computer und Internet *können* als Medium der Informationsgewinnung sinnvoll genutzt werden. Die dort auffindbaren (Hyper-)Texte können Horizonterweiterungen darstellen und in gewissem Sinne bietet das Internet mit seiner vielfältigen Verweisungsstruktur tatsächlich die Möglichkeit, eine weitgehend unzensierte Medienwelt zu erkunden – so

Kritische Quellenarbeit

Wer	sagt was	warum	mit welcher Wirkung
Handelt es sich um eine Firma/eine Privatperson/eine Organisation? Was könnten ihre Interessen sein? Wie gut wird sie Bescheid wissen?	Ist wahr, was hier steht? Ist es aktuell? Wird gut begründet? Werden unterschiedliche Standpunkte dargestellt? Wird auf Bücher oder Seiten verwiesen, bei denen man sich noch genauer informieren kann?	Was ist der Zweck der Seite? Will sie informieren oder will sie überzeugen? Wird Werbung gemacht?	Bin ich nun gut informiert? Was sollte ich nochmals genau überprüfen? Welche weiteren Informationen muss ich sammeln?
Tipp: Jede Webseite hat ein Impressum, das darüber Auskunft gibt, wer die Seite betreibt.	Tipp: Prüft immer in zuverlässigen Quellen (z. B. im Lexikon) nach, ob tatsächlich stimmt, was ihr lest.	Tipp: Seiten die werben, sind selten verlässliche Informationsquellen.	Tipp: Überlegt immer vorher, was ihr wissen wollt – und beurteilt am Ende das Ergebnis eurer Suche.

man imstande ist, Informationen angemessen zu er- und zu befragen – was erlernbar ist und durch Mittel unterstützt wird, die das Mediensystem selbst bereitstellt. Es gibt hinreichend Tools und Seiten, die das Internet als Informationsquelle kritisch betrachten oder zu betrachten helfen (z. B. www.wikibu.ch oder www.klicksafe.de). Insofern sollten digitale Medien als Informationsmedien im philosophischen Unterricht zum Thema gemacht werden und im Umgang mit ihnen können entsprechende Text- und Orientierungskompetenzen eingeübt werden.

Digitale Medien als Medien der Informationsverarbeitung

Für alle Fächer – und damit auch für den philosophischen Unterricht gilt: Mit dem Computer lassen sich gewonnene Informationen verarbeiten, in dem Texte (im weitesten Sinne) geschaffen werden. Die Möglichkeiten der Informationsverarbeitung reichen hierbei von der Zusammenstellung eines herkömmlichen Textdokuments (etwa in Form einer Handreichung, eines Vortragskonzepts oder eines Essays) über Hypertexte und Präsentationen bis hin zur Herstellung von Video- oder Audiodateien (bspw. in Form von Podcasts oder Videos).

Indem Schüler diese Textsorten selbst gestalten, entwickeln sie zugleich Struktur- und Orientierungswissen sowie Kompetenzen zur kritischen Reflexion der jeweiligen Medien. Es ist demnach unabdingbar, die breiten Möglichkeiten der Mediengestaltung im Unterricht zu nutzen. So wenig wie der Nutzen von literarischen Texten, Sach- und Fachtexten, von Hörmedien und Bildern im philosophischen Unterricht grundsätzlich in Frage zu stellen ist, so wenig sollten digitale Medien per se abgelehnt werden.

Freilich bleibt die Frage nach den fachspezifischen Potentialen. Dies soll in Bezug auf zwei Möglichkeiten der Informationsverarbeitung angedeutet, sowie im Bereich der Kommunikation und Reflexion umfassender diskutiert werden.

Präsentation

Programme wie Powerpoint oder Prezi sind längst zum Standard für die visuelle Unterstützung eines Vortrages geworden. Fähigkeiten im Umgang mit derartigen Programmen zählen in vielen Berufsfeldern und Studienrichtungen zu den Mindestanforderungen für Neueinsteiger.

Entscheidend ist, die modernen Präsentationsformen nicht als Ersatz, sondern als Ergänzung einer nach wie vor unverzichtbaren Expertise zu verstehen. Gefordert ist von einer guten Präsentation Klarheit, Verständlichkeit, Prägnanz und die Reduktion auf das Wesentliche. Demgemäß sind für die Gestaltung vier Prozesse bedeutsam: 1. die Analyse des Gegenstandes, um die wesentlichen Aspekte freizulegen, 2. die notwendige Abstraktion, 3. die (Re-)Strukturierung der Inhalte und Argumente und 4. die ästhetisch-mediale Aufbereitung. Es ist unschwer erkennbar, dass sich der *Orientierungskompetenz* und der *Textkompetenz* hier ein interessantes und vielschichtiges Lernfeld bieten. Wer imstande ist, ein philosophisches Theorem in eine prägnante, begrifflich klare, verständliche und argumentativ wohlstrukturierte Form zu bringen, dem dürfte das Verfassen längerer Texte leichter gelingen.

Wikis

Wikis sind eine gemeinschaftliche Form der Informationsverarbeitung. Das größte und bekannteste Wiki-Projekt ist die Internet-Enzyklopädie „Wikipedia". In Wikis sind Informationen in kurzen von einer Gruppe von Nutzern erarbeiteten Texten aufbereitet, die meist unter Stichworten abrufbar sind. Ein solches Wiki kann z. B. der Dokumentation und/oder der Ergebnissicherung für ein konkretes Projekt oder einen Kurs dienen und ist relativ unproblematisch zu erstellen (vgl. www.projektwiki.de)

Wikis sind vor allem für die gemeinsame Erschließung und Rekonstruktion komplexer Texte oder begrifflicher Systeme einsetzbar (vgl. Schütze 2008). Als Möglichkeit der Ergebnissicherung ist ein Wiki aufgrund seiner einfacheren Handhabbarkeit der Gestaltung einer themenbezogenen Homepage vorzuziehen. So ist es denkbar, die Arbeitsergebnisse eines Projektes oder eines Kurses in einem Wiki zu sammeln.

Ein weiterer wesentlicher Aspekt, der für den Einsatz von Wikis im Philosophieunterricht spricht, ist die Tatsache, dass erst der Umgang mit dieser Programmart zur Reflexion auf die Informationsgewinnung mit Wikis befähigt, diese womöglich sogar initiiert. Die gemeinsame Arbeit am Lerngegenstand macht einen konstruktiv-kritischen Dialog unabdingbar und schult die kooperative wie diskursive Praxis. Ermöglicht und erleichtert wird dieser Diskurs durch Diskussionsseiten und die nachverfolgbare Versionsgeschichte zu den Artikeln. Auf diesem Wege können auch Lernfortschritte sichtbar gemacht werden.

Das Verfassen von Wiki-Artikeln im Sinne von Lexikonartikeln ist die sicher am häufigsten gewählte Variante (bspw. in einem Projekt-Wiki „Gerechtigkeitstheorien" zu Rawls' „Schleier des Nichtwissens"). Entsprechende formale wie inhaltliche Maßgaben sind dafür notwendig: Zeichenzahl, Quellenangaben, Einbindung von Medien (Schemata, Bildern, Videos usw. – selbstredend unter Beachtung des Urheberrechts) und Verlinkungen, Neutralität, Relevanz, Eigenständigkeit – bis hin zur Vorgabe bestimmter Rubriken (Entstehungskontext, Theorie, Kritik ...). Aber auch Formen des kreativen Schreibens (vgl.: Haase in diesem Band) lassen sich in einem Wiki umsetzen („Verfasse aus der Sicht von Rousseau eine Kritik unserer Gesellschaft"/„Gestalte einen Gesellschaftsentwurf, in dem eine der Gerechtigkeitskriterien Perelmans in radikaler Form umgesetzt wird." etc.). Selbst Formen essayistischen Schreibens lassen sich in Wikis umsetzen. Gegenüber dem „analogen" Schreiben bietet ein Wiki die Möglichkeit der gemeinsamen Texterarbeitung, der Diskussion und Kommentierung sowie des Versionsvergleichs. Auf diese Weise können Schreibprozesse nachhaltig reflektiert und transparent beurteilt werden.

Aufgrund der niedrigschwelligen Erstellmöglichkeit von Seiten können darüber hinaus selbstgesteuerte Lernwege, sogenannte Lernpfade oder Webquests (vgl. Schmidt 2008, 111) im Wiki sowohl von Lehrpersonen als auch von Schülern realisiert werden. Lernpfade, also digital aufbereitete Lernarrangements, führen verschiedene Medien auf einer für die Schüler angelegten Seite zusammen. Stellen Schüler Lernpfade oder Webquests selbst zusammen, üben sie sich in der kritischen Auswahl der Medien und sie setzen sich bei der Formulierung zielführender Aufgabenstellungen mit den Inhalten intensiv auseinander (vgl. http://wikis.zum.de/zum/Lernpfade_Ethik).

Digitale Medien bieten folglich zahlreiche Anknüpfungspunkte für einen handlungsorientierten Philosophieunterricht und zur Arbeit an den philosophischen Kompetenzen. Es ist wichtig, dass Schüler die Befähigung zur Produktion verschiedener Textsorten haben. Dies ist zwar nicht einzig die Aufgabe der Fächergruppe Philosophie und Ethik. Doch gerade vor dem Hintergrund, dass eigene Erfahrungen mit der Gestaltung jener Textsorten eine, wenn nicht *die* Voraussetzung für deren Reflexion ist, sollte der Computergebrauch zu diesem Zweck im Philosophieunterricht kein Randphänomen mehr sein.

Digitale Medien als Mittel zur Kommunikation und Reflexion

Als Mittel der Kommunikation ist der Computer aus der Gesellschaft nicht mehr wegzudenken. Längst hat jeder aktive Computernutzer mindestens ein elektronisches Postfach – und ein Vielfaches des analogen Schriftverkehrs wird heute in Deutschland in digitaler Form bewältigt.

Neben dem regen Austausch elektronischer Mitteilungen in der mittlerweile allgemein anerkannten Form von Mails haben sich eine Reihe anderer Formen des kommunikativen Handelns etabliert: Führen eines Blogs, Schreiben in sozialen Netzwerken, Microblogging, soziales Bookmarking, Echtzeitkooperation etc. Die meisten Schüler und Studierenden können sich ein Leben ohne diese Kommunikationssysteme kaum mehr vorstellen; für sie ist es ein Bestandteil ihrer Lebenswelt, und die Nutzung dieser Systeme bedeutet Teilhabe am jeweiligen (sub-)kulturellen Diskurs.

Möglicherweise ist es die schnelle Entwicklung, mit der diese Kommunikationssysteme die alten Kommunikationsstrukturen überlagern, die manchen Mahner zu wertkonservativem Gebaren verleitet. Übersehen wird hierbei, dass es sich bei den Formen des Bloggens, Kommentierens oder Beitrag-Verfassers um relativ junge Kommunikationsformen handelt, die sich in der Entwicklung befinden. Ob es angemessen ist, die Normen des traditionellen Briefverkehrs einfach auf diese neuen Kommunikationsmuster zu übertragen, statt spezifische Maßgaben zu entwickeln, scheint zumindest fragwürdig.

Es stellt sich vielmehr die Frage, welche Potentiale Blogs, soziale Netzwerke, Etherpads, etc. zu einer *inhaltlichen* Auseinandersetzung mit einem Thema bieten. Die hier vertretene These lautet, dass sich diese Formen des (kooperativen) Schreibens zur kommunikativen und reflexiven Auseinandersetzung mit philosophischen Themenkreisen eignen.

Blogs

Ein Weblog, kurz Blog, ist eine Art Internet-Tagebuch. Es kann sowohl öffentlich geführt als auch einem eingeschränkten Benutzerkreis zur Verfügung gestellt werden. Blogs enthalten verschiedene Textsorten: Essays unterschiedlicher Länge und Tiefe, Bilder, kurze Informationen und Nachrichten, Podcasts (selbstproduzierte Audiobeiträge), Videos. Blogs können von Personengruppen (z. B. Klassen, Kursen, Arbeitsgruppen) oder Einzelpersonen geführt werden und deren Gedanken, Arbeitsergebnisse und -prozesse, Eindrücke, dokumentieren. Die einzelnen Beiträge wiederum können von anderen mittels Kommentarfunktion diskutiert, ergänzt oder in sozialen Netzwerken geteilt werden.

Blogs im Unterricht bieten umfassende Möglichkeiten zur Themen- und Selbstreflexion, die dank der Kommentierungsmöglichkeiten diskursiv vertieft werden können. Im Sinne der Textkompetenz bietet es sich bspw. an, Schüler kurze essayistische, argumentierende Texte verfassen zu lassen, deren Gedankengänge pointiert sowie intersubjektiv nachvollziehbar (also als Diskussionsanregung geeignet) sind. Mögliche Schreibanlässe sind Bilder, kurze Zitate, Fragen oder Thesen. Als inhaltliche Maßgabe sowohl für Beiträge als auch für Kommentare sind m. E. die Kriterien für das Verfassen von philosophischen Essays instruktiv (vgl. Thomalla in diesem Band; Haase 2011).

Neben diesen Schreibaufgaben bieten sich auch Formen der gezielten Übung philosophischer Denkstile (z. B. „Beschreibe dein Smartphone in Form einer phänomenologischen Analyse.") und Aufgaben zur Präsentation von Arbeitsergebnissen an: (fiktive) Interviews mit buddhistischen Mönchen, Besuch und Dokumentation religiöser Stätten, Zusammenfassungen, Protokolle oder Paraphrasierung von Texten usw. Das Weblog kann hier sowohl einer Nachbereitungen des Unterrichts (im Sinne einer Vertiefung oder Diskussion) als auch einer Vorbereitung der Stundenthemen dienen.

Da Beiträge und Kommentare asynchron verfasst werden, haben die Schüler eine längere Reflexionszeit als im klassischen Unterrichtsgespräch, was sich häufig in der Qualität der Beiträge und Kommentare widerspiegelt. Die Lehrperson erhält auf diesem Weg auch ein Feedback zum Unterricht und sie kann den Unterricht nach außen öffnen. Es können weitere Kurse oder Experten zu bestimmten Themen eingeladen werden, um sich an der Diskussion zu beteiligen. Diese Ausweitung des Diskurses erweitert die Möglichkeiten zum inhaltlichen Austausch und schafft ein Bewusstsein für Öffentlichkeit sowie urheberrechtliche Fragen. Durch die Zugänglichkeit für andere (und die Kommentierungsmöglichkeiten) geht ein Blog somit deutlich über die Möglichkeiten eines philosophischen Tagebuches oder Denktagebuches (vgl. Kreatives Schreiben) hinaus.

Die Handhabung von Blogs ist indes recht einfach. Mit Plattformen wie wordpress.com oder blogger.com lassen sich Blogs rasch erstellen und das Verfassen und Kommentieren von Beiträgen ist intuitiv. Die Beiträge im Blog selbst sind zunächst chronologische sortiert, durch sinnvollen Einsatz von Schlagwörtern (Tags) und Kategorien können die Beiträge auch thematisch angezeigt werden. Eine grundsätzliche Entscheidung, von der die weitere Nutzung im Unterrichtsgeschehen abhängt, besteht darin, ob ausschließlich die Lehrperson Beiträge verfasst und die Schüler lediglich kommentieren oder ob die Schüler ebenfalls Autorenrechte bekommen. Für beide Szenarien gibt es im Netz eine Reihe von Beispielen (vgl. http://wikis.zum.de/zum/Weblogs_im_Ethikunterricht)

Microblogging

Microblogs sind ähnlich wie Blogs chronologisch sortiert, jedoch oft in der Anzahl der Zeichen limitiert. Diese Beschränkung erfordert Prägnanz und Konzentration auf einen Gedankengang. Bekanntestes Beispiel ist twitter.com, eine öffentliche Plattform in der jeder Kurznachrichten öffentlich schreiben kann. Eine themenspezifische Suche ermöglicht die Verwendung von Schlagworten, sogenannten Hashtags, die mit # gekennzeichnet werden. Im Unterricht oder als Hausaufgabe können z. B. Satzanfänge von der Lehrperson vorgegeben werden, die von der Lerngruppe und auch von Außenstehenden pointiert vervollständigt werden. Wichtig ist, dass der Hashtag bei jeder Antwort verwendet wird, um die Beiträge leichter zu finden. Mögliche Impulse wären „Man sollte die Natur schützen, weil …" oder „Es gibt (k)einen Gott, weil…." an. Die gesammelten Antworten können dann Ausgangspunkt von Schreibübungen sein oder eine Diskussionsgrundlage bilden.

Eine Möglichkeit für die gruppeninterne Nutzung in Form eines „digitalen Unterrichtsgesprächs" (vgl. http://v.gd/unterrichtsgespraech2) mit einem Microblogging-Dienst bietet todaysmeet.com. Die Lehrperson eröffnet vor Beginn des Unterrichts einen digitalen Raum, zu dem die Schüler die URL bekommen. Im Gegensatz zu Twitter müssen hier weder der Lehrer noch die Schüler bei dem Dienst angemeldet sein, dafür sind die Kurznachrichten nur von begrenzter, vom Lehrer vorher festgelegter, Haltbarkeit. Diese Nachrichten werden von den Schülern mittels von der Schule zur Verfügung gestellten Tablets oder ihrer eigenen Smartphones im Unterricht (BYOD) geschrieben. Dadurch eröffnet sich für die Lerngruppe eine zweite Diskussionsebene, die insbesondere stilleren und eher dem Schreiben zugeneigten Schülern entgegenkommt. Es bietet sich an, den virtuellen Gruppenraum via Beamer allen zur Verfügung zu stellen und einen Schüler zu bestimmen, der wichtige Aspekte bzw. Fragen zusammenfasst und in die mündliche Diskussion gebündelt einbringt.

Solch ein Setting erlaubt es beobachtenden Schülern in einer Podiumsdiskussion aktiv mitzuwirken oder weiterführende Fragen zu formulieren, die im aktuellen Unterrichtsgeschehen keinen Platz finden. Selbstverständlich sollten im Unterrichtsgespräch, insbesondere bei Microblogs, die Grenzen der Darstellbarkeit reflektiert werden.

Soziale Netzwerke

Soziale Netzwerke sind aus der Lebenswelt der Schüler nicht mehr wegzudenken. Jede Lerngruppe hat bezüglich der Plattformwahl ihre eigenen Präferenzen. Der direkte und schnelle Kontakt zu Schülern ist der wohl entscheidendste Vorteil bei der Nutzung von sozialen Netzwerken. Neben den Einschränkungen durch die einzelnen Kultusministerien sollte man sich als Pädagoge seiner Rolle und Grenzen in einem sozialen Netzwerk bewusst machen und diese auch, sofern Anfragen seitens der Schüler kommen, kommunizieren.

Die Einsatzmöglichkeiten sozialer Netzwerke im Unterricht ähneln denen des Blogging und Microblogging: Informationen können vermittelt, Wortbedeutungen können untersucht oder argumentierende Texte verfasst und kommentiert werden. Soziale Umgangsformen werden praktisch eingeübt und können anhand der Chatprotokolle differenziert thematisiert werden. Auf inhaltlicher Ebene sollten im Bereich der sozialen Netzwerke auch Datenschutz, Privatsphäre, Urheberrecht und Cybermobbing thematisiert werden.

Soziale Verschlagwortung

Das Social Tagging setzt die Praxis der Linksammlung oder der Lesezeichen im Browser in einem eigens dafür programmierten Tool fort. Für Bildungszwecke hat sich Edutags (edutags.de) als geeignet erwiesen. Hier können Gruppen angelegt werden, die gemeinsam Links sammeln oder von der Lehrperson zur Verfügung gestellt bekommen. Über

Schlagworte können auch gezielt Seiten, die andere für Bildungszwecke als Lesezeichen hinterlegt haben, gefunden werden. Die Links erleichtern den gemeinsamen Zugriff auf Ressourcen oder das Erstellen von Webquests.

Kooperatives Schreiben

Gleichzeitiges oder zeitversetztes kooperatives Arbeiten an Texten ist beispielsweise mittels Etherpads wie dem ZUMPad (www.zumpad.de) oder GoogleDocs möglich. Erstere sind vorzuziehen, da sie keinen Account zur Nutzung voraussetzen.

Die Schüler arbeiten gemeinsam an einem Textdokument, Änderungen werden sofort sichtbar und können auch in ihrem zeitlichen Ablauf im Rückblick betrachtet werden. Weiterer Vorteil, insbesondere bei Etherpads ist der niedrigschwellige Einstieg, es ist keine Installation und meist keine Anmeldung nötig. In Kleingruppen können zunächst (auch als vorbereitende Hausaufgabe wobei jeder an seinem heimischen Rechner arbeiten kann) Argumente gesammelt werden, die später zu einem gemeinsamen Text ausformuliert werden. Der kooperative Arbeitsprozess schult dabei Sozial- und Verstehenskompetenzen.

Computerspiele

Bislang nicht thematisiert wurden Computerspiele, deren zum Teil kooperativer und simulativer Charakter in vielen Punkten ein spannendes Feld für die Philosophiedidaktik darstellen könnte. So ließen sich bspw. über die Charaktergenerierung bei Rollenspielen Prozesse der Reflexion über Selbstbild und Wunschbilder einleiten. Gamification stellt einen weiteren diskutierenswerten Aspekt dar. Eine Thematisierung von Spielen würde jedoch deutlich den Rahmen dieses Aufsatzes sprengen und stellen nach wie vor ein Desiderat der Philosophiedidaktik dar.

Digitale Medien im philosophischen Unterricht – Zusammenfassung und Fazit

In allen drei Anwendungsbereichen (Informationsgewinnung, Informationsverarbeitung sowie Reflexion- und Kommunikation) *kann* die Arbeit mit dem Mediensystem Computer und Internet der Stärkung der philosophischen Basiskompetenzen dienen und Reflexionsprozesse vertiefen.

Schüler können im Zuge der Informationsgewinnung mit dem Computer und der entsprechenden Analyse der gewonnen Informationen wesentliche Inhalte erarbeiten – und sie können durch die Nutzung von Programmen, die eine diskursive und reflexive Praxis unterstützen (Wikis, Blogs etc.), neue Perspektiven auf einen Gegenstand und sich selbst gewinnen.

Faktisch, das ist zu betonen, spielt das Medium in der Lebenswelt der Schüler zwar eine zentrale Rolle, wird aber häufig unreflektiert und „unsachgemäß" eingesetzt. Der Philosophie- und Ethikunterricht kann und sollte sich dieser Herausforderung annehmen. Wenige Fächer verfügen über ein derart breites Spektrum fachspezifischer Methoden zur Beschreibung, Analyse, Interpretation und vor allem Kritik wie die Philosophie. Gerade diese fachspezifischen Methoden gilt es zu nutzen, um einen reflektierten und kompetenten Mediengebrauch zu ermöglichen.

Es bleibt festzustellen, dass es sich bei digitalen Medien natürlich nicht um die einzigen Medien handelt, deren Einsatz im Philosophie- und Ethikunterricht nachdrücklich zu empfehlen ist. Gleichwohl ist festzuhalten, dass dieses Mediensystem den Vergleich mit anderen Medien nicht zu scheuen braucht. Digitale Medien sind im Rahmen eines lebensweltorientierten Unterrichts, der sich die Arbeit an den philosophischen Basiskompetenzen zur Aufgabe gemacht hat, unverzichtbar und eine sinnvolle und notwendige Ergänzung zum Einsatz von analogen Texten und Bildern. Dies stellt Lehrer vor die wichtige Aufgabe, sich mit diesem Medium intensiv und kritisch-konstruktiv auseinanderzusetzen.

Literatur

„Bonner Erklärung der Deutschen Gesellschaft für Philosophie zum Philosophie- und Ethikunterricht", in: *Zeitschrift für Didaktik der Philosophie und Ethik 4* (2002), 348 f.

Haase, V.: „Essays im Philosophie- und Ethikunterricht bewerten", in: Schmidt, D.; Rohbeck, J.; Ruthendorf, P. v.: *Maß nehmen – Maß geben: Leistungsbewertung im Philosophieunterricht und Ethikunterricht*, Dresden 2011, 75-105.

Schmidt, D.: „Nicht mehr zu Fuß. Über den Gebrauch des Mediums Computer im Philosophie- und Ethikunterricht", in: *Zeitschrift für Didaktik der Philosophie und Ethik* (2008), 103-115.

Schütze, M.: „Ethikunterricht im web 2.0 – Wikis und Weblogs optimal eingesetzt", in: *Zeitschrift für Didaktik der Philosophie und Ethik* (2008), 125-132.

Weizenbaum, J.: *Die Macht der Computer und die Ohnmacht der Vernunft*, Frankfurt am Main 2003.

Zelger, C.: „Sapere aude Reloaded. Philosophie-Unterricht als neue Aufklärung", in: *Zeitschrift für Didaktik der Philosophie und Ethik* (2008), 164-169.

3.7 Musik

Klaus Draken

Musik wirkt als Medium sehr unmittelbar auf die Gefühlswelt des Individuums, was emotionale Themenzugänge ermöglicht, aber von unserer Fächergruppe vor allem wahrgenommen werden sollte, um im Sinne ihrer Aufklärungsfunktion Bewusstsein über suggestive Beeinflussungstendenzen zu schaffen und damit den Bereich der rationalen Reflexion auf philosophische Weise zu stärken (s. Draken 2011, 205-215).

Gründe für die fachdidaktische Reflexion von Musik als Unterrichtsmedium

Die Lebenswelt unserer Schülerinnen und Schüler ist allerorten mit Musik durchsetzt, und Musik ist technisch immer und überall verfügbar, per Kopfhörer selbst in öffentlichen Verkehrsmitteln. Wenn Philosophie- und Ethikunterricht also bei ihrer Alltagswelt ansetzen soll, dann darf die Musik nicht ausgenommen werden. Ich erlebe immer wieder, dass jemandem zur behandelten Thematik ein aktueller Song einfällt. Gerade Rap-Texte greifen häufiger aktuelle gesellschaftliche Themen auf und bieten so ein weites Feld von Möglichkeiten, diese in einer den Schülerinnen und Schüler nahen Sprache zu reflektieren. Wenn *Prinz P.* rappt, *„Ich wär' so gerne dumm"* (2013, © Keine Liebe Records), dann steht dahinter eine Kritik an unkritisch angepasstem Konsumdenken, die der Lehrer nie so unverdächtig und ohne pädagogischen Zeigefinger formulieren könnte, an deren Reflexion er aber schlüssig Beiträge der Philosophiegeschichte (Seneca, Epikur) anschließen kann.

Allerdings sollte die Nutzung der Musik vom Lehrer im Bewusstsein ihrer suggestiven Wirkung geschehen. Wenn er z. B. *John Lennon* in seinem Klassiker *„Imagine"* (1971, © EMI) das kommunistische Manifest auf die charmanteste mir bekannte Weise vorstellen lässt, dann nutzt er die suggestive Kraft der Musik, um einen positiv offenen Zugang zur

Thematik zu schaffen. Ich halte das nicht für unzulässig, aber er könnte dem Song bei Bedarf auch seinen naiv-optimistischen Charme für eine distanziertere Analyse nehmen, wenn er die musikalische Umsetzung durch *A Perfect Circle* (2013, © Virgin) wählt, die beim Hörer eine deutlich pessimistischere und fatalistischere Haltung aufkommen lässt.

Und manchmal scheint es geboten, eine unreflektiert konsumierte Musik in ihrer problematischen Wirkweise direkt anzugehen. Wenn sexistische, gewaltfördernde oder extremistische Botschaften mit Musik verbunden werden, kann die Bewusstmachung der Wirkung dieser Mischung bei rationaler Reflexion helfen. Und wo Musik überhaupt nicht bewusst wahrgenommen wird, sollte sie in ihrer Wirkung besonders bedacht werden. Lässt man z. B. die Vorspannszene des Filmes „*Forrest Gump*" (1994, © Paramount), in der der Flug einer Feder gezeigt wird, von Lernenden in Bezug auf die Frage nach Freiheit interpretieren, dann deuten sie diesen häufig als frei. Zur Begründung verweisen sie auf die Schwerelosigkeit, das Freisein von den Belastungen der Welt oder ein sich Lösen vom Trubel der Menschen – was sie „gesehen" zu haben meinen. Unterlegt man aber dieselben Bilder mit dem Anfang der „*Faust-Ouvertüre*" von *Richard Wagner*, dann „sieht" jeder Schüler sofort Bedrohung und Unfreiheit, die die Feder als Spielball äußerer Kräfte erscheinen lassen. D. h., die nicht einmal bewusst wahrgenommene Musik bewirkt, dass die befragten Bilder völlig unterschiedlich gesehen bzw. gedeutet werden. Dies bewusst zu machen, kann einerseits ein wichtiger Beitrag zur Frage nach „Wahrheit, Wirklichkeit und Medien" (MSW NRW 2008) bzw. zur kritischen Medienerziehung allgemein sein. Andererseits lässt sich im Anschluss auch Wertvolles für die Arbeit am Begriff der Freiheit gewinnen, der als emotional positiv besetzt erscheint, obwohl er auch ambivalent durch die mit ihm verbundene Anstrengung der Entscheidung, Gefahr der Fehlentscheidung und Verantwortung für frei entschiedene Handlungen und ihre Folgen gesehen werden kann.

Probleme der Philosophie mit der Musik

Was aber kann der für Philosophie oder Ethik ausgebildete Lehrer zur Musik an sich schon sagen – zumal er auch bei fachlicher Qualifikation den Musikunterricht nicht ersetzen soll, sondern mit der Musik auf spezifisch philosophische Weise umzugehen hat. Und wie geht er mit dem Phänomen um, dass mit Musik versorgte Schülerinnen und Schüler häufig anfangen, einfach miteinander zu reden, als ob kein Unterricht mehr wäre, wenn das alltagsweltliche Medium also auch alltagsweltliche (Freizeit-)Verhaltensmuster aktiviert? Und was ist mit emotionalen Reaktionen, die es auslösen kann, gerade wenn für die Altersgruppe in ihrer Selbstfindung relevante Musik genutzt wird, mit der sich z. B. Gruppen oder Geschlechter voneinander abgrenzen. Aber auch, wenn diese Hürden überwunden sind, besteht weiter das Problem einer Versprachlichung, denn für die Beschreibung dessen, was man musikalisch wahrgenommen hat, fehlen dem musikanalytisch ungeschulten Hörer i.d.R. schlicht die Worte. Die dann gewählte metaphorische Sprache (z. B. „Gänsehautfeeling") verbleibt häufig in sehr subjektiven Deutungen und kann so wenig auf die objektiv gegebene Ebene des vorgestellten Hörobjektes gelangen, zumal ein Hörerlebnis die in der Zeit verlaufende Musik zumeist nur als flüchtiges Ereignis aufnehmen kann. Unmittelbar nach ihrem Verklingen ist die Musik zusammen mit dem Hörerlebnis Teil der Vergangenheit.

Auf diese Besonderheiten des Mediums Musik hat der Philosophie- und Ethiklehrer zu reagieren, wenn er Musik einsetzen möchte, aber gerade unter Beachtung dieser Eigenschaften lässt sich m.E. eine spezifisch für den Philosophie- und Ethikunterricht ertragreiche Umgangsweise entwickeln.

Didaktische Prinzipien des methodischen Umgangs mit Musik

Prinzip 1: Beachtung unbewusster Wahrnehmungsebenen von Musik: Wahrnehmung von Musik findet auf verschiedenen Ebenen statt, die wir kennen müssen, um angemessen auf entsprechende Äußerungen in einer diskursiven Bearbeitung eingehen zu können. *Hermann Rauhe* hat ein unter Musikern verbreitetes Schema von Rezeptionskategorien entwickelt, das hier helfen kann. Er unterscheidet beim unbewussten Hören:

a) „Zerstreute Rezeption: Vorbewusste, unverarbeitete Wahrnehmung scheinbar unaufdringlicher Musik."
b) „Motorisch-reflektorische Rezeption: Unwillkürliches Ansprechen auf rhythmisch-motorische Phänomene der Musik, z. B. durch Wippen, Pendeln, usw."
c) „Assoziativ-emotionale Rezeption: Unbewusst verknüpft der Hörer Musik mit subjektiv bedeutsamen Erfahrungen und Gefühlen." (in: Prinz, Scheytt 1997, 239)

Am Beispiel eines Einsatzes des Songs „*Freisein*", gesungen von *Sabrina Setlur* und *Xavier Naidoo* (1997, © Epic), möchte ich beispielhaft erläutern, wie diese Kategorien für das Verständnis von Äußerungen herangezogen werden können: Z. B. kann eine Schülerin auf die Frage, wie es ihr beim Hören des Songs ergangen sei, berichten, dass sie zwar nicht richtig hingehört habe, nun aber ruhiger als zu Beginn der Stunde sei. Es kann übrigens gleichzeitig passieren, dass die Musik einen anderen Schüler aggressiv macht, aber beide Empfindungen sind wahrscheinlich dieser Art vorbewusster, unverarbeiteter Wahrnehmung der Musik entsprungen, die Rauhe mit zerstreuter Rezeption bezeichnet. Ein anderer Schüler wurde beim Hören körperlich unruhig und begann mit einem Stift wie ein Schlagzeuger den Rhythmus „mitzuspielen". Häufiger sind etwas unauffälligere Bewegungsreaktionen, deren Unwillkürlichkeit von Rauhe als charakteristisch für die motorisch-reflektorische Rezeption gesehen wird. Eine dritte Schülerin berichtet nach dem Hören, dass sie sofort habe an Urlaub denken müssen. Dabei ist es u.U. überhaupt nicht am Song erkennbar, wie diese Verbindung hergestellt wurde, da sie nach Rauhe allein durch subjektive biographische Parallelitäten erklärbar wird.

Solche Äußerungen kann der Philosophie- bzw. Ethiklehrer durch das Einbringen von Musik auslösen, und entsprechend kann er sich nicht bei den Lernenden beschweren, wenn sie derart reagieren. Er kann ggf. nachfragen, wie es nach ihrer Einschätzung zu diesen Reaktionen bzw. Wahrnehmungen kam. Und Schülerinnen oder Schüler können ggf. Auskunft geben, dass die Art der Musik (Stimme, Klangteppich) beruhigend auf sie gewirkt habe, dass der Rhythmus sie ggf. zur Bewegung animiert habe oder dass ihnen eingefallen sei, dieses Lied auf einer Fahrt in den Urlaub gehört zu haben. Dies alles kann zur Musikwahrnehmung dazugehören, und der Lehrer muss für einen beabsichtigten Musikeinsatz überlegen, ob und wie er diese Effekte für den Unterricht fruchtbar machen kann. Ggf. kann er hier ein positives Erleben inhaltlich mit dem philosophisch zu reflektierenden Begriff der Freiheit in Beziehung setzen lassen, und ggf. nutzt er einfach die durch die Musik veränderte Stimmung zu produktiver fachlicher Weiterarbeit.

Prinzip 2: Hinführung zu bewusstem Hören: Jugendliche hören in ihrer Freizeit gewohnheitsmäßig in großem Umfang „unbewusst" (s. Hagen 2010, 12), d. h., wenn wir unterrichtlich mit Musik bewusst arbeiten wollen, muss dies explizit angeleitet werden. So kann es sein, dass ein Musikstück nach dem ersten, bei vielen Schülerinnen und Schülern eher unbewussten Hören unter Beachtung konkreter Arbeitsaufträge oder Nutzung gezielter Wahrnehmungshilfen (z. B. ein Text- oder Arbeitsblatt) nochmals gehört werden muss. Wenn die Lernenden durch Beobachtungs- bzw. Höraufträge so zu bewussterem Hören veranlasst werden, können wiederum unterschiedliche Qualitäten von Äußerungen entstehen. Auch hierzu kann man die Vorarbeit von Rauhe heranziehen. Er bietet uns weitere drei Kategorien des bewussten Hörens an:

a) „Empathische Rezeption: Bewusstes Hingeben, einfühlendes Hineinversetzen in die gehörte Musik, dabei tendenziell ganzheitliches Erfassen."
b) „Strukturelle Rezeption: Mitdenkendes, aus Details Zusammenhänge schaffendes Hören und Nachvollziehen von Musik."
c) „Subjektorientierte Rezeption: Musik wird primär nicht als Objekt, sondern als Spiegel zur Selbsterkenntnis und Reflexi-

on der Erfahrungs-, Einstellungs- und Wahrnehmungsstruktur des Hörers aufgefasst." (in: Prinz, Scheytt 1997, 239)

Bei der nun bewussten Wahrnehmung kann ein Schüler z. B. äußern, dass dem Sänger Freiheit wohl „echt wichtig" wäre. Hier wird überwiegend „empathisch" wahrgenommen, d. h. das „fühlende Hineinversetzen" in den Ausdruck der Musik ermöglicht die Beobachtung. Insbesondere aktiv musizierende Jugendliche bringen gerne ihr Fachwissen ein, indem sie z. B. die Besonderheiten der Instrumentierung in der dritten Strophe ansprechen. Hier wird „strukturell" wahrgenommen, d. h. gliedernd (Strophen) und Zusammenhänge schaffend (Wort-Ton-Verhältnis). Und andere scheinen über sich selbst zu reden, wenn sie beschreiben, wie ein bestimmter Aspekt des Songs, z. B. die Möwenschreie im Refrain, auf sie gewirkt habe. Hier wird „assoziativ-emotional" wahrgenommen, d. h. individuelle Assoziationen von Gefühlen und Situationen, die mit Unterhaltungsmusik häufig gezielt angeregt werden, führen zu dieser Art von Aussagen. Auch diese Ebenen sollten vom Lehrer erwartet und in ihren unterschiedlichen Qualitäten bewertungsfrei genutzt werden. So kann die empfundene Wichtigkeit als Anlass zur Reflexion der tatsächlichen Bedeutung einer Freiheitsidee für unser Leben genommen werden. Die Beobachtung im musikalischen Arrangement kann ein Hinweis darauf sein, dass die musikalisch herausgehobene Strophe auch textlich von besonderer Bedeutung ist. Und wenn die Möwenschreie besonders wirkmächtig erlebt wurden, kann an diesem Klangphänomen begriffsexplikatorisch ein Hinweis auf unseren Umgang mit dem Freiheitsbegriff untersucht werden. Gut ist es natürlich, wenn die Lehrkraft weitere Hintergrundinformationen zur Verfügung hat – im vorgelegten Beispiel etwa die Herkunft des klanglich ggf. irritierenden Samples im Refrain, welches Martin Luther King aus seiner berühmten 1962er Rede vor dem Lincoln Memorial in Wahington D.C. immer wieder mit den (etwas schwer verstehbaren) Worten „Let freedom ring" hörbar werden lässt.

Generell scheint mir so zu gelten, dass der Musik im Philosophie- oder Ethikunterricht einsetzende Lehrer mit Äußerungen auf diesen Ebenen rechnen sollte und der Einsatz des Mediums insbesondere dann sinnvoll erscheint, wenn solche Äußerungen sowie seine zusätzlichen Informationen für den weiteren thematischen Verlauf des Unterrichts fruchtbar gemacht werden können.

Prinzip 3: Ein gemeinsames Hörerlebnis lädt zu phänomenologischer Betrachtung ein: Beim Einsatz von Musik im Philosophie- bzw. Ethikunterricht schaffen wir zunächst die gemeinsame Gelegenheit für ein Hörerlebnis – aber kein gemeinsames Hörerlebnis. Daher gilt es, diese unterschiedlichen Wahrnehmungen im Sinne der phänomenologischen Denkmethode nach Martens (2003, 68-73) zunächst bewusst und mitteilbar zu machen. Wenn Rohbeck von der „didaktischen Aufgabe" spricht, „die Phänomenologie in elementare Praktiken des Beobachtens und Beschreibens zu transformieren", dann sieht er das Ziel darin, „den Schülerinnen und Schülern zu einem besseren Verständnis ihrer Lebenswelt und zur Reflexion ihres Alltagsbewusstseins zu verhelfen" (Rohbeck 2008, 82) und dabei „das Nicht-Selbstverständliche oder das Verborgene hinter dem offen zutage Liegenden bewusst zu machen. Thema der Phänomenologie sind daher Bewusstseinsinhalte, Strömungen von Gedanken und Gefühlen, die sich bei der Wahrnehmung und beim Erleben unwillkürlich einstellen." (Rohbeck 2008, 185) Zwar stellt Rohbeck selbst „phänomenologische Übungen" nur für Gegenstande vor, m.E. aber sollte diese Methode oder Denkrichtung auch auf akustisch-verbale Phänomene übertragbar sein. „Ein Gegenstand wird zuerst nur von einer Seite wahrgenommen, in der Zeitenfolge werden dann andere Seiten sichtbar." Bei einem musikalischen Phänomen, das zudem selbst nur flüchtig im Zeitverlauf stattfindet, zeigt sich dem ungeübten Hörer beim ersten Hören immer nur „eine Seite". Der hieran anschließende Austausch über die von verschiedenen Personen wahrgenommenen „einen Seiten" und die normale Verunsicherung beim Reden über ein flüchtiges – also zum Zeitpunkt des Redens nicht mehr akut wahrnehmbares Phänomen – können dazu führen, dass „sich präzise Aufgaben der Selbstbeobachtung"

(Rohbeck 2008, 83) neu stellen. Und an genau diesem Punkt könnte auch der weitergehende Umgang mit Musik im Philosophieunterricht ansetzen. Wahrnehmungen wie, „Ich habe gemerkt, dass sich an einer Stelle etwas verändert hat, konnte aber überhaupt nicht erkennen, was.", können zum Anlass werden, die eigene Wahrnehmung der Musik sowie beim Song deren Verhältnis zu dem Liedtext zu reflektieren. Was macht die Musik mit dem Text bzw. den Aussagen des Textes in mir? Stimmen meine Assoziationen zur Musik mit meinen Gedanken zur Textaussage überein? Wie stehe ich zu den Textaussagen mit und ohne Musik? So kann man direkt von den Erlebniserfahrungen der Schülerinnen und Schüler ausgehen und sie unmittelbar reflektierbar und untersuchbar machen. Insofern kann gerade das Medium Musik mit seiner stärkeren und zunächst in der Regel nicht bewussten emotionalen Wirkung in Bezug auf ein Thema Ebenen ansprechen, die für einen daran anschließenden philosophischen Diskurs auf eigene Weise fruchtbar werden können.

Prinzip 4: Vom Medium Musik in den philosophischen Diskurs: Auch wenn beim Einsatz des Mediums Musik der sokratische Marktplatz des Philosophierens (Raupach-Strey 2002, 42-45) zunächst als „Rummelplatz" mit Künstlern wahrgenommen werden kann, bleibt es im Unterricht der Fächer Philosophie und Ethik doch bei der Zielrichtung eines Philosophierens auf demselben. In diesem Sinne möchte ich anhand des Fünf-Finger-Modells philosophischer Denkmethoden nach Martens nur anreißen, wie ein Übergang gelingen kann. Die hermeneutische Denkmethode sollte in diesem Sinne auf Liedtexte bezogen die philosophisch zu reflektierenden Frageaspekte extrahieren und dem unterrichtlichen Diskurs zur Verfügung stellen. Die Verankerung in gemeinsamer Hörerfahrung wie mitgebrachter individueller Alltagserfahrung wurde bereits durch den Bezug zur phänomenologischen Denkmethode hergestellt. Aber auch ein neosokratisch geforderter Anti-Dogmatismus widerspricht dem Medium in keiner Weise. Allerdings sollte hier der emotional-suggestive Charakter, die unbewusst beeinflussende Wirkung von Musik bezüglich der durch sie thematisierten philosophischen Frage in den Blick genommen und der offen dialektische Umgang mit einer Aussage des gehörten Musikstückes gewährleistet werden. Das Selbstvertrauen in die je eigene philosophisch zu übende Vernunft der Lernenden sollte gestärkt werden, indem abstrahierende Folgerungen in Bezug auf die philosophische Thematik vor allem unter Einbezug der analytischen Denkmethode zur Geltung kommen. Dabei eigene Einfälle zuzulassen und zu betrachten, kann wegen der häufig durch Musik ausgelösten Assoziationen einen besonders hohen Stellenwert erlangen, wobei im Sinne der spekulativen Methode natürlich eine diskursiv argumentative Prüfung den der spekulativen Denkmethode entsprechenden Einfällen folgen muss. Und wenn am Ende dann gemeinsam gewonnene Einsichten und Erkenntniszugewinne stehen, dann wäre sogar eine Annäherung an das diskursethische Prinzip eines Wahrheitskonsenses über den Musikeinsatz motiviert worden, was vor allem den Idealen einer Sokratischen Didaktik (Raupach-Strey 2002) nahe käme. Die Zielrichtung eines Musikeinsatzes bleibt im Philosophie- und Ethikunterricht so genuin philosophischen Denkweisen und Kompetenzorientierungen verpflichtet und kann deren Erreichung sinnvoll initiieren und stützen.

Anregungen, *produktionsorientiertes Arbeiten* in Zusammenhang mit Musik umzusetzen, müssen differenziert betrachtet werden. So regt *Georg Brunner* die Einbindung „weiterer Umgangsweisen […] wie Reproduktion (eigenes Singen und Musizieren), Produktion (z. B. Umdichtung von Songs, eigene Songs/ Raps gestalten) und Transformation (Umsetzung in Bild, Bewegung, Sprache)" (Brunner 2010, 10) an. Allerdings scheinen mir solche Vorgehensweisen, wenn sie tatsächlich auch beim Produkt auf das Medium Musik abzielen, auf spezielle Konstellationen angewiesen. Wenn die Lehrkraft zufällig über musikpraktische Kompetenzen verfügt oder einzelne Schülerinnen, Schüler oder Schülergruppen dies zum Hobby haben oder wenn sich die Kooperation mit einem philosophisch offenen Musikkollegen anbietet, dann ist es sicherlich reizvoll, über die üblichere Text- oder Bildproduktion hinausgehend z. B. Songs, Liederzyklen oder sogar musikalisch unterstützte theatrale Präsentationsformen mit philosophisch reflektiertem und weiter zu reflektierendem Gehalt zu entwickeln. Dies kann nach meiner Einschätzung aber nur ein Randphänomen unter speziellen Bedingungen bleiben, selbst wenn es auch unter philosophischem Blickwinkel interessante Effekte – insbesondere auf ein dann wiederum vorstellbares Publikum – erzielen ließe.

Zusammenfassend bleibt also aus meiner Sicht vor allem das gemeinsame Erleben und Reflektieren textgebundener Musik eine bereichernde Möglichkeit, durch den Einsatz des Mediums Musik in philosophisch motivierte und philosophisch fruchtbare Diskurse mit Schülerinnen und Schülern einzutreten.

Sonderfall: Musikvideoclip

Das Musikvideo bzw. der Musikvideoclip vereint wie der Film Narration, Bild und Musik in sich, ist aber explizit durch die Musik motiviert und als Medium der Jugendkultur entstanden. Als Medium des Philosophie- und Ethikunterrichts verdanken wir seine Entdeckung Rolf Sistermann. Er schreibt:

„Gedankenexperimente sollen den Philosophieunterricht anschaulicher machen, sollen den Aufstieg zu den kahlen Höhen der abstrakten Gedanken leichter machen. Die dicht gepackten 4 bis 5 Minuten guter Clips können ideale audiovisuelle Gedankenexperimente sein, durch die der Möglichkeitssinn angesprochen wird. Ähnlich wie bei der Kurzgeschichte bleibt vieles offen." (Sistermann 2004, 32)

Diese Charakterisierung kann man insbesondere nutzen, wenn man Videos wählt, die Aspekte des Typus „narratives Video" oder „Konzeptvideo" enthalten, und nicht als reines „Präsentations- bzw. Performance-Video" (Klug 2008, 15) allein musizierende und tanzende Künstler/innen zeigen. Dadurch entstehen als Zugewinn die Effekte einer interessanten Verbindung von verschiedenen Ebenen, denn „jede der Ebenen Bild, Text und Ton kann […] eine eigene Geschichte erzählen, die sich gegenseitig ergänzen, verstärken, hemmen oder widersprechen können", (Klug 2008, 11) und dadurch neue Anregungen geben. Den Lehrer besticht der Musikvideoclip organisatorisch allein schon durch seine handliche Länge, die keinerlei Probleme für den Unterrichtsrhythmus im normalen Schulbetrieb darstellt. Methodisch bietet er vielfältige Möglichkeiten, jede der in ihm enthaltenen Ebenen je nach fachlichem Potential hervorzuheben oder zu vernachlässigen, ggf. auf das Alltagswissen der Schüler/innen bei der Auswahl von Clips zurückzugreifen (Draken 2011a) oder auch unzeitgemäß wirkende Clips aus der Pionierzeit dieses Mediums einzubringen. Hierin liegen die Chancen, sie zum Anlass weiterführender philosophischer Diskurse zu nehmen.

Sonderfall: Musik im Film

Der Spielfilm, und sei es aus praktischen Gründen nur in Form von rezipierbaren Ausschnitten, hat mittlerweile seinen Platz im Unterrichtsgeschehen Philosophie/Ethik gefunden. Dass damit immer auch die Musik Einzug in den Unterricht hält, sollte aber nicht übersehen werden. Wenn z. B. im Spielfilm „Breakfastclub" (1985, © Universal Studios) der Vorspann die Protagonisten durch bildhaft gestaltete Kurzsequenzen vorstellt, dann ist es der parallel hörbare Titelsong (Simple Minds 1985, © A&M), der das inhaltliche Thema des Films auf eher unbewusst wahrgenommener Hörebene einführt. Wenn im Spielfilm „Sleepers" (1996, © Universal Studios) z. B. eine Strafe für Jugendliche verhängt wird, deren Tun tatsächlich gravierende gesundheitliche und wirtschaftliche Folgen für einen unschuldig Betroffenen hatte, dann ist es die nicht bewusst wahrgenommen Filmmusik, die zu dem Urteil des Zuschauers führt, dies sei ungerecht. Oder wenn im Klassiker „2001: Odyssee im Weltraum" (1968, © MGM) dem Zuschauer streckenweise ein Bild vorenthalten bleibt (schwarze Leinwand), dann ist es die Musik, die die Deutungshoheit über das Geschehen erlangt.

Natürlich ist Filmmusik, deren Einsatz, Gestaltung und Wirkung genuines Thema des Musikunterrichts, aber wenn der Philosophie und Ethikunterricht auf Filme zugreift, sollte er nicht naiv die entscheidende Wirkung dieses Element eines auf vielen Ebenen wirksamen Mediums übersehen und seine i.d.R. unbewusst wirksame Suggestion unreflektiert geschehen lassen. Aber auch hier würde ich parallel zum zuvor über den Song Gesagten vor allem zu phänomenologischem Zugriff und Bewusstmachung raten, um der rationalen Vernunft zu ihrem Recht zu verhelfen. (Draken 2012a)

Fazit

Musik in ihren vielfältigen Formen und ihrem vielfältigen Auftreten kann und sollte für den Philosophie- und Ethikunterricht fruchtbar gemacht werden, wenn sie dem philosophischen Diskurs Anregung und Zugewinn verspricht. Sie behält ihren angestammten Platz der fachlichen Würdigung im Musikunterricht, wo auch die musikalisch-analytischen Sichtweisen zu leisten sind, die unsere Unterrichte überfordern würden. Ein vornehmlich phänomenologischer Zugriff aber kann auch dem philosophischen Musiklaien Zugänge ermöglichen bzw. einen reflektierenden Umgang initiieren, so dass vielfältige philosophische Fragen durch ihre Rezeption bereichert werden. Darüber hinaus kann die Aufgabe einer kritischen Medienerziehung fachspezifisch befördert werden.

Literatur

Brunner, G.: „Jugendliche und Musik – Chancen für ethisches Lernen", in: *Ethik und Unterricht* (2010), 6-10.

Draken, K.: „Musik im Film – problematische Manipulationen der philosophisch rationalen Urteilskraft und ihre diskursive Abwehr", in: Draken, K.; Rolf, B. (Hg.): *Mitteilungen des Fachverbandes Philosophie* 52 (2012a), 108-116.

Draken, K.: „Sinnstiftende Musik. Ein Versuch über ‚2001: Odyssee im Weltall'", in: *Zeitschrift für Didaktik der Philosophie und Ethik* (2012b), 280-283.

Draken, K.: „Von ‚Unzertrennlich' bis ‚Sexy Love' – Unterricht mit Musikvideos zum Thema Liebe", in: *Zeitschrift für Didaktik der Philosophie und Ethik*, (2011a), 297-303.

Draken, K.: *Sokrates als moderner Lehrer. Eine sokratisch reflektierte Methodik und ein methodisch reflektierter Sokrates für den Philosophie- und Ethikunterricht*, Berlin, Münster 2011b, insbesondere 205-215 und 231-235.

Hagen, M.: „Zuhören fördern. Ein Beitrag zu einem Klima der Achtsamkeit und Anerkennung in der Schule", in: *Ethik und Unterricht* (2010), 11-17.

Klug, D.: *Formen und Funktionen der Inszenierung von Horror in Musikvideoclips*, Magisterarbeit, Wien 2008, URL: http://www.univie.ac.at/visuellesoziologie/Publikation2008/VisSozKlug.pdf (abgerufen am 05.10.2014).

Martens, E.: *Methodik des Ethik- und Philosophieunterrichts. Philosophieren als elementare Kulturtechnik*, Hannover 2003.

Ministerium für Schule und Weiterbildung (Hg.): Kernlehrplan Sekundarstufe I in Nordrhein-Westfalen Praktische Philosophie, Frechen 2008.

Prinz, U.; Scheytt, A. (Hg.): *Musik um uns – Sekundarbereich II*, Hannover 1997.

Raupach-Strey, G.: *Sokratische Didaktik. Die didaktische Bedeutung der Sokratischen Methode in der Tradition von Leonard Nelson und Gustav Heckmann*, Münster, Hamburg, London 2002.

Rohbeck, J.: *Didaktik der Philosophie und Ethik*, Dresden 2008.

Sistermann, R.: „Visuelle Gedankenexperimente – Musikvideos als neue Medien", in: *Philosophieunterricht in Nordrhein-Westfalen* 43 (2007), 50-64.

Sistermann, R.: „Audiovisuelle Gedankenexperimente. Musikvideos als neue Medien im Philosophie- und Ethikunterricht", in: *Ethik und Unterricht* (2004), 29-34.

4. Unterrichtsplanung

4.1 Unterrichtsplanung

Klaus Blesenkemper

Allgemeine Unterrichtsplanung *auch* als fachdidaktisches Thema?

Mit und nach Wolfgang Klafki ist Unterrichtsplanung, weit verstanden als antizipierende Vorbereitung des Unterrichts, ein zentrales Thema der *Allgemeinen* Didaktik (z. B. Kiper, Mischke 2009; Wiater 2013). In der *Fach*didaktik Philosophie wird sie eher stiefmütterlich behandelt. In fachdidaktischen Zeitschriften gibt es selbstverständlich viele Hinweise, wie man bezogen auf *spezielle* Themen den jeweiligen Unterricht planen kann, aber Unterrichtsplanung für den philosophischen Unterricht als *generelles* Thema sucht man vergebens. In der sehr hilfreichen fachdidaktischen Literaturdatenbank „Didaktik der Ethik und Philosophie" (www.deletaphi.de), findet sich unter den aufgeführten philosophischen Didaktikzeitschriften kein einziges Themenheft zu „Unterrichtsplanung". Von einer Ausnahme freilich wird unten (im Abschnitt *Planung von Lernprozessen nach dem „Bonbon-Modell" als Konkretion der didaktischen Maximen Kants*) ausführlich zu berichten sein.

Gibt es denn nichts, was ich als Planende(r) meines *philosophischen* Unterrichts *generell* zu berücksichtigen habe? Was hat die Fachdidaktik Philosophie hinsichtlich der Tätigkeit und Kompetenz Unterrichtsplanung *Spezifisches* beizutragen? – Diese Frage werde ich beantworten, indem ich zunächst von Kant her grundlegende Prinzipien des Philosophieunterrichts entfalte, mit diesen Prinzipien ein etabliertes Planungsmodell für philosophische Lernprozesse in Unterrichtsstunden und -Reihen legitimiere und partiell revidiere, auf Besonderheiten der planungsrelevanten Zusammensetzung philosophischer Kurse eingehe und Tipps für Reihenplanungen in Philosophiekursen zusammenstelle.

Grundlegung einer Theorie der philosophischen Unterrichtsplanung nach Kant

Wer planen will, braucht ein Set von Grundüberzeugungen und Kenntnissen, das als Reservoir für Ziele und Mittel im Planungsprozess fungiert. In der Unterrichtsplanung, wie sie in der Allgemeine Didaktik thematisiert wird, sind dies in der Regel diverse didaktischen Grundmodelle. Sie reichen vom bildungstheoretischen/kritisch-konstruktiven Modell über das Berliner und Hamburger Modell bis zu den Modellannahmen der konstruktivistischen Didaktik und der Neurodidaktik (Jank, Meyer 2011). *Fach*spezifische Unterrichtsplanung könnte dann als anwendende Konkretion einer oder mehrerer dieser Modelle verstanden werden, wie Hanisch (2011) dies für den Religionsunterricht vorführt. Das ist zumindest solange unbefriedigend, als eine Entscheidung für eines oder mehrerer Modelle fachdidaktisch und damit letztlich auch fachphilosophisch nicht begründet ist, sondern mehr oder weniger zufällig getroffen wird.

Der Fachdidaktiker Volker Pfeifer hält dieses Beliebigkeitsproblem heute nicht mehr für gravierend, weil er für die Gegenwart eine didaktische „Paradigmenverschmelzung" (Pfeifer 2013, 78) erkennt und dafür zentrale Gemeinsamkeiten der didaktischen Basismodelle namhaft macht. „Bildungstheoretische Aspekte werden durch lerntheoretische oder lernzielorientierte ergänzt und mit Anleihen aus der Kommunikationspsychologie ergänzt" (Pfeifer 2013, 77 f.). Im Kern aktueller Modelle sieht er ein „diskursives Element Habermas'scher Provenienz" (ebd. 78), so dass er selbst für eine *„Diskursdidaktik'"* (ebd.) plädiert und die Diskurstheorie zum „Orientierungsmodell für eine diskursiv konzipierte Didaktik des Ethikunterrichts" (ebd. 81) und im Sinne seiner detaillierten Ausführungen auch des Philosophieunterrichts erklärt. Pfeifer zieht damit eine Begründungslinie von den sich historisch entwickelnden, aber auch parallel Geltung beanspruchenden didaktischen Grundmodellen über ihre aktuelle Verschmelzung bis hin zu einer Fachdidaktik philosophischen Unterrichts, die sich an der Diskurstheorie orientieren soll. Diese Linie wird aber nicht konsequent fortgezogen zu den „Aufbauprinzipien einer Unterrichtseinheit" (ebd. 84 ff.) und damit zur Unterrichtsplanung. Denn nunmehr scheint eher die Phänomenologie als Denkrichtung maßgeblich zu sein und auch die Kontrollfragen zur Unterrichtsplanung (ebd. 109 ff.) sind nicht diskursdidaktisch durchherrscht. Der Brückenschlag von der Allgemeinen Didaktik zur philosophischen Fachdidaktik unter Einschluss der fachspezifischen Unterrichtsplanung ist damit noch nicht ganz lückenlos gelungen.

Die folgenden Überlegungen zur fachphilosophischen Unterrichtsplanung decken sich in zentralen Aspekten mit der soeben skizzierten Diskursdidaktik und besonders mit der von Ekkehard Martens entfalteten und weiterentwickelten dialogisch-pragmatischen Philosophiedidaktik (v. a. Martens 1983; 2009 und in diesem Band). Sie versuchen aber einen Start an einem anderen Ausgangspunkt. Sie gehen in erster Linie aus von überschaubaren drei Sätzen Immanuel Kants. Diese einfachen Sätze haben den Vorzug, nicht nur als eine in sich stimmige didaktische Grundorientierung zu fungieren, sondern an ihnen lässt sich zudem Prinzipielles für philosophische Unterrichtsplanung entwickeln, und zwar so, dass mit ihnen auch relevante Erkenntnisse aus der rezenten Lernforschung zur Geltung kommen.

Die einfachen Sätze Kants umfassen in der kürzesten Variante nur neun Worte. Variante meint, dieses Konzept formuliert der Autor mehrmals, genau 16-mal, wenn ich recht gezählt habe (Blesenkemper 1987, 243 ff; vgl. ders. 2014). Aufschlussreich schon die Überschriften, mit denen die drei Regeln, um die es hier geht, jeweils angekündigt und in ihrer Bedeutung unterstrichen werden.

„Allgemeine Regeln und Bedingungen der Vermeidung des Irrthums" (Kant, AA IX, 57). Das klingt noch relativ bescheiden. Es folgen Steigerungen: „Maximen des gemeinen Menschenverstandes" (AA V, 294), „[U]nwandelbare[.] Gebote[.]" „[f]ür die Klasse der Denker" (AA VII, 228). Es gehe gar um die „Vorschrift", „aus sich selbst" „Weisheit" „heraus[zu]bringen" (AA VII, 200).

Von den sechzehn Varianten dieses offensichtlich wichtigen Regeltrios hier die besonders klare Fassung aus Kants *Anthropologie*:

„1. Selbst denken
2. Sich (in der [Gemeinschaft (= *handschriftliche Ergänzung von Kant, siehe Kant, WA, 10, 549 u. 817 f.*)]) Mittheilung mit Menschen) in die Stelle jedes Anderen zu denken
3. Jederzeit mit sich selbst einstimmig zu denken" (Kant, AA VII, 228)

Diese zweifellos häufig zitierten Maximen, die ich als *didaktische Maximen* fasse, sind meines Erachtens noch nicht hinreichend bezüglich ihres didaktischen Potenzials ausgeleuchtet. Es gilt, Kants Maximen didaktisch zu ‚transformieren' (in einem etwas weiteren Sinne als bei Rohbeck). Es gilt, sie im Sinne eines Verständnisses von Didaktik als „Angewandte Philosophie" als Prinzipien für Planungsprozesse eines philosophischen Unterrichts fruchtbar zu machen (vgl. Runtenberg 2012).

„Selbst denken" – das ist bekanntlich die Maxime der Aufklärung, die Kant im berühmten „sapere aude" seiner Aufklärungsschrift besonders unterstreicht. Im Sinne der damit verbundenen Selbstgesetzgebung der Vernunft fordert Kant von allen, und damit auch von Schülern: ‚Du *sollst* selbst denken. Und du *kannst* es auch, wenn du nur *willst*.' Und das *wollen* Schülerinnen und Schüler zunächst durchaus. Sie reagieren aus meiner Erfahrung freudig auf Kants nähere Erläuterung dieser Maxime: „Das [hier gemeinte] erste Prinzip ist negativ (nullius addictus iurare in verba magistri) [auf keines Lehrers Worte zu schwören verpflichtet, K.B.] das der zwangsfreien [...] Denkungsart" (Kant, AA VII, 228 f.). Dem Lehrer nicht folgen zu *müssen*, ja nicht einmal zu *dürfen*, sich aus seinen ‚Zwängen' befreien zu *sollen*, klingt aus Schülersicht durchaus attraktiv und motivierend.

Mit dem tendenziell politischen Aufklärungsimpuls der ersten Maxime, dem Drängen auf Emanzipation und Mündigkeit, verbindet Kant in nuce auch einen recht aktuellen *lerntheoretischen* Aspekt: Warum *Selbst*denken? – „Ich kann einen andern niemals überzeugen als durch seine eigene[n] Gedanken" (Kant, AA XX, 32). Brieflich bekundet Kant: „Denn nur das, was wir selbst machen können, verstehen wir aus dem Grunde" (Kant, AA XII, 57). Und für jede, insbesondere philosophische Lehrkraft bedeutet das: „Es ist daher nichts schädlicher, als wenn man die Schüler angewöhnt den Autor nachzumachen oder vielmehr nachzuäffen" (Kant, AA XXIV, Teil 2, 866).

Dass Lernen ein primär vom Lernenden ausgehender aktiver Prozess ist, ist feste Hintergrundüberzeugung gegenwärtiger *konstruktivistischer* Didaktiken (vgl. Reich 2008, 71). Ganz im Sinne des soeben ausgelegten Kantischen Selbstdenkens ‚transformiert' Reich (ohne Bezug auf Kant): „Jeder Sinn, den ich selbst für mich einsehe, jede Regel, die ich aus Einsicht selber aufgestellt habe, treibt mich mehr an, überzeugt mich mehr und motiviert mich höher, als von außen gesetzter Sinn, den ich nicht oder kaum durchschaue und der nur durch Autorität oder Nicht-Hinterfragen oder äußerlich bleibende Belohnungssysteme gesetzt ist" (ebd. 95).

Nicht weniger wichtig und doch ganz anders ausgerichtet ist die zweite Maxime: In völliger Abkehr von der eigenen Position geht es hier um den Wechsel zur Perspektive des anderen, und zwar durch Mitteilung in Gemeinschaft. Diese Maxime als spezifisch Kantische zu unterstreichen bedeutet, mit einem wirkmächtigen Vorurteil aufzuräumen. „In der Philosophie der Gegenwart hält sich gegen Kants Vernunftkonzeption hartnäckig der Vorwurf des Solipsimus (Recki 2006, 112)." Recki stellt demgegenüber die kommunikativen Momente des Kantischen Vernunftbegriffs heraus. Gemäß seiner geradezu ‚öffentlich' verfassten Vernunft (vgl. Blesenkemper 1987) hält Kant den Dialog (vgl. Martens) bzw. den Diskurs (vgl. Pfeifer) für not-wendig. Dieser führe zu einer „erweiterten Denkungsart" (Kant, AA V, 295) und damit zur Überwindung von Privatbedingungen im Urteil. Sehr emphatisch ruft Kant die diesbezügliche Begründung aus: „[W]ie viel und mit welcher Richtigkeit würden wir wohl denken, wenn wir nicht gleichsam in Gemeinschaft mit anderen, denen wir unsere und die uns ihre Gedanken mitteilen, dächten!" (Kant, AA VIII, 144).

Denken in Gemeinschaft, das stimmt überein mit dem von den Kanadiern Norm und Kathy Green ausgehenden Impuls hin zum *kooperativen* Lernen (vgl. Huber 2011). Think – Pair – Share, das sind die drei Phasen des kooperativen Lernens in Gruppen. Die erste Phase (Think) entspricht evident der ersten Kantischen Maxime. Gruppenarbeit ohne Einzelarbeit ist keine (philosophische) Gedankenarbeit. In der 2. Phase (Pair) soll der Gruppendiskurs zur Korrektur und Erweiterung des Horizontes des je Einzelnen führen, bevor in der 3. Phase (Share) die Ergebnisse mit allen in der Lerngruppe geteilt werden.

Bezogen auf die zweite Maxime ist neben dem Gedanken des Horizont erweiternden Gesprächs auf der Basis wechselseitiger Mitteilung noch ein weiterer Aspekt herauszuheben: Kant geht es um den Standpunkt *„jedes* [Hervorhebung K.B.] Anderen". Damit kann nicht nur ein privat-monologisches Gedankenexperiment gemeint sein. Denn „wie viel und mit welcher Richtigkeit würden wir wohl denken, wenn wir nicht …" (s.o.). Die reale Gesprächsgemeinschaft muss ihre erweiterten, aber immer noch privaten Gruppengrenzen sprengen, um tendenziell zu ‚jedem Anderen' zu gelangen. Und das gelingt nur, wenn in das philosophische Gespräch möglichst viele Standpunkte einbezogen werden. Dazu liegt der Reichtum der philosophischen Tradition bereit. Erst wenn die Gruppe nicht mehr nur im eigenen Gruppensaft schmort, kann umfassende Bildung für alle gelingen. „[O]hne Kenntnisse wird man nie ein Philosoph werden, aber nie werden auch Kenntnisse allein den Philosophen ausmachen" (Kant, AA IX, 25). Wenn man mit Kant betont, man könne nur philosophieren lernen, nicht aber Philosophie, so *könnte* man meinen, hier gehe es *nur* um eine Art Technik, *nur* um eine Fertigkeit, *nur* um ein methodisches Vermögen. Dem widerspricht Kant hier; ohne die Verfügung über entsprechende philosophische *Inhalte* sei kompetentes Philosophieren letztlich nicht möglich. Diesbezüglich warnt Kant in seiner didaktisch aufschlussreichen *Vorlesungsankündigung* mit dem Bild der Blindheit vor der „Geschwätzigkeit junger Denker", sie sei „blinder [...] als irgend ein anderer Eigendünkel" und sei dann zu befürchten, wenn der junge Mensch „nur mit erborgte[r] Wissenschaft, die an ihm gleichsam nur geklebt und nicht gewachsen ist" konfrontiert wird. Daher soll der junge Mensch „nicht Gedanken, sondern denken lernen; man soll ihn nicht tragen, sondern leiten, wenn man will, daß er in Zukunft von sich selbst zu gehen geschickt sein soll" (Kant, AA II, 305 f.). Beide Aspekte zusammengefasst könnte man sagen: *Philosophische Kenntnis ohne Selbstdenken bleibt (weitgehend) blind; philosophisches Selbstdenken (des einzelnen) ohne philosophische Kenntnis wird auf Dauer (weitgehend) leer bleiben müssen.*

Und schließlich die dritte Maxime: Viele Interpreten sehen in ihr nur eine Aufforderung zur logischen Stimmigkeit im Urteil. Das ist zwar auch richtig, greift aber zu kurz. Warum steht sie an dritter Stelle? Warum gehört sie überhaupt hierher? Für ihre zentrale Bedeutung spricht – erstens –, dass Kant die drei Maximen z. B. in der *Kritik der Urteilskraft* drei Vermögen zuordnet, und zwar in einer Steigerungslinie: „Man kann sagen: die erste dieser Maximen ist die Maxime des Verstandes, die zweite der Urtheilskraft, die dritte der Vernunft" (Kant, AA V, 295), und damit ist das höchste, die formale Logik übersteigende Vermögen gemeint. Kant *bindet* – zweitens – die dritte Maxime gleichsam dialektisch an die beiden anderen und deren Berücksichtigung. „Die dritte Maxime, nämlich die der consequenten Denkungsart, ist am schwersten zu erreichen und kann auch nur durch die Verbindung beider ersten und nach einer zur Fertigkeit gewordenen öfteren Befolgung derselben erreicht werden" (ebd.). Die geforderte ‚Konsequenz' ist nicht primär die eines dem Subjekt äußerlichen Urteils, ist nicht allein die logische Schlüssigkeit. Es geht um eine Einstimmigkeit, um Stimmigkeit „mit sich selbst". Die Konsequenz betrifft den Urteilenden des Urteils. Die Arbeit solchen ‚Einstimmens' gelingt nur durch einen beschwerlichen Bildungsprozess: Ich muss selbst denken, dann mein Selbst in Auseinandersetzung mit anderen im Gespräch und in der Lektüre radikal verlassen, und das immer wieder, bis es zur Fertigkeit bzw. Kompetenz wird, um schließlich alles zu einem stimmigen Selbst zusammenbinden zu können. Es geht letztlich in dem Maximentrio um eine sozial vermittelte und auch sozial relevante Selbstkompetenz, verstanden als kohärente Persönlichkeits-Bildung. In der Befolgung der dritten Maxime, in welche die beiden anderen ‚aufgehoben' sind, wird die „Arbeit am Logos" (Steenblock in diesem Band) gleichursprünglich zur ‚Arbeit am Selbst'. Erst durch die dritten Maxime vollendet sich somit, was mit der ersten angelegt ist, die Verwirklichung von Aufklärung:

„Nicht der ist aufgeklärt, der alles weiß, sondern der das Gewußte in Beziehung zu setzen vermag zu sich selbst, seinem Selbstverständnis und seinen praktischen Interessen" (Martens, Schnädelbach 1994, 32).

Wir sehen zusammenfassend, wie die drei Maximen Grundlagen eines auch allgemeindidaktisch legitimierten modernen Philosophie- und Ethik-Unterrichts begründen können helfen: Die erste greift vor auf eine konstruktivistische Didaktik und die damit verbundene Lerntheorie; die zweite favorisiert kooperative Lernformen, ergänzt die Auseinandersetzung mit der Ideengeschichte; die dritte intendiert eine wohlerwogenen Orientierung an der als Bildung zu fassenden personalen Kompetenz.

Planung von Lernprozessen nach dem „Bonbon-Modell" als Konkretion der didaktischen Maximen Kants

Unter Fachdidaktikern ist das von Rolf Sistermann entwickelte „Bonbon-Modell" (vgl. etwa Sistermann 2012) wegen seiner Anschaulichkeit und sachlichen Überzeugungskraft mit Recht als Planungsmodell vielfach aufgegriffen worden.

Es ist ein Modell, das philosophische Lernprozesse für Einzelstunden artikulieren bzw. phasieren möchte, das aber auch geeignet ist für die Strukturierung größere Sequenzen und Unterrichtsreihen (siehe 4.1.5). Die ‚Engstellen' in der Bonbonform sollen deutlich machen, dass hier die Lehrkraft durch Fokussierung

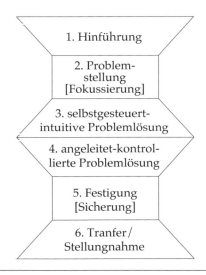

Abb. 16: Das Bonbon-Modell nach Sistermann

und Bündelung bei der Suche nach (Zwischen-)Ergebnissen ‚engführend' klar strukturieren sollte. Das Modell ersetzt bzw. spezifiziert die in der Allgemeinen Didaktik üblichen Bezeichnungen für Unterrichtsphasen ‚Einstieg', ‚Erarbeitung', ‚Ergebnissicherung' (Wiater 2013, 231 f; vgl. Steenblock 2011, 107). Es hat auch den Vorzug, Entsprechungen aufzuweisen zu den *Fachmethoden* des philosophischen Unterrichts, wie sie von Martens (und im Ergebnis ähnlich von Rohbeck) entfaltet wurden: Phänomenologie, Hermeneutik, Analytik, Dialektik und Spekulation (vgl. Martens 2009, 65 ff.). Die von Sistermann angebotenen Entsprechungen zwischen Phasen und Fachmethoden sind *möglich*, aber nicht zwingend. Dialektische Methoden *können* in der Anwendungsphase zur Geltung kommen, aber auch in der „angeleitet-kontrollierten". Spekulativ-kreative Methoden sind auch nicht auf die Phase der selbstgesteuerten Intuitionen begrenzt.

Sistermann selbst führt dieses Modell letztlich zurück auf die Lernpsychologie von Heinrich Roth. Wichtige Momente dieses Modells (ab der dritten Phase) fasse ich – mit gewissen Akzentverschiebungen – als planungsrelevante ‚Transformation' der drei didaktischen Maximen Kants auf und legitimiere sie somit aus der Perspektive der philosophischen Fachwissenschaft.

Die ersten beiden Phasen nach Sistermann, die primär *phänomenologisch* verfahren sollende *Hinführung* und die *Problemkonstituierung*, entsprechen dem unbestrittenen didaktischen Anspruch, dass philosophischer Unterricht *problemorientiert* sein muss (vgl. etwa Runtenberg 2012; Sistermann 2012 und Tiedemann in diesem Band). Kant benötigt keine *spezielle* Problemorientierung im Kontext philosophischer Bildung *junger Menschen*, denn er ist *generell* überzeugt, dass Philosophieren, wenn es sich an seinem „Weltbegriff" von Philosophie orientiert, genau das betrifft, „was jedermann nothwendig interessirt" (Kant, AA III, 543). Ein philosophisches Problem muss junge Menschen vielleicht nicht notwendig, aber sicherlich wirklich interessieren können. Es kommt daher nur ein Thema in Betracht, das „die Schüler etwas ‚angeht', sie ‚berührt', weil es auf ihre ‚Bedürfnisse' und ‚Ansprüche' bezogen ist" (Sistermann 2012, 299). Eine solche ‚Berührung' muss allerdings – vor allem bei älteren Schülerinnen und Schülern – nicht zwingend auf den ersten Blick erkennbar sein. Sie kann das Ergebnis der Hin*führung* sein. Damit eine Lehrkraft solch ‚berührende' Probleme findet, sollte sie nach Sistermann auch die didaktische Arbeit der Problemveranschaulichung durch Autoren von Jugendbüchern bzw. entsprechenden Filmen nutzen. Generell ist die Lehrkraft angehalten, aus dem Schatz philosophischer Probleme Themen zu finden, deren „Lebensweltbezug" (Goergen in diesem Band) auf den ersten oder zweiten Blick vorhanden ist.

Der so verstandene Bezug zur Lebenswelt ist wiederum kompatibel mit den Grundlagen konstruktivistischer Didaktik. Nach ihr müssen die Fragen des Unterrichts an die jeweiligen Schülerwelten andocken können. Nur dadurch würden Lernwege für sie ‚viabel', begehbar.

Sistermann unterscheidet sich mit seinem Modell von Roth vor allem dadurch, dass er die Phase der Problemlösung *aufteilt* in die „selbstgesteuert-intuitive" (dritte Phase) und eine „angeleitet-kontrollierte" Problemlösungsphase (vierte Phase). Für die dritte Phase fordert Sistermann, dass die Schüler „selbstständig oder [!] in Zusammenarbeit mit Mitschülern" das zuvor fokussierte Problem *spekulativ* zu lösen versuchen sollen. Insofern konkretisiert diese Phase die erste Maxime Kants und den ersten Aspekt seiner zweiten Maxime. Um beiden Maximen in ihrer dialektischen Beziehung zueinander gerecht zu werden, sollte das „oder" durch „und dann" ersetzt werden. Vor allem aber sollte die Funktion dieser Phase aufgewertet werden: Sistermann sieht in der dritten Phase eher eine dienende, vorbereitende Funktion für die vierte Phase. Die Schüler könnten sich in dieser Phase „in das Problem hineindenken und mögliche Lösungen antizipieren. Sie können dadurch dem Anspruch des Textes oder anderer Medien, mit dem sie in der kontrollierten Problemlösungsphase konfrontiert werden, besser und leichter gerecht werden" (Sistermann 2012, 297 f.). Das „sapere aude" Kants ist aber mehr als nur ein Mittel. Der Mut, sich seines eigenen Verstandes zu bedienen, ist engstens mit dem Eigenwert einer der Aufklärung verpflichteten humanen Lebensgestaltung und Bildung verbunden, es darf nicht *nur* instrumentalisiert werden. Dies bedeutet, das Selbst der Schülerin und des Schülers gerade *im Selbstdenken* anzuerkennen und zunächst vollumfänglich ernst zu nehmen. Für die gegebenenfalls nötige Korrektur sorgt ja die Befolgung der zweiten Maxime.

Sistermanns vierte Phase dient der Auseinandersetzung mit vorgefundenen Vorschlägen zur Lösung des vorab fokussierten und im ersten Durchgang selbstständig bearbeiteten Problems. Gefordert sei hier primär Texthermeneutik. Damit käme hier vor allem der zweite Aspekt der zweiten Maxime Kants zur Geltung, die des Perspektivwechsels hin zu noch fremden Standpunkten, der Dialog mit der philosophischen Tradition und philosophischen Positionen in anderen Medien. Diese Phase sollte aber auch offen sein für den ersten Aspekt der zweiten Maxime, für die Korrektur der eigenen Position im gemeinschaftlichen Gespräch. Problemlösungen sind nicht immer und nicht allein auf die Bearbeitung von diskursiven und narrativen Texten, präsentativen Medien usw. angewiesen. Auch das Denken ohne materiale Medien kann über eine vorläufige intuitive Problemlösung weit hinausgreifen. Das Sokratische Gespräch in der Tradition von Leonard Nelson und Gustav Heckmann (vgl. Birnbacher in diesem Band; Draken 2014) als recht streng strukturierte Gesprächsform wird als „angeleitet-kontrollierte Problemlösung" gelten können. In ihm können die meisten der Fachmethoden systematisch zur Geltung kommen. Ähnliches gilt für selbst durchgeführte oder gar selbst entworfene Gedankenexperimente (vgl. Engels in diesem Band) und Dilemma-Diskussionen (vgl. Blesenkemper in diesem Band). Insofern würde ich das eigentliche „Bonbon" etwas ‚dicker' machen, die zweite Kantische Maxime klarer einbeziehen und sie sowohl zur dritten wie zur vierten Phase hin öffnen (daher die punktierten Linien).

Abb. 17: Modifiziertes Bonbon-Modell nach Blesenkemper

Die beiden letzten Phasen nach Sistermann sind mehr als ein Anhang. Für die Schülerinnen und Schüler muss geplant werden, dass sie im Lernprozess das Gelernte durch *analytische* Verfahren auf den Begriff bringen (fünfte Phase) und sich dazu *dialektisch* anwendend, transferierend und bewertend ins Verhältnis setzen (sechste Phase). Gemäß der dritten Maxime Kants geht es aber möglicherweise um mehr, nämlich um eine zentrale Vernunfttätigkeit, durch welche die gewonnenen Ergebnisse in sich und für die Lerner selbst stimmig gemacht werden sollen. Das in und durch die sechsten Phase Gewonnene soll der Lerner schließlich auch bewusst auf sich selbst beziehen. An diesem Punkt scheint mit Kant ein zusätzliches Moment, vielleicht so etwas wie eine siebte Phase in den Blick zu geraten.

Die ‚Transformation' der didaktischen Maximen Kants zeitigt als Zwischenergebnis für eine philosophisch inspirierte Unterrichtsplanung philosophischen Unterrichts: Als Themen kommen nur Probleme in Betracht, die das Selbst des Lernenden etwas ‚angehen'. Dieses Selbst muss im Selbst*denken* die eigene Vernunft aktivieren. So dann muss es, sich verlassend, sich erweitern in der Mitteilung mit Mitschülern und in der Auseinandersetzung mit Lösungsangeboten, wie sie in Texten der Tradition und anderen Medien bereit gehalten werden. Schließlich muss für dieses Lerner-Selbst die Chance eröffnet werden, dass es die zunächst disparaten Lösungsvorschläge in sich und für sich stimmig machen kann. Das Mit-sich-selbst-einstimmig-Werden ist für die Lehrkraft ein Ziel im Sinne einer regulative Idee; es zu erreichen ist eine Leistung des Lernsubjektes und von der Lehrkraft als solche sicherlich nicht mess- oder kontrollierbar.

Die Heterogenität der Selbstdenker als besondere Herausforderung

Alle relevanten Planungsmodelle der Allgemeinen Didaktik sind sich darin einig, dass Unterrichtsplanung – sei es für Reihen, sei es für Einzelstunden – mit der *Bedingungsanalyse* beginnen muss (Wiater 2013, 67 u. ö.). Dazu gehört in erster Linie die Analyse oder Diagnose der anthropogenen und sozialkulturellen Voraussetzungen aufseiten der Lerner. Diese sind vielfältig und werden offensichtlich immer vielfältiger. Zu den *generellen* Faktoren der zunehmenden Heterogenität bei Schülerinnen und Schülern zählen „sowohl gruppenspezifische Besonderheiten wie z. B. kulturelle, geschlechtliche, sozioökonomische, milieubedingte Besonderheiten als auch individuelle Besonderheiten wie z. B. unterschiedliche Denk-, Gefühls- und Handlungsweisen, Sprach- und Interaktionsverhaltensweisen, psycho-physische Konstitutionen, Lern-Leistungs-Profile, Wahrnehmungs-, Deutungs- und Aneignungsformen, Lerninteresse, Lernfähigkeiten, Lernbereitschaften, Lernbesonderheiten (von Lernproblemen/Lernbehinderungen bis zur Hochbegabung), Lernstile und Lernstrategien usw." (Wiater 2013, 21).

Mit Heterogenität angemessen umgehen zu können, wird immer mehr zu einer zentralen Kompetenz von Lehrkräften. Das (Fern-)Ziel ist die Etablierung eines Unterrichts, der in einem umfassenden Sinne inklusiv ist (vgl. Blesenkemper 2015). Die Heterogenitätsproblematik zeigt sich *speziell* für die Planung philosophischen Unterrichts in noch *gesteigertem* Maße. Dies gilt vornehmlich für den Unterricht in der Sekundarstufe I bzw. – soweit bereits vorhanden – in der Grundschule. Denn bei jüngeren Schülerinnen und Schülern ist der philosophische Unterricht in der Regel *Alternativunterricht* für den konfessionellen Religionsunterricht und wird in entsprechend zusammengesetzten Kursen erteilt. In solchen Alternativkursen versammeln sich:

1. Schülerinnen und Schüler *ohne* Bekenntnis, in Schulkarteien mit „o.B." gekennzeichnet. Sie gehören also keiner Religionsgemeinschaft an. Ihre Zahl steigt in der Bundesrepublik ständig.
2. Schülerinnen und Schüler *mit* Bekenntnis zu einer Religion, für die es an der jeweiligen Schule aber keinen konfessionellen Religionsunterricht gibt. Dazu zählt die große Gruppe der Muslime, die in sich wiederum differenziert ist. Sie muss abgegrenzt werden von der der Aleviten, die sich nur zum Teil als Muslime verstehen. Dazu gehören auch Schülerinnen und Schüler kleinerer Religionsgemeinschaften bzw. Sekten.
Mitglieder dieser 2. Gruppe sind:
   a) zum Teil *sehr religiös* und/oder betonen die eigene Herkunftskultur stark, etwa durch das Tragen eines Kopftuches, oder sie sind
   b) *säkular* und/oder in die Mehrheitskultur voll integriert.
3. Schülerinnen und Schüler, die vom konfessionellen Religionsunterricht durch die Erziehungsberechtigten oder als Religionsmündige (ab dem 14. Lebensjahr) abgemeldet sind, und zwar gemäß dem Recht auf Religionsfreiheit nach Art. 4 Abs. 1 des Grundgesetzes.
Dies geschieht:
   a) überwiegend wegen einer *Distanz* zu Religion und/oder Kirche oder
   b) manchmal wegen *Interesse an Neuem* und/oder an Philosophie.
4. Schülerinnen und Schüler mit eklatant *unterschiedlichen Vorkenntnissen*, da der Eintritt in einen Philosophie- oder Ethik-Kurs aufgrund einer Abmeldung vom konfes-

sionellen Religionsunterricht jederzeit möglich sein muss.
5. Schülerinnen und Schüler mit unterschiedlichem Niveau in der Urteilskraft, vor allem im Bereich der *moralischen Urteilskraft*, da sich diese im Jugendalter erst allmählich ausbildet.
6. Schülerinnen und Schüler ohne und mit diversen Förderbedarfen (Lernen, emotionale und soziale Entwicklung, Sehen …), die im Alternativfach in der Regel nicht extern differenziert unterrichtet werden.
7. chülerinnen und Schüler an Gesamtschulen mit *unterschiedlichen Abschlusszielen*, denn anders als in den sogenannten ‚Hauptfächern' findet im Alternativunterricht, soweit ich sehe, keine Differenzierung nach Leistungsgruppen statt.

Die hier aufgezählten Heterogenitätsmerkmale treffen (abgesehen von 4., 6. und 7.) auf die Schülerinnen und Schüler in ihrem *gesamten* Schulleben, d. h. im Unterricht *aller* Fächer zu. Aber sie sind dort nicht in gleichem Maße *wirkmächtig*. Grundlegende Differenzen in der Weltanschauung und im Lebensstil wirken sich kaum im Mathematikunterricht, manchmal im Biologieunterricht (Problemfelder: Evolutionstheorie und Sexualkunde), aber sehr häufig im philosophischen Unterricht aus. Denn hier stehen vielfach existenzielle Fragen nach dem Selbst, nach Glück, Tod, Behinderung, Sinn des Lebens usw. im Mittelpunkt. So kommt es häufig explizit zu einer Re-flexion – wörtlich verstanden als Rück-beugung – auf jene Momente des Daseins, in denen die Schülerinnen und Schüler ihre spezifische Andersheit erleben.

Philosophiekurse als Alternativkurse sind somit individuel*ler* und im umfassenden Sinn multikulturel*ler* als andere Kurse *und* in ihnen kommen die Momente solcher Vielfalt in besonderem Maße zum Tragen.

Dies bedeutet für die Planung des Unterrichts für Selbstdenker und Gesprächsgemeinschaften besondere Sensibilität. Im Einzelfall muss etwa genau überlegt werden, ob Gruppen nach dem Zufallsprinzip, nach bestimmten Heterogenitätsmerkmalen oder nach Neigung zusammengesetzt werden sollten. Es muss genau überlegt werden, welche Themen mit welchen Akzenten welchen Lerngruppen oder welchen Einzellernern ‚zugemutet' werden können. Wenn man etwa Fragen zu Sterben und Tod thematisiert – und das wollen Schülerinnen und Schüler; Fragen dieser Art gehören erfahrungsgemäß zu den ‚Top Drei' der Lieblingsthemen – , dann muss man sensibel abklären, ob eine Schülerin oder ein Schüler gerade aktuell von einem Todesfall in der Familie betroffen ist und wie sich das in der Lernfähigkeit und -bereitschaft auswirken könnte. Gerade hier empfiehlt sich eine von Lehrperson und Schülern *gemeinsam* durchgeführte Planung der Unterrichtsreihe – auch eine Facette des ernst genommenen Selbstdenkens und Denkens in Gemeinschaft.

Die spezifische Heterogenität von alternativen Philosophiekursen bietet für die Planung aber auch besondere Chancen: Schülerinnen und Schüler unterschiedlicher Weltanschauungen, Religionen, Lebenskontexte, philosophischer Vorkenntnisse usw. können für ihre Mitschüler zu Experten werden, wenn es etwa darum geht, intra- und interkulturelle Kompetenzen zu fördern. Schülerorientierung heißt hier also Schüler-für-Schüler-Aktivierung oder learning by teaching.

Einige Aufbauprinzipien für die Planung philosophische Unterrichtsreihen

Für Schülerinnen und Schüler motivierend und im wohlverstandenen Sinne auch kompetenzorientiert ist der Unterricht nur dann, wenn er für sie wahrnehmbar mit Lern*fortschritten* verbunden ist. Was bedeutet nun dieses allgemeindidaktische Prinzip für die Planung von *philosophischen* Unterrichtsreihen? Wie baue ich sie ‚lernfortschrittlich' auf? Wie gestalte ich sie so, dass sie – mit Kant formuliert – eine „erweiterten Denkungsart" (Kant, AA V, 295) und schließlich auch Stimmigkeit mit sich selbst ermöglicht?

Wegen der Vielfalt der philosophischen Themen und der philosophischen Fachmethoden kann es ein *generelles* Rezept für Reihenplanungen *nicht* geben. Folgende Aufbauprinzipien, die auch miteinander kombiniert werden können, haben sich aber unterrichtspraktisch bewährt.

- Addieren von Problem- bzw. Sachaspekten: Die Abfolge der Stunden ermöglicht den Schülerinnen und Schülern ein immer vollständigeres Bild der zu erarbeitenden thematischen Aspekte. Sie erarbeiten sich gleichsam ein ‚Puzzle'. Die Reihenfolge der Einzelstunden ist hier weniger streng von der ‚Sache' her vorgegeben. Die Denkerweiterung besteht darin, dass das Puzzle immer vollständiger wird. Diverse Glücksvorstellungen in den Weltreligionen könnten etwa in dieser Form zusammengetragen und diskutiert werden. Wenn Themen nach diesem Aufbauprinzip strukturiert werden, bieten sie sich u.U. auch für Projektarbeiten oder Lernen an Stationen an.
- Ausschärfen und differenzieren: Das Be- und Hinterfragen eines Problems vom (vielleicht scheinbar) ‚Einfachen' zum ‚Schwierigeren' soll den Schülerinnen und Schülern von Stunde zu Stunde mehr dessen Komplexität erschließen helfen. Der Lernzuwachs ergibt sich gleichsam aus der Zunahme der ‚Bildauflösung'. Die Erweiterung der Denkungsart ist hier eher eine Intensivierung der Betrachtung. Fragen der Gerechtigkeit etwa lassen sich in diesem Sinne zunehmend differenzierter in den Blick nehmen.
- Abstrahieren: Von lebensweltlichen Beispielen ausgehend, können die Schülerinnen und Schüler zunehmend die in den Beispielen bereits beanspruchten allgemeineren Prinzipien ‚heraus-ziehen' (ab-strahieren). Dieser Weg der regressiven Abstraktion ist typisch für das Sokratische Gespräch (vgl. Birnbacher in diesem Band), in dessen Verlauf etwa von einer konkreten Situation, die von einer Lüge handelt, zu allgemeinen ethischen Prinzipien vorangeschritten wird. Im Falle einer ethisch relevanten Fallanalyse, die im Sinne moderner Angewandter Ethik kohärentistisch vorgehen würde (vgl. Runtenberg 2012), käme es zu einem Hin und Her zwischen dem Weg bottom-up, aus Kontexten allgemeinere Prinzipien zu gewinnen, und dem Weg top-down, Einzelurteilen aus allgemeineren Prinzipien abzuleiten.
- Vom Überblick zum Detail konkretisieren: In einer solchen zweiteiligen Reihe werden am Anfang das jeweilige Problem und mögliche Lösungen in seinen allgemeinen Strukturen im Überblick entfaltet. Auf dieser Basis wird im zweiten Teil der Blick für Detailfragen geschärft, die dann z. B. additiv, dialektisch usw. erschlossen werden können. Nach diesem Aufbauprinzip könnten etwa zunächst allgemein Momente und Relevanz von Gefühlen erarbeitet werden, bevor dann in einem zweiten Schritt einzelne Gefühle genauer in den Blick genommen werden. Oder es werden zunächst Aspekte des generellen Regelungsbedarfs im Zusammenleben der Menschen erschlossen, bevor konkurrierende Staatstheorien diskutiert werden.
- Perspektivwechsel vornehmen: Eine danach aufgebaute Reihe orientiert sich an verschiedenen Standpunkten, von denen her das jeweilige Problem und seine mögliche Lösung in einem anderen Licht erscheinen. Beispielsweise könnten hier die drei Lernperspektiven zur Geltung kommen, die den Unterricht Praktische Philosophie in NRW bestimmen sollen. Danach beginnt eine solche Reihe gemäß der personalen Perspektive mit der Diskussion der scheinbar privaten Fragen der Schülerinnen und Schüler. Es folgen erste Antworten durch Erweiterung des privaten Horizontes in Richtung auf die gesamte Gesellschaft (gesellschaftliche Perspektive). Die Klärung der gesellschaftlichen Verhältnisse mag weitere Fragen aufwerfen oder eine Suche nach Alternativen provozieren, die in der Ideenperspektive (Philosophie, Weltreligionen) gefunden werden können. Damit wird die Denkart der Schülerinnen und Schüler abermals erweitert. Eine Reihe zum Spaßbedürfnis ließe sich so strukturieren.
- Dialektisch vorgehen: Eine dialektisch aufgebaute Reihe, bei der entgegen gesetzte Positionen zu einer Problemfrage abwechselnd diskutiert werden, macht sich die motivierende Kraft „kognitive[r] Konflikte" (vgl. Henke in diese Band) zunutze. Die Lernprogression besteht in der Überwindung von bornierten Einseitigkeiten. Das Gegenüber von Freiheit und Determination oder von Empirismus und Idealismus

ließe sich in dieser Weise in einer dialektisch verfahrenden Unterrichtsreihe fruchtbar machen.
- Handlungsorientiert Problemlösungen anstreben: Selten, aber manchmal ist es doch möglich, auf der Basis einer philosophischen Problementfaltung und der damit verbundenen (Auf-)Klärung von Vorurteilen, Prämissen und Begriffen Einzellösungen oder Lösungsverfahren für den Alltag zu entwickeln. So stellt etwa Draken (2014) dar, wie ein Sokratisches Gespräch zu einer realen Konfliktlösung beitragen konnte. Auch wenn etwa eine Reihe zu Formen und Grundlagen aggressiven Verhaltens in die Einübung von Mediation mündet, vermag philosophischer Unterricht Handlungsoptionen zu eröffnen, aufgrund derer Schülerinnen und Schüler ihre Denk- und Handlungsart erweitern und mit sich (wieder) einstimmig werden könnten.
- Bonbon-Modell anwenden: Dieses Modell ist in erster Linie für die Phasierungsplanung von *Unterrichtsstunden* und kürzeren Unterrichtssequenzen gedacht. Bei einer *Reihe* nach diesem Modell stünden *für längere Zeit* bei Fragestellung und Problemlösung zunächst das Selbstdenken und Gemeinschaftsdenken der Schülerinnen und Schüler im Mittelpunkt. Erst im weiteren Verlauf kämen gemäß dem zweiten Aspekt der zweiten Maxime Kants philosophische oder religiöse Positionen (additiv, dialektisch usw.) zur Geltung. Am Ende ist bei einer Bonbon-Reihe der Fortschritt erkennbar, wenn eigene Vorstellungen mit anderen Positionen vermittelt sind. Auf diese Weise könnte etwa ein naiver Realismus beim Sehen von Farben im Fortschritt einer erkenntnistheoretischen Reihe philosophisch ‚geläutert' werden. Wenn mit dem Bonbon-Modell Reihen gestaltet werden, müssen Einzelstunden gleichwohl ‚rund' artikuliert werden. Stunden zur „selbstgesteuert-intuitiven Problemlösung" müssen etwa auch eine Sicherungsphase enthalten. Eine Einzelstunde darf also nicht einfach ein Abschnitt aus dem ‚Reihenbonbon' sein.

Literatur

Blesenkemper, K.: „‚Gerechtigkeit für alle!' – Inklusion als Thema im inklusiven Ethikunterricht", in: Riegert, J.; Musenberg, O. (Hg.): *Inklusiver Fachunterricht in der Sekundarstufe I*, Stuttgart 2015 (i. E.).

Blesenkemper, K.: „‚Publice age'" – Studien zum Öffentlichkeitsbegriff bei Kant, Pommersfeldener Beiträge Bd. 4, hrsg. von C. Bussmann und F. A. Uehlein, Frankfurt am Main 1987.

Draken, K.: „Sokratisches Philosophieren – Hinterfragen als Haltung und methodisches Elemente der Werteerziehung", in: *Lernchancen 102*, Heftteil: *Unterricht – Werteerziehung im Ethikunterricht* (2014), 12-17.

Hanisch, H.: *Unterrichtsplanung im Fach Religion. Theorie und Praxis*, Göttingen 2011.

Huber, A. A. (Hg.): *Kooperatives Lernen – kein Problem*, Seelze 2011.

Jank, W.; Meyer, H.: *Didaktische Modelle*, Berlin 2011.

Kant, I.: *Gesammelte Schriften*, hrsg. von der Königlich Preußischen Akademie der Wissenschaften [AA], Berlin 1902ff.

Kant, I.: *Werke in zehn Bänden*, hrsg. von W. Weischedel [WA], Darmstadt 1975.

Kiper, H.; Mischke, W.: *Unterrichtsplanung*, Weinheim und Basel 2009.

Klafki, W.: „Didaktische Analyse als Kern der Unterrichtsvorbereitung", in: ders.: *Studien zur Bildungstheorie*, Weinheim, Basel 1975, 136-153.

Martens, E.: *Einführung in die Didaktik der Philosophie*, Darmstadt 1983.

Martens, E.: *Methodik des Ethik und Philosophieunterrichts, Philosophieren als elementare Kulturtechnik*, Hannover 2009.

Martens, E.; Schnädelbach, H. (Hg.): „Zur gegenwärtigen Lage der Philosophie", in: Martens, E.; Schnädelbach, H.: *Philosophie. Ein Grundkurs*, Reinbek 1994, 12-35.

Pfeifer, V.: *Didaktik des Ethikunterrichts. Bausteine einer integrativen Wertevermittlung*, Stuttgart 2013.

Recki, B.: „‚An der Stelle [je]des anderen denken', Über das kommunikative Element der Vernunft", in: dies.: *Die Vernunft, ihre Natur, ihr Gefühl und der Fortschritt, Aufsätze zu Immanuel Kant*, Paderborn 2006, 111-125.

Reich, K.: *Konstruktivistische Didaktik. Lehr- und Studienbuch mit Methodenpool*, Weinheim 2008.

Rohbeck, J.: *Didaktik der Philosophie und Ethik*, Dresden 2008.

Runtenberg, C.: „Wenn Philosophie auf Lebenswelt trifft", in: Runtenberg, C.; Rohbeck, J. (Hg.): *Angewandte Philosophie*, Dresden 2012, 55-64.

Sistermann, R.: „Der Sinn des Lebens – Eine problemorientierte Unterrichtsreihe nach dem ‚Bonbon-Modell'", in: *Zeitschrift für Didaktik der Philosophie und Ethik* (2012), 296-306.

Steenblock, V.: *Philosophische Bildung. Einführung in die Philosophiedidaktik und Handbuch: Praktische Philosophie*, Berlin 2011, 296-306.

Wiater, W.: *Unterrichtsplanung. Prüfungswissen – Basiswissen Schulpädagogik*, Donauwörth 2013.

4.2 Operatoren im Philosophieunterricht

Christian Thein

Die fixe Operationalisierung von Arbeitsaufträgen, Handlungsaufforderungen und Leistungsfeststellungen im Philosophieunterricht ist didaktischer Standard und wird zugleich mit einer großen Skepsis betrachtet. Der „Operator" war schon im ursprünglichen lateinischer Sprachgebrauch semantisch bezogen auf eine vorab definierte Zielkonstante, für deren Erreichung er die verantwortende Rolle des ursächlich Bewirken und Machenden einnimmt. Der Weg vom Operator zum antizipierten Ziel ist festgelegt, wenn dieser im Sinne einer methodisch-logischen Vorschrift in der richtigen Weise umgesetzt wird. In der Gegenwart ist der Operativismus als Methodik verankert in den exakten Wissenschaften, um durch schematisierte Regelvorgaben die sichere und kontrollierbare Ergebnisgenerierung zu ermöglichen. Die spezifischen Merkmale des Philosophieunterrichts – Kontroversität, Prozessualität und Ergebnisoffenheit – scheinen diesen Formen von intendiert einspurigen Lernwegen auf den ersten Blick zu widersprechen. Im Folgenden möchte ich im Rückgang auf die bekannten genuin philosophischen Methoden sowie Überlegungen zum Aufbau von urteilsbildenden Unterrichtssequenzen Möglichkeiten der Operationalisierung von Lernschritten vorschlagen, die den Ambivalenzen im Spannungsfeld von strukturierenden Vorgaben und den autonomen Ansprüchen des Philosophierens gerecht werden (vgl. Blesenkemper: Unterrichtsplanung in diesem Band).

Grundlage für die Darstellung von Operatoren ist die Vorannahme, dass die argumentativ vollzogene Urteilsbildung zur problemorientierten Leitfrage das übergeordnete Lernziel einer Unterrichtssequenz/-reihe bildet (vgl. Tiedemann: Problemorientierung in diesem Band). Die Phasen der progressiven Urteilsbildung unterteilen sich in:

1. die offen zu gestaltende Hinführungsphase durch Entwicklung von Problemstellungen einschließlich ihrer fokussierenden sprachlichen Artikulation in kontroversen Leitfragen;
2. die Vor-Urteilsphase zur Entwicklung von ersten propositionalen Strukturen (Hypothesen, Argumente, Prinzipien und Kriterien) zur Beantwortung der kontroversen Leitfrage auf Grundlage der Grundintuitionen der Schülerinnen und Schüler;
3. die Phase der Erarbeitung von philosophischen und wissenschaftlichen Positionen zur fundierenden und kontrastierenden Auseinandersetzung mit den Vor-Urteilen;
4. die urteilsbildende Problemreflexion der sprachlich fixierten Leitfrage durch eine aus den vorangegangenen Phasen gewonnene prinzipiengeleitete argumentative Stellungnahme.

Unterrichtssequenzen auf der Grundlage der didaktischen Paradigmen Problemorientierung und Urteilsbildung spannen demzufolge einen Bogen über die verschiedenen Anforderungsbereiche des Philosophierens, die Deskription, Präskription und Normativität in Bezug setzen (Sistermann 2008; Tiedemann 2013; Sander, Igelbrink, Brüggen 2014). Das folgende Schema gibt Operationalisierungsschwerpunkte für die einzelnen Unterrichtssequenzphasen (1. bis 4.) an:

Im Ausgang von anschaulichen Materialien mit kontroversem Gehalt liegt der Handlungsfokus in der Hin-/Einführungsphase auf dem *Problematisieren* durch *Erörterung* und *Diskussion*. Grundlage dieser zumeist diskursiven Entfaltung eines normativen Horizontes von Problemen, Fragen und Hypothesen sind die Akte des *Beschreibens* und *Erfassens* von lebensweltgebundenen philosophischen Gehalten im Rahmen der *phänomenologischen Methode*. Die Unterscheidung von deskriptiven und normativen Urteilen ist in dieser Phase Teil des urteilsbildenden Lernprozesses. Ziel der problematisierenden Hinführungsphase ist die Fokussierung des Problemhorizontes durch Fixierung der Leitfrage. Diese gibt die Rahmenhandlung des weiteren Unterrichtsgeschehens ab und muss demzufolge zur eigenständigen und begründeten Stellungnahme herausfordern.

Operationalisierte Arbeitsaufträge in der Hinführungsphase haben demzufolge eine zweistufige Form:

- *Beschreiben* Sie das Bild/die Karikatur/die Darstellung/etc.
- *Erörtern/Diskutieren* Sie die Problemstellung, die sich aus dem Bild/der Karikatur/der Darstellung/etc. ergibt, und fassen Sie diese in einer Frage zusammen.

In der Vor-Urteils-Phase liegt der operationalisierbare Arbeitsschwerpunkt auf der *begrifflich-analytischen Methode* (Bierbrodt 2006). Die Schülerinnen und Schüler werden aufgefordert, auf der Grundlage einer ersten Positionierung zur Leitfrage die selbstständig entwickelten Hypothesen und Argumente präzise zu *formulieren*, zu *strukturieren* und im Spektrum von Pro-/Contra-Stellungnahmen *ein- bzw. zuzuordnen*. Der offene und diskursive Problemhorizont aus der Hin-/Einführungsphase wird nun in sprachlich fixierte und verschriftlichte propositionale Strukturen überführt. Die aus dem Kursverbund zusammengetragenen Argumente und Prinzipien sind Hintergrundfolie für die folgende Erarbeitung von Philosophemen.

Operationalisierte Arbeitsaufträge in der Vor-Urteilsphase fordern demzufolge zur Arbeit am Argument heraus:

- *Begründen* Sie Ihre Stellungnahme zur Leitfrage präzise mit ein bis zwei Argumenten.
- *Vergleichen* Sie Ihre Argumente mit den Argumenten der SitznachbarInnen/der MitschülerInnen.
- *Leiten* Sie aus den Argumenten allgemeine Prinzipien und Kriterien zur Beurteilung der Problemstellung *her*.

In der Phase der dialogischen *Erarbeitung* von philosophischen und wissenschaftlichen Texten zur Problemstellung liegt der Schwerpunkt auf der *hermeneutischen Methode*. In einem ersten Schritt sind Gedankengänge, Hauptaussagen und Argumentationsstrukturen zu *erfassen* und *darzustellen*. Auf der Grundlage dieses Verstehensprozesses gilt es, die erarbeiteten Positionen zu *vergleichen* und einer ersten *Prüfung* zu unterziehen. Im Sinne des problem- und schülerorientierten Unterrichtsparadigmas ist es in dieser Phase von entscheidender didaktischer Relevanz, die zur Diskussion stehenden Thesen und Argumente von Philosophinnen und Philosophen mit den Vor-Urteilen der Schülerinnen und Schüler zu konfrontieren.

Operationalisierte Arbeitsaufträge in der Hauptphase der Erarbeitung philosophischer Texte fordern zur textanalytischen und -hermeneutischen Arbeit heraus:

- *Erarbeiten* Sie These und Argumentation des vorliegenden Textes und vergleichen Sie diese mit Ihren eigenen Stellungnahmen und Argumenten.
- *Erschließen* Sie die philosophische Intention des Autors / der Autorin einschließlich der dargelegten Begründung. Nehmen Sie kritisch Stellung auf der Grundlage Ihrer eigenen Argumentsammlung.

Ziel der urteilsbildenden Unterrichtssequenz ist die Befähigung der Schülerinnen und Schüler zur Ausformulierung eines eigenständigen und argumentativ fundierten Urteils in Form einer Stellungnahme zur Leitfrage. Operativ bewegt sich der Unterricht in dieser abschließenden Phase in den Anforderungsbereichen des *Beurteilens* und *Bewertens*. Methodisch liegt demzufolge der Arbeitsschwerpunkt zum einen auf der *dialektischen Methode*. Zum anderen sind die Schülerinnen und Schüler ebenso in die Lage zu versetzen, im Sinne der *spekulativen Methode* alternative Lösungswege vorzuschlagen und eigene Konzepte und Darstellungsformen zu entwickeln. Mögliche Formen der diskursiven Darstellung der Stellungnahmen sind der Essay oder die Debatte (Thein 2013). Ebenso können anschauliche und künstlerische Produkte einen Beitrag zur philosophischen Arbeit an der Thematik leisten.

Operationalisierte Arbeitsaufträge zur Urteilsbildung fordern zu einer begründeten Stellungnahme heraus:

- *Beurteilen* Sie in einem argumentierenden Essay die erarbeiteten philosophischen Positionen mit Bezug auf die Leitfrage.

- *Diskutieren* Sie in einer Debatte die Leitfrage unter Berücksichtigung der erarbeiteten Argumente.
- *Entwickeln* Sie eine philosophisch fundierte Lösung der Problemstellung.

Das vorgelegte Schema zu den operativen Schwerpunktsetzungen in den einzelnen Unterrichtssequenzphasen ist aufgrund der Orientierung am Methodenparadigma philosophisch akzentuiert und bemüht sich um die notwendige Balance zwischen Strukturvorgaben und Offenheit (vgl. Martens 2009). Die Ausdifferenzierung von a) Anforderungsbereichen, b) Operatoren, c) anschaulichen und diskursiven Elementen, d) deskriptiven, präskriptiven und normativen Akten sowie e) monologischen und kommunikativen Arbeitsweisen gibt den Lehrenden ein Instrumentarium an die Hand, sowohl Handlungsvorgaben als auch Lernziele für die einzelnen Unterrichtsphasen auszuformulieren (vgl. Fröhlich, Langebeck, Ritz 2014). Zugleich wird verwiesen auf die Beziehungen und Übergänge zwischen den einzelnen operativen Festlegungen in allen Phasen des Unterrichts, denn das reflexive und kritische Philosophieren umfasst immer schon Leistungsansprüche in allen Anforderungsbereichen.

Literatur

Bierbrodt, J.: „Vor-Urteil, Urteil, Wissen – Schüler diskutieren das Vertrauen in die Erkenntnis", in: *Zeitschrift für Didaktik der Philosophie und Ethik* (2006), 112-116.

Fröhlich, M.; Langebeck, K.; Ritz, E.: *Philosophieunterricht – Eine situative Didaktik*, Göttingen 2014.

Langebeck, K.: „Verfahren der Texterschließung im Philosophieunterricht", in: *Zeitschrift für Didaktik der Philosophie und Ethik* (1985), 3-11.

Martens, E.: *Methodik des Ethik- und Philosophieunterrichts – Philosophieren als elementare Kulturtechnik*, Hannover 2009.

Sander, W.; Igelbrink, C.; Brüggen, F. (Hg.): *UrteilsBildung – eine lösbare pädagogische Herausforderung. Theoretische Grundlagen und praktische Hinweise*, Münster 2014.

Sistermann, R.: „Unterrichten nach dem Bonbonmodell", in: *Zeitschrift für Didaktik der Philosophie und Ethik* (2008), 299-305.

Tiedemann, M.: „Problemorientierte Philosophiedidaktik", in: ders. (Hg.): *Zeitschrift für Didaktik der Philosophie und Ethik* (2013), 85-96.

Thein, C.: „Wie bringe ich die Schüler und Schülerinnen zum Schreiben? – Möglichkeiten der Integration des philosophischen Essay-Wettbewerbs in die Unterrichtspraxis", in: *Zeitschrift für Didaktik der Philosophie und Ethik* (2013), 79-84.

Anhang

Autorenverzeichnis

PD Dr. Vanessa Albus, phil, OStR'in i.H. für Philosophiedidaktik an der Universität Duisburg-Essen. Forschungsschwerpunkt: Philosophische Kanonbildung.

Dr. Stefan Applis, OStR an einem Gymnasium in Bayern, seit 2006 abgeordnet als Lehrkraft für Didaktik des Philosophie- und Ethikunterrichts am Institut für Philosophie der Friedrich-Alexander-Universität Erlangen-Nürnberg, 2014 bis 2015 Vertretungsprofessur für Geographiedidaktik an der Friedrich-Alexander-Universität Erlangen-Nürnberg.

Dr. phil. Markus Bartsch, geb. 1969, ist pädagogischer Referent, Mitglied des Forums für Didaktik der Philosophie und Ethik (Ruhr-Universität Bochum) und Lehrer (Gymnasium/Gesamtschule) in Nordrhein-Westfalen. Seine Vorträge und Fortbildungen widmen sich im Schwerpunkt pädagogischen und bildungspraktischen Fragen. Im Bereich der Erwachsenenbildung leitet er lebensnahe Kurse und Seminare zu kulturphilosophischen Themen.

Prof. i. R. Dr. Dr. h.c. Dieter Birnbacher lehrt Philosophie an der Heinrich Heine Universität Düsseldorf. Er ist u. a. Vorsitzender der Zentralen Ethikkommission bei der Bundesärztekammer Vizepräsident der Schopenhauer-Gesellschaft e.V., Vizepräsident der Deutschen Gesellschaft für Humanes Sterben e.V., sowie Mitglied der Leopoldina/Nationale Akademie der Wissenschaften. Im Bereich der Fachdidaktik publizierte Dieter Birnbacher u. a. zum Neosokratischen Dialog und wirkte zusammen mit Ekkehard Martens als wissenschaftlicher Begleiter des Schulversuches Praktische Philosophie in Nordrhein-Westfalen.

Prof. Dr. Klaus Blesenkemper, StD a.D., war von 1981 bis 2012 Lehrer am Dülmener Clemens-Brentano-Gymnasium. Er unterrichtete dort die Fächer Philosophie, Deutsch, Sozialwissenschaften und ab 1997 Praktische Philosophie. In dieser Zeit war er auch tätig in der Lehrerfortbildung, der Lehrplanentwicklung, als Schulbuchautor, als Lehrbeauftragter an der Universität Münster und als Fachleiter in der Lehrerausbildung in Bocholt. Seit 2012 ist er Professor für Fachdidaktik Philosophie am Philosophischen Seminar der Universität Münster.

Prof. Dr. Barbara Brüning ist Professorin für die Didaktik der Philosophie an der Universität Hamburg. Sie philosophiert seit mehr als 30 Jahren mit Kindern und hat zahlreiche Bücher dazu veröffentlicht, u. a. Philosophieren in der Grundschule (2013, 3. Auflage).

Ass.-Prof. Dr. Bettina Bussmann lehrt Philosophiedidaktik an der Philosophischen Fakultät Salzburg. Zuvor war sie acht Jahre als Gymnasiallehrerin in Hamburg tätig. Ihre Forschungsschwerpunkte sind Philosophiedidaktik und Wissenschaftsphilosophie.

Prof. Dr. Dr. hc. Takara Dobashi lehrte zuletzt an der Universität Hiroshima, Japan und ist Deutscher Ehrendoktor der Pädagogischen Hochschule Karlsruhe und Sprecher der Deutsch-Japanischen Forschungsinitiative zum Philosophieren mit Kindern. Wissenschaftliche Schwerpunkte: Humanitätsidee, Philosophie und Bildungsdenken im deutschen Klassizismus (Herder, Schiller und Goethe), die Hermeneutik des Lernens, insbesondere die Konzepte des innovativen Lernens. Theoretische Begründung und Konzipierung der Lehr- und Lernstrategie „Philosophieren mit Kindern" unter Berücksichtigung der philosophisch-didaktischen Theorie und Praxen von Prof. Dr. Takeji Hayashi, Prof. Dr. Matthew Lipman und Ekkehard Martens als neue Unterrichtstheorie „Urwissenschaft und Urspiel". Gegenwärtiges Anliegen: Die Untersuchung der geistesgeschichtlichen Hintergründe des Konzepts „Urspiel und Urwissenschaft" in der europäischen Kulturgeschichte.

Dr. Klaus Draken, StD, ist Lehrer für Philosophie, Musik und Sozialwissenschaften an Gymnasium und Gesamtschule, Fachleiter für Philosophie/Praktische Philosophie, Fachberater und Fachmoderator für diese Fächer, Schulbuchautor und Verfasser zahlreicher Beiträge zur Fachdidaktik in den einschlägigen Zeitschriften für Fachdidaktik der Philosophie und Ethik. U. a. ist er Landesvorsitzender NRW im Fachverband Philosophie und Mitglied der Gesellschaft für Sokratisches Philosophieren. Arbeitsschwerpunkte: Sokratisches Philosophieren und seine Bedeutung für Schule und Lehrerausbildung, Medien- und Methodenvielfalt im Unterricht sowie bildungspolitische Aspekte die Philosophie betreffend.

HELMUT ENGELS, StD a.D unterrichtete Deutsch und Philosophie an einem Krefelder Gymnasium, war Fachleiter und Moderator für Philosophie und philosophiert seit 2002 regelmäßig mit Kindern. Mitarbeit an einigen Schulbüchern zu Philosophie und Praktischer Philosophie, zahlreiche philosophiedidaktische Artikel vor allem zur Methodik (Arbeit mit Beispielen, Umgang mit Begriffen, Schreiben von Primärtexten, Sprachanalyse, Heuristik, Gedankenexperiment). Denkgeschichten für Kinder: „Blaue Schokolade" und „Gedankenscanner". Ferner: „Das Gedankenexperiment in didaktischer Absicht" und mit Klaus Goergen „Abi Philosophie". Tätigkeit in der Lehrerfortbildung.

DR. CHRISTIAN GEFERT studierte Philosophie, Geschichte und Erziehungswissenschaft; Promotionsstipendiat des Graduiertenkollegs *Ästhetische Bildung* der Universität Hamburg, Promotion mit einer *Didaktik theatralen Philosophierens* an der Universität Hamburg; Regie- und Lehrtätigkeit in unterschiedlichen Theater- und Bildungsprojekten zur Philosophie, gegenwärtig als Schulleiter des Marion Dönhoff Gymnasiums in Hamburg tätig.

KLAUS GOERGEN unterrichtet Philosophie und Ethik an einem baden-württembergischen Gymnasium, ist Fachberater für Ethik beim Regierungspräsidium Tübingen, Fachleiter für Philosophie/Ethik am Staatlichen Seminar für Didaktik und Lehrerbildung (SSDL) Weingarten und Landesvorsitzender des Fachverbands Ethik in Baden-Württemberg. Veröffentlichungen zur Philosophie- und Ethikdidaktik, zuletzt: *Zugänge zur Ethik*. Münster 2010; *Abi Philosophie*. Paderborn 2013, zusammen mit Helmut Engels sowie ständiger Mitarbeiter der *Zeitschrift für Didaktik der Philosophie und Ethik* (ZDPE).

DR. PHIL. KINGA GOLUS lehrt Philosophie und ihre Didaktik an der Universität Bielefeld, Forschungsschwerpunkt: Gender im Philosophieunterricht.
Koordinatorin des jährlichen Fachtags Philosophie an der Universität Bielefeld.

DR. VOLKER HAASE ist Fachseminarleiter und Gymnasiallehrer für Philosophie, Ethik und Deutsch sowie Mitherausgeber der Zeitschrift für Didaktik der Philosophie und Ethik und Autor verschiedener Publikationen über Philosophiedidaktik, u. a. über Ironie und autobiographische Narration.

DR. ROLAND W. HENKE: Lehrer für die Fächer Philosophie, Evangelische Religionslehre und Deutsch an einem Bonner Gymnasium sowie Fachleiter für Philosophie am Seminar Bonn. Langjähriger Lehrbeauftragter für Philosophiedidaktik an der Universität Bonn und Autor und Herausgeber diverser Schulbücher für die Fächer Philosophie/Ethik.

PROF. DR. EVA MARSAL ist Außerplanmäßige Professorin für Philosophie an der Pädagogischen Hochschule Karlsruhe. Mitglied der Nietzsche-Gesellschaft und der Gesellschaft „The International Council of Philosophical Inquiry with Children (ICPIC)". Sprecherin der Deutsch-Japanischen Forschungsinitiative zum Philosophieren mit Kindern. Wissenschaftliche Schwerpunkte: Das Spiel als Kulturtechnik, Philosophie der Person, Nietzsche, Selbstkonzept, praktische Philosophie/Ethik, Philosophieren mit Kindern, Didaktik der Philosophie und Ethik.

PROF. DR. KIRSTEN MEYER lehrt Praktische Philosophie und Didaktik der Philosophie an der Humboldt-Universität zu Berlin. Zu ihren Forschungsgebieten gehören die Didaktik der Philosophie und die Bildungsphilosophie. Sie ist Autorin von *Bildung* (De Gruyter 2011) und Herausgeberin von *Justice, Education, and the Human Good* (Routledge 2014) und *Texte zur Didaktik der Philosophie* (Reclam 2010).

BÄRBEL MONTAG, M.A., ist Gymnasiallehrerin für Ethik in Bitterfeld. Forschungsschwerpunkt: Möglichkeiten und Grenzen einer systematischen Rhetorikschulung im Ethikunterricht.

PROF. DR. DR. H.C. JULIAN NIDA-RÜMELIN lehrt Philosophie und politische Theorie an der Ludwig-Maximilians-Universität München und leitet das Interdisziplinäre Kompetenzzentrum Ethik der LMU. Einschlägige Buch-Publikationen: *Ethische Essays* (2002); *Handbuch Angewandte Ethik* (2005); *Philosophie und Lebensform* (2009); *Die Optimierungsfalle. Philosophie einer humanen Ökonomie* (2011); *Philosophie einer humanen Bildung* (2013); *Der Akademisierungswahn. Zur Krise beruflicher und akademischer Bildung* (2014).

PROF. DR. EKKEHARD MARTENS lehrte von 1978 bis 2009 Didaktik der Philosophie und Alten Sprachen an der Universität Hamburg, danach war er fünf Jahre lang Philosophielehrer an einem Hamburger Gymnasium. Er ist Mitbegründer der Zeitschrift für Didaktik der Philosophie und Ethik (ZDPE); Hauptarbeitsgebiete: Antike Philosophie, Ethik, Philosophieren mit Kindern, Philosophiedidaktik. Publikationen u. a.: Platon-Übersetzungen (Charmides 1977, *Theätet* 1981, *Parmenides* 1987), *Sokrates* (2004), *Platon* (2009); *Dialogisch-Pragmatische Philosophiedidaktik* (1977), (Hg. zus. mit H. Schädelbach) *Philosophie – ein Grundkurs* (1985) *Philosophieren mit Kindern* (1997) Methodik des Ethik- und Philosophieunterrichts (2003), *Ich denke, also bin ich – Grundtexte der Philosophie* (2000), *Lob des Alters – ein philosophisches Lesebuch* (2011).

DR. JÖRG PETERS ist Lehrer für Philosophie, Praktische Philosophie und Englisch in Oberhausen; Tätigkeit in der Lehrerfort- und weiterentwicklung, Mitarbeit an der Entwicklung des Faches Praktische Philosophie in Nordrhein-Westfalen, Fachberater für Philosophie bei der Bezirksregierung Düsseldorf, Fachseminarleiter für Philosophie/Praktische Philosophie an den Zentren für schulischpraktische Lehrerausbildung in Kleve und Krefeld, Vorsitzender des Fachverbandes Philosophie e.V. Zahlreiche Veröffentlichungen in philosophiedidaktischen Zeitschriften und Anthologien, Autor und Herausgeber von mehreren Schulbüchern für die Fächer Philosophie, Praktische Philosophie, Werte und Normen und Ethik.

PROF. DR. JOHANNES ROHBECK lehrt Praktische Philosophie und Didaktik der Philosophie an der Technischen Universität Dresden. Forschungsschwerpunkte: Geschichtsphilosophie, Philosophie des 18. Jahrhunderts, Didaktik der Philosophie und Ethik. Buchveröffentlichung u. a.: Didaktik der Philosophie und Ethik (2008).

DONAT SCHMIDT, Gymnasiallehrer, arbeitet am Institut für Philosophie der TU Dresden und ist Mitherausgeber der ZDPE.

MANDY SCHÜTZE, Studienrätin Gymnasium Gerabronn, Geographie und Ethik.

DR. ROLF SISTERMANN, Std. i.R., Jg. 1943, war Fachseminarleiter für Philosophie und Ev. Religionslehre am Studienseminar in Leverkusen und Lehrer für Philosophie, Ev. Rel., Politik und Deutsch am Rheingymnasium in Köln.

DR. IRINA SPIEGEL ist wissenschaftliche Mitarbeiterin an der Fakultät für Philosophie, Wissenschaftstheorie und Religionswissenschaft der Ludwig-Maximilians-Universität München, verantwortlich für die Lehramtsstudiengänge „Philosophie/Ethik". Forschungsgebiete: Empathie und Rationalität. Anthropologische Fragen der Neuro-, Kognitions- und Erziehungswissenschaften. Publikation: *Die Urteilskraft bei Hannah Arendt* (2011).

PROF. DR. VOLKER STEENBLOCK lehrt Philosophie unter besonderer Berücksichtigung der Philosophiedidaktik und der Kulturphilosophie an der Ruhr-Universität Bochum. Zuvor war er 20 Jahre lang Lehrer in Hamburg und Münster, Leiter der Gemeinsamen Arbeitsstelle „Praktische Philosophie" und beteiligt an der Entwicklung des Faches „Praktische Philosophie" in Nordrhein-Westfalen. Ein weiterer Forschungsschwerpunkt ist die Bildungsphilosophie. Mit Markus Tiedemann Vorsitzender des Forums für Didaktik der

Philosophie und Ethik, Mitherausgeber der ZDPE. Veröffentlichungen zur Kulturphilosophie sowie *Kleine Philosophiegeschichte* (Reclam, ergänzte Aufl. 2007) und *Philosophisches Lesebuch* (Reclam 2007, durchges. Ausgabe 2009). Verschiedenste weitere Reihen- und Einzelpublikationen zur Philosophiedidaktik, Einführungen und Textsammlungen, Handbücher für Lehrer, Schulbücher, Arbeitsbücher für Studierende.

Hubertus Stelzer, Gymnasiallehrer für Philosophie, Latein und Katholische Religionslehre in Mindelheim.

Jun. Prof. Dr. Christian Thein lehrte als Junior-Professor für Fachdidaktik Philosophie/Ethik am Philosophischen Seminar der JGU Mainz und war zuvor Lehrer und Referendar für Philosophie, Praktische Philosophie, Sozialwissenschaften und Geschichte an Gymnasien von 2007 bis 2013. Promotion an der WWU Münster bei Prof. Dr. Thomas Leinkauf. Buch- und Aufsatzveröffentlichungen zum Deutschen Idealismus, zur Kritischen Theorie, zur Praktischen Philosophie, zur Bildungsphilosophie und zur Didaktik der Philosophie.

Klaus Thomalla, Dipl.-Theol., M. A., geboren 1971, studierte Katholische Theologie, Philosophie, Rechtswissenschaft und Erziehungswissenschaft in Bonn, Basel und Bochum; von 2005 bis 2008 wissenschaftlicher Mitarbeiter am Institut für Philosophie der Ruhr-Universität Bochum; seit 2011 Gymnasiallehrer für Katholische Religionslehre, Philosophie und Praktische Philosophie in Wuppertal; Aufsätze zu bioethischen, rechtsphilosophischen, religionsphilosophischen und philosophiedidaktischen Themen.

Matthias Tichy, Dr. phil., hat Philosophie und Mathematik an Schulen in Hamburg und im europäischen Ausland unterrichtet und arbeitet zur Zeit am Studienkolleg für ausländische Studierende in Hamburg. Zeitweise Lehrbeauftragter an den Universitäten Magdeburg (Didaktik der Ethik) und Lüneburg. Veröffentlichungen zum Philosophie- und Ethikunterricht, zur Didaktik und zur Philosophie, zuletzt u. a. zur konstruktivistischen Didaktik, zum Kompetenzbegriff, zu Derrida und zur interkulturellen Verständigung im Philosophieunterricht.

Prof. Dr. Markus Tiedemann, StD.a.D lehrt Didaktik der Philosophie und Ethik an der Freien Universität Berlin. Zuvor war er Professor in Mainz und zwölf Jahre lang Lehrer und Fachseminarleiter in Hamburg. Zusammen mit Volker Steenblock ist er Vorsitzender des Forums für Didaktik der Philosophie und Ethik sowie Mitherausgeber der ZDPE. Zu seinen Forschungsschwerpunkten gehören Philosophiedidaktik und empirische Bildungsforschung, ethische Orientierung von Jugendlichen, Auswirkung des Ethik- und Philosophieunterrichts auf kulturell heterogene Lerngruppen, Philosophieren mit Kindern Veröffentlichungen u. a.: Philosophiedidaktik und empirische Bildungsforschung. *Möglichkeiten und Grenzen*, Münster 2011; *Liebe, Freundschaft und Sexualität. Fragen und Antworten der Philosophie*, Hildesheim 2014.

Prof. Dr. CV Christoph Wulf ist Professor für Anthropologie und Erziehung, Mitglied des Interdisziplinären Zentrums für Historische Anthropologie, des Sonderforschungsbereichs „Kulturen des Performativen" (1999-2010), des Exzellenzclusters „Languages of Emotion" (2008-2012) und des Graduiertenkollegs „InterArts Studies" an der Freien Universität Berlin. Seine Bücher wurden in 15 Sprachen übersetzt. Er ist Vizepräsident der Deutschen UNESCO-Kommission. Arbeitsschwerpunkte: Historisch-kulturelle Anthropologie, Pädagogische Anthropologie, ästhetische und interkulturelle Erziehung, Performativitäts- und Ritualforschung, Emotionsforschung, Mimesis- und Imaginationsforschung.